OEUVRES COMPLÈTES
DE MOLIÈRE

NOUVELLE ÉDITION

ACCOMPAGNÉES DE NOTES TIRÉES DE TOUS LES COMMENTATEURS

AVEC DES REMARQUES NOUVELLES

PAR M. FÉLIX LEMAISTRE

PRÉCÉDÉE

DE LA VIE DE MOLIÈRE PAR VOLTAIRE

TOME DEUXIÈME

PARIS

GARNIER FRÈRES, LIBRAIRES-ÉDITEURS

6, RUE DES SAINTS-PÈRES, ET PALAIS-ROYAL, 215

OEUVRES COMPLÈTES

DE MOLIÈRE

TOME II

PARIS. — IMP. SIMON RAÇON ET COMP., RUE D'ERFURTH, 1.

OEUVRES COMPLETES
DE MOLIÈRE

NOUVELLE ÉDITION

ACCOMPAGNÉES DE NOTES TIRÉES DE TOUS LES COMMENTATEURS

AVEC DES REMARQUES NOUVELLES

PAR M. FÉLIX LEMAISTRE

PRÉCÉDÉE

DE LA VIE DE MOLIÈRE PAR VOLTAIRE

TOME DEUXIÈME

PARIS
GARNIER FRÈRES, LIBRAIRES-ÉDITEURS
6, RUE DES SAINTS-PÈRES, ET PALAIS-ROYAL, 215

1867

OEUVRES

COMPLÈTES

DE MOLIÈRE

LA PRINCESSE D'ÉLIDE [1]

COMÉDIE-BALLET EN CINQ ACTES

1664

PERSONNAGES DU PROLOGUE

L'AURORE.
LYCISCAS, valet de chiens.
TROIS VALETS DE CHIENS chantants.
VALETS DE CHIENS dansants.

PERSONNAGES DE LA COMÉDIE

LA PRINCESSE D'ÉLIDE.
AGLANTE, cousine de la princesse.
CYNTHIE, cousine de la princesse.
PHILIS, suivante de la princesse.
IPHITAS, père de la princesse.
EURYALE, prince d'Ithaque.
ARISTOMÈNE, prince de Messène.
THÉOCLE, prince de Pyle.
ARBATE, gouverneur du prince d'Ithaque.
MORON, plaisant de la princesse.
LYCAS, suivant d'Iphitas.

[1] Cette pièce fut jouée pour la première fois à Versailles le 8 mai 1664. Elle fit partie des fêtes que Louis XIV donna à la reine sa mère, à Marie-Thérèse son épouse, sous le titre des *Plaisirs de l'Ile enchantée*.

PERSONNAGES DES INTERMÈDES

PREMIER INTERMÈDE.

MORON.
Chasseurs dansants.

SECOND INTERMÈDE.

PHILIS.
MORON.
Un Satyre chantant.
Satyres dansants.

TROISIÈME INTERMÈDE.

PHILIS.
TIRCIS, berger chantant.
MORON.

QUATRIÈME INTERMÈDE.

LA PRINCESSE.
PHILIS.
CLIMÈNE.

CINQUIÈME INTERMÈDE.

Bergers et Bergères chantants.
Bergers et Bergères dansants.

La scène est en Élide.

PROLOGUE

SCÈNE I. — L'AURORE; LYCISCAS et plusieurs autres VALETS DE CHIENS, endormis et couchés sur l'herbe.

L'Aurore chante.

Quand l'amour à vos yeux offre un choix agréable,
Jeunes beautés, laissez-vous enflammer ;
Moquez-vous d'affecter cet orgueil indomptable,
Dont on vous dit qu'il est beau de s'armer :
Dans l'âge où l'on est aimable,
Rien n'est si beau que d'aimer.

Soupirez librement pour un amant fidéle,
Et bravez ceux qui voudroient vous blâmer :
Un cœur tendre est aimable, et le nom de cruelle
N'est pas un nom à se faire estimer ;
Dans le temps où l'on est belle,
Rien n'est si beau que d'aimer.

PROLOGUE.

SCÈNE II. — LYCISCAS et autres VALETS DE CHIENS, endormis.

TROIS VALETS DE CHIENS, réveillés par l'Aurore, chantent ensemble.

Holà! holà! Debout, debout, debout.
Pour la chasse ordonnée il faut préparer tout;
Holà! ho! debout, vite debout.

PREMIER.

Jusqu'aux plus sombres lieux le jour se communique.

DEUXIÈME.

L'air sur les fleurs en perles se résout.

TROISIÈME.

Les rossignols commencent leur musique,
Et leurs petits concerts retentissent partout.

TOUS TROIS ENSEMBLE.

Sus, sus, debout, vite debout.

A Lyciscas endormi.

Qu'est-ce ci, Lyciscas? Quoi! tu ronfles encore,
Toi qui promettois tant de devancer l'aurore?
Allons, debout, vite debout.
Pour la chasse ordonnée il faut préparer tout.
Debout, vite debout, dépêchons, debout.

LYCISCAS, en s'éveillant.

Par la morbleu! vous êtes de grands braillards, vous autres, et vous avez la gueule ouverte de bon matin.

TOUS TROIS ENSEMBLE.

Ne vois-tu pas le jour qui se répand partout?
Allons, debout, Lyciscas, debout.

LYCISCAS.

Eh! laissez-moi dormir encore un peu, je vous conjure.

TOUS TROIS ENSEMBLE.

Non, non, debout, Lyciscas, debout.

LYCISCAS.

Je ne vous demande plus qu'un petit quart d'heure.

TOUS TROIS ENSEMBLE.

Point, point, debout, vite debout.

LYCISCAS.

Eh! je vous prie.

TOUS TROIS ENSEMBLE.

Debout.

LYCISCAS.

Un moment!

TOUS TROIS ENSEMBLE.

Debout.

LYCISCAS.

De grâce!

TOUS TROIS ENSEMBLE.
Debout.

LYCISCAS.
Eh !

TOUS TROIS ENSEMBLE.
Debout.

LYCISCAS.
Je...

TOUS TROIS ENSEMBLE.
Debout.

LYCISCAS.
J'aurai fait incontinent.

TOUS TROIS ENSEMBLE.
Non, non, debout, Lyciscas, debout.
Pour la chasse ordonnée il faut préparer tout.
Vite, debout, dépêchons, debout.

LYCISCAS.
Eh bien, laissez-moi, je vais me lever. Vous êtes d'étranges gens de me tourmenter comme cela ! Vous serez cause que je ne me porterai pas bien de toute la journée ; car, voyez-vous, le sommeil est nécessaire à l'homme ; et, lorsqu'on ne dort pas sa réfection, il arrive... que... on n'est... (Il se rendort.)

PREMIER.
Lyciscas !

DEUXIÈME.
Lyciscas !

TROISIÈME.
Lyciscas !

TOUS TROIS ENSEMBLE.
Lyciscas !

LYCISCAS.
Diables soient les brailleurs ! Je voudrois que vous eussiez la gueule pleine de bouillie bien chaude.

TOUS TROIS ENSEMBLE.
Debout, debout ;
Vite, debout, dépêchons, debout.

LYCISCAS
Ah ! quelle fatigue de ne pas dormir son soûl !

PREMIER.
Holà ! ho !

DEUXIÈME.
Holà ! ho !

TROISIÈME.
Holà ! ho !

TOUS TROIS ENSEMBLE.

Ho! ho! ho! ho! ho!

LYCISCAS.

Ho! ho! La peste soit des gens avec leurs chiens de hurlements! Je me donne au diable si je ne vous assomme. Mais voyez un peu quel diable d'enthousiasme il leur prend de me venir chanter aux oreilles comme cela! Je...

TOUS TROIS ENSEMBLE.

Debout.

LYCISCAS.

Encore!

TOUS TROIS ENSEMBLE.

Debout.

LYCISCAS.

Le diable vous emporte!

TOUS TROIS ENSEMBLE.

Debout.

LYCISCAS, en se levant.

Quoi! toujours? A-t-on jamais vu une pareille furie de chanter? Par la sambleu! j'enrage! Puisque me voilà éveillé, il faut que j'éveille les autres, et que je les tourmente comme on m'a fait. Allons, ho, messieurs, debout, debout, vite; c'est trop dormir. Je vais faire un bruit de diable partout. (Il crie de toute sa force.) Debout, debout, debout! Allons vite, ho! ho! ho! debout! debout! Pour la chasse ordonnée il faut préparer tout: debout! debout! Lyciscas, debout! Ho! ho! ho! ho! ho! (Plusieurs cors et trompes de chasse se font entendre : les valets de chiens que Lyciscas a réveillés dansent une entrée; ils reprennent le son de leurs cors et trompes à certaines cadences.)

ACTE PREMIER

SCÈNE I. — EURYALE, ARBATE.

ARBATE.

Ce silence rêveur, dont la sombre habitude
Vous fait à tous moments chercher la solitude;
Ces longs soupirs que laisse échapper votre cœur,
Et ces fixes regards si chargés de langueur,
Disent beaucoup, sans doute, à des gens de mon âge;
Et je pense, seigneur, entendre ce langage;
Mais, sans votre congé, de peur de trop risquer,
Je n'ose m'enhardir jusques à l'expliquer.

EURYALE.

Explique, explique, Arbate, avec toute licence

Ces soupirs, ces regards, et ce morne silence.
Je te permets ici de dire que l'Amour
M'a rangé sous ses lois, et me brave à son tour ;
Et je consens encor que tu me fasses honte
Des foiblesses d'un cœur qui souffre qu'on le dompte.

ARBATE.

Moi, vous blâmer, seigneur, des tendres mouvements
Où je vois qu'aujourd'hui penchent vos sentiments !
Le chagrin des vieux jours ne peut aigrir mon âme
Contre les doux transports de l'amoureuse flamme ;
Et, bien que mon sort touche à ses derniers soleils,
Je dirai que l'amour sied bien à vos pareils ;
Que ce tribut qu'on rend aux traits d'un beau visage
De la beauté d'une âme est un clair témoignage,
Et qu'il est malaisé que, sans être amoureux,
Un jeune prince soit et grand et généreux.
C'est une qualité que j'aime en un monarque ;
La tendresse du cœur est une grande marque
Que d'un prince à votre âge on peut tout présumer,
Dès qu'on voit que son âme est capable d'aimer.
Oui, cette passion, de toutes la plus belle,
Traîne dans un esprit cent vertus après elle ;
Aux nobles actions elle pousse les cœurs,
Et tous les grands héros ont senti ses ardeurs.
Devant mes yeux, seigneur, a passé votre enfance,
Et j'ai de vos vertus vu fleurir l'espérance ;
Mes regards observoient en vous des qualités
Où je reconnoissois le sang dont vous sortez ;
J'y découvrois un fonds d'esprit et de lumière ;
Je vous trouvois bien fait, l'air grand, et l'âme fière ;
Votre cœur, votre adresse, éclatoient chaque jour ;
Mais je m'inquiétois de ne voir point d'amour ;
Et, puisque les langueurs d'une plaie invincible
Nous montrent que votre âme à ses traits est sensible,
Je triomphe, et mon cœur, d'allégresse rempli,
Vous regarde à présent comme un prince accompli.

EURYALE.

Si de l'Amour un temps j'ai bravé la puissance,
Hélas ! mon cher Arbate, il en prend bien vengeance !
Et, sachant dans quels maux mon cœur s'est abîmé,
Toi-même tu voudrois qu'il n'eût jamais aimé.
Car enfin, vois le sort où mon astre me guide :
J'aime, j'aime ardemment la princesse d'Élide ;
Et tu sais que l'orgueil, sous des traits si charmants,

ACTE I, SCÈNE I.

Arme contre l'amour ses jeunes sentiments,
Et comment elle fuit en cette illustre fête
Cette foule d'amants qui briguent sa conquête.
Ah! qu'il est bien peu vrai que ce qu'on doit aimer,
Aussitôt qu'on le voit, prend droit de nous charmer,
Et qu'un premier coup d'œil allume en nous les flammes
Où le ciel, en naissant, a destiné nos âmes!
A mon retour d'Argos, je passai dans ces lieux,
Et ce passage offrit la princesse à mes yeux;
Je vis tous les appas dont elle est revêtue,
Mais de l'œil dont on voit une belle statue.
Leur brillante jeunesse observée à loisir
Ne porta dans mon âme aucun secret désir,
Et d'Ithaque en repos je revis le rivage,
Sans m'en être en deux ans rappelé nulle image.
Un bruit vient cependant à répandre à ma cour
Le célèbre mépris qu'elle fait de l'amour;
On publie en tous lieux que son âme hautaine
Garde pour l'hyménée une invincible haine,
Et qu'un arc à la main, sur l'épaule un carquois,
Comme une autre Diane elle hante les bois,
N'aime rien que la chasse, et de toute la Grèce
Fait soupirer en vain l'héroïque jeunesse.
Admire nos esprits, et la fatalité!
Ce que n'avoient point fait sa vue et sa beauté,
Le bruit de ses fiertés en mon âme fit naître
Un transport inconnu dont je ne fus point maître:
Ce dédain si fameux eut des charmes secrets
A me faire avec soin rappeler tous ses traits;
Et mon esprit, jetant de nouveaux yeux sur elle,
M'en refit une image et si noble et si belle,
Me peignit tant de gloire et de telles douceurs
A pouvoir triompher de toutes ses froideurs,
Que mon cœur, aux brillants d'une telle victoire,
Vit de sa liberté s'évanouir la gloire:
Contre une telle amorce il eut beau s'indigner,
Sa douceur sur mes sens prit tel droit de régner,
Qu'entraîné par l'effort d'une occulte puissance,
J'ai d'Ithaque en ces lieux fait voile en diligence;
Et je couvre en effet de mes vœux enflammés [1]

---

[1] Ces vers n'ont aucun sens. Il y a sans doute ici une faute d'impression. On pourrait corriger ainsi:

Et je couvre en effet *tous* mes vœux enflammés, etc.
(Aimé Martin.)

Du désir de paroître à ces jeux renommés,
Où l'illustre Iphitas, père de la princesse,
Assemble la plupart des princes de la Grèce.

ARBATE.

Mais à quoi bon, seigneur, les soins que vous prenez?
Et pourquoi ce secret où vous vous obstinez?
Vous aimez, dites-vous, cette illustre princesse,
Et venez à ses yeux signaler votre adresse;
Et nuls empressements, paroles, ni soupirs,
Ne l'ont instruite encor de vos brûlants désirs?
Pour moi, je n'entends rien à cette politique
Qui ne veut point souffrir que votre cœur s'explique;
Et je ne sais quel fruit peut prétendre un amour
Qui fuit tous les moyens de se produire au jour.

EURYALE.

Et que ferai-je, Arbate, en déclarant ma peine,
Qu'attirer les dédains de cette âme hautaine,
Et me jeter au rang de ces princes soumis,
Que le titre d'amant lui peint en ennemis?
Tu vois les souverains de Messène et de Pyle
Lui faire de leurs cœurs un hommage inutile,
Et de l'éclat pompeux des plus grandes vertus
En appuyer en vain les respects assidus :
Ce rebut de leurs soins, sous un triste silence,
Retient de mon amour toute la violence :
Je me tiens condamné dans ces rivaux fameux,
Et je lis mon arrêt au mépris qu'on fait d'eux.

ARBATE.

Et c'est dans ce mépris et dans cette humeur fière
Que votre âme à ses vœux doit voir plus de lumière,
Puisque le sort vous donne à conquérir un cœur
Que défend seulement une simple froideur,
Et qui n'oppose point à l'ardeur qui vous presse
De quelque attachement l'invincible tendresse.
Un cœur préoccupé résiste puissamment;
Mais, quand une âme est libre, on la force aisément;
Et toute la fierté de son indifférence
N'a rien dont ne triomphe un peu de patience.
Ne lui cachez donc plus le pouvoir de ses yeux,
Faites de votre flamme un éclat glorieux;
Et, bien loin de trembler de l'exemple des autres,
Du rebut de leurs vœux fortifiez les vôtres.
Peut-être, pour toucher ses sévères appas,
Aurez-vous des secrets que ces princes n'ont pas;

Et, si de ces fiertés l'impérieux caprice
Ne vous fait éprouver un destin plus propice,
Au moins est-ce un bonheur, en ces extrémités,
Que de voir avec soi ses rivaux rebutés.

EURYALE.

J'aime à te voir presser cet aveu de ma flamme :
Combattant mes raisons, tu chatouilles mon âme ;
Et, par ce que j'ai dit, je voulois pressentir
Si de ce que j'ai fait tu pourrois m'applaudir.
Car enfin, puisqu'il faut t'en faire confidence,
On doit à la princesse expliquer mon silence ;
Et peut-être, au moment que je t'en parle ici,
Le secret de mon cœur, Arbate, est éclairci.
Cette chasse, où, pour fuir la foule qui l'adore,
Tu sais qu'elle est allée au lever de l'aurore,
Est le temps que Moron, pour déclarer mon feu,
A pris...

ARBATE.

Moron, seigneur!

EURYALE.

Ce choix t'étonne un peu :
Par son titre de fou tu crois le bien connoître·
Mais sache qu'il l'est moins qu'il ne le veut paroître.
Et que, malgré l'emploi qu'il exerce aujourd'hui,
Il a plus de bon sens que tel qui rit de lui.
La princesse se plait à ses bouffonneries :
Il s'en est fait aimer par cent plaisanteries,
Et peut, dans cet accès, dire et persuader
Ce que d'autres que lui n'oseroient hasarder ;
Je le vois propre enfin à ce que j'en souhaite :
Il a pour moi, dit-il, une amitié parfaite,
Et veut, dans mes États ayant reçu le jour,
Contre tous mes rivaux appuyer mon amour.
Quelque argent mis en main pour soutenir ce zèle...

SCÈNE II. — EURYALE, ARBATE, MORON.

MORON, derrière le théâtre.

Au secours! sauvez-moi de la bête cruelle!

EURYALE.

Je pense ouïr sa voix.

MORON, derrière le théâtre.

A moi! de grâce, à moi!

EURYALE.

C'est lui-même. Où court-il avec un tel effroi?

MORON, *entrant sans voir personne.*

Où pourrai-je éviter ce sanglier redoutable?
Grands dieux! préservez-moi de sa dent effroyable!
Je vous promets, pourvu qu'il ne m'attrape pas,
Quatre livres d'encens, et deux veaux des plus gras.

Rencontrant Euryale, que dans sa frayeur il prend pour le sanglier qu'il évite.

Ah! je suis mort!

EURYALE.

Qu'as-tu?

MORON.

Je vous croyois la bête
Dont à me diffamer[1] j'ai vu la gueule prête,
Seigneur; et je ne puis revenir de ma peur.

EURYALE.

Qu'est-ce?

MORON.

Oh! que la princesse est d'une étrange humeur,
Et qu'à suivre la chasse et ses extravagances
Il nous faut essuyer de sottes complaisances!
Quel diable de plaisir trouvent tous les chasseurs
De se voir exposés à mille et mille peurs?
Encore si c'étoit qu'on ne fût qu'à la chasse
Des lièvres, des lapins, et des jeunes daims, passe:
Ce sont des animaux d'un naturel fort doux,
Et qui prennent toujours la fuite devant nous.
Mais aller attaquer de ces bêtes vilaines
Qui n'ont aucun respect pour les faces humaines,
Et qui courent les gens qui les veulent courir,
C'est un sot passe-temps que je ne puis souffrir.

EURYALE.

Dis-nous donc ce que c'est.

MORON.

Le pénible exercice
Où de notre princesse a volé le caprice!
J'en aurois bien juré qu'elle auroit fait le tour;
Et la course des chars se faisant en ce jour,
Il falloit affecter ce contre-temps de chasse
Pour mépriser ces jeux avec meilleure grâce,
Et faire voir... Mais chut. Achevons mon récit,
Et reprenons le fil de ce que j'avois dit.
Qu'ai-je dit?

EURYALE.

Tu parlois d'exercice pénible.

[1] *Diffamer*, dans le sens de salir, gâter, *défigurer*. (Aimé Martin.)

MORON.

Ah! oui. Succombant donc à ce travail horrible
(Car en chasseur fameux j'étois enharnaché,
Et dès le point du jour je m'étois découché[1]),
Je me suis écarté de tous en galant homme,
Et, trouvant un lieu propre à dormir d'un bon somme,
J'essayois ma posture, et, m'ajustant bientôt,
Prenois déjà mon ton pour ronfler comme il faut,
Lorsqu'un murmure affreux m'a fait lever la vue,
Et j'ai, d'un vieux buisson de la forêt touffue,
Vu sortir un sanglier d'une énorme grandeur,
Pour...

EURYALE.

Qu'est-ce?

MORON.

Ce n'est rien. N'ayez point de frayeur,
Mais laissez-moi passer entre vous deux, pour cause;
Je serai mieux en main pour vous conter la chose.
J'ai donc vu ce sanglier, qui, par nos gens chassé,
Avoit d'un air affreux tout son poil hérissé;
Ses deux yeux flamboyants ne lançoient que menace,
Et sa gueule faisoit une laide grimace,
Qui parmi de l'écume, à qui l'osoit presser,
Montroit de certains crocs... je vous laisse à penser.
A ce terrible aspect j'ai ramassé mes armes;
Mais le faux animal, sans en prendre d'alarmes,
Est venu droit à moi, qui ne lui disois mot.

ARBATE.

Et tu l'as de pied ferme attendu?

MORON.

Quelque sot.
J'ai jeté tout par terre et couru comme quatre.

ARBATE.

Fuir devant un sanglier, ayant de quoi l'abattre!
Ce trait, Moron, n'est pas généreux...

MORON.

J'y consens;
Il n'est pas généreux, mais il est de bon sens.

ARBATE.

Mais, par quelques exploits si l'on ne s'éternise...

MORON.

Je suis votre valet. J'aime mieux que l'on dise:
C'est ici qu'en fuyant, sans se faire prier,

---

[1] *Découcher*, dans le sens de quitter son lit, se lever, ne se dit plus.

Moron sauva ses jours des fureurs d'un sanglier,
Que si l'on y disoit : Voilà l'illustre place
Où le brave Moron, signalant son audace,
Affrontant d'un sanglier l'impétueux effort,
Par un coup de ses dents vit terminer son sort.

EURYALE.

Fort bien.

MORON.

    Oui. J'aime mieux, n'en déplaise à la gloire,
Vivre au monde deux jours, que mille ans dans l'histoire.

EURYALE.

En effet, ton trépas fâcheroit tes amis;
Mais, si de ta frayeur ton esprit est remis,
Puis-je te demander si du feu qui me brûle...

MORON.

Il ne faut pas, seigneur, que je vous dissimule;
Je n'ai rien fait encore, et n'ai point rencontré
De temps pour lui parler qui fût selon mon gré.
L'office de bouffon a des prérogatives;
Mais souvent on rabat nos libres tentatives.
Le discours de vos feux est un peu délicat,
Et c'est chez la princesse une affaire d'État.
Vous savez de quel titre elle se glorifie,
Et qu'elle a dans la tête une philosophie
Qui déclare la guerre au conjugal lien,
Et vous traite l'amour de déité de rien.
Pour n'effaroucher point son humeur de tigresse,
Il me faut manier la chose avec adresse;
Car on doit regarder comme l'on parle aux grands,
Et vous êtes parfois d'assez fâcheuses gens.
Laissez-moi doucement conduire cette trame.
Je me sens là pour vous un zèle tout de flamme;
Vous êtes né mon prince, et quelques autres nœuds
Pourroient contribuer au bien que je vous veux.
Ma mère, dans son temps, passoit pour assez belle,
Et naturellement n'étoit pas fort cruelle;
Feu votre père alors, ce prince généreux,
Sur la galanterie étoit fort dangereux,
Et je sais qu'Elpénor, qu'on appeloit mon père
A cause qu'il étoit le mari de ma mère,
Contoit pour grand honneur aux pasteurs d'aujourd'hui
Que le prince autrefois étoit venu chez lui,
Et que, durant ce temps, il avoit l'avantage
De se voir salué de tous ceux du village.

Baste. Quoi qu'il en soit, je veux par mes travaux...
Mais voici la princesse et deux de vos rivaux.

SCÈNE III. — LA PRINCESSE, AGLANTE, CYNTHIE, ARISTOMÈNE, THÉOCLE, EURYALE, PHILIS, ARBATE, MORON.

ARISTOMÈNE.

Reprochez-vous, madame, à nos justes alarmes
Ce péril dont tous deux avons sauvé vos charmes?
J'aurois pensé, pour moi, qu'abattre sous nos coups
Ce sanglier qui portoit sa fureur jusqu'à vous
Étoit une aventure (ignorant votre chasse)
Dont à nos bons destins nous dussions rendre grâce;
Mais, à cette froideur, je connois clairement
Que je dois concevoir un autre sentiment,
Et quereller du sort la fatale puissance
Qui me fait avoir part à ce qui vous offense.

THÉOCLE.

Pour moi, je tiens, madame, à sensible bonheur
L'action où pour vous a volé tout mon cœur,
Et ne puis consentir, malgré votre murmure,
A quereller le sort d'une telle aventure.
D'un objet odieux je sais que tout déplaît;
Mais, dût votre courroux être plus grand qu'il n'est,
C'est extrême plaisir, quand l'amour est extrême,
De pouvoir d'un péril affranchir ce qu'on aime.

LA PRINCESSE.

Et pensez-vous, seigneur, puisqu'il me faut parler,
Qu'il eût eu, ce péril, de quoi tant m'ébranler?
Que l'arc et que le dard, pour moi si pleins de charmes,
Ne soient entre mes mains que d'inutiles armes?
Et que je fasse enfin mes plus fréquents emplois
De parcourir nos monts, nos plaines et nos bois,
Pour n'oser, en chassant, concevoir l'espérance
De suffire, moi seule, à ma propre défense?
Certes, avec le temps, j'aurois bien profité
De ces soins assidus dont je fais vanité,
S'il falloit que mon bras, dans une telle quête,
Ne pût pas triompher d'une chétive bête!
Du moins, si, pour prétendre à de sensibles coups,
Le commun de mon sexe est trop mal avec vous,
D'un étage plus haut accordez-moi la gloire;
Et me faites tous deux cette grâce de croire,
Seigneurs, que, quel que fût le sanglier d'aujourd'hui,
J'en ai mis bas sans vous de plus méchants que lui.

THÉOCLE.

Mais, madame...

LA PRINCESSE.

Eh bien, soit. Je vois que votre envie
Est de persuader que je vous dois la vie;
J'y consens. Oui, sans vous, c'étoit fait de mes jours.
Je rends de tout mon cœur grâce à ce grand secours;
Et je vais de ce pas au prince, pour lui dire
Les bontés que pour moi votre amour vous inspire[1].

SCÈNE IV. — EURYALE, ARBATE, MORON.

MORON.

Eh! a-t-on jamais vu de plus farouche esprit?
De ce vilain sanglier l'heureux trépas l'aigrit.
Oh! comme volontiers j'aurois d'un beau salaire
Récompensé tantôt qui m'en eût su défaire!

ARBATE, à Euryale.

Je vous vois tout pensif, seigneur, de ses dédains;
Mais ils n'ont rien qui doive empêcher vos desseins.
Son heure doit venir; et c'est à vous, possible,
Qu'est réservé l'honneur de la rendre sensible.

MORON.

Il faut qu'avant la course elle apprenne vos feux;
Et je...

EURYALE.

Non. Ce n'est plus, Moron, ce que je veux;
Garde-toi de rien dire, et me laisse un peu faire;
J'ai résolu de prendre un chemin tout contraire.
Je vois trop que son cœur s'obstine à dédaigner
Tous ces profonds respects qui pensent la gagner;
Et le dieu qui m'engage à soupirer pour elle
M'inspire pour la vaincre une adresse nouvelle.
Oui, c'est lui d'où me vient ce soudain mouvement,
Et j'en attends de lui l'heureux événement.

ARBATE.

Peut-on savoir, seigneur, par où votre espérance...

EURYALE.

Tu le vas voir. Allons, et garde le silence.

---

[1] Quand Moron cesse d'être en scène, la pièce redevient sérieuse, froide et guindée. (Auger.)

PREMIER INTERMÈDE

SCÈNE I.— MORON, seul.

Jusqu'au revoir; pour moi, je reste ici, et j'ai une petite conversation à faire avec ces arbres et ces rochers.

Bois, prés, fontaines, fleurs, qui voyez mon teint blême,
Si vous ne le savez, je vous apprends que j'aime.
　　Philis est l'objet charmant
　　Qui tient mon cœur à l'attache;
　　Et je devins son amant
　　La voyant traire une vache.
Ses doigts, tout pleins de lait et plus blancs mille fois,
Pressoient les bouts du pis, d'une grâce admirable.
　　Ouf! cette idée est capable
　　De me réduire aux abois.
　　Ah! Philis! Philis! Philis!

SCÈNE II. -- MORON, UN ÉCHO.

L'ÉCHO.

Philis.

MORON.

Ah!

L'ÉCHO.

Ah.

MORON.

Hem.

L'ÉCHO.

Hem.

MORON.

Ah! ah!

L'ÉCHO.

Ah.

MORON.

Hi, hi

L'ÉCHO.

Hi.

MORON.

Oh!

L'ÉCHO.

Oh.

MORON.

Oh!

L'ÉCHO.

Oh.

MORON.

Voilà un écho qui est bouffon.

L'ÉCHO.

On.

MORON.

Hon.

L'ÉCHO.

Hon.

MORON.

Ah!

L'ÉCHO.

Ah.

MORON.

Hu.

L'ÉCHO.

Hu.

MORON.

Voilà un écho qui est bouffon.

SCÈNE III. — MORON, seul, apercevant un ours qui vient à lui.

Ah! monsieur l'ours, je suis votre serviteur de tout mon cœur. De grâce, épargnez-moi. Je vous assure que je ne vaux rien du tout à manger, je n'ai que la peau et les os, et je vois de certaines gens là-bas qui seroient bien mieux votre affaire. Hé! hé! hé! monseigneur, tout doux, s'il vous plaît. Là, (Il caresse l'ours, et tremble de frayeur.) là, là, là. Ah! monseigneur, que votre altesse est jolie et bien faite! Elle a tout à fait l'air galant, et la taille la plus mignonne du monde. Ah! beau poil, belle tête, beaux yeux brillants et bien fendus! Ah! beau petit nez! belle petite bouche! petites quenottes jolies! Ah! belle gorge! belles petites menottes! petits ongles bien faits! (L'ours se lève sur ses pattes de derrière.) A l'aide! au secours! je suis mort! Miséricorde! Pauvre Moron! Ah! mon Dieu! Eh! vite, à moi, je suis perdu! (Moron monte sur un arbre.)

SCÈNE IV. — MORON, CHASSEURS.

MORON, monté sur un arbre, aux chasseurs.

Eh! messieurs, ayez pitié de moi. (Les chasseurs combattent l'ours.) Bon! messieurs, tuez-moi ce vilain animal-là! O ciel! daigne les assister! Bon! le voilà qui fuit. Le voilà qui s'arrête, et qui se jette sur eux. Bon! en voilà un qui vient de lui donner un coup dans la gueule. Les voilà tous à l'entour de lui. Courage! ferme! allons, mes amis! Bon!

poussez fort! Encore! Ah! le voilà qui est à terre; c'en est fait, il est mort! Descendons maintenant pour lui donner cent coups. (Moron descend de l'arbre.) Serviteur, messieurs! je vous rends grâce de m'avoir délivré de cette bête. Maintenant que vous l'avez tuée, je m'en vais l'achever et en triompher avec vous [1]. (Moron donne mille coups à l'ours qui est mort.)

ENTRÉE DE BALLET.

Les chasseurs dansent, pour témoigner leur joie d'avoir remporté la victoire.

ACTE SECOND

SCÈNE I. — LA PRINCESSE, AGLANTE, CYNTHIE, PHILIS.

LA PRINCESSE.
Oui, j'aime à demeurer dans ces paisibles lieux;
On n'y découvre rien qui n'enchante les yeux;
Et de tous nos palais la savante structure
Cède aux simples beautés qu'y forme la nature.
Ces arbres, ces rochers, cette eau, ces gazons frais,
Ont pour moi des appas à ne lasser jamais.

AGLANTE.
Je chéris comme vous ces retraites tranquilles,
Où l'on se vient sauver de l'embarras des villes.
De mille objets charmants ces lieux sont embellis;
Et ce qui doit surprendre est qu'aux portes d'Élis
La douce passion de fuir la multitude
Rencontre une si belle et vaste solitude [2].
Mais, à vous dire vrai, dans ces jours éclatants
Vos retraites ici me semblent hors de temps;
Et c'est fort maltraiter l'appareil magnifique
Que chaque prince a fait pour la fête publique.
Ce spectacle pompeux de la course des chars
Devoit bien mériter l'honneur de vos regards.

LA PRINCESSE.
Quel droit ont-ils chacun d'y vouloir ma présence,
Et que dois-je, après tout, à leur magnificence?
Ce sont soins que produit l'ardeur de m'acquérir,
Et mon cœur est le prix qu'ils veulent tous courir.

---

[1] Cet intermède est bouffon plutôt que comique; c'est de la farce, mais de la farce qui fait rire même les gens de goût. (Auger.)
[2] Allusion évidente à la création du palais et du jardin de Versailles, alors toute nouvelle.

Mais, quelque espoir qui flatte un projet de la sorte,
Je me tromperai fort si pas un d'eux l'emporte.

CYNTHIE.

Jusques à quand ce cœur veut-il s'effaroucher
Des innocents desseins qu'on a de le toucher,
Et regarder les soins que pour vous on se donne
Comme autant d'attentats contre votre personne?
Je sais qu'en défendant le parti de l'amour
On s'expose chez vous à faire mal sa cour;
Mais ce que par le sang j'ai l'honneur de vous être
S'oppose aux duretés que vous faites paroître;
Et je ne puis nourrir d'un flatteur entretien
Vos résolutions de n'aimer jamais rien.
Est-il rien de plus beau que l'innocente flamme
Qu'un mérite éclatant allume dans une âme?
Et seroit-ce un bonheur de respirer le jour,
Si d'entre les mortels on bannissoit l'amour?
Non, non, tous les plaisirs se goûtent à le suivre;
Et vivre sans aimer n'est pas proprement vivre[1].

AGLANTE.

Pour moi, je tiens que cette passion est la plus agréable affaire de la vie; qu'il est nécessaire d'aimer pour vivre heureusement, et que tous les plaisirs sont fades, s'il ne s'y mêle un peu d'amour.

LA PRINCESSE.

Pouvez-vous bien toutes deux, étant ce que vous êtes, prononcer ces paroles? et ne devez-vous pas rougir d'appuyer une passion qui n'est qu'erreur, que foiblesse et qu'emportement, et dont tous les désordres ont tant de répugnance avec la gloire de notre sexe? J'en prétends soutenir l'honneur jusqu'au dernier moment de ma vie, et ne veux point du tout me commettre à ces gens qui font les esclaves auprès de nous, pour devenir un jour nos tyrans. Toutes ces larmes, tous ces soupirs, tous ces hommages, tous ces respects, sont des embûches qu'on tend à notre cœur, et qui souvent l'engagent à commettre des lâchetés. Pour moi, quand je regarde certains exemples, et les bassesses épouvantables où cette passion ravale les personnes sur qui elle étend sa puissance, je sens tout mon cœur qui s'émeut; et je ne puis souffrir qu'une âme qui fait profession d'un peu de fierté ne trouve pas une honte horrible à de telles foiblesses.

CYNTHIE.

Eh! madame, il est de certaines foiblesses qui ne sont point hon-

---

[1] Le dessein de l'auteur étoit de traiter ainsi toute la comédie. Mais un commandement du roi, qui pressa cette affaire, l'obligea d'achever tout le reste en prose, et de passer légèrement sur plusieurs scènes, qu'il auroit étendues davantage, s'il avoit eu plus de loisir. (Note de Molière.)

teuses, et qu'il est beau même d'avoir dans les plus hauts degrés de gloire. J'espère que vous changerez un jour de pensée; et, s'il plaît au ciel, nous verrons votre cœur, avant qu'il soit peu...

LA PRINCESSE.

Arrêtez. N'achevez pas ce souhait étrange. J'ai une horreur trop invincible pour ces sortes d'abaissements; et, si jamais j'étois capable d'y descendre, je serois personne, sans doute, à ne me le point pardonner.

AGLANTE.

Prenez garde, madame, l'Amour sait se venger des mépris que l'on fait de lui; et peut-être...

LA PRINCESSE.

Non, non, je brave tous ses traits; et le grand pouvoir qu'on lui donne n'est rien qu'une chimère et qu'une excuse des foibles cœurs, qui le font invincible pour autoriser leur foiblesse.

CYNTHIE.

Mais, enfin, toute la terre reconnoît sa puissance, et vous voyez que les dieux mêmes sont assujettis à son empire. On nous fait voir que Jupiter n'a pas aimé pour une fois, et que Diane même, dont vous affectez tant l'exemple, n'a pas rougi de pousser des soupirs d'amour.

LA PRINCESSE.

Les croyances publiques sont toujours mêlées d'erreur. Les dieux ne sont point faits comme les fait le vulgaire; et c'est leur manquer de respect que de leur attribuer les foiblesses des hommes.

SCÈNE II. — LA PRINCESSE, AGLANTE, CYNTHIE, PHILIS, MORON.

AGLANTE.

Viens, approche, Moron, viens nous aider à défendre l'amour contre les sentiments de la princesse.

LA PRINCESSE.

Voilà votre parti fortifié d'un grand défenseur.

MORON.

Ma foi, madame, je crois qu'après mon exemple il n'y a plus rien à dire, et qu'il ne faut plus mettre en doute le pouvoir de l'amour. J'ai bravé ses armes assez longtemps, et fait de mon drôle comme un autre; mais enfin ma fierté a baissé l'oreille, et vous (Il montre Philis.) avez une traîtresse qui m'a rendu plus doux qu'un agneau. Après cela on ne doit plus faire aucun scrupule d'aimer; et, puisque j'ai bien passé par là, il peut bien y en passer d'autres.

CYNTHIE.

Quoi! Moron se mêle d'aimer?

MORON.

Fort bien.

CYNTHIE.

Et de vouloir être aimé?

MORON.

Et pourquoi non? Est-ce qu'on n'est pas assez bien fait pour cela? Je pense que ce visage est assez passable, et que pour le bel air, Dieu merci, nous ne le cédons à personne.

CYNTHIE.

Sans doute, on auroit tort.

SCÈNE III. — LA PRINCESSE, AGLANTE, CYNTHIE, PHILIS, MORON, LYCAS.

LYCAS.

Madame, le prince votre père vient vous trouver ici, et conduit avec lui les princes de Pyle et d'Ithaque, et celui de Messène.

LA PRINCESSE.

O ciel! que prétend-il faire en me les amenant? Auroit-il résolu ma perte, et voudroit-il bien me forcer au choix de quelqu'un d'eux?

SCÈNE IV. — IPHITAS, EURYALE, ARISTOMÈNE, THÉOCLE, LA PRINCESSE, AGLANTE, CYNTHIE, PHILIS, MORON.

LA PRINCESSE, à Iphitas.

Seigneur, je vous demande la licence de prévenir par deux paroles la déclaration des pensées que vous pouvez avoir. Il y a deux vérités, seigneur, aussi constantes l'une que l'autre, et dont je puis vous assurer également : l'une, que vous avez un absolu pouvoir sur moi, et que vous ne sauriez m'ordonner rien où je ne réponde aussitôt par une obéissance aveugle; l'autre, que je regarde l'hyménée ainsi que le trépas, et qu'il m'est impossible de forcer cette aversion naturelle. Me donner un mari, et me donner la mort, c'est une même chose; mais votre volonté va la première, et mon obéissance m'est bien plus chère que ma vie. Après cela parlez, seigneur; prononcez librement ce que vous voulez.

IPHITAS.

Ma fille, tu as tort de prendre de telles alarmes; et je me plains de toi, qui peux mettre dans ta pensée que je sois assez mauvais père pour vouloir faire violence à tes sentiments et me servir tyranniquement de la puissance que le ciel me donne sur toi. Je souhaite, à la vérité, que ton cœur puisse aimer quelqu'un. Tous mes vœux seroient satisfaits, si cela pouvoit arriver : et je n'ai proposé les fêtes et les jeux que je fais célébrer ici qu'afin d'y pouvoir attirer tout ce que la Grèce a d'illustre, et que, parmi cette noble jeunesse, tu puisses enfin rencontrer où arrêter tes yeux et déterminer tes pensées. Je ne demande, dis-je, au ciel autre bonheur que celui de te voir un époux. J'ai, pour obtenir cette grâce, fait encore ce matin un sacrifice à Vénus; et, si je sais bien expliquer le langage des dieux, elle m'a promis un miracle. Mais, quoi qu'il en soit, je veux en user avec toi en père qui chérit sa fille. Si tu trouves où attacher tes vœux, ton choix sera le mien, et je ne considérerai ni intérêt d'État, ni avantages d'alliance; si ton cœur demeure insensible, je n'entreprendrai point de le forcer; mais au moins sois complaisante aux civilités qu'on te rend, et ne m'oblige point à faire les excuses de ta froideur. Traite ces princes avec l'estime que tu leur dois, reçois avec reconnoissance les témoignages de leur zèle, et viens voir cette course où leur adresse va paroître.

THÉOCLE, à la princesse.

Tout le monde va faire des efforts pour remporter le prix de cette course. Mais, à vous dire vrai, j'ai peu d'ardeur pour la victoire, puisque ce n'est pas votre cœur qu'on y doit disputer.

ARISTOMÈNE.

Pour moi, madame, vous êtes le seul prix que je me propose partout. C'est vous que je crois disputer dans ces combats d'adresse, et je n'aspire maintenant à remporter l'honneur de cette course que pour obtenir un degré de gloire qui m'approche de votre cœur.

EURYALE.

Pour moi, madame, je n'y vais point du tout avec cette pensée. Comme j'ai fait toute ma vie profession de ne rien aimer, tous les soins que je prends ne vont point où tendent les autres. Je n'ai aucune prétention sur votre cœur, et le seul honneur de la course est tout l'avantage où j'aspire.

SCÈNE V. — LA PRINCESSE, AGLANTE, CYNTHIE, PHILIS, MORON.

LA PRINCESSE.

D'où sort cette fierté où l'on ne s'attendoit point? Princesses, que dites-vous de ce jeune prince? Avez-vous remarqué de quel ton il l'a pris?

AGLANTE.

Il est vrai que cela est un peu fier.

MORON, à part.

Ah! quelle brave botte il vient là de lui porter!

LA PRINCESSE.

Ne trouvez-vous pas qu'il y auroit plaisir d'abaisser son orgueil, et de soumettre un peu ce cœur qui tranche tant du brave?

CYNTHIE.

Comme vous êtes accoutumée à ne jamais recevoir que des hommages et des adorations de tout le monde, un compliment pareil au sien doit vous surprendre, à la vérité.

LA PRINCESSE.

Je vous avoue que cela m'a donné de l'émotion, et que je souhaiterois fort de trouver les moyens de châtier cette hauteur. Je n'avois pas beaucoup d'envie de me trouver à cette course; mais j'y veux aller exprès, et employer toute chose pour lui donner de l'amour.

CYNTHIE.

Prenez garde, madame. L'entreprise est périlleuse; et, lorsqu'on veut donner de l'amour, on court risque d'en recevoir.

LA PRINCESSE.

Ah! n'appréhendez rien, je vous prie. Allons, je vous réponds de moi[1]

SECOND INTERMÈDE

SCÈNE I. — PHILIS, MORON.

MORON.

Philis, demeure ici.

PHILIS.

Non. Laisse-moi suivre les autres.

MORON.

Ah! cruelle, si c'étoit Tircis qui t'en priât, tu demeurerois bien vite.

PHILIS.

Cela se pourroit faire, et je demeure d'accord que je trouve bien mieux mon compte avec l'un qu'avec l'autre; car il me divertit avec sa voix, et toi, tu m'étourdis de ton caquet. Lorsque tu chanteras aussi bien que lui, je te promets de t'écouter

MORON.

Eh! demeure un peu.

PHILIS.

Je ne saurois.

MORON.

De grâce!

PHILIS.

Point, te dis-je.

MORON, retenant Philis.

Je ne te laisserai point aller...

PHILIS.

Ah! que de façons!

MORON.

Je ne te demande qu'un moment à être avec toi.

---

[1] Ce second acte, il faut l'avouer, est d'une grande froideur : tout l'intérêt du sujet va porter sur le troisième.

PHILIS.

Eh bien, oui, j'y demeurerai, pourvu que tu me promettes une chose.

MORON.

Et quelle?

PHILIS.

De ne me parler point du tout.

MORON.

Eh! Philis.

PHILIS.

A moins que de cela, je ne demeurerai point avec toi.

MORON.

Veux-tu me...

PHILIS.

Laisse-moi aller.

MORON.

Eh bien, oui, demeure. Je ne te dirai mot.

PHILIS.

Prends-y bien garde, au moins; car à la moindre parole je prends la fuite.

MORON.

Soit. (Après avoir fait une scène de gestes.) Ah! Philis!... Eh!..

SCÈNE II. — MORON, seul.

Elle s'enfuit, et je ne saurois l'attraper. Voilà ce que c'est. Si je savois chanter, j'en ferois bien mieux mes affaires. La plupart des femmes aujourd'hui se laissent prendre par les oreilles; elles sont cause que tout le monde se mêle de musique, et l'on ne réussit auprès d'elles que par les petites chansons et les petits vers qu'on leur fait entendre. Il faut que j'apprenne à chanter, pour faire comme les autres. Bon, voici justement mon homme.

SCÈNE III. — UN SATYRE, MORON.

LE SATYRE chante.

La, la, la.

MORON.

Ah! satyre, mon ami, tu sais bien ce que tu m'as promis il y a long-temps. Apprends-moi à chanter, je te prie.

LE SATYRE.

Je le veux; mais auparavant écoute une chanson que je viens de faire.

MORON, bas, à part.

Il est si accoutumé à chanter, qu'il ne sauroit parler d'autre façon. (Haut.) Allons, chante, j'écoute.

LE SATYRE chante.

Je portois...

MORON.

Une chanson? dis-tu.

LE SATYRE.

Je port...

MORON.

Une chanson à chanter?

LE SATYRE.

Je port...

MORON.

Chanson amoureuse? Peste!

LE SATYRE.

 Je portois dans une cage
 Deux moineaux que j'avois pris,
  Lorsque la jeune Chloris
  Fit, dans un sombre bocage,
  Briller à mes yeux surpris
 Les fleurs de son beau visage.

Hélas! dis-je aux moineaux, en recevant les coups
De ses yeux si savants à faire des conquêtes,
 Consolez-vous, pauvres petites bêtes,
Celui qui vous a pris est bien plus pris que vous.

Moron demande au satyre une chanson plus passionnée, et le prie de lui dire celle qu'il lui avoit ouï chanter quelques jours auparavant.

LE SATYRE chante.

 Dans vos chants si doux
 Chantez à ma belle,
 Oiseaux, chantez tous
 Ma peine mortelle.
 Mais, si la cruelle
 Se met en courroux
 Au récit fidèle
Des maux que je sens pour elle,
 Oiseaux, taisez-vous.

MORON.

Ah! qu'elle est belle! Apprends-la-moi.

LE SATYRE.

La, la, la, la.

MORON.

La, la, la, la.

LE SATYRE.

Fa, fa, fa, fa.

MORON.

Fat toi-même[1] !

ENTRÉE DE BALLET.

Le satyre, en colère, menace Moron, et plusieurs satyres dansent une entrée plaisante.

ACTE TROISIÈME

SCÈNE I. — LA PRINCESSE, AGLANTE, CYNTHIE, PHILIS.

CYNTHIE.

Il est vrai, madame, que ce jeune prince a fait voir une adresse non commune, et que l'air dont il a paru a été quelque chose de surprenant. Il sort vainqueur de cette course. Mais je doute fort qu'il en sorte avec le même cœur qu'il y a porté ; car enfin vous lui avez tiré des traits dont il est difficile de se défendre ; et, sans parler de tout le reste, la grâce de votre danse et la douceur de votre voix ont eu des charmes aujourd'hui à toucher les plus insensibles.

LA PRINCESSE.

Le voici qui s'entretient avec Moron ; nous saurons un peu de quoi il lui parle. Ne rompons point encore leur entretien, et prenons cette route pour revenir à leur rencontre.

SCÈNE II. — EURYALE, ARBATE, MORON.

EURYALE.

Ah! Moron, je te l'avoue, j'ai été enchanté ; et jamais tant de charmes n'ont frappé tout ensemble mes yeux et mes oreilles. Elle est adorable en tout temps, il est vrai ; mais ce moment l'a emporté sur tous les autres, et des grâces nouvelles ont redoublé l'éclat de ses beautés. Jamais son visage ne s'est paré de plus vives couleurs, ni ses yeux ne se sont armés de traits plus vifs et plus perçants. La douceur de sa voix a voulu se faire paroître dans un air tout charmant qu'elle a daigné chanter ; et les sons merveilleux qu'elle formoit passoient jusqu'au fond de mon âme et tenoient tous mes sens dans un

---

[1] Voilà un intermède bien pauvre d'invention et de gaieté. Le besoin d'aller vite pour arriver à temps forçait Molière à s'emparer de la première idée qui s'offrait à lui. (Auger.)

ravissement à ne pouvoir en revenir. Elle a fait éclater ensuite une disposition toute divine, et ses pieds amoureux sur l'émail d'un tendre gazon traçoient d'aimables caractères qui m'enlevoient hors de moi-même, et m'attachoient par des nœuds invincibles aux doux et justes mouvements dont tout son corps suivoit les mouvements de l'harmonie. Enfin, jamais âme n'a eu de plus puissantes émotions que la mienne ; et j'ai pensé plus de vingt fois oublier ma résolution, pour me jeter à ses pieds, et lui faire un aveu sincère de l'ardeur que je sens pour elle.

MORON.

Donnez-vous-en bien de garde, seigneur, si vous m'en voulez croire. Vous avez trouvé la meilleure invention du monde, et je me trompe fort si elle ne vous réussit. Les femmes sont des animaux d'un naturel bizarre ; nous les gâtons par nos douceurs ; et je crois tout de bon que nous les verrions nous courir, sans tous ces respects et ces soumissions où les hommes les acoquinent.

ARBATE.

Seigneur, voici la princesse, qui s'est un peu éloignée de sa suite.

MORON.

Demeurez ferme, au moins, dans le chemin que vous avez pris. Je m'en vais voir ce qu'elle me dira. Cependant promenez-vous ici dans ces petites routes, sans faire aucun semblant d'avoir envie de la joindre ; et, si vous l'abordez, demeurez avec elle le moins qu'il vous sera possible.

SCÈNE III. — LA PRINCESSE, MORON.

LA PRINCESSE.

Tu as donc familiarité, Moron, avec le prince d'Ithaque ?

MORON.

Ah ! madame, il y a longtemps que nous nous connoissons.

LA PRINCESSE.

D'où vient qu'il n'est pas venu jusqu'ici, et qu'il a pris cette autre route quand il m'a vue ?

MORON.

C'est un homme bizarre, qui ne se plaît qu'à entretenir ses pensées.

LA PRINCESSE.

Étois-tu tantôt au compliment qu'il m'a fait ?

MORON.

Oui, madame, j'y étois ; et je l'ai trouvé un peu impertinent, n'en déplaise à sa principauté.

LA PRINCESSE.

Pour moi, je le confesse, Moron, cette fuite m'a choquée ; et j'ai toutes les envies du monde de l'engager, pour rabattre un peu son orgueil.

MORON.

Ma foi, madame, vous ne feriez pas mal; il le mériteroit bien; mais, à vous dire vrai, je doute fort que vous y puissiez réussir.

LA PRINCESSE.

Comment?

MORON.

Comment? C'est le plus orgueilleux petit vilain que vous ayez jamais vu. Il lui semble qu'il n'y a personne au monde qui le mérite, et que la terre n'est pas digne de le porter.

LA PRINCESSE.

Mais encore, ne t'a-t-il point parlé de moi?

MORON.

Lui? non.

LA PRINCESSE.

Il ne t'a rien dit de ma voix et de ma danse?

MORON.

Pas le moindre mot.

LA PRINCESSE.

Certes, ce mépris est choquant, et je ne puis souffrir cette hauteur étrange de ne rien estimer.

MORON.

Il n'estime et n'aime que lui.

LA PRINCESSE.

Il n'y a rien que je ne fasse pour le soumettre comme il faut.

MORON.

Nous n'avons point de marbre dans nos montagnes qui soit plus dur et plus insensible que lui.

LA PRINCESSE.

Le voilà.

MORON.

Voyez-vous comme il passe, sans prendre garde à vous?

LA PRINCESSE.

De grâce, Moron, va le faire aviser que je suis ici, et l'oblige à me venir aborder.

SCÈNE IV. — LA PRINCESSE, MORON, EURYALE.

MORON, allant au-devant d'Euryale, et lui parlant bas.

Seigneur, je vous donne avis que tout va bien. La princesse souhaite que vous l'abordiez; mais songez bien à continuer votre rôle; et, de peur de l'oublier, ne soyez pas longtemps avec elle.

LA PRINCESSE.

Vous êtes bien solitaire, seigneur; et c'est une humeur bien extraordinaire que la vôtre, de renoncer ainsi à notre sexe, et de fuir, à votre âge, cette galanterie dont se piquent tous vos pareils.

EURYALE.

Cette humeur, madame, n'est pas si extraordinaire qu'on n'en trouvât des exemples sans aller loin d'ici; et vous ne sauriez condamner la résolution que j'ai prise de n'aimer jamais rien, sans condamner aussi vos sentiments.

LA PRINCESSE.

Il y a grande différence; et ce qui sied bien à un sexe ne sied pas bien à l'autre. Il est beau qu'une femme soit insensible, et conserve son cœur exempt des flammes de l'amour; mais ce qui est vertu en elle devient un crime dans un homme; et, comme la beauté est le partage de notre sexe, vous ne sauriez ne nous point aimer sans nous dérober les hommages qui nous sont dus, et commettre une offense dont nous devons toutes nous ressentir.

EURYALE.

Je ne vois pas, madame, que celles qui ne veulent point aimer doivent prendre aucun intérêt à ces sortes d'offenses.

LA PRINCESSE.

Ce n'est pas une raison, seigneur; et, sans vouloir aimer, on est toujours bien aise d'être aimé.

EURYALE.

Pour moi, je ne suis point de même; et, dans le dessein où je suis de ne rien aimer, je serois fâché d'être aimé.

LA PRINCESSE.

Et la raison?

EURYALE.

C'est qu'on a obligation à ceux qui nous aiment, et que je serois fâché d'être ingrat.

LA PRINCESSE.

Si bien donc que, pour fuir l'ingratitude, vous aimeriez qui vous aimeroit?

EURYALE.

Moi, madame? Point du tout. Je dis bien que je serois fâché d'être ingrat; mais je me résoudrois plutôt de l'être que d'aimer.

LA PRINCESSE.

Telle personne vous aimeroit peut-être, que votre cœur...

EURYALE.

Non, madame. Rien n'est capable de toucher mon cœur. Ma liberté est la seule maîtresse à qui je consacre mes vœux; et, quand le ciel emploieroit ses soins à composer une beauté parfaite, quand il assembleroit en elle tous les dons les plus merveilleux et du corps et de l'âme, enfin quand il exposeroit à mes yeux un miracle d'esprit, d'adresse et de beauté, et que cette personne m'aimeroit avec toutes les tendresses imaginables, je vous l'avoue franchement, je ne l'aimerois pas.

LA PRINCESSE, à part.

A-t-on jamais rien vu de tel?

MORON, à la princesse.

Peste soit du petit brutal! J'aurois bien envie de lui bailler un coup de poing.

LA PRINCESSE, à part.

Cet orgueil me confond, et j'ai un tel dépit, que je ne me sens pas.

MORON, bas, au prince.

Bon courage, seigneur. Voilà qui va le mieux du monde.

EURYALE, bas, à Moron.

Ah! Moron, je n'en puis plus! et je me suis fait des efforts étranges.

LA PRINCESSE, à Euryale.

C'est avoir une insensibilité bien grande, que de parler comme vous faites.

EURYALE.

Le ciel ne m'a pas fait d'une autre humeur. Mais, madame, j'interromps votre promenade, et mon respect doit m'avertir que vous aimez la solitude.

SCÈNE V. — LA PRINCESSE, MORON.

MORON.

Il ne vous en doit rien, madame, en dureté de cœur.

LA PRINCESSE.

Je donnerois volontiers tout ce que j'ai au monde, pour avoir l'avantage d'en triompher.

MORON.

Je le crois.

LA PRINCESSE.

Ne pourrois-tu, Moron, me servir dans un tel dessein?

MORON.

Vous savez bien, madame, que je suis tout à votre service.

LA PRINCESSE.

Parle-lui de moi dans tes entretiens; vante-lui adroitement ma personne et les avantages de ma naissance, et tâche d'ébranler ses sentiments par la douceur de quelque espoir. Je te permets de dire tout ce que tu voudras pour tâcher à me l'engager.

MORON

Laissez-moi faire.

LA PRINCESSE.

C'est une chose qui me tient au cœur. Je souhaite ardemment qu'il m'aime.

MORON.

Il est bien fait, oui, ce petit pendard-là; il a bon air, bonne physionomie; et je crois qu'il seroit assez le fait d'une jeune princesse.

LA PRINCESSE.

Enfin, tu peux tout espérer de moi, si tu trouves moyen d'enflammer pour moi son cœur.

MORON.

Il n'y a rien qui ne se puisse faire. Mais, madame, s'il venoit à vous aimer, que feriez-vous, s'il vous plaît?

LA PRINCESSE.

Ah! ce seroit lors que je prendrois plaisir à triompher pleinement de sa vanité, à punir son mépris par mes froideurs, et à exercer sur lui toutes les cruautés que je pourrois imaginer.

MORON.

Il ne se rendra jamais.

LA PRINCESSE.

Ah! Moron, il faut faire en sorte qu'il se rende.

MORON.

Non, il n'en fera rien. Je le connois; ma peine seroit inutile.

LA PRINCESSE.

Si faut-il pourtant tenter toute chose, et éprouver si son âme est entièrement insensible. Allons. Je veux lui parler et suivre une pensée qui vient de me venir [1].

TROISIÈME INTERMÈDE

SCÈNE I. — PHILIS, TIRCIS.

PHILIS.

Viens, Tircis. Laissons-les aller, et me dis un peu ton martyre de la façon que tu sais faire. Il y a longtemps que tes yeux me parlent, mais je suis plus aise d'ouïr ta voix.

TIRCIS chante.

Tu m'écoutes, hélas! dans ma triste langueur;
Mais je n'en suis pas mieux, ô beauté sans pareille!
    Et je touche ton oreille,
  Sans que je touche ton cœur.

PHILIS.

Va, va, c'est déjà quelque chose que de toucher l'oreille, et le temps amène tout. Chante-moi cependant quelque plainte nouvelle que tu aies composée pour moi.

SCÈNE II. — MORON, PHILIS, TIRCIS.

MORON.

Ah! ah! je vous y prends, cruelle! vous vous écartez des autres pour ouïr mon rival!

---

[1] Cet acte est bien conduit et bien rempli. (Auger.)

PHILIS.

Oui, je m'écarte pour cela. Je te le dis encore, je me plais avec lui; et l'on écoute volontiers les amants lorsqu'ils se plaignent aussi agréablement qu'il fait. Que ne chantes-tu comme lui? je prendrois plaisir à t'écouter.

MORON.

Si je ne sais chanter, je sais faire autre chose; et quand...

PHILIS.

Tais-toi. Je veux l'entendre. Dis, Tircis, ce que tu voudras.

MORON.

Ah! cruelle!...

PHILIS.

Silence, dis-je, ou je me mettrai en colère.

TIRCIS chante.

Arbres épais, et vous, prés émaillés,
La beauté dont l'hiver vous avoit dépouillés
Par le printemps vous est rendue.
Vous reprenez tous vos appas;
Mais mon âme ne reprend pas
La joie, hélas! que j'ai perdue.

MORON.

Morbleu! que n'ai-je de la voix! Ah! nature marâtre, pourquoi ne m'as-tu pas donné de quoi chanter, comme à un autre?

PHILIS.

En vérité, Tircis, il ne se peut rien de plus agréable, et tu l'emportes sur tous les rivaux que tu as.

MORON.

Mais pourquoi est-ce que je ne puis pas chanter? N'ai-je pas un estomac, un gosier et une langue comme un autre? Oui, oui, allons. Je veux chanter aussi, et te montrer que l'amour fait faire toutes choses. Voici une chanson que j'ai faite pour toi.

PHILIS.

Oui, dis. Je veux bien t'écouter, pour la rareté du fait.

MORON.

Courage, Moron! Il n'y a qu'à avoir de la hardiesse. (Il chante.)

Ton extrême rigueur
S'acharne sur mon cœur.
Ah! Philis, je trépasse;
Daigne me secourir.
En seras-tu plus grasse
De m'avoir fait mourir?

Vivat, Moron!

PHILIS.

Voilà qui est le mieux du monde. Mais, Moron, je souhaiterois bien d'avoir la gloire que quelque amant fût mort pour moi. C'est un avantage dont je n'ai pas encore joui; et je trouve que j'aimerois de tout mon cœur une personne qui m'aimeroit assez pour se donner la mort.

MORON.

Tu aimerois une personne qui se tueroit pour toi?

PHILIS.

Oui.

MORON.

Il ne faut que cela pour te plaire?

PHILIS.

Non.

MORON.

Voilà qui est fait. Je te veux montrer que je me sais tuer quand je veux.

TIRCIS chante.
    Ah! quelle douceur extrême
    De mourir pour ce qu'on aime.

MORON, à Tircis.

C'est un plaisir que vous aurez quand vous voudrez.

TIRCIS chante.
    Courage, Moron! Meurs promptement,
      En généreux amant.

MORON, à Tircis.

Je vous prie de vous mêler de vos affaires, et de me laisser tuer à ma fantaisie. Allons, je vais faire honte à tous les amants. (A Philis.) Tiens, je ne suis pas homme à faire tant de façons. Vois ce poignard. Prends bien garde comme je vais me percer le cœur. Je suis votre serviteur. Quelque niais.

PHILIS.

Allons, Tircis. Viens-t'en me redire à l'écho ce que tu m'as chanté.

ACTE QUATRIÈME

SCÈNE I. — LA PRINCESSE, EURYALE, MORON.

LA PRINCESSE.

Prince, comme jusqu'ici nous avons fait paroître une conformité de sentiments, et que le ciel a semblé mettre en nous mêmes attachements pour notre liberté et même aversion pour l'amour, je suis bien aise de vous ouvrir mon cœur, et de vous faire confidence d'un changement dont vous serez surpris. J'ai toujours regardé l'hymen comme une chose affreuse, et j'avois fait serment d'abandonner plutôt la vie que de me résoudre jamais à perdre cette liberté, pour qui j'avois des tendresses si grandes; mais enfin un moment a dissipé toutes ces résolutions. Le mérite d'un prince m'a frappé aujourd'hui les yeux; et mon âme tout d'un coup, comme par un miracle, est devenue sensible aux traits de cette passion que j'avois toujours méprisée. J'ai trouvé d'abord des raisons pour autoriser ce changement, et je puis l'appuyer de ma volonté de répondre aux ardentes sollicitations d'un père et aux vœux de tout un État; mais, à vous dire vrai, je suis en peine du jugement que vous ferez de moi, et je voudrois savoir si vous condamnerez ou non le dessein que j'ai de me donner un époux.

EURYALE.

Vous pourriez faire un tel choix, madame, que je l'approuverois sans doute.

LA PRINCESSE.

Qui croyez-vous, à votre avis [1], que je veuille choisir?

EURYALE.

Si j'étois dans votre cœur, je pourrois vous le dire; mais, comme je n'y suis pas, je n'ai garde de vous répondre.

LA PRINCESSE.

Devinez pour voir, et nommez quelqu'un.

EURYALE.

J'aurois trop peur de me tromper.

LA PRINCESSE.

Mais encore, pour qui souhaiteriez-vous que je me déclarasse?

EURYALE.

Je sais bien, à vous dire vrai, pour qui je le souhaiterois; mais, avant que de m'expliquer, je dois savoir votre pensée.

LA PRINCESSE.

Eh bien, prince, je veux bien vous la découvrir. Je suis sûre que vous allez approuver mon choix; et, pour ne point vous tenir en suspens davantage, le prince de Messène est celui de qui le mérite s'est attiré mes vœux.

EURYALE, à part.

O ciel!

LA PRINCESSE, bas, à Moron.

Mon invention a réussi, Moron. Le voilà qui se trouble.

MORON, à la princesse.

Bon, madame. (Au prince.) Courage, seigneur. (A la princesse.) Il en tient. (Au prince.) Ne vous défaites pas [2].

LA PRINCESSE, à Euryale.

Ne trouvez-vous pas que j'ai raison, et que ce prince a tout le mérite qu'on peut avoir?

---

[1] *A votre avis* est évidemment un pléonasme.
[2] On disait alors *se défaire* dans le sens de demeurer embarrassé, interdit.

MORON, *bas, au prince.*

Remettez-vous, et songez à répondre.

LA PRINCESSE.

D'où vient, prince, que vous ne dites mot, et semblez interdit?

EURYALE.

Je le suis, à la vérité; et j'admire, madame, comme le ciel a pu former deux âmes aussi semblables en tout que les nôtres, deux âmes en qui l'on ait vu une plus grande conformité de sentiments, qui aient fait éclater dans le même temps une résolution à braver les traits de l'Amour, et qui, dans le même moment, aient fait paroître une égale facilité à perdre le nom d'insensibles. Car enfin, madame, puisque votre exemple m'autorise, je ne feindrai point de vous dire que l'amour aujourd'hui s'est rendu maître de mon cœur, et qu'une des princesses, vos cousines, l'aimable et belle Aglante, a renversé d'un coup d'œil tous les projets de ma fierté. Je suis ravi, madame, que, par cette égalité de défaite, nous n'ayons rien à nous reprocher l'un à l'autre; et je ne doute point que, comme je vous loue infiniment de votre choix, vous n'approuviez aussi le mien. Il faut que ce miracle éclate aux yeux de tout le monde, et nous ne devons point différer à nous rendre tous deux contents. Pour moi, madame, je vous sollicite de vos suffrages, pour obtenir celle que je souhaite, et vous trouverez bon que j'aille de ce pas en faire la demande au prince votre père.

MORON, *bas, à Euryale.*

Ah! digne, ah! brave cœur!

SCÈNE II. — LA PRINCESSE, MORON.

LA PRINCESSE.

Ah! Moron, je n'en puis plus; et ce coup, que je n'attendois pas, triomphe absolument de toute ma fermeté.

MORON.

Il est vrai que le coup est surprenant, et j'avois cru d'abord que votre stratagème avoit fait son effet.

LA PRINCESSE.

Ah! ce m'est un dépit à me désespérer, qu'une autre ait l'avantage de soumettre ce cœur que je voulois soumettre.

SCÈNE III. — LA PRINCESSE, AGLANTE, MORON.

LA PRINCESSE.

Princesse, j'ai à vous prier d'une chose qu'il faut absolument que vous m'accordiez. Le prince d'Ithaque vous aime et veut vous demander au prince mon père.

AGLANTE.

Le prince d'Ithaque, madame?

ACTE IV, SCÈNE IV.

LA PRINCESSE.

Oui. Il vient de m'en assurer lui-même, et m'a demandé mon suffrage pour vous obtenir; mais je vous conjure de rejeter cette proposition et de ne point prêter l'oreille à tout ce qu'il pourra vous dire.

AGLANTE.

Mais, madame, s'il étoit vrai que ce prince m'aimât effectivement, pourquoi, n'ayant aucun dessein de vous engager, ne voudriez-vous pas souffrir...

LA PRINCESSE.

Non, Aglante. Je vous le demande. Faites-moi ce plaisir, je vous prie, et trouvez bon que, n'ayant pu avoir l'avantage de le soumettre, je lui dérobe la joie de vous obtenir.

AGLANTE.

Madame, il faut vous obéir; mais je croirois que la conquête d'un tel cœur ne seroit pas une victoire à dédaigner.

LA PRINCESSE.

Non, non, il n'aura pas la joie de me braver entièrement.

SCÈNE IV. — LA PRINCESSE, ARISTOMÈNE, AGLANTE, MORON.

ARISTOMÈNE.

Madame, je viens à vos pieds rendre grâce à l'Amour de mes heureux destins, et vous témoigner avec mes transports le ressentiment où je suis des bontés surprenantes dont vous daignez favoriser le plus soumis de vos captifs.

LA PRINCESSE.

Comment?

ARISTOMÈNE.

Le prince d'Ithaque, madame, vient de m'assurer tout à l'heure que votre cœur avoit eu la bonté de s'expliquer en ma faveur sur ce célèbre choix qu'attend toute la Grèce.

LA PRINCESSE.

Il vous a dit qu'il tenoit cela de ma bouche?

ARISTOMÈNE.

Oui, madame.

LA PRINCESSE.

C'est un étourdi; et vous êtes un peu trop crédule, prince, d'ajouter foi si promptement à ce qu'il vous a dit. Une pareille nouvelle méritoit bien, ce me semble, qu'on en doutât un peu de temps; et c'est tout ce que vous pourriez faire de la croire, si je vous l'avois dite moi-même.

ARISTOMÈNE.

Madame, si j'ai été trop prompt à me persuader...

LA PRINCESSE.

De grâce, prince, brisons là ce discours; et, si vous voulez m'obliger, souffrez que je puisse jouir de deux moments de solitude.

SCÈNE V. — LA PRINCESSE, AGLANTE, MORON.

LA PRINCESSE.

Ah! qu'en cette aventure le ciel me traite avec une rigueur étrange! au moins, princesse, souvenez-vous de la prière que je vous ai faite.

AGLANTE.

Je vous l'ai dit, madame, il vous faut obéir.

SCÈNE VI. — LA PRINCESSE, MORON.

MORON.

Mais, madame, s'il vous aimoit, vous n'en voudriez point, et cependant vous ne voulez pas qu'il soit à une autre. C'est faire justement comme le chien du jardinier [1].

LA PRINCESSE.

Non, je ne puis souffrir qu'il soit heureux avec une autre; et, si la chose étoit, je crois que j'en mourrois de déplaisir.

MORON.

Ma foi, madame, avouons la dette [2]. Vous voudriez qu'il fût à vous; et, dans toutes vos actions, il est aisé de voir que vous aimez un peu ce jeune prince.

LA PRINCESSE.

Moi, je l'aime! O ciel! je l'aime! Avez-vous l'insolence de prononcer ces paroles? Sortez de ma vue, impudent, et ne vous présentez jamais devant moi!

MORON.

Madame...

LA PRINCESSE.

Retirez-vous d'ici, vous dis-je, ou je vous en ferai retirer d'une autre manière!

MORON, bas, à part.

Ma foi, son cœur en a sa provision; et... (Il rencontre un regard de la princesse, qui l'oblige à se retirer.)

SCÈNE VII. — LA PRINCESSE, seule.

De quelle émotion inconnue sens-je mon cœur atteint? Et quelle inquiétude secrète est venue troubler tout d'un coup la tranquillité de mon âme? Ne seroit-ce point aussi ce qu'on vient de me dire? et, sans en rien savoir, n'aimerois-je point ce jeune prince? Ah! si cela étoit,

---

[1] La phrase qui précède donne le sens de ce proverbe.
[2] C'est-à-dire, convenons du fait.

je serois personne à me désespérer! mais il est impossible que cela soit, et je vois bien que je ne puis pas l'aimer. Quoi! je serois capable de cette lâcheté! J'ai vu toute la terre à mes pieds avec la plus grande insensibilité du monde; les respects, les hommages et les soumissions, n'ont jamais pu toucher mon âme, et la fierté et le dédain en auroient triomphé! J'ai méprisé tous ceux qui m'ont aimée, et j'aimerois le seul qui me méprise! Non, non, je sais bien que je ne l'aime pas. Il n'y a pas de raison à cela. Mais, si ce n'est pas de l'amour que ce que je sens maintenant, qu'est-ce donc que ce peut être? et d'où vient ce poison qui me court par toutes les veines, et ne me laisse point en repos avec moi-même? Sors de mon cœur, qui que tu sois, ennemi qui te caches. Attaque-moi visiblement, et deviens à mes yeux la plus affreuse bête de tous nos bois, afin que mon dard et mes flèches me puissent défaire de toi.

QUATRIÈME INTERMÈDE.

SCÈNE I. — LA PRINCESSE, seule.

O vous, admirables personnes, qui, par la douceur de vos chants, avez l'art d'adoucir les plus fâcheuses inquiétudes, approchez-vous d'ici, de grâce; et tâchez de charmer, avec votre musique, le chagrin où je suis.

SCÈNE II. — LA PRINCESSE, CLIMÈNE, PHILIS.

CLIMÈNE chante.
Chère Philis, dis-moi, que crois-tu de l'amour?
PHILIS chante.
Toi-même, qu'en crois-tu, ma compagne fidèle?
CLIMÈNE.
On m'a dit que sa flamme est pire qu'un vautour,
Et qu'on souffre, en aimant, une peine cruelle.
PHILIS.
On m'a dit qu'il n'est point de passion plus belle,
Et que ne pas aimer, c'est renoncer au jour.
CLIMÈNE.
A qui des deux donnerons-nous victoire?
PHILIS.
Qu'en croirons-nous, ou le mal, ou le bien?
TOUTES DEUX ENSEMBLE.
Aimons, c'est le vrai moyen
De savoir ce qu'on en doit croire.

PHILIS.
Chloris vante partout l'amour et ses ardeurs.
CLIMÈNE.
Amarante pour lui verse en tous lieux des larmes.
PHILIS.
Si de tant de tourments il accable les cœurs,
D'où vient qu'on aime à lui rendre les armes?
CLIMÈNE.
Si sa flamme, Philis, est si pleine de charmes,
Pourquoi nous défend-on d'en goûter les douceurs?
PHILIS.
A qui des deux donnerons-nous victoire?
CLIMÈNE.
Qu'en croirons-nous, ou le mal, ou le bien?
TOUTES DEUX ENSEMBLE.
Aimons, c'est le vrai moyen
De savoir ce qu'on en doit croire.
LA PRINCESSE.
Achevez seules, si vous voulez. Je ne saurois demeurer en repos; et, quelque douceur qu'aient vos chants, ils ne font que redoubler mon inquiétude.

ACTE CINQUIÈME

SCÈNE I. — IPHITAS, EURYALE, AGLANTE, CYNTHIE, MORON.

MORON, à Iphitas.
Oui, seigneur, ce n'est point raillerie; j'en suis ce qu'on appelle disgracié. Il m'a fallu tirer mes chausses au plus vite[1], et jamais vous n'avez vu un emportement plus brusque que le sien.

IPHITAS, à Euryale.
Ah! prince, que je devrai de grâce à ce stratagème amoureux, s'il faut qu'il ait trouvé le secret de toucher son cœur!

EURYALE.
Quelque chose, seigneur, que l'on vienne de vous en dire, je n'ose encore, pour moi, me flatter de ce doux espoir; mais enfin, si ce n'est pas à moi trop de témérité que d'oser aspirer à l'honneur de votre alliance, si ma personne et mes États...

IPHITAS.
Prince, n'entrons point dans ces compliments. Je trouve en vous de quoi remplir tous les souhaits d'un père; et, si vous avez le cœur de ma fille, il ne vous manque rien.

[1] Expression proverbiale, pour : s'enfuir, quitter un lieu à la hâte. (Richelet.)

SCÈNE II. — LA PRINCESSE, IPHITAS, EURYALE, AGLANTE, CYNTHIE, MORON.

LA PRINCESSE.

O ciel! que vois-je ici?

IPHITAS, à Euryale.

Oui, l'honneur de votre alliance m'est d'un prix très-considérable, et je souscris aisément de tous mes suffrages à la demande que vous me faites.

LA PRINCESSE, à Iphitas.

Seigneur, je me jette à vos pieds pour vous demander une grâce. Vous m'avez toujours témoigné une tendresse extrême, et je crois vous devoir bien plus par les bontés que vous m'avez fait voir que par le jour que vous m'avez donné. Mais, si jamais vous avez eu de l'amitié pour moi, je vous en demande aujourd'hui la plus sensible preuve que vous me puissiez accorder; c'est de n'écouter point, seigneur, la demande de ce prince, et de ne pas souffrir que la princesse Aglante soit unie avec lui.

IPHITAS.

Et par quelle raison, ma fille, voudrois-tu t'opposer à cette union?

LA PRINCESSE.

Par la raison que je hais ce prince, et que je veux, si je puis, traverser ses desseins.

IPHITAS.

Tu le hais, ma fille?

LA PRINCESSE.

Oui, et de tout mon cœur, je vous l'avoue.

IPHITAS.

Et que t'a-t-il fait?

LA PRINCESSE.

Il m'a méprisée.

IPHITAS.

Et comment?

LA PRINCESSE.

Il ne m'a pas trouvée assez bien faite pour m'adresser ses vœux.

IPHITAS.

Et quelle offense te fait cela? tu ne veux accepter personne.

LA PRINCESSE.

N'importe. Il me devoit aimer comme les autres, et me laisser au moins la gloire de le refuser. Sa déclaration me fait un affront; et ce m'est une honte sensible qu'à mes yeux, et au milieu de votre cour, il a recherché une autre que moi.

IPHITAS.

Mais quel intérêt dois-tu prendre à lui?

LA PRINCESSE.

J'en prends, seigneur, à me venger de son mépris; et, comme je sais bien qu'il aime Aglante avec beaucoup d'ardeur, je veux empêcher, s'il vous plaît, qu'il ne soit heureux avec elle.

IPHITAS.

Cela te tient donc bien au cœur?

LA PRINCESSE.

Oui, seigneur, sans doute; et, s'il obtient ce qu'il demande, vous me verrez expirer à vos yeux.

IPHITAS.

Va, va, ma fille, avoue franchement la chose. Le mérite de ce prince t'a fait ouvrir les yeux, et tu l'aimes enfin, quoi que tu puisses dire.

LA PRINCESSE.

Moi, seigneur!

IPHITAS.

Oui, tu l'aimes.

LA PRINCESSE.

Je l'aime, dites-vous? et vous m'imputez cette lâcheté! O ciel! quelle est mon infortune! Puis-je bien, sans mourir, entendre ces paroles? Et faut-il que je sois si malheureuse, qu'on me soupçonne de l'aimer? Ah! si c'étoit un autre que vous, seigneur, qui me tînt ce discours, je ne sais pas ce que je ne ferois point!

IPHITAS.

Eh bien, oui, tu ne l'aimes pas. Tu le hais, j'y consens, et je veux bien, pour te contenter, qu'il n'épouse pas la princesse Aglante.

LA PRINCESSE.

Ah! seigneur, vous me donnez la vie!

IPHITAS.

Mais, afin d'empêcher qu'il ne puisse être jamais à elle, il faut que tu le prennes pour toi.

LA PRINCESSE.

Vous vous moquez, seigneur, et ce n'est pas ce qu'il demande.

EURYALE.

Pardonnez-moi, madame, je suis assez téméraire pour cela, et je prends à témoin le prince votre père si ce n'est pas vous que j'ai demandée. C'est trop vous tenir dans l'erreur; il faut lever le masque, et, dussiez-vous vous en prévaloir contre moi, découvrir à vos yeux les véritables sentiments de mon cœur. Je n'ai jamais aimé que vous, et jamais je n'aimerai que vous. C'est vous, madame, qui m'avez enlevé cette qualité d'insensible que j'avois toujours affectée; et tout ce que j'ai pu vous dire n'a été qu'une feinte qu'un mouvement secret m'a inspirée, et que je n'ai suivie qu'avec toutes les violences imaginables. Il falloit qu'elle cessât bientôt, sans doute, et je m'étonne seulement qu'elle ait pu durer la moitié d'un jour; car, enfin, je mourois, je brûlois dans l'âme, quand je vous déguisois mes sentiments ; et jamais cœur n'a souffert une contrainte égale à la mienne. Que si cette feinte, madame, a quelque chose qui vous offense, je suis tout prêt de mourir pour vous en venger ; vous n'avez qu'à parler, et ma main sur-le-champ fera gloire d'exécuter l'arrêt que vous prononcerez.

LA PRINCESSE.

Non, non, prince, je ne vous sais pas mauvais gré de m'avoir abusée ; et tout ce que vous m'avez dit, je l'aime bien mieux une feinte que non pas une vérité.

IPHITAS.

Si bien donc, ma fille, que tu veux bien accepter ce prince pour époux ?

LA PRINCESSE.

Seigneur, je ne sais pas encore ce que je veux. Donnez-moi le temps d'y songer, je vous prie, et m'épargnez un peu la confusion où je suis.

IPHITAS.

Vous jugez, prince, ce que cela veut dire, et vous pouvez fonder là-dessus.

EURYALE.

Je l'attendrai tant qu'il vous plaira, madame, cet arrêt de ma destinée ; et, s'il me condamne à la mort, je le suivrai sans murmure.

IPHITAS.

Viens, Moron. C'est ici un jour de paix, et je te remets en grâce avec la princesse.

MORON.

Seigneur, je serai meilleur courtisan une autre fois, et je me garderai bien de dire ce que je pense.

SCÈNE III. — ARISTOMÈNE, THÉOCLE, IPHITAS, LA PRINCESSE, EURYALE, AGLANTE, CYNTHIE, MORON.

IPHITAS, aux princes de Messène et de Pyle.

Je crains bien, princes, que le choix de ma fille ne soit pas en votre faveur ; mais voilà deux princesses qui peuvent bien vous consoler de ce petit malheur.

ARISTOMÈNE.

Seigneur, nous savons prendre notre parti ; et, si ces aimables princesses n'ont point trop de mépris pour des cœurs qu'on a rebutés, nous pouvons revenir par elles à l'honneur de votre alliance.

SCÈNE IV. — IPHITAS, LA PRINCESSE, AGLANTE, CYNTHIE, PHILIS, EURYALE, ARISTOMÈNE, THÉOCLE, MORON.

PHILIS, à Iphitas.

Seigneur, la déesse Vénus vient d'annoncer partout le changement du cœur de la princesse. Tous les pasteurs et toutes les bergères en témoignent leur joie par des danses et des chansons; et, si ce n'est point un spectacle que vous méprisiez vous allez voir l'allégresse publique se répandre jusques ici [1].

CINQUIÈME INTERMÈDE

BERGERS et BERGÈRES.

QUATRE BERGERS ET DEUX BERGÈRES HÉROÏQUES chantent la chanson suivante, sur l'air de laquelle dansent d'autres bergers et bergères.

Usez mieux, ô beautés fières!
Du pouvoir de tout charmer :
Aimez, aimables bergères;
Nos cœurs sont faits pour aimer.
Quelque fort qu'on s'en défende,
Il faut y venir un jour;
Il n'est rien qui ne se rende
Aux doux charmes de l'amour.

Songez de bonne heure à suivre
Le plaisir de s'enflammer;
Un cœur ne commence à vivre
Que du jour qu'il sait aimer.
Quelque fort qu'on s'en défende,
Il faut y venir un jour;
Il n'est rien qui ne se rende
Aux doux charmes de l'amour.

[1] Ce cinquième acte manque d'ampleur et n'est pas même en proportion avec les précédents, qui sont pourtant assez courts. (Auger.)

DON JUAN

ou

LE FESTIN DE PIERRE

COMÉDIE EN CINQ ACTES

1665

PERSONNAGES

DON JUAN, fils de don Louis.
SGANARELLE.
ELVIRE, maîtresse de don Juan.
GUSMAN, écuyer d'Elvire.
DON CARLOS, } frères d'Elvire.
DON ALONSE,
DON LOUIS, père de don Juan.
FRANCISQUE, pauvre.
CHARLOTTE, } paysannes.
MATHURINE,
PIERROT, paysan, amant de Charlotte.
LA STATUE DU COMMANDEUR.
LA VIOLETTE, } valets de don Juan.
RAGOTIN,
M. DIMANCHE, marchand.
LA RAMÉE, spadassin.
SUITE DE DON JUAN.
SUITE DE DON CARLOS ET DE DON ALONSE, frères.
UN SPECTRE.

La scène est en Sicile.

ACTE PREMIER

Le théâtre représente un palais.

SCÈNE I. — SGANARELLE, GUSMAN.

SGANARELLE, tenant une tabatière.

Quoi que puisse dire Aristote èt toute la philosophie, il n'est rien d'égal au tabac : c'est la passion des honnêtes gens, et qui vit sans tabac n'est pas digne de vivre. Non-seulement il réjouit et purge les cerveaux humains, mais encore il instruit les âmes à la vertu, et l'on apprend avec lui à devenir honnête homme. Ne voyez-vous pas bien, dès qu'on en prend, de quelle manière obligeante on en use vec tout le monde, et comme on est ravi d'en donner à droite et à gauche, partout où l'on se trouve? On n'attend pas même qu'on en demande, et l'on court au-devant du souhait des gens; tant il est vrai que le tabac inspire des sentiments d'honneur et de vertu à tous ceux qui en prennent[1]. Mais c'est assez de cette matière, reprenons un peu notre discours. Si bien donc, cher Gusman, que done Elvire, ta maîtresse, surprise de notre départ, s'est mise en campagne après nous; et son cœur, que mon maître a su toucher trop fortement, n'a pu vivre, dis-tu, sans le venir chercher ici. Veux-tu qu'entre nous je te dise ma pensée? J'ai peur qu'elle ne soit mal payée de son amour, que son voyage en cette ville produise peu de fruit, et que vous eussiez autant gagné à ne bouger de là.

GUSMAN.

Et la raison encore? Dis-moi, je te prie, Sganarelle, qui peut t'inspirer une peur d'un si mauvais augure? Ton maître t'a-t-il ouvert son cœur là-dessus, et t'a-t-il dit qu'il eût pour nous quelque froideur qui l'ait obligé à partir?

SGANARELLE.

Non pas; mais, à vue de pays, je connois à peu près le train des choses, et, sans qu'il m'ait encore rien dit, je gagerois presque que l'affaire va là. Je pourrois peut-être me tromper; mais enfin, sur de tels sujets, l'expérience m'a pu donner quelques lumières.

GUSMAN.

Quoi! ce départ si peu prévu seroit une infidélité de don Juan? Il pourroit faire cette injure aux chastes feux de done Elvire?

SGANARELLE.

Non, c'est qu'il est jeune encore, et qu'il n'a pas le courage...

GUSMAN.

Un homme de sa qualité feroit une action si lâche?

SGANARELLE.

Eh! oui, sa qualité! La raison en est belle; et c'est par là qu'il s'empêcheroit des choses!

GUSMAN.

Mais les saints nœuds du mariage le tiennent engagé.

SGANARELLE.

Eh! mon pauvre Gusman, mon ami, tu ne sais pas encore, crois-moi, quel homme est don Juan.

GUSMAN.

Je ne sais pas, de vrai, quel homme il peut être, s'il faut qu'il nous ait fait cette perfidie; et je ne comprends point comme, après tant d'amour et tant d'impatience témoignée, tant d'hommages pressants,

---

[1] On sait que le tabac fut apporté en France par Nicot, ambassadeur de François II à Madrid. L'introduction de cette plante donna lieu à de très-vives discussions.

de vœux, de soupirs et de larmes, tant de lettres passionnées, de protestations ardentes et de serments réitérés, tant de transports enfin, et tant d'emportements qu'il a fait paroître, jusqu'à forcer, dans sa passion, l'obstacle sacré d'un couvent, pour mettre done Elvire en sa puissance ; je ne comprends pas, dis-je, comme, après tout cela, il auroit le cœur de pouvoir manquer à sa parole.

SGANARELLE.

Je n'ai pas grande peine à le comprendre, moi ; et, si tu connoissois le pèlerin, tu trouverois la chose assez facile pour lui. Je ne dis pas qu'il ait changé de sentiments pour done Elvire, je n'en ai point de certitude encore. Tu sais que, par son ordre, je partis avant lui ; et, depuis son arrivée, il ne m'a point entretenu ; mais, par précaution, je t'apprends, *inter nos*, que tu vois en don Juan, mon maître, le plus grand scélérat que la terre ait jamais porté, un enragé, un chien, un diable, un turc, un hérétique, qui ne croit ni ciel, ni saint, ni Dieu, ni loup-garou, qui passe cette vie en véritable bête brute, un pourceau d'Épicure, un vrai Sardanapale, qui ferme l'oreille à toutes les remontrances chrétiennes qu'on lui peut faire, et traite de billevesées tout ce que nous croyons. Tu me dis qu'il a épousé ta maîtresse ; crois qu'il auroit plus fait pour contenter sa passion, et qu'avec elle il auroit encore épousé toi, son chien et son chat. Un mariage ne lui coûte rien à contracter ; il ne se sert point d'autres piéges pour attraper les belles ; et c'est un épouseur à toutes mains. Dame, demoiselle, bourgeoise, paysanne, il ne trouve rien de trop chaud ni de trop froid pour lui ; et, si je te disois le nom de toutes celles qu'il a épousées en divers lieux, ce seroit un chapitre à durer jusqu'au soir. Tu demeures surpris, et changes de couleur à ce discours : ce n'est là qu'une ébauche du personnage ; et, pour en achever le portrait, il faudroit bien d'autres coups de pinceau. Suffit qu'il faut que le courroux du ciel l'accable quelque jour ; qu'il me vaudroit bien mieux d'être au diable que d'être à lui, et qu'il me fait voir tant d'horreurs, que je souhaiterois qu'il fût déjà je ne sais où. Mais un grand seigneur méchant homme est une terrible chose ; il faut que je lui sois fidèle, en dépit que j'en aie ; la crainte en moi fait l'office du zèle, bride mes sentiments, et me réduit d'applaudir bien souvent à ce que mon âme déteste. Le voilà qui vient se promener dans ce palais, séparons-nous. Écoute, au moins : je t'ai fait cette confidence avec franchise, et cela m'est sorti un peu bien vite de la bouche ; mais, s'il falloit qu'il en vînt quelque chose à ses oreilles, je dirois hautement que tu aurois menti.

SCÈNE II. — DON JUAN, SGANARELLE.

DON JUAN.

Quel homme te parloit là ? Il a bien l'air, ce me semble, du bon Gusman de done Elvire.

SGANARELLE.

C'est quelque chose aussi à peu près comme cela.

DON JUAN.

Quoi ! c'est lui !

SGANARELLE.

Lui-même.

DON JUAN.

Et depuis quand est-il en cette ville?

SGANARELLE.

D'hier au soir.

DON JUAN.

Et quel sujet l'amène?

SGANARELLE.

Je crois que vous jugez assez ce qui le peut inquiéter.

DON JUAN.

Notre départ, sans doute?

SGANARELLE.

Le bonhomme en est tout mortifié, et m'en demandoit le sujet.

DON JUAN.

Et quelle réponse as-tu faite?

SGANARELLE.

Que vous ne m'en aviez rien dit.

DON JUAN.

Mais encore, quelle est ta pensée là-dessus? Que t'imagines-tu de cette affaire?

SGANARELLE.

Moi? Je crois, sans vous faire tort, que vous avez quelque nouvel amour en tête.

DON JUAN.

Tu le crois?

SGANARELLE.

Oui.

DON JUAN.

Ma foi, tu ne te trompes pas, et je dois t'avouer qu'un autre objet a chassé Elvire de ma pensée.

SGANARELLE.

Eh! mon Dieu! je sais mon don Juan sur le bout du doigt, et connois votre cœur pour le plus grand coureur du monde; il se plaît à se promener de liens en liens, et n'aime guère à demeurer en place.

DON JUAN.

Et ne trouves-tu pas, dis-moi, que j'ai raison d'en user de la sorte?

SGANARELLE.

Eh! monsieur...

DON JUAN.

Quoi? Parle.

ACTE I, SCÈNE II.

SGANARELLE.

Assurément que vous avez raison, si vous le voulez; on ne peut pas aller là contre. Mais, si vous ne vouliez pas, ce seroit peut-être une autre affaire.

DON JUAN.

Eh bien, je te donne la liberté de parler, et de me dire tes sentiments.

SGANARELLE.

En ce cas, monsieur, je vous dirai franchement que je n'approuve point votre méthode, et que je trouve fort vilain d'aimer de tous côtés, comme vous faites.

DON JUAN.

Quoi! tu veux qu'on se lie à demeurer au premier objet qui nous prend, qu'on renonce au monde pour lui, et qu'on n'ait plus d'yeux pour personne? La belle chose de vouloir se piquer d'un faux honneur d'être fidèle, de s'ensevelir pour toujours dans une passion, et d'être mort dès sa jeunesse à toutes les autres beautés qui nous peuvent frapper les yeux! Non, non, la constance n'est bonne que pour des ridicules; toutes les belles ont droit de nous charmer, et l'avantage d'être rencontrée la première ne doit point dérober aux autres les justes prétentions qu'elles ont toutes sur nos cœurs. Pour moi, la beauté me ravit partout où je la trouve, et je cède facilement à cette douce violence dont elle nous entraîne. J'ai beau être engagé, l'amour que j'ai pour une belle n'engage point mon âme à faire une injustice aux autres; je conserve des yeux pour voir le mérite de toutes, et rends à chacune les hommages et les tributs où la nature nous oblige. Quoi qu'il en soit, je ne puis refuser mon cœur à tout ce que je vois d'aimable; et, dès qu'un beau visage me le demande, si j'en avois dix mille, je les donnerois tous. Les inclinations naissantes, après tout, ont des charmes inexplicables, et tout le plaisir de l'amour est dans le changement. On goûte une douceur extrême à réduire, par cent hommages, le cœur d'une jeune beauté, à voir de jour en jour les petits progrès qu'on y fait, à combattre, par des transports, par des larmes et des soupirs, l'innocente pudeur d'une âme qui a peine à rendre les armes, à forcer pied à pied toutes les petites résistances qu'elle nous oppose, à vaincre les scrupules dont elle se fait un honneur, et la mener doucement où nous avons envie de la faire venir. Mais, lorsqu'on en est maître une fois, il n'y a plus rien à dire ni plus rien à souhaiter; tout le beau de la passion est fini, et nous nous endormons dans la tranquillité d'un tel amour, si quelque objet nouveau ne vient réveiller nos désirs, et présenter à notre cœur les charmes attrayants d'une conquête à faire. Enfin il n'est rien de si doux que de triompher de la résistance d'une belle personne; et j'ai, sur ce sujet, l'ambition des conquérants, qui volent perpétuellement de victoire en victoire, et ne peuvent se résoudre à borner leurs souhaits. Il n'est rien qui puisse arrêter l'impétuosité de mes désirs, je me sens un cœur à aimer toute la terre; et, comme Alexandre, je souhaiterois qu'il y eût d'autres mondes pour y pouvoir étendre mes conquêtes amoureuses.

SGANARELLE.

Vertu de ma vie, comme vous débitez! Il semble que vous ayez appris cela par cœur, et vous parlez tout comme un livre.

DON JUAN.

Qu'as-tu à dire là-dessus?

SGANARELLE.

Ma foi, j'ai à dire... Je ne sais que dire; car vous tournez les choses d'une manière, qu'il semble que vous avez raison; et cependant il est vrai que vous ne l'avez pas. J'avois les plus belles pensées du monde, et vos discours m'ont brouillé tout cela. Laissez faire; une autre fois je mettrai mes raisonnements par écrit, pour disputer avec vous.

DON JUAN.

Tu feras bien.

SGANARELLE.

Mais, monsieur, cela seroit-il de la permission que vous m'avez donnée, si je vous disois que je suis tant soit peu scandalisé de la vie que vous menez?

DON JUAN.

Comment! quelle vie est-ce que je mène?

SGANARELLE.

Fort bonne. Mais, par exemple, de vous voir tous les mois vous marier comme vous faites...

DON JUAN.

Y a-t-il rien de plus agréable?

SGANARELLE.

Il est vrai. Je conçois que cela est fort agréable et fort divertissant, et je m'en accommoderois assez, moi, s'il n'y avoit point de mal; mais, monsieur, se jouer ainsi d'un mystère sacré, et...

DON JUAN.

Va, va, c'est une affaire entre le ciel et moi, et nous la démêlerons bien ensemble sans que tu t'en mettes en peine.

SGANARELLE.

Ma foi, monsieur, j'ai toujours ouï dire que c'est une méchante raillerie que de se railler du ciel, et que les libertins ne font jamais une bonne fin.

DON JUAN.

Holà! maître sot! Vous savez que je vous ai dit que je n'aime pas les faiseurs de remontrances.

SGANARELLE.

Je ne parle pas aussi à vous, Dieu m'en garde! vous savez ce que vous faites, vous; et, si vous ne croyez rien, vous avez vos raisons; mais il y a certains petits impertinents dans le monde, qui sont libertins sans savoir pourquoi, qui font les esprits forts, parce qu'ils croient que cela leur sied bien; et, si j'avois un maître comme cela, je lui dirois fort nettement, le regardant en face : Osez-vous bien ainsi vous jouer au ciel, et ne tremblez-vous point de vous moquer comme vous faites des choses les plus saintes? C'est bien à vous, petit ver de terre, petit myrmidon que vous êtes (je parle au maître que j'ai dit), c'est bien à vous à vouloir vous mêler de tourner en raillerie ce que tous les hommes révèrent! Pensez-vous que, pour être de qualité, pour avoir une perruque blonde et bien frisée, des plumes à votre chapeau, un habit bien doré, et des rubans couleur de feu (ce n'est pas à vous que je parle, c'est à l'autre); pensez-vous, dis-je, que vous en soyez plus habile homme, que tout vous soit permis, et qu'on n'ose vous dire vos vérités? Apprenez de moi, qui suis votre valet, que le ciel punit tôt ou tard les impies, qu'une méchante vie amène une méchante mort, et que...

DON JUAN.

Paix!

SGANARELLE.

De quoi est-il question?

DON JUAN.

Il est question de te dire qu'une beauté me tient au cœur, et qu'entraîné par ses appas je l'ai suivie jusqu'en cette ville.

SGANARELLE.

Et n'y craignez-vous rien, monsieur, de la mort de ce commandeur que vous tuâtes il y a six mois?

DON JUAN.

Et pourquoi craindre? ne l'ai-je pas bien tué?

SGANARELLE.

Fort bien, le mieux du monde, et il auroit tort de se plaindre.

DON JUAN.

J'ai eu ma grâce de cette affaire.

SGANARELLE.

Oui; mais cette grâce n'éteint pas peut-être le ressentiment des parents et des amis; et...

DON JUAN.

Ah! n'allons point songer au mal qui nous peut arriver, et songeons seulement à ce qui nous peut donner du plaisir. La personne dont je te parle est une jeune fiancée, la plus agréable du monde, qui a été conduite ici par celui même qu'elle y vient épouser, et le hasard me fit voir ce couple d'amants trois ou quatre jours avant leur voyage. Jamais je n'ai vu deux personnes être si contents l'un de l'autre, et faire éclater plus d'amour. La tendresse visible de leurs mutuelles ardeurs me donna de l'émotion ; j'en fus frappé au cœur, et mon amour commença par la jalousie. Oui, je ne pus souffrir d'abord de les voir si bien ensemble ; le dépit alluma mes désirs, et je me figurai un plaisir extrême à pouvoir troubler leur intelligence et rompre cet attachement, dont la délicatesse de mon cœur se tenoit offensée ; mais jusques ici tous mes efforts ont été inutiles, et j'ai recours au dernier remède. Cet époux prétendu doit aujourd'hui régaler sa maîtresse d'une promenade sur mer. Sans t'en avoir rien dit, toutes choses sont préparées pour satisfaire mon amour, et j'ai une petite barque et des gens, avec quoi fort facilement je prétends enlever la belle.

SGANARELLE.

Ah ! monsieur...

DON JUAN.

Hein ?

SGANARELLE.

C'est fort bien fait à vous, et vous le prenez comme il faut. Il n'est rien tel en ce monde que de se contenter.

DON JUAN.

Prépare-toi donc à venir avec moi, et prends soin toi-même d'apporter toutes mes armes, afin que... (Apercevant donc Elvire.) Ah ! rencontre fâcheuse ! Traître ! tu ne m'avois pas dit qu'elle étoit ici elle-même.

SGANARELLE.

Monsieur, vous ne me l'avez pas demandé.

DON JUAN.

Est-elle folle de n'avoir pas changé d'habit, et de venir en ce lieu-ci avec son équipage de campagne !

SCÈNE III. — DONE ELVIRE, DON JUAN, SGANARELLE.

DONE ELVIRE.

Me feriez-vous la grâce, don Juan, de vouloir bien me reconnoître ? Et puis-je au moins espérer que vous daigniez tourner le visage de ce côté ?

DON JUAN.

Madame, je vous avoue que je suis surpris, et que je ne vous attendois pas ici.

DONE ELVIRE.

Oui, je vois bien que vous ne m'y attendiez pas ; et vous êtes surpris, à la vérité, mais tout autrement que je ne l'espérois ; et la manière dont vous le paroissez me persuade pleinement ce que je refusois de croire. J'admire ma simplicité, et la foiblesse de mon cœur, à douter d'une trahison que tant d'apparences me confirment. J'ai été assez bonne, je le confesse, ou plutôt assez sotte, pour vouloir me

ACTE I, SCÈNE III.

tromper moi-même, et travailler à démentir mes yeux et mon jugement. J'ai cherché des raisons pour excuser à ma tendresse le relâchement d'amitié qu'elle voyoit en vous; et je me suis forgé exprès cent sujets légitimes d'un départ si précipité, pour vous justifier du crime dont ma raison vous accusoit. Mes justes soupçons chaque jour avoient beau me parler, j'en rejetois la voix qui vous rendoit criminel à mes yeux, et j'écoutois avec plaisir mille chimères ridicules, qui vous peignoient innocent à mon cœur; mais enfin cet abord ne me permet plus de douter, et le coup d'œil qui m'a reçue m'apprend bien plus de choses que je ne voudrois en savoir. Je serois bien aise pourtant d'ouïr de votre bouche les raisons de votre départ. Parlez, don Juan, je vous prie, et voyons de quel air vous saurez vous justifier.

DON JUAN.

Madame, voilà Sganarelle qui sait pourquoi je suis parti.

SGANARELLE, bas, à don Juan.

Moi, monsieur? Je n'en sais rien, s'il vous plaît.

DONE ELVIRE.

Eh bien, Sganarelle, parlez. Il n'importe de quelle bouche j'entende ces raisons.

DON JUAN, faisant signe à Sganarelle d'approcher.

Allons, parle donc à madame.

SGANARELLE, bas, à don Juan.

Que voulez-vous que je dise?

DONE ELVIRE.

Approchez, puisqu'on le veut ainsi, et me dites un peu les causes d'un départ si prompt.

DON JUAN.

Tu ne répondras pas?

SGANARELLE, bas, à don Juan.

Je n'ai rien à répondre. Vous vous moquez de votre serviteur.

DON JUAN.

Veux-tu répondre, te dis-je!

SGANARELLE.

Madame...

DONE ELVIRE.

Quoi?

SGANARELLE, se tournant vers son maître.

Monsieur...

DON JUAN, en le menaçant.

Si...

SGANARELLE.

Madame, les conquérants, Alexandre et les autres mondes sont cause de notre départ. Voilà, monsieur, tout ce que je puis dire.

DONE ELVIRE.

Vous plaît-il, don Juan, nous éclaircir ces beaux mystères?

DON JUAN.

Madame, à vous dire la vérité...

DONE ELVIRE.

Ah! que vous savez mal vous défendre pour un homme de cour, et qui doit être accoutumé à ces sortes de choses! J'ai pitié de vous voir la confusion que vous avez. Que ne vous armez-vous le front d'une noble effronterie? Que ne me jurez-vous que vous êtes toujours dans les mêmes sentiments pour moi, que vous m'aimez toujours avec une ardeur sans égale, et que rien n'est capable de vous détacher de moi que la mort? Que ne me dites-vous que des affaires de la dernière conséquence vous ont obligé à partir sans m'en donner avis; qu'il faut que, malgré vous, vous demeuriez ici quelque temps, et que je n'ai qu'à m'en retourner d'où je viens, assurée que vous suivrez mes pas le plus tôt qu'il vous sera possible; qu'il est certain que vous brûlez de me rejoindre, et qu'éloigné de moi vous souffrez ce que souffre un corps qui est séparé de son âme? Voilà comme il faut vous défendre, et non pas être interdit comme vous êtes.

DON JUAN.

Je vous avoue, madame, que je n'ai point le talent de dissimuler, et que je porte un cœur sincère. Je ne vous dirai point que je suis toujours dans les mêmes sentiments pour vous, et que je brûle de vous rejoindre, puisqu'enfin il est assuré que je ne suis parti que pour vous fuir, non point pour les raisons que vous pouvez vous figurer, mais par un pur motif de conscience, et pour ne croire pas qu'avec vous davantage je puisse vivre sans péché. Il m'est venu des scrupules, madame, et j'ai ouvert les yeux de l'âme sur ce que je faisois. J'ai fait réflexion que, pour vous épouser, je vous ai dérobée à la clôture d'un couvent, que vous avez rompu des vœux qui vous engageoient autre part, et que le ciel est fort jaloux de ces sortes de choses. Le repentir m'a pris, et j'ai craint le courroux céleste. J'ai cru que notre mariage n'étoit qu'un adultère déguisé, qu'il nous attireroit quelque disgrâce d'en haut, et qu'enfin je devois tâcher de vous oublier, et vous donner moyen de retourner à vos premières chaînes. Voudriez-vous, madame, vous opposer à une si sainte pensée, et que j'allasse, en vous retenant, me mettre le ciel sur les bras? que pour...

DONE ELVIRE.

Ah! scélérat, c'est maintenant que je te connois tout entier; et, pour mon malheur, je te connois lorsqu'il n'en est plus temps et qu'une telle connoissance ne peut plus me servir qu'à me désespérer; mais sache que ton crime ne demeurera pas impuni, et que le même ciel dont tu te joues me saura venger de ta perfidie!

DON JUAN.

Sganarelle, le ciel!

SGANARELLE.

Vraiment oui, nous nous moquons bien de cela, nous autres.

DON JUAN.

Madame...

DONE ELVIRE.

Il suffit. Je n'en veux pas ouïr davantage, et je m'accuse même d'en avoir trop entendu. C'est une lâcheté que de se faire expliquer trop sa honte; et, sur de tels sujets, un noble cœur, au premier mot, doit prendre son parti. N'attends pas que j'éclate ici en reproches et en injures; non, non, je n'ai point un courroux à exhaler en paroles vaines, et toute sa chaleur se réserve pour sa vengeance. Je te le dis encore, le ciel te punira, perfide, de l'outrage que tu me fais; et, si le ciel n'a rien que tu puisses appréhender, appréhende du moins la colère d'une femme offensée!

SCÈNE IV. — DON JUAN, SGANARELLE.

SGANARELLE, à part.

Si le remords le pouvoit prendre!

DON JUAN, après un moment de réflexion.

Allons songer à l'exécution de notre entreprise amoureuse.

SGANARELLE, seul.

Ah! quel abominable maître me vois-je obligé de servir!

ACTE SECOND

Le théâtre représente une campagne au bord de la mer.

SCÈNE I. — CHARLOTTE, PIERROT.

CHARLOTTE.

Notre dinse, Piarrot, tu t'es trouvé là bian à point.

PIERROT.

Parguienne, il ne s'en est pas fallu l'époisseur d'une éplingue, qu'il ne se sayant nayés tous deux.

CHARLOTTE.

C'est donc le coup de vent d'à matin qui les avoit renvarsés dans la mar?

PIERROT.

Aga[1], quien, Charlotte, je m'en vas te conter tout fin drait comme cela est venu; car, comme dit l'autre, je les ai le premier avisés, avisés le premier je les ai. Enfin donc j'étions sur le bord de la mar,

---

[1] *Aga*, sorte d'interjection populaire qui exprime l'admiration, l'étonnement.

moi et le gros Lucas, et je nous amusions à batifoler avec des mottes de tarre que je nous jesquions à la tête ; car, comme tu sais bian, le gros Lucas aime à batifoler, et moi, par fouas, je batifole itou. En batifolant donc, pisque batifoler y a, j'ai aperçu de tout loin queuque chose qui grouilloit dans gliau, et qui venoit comme envars nous par secousse. Je voyois cela fixiblement, et pis tout d'un coup je voyois que je ne voyois plus rian. Eh ! Lucas, ç'ai-je fait, je pense que vlà des hommes qui nageant là-bas. Voire, ce m'a-t-il fait, t'as été au trépassement d'un chat, t'as la vue trouble[1]. Palsanguienne, ç'ai-je fait, je n'ai point la vue trouble, ce sont des hommes. Point du tout, ce m'a-t-il fait, t'as la barlue. Veux-tu gager, ç'ai-je fait, que je n'ai point la barlue, ç'ai-je fait, et que ce sont deux hommes, ç'ai-je fait, qui nageant droit ici? ç'ai-je fait. Morguienne, ce m'a-t-il fait, je gage que non. Oh! çà, ç'ai-je fait, veux-tu gager dix sous que si? Je le veux bian, ce m'a-t-il fait ; et, pour te montrer, vlà argent su jeu, ce n'a-t-il fait. Moi, je n'ai point été ni fou, ni étourdi ; j'ai bravement bouté à tarre quatre pièces tapées, et cinq sous en doubles, jerniguienne, aussi hardiment que si j'avois avalé un varre de vin ; car je sis hasardeux, moi, et je vas à la débandade. Je savois bian ce que je faisois pourtant. Queuque gniais ! Enfin donc, je n'avons pas putôt eu gagé, que j'avons vu les deux hommes tout à plain, qui nous faisiant signe de les aller querir ; et moi, de tirer auparavant les enjeux. Allons, Lucas, ç'ai-je dit, tu vois bian qu'ils nous appelont; allons vite à leu secours. Non, ce m'a-t-il dit, ils m'ont fait pardre. Oh! donc, tanquia, qu'à la parfin, pour le faire court, je l'ai tant sarmonné, que je nous sommes boutés dans une barque, et pis j'avons tant fait cahin caha, que je les avons tirés de gliau, et pis je les avons menés cheux nous auprès du feu, et pis ils se sant dépouillés tout nus pour se sécher, et pis il y en est venu encore deux de la même bande qui s'équiant sauvés tout seuls, et pis Mathurine est arrivée là, à qui l'en a fait les doux yeux. Vlà justement, Charlotte, comme tout ça s'est fait.

CHARLOTTE.

Ne m'as-tu pas dit, Piarrot, qu'il y en a un qu'est bian pu mieux fait que les autres?

PIERROT.

Oui, c'est le maître. Il faut que ce soit queuque gros, gros monsieu, car il a du dor à son habit tout depis le haut jusqu'en bas ; et ceux qui le servont sont des monsieux eux-mêmes ; et stapandant, tout gros monsieu qu'il est, il seroit par ma fiqué nayé si je n'aviomme été là.

CHARLOTTE.

Ardez un peu !

---

[1] On trouve dans la *Comédie des Proverbes* d'Adrien de Montluc : « Tu as la berlue ; je crois que tu as été au trépassement d'un chat ; tu vois trouble. »

ACTE II, SCÈNE I.

PIERROT.

Oh! parguienne, sans nous, il en avoit pour sa maine de fèves [1].

CHARLOTTE.

Est-il encore cheux toi tout nu, Piarrot?

PIERROT.

Nannain, ils l'avont r'habillé tout devant nous. Mon Guieu, je n'en avois jamais vu s'habiller. Que d'histoires et d'engingorniaux [2] boutont ces messieux-là les courtisans! Je me pardrois là dedans, pour moi, et j'étois tout ébobi de voir ça. Quien, Charlotte, ils avont des cheveux qui ne tenont point à leu tête; et ils boutont ça, après tout, comme un gros bonnet de filasse. Ils ant des chemises qui ant des manches où j'entrerions tout brandis, toi et moi. En glieu d'haut-de-chausse, ils portont un garde-robe [3] aussi large que d'ici à Pâques; en glieu de pourpoint, de petites brassières qui ne leu venont pas jusqu'au brichet [4]; et, en glieu de rabats, un grand mouchoir de cou à réziau, aveuc quatre grosses houppes de linge qui leu pendont sur l'estomaque. Ils avont itou d'autres petits rabats au bout des bras, et de grands entonnois de passements aux jambes; et, parmi tout ça, tant de rubans, tant de rubans, que c'est une vraie piquié. Ignia pas jusqu'aux souliers qui n'en soyont farcis tout depis un bout jusqu'à l'autre; et ils sont faits d'une façon que je me romprois le cou aveuc.

CHARLOTTE.

Par ma fi, Piarrot, il faut que j'aille voir un peu ça.

PIERROT.

Oh! acoute un peu auparavant, Charlotte. J'ai queuque autre chose à te dire, moi.

CHARLOTTE.

Eh bian, dis, qu'est-ce que c'est?

PIERROT.

Vois-tu, Charlotte, il faut, comme dit l'autre, que je débonde mon cœur. Je t'aime, tu le sais bian, et je sommes pour être mariés ensemble; mais, marguienne, je ne suis point satisfait de toi.

CHARLOTTE.

Quement? qu'est-ce que c'est donc qu'iglia?

PIERROT.

Iglia que tu me chagraines l'esprit, franchement.

CHARLOTTE.

Et quement donc?

---

[1] On dit figurément: il en a pour *sa mine de fèves*, pour: il a été attrapé, il en a eu pour son compte. La *mine* est une mesure qui contient la moitié d'un setier. (Aimé Martin.)
[2] *Engingorniaux*, fanfreluches, affiquets, ornements de cou.
[3] Les villageoises portaient alors sur leur jupon une espèce de tablier appelé *garde-robe*.
[4] Le creux qui est au haut de l'estomac. (Ménage.)

PIERROT.

Tétiguienne, tu ne m'aimes point.

CHARLOTTE.

Ah! ah! n'est-ce que ça?

PIERROT.

Oui, ce n'est que ça, et c'est bian assez.

CHARLOTTE.

Mon Guieu, Piarrot, tu me viens toujou dire la même chose.

PIERROT.

Je te dis toujou la même chose, parce que c'est toujou la même chose; et, si ce n'étoit pas toujou la même chose, je ne te dirois pas toujou la même chose.

CHARLOTTE.

Mais qu'est-ce qu'il te faut? Que veux-tu?

PIERROT.

Jerniguienne! je veux que tu m'aimes.

CHARLOTTE.

Est-ce que je ne t'aime pas?

PIERROT.

Non, tu ne m'aimes pas, et si, je fais tout ce que je pis pour ça. Je t'achète, sans reproche, des rubans à tous les marciers qui passont; je me romps le cou à t'aller dénicher des marles; je fais jouer pour toi les vielleux quand ce vient ta fête; et tout ça comme si je me frappois la tête contre un mur. Vois-tu, ça n'est ni biau ni honnête de n'aimer pas les gens qui nous aimont.

CHARLOTTE.

Mais, mon Guieu, je t'aime aussi.

PIERROT.

Oui, tu m'aimes d'une belle dégaine!

CHARLOTTE.

Quement veux-tu donc qu'on fasse?

PIERROT.

Je veux que l'en fasse comme l'en fait, quand l'en aime comme il faut.

CHARLOTTE.

Ne t'aimé-je pas aussi comme il faut?

PIERROT.

Non. Quand ça est, ça se voit, et l'en fait mille petites singeries aux parsonnes quand on les aime du bon cœur. Regarde la grosse Thomasse, comme alle est assottée du jeune Robain; alle est toujou autour de li à l'agacer, et ne le laisse jamais en repos. Toujou al li fait queuque niche, ou li baille queuque taloche en passant; et l'autre jour qu'il étoit assis sur un escabiau, al fut le tirer de dessous li, et le fit choir tout de son long par tarre. Jarni, vlà où l'en voit les gens qui aimont; mais toi, tu ne me dis jamais mot, t'es toujou là comme eune vraie souche de bois; et je passerois vingt fois devant toi, que tu ne te grouillerois pas pour me bailler le moindre coup, ou me dire la moindre chose. Ventreguienne! ça n'est pas bian, après tout; et t'es trop froide pour les gens.

CHARLOTTE.

Que veux-tu que j'y fasse? C'est mon himeur, et je ne me pis refondre.

PIERROT.

Ignia himeur qui quienne. Quand en a de l'amiquié pour les parsonnes, l'en en baille toujou queuque petite signifiance.

CHARLOTTE.

Enfin, je t'aime tout autant que je pis; et, si tu n'es pas content de ça, tu n'as qu'à en aimer queuque autre.

PIERROT.

Eh bian, vlà pas mon compte? Tétigué! si tu m'aimois, me dirois-tu ça?

CHARLOTTE.

Pourquoi me viens-tu aussi tarabuster l'esprit?

PIERROT.

Morgué! queu mal te fais-je? Je ne te demande qu'un peu d'amiquié.

CHARLOTTE.

Eh bien, laisse faire aussi, et ne me presse point tant. Peut-être que ça viendra tout d'un coup sans y songer.

PIERROT.

Touche donc là, Charlotte.

CHARLOTTE, donnant sa main.

Eh bien, quien.

PIERROT.

Promets-moi donc que tu tâcheras de m'aimer davantage.

CHARLOTTE.

J'y ferai tout ce que je pourrai; mais il faut que ça vienne de lui-même. Piarrot, est-ce là ce monsieu?

PIERROT.

Oui, le vlà.

CHARLOTTE.

Ah! mon Guieu, qu'il est genti, et que ç'auroit été dommage qu'il eût été nayé!

PIERROT.

Je revians tout à l'heure; je m'en vas boire chopaine, pour me rebouter tant soit peu de la fatigue que j'ais eue [1].

[1] C'est dans le *Pédant joué*, de Cyrano de Bergerac, que se trouve, sur notre théâtre, le premier emploi du langage des paysans. Cette scène en offre le second exemple.

SCÈNE II. — DON JUAN, SGANARELLE; CHARLOTTE, dans le fond du théâtre.

DON JUAN.

Nous avons manqué notre coup, Sganarelle, et cette bourrasque imprévue a renversé avec notre barque le projet que nous avions fait; mais, à te dire vrai, la paysanne que je viens de quitter répare ce malheur, et je lui ai trouvé des charmes qui effacent de mon esprit tout le chagrin que me donnoit le mauvais succès de notre entreprise. Il ne faut pas que ce cœur m'échappe, et j'y ai déjà jeté des dispositions à ne pas me souffrir longtemps de pousser des soupirs.

SGANARELLE.

Monsieur, j'avoue que vous m'étonnez. A peine sommes-nous échappés d'un péril de mort, qu'au lieu de rendre grâce au ciel de la pitié qu'il a daigné prendre de nous, vous travaillez tout de nouveau à attirer sa colère par vos fantaisies accoutumées, et vos amours cr... (Don Juan prend un ton menaçant.) Paix, coquin que vous êtes, vous ne savez ce que vous dites, et monsieur sait ce qu'il fait. Allons.

DON JUAN, apercevant Charlotte.

Ah! ah! d'où sort cette autre paysanne, Sganarelle? As-tu rien vu de plus joli? et ne trouves-tu pas, dis-moi, que celle-ci vaut bien l'autre?

SGANARELLE.

Assurément. (A part.) Autre pièce nouvelle.

DON JUAN, à Charlotte.

D'où me vient, la belle, une rencontre si agréable? Quoi! dans ces lieux champêtres, parmi ces arbres et ces rochers, on trouve des personnes faites comme vous êtes?

CHARLOTTE.

Vous voyez, monsieur.

DON JUAN.

Êtes-vous de ce village?

CHARLOTTE.

Oui, monsieur.

DON JUAN.

Et vous y demeurez?

CHARLOTTE.

Oui, monsieur.

DON JUAN.

Vous vous appelez...?

CHARLOTTE.

Charlotte, pour vous servir.

DON JUAN.

Ah! la belle personne, et que ses yeux sont pénétrants!

CHARLOTTE.

Monsieu, vous me rendez toute honteuse.

DON JUAN.

Ah! n'ayez point de honte d'entendre dire vos vérités. Sganarelle, qu'en dis-tu? Peut-on rien voir de plus agréable? Tournez-vous un peu, s'il vous plaît. Ah! que cette taille est jolie! Haussez un peu la tête, de grâce. Ah! que ce visage est mignon! Ouvrez vos yeux entièrement. Ah! qu'ils sont beaux! Que je voie un peu vos dents, je vous prie. Ah! qu'elles sont amoureuses, et ces lèvres appétissantes! Pour moi, je suis ravi, et je n'ai jamais vu une si charmante personne.

CHARLOTTE.

Monsieu, cela vous plaît à dire, et je ne sais pas si c'est pour vous railler de moi.

DON JUAN.

Moi, me railler de vous? Dieu m'en garde! Je vous aime trop pour cela, et c'est du fond du cœur que je vous parle.

CHARLOTTE.

Je vous suis bien obligée, si ça est.

DON JUAN.

Point du tout, vous ne m'êtes point obligée de tout ce que je dis; et ce n'est qu'à votre beauté que vous en êtes redevable.

CHARLOTTE.

Monsieu, tout ça est trop bien dit pour moi, et je n'ai pas d'esprit pour vous répondre.

DON JUAN.

Sganarelle, regarde un peu ses mains.

CHARLOTTE.

Fi! monsieu! elles sont noires comme je ne sais quoi.

DON JUAN.

Ah! que dites-vous là? Elles sont les plus belles du monde : souffrez que je les baise, je vous prie.

CHARLOTTE.

Monsieu, c'est trop d'honneur que vous me faites; et si j'avois su ça tantôt, je n'aurois pas manqué de les laver avec du son.

DON JUAN.

Eh! dites-moi un peu, belle Charlotte, vous n'êtes pas mariée, sans doute?

CHARLOTTE.

Non, monsieu; mais je dois bientôt l'être avec Piarrot, le fils de la voisine Simonette.

DON JUAN.

Quoi! une personne comme vous seroit la femme d'un simple paysan! Non, non, c'est profaner tant de beautés, et vous n'êtes pas née pour demeurer dans un village. Vous méritez, sans doute, une meilleure fortune; et le ciel, qui le connoit bien, m'a conduit ici tout exprès pour empêcher ce mariage et rendre justice à vos charmes; car enfin, belle Charlotte, je vous aime de tout mon cœur, et il ne tiendra qu'à vous que je vous arrache de ce misérable lieu, et ne vous mette dans l'état où vous méritez d'être. Cet amour est bien prompt, sans doute; mais quoi! c'est un effet, Charlotte, de votre grande beauté; et l'on vous aime autant en un quart d'heure qu'on feroit une autre en six mois.

CHARLOTTE.

Aussi vrai, monsieu, je ne sais comment faire quand vous parlez. Ce que vous me dites me fait aise, et j'aurois toutes les envies du monde de vous croire; mais on m'a toujou dit qu'il ne faut jamais croire les monsieux, et que vous autres courtisans êtes des enjoleux, qui ne songez qu'à abuser les filles.

DON JUAN.

Je ne suis pas de ces gens-là.

SGANARELLE, à part.

Il n'a garde.

CHARLOTTE.

Voyez-vous, monsieu, il n'y a pas de plaisir à se laisser abuser. Je suis une pauvre paysanne; mais j'ai l'honneur en recommandation, et j'aimerois mieux me voir morte que de me voir déshonorée.

DON JUAN.

Moi, j'aurois l'âme assez méchante pour abuser une personne comme vous? je serois assez lâche pour vous déshonorer? Non, non, j'ai trop de conscience pour cela. Je vous aime, Charlotte, en tout bien et en tout honneur; et, pour vous montrer que je vous dis vrai, sachez que je n'ai point d'autre dessein que de vous épouser. En voulez-vous un plus grand témoignage? M'y voilà prêt, quand vous voudrez; et je prends à témoin l'homme que voilà, de la parole que je vous donne

SGANARELLE.

Non, non, ne craignez point. Il se mariera avec vous tant que vous voudrez.

DON JUAN.

Ah! Charlotte, je vois bien que vous ne me connoissez pas encore. Vous me faites grand tort de juger de moi par les autres; et, s'il y a des fourbes dans le monde, des gens qui ne cherchent qu'à abuser des filles, vous devez me tirer du nombre, et ne pas mettre en doute la sincérité de ma foi; et puis votre beauté vous assure de tout. Quand on est faite comme vous, on doit être à couvert de toutes ces sortes de craintes : vous n'avez point l'air, croyez-moi, d'une personne qu'on abuse; et, pour moi, je vous l'avoue, je me percerois le cœur de mille coups, si j'avois eu la moindre pensée de vous trahir.

CHARLOTTE.

Mon Dieu! je ne sais si vous dites vrai ou non; mais vous faites que l'on vous croit.

DON JUAN.

Lorsque vous me croirez, vous me rendrez justice assurément, et je vous réitère encore la promesse que je vous ai faite. Ne l'acceptez-vous pas? et ne voulez-vous pas consentir à être ma femme?

CHARLOTTE.

Oui, pourvu que ma tante le veuille.

DON JUAN.

Touchez donc là, Charlotte, puisque vous le voulez bien de votre part.

CHARLOTTE.

Mais au moins, monsieu, ne m'allez point tromper, je vous prie! Il y auroit de la conscience à vous, et vous voyez comme j'y vais à la bonne foi.

DON JUAN.

Comment! il semble que vous doutiez encore de ma sincérité! Voulez-vous que je fasse des serments épouvantables? Que le ciel...

CHARLOTTE.

Mon Dieu! ne jurez point! je vous crois.

DON JUAN.

Donnez-moi donc un petit baiser pour gage de votre parole.

CHARLOTTE.

Oh! monsieu, attendez que je soyons mariés, je vous prie. Après ça, je vous baiserai tant que vous voudrez.

DON JUAN.

Eh bien, belle Charlotte, je veux tout ce que vous voulez; abandonnez-moi seulement votre main, et souffrez que, par mille baisers, je lui exprime le ravissement où je suis...

SCÈNE III. — DON JUAN, SGANARELLE, PIERROT, CHARLOTTE.

PIERROT, poussant don Juan, qui baise la main de Charlotte.

Tout doucement, monsieu; tenez-vous, s'il vous plaît. Vous vous échauffez trop, et vous pourriez gagner la purésie.

DON JUAN, repoussant rudement Pierrot.

Qui m'amène cet impertinent?

PIERROT, se mettant entre don Juan et Charlotte.

Je vous dis qu'ous vous tegniez, et qu'ous ne caressiais point nos accordées.

DON JUAN, repoussant encore Pierrot.

Ah! que de bruit!

PIERROT.

Jerniguienne! ce n'est pas comme ça qu'il faut pousser les gens.

CHARLOTTE, prenant Pierrot par le bras.

Eh! laisse-le faire aussi, Piarrot.

PIERROT.

Quement! que je le laisse faire? Je ne veux pas, moi!

DON JUAN.

Ah!

PIERROT.

Tétiguienne! parce qu'ous êtes monsieu, vous viendrez caresser nos femmes à note barbe? Allez-v's-en caresser les vôtres.

DON JUAN.

Heu?

PIERROT.

Heu. (Don Juan lui donne un soufflet.) Tétigué! ne me frappez pas. (Autre soufflet.) Oh! jerniguié! (Autre soufflet.) Ventregué! (Autre soufflet.) Palsangué! morguienne! ça n'est pas bian de battre les gens, et ce n'est pas là la récompense de v's avoir sauvé d'être nayé.

CHARLOTTE.

Piarrot, ne te fâche point.

PIERROT.

Je me veux fâcher; et t'es une vilaine, toi, d'endurer qu'on te cajole.

CHARLOTTE.

Oh! Piarrot, ce n'est pas ce que tu penses. Ce monsieu veut m'épouser, et tu ne dois pas te bouter en colère.

PIERROT.

Quement? jerni! tu m'es promise.

CHARLOTTE.

Ça n'y fait rien, Piarrot. Si tu m'aimes, ne dois-tu pas être bien aise que je devienne madame?

PIERROT.

Jerniguié! non. J'aime mieux te voir crevée que de te voir à un autre.

CHARLOTTE.

Va, va, Piarrot, ne te mets pas en peine Si je sis madame, je te ferai gagner queuque chose, et tu apporteras du beurre et du fromage cheux nous.

PIERROT.

Ventreguienne! je gni en porterai jamais, quand tu m'en payerois deux fois autant. Est-ce donc comme ça que t'écoutes ce qu'il te dit? Morguienne! si j'avois su ça tantôt, je me serois bien gardé de le tirer de gliau, et je gli aurois baillé un bon coup d'aviron sur la tête.

DON JUAN, s'approchant de Pierrot pour le frapper.

Qu'est-ce que vous dites?

PIERROT, se mettant derrière Charlotte.

Jerniguienne! je ne crains personne

DON JUAN, passant du côté où est Pierrot.

Attendez-moi un peu.

PIERROT, repassant de l'autre côté.

Je me moque de tout, moi.

DON JUAN, courant après Pierrot.

Voyons cela.

PIERROT, se sauvant encore derrière Charlotte.

J'en avons bian vu d'autres.

DON JUAN.

Ouais.

SGANARELLE.

Eh! monsieur, laissez là ce pauvre misérable. C'est conscience de le battre. (A Pierrot, en se mettant entre lui et don Juan.) Écoute, mon pauvre garçon, retire-toi, et ne lui dis rien.

PIERROT, passant devant Sganarelle, et regardant fièrement don Juan.

Je veux lui dire, moi.

DON JUAN, levant la main pour donner un soufflet à Pierrot.

Ah! je vous apprendrai. (Pierrot baisse la tête, et Sganarelle reçoit le soufflet.)

SGANARELLE, regardant Pierrot.

Peste soit du maroufle!

DON JUAN, à Sganarelle.

Te voilà payé de ta charité.

PIERROT.

Jarni! je vas dire à sa tante tout ce ménage-ci.

SCÈNE IV. — DON JUAN, CHARLOTTE, SGANARELLE.

DON JUAN, à Charlotte.

Enfin je m'en vais être le plus heureux de tous les hommes, et je ne changerois pas mon bonheur à toutes les choses du monde. Que de plaisirs quand vous serez ma femme, et que...

SCÈNE V. — DON JUAN, MATHURINE, CHARLOTTE, SGANARELLE.

SGANARELLE, apercevant Mathurine.

Ah! ah!

MATHURINE, à don Juan.

Monsieu, que faites-vous donc là avec Charlotte? Est-ce que vous lui parlez d'amour aussi?

DON JUAN, bas, à Mathurine.

Non. Au contraire, c'est elle qui me témoignoit une envie d'être ma femme, et je lui répondois que j'étois engagé avec vous.

CHARLOTTE, à don Juan.

Qu'est-ce que c'est donc que vous veut Mathurine?

DON JUAN, bas, à Charlotte.

Elle est jalouse de me voir vous parler, et voudroit bien que je l'épousasse ; mais je lui dis que c'est vous que je veux.

MATHURINE.

Quoi ! Charlotte...

DON JUAN, bas, à Mathurine.

Tout ce que vous lui direz sera inutile ; elle s'est mis cela dans la tête.

CHARLOTTE.

Quement donc ! Mathurine...

DON JUAN, bas, à Charlotte.

C'est en vain que vous lui parlerez ; vous ne lui ôterez point cette fantaisie.

MATHURINE.

Est-ce que....

DON JUAN, bas, à Mathurine.

Il n'y a pas moyen de lui faire entendre raison.

CHARLOTTE.

Je voudrois...

DON JUAN, bas, à Charlotte.

Elle est obstinée comme tous les diables.

MATHURINE.

Vrament...

DON JUAN, bas, à Mathurine.

Ne lui dites rien, c'est une folle.

CHARLOTTE.

Je pense...

DON JUAN, bas, à Charlotte.

Laissez-la, c'est une extravagante.

MATHURINE.

Non, non, il faut que je lui parle.

CHARLOTTE.

Je veux voir un peu ses raisons.

MATHURINE.

Quoi !...

DON JUAN, bas, à Mathurine.

Je gage qu'elle va vous dire que je lui ai promis de l'épouser.

CHARLOTTE.

Je...

DON JUAN, bas, à Charlotte.

Gageons qu'elle vous soutiendra que je lui ai donné parole de la prendre pour femme.

MATHURINE.

Holà, Charlotte, ça n'est pas bian de courir sur le marché des autres.

CHARLOTTE.

Ça n'est pas honnête, Mathurine, d'être jalouse que monsieu me parle.

MATHURINE.

C'est moi que monsieu a vue la première.

CHARLOTTE.

S'il vous a vue la première, il m'a vue la seconde, et m'a promis de m'épouser.

DON JUAN, bas, à Mathurine.

Eh bien, que vous ai-je dit?

MATHURINE, à Charlotte.

Je vous baise les mains; c'est moi, et non pas vous, qu'il a promis d'épouser.

DON JUAN, bas, à Charlotte.

N'ai-je pas deviné?

CHARLOTTE.

A d'autres, je vous prie; c'est moi, vous dis-je.

MATHURINE.

Vous vous moquez des gens; c'est moi encore un coup.

CHARLOTTE.

Le vlà qui est pour le dire, si je n'ai pas raison.

MATHURINE.

Le vlà qui est pour me démentir, si je ne dis pas vrai.

CHARLOTTE.

Est-ce, monsieu, que vous lui avez promis de l'épouser?

DON JUAN, bas, à Charlotte.

Vous vous raillez de moi.

MATHURINE.

Est-il vrai, monsieu, que vous lui avez donné parole d'être son mari?

DON JUAN, bas, à Mathurine.

Pouvez-vous avoir cette pensée?

CHARLOTTE.

Vous voyez qu'al le soutient.

DON JUAN, bas, à Charlotte.

Laissez-la faire.

MATHURINE

Vous êtes témoin comme al l'assure.

DON JUAN, bas, à Mathurine.

Laissez-la dire.

CHARLOTTE.

Non, non, il faut savoir la vérité.

MATHURINE.

Il est question de juger ça.

4.

CHARLOTTE.

Oui, Mathurine, je veux que monsieu vous montre votre bec jaune[1].

MATHURINE.

Oui, Charlotte, je veux que monsieu vous rende un peu camuse[2].

CHARLOTTE.

Monsieu, videz la querelle, s'il vous plaît.

MATHURINE.

Mettez-nous d'accord, monsieu.

CHARLOTTE, à Mathurine.

Vous allez voir.

MATHURINE, à Charlotte.

Vous allez voir vous-même.

CHARLOTTE, à don Juan.

Dites.

MATHURINE, à don Juan.

Parlez.

DON JUAN.

Que voulez-vous que je dise? Vous soutenez également toutes deux que je vous ai promis de vous prendre pour femmes. Est-ce que chacune de vous ne sait pas ce qui en est, sans qu'il soit nécessaire que je m'explique davantage? Pourquoi m'obliger là-dessus à des redites? Celle à qui j'ai promis effectivement n'a-t-elle pas, en elle-même, de quoi se moquer des discours de l'autre; et doit-elle se mettre en peine, pourvu que j'accomplisse ma promesse? Tous les discours n'avancent point les choses. Il faut faire, et non pas dire; et les effets décident mieux que les paroles. Aussi n'est-ce rien que par là que je vous veux mettre d'accord; et l'on verra, quand je me marierai, laquelle des deux a mon cœur. (Bas, à Mathurine.) Laissez-lui croire ce qu'elle voudra. (Bas, à Charlotte.) Laissez-la se flatter dans son imagination. (Bas, à Mathurine.) Je vous adore. (Bas, à Charlotte.) Je suis tout à vous. (Bas, à Mathurine.) Tous les visages sont laids auprès du vôtre. (Bas, à Charlotte.) On ne peut plus souffrir les autres quand on vous a vue. (Haut.) J'ai un petit ordre à donner, je viens vous retrouver dans un quart d'heure.

SCÈNE VI. — CHARLOTTE, MATHURINE, SGANARELLE.

CHARLOTTE, à Mathurine.

Je suis celle qu'il aime, au moins.

---

[1] Bec jaune, ou béjaune, se dit d'un oiseau fort jeune dont le bec est encore jaune, autrement un oiseau niais, ainsi nommé parce qu'il n'est pas encore sorti du nid; de là le proverbe *montrer à quelqu'un son béjaune*, lui faire voir qu'il n'est qu'un sot, un ignorant.

[2] Métaphoriquement, *casser le nez*, rendre confus.

MATHURINE, à Charlotte.

C'est moi qu'il épousera.

SGANARELLE, arrêtant Charlotte et Mathurine.

Ah! pauvres filles que vous êtes, j'ai pitié de votre innocence, et je ne puis souffrir de vous voir courir à votre malheur. Croyez-moi l'une et l'autre : ne vous amusez point à tous les contes qu'on vous fait, et demeurez dans votre village...

SCÈNE VII. — DON JUAN, CHARLOTTE, MATHURINE, SGANARELLE.

DON JUAN, dans le fond du théâtre, à part.

Je voudrois bien savoir pourquoi Sganarelle ne me suit pas.

SGANARELLE.

Mon maître est un fourbe, il n'a dessein que de vous abuser, et en a bien abusé d'autres; c'est l'épouseur du genre humain, et... (Apercevant don Juan.) Cela est faux; et quiconque vous dira cela, vous lui devez dire qu'il en a menti. Mon maître n'est point l'épouseur du genre humain, il n'est point un fourbe, il n'a pas dessein de vous tromper, et n'en a point abusé d'autres. Ah! tenez, le voilà; demandez-le plutôt à lui-même.

DON JUAN, regardant Sganarelle et le soupçonnant d'avoir parlé.

Oui!

SGANARELLE.

Monsieur, comme le monde est plein de médisants, je vais au-devant des choses; et je leur disois que si quelqu'un leur venoit dire du mal de vous, elles se gardassent bien de le croire, et ne manquassent pas de lui dire qu'il en auroit menti.

DON JUAN.

Sganarelle!

SGANARELLE, à Charlotte et à Mathurine.

Oui, monsieur est homme d'honneur; je le garantis tel.

DON JUAN.

Hon!

SGANARELLE.

Ce sont des impertinents.

SCÈNE VIII. — DON JUAN, LA RAMÉE, CHARLOTTE, MATHURINE, SGANARELLE.

LA RAMÉE, bas, à don Juan.

Monsieur, je viens vous avertir qu'il ne fait pas bon ici pour vous.

DON JUAN.

Comment?

LA RAMÉE.

Douze hommes à cheval vous cherchent, qui doivent arriver ici dans un moment : je ne sais pas par quel moyen ils peuvent vous avoir suivi ; mais j'ai appris cette nouvelle d'un paysan qu'ils ont interrogé, et auquel ils vous ont dépeint. L'affaire presse ; et le plus tôt que vous pourrez sortir d'ici sera le meilleur.

SCÈNE IX. — DON JUAN, CHARLOTTE, MATHURINE, SGANARELLE.

DON JUAN, à Charlotte et à Mathurine.

Une affaire pressante m'oblige de partir d'ici ; mais je vous prie de vous ressouvenir de la parole que je vous ai donnée, et de croire que vous aurez de mes nouvelles avant qu'il soit demain au soir.

SCÈNE X. — DON JUAN, SGANARELLE.

DON JUAN.

Comme la partie n'est pas égale, il faut user de stratagème, et éluder adroitement le malheur qui me cherche. Je veux que Sganarelle se revête de mes habits, et moi...

SGANARELLE.

Monsieur, vous vous moquez. M'exposer à être tué sous vos habits, et...

DON JUAN.

Allons, vite, c'est trop d'honneur que je vous fais ; et bien heureux est le valet qui peut avoir la gloire de mourir pour son maître !

SGANARELLE.

Je vous remercie d'un tel honneur. (Seul.) O ciel ! puisqu'il s'agit de mort, fais-moi la grâce de n'être point pris pour un autre[1] !

ACTE TROISIÈME

Le théâtre représente une forêt.

SCÈNE I. — DON JUAN, en habit de campagne ; SGANARELLE, en médecin.

SGANARELLE.

Ma foi, monsieur, avouez que j'ai eu raison, et que nous voilà l'un et l'autre déguisés à merveille. Votre premier dessein n'étoit point du tout à propos, et ceci nous cache bien mieux que tout ce que vous vouliez faire.

DON JUAN.

Il est vrai que te voilà bien ; et je ne sais où tu as été déterrer cet attirail ridicule.

[1] Ce second acte tout entier n'est qu'un épisode.

SGANARELLE.

Oui. C'est l'habit d'un vieux médecin, qui a été laissé en gage au lieu où je l'ai pris, et il m'en a coûté de l'argent pour l'avoir. Mais savez-vous, monsieur, que cet habit me met déjà en considération, que je suis salué des gens que je rencontre, et que l'on me vient consulter ainsi qu'un habile homme?

DON JUAN.

Comment donc?

SGANARELLE.

Cinq ou six paysans et paysannes, en me voyant passer, me sont venus demander mon avis sur différentes maladies.

DON JUAN.

Tu leur as répondu que tu n'y entendois rien?

SGANARELLE.

Moi? Point du tout. J'ai voulu soutenir l'honneur de mon habit; j'ai raisonné sur le mal, et leur ai fait des ordonnances à chacun.

DON JUAN.

Et quels remèdes encore leur as-tu ordonnés?

SGANARELLE.

Ma foi, monsieur, j'en ai pris par où j'en ai pu attraper; j'ai fait mes ordonnances à l'aventure; et ce seroit une chose plaisante si les malades guérissoient, et qu'on m'en vînt remercier.

DON JUAN.

Et pourquoi non? Par quelle raison n'aurois-tu pas les mêmes priviléges qu'ont tous les autres médecins? Ils n'ont pas plus de part que toi aux guérisons des malades, et tout leur art est pure grimace. Ils ne font rien que recevoir la gloire des heureux succès; et tu peux profiter, comme eux, du bonheur du malade, et voir attribuer à tes remèdes tout ce qui peut venir des faveurs du hasard et des forces de la nature.

SGANARELLE.

Comment, monsieur, vous êtes aussi impie en médecine?

DON JUAN.

C'est une des grandes erreurs qui soient parmi les hommes.

SGANARELLE.

Quoi! vous ne croyez pas au séné, ni à la casse, ni au vin émétique?

DON JUAN.

Et pourquoi veux-tu que j'y croie?

SGANARELLE.

Vous avez l'âme bien mécréante. Cependant vous voyez, depuis un temps, que le vin émétique fait bruire ses fuseaux. Ses miracles ont converti les plus incrédules esprits; et il n'y a pas trois semaines que j'en ai vu, moi qui vous parle, un effet merveilleux.

DON JUAN.

Et quel?

SGANARELLE.

Il y avoit un homme qui, depuis six jours, étoit à l'agonie; on ne savoit plus que lui ordonner, et tous les remèdes ne faisoient rien; on s'avisa à la fin de lui donner de l'émétique.

DON JUAN.

Il réchappa, n'est-ce pas?

SGANARELLE.

Non, il mourut.

DON JUAN.

L'effet est admirable.

SGANARELLE.

Comment! il y avoit six jours entiers qu'il ne pouvoit mourir, et cela le fit mourir tout d'un coup. Voulez-vous rien de plus efficace?

DON JUAN.

Tu as raison.

SGANARELLE.

Mais laissons là la médecine, où vous ne croyez point, et parlons des autres choses; car cet habit me donne de l'esprit, et je me sens en humeur de disputer contre vous. Vous savez bien que vous me permettez les disputes, et que vous ne me défendez que les remontrances.

DON JUAN.

Eh bien?

SGANARELLE.

Je veux savoir un peu vos pensées à fond. Est-il possible que vous ne croyiez point du tout au ciel?

DON JUAN.

Laissons cela.

SGANARELLE.

C'est-à-dire que non. Et à l'enfer?

DON JUAN.

Eh!

SGANARELLE.

Tout de même. Et au diable, s'il vous plaît?

DON JUAN.

Oui, oui.

SGANARELLE.

Aussi peu. Ne croyez-vous point à l'autre vie?

DON JUAN.

Ah! ah! ah!

SGANARELLE.

Voilà un homme que j'aurai bien de la peine à convertir. Et dites-moi un peu, « le moine bourru [1], qu'en croyez-vous? eh?

---

[1] On appelait *moine bourru* un prétendu fantôme qui courait les rues la nuit

ACTE III, SCÈNE I.

DON JUAN.

« La peste soit du fat!

SGANARELLE.

« Et voilà ce que je ne puis souffrir; car il n'y a rien de plus vrai
« que le moine bourru, et je me ferois pendre pour celui-là. Mais en-
« core faut-il croire quelque chose dans le monde. Qu'est-ce donc que
« vous croyez[1]? »

DON JUAN.

Ce que je crois?

SGANARELLE.

Oui.

DON JUAN.

Je crois que deux et deux sont quatre, Sganarelle, et que quatre et quatre sont huit.

SGANARELLE.

La belle croyance et les beaux articles de foi que voilà! Votre religion, à ce que je vois, est donc l'arithmétique? Il faut avouer qu'il se met d'étranges folies dans la tête des hommes, et que, pour avoir bien étudié, on est bien moins sage le plus souvent. Pour moi, monsieur, je n'ai point étudié comme vous, Dieu merci, et personne ne sauroit se vanter de m'avoir jamais rien appris; mais avec mon petit sens, mon petit jugement, je vois les choses mieux que tous les livres, et je comprends fort bien que ce monde que nous voyons n'est pas un champignon qui soit venu tout seul en une nuit. Je voudrois bien vous demander qui a fait ces arbres-là, ces rochers, cette terre, et ce ciel que voilà là-haut; et si tout cela s'est bâti de lui-même. Vous voilà, vous, par exemple, vous êtes là : est-ce que vous vous êtes fait tout seul, et n'a-t-il pas fallu que votre père ait engrossé votre mère pour vous faire? Pouvez-vous voir toutes les inventions dont la machine de l'homme est composée, sans admirer de quelle façon cela est agencé l'un dans l'autre? ces nerfs, ces os, ces veines, ces artères, ces..., ce poumon, ce cœur, ce foie, et tous ces autres ingrédients qui sont là, et qui... Oh! dame, interrompez-moi donc, si vous voulez. Je ne saurois disputer, si l'on ne m'interrompt. Vous vous taisez exprès, et me laissez parler par belle malice.

DON JUAN.

J'attends que ton raisonnement soit fini.

SGANARELLE.

Mon raisonnement est qu'il y a quelque chose d'admirable dans l'homme, quoi que vous puissiez dire, que tous les savants ne sauroient expliquer. Cela n'est-il pas merveilleux que me voilà ici, et que j'aie

---

et maltraitait les passants attardés; les nourrices et les bonnes en faisaient peur aux enfants.

[1] Les passages guillemetés ne se trouvent pas dans la première édition.

quelque chose dans la tête qui pense cent choses différentes en un moment, et fait de mon corps tout ce qu'elle veut? Je veux frapper des mains, hausser le bras, lever les yeux au ciel, baisser la tête, remuer les pieds, aller à droit, à gauche, en avant, en arrière, tourner... (Il se laisse tomber en tournant.)

DON JUAN.

Bon! voilà ton raisonnement qui a le nez cassé!

SGANARELLE.

Morbleu! je suis bien sot de m'amuser à raisonner avec vous; croyez ce que vous voudrez : il m'importe bien que vous soyez damné!

DON JUAN.

Mais, tout en raisonnant, je crois que nous sommes égarés. Appelle un peu cet homme que voilà là-bas pour lui demander le chemin.

SCÈNE II. — DON JUAN, SGANARELLE, UN PAUVRE [1].

SGANARELLE.

Holà! ho! l'homme! ho! mon compère! ho! l'ami! un petit mot, s'il vous plaît. Enseignez-nous un peu le chemin qui mène à la ville.

LE PAUVRE.

Vous n'avez qu'à suivre cette route, messieurs, et détourner à main droite quand vous serez au bout de la forêt; mais je vous donne avis que vous devez vous tenir sur vos gardes, et que, depuis quelque temps, il y a des voleurs ici autour.

DON JUAN.

Je te suis obligé, mon ami, et je te rends grâce de tout mon cœur.

LE PAUVRE.

Si vous vouliez me secourir, monsieur, de quelque aumône.

DON JUAN.

Ah! ah! ton avis est intéressé, à ce que je vois.

LE PAUVRE.

Je suis un pauvre homme, monsieur, retiré tout seul dans ce bois depuis dix ans, et je ne manquerai pas de prier le ciel qu'il vous donne toute sorte de biens.

DON JUAN.

Eh! prie le ciel qu'il te donne un habit, sans te mettre en peine des affaires des autres.

SGANARELLE.

Vous ne connoissez pas monsieur, bonhomme : il ne croit qu'en deux et deux sont quatre, et en quatre et quatre sont huit.

---

[1] Cette scène et la précédente, que l'on croyait perdues, furent publiées pour la première fois en 1813 par M. Simonin. Il les découvrit toutes deux dans l'édition d'Amsterdam de 1683.

DON JUAN.

Quelle est ton occupation parmi ces arbres?

LE PAUVRE.

De prier le ciel tout le jour pour la prospérité des gens de bien qui me donnent quelque chose.

DON JUAN.

Il ne se peut donc pas que tu ne sois bien à ton aise?

LE PAUVRE.

Hélas! monsieur, je suis dans la plus grande nécessité du monde.

DON JUAN.

Tu te moques : un homme qui prie le ciel tout le jour ne peut pas manquer d'être bien dans ses affaires.

LE PAUVRE.

Je vous assure, monsieur, que le plus souvent je n'ai pas un morceau de pain à mettre sous les dents.

DON JUAN.

Voilà qui est étrange, et tu es bien mal reconnu de tes soins. Ah! ah! je m'en vais te donner un louis d'or tout à l'heure, pourvu que tu veuilles jurer.

LE PAUVRE.

Ah! monsieur, voudriez-vous que je commisse un tel péché?

DON JUAN.

Tu n'as qu'à voir si tu veux gagner un louis d'or, ou non ; en voici un que je te donne, si tu jures. Tiens. Il faut jurer.

LE PAUVRE.

Monsieur...

DON JUAN.

A moins de cela, tu ne l'auras pas.

SGANARELLE.

Va, va, jure un peu; il n'y a pas de mal.

DON JUAN.

Prends, le voilà, prends, te dis-je ; mais jure donc.

LE PAUVRE.

Non, monsieur, j'aime mieux mourir de faim.

DON JUAN.

Va, va, je te le donne pour l'amour de l'humanité [1]. (Regardant dans la forêt.) Mais que vois-je là? un homme attaqué par trois autres! La partie est trop inégale, et je ne dois pas souffrir cette lâcheté [2]. (Il met l'épée à la main, et court au lieu du combat.)

---

[1] Cette scène ne fut dite qu'une fois sur le théâtre. Molière fut obligé de la supprimer à la seconde représentation.
[2] Voilà le seul bon mouvement qu'ait don Juan dans toute la pièce. Au théâtre, scélérats sont ordinairement braves.

SCÈNE III. — SGANARELLE, seul.

Mon maître est un vrai enragé d'aller se présenter à un péril qui ne le cherche pas. Mais, ma foi, le secours a servi, et les deux ont fait fuir les trois.

SCÈNE IV. — DON JUAN, DON CARLOS; SGANARELLE, au fond du théâtre.

DON CARLOS, remettant son épée.

On voit, par la fuite de ces voleurs, de quel secours est votre bras. Souffrez, monsieur, que je vous rende grâces d'une action si généreuse, et que...

DON JUAN.

Je n'ai rien fait, monsieur, que vous n'eussiez fait en ma place. Notre propre honneur est intéressé dans de pareilles aventures; et l'action de ces coquins étoit si lâche, que c'eût été y prendre part que de ne s'y pas opposer. Mais par quelle rencontre vous êtes-vous trouvé entre leurs mains?

DON CARLOS.

Je m'étois, par hasard, égaré d'un frère et de tous ceux de notre suite; et, comme je cherchois à les rejoindre, j'ai fait rencontre de ces voleurs, qui d'abord ont tué mon cheval, et qui, sans votre valeur, en auroient fait autant de moi.

DON JUAN.

Votre dessein est-il d'aller du côté de la ville?

DON CARLOS.

Oui, mais sans y vouloir entrer; et nous nous voyons obligés, mon frère et moi, à tenir la campagne pour une de ces fâcheuses affaires qui réduisent les gentilshommes à se sacrifier eux et leur famille à la sévérité de leur honneur, puisque enfin le plus doux succès en est toujours funeste, et que, si l'on ne quitte pas la vie, on est contraint de quitter le royaume; et c'est en quoi je trouve la condition d'un gentilhomme malheureuse, de ne pouvoir point s'assurer sur toute la prudence et toute l'honnêteté de sa conduite, d'être asservi par les lois de l'honneur au dérèglement de la conduite d'autrui, et de voir sa vie, son repos et ses biens dépendre de la fantaisie du premier téméraire qui s'avisera de lui faire une de ces injures pour qui un honnête homme doit périr.

DON JUAN.

On a cet avantage, qu'on fait courir le même risque et passer mal aussi le temps à ceux qui prennent fantaisie de nous venir faire une offense de gaieté de cœur. Mais ne seroit-ce point une indiscrétion que de vous demander quelle peut être votre affaire?

ACTE III, SCÈNE IV.

DON CARLOS.

La chose en est aux termes de n'en plus faire de secret; et, lorsque l'injure a une fois éclaté, notre honneur ne va point à vouloir cacher notre honte, mais à faire éclater notre vengeance, et à publier même le dessein que nous en avons. Ainsi, monsieur, je ne feindrai point de vous dire que l'offense que nous cherchons à venger est une sœur séduite et enlevée d'un couvent, et que l'auteur de cette offense est un don Juan Tenorio, fils de don Louis Tenorio. Nous le cherchons depuis quelques jours, et nous l'avons suivi ce matin sur le rapport d'un valet qui nous a dit qu'il sortoit à cheval, accompagné de quatre ou cinq, et qu'il avoit pris le long de cette côte; mais tous nos soins ont été inutiles, et nous n'avons pu découvrir ce qu'il est devenu.

DON JUAN.

Le connoissez-vous, monsieur, ce don Juan dont vous parlez?

DON CARLOS.

Non, quant à moi. Je ne l'ai jamais vu, et je l'ai seulement ouï dépeindre à mon frère; mais la renommée n'en dit pas force bien, et c'est un homme dont la vie...

DON JUAN.

Arrêtez, monsieur, s'il vous plaît. Il est un peu de mes amis, et ce seroit à moi une espèce de lâcheté que d'en ouïr dire du mal.

DON CARLOS.

Pour l'amour de vous, monsieur, je n'en dirai rien du tout, et c'est bien la moindre chose que je vous doive, après m'avoir sauvé la vie, que de me taire devant vous d'une personne que vous connoissez, lorsque je ne puis en parler sans en dire du mal; mais, quelque ami que vous lui soyez, j'ose espérer que vous n'approuverez pas son action, et ne trouverez pas étrange que nous cherchions d'en prendre la vengeance.

DON JUAN.

Au contraire, je vous y veux servir, et vous épargner des soins inutiles. Je suis ami de don Juan, je ne puis pas m'en empêcher; mais il n'est pas raisonnable qu'il offense impunément des gentilshommes, et je m'engage à vous faire faire raison par lui.

DON CARLOS.

Et quelle raison peut-on faire à ces sortes d'injures?

DON JUAN.

Toute celle que votre honneur peut souhaiter; et, sans vous donner la peine de chercher don Juan davantage, je m'oblige de le faire trouver au lieu que vous voudrez, et quand il vous plaira.

DON CARLOS.

Cet espoir est bien doux, monsieur, à des cœurs offensés; mais, après ce que je vous dois, ce me seroit une trop sensible douleur que vous fussiez de la partie.

DON JUAN.

Je suis si attaché à don Juan, qu'il ne sauroit se battre que je ne me batte aussi; mais enfin j'en réponds comme de moi-même, et vous n'avez qu'à dire quand vous voulez qu'il paroisse et vous donne satisfaction.

DON CARLOS.

Que ma destinée est cruelle! Faut-il que je vous doive la vie et que don Juan soit de vos amis!

SCÈNE V. — DON ALONSE, DON CARLOS, DON JUAN, SGANARELLE.

DON ALONSE, parlant à ceux de sa suite, sans voir don Carlos ni don Juan.

Faites boire là mes chevaux, et qu'on les amène après nous; je veux un peu marcher à pied. (Les apercevant tous deux.) O ciel! que vois-je ici? Quoi! mon frère, vous voilà avec notre ennemi mortel!

DON CARLOS.

Notre ennemi mortel?

DON JUAN, mettant la main sur la garde de son épée.

Oui, je suis don Juan moi-même, et l'avantage du nombre ne m'obligera pas à vouloir déguiser mon nom.

DON ALONSE, mettant l'épée à la main.

Ah! traître, il faut que tu périsses; et... (Sganarelle court se cacher.)

DON CARLOS.

Ah! mon frère, arrêtez. Je lui suis redevable de la vie; et, sans le secours de son bras, j'aurois été tué par des voleurs que j'ai trouvés.

DON ALONSE.

Et voulez-vous que cette considération empêche notre vengeance? Tous les services que nous rend une main ennemie ne sont d'aucun mérite pour engager notre âme; et, s'il faut mesurer l'obligation à l'injure, votre reconnoissance, mon frère, est ici ridicule; et, comme l'honneur est infiniment plus précieux que la vie, c'est ne devoir rien proprement, que d'être redevable de la vie à qui nous a ôté l'honneur.

DON CARLOS.

Je sais la différence, mon frère, qu'un gentilhomme doit toujours mettre entre l'un et l'autre; et la reconnoissance de l'obligation n'efface point en moi le ressentiment de l'injure; mais souffrez que je lui rende ici ce qu'il m'a prêté, que je m'acquitte sur-le-champ de la vie que je lui dois, par un délai de notre vengeance, et lui laisse la liberté de jouir, durant quelques jours, du fruit de son bienfait.

DON ALONSE.

Non, non, c'est hasarder notre vengeance que de la reculer, et l'occasion de la prendre peut ne plus revenir. Le ciel nous l'offre ici, c'est à nous d'en profiter. Lorsque l'honneur est blessé mortellement, on ne doit point songer à garder aucunes mesures; et, si vous répugnez à prêter votre bras à cette action, vous n'avez qu'à vous retirer, et laisser à ma main la gloire d'un tel sacrifice.

DON CARLOS.

De grâce, mon frère...

DON ALONSE.

Tous ces discours sont superflus : il faut qu'il meure.

DON CARLOS.

Arrêtez, vous dis-je, mon frère. Je ne souffrirai point du tout qu'on attaque ses jours; et je jure le ciel que je le défendrai ici contre qui que ce soit, et je saurai lui faire un rempart de cette même vie qu'il a sauvée; et, pour adresser vos coups, il faudra que vous me perciez.

DON ALONSE.

Quoi! vous prenez le parti de notre ennemi contre moi; et, loin d'être saisi à son aspect des mêmes transports que je sens, vous faites voir pour lui des sentiments pleins de douceur!

DON CARLOS.

Mon frère, montrons de la modération dans une action légitime; et ne vengeons point notre honneur avec cet emportement que vous témoignez. Ayons du cœur dont nous soyons les maîtres, une valeur qui n'ait rien de farouche, et qui se porte aux choses par une pure délibération de notre raison, et non point par le mouvement d'une aveugle colère. Je ne veux point, mon frère, demeurer redevable à mon ennemi; je lui ai une obligation dont il faut que je m'acquitte avant toute chose. Notre vengeance, pour être différée, n'en sera pas moins éclatante; au contraire, elle en tirera de l'avantage; et cette occasion de l'avoir pu prendre la fera paroître plus juste aux yeux de tout le monde.

DON ALONSE.

O l'étrange foiblesse et l'aveuglement effroyable, de hasarder ainsi les intérêts de son honneur pour la ridicule pensée d'une obligation chimérique!

DON CARLOS.

Non, mon frère, ne vous mettez pas en peine. Si je fais une faute, je saurai bien la réparer, et je me charge de tout le soin de notre honneur; je sais à quoi il nous oblige, et cette suspension d'un jour, que ma reconnoissance lui demande, ne fera qu'augmenter l'ardeur que j'ai de le satisfaire. Don Juan, vous voyez que j'ai soin de vous rendre le bien que j'ai reçu de vous, et vous devez par là juger du reste, croire que je m'acquitte avec la même chaleur de ce que je dois, et que je ne serai pas moins exact à vous payer l'injure que le bienfait. Je ne veux point vous obliger ici à expliquer vos sentiments, et je vous donne la liberté de penser à loisir aux résolutions que vous avez à prendre. Vous connoissez assez la grandeur de l'offense que vous nous avez faite, et je vous fais juge vous-même des réparations qu'elle demande. Il est des moyens doux pour nous satisfaire; il en est de violents et de sanglants : mais enfin, quelque choix que vous fassiez, vous m'avez donné parole de me faire faire raison par don Juan. Songez à me la faire, je vous prie, et vous ressouvenez que, hors d'ici, je ne dois plus qu'à mon honneur.

DON JUAN.

Je n'ai rien exigé de vous, et vous tiendrai ce que j'ai promis.

DON CARLOS.

Allons, mon frère; un moment de douceur ne fait aucune injure à la sévérité de notre devoir.

SCÈNE VI. — DON JUAN, SGANARELLE.

DON JUAN.

Holà! hé! Sganarelle!

SGANARELLE, sortant de l'endroit où il étoit caché.

Plaît-il?

DON JUAN.

Comment! coquin, tu fuis quand on m'attaque!

SGANARELLE.

Pardonnez-moi, monsieur, je viens seulement d'ici près. Je crois que cet habit est purgatif, et que c'est prendre médecine que de le porter.

DON JUAN.

Peste soit de l'insolent! Couvre au moins ta poltronnerie d'un voile plus honnête. Sais-tu bien qui est celui à qui j'ai sauvé la vie?

SGANARELLE.

Moi? non.

DON JUAN.

C'est un frère d'Elvire.

SGANARELLE.

Un...

DON JUAN.

Il est assez honnête homme, il en a bien usé, et j'ai regret d'avoir démêlé avec lui.

SGANARELLE.

Il vous seroit aisé de pacifier toutes choses.

DON JUAN.

Oui; mais ma passion est usée pour done Elvire, et l'engagement ne compatit point avec mon humeur. J'aime la liberté en amour, tu le sais, et je ne saurois me résoudre à renfermer mon cœur entre quatre murailles. Je te l'ai dit vingt fois, j'ai une pente naturelle à me laisser aller à tout ce qui m'attire. Mon cœur est à toutes les belles, et c'est à elles à le prendre tour à tour, et à le garder tant qu'elles le pourront. Mais quel est le superbe édifice que je vois entre ces arbres?

SGANARELLE.

Vous ne le savez pas?

DON JUAN.

Non, vraiment.

SGANARELLE.

Bon; c'est le tombeau que le commandeur faisoit faire lorsque vous le tuâtes.

DON JUAN.

Ah! tu as raison. Je ne savois pas que c'étoit de ce côté-ci qu'il étoit. Tout le monde m'a dit des merveilles de cet ouvrage, aussi bien que de la statue du commandeur; et j'ai envie de l'aller voir.

SGANARELLE.

Monsieur, n'allez point là!

DON JUAN.

Pourquoi?

SGANARELLE.

Cela n'est pas civil, d'aller voir un homme que vous avez tué.

DON JUAN.

Au contraire, c'est une visite dont je lui veux faire civilité, et qu'il doit recevoir de bonne grâce, s'il est galant homme. Allons, entrons dedans. (Le tombeau s'ouvre, et l'on voit la statue du commandeur.)

SGANARELLE.

Ah! que cela est beau! les belles statues! le beau marbre! les beaux piliers! Ah! que cela est beau! Qu'en dites-vous, monsieur?

DON JUAN.

Qu'on ne peut voir aller plus loin l'ambition d'un homme mort; et ce que je trouve admirable, c'est qu'un homme qui s'est passé durant sa vie d'une assez simple demeure en veuille avoir une si magnifique pour quand il n'en a plus que faire.

SGANARELLE.

Voici la statue du commandeur.

DON JUAN.

Parbleu! le voilà bon, avec son habit d'empereur romain!

SGANARELLE.

Ma foi, monsieur, voilà qui est bien fait. Il semble qu'il est en vie, et qu'il s'en va parler. Il jette des regards sur nous qui me feroient peur si j'étois tout seul, et je pense qu'il ne prend pas plaisir de nous voir.

DON JUAN.

Il auroit tort; et ce seroit mal recevoir l'honneur que je lui fais. Demande-lui s'il veut venir souper avec moi.

SGANARELLE.

C'est une chose dont il n'a pas besoin, je crois.

DON JUAN.

Demande-lui, te dis-je.

SGANARELLE.

Vous moquez-vous? ce seroit être fou que d'aller parler à une statue.

DON JUAN.

Fais ce que je te dis.

SGANARELLE.

Quelle bizarrerie! Seigneur commandeur... (A part.) Je ris de ma sottise; mais c'est mon maître qui me la fait faire. (Haut.) Seigneur commandeur, mon maître don Juan vous demande si vous voulez lui faire l'honneur de venir souper avec lui. (La statue baisse la tête.) Ah!

DON JUAN.

Qu'est-ce? qu'as-tu? Dis donc! Veux-tu parler?

SGANARELLE, baissant la tête comme la statue.

La statue...

DON JUAN.

Eh bien, que veux-tu dire, traître?

SGANARELLE.

Je vous dis que la statue...

DON JUAN.

Eh bien, la statue! Je t'assomme si tu ne parles

SGANARELLE.

La statue m'a fait signe.

DON JUAN.

La peste le coquin!

SGANARELLE.

Ile m'a fait signe, vous dis-je; il n'est rien de plus vrai. Allez-vous-en lui parler vous-même pour voir. Peut-être...

DON JUAN.

Viens, maraud, viens. Je te veux bien faire toucher au doigt ta poltronnerie. Prends garde. Le seigneur commandeur voudroit-il venir souper avec moi? (La statue baisse encore la tête.)

SGANARELLE.

Je ne voudrois pas en tenir dix pistoles. Eh bien, monsieur?

DON JUAN.

Allons, sortons d'ici.

SGANARELLE, seul.

Voilà de mes esprits forts, qui ne veulent rien croire!

ACTE QUATRIÈME

Le théâtre représente l'appartement de don Juan.

SCÈNE I. — DON JUAN, SGANARELLE, RAGOTIN.

DON JUAN, à Sganarelle.

Quoi qu'il en soit, laissons cela : c'est une bagatelle, et nous pouvons avoir été trompés par un faux jour, ou surpris de quelque vapeur qui nous ait troublé la vue.

SGANARELLE.

Eh! monsieur, ne cherchez point à démentir ce que nous avons vu des yeux que voilà. Il n'est rien de plus véritable que ce signe de tête; et je ne doute point que le ciel, scandalisé de votre vie, n'ait produit ce miracle pour vous convaincre, et pour vous retirer de...

DON JUAN.

Écoute. Si tu m'importunes davantage de tes sottes moralités, si tu me dis encore le moindre mot là-dessus, je vais appeler quelqu'un, demander un nerf de bœuf, te faire tenir par trois ou quatre, et te rouer de mille coups. M'entends-tu bien?

SGANARELLE.

Fort bien, monsieur, le mieux du monde. Vous vous expliquez clairement; c'est ce qu'il y a de bon en vous, que vous n'allez point chercher de détours; vous dites les choses avec une netteté admirable [1].

DON JUAN.

Allons, qu'on me fasse souper le plus tôt que l'on pourra. Une chaise, petit garçon.

SCÈNE II. — DON JUAN, SGANARELLE, LA VIOLETTE, RAGOTIN.

LA VIOLETTE.

Monsieur, voilà votre marchand, monsieur Dimanche, qui demande à vous parler.

SGANARELLE.

Bon. Voilà ce qu'il nous faut, qu'un compliment de créancier. De quoi s'avise-t-il de nous venir demander de l'argent; et que ne lui disois-tu que monsieur n'y est pas?

LA VIOLETTE.

Il y a trois quarts d'heure que je le lui dis; mais il ne veut pas le croire, et s'est assis là dedans pour attendre.

SGANARELLE.

Qu'il attende tant qu'il voudra.

DON JUAN.

Non, au contraire, faites-le entrer. C'est une fort mauvaise politique

---

[1] Imitation de l'*Andrienne*, de Térence, acte Ier, scène II.

que de se faire celer aux créanciers. Il est bon de les payer de quelque chose; et j'ai le secret de les renvoyer satisfaits sans leur donner un double.

SCÈNE III. — DON JUAN, MONSIEUR DIMANCHE, SGANARELLE, LA VIOLETTE, RAGOTIN.

DON JUAN.

Ah! monsieur Dimanche, approchez. Que je suis ravi de vous voir, et que je veux de mal à mes gens de ne vous pas faire entrer d'abord! J'avois donné ordre qu'on ne me fît parler à personne; mais cet ordre n'est pas pour vous, et vous êtes en droit de ne trouver jamais de porte fermée chez moi.

MONSIEUR DIMANCHE.

Monsieur, je vous suis fort obligé.

DON JUAN, parlant à la Violette et à Ragotin.

Parbleu! coquins, je vous apprendrai à laisser monsieur Dimanche dans une antichambre, et je vous ferai connoître les gens.

MONSIEUR DIMANCHE.

Monsieur, cela n'est rien.

DON JUAN, à monsieur Dimanche.

Comment! vous dire que je n'y suis pas, à monsieur Dimanche, au meilleur de mes amis!

MONSIEUR DIMANCHE.

Monsieur, je suis votre serviteur. J'étois venu...

DON JUAN.

Allons, vite, un siége pour monsieur Dimanche.

MONSIEUR DIMANCHE.

Monsieur, je suis bien comme cela.

DON JUAN.

Point, point, je veux que vous soyez assis contre moi.

MONSIEUR DIMANCHE.

Cela n'est point nécessaire.

DON JUAN.

Otez ce pliant, et apportez un fauteuil.

MONSIEUR DIMANCHE.

Monsieur, vous vous moquez; et...

DON JUAN.

Non, non, je sais ce que je vous dois; et je ne veux point qu'on mette de différence entre nous deux.

MONSIEUR DIMANCHE

Monsieur...

DON JUAN.

Allons, asseyez-vous.

ACTE IV, SCÈNE III.

MONSIEUR DIMANCHE.

Il n'est **pas besoin**, monsieur, et je n'ai qu'un mot à vous dire. J'étois...

DON JUAN.

Mettez-vous là, vous dis-je.

MONSIEUR DIMANCHE.

Non, monsieur, je suis bien... Je viens pour...

DON JUAN.

Non, je ne vous écoute point, si vous n'êtes assis.

MONSIEUR DIMANCHE.

Monsieur, je fais ce que vous voulez. Je...

DON JUAN.

Parbleu! monsieur Dimanche, vous vous portez bien.

MONSIEUR DIMANCHE.

Oui, monsieur, pour vous rendre service. Je suis venu...

DON JUAN.

Vous avez un fonds de santé admirable, des lèvres fraîches, un teint vermeil, et des yeux vifs.

MONSIEUR DIMANCHE.

Je voudrois bien...

DON JUAN.

Comment se porte madame Dimanche, votre épouse?

MONSIEUR DIMANCHE.

Fort bien, monsieur, Dieu merci.

DON JUAN.

C'est une brave femme.

MONSIEUR DIMANCHE.

Elle est votre servante, monsieur. Je venois...

DON JUAN.

Et votre petite fille Claudine, comment se porte-t-elle?

MONSIEUR DIMANCHE.

Le mieux du monde.

DON JUAN.

La jolie petite fille que c'est! je l'aime de tout mon cœur.

MONSIEUR DIMANCHE.

C'est trop d'honneur que vous lui faites, monsieur... Je vous...

DON JUAN.

Et le petit Colin, fait-il toujours bien du bruit avec son tambour?

MONSIEUR DIMANCHE.

Toujours de même, monsieur. Je...

DON JUAN.

Et votre petit chien Brusquet, gronde-t-il toujours aussi fort, et mord-il toujours bien aux jambes les gens qui vont chez vous?

MONSIEUR DIMANCHE.

Plus que jamais, monsieur, et nous ne saurions en chevir [1].

DON JUAN.

Ne vous étonnez pas si je m'informe des nouvelles de toute la famille; car j'y prends beaucoup d'intérêt.

MONSIEUR DIMANCHE.

Nous vous sommes, monsieur, infiniment obligés. Je...

DON JUAN, lui tendant la main.

Touchez donc là, monsieur Dimanche. Êtes-vous bien de mes amis?

MONSIEUR DIMANCHE.

Monsieur, je suis votre serviteur.

DON JUAN.

Parbleu! je suis à vous de tout mon cœur.

MONSIEUR DIMANCHE.

Vous m'honorez trop. Je...

DON JUAN.

Il n'y a rien que je ne fisse pour vous.

MONSIEUR DIMANCHE.

Monsieur, vous avez trop de bonté pour moi.

DON JUAN.

Et cela est sans intérêt, je vous prie de le croire.

MONSIEUR DIMANCHE.

Je n'ai point mérité cette grâce, assurément. Mais, monsieur...

DON JUAN.

Oh çà, monsieur Dimanche, sans façon, voulez-vous souper avec moi?

MONSIEUR DIMANCHE.

Non, monsieur, il faut que je m'en retourne tout à l'heure. Je...

DON JUAN, se levant.

Allons, vite un flambeau, pour conduire monsieur Dimanche; et que quatre ou cinq de mes gens prennent des mousquetons pour l'escorter.

MONSIEUR DIMANCHE, se levant aussi.

Monsieur, il n'est pas nécessaire, et je m'en irai bien tout seul. Mais... (Sganarelle ôte les siéges promptement.)

DON JUAN.

Comment! Je veux qu'on vous escorte, et je m'intéresse trop à votre personne. Je suis votre serviteur, et, de plus, votre débiteur.

MONSIEUR DIMANCHE.

Ah! monsieur...

DON JUAN.

C'est une chose que je ne cache pas, et je le dis à tout le monde.

MONSIEUR DIMANCHE.

Si...

---

[1] *Chevir*, être maître de..., venir à bout.

DON JUAN.

Voulez-vous que je vous reconduise?

MONSIEUR DIMANCHE.

Ah! monsieur, vous vous moquez! Monsieur...

DON JUAN.

Embrassez-moi donc, s'il vous plaît. Je vous prie encore une fois d'être persuadé que je suis tout à vous, et qu'il n'y a rien au monde que je ne fisse pour votre service[1]. (Il sort.)

SCÈNE IV. — MONSIEUR DIMANCHE, SGANARELLE.

SGANARELLE.

Il faut avouer que vous avez en monsieur un homme qui vous aime bien.

MONSIEUR DIMANCHE.

Il est vrai; il me fait tant de civilités et tant de compliments, que je ne saurois jamais lui demander de l'argent.

SGANARELLE.

Je vous assure que toute sa maison périroit pour vous; et je voudrois qu'il vous arrivât quelque chose, que quelqu'un s'avisât de vous donner des coups de bâton, vous verriez de quelle manière...

MONSIEUR DIMANCHE.

Je le crois; mais, Sganarelle, je vous prie de lui dire un petit mot de mon argent.

SGANARELLE.

Oh! ne vous mettez pas en peine, il vous payera le mieux du monde.

MONSIEUR DIMANCHE.

Mais vous, Sganarelle, vous me devez quelque chose en votre particulier.

SGANARELLE.

Fi! ne me parlez pas de cela.

MONSIEUR DIMANCHE.

Comment? Je...

SGANARELLE.

Ne sais-je pas bien que je vous dois?

MONSIEUR DIMANCHE.

Oui. Mais...

SGANARELLE.

Allons, monsieur Dimanche, je vais vous éclairer.

---

[1] Cette scène est un chef-d'œuvre de comique et de vérité; mais, l'oserai-je dire? elle est aussi un hors-d'œuvre. Elle ne concourt ni au développement de l'action, ni à celui du caractère principal. (Auger.) — Prise en elle-même, et indépendamment de l'ensemble, c'est une des plus jolies qu'il y ait au théâtre. (F. L.)

MONSIEUR DIMANCHE.

Mais mon argent?

SGANARELLE, prenant monsieur Dimanche par le bras.

Vous moquez-vous?

MONSIEUR DIMANCHE.

Je veux...

SGANARELLE, le tirant.

Eh!

MONSIEUR DIMANCHE.

J'entends...

SGANARELLE, le poussant vers la porte.

Bagatelles!

MONSIEUR DIMANCHE.

Mais...

SGANARELLE, le poussant encore.

Fi!

MONSIEUR DIMANCHE.

Je...

SGANARELLE, le poussant tout à fait hors du théâtre.

Fi! vous dis-je.

SCÈNE V. — DON JUAN, SGANARELLE, LA VIOLETTE.

LA VIOLETTE, à don Juan.

Monsieur, voilà monsieur votre père.

DON JUAN.

Ah! me voici bien! Il me falloit cette visite pour me faire enrager.

SCÈNE VI. — DON LOUIS, DON JUAN, SGANARELLE.

DON LOUIS.

Je vois bien que je vous embarrasse, et que vous vous passeriez fort aisément de ma venue. A dire vrai, nous nous incommodons étrangement l'un l'autre; et, si vous êtes las de me voir, je suis bien las aussi de vos déportements. Hélas! que nous savons peu ce que nous faisons, quand nous ne laissons pas au ciel le soin des choses qu'il nous faut, quand nous voulons être plus avisés que lui, et que nous venons à l'importuner par nos souhaits aveugles et nos demandes inconsidérées! J'ai souhaité un fils avec des ardeurs nonpareilles, je l'ai demandé sans relâche avec des transports incroyables; et ce fils, que j'obtiens en fatiguant le ciel de vœux, est le chagrin et le supplice de cette vie même dont je croyois qu'il devoit être la joie et la consolation. De quel œil, à votre avis, pensez-vous que je puisse voir cet amas d'actions indignes, dont on a peine, aux yeux du monde, d'adoucir le mauvais visage ¹; cette suite continuelle de méchantes affaires, qui nous réduisent à toute heure à lasser les bontés du souverain, et qui ont épuisé auprès de lui le mérite de mes services et le crédit de mes amis? Ah! quelle bassesse est la vôtre! Ne rougissez-vous point de mériter si peu votre naissance? Êtes-vous en droit, dites-moi, d'en tirer quelque vanité? Et qu'avez-vous fait dans le monde pour être gentilhomme? Croyez-vous qu'il suffise d'en porter le nom et les armes, et que ce nous soit une gloire d'être sortis d'un sang noble, lorsque nous vivons en infâmes? Non, non, la naissance n'est rien où la vertu n'est pas. Aussi nous n'avons part à la gloire de nos ancêtres qu'autant que nous nous efforçons de leur ressembler; et cet éclat de leurs actions qu'ils répandent sur nous nous impose un engagement de leur faire le même honneur, de suivre les pas qu'ils nous tracent, et de ne point dégénérer de leur vertu, si nous voulons être estimés leurs véritables descendants. Ainsi vous descendez en vain des aïeux dont vous êtes né; ils vous désavouent pour leur sang, et tout ce qu'ils ont fait d'illustre ne vous donne aucun avantage; au contraire, l'éclat n'en rejaillit sur vous qu'à votre déshonneur, et leur gloire est un flambeau qui éclaire aux yeux d'un chacun la honte de vos actions. Apprenez enfin qu'un gentilhomme qui vit mal est un monstre dans la nature; que la vertu est le premier titre de noblesse; que je regarde bien moins au nom qu'on signe qu'aux actions qu'on fait, et que je ferois plus d'état du fils d'un crocheteur qui seroit honnête homme que du fils d'un monarque qui vivroit comme vous!

DON JUAN.

Monsieur, si vous étiez assis, vous en seriez mieux pour parler.

DON LOUIS.

Non, insolent, je ne veux point m'asseoir, ni parler davantage, et je vois bien que toutes mes paroles ne font rien sur ton âme; mais sache, fils indigne, que la tendresse paternelle est poussée à bout par tes actions; que je saurai, plus tôt que tu ne penses, mettre une borne à tes dérèglements, prévenir sur toi le courroux du ciel, et laver, par ta punition, la honte de t'avoir fait naître.

SCÈNE VII. — DON JUAN, SGANARELLE.

DON JUAN, adressant encore la parole à son père, quoiqu'il soit sorti.

Eh! mourez le plus tôt que vous pourrez, c'est le mieux que vous puissiez faire. Il faut que chacun ait son tour, et j'enrage de voir des pères qui vivent autant que leurs fils. (Il se met dans un fauteuil.)

SGANARELLE.

Ah! monsieur, vous avez tort.

---

[1] Le visage des actions était une locution plus ou moins admise; aujourd'hui elle paraît forcée et peu naturelle. (F. L.)

DON JUAN, se levant.

J'ai tort!

SGANARELLE, tremblant

Monsieur...

DON JUAN.

J'ai tort!

SGANARELLE.

Oui, monsieur, vous avez tort d'avoir souffert ce qu'il vous a dit, et vous le deviez mettre dehors par les épaules. A-t-on jamais rien vu de plus impertinent? un père venir faire des remontrances à son fils, et lui dire de corriger ses actions, de se ressouvenir de sa naissance, de mener une vie d'honnête homme, et cent autres sottises de pareille nature! Cela se peut-il souffrir à un homme comme vous, qui savez comme il faut vivre? J'admire votre patience, et, si j'avois été en votre place, je l'aurois envoyé promener. (Bas, à part.) O complaisance maudite! à quoi me réduis-tu!

DON JUAN.

Me fera-t-on souper bientôt?

SCÈNE VIII. — DON JUAN, SGANARELLE, RAGOTIN.

RAGOTIN.

Monsieur, voici une dame voilée qui vient vous parler.

DON JUAN.

Que pourroit-ce être?

SGANARELLE.

Il faut voir.

SCÈNE IX. — DONE ELVIRE, voilée; DON JUAN, SGANARELLE.

DONE ELVIRE.

Ne soyez point surpris, don Juan, de me voir à cette heure et dans cet équipage. C'est un motif pressant qui m'oblige à cette visite; et ce que j'ai à vous dire ne veut point du tout de retardement. Je ne viens point ici pleine de ce courroux que j'ai tantôt fait éclater; et vous me voyez bien changée de ce que j'étois ce matin. Ce n'est plus cette done Elvire qui faisoit des vœux contre vous, et dont l'âme irritée ne jetoit que menaces et ne respiroit que vengeance. Le ciel a banni de mon âme toutes ces indignes ardeurs que je sentois pour vous, tous ces transports tumultueux d'un attachement criminel, tous ces honteux emportements d'un amour terrestre et grossier; et il n'a laissé dans mon cœur pour vous qu'une flamme épurée de tout le commerce des sens, une tendresse toute sainte, un amour détaché de tout, qui n'agit point pour soi, et ne se met en peine que de votre intérêt.

ACTE IV, SCÈNE IX.

DON JUAN, bas, à Sganarelle.

Tu pleures, je pense?

SGANARELLE.

Pardonnez-moi.

DONE ELVIRE.

C'est ce parfait et pur amour qui me conduit ici pour votre bien, pour vous faire part d'un avis du ciel, et tâcher de vous retirer du précipice où vous courez. Oui, don Juan, je sais tous les déréglements de votre vie; et ce même ciel, qui m'a touché le cœur et fait jeter les yeux sur les égarements de ma conduite, m'a inspiré de vous venir trouver, et de vous dire de sa part que vos offenses ont épuisé sa miséricorde, que sa colère redoutable est prête de tomber sur vous, qu'il est en vous de l'éviter par un prompt repentir, et que peut-être vous n'avez pas encore un jour à vous pouvoir soustraire au plus grand de tous les malheurs. Pour moi, je ne tiens plus à vous par aucun attachement du monde. Je suis revenue, grâces au ciel, de toutes mes folles pensées; ma retraite est résolue, et je ne demande qu'assez de vie pour pouvoir expier la faute que j'ai faite, et mériter, par une austère pénitence, le pardon de l'aveuglement où m'ont plongée les transports d'une passion condamnable. Mais, dans cette retraite, j'aurois une douleur extrême qu'une personne que j'ai chérie tendrement devînt un exemple funeste de la justice du ciel; et ce me sera une joie incroyable, si je puis vous porter à détourner de dessus votre tête l'épouvantable coup qui vous menace. De grâce, don Juan, accordez-moi, pour dernière faveur, cette douce consolation; ne me refusez point votre salut, que je vous demande avec larmes; et, si vous n'êtes point touché de votre intérêt, soyez-le au moins de mes prières, et m'épargnez le cruel déplaisir de vous voir condamner à des supplices éternels.

SGANARELLE, à part.

Pauvre femme!

DONE ELVIRE.

Je vous ai aimé avec une tendresse extrême, rien au monde ne m'a été aussi cher que vous; j'ai oublié mon devoir pour vous, j'ai fait toutes choses pour vous; et toute la récompense que je vous en demande, c'est de corriger votre vie, et de prévenir votre perte. Sauvez-vous, je vous prie, ou pour l'amour de vous, ou pour l'amour de moi. Encore une fois, don Juan, je vous le demande avec larmes; et, si ce n'est assez des larmes d'une personne que vous avez aimée, je vous en conjure par tout ce qui est le plus capable de vous toucher.

SGANARELLE, à part, regardant don Juan.

Cœur de tigre!

DONE ELVIRE.

Je m'en vais après ce discours; et voilà tout ce que j'avois à vous dire.

DON JUAN.
Madame, il est tard, demeurez ici. On vous y logera le mieux qu'on pourra.
DONE ELVIRE.
Non, don Juan, ne me retenez pas davantage.
DON JUAN.
Madame, vous me ferez plaisir de demeurer, je vous assure.
DONE ELVIRE.
Non, vous dis-je; ne perdons point de temps en discours superflus. Laissez-moi vite aller, ne faites aucune instance pour me conduire, et songez seulement à profiter de mon avis.

SCÈNE X. — DON JUAN, SGANARELLE.

DON JUAN.
Sais-tu bien que j'ai encore senti quelque peu d'émotion pour elle, que j'ai trouvé de l'agrément dans cette nouveauté bizarre, et que son habit négligé, son air languissant et ses larmes, ont réveillé en moi quelques petits restes d'un feu éteint?
SGANARELLE.
C'est-à-dire que ses paroles n'ont fait aucun effet sur vous.
DON JUAN.
Vite à souper.
SGANARELLE.
Fort bien.

SCÈNE XI. — DON JUAN, SGANARELLE, LA VIOLETTE, RAGOTIN.

DON JUAN, se mettant à table.
Sganarelle, il faut songer à s'amender, pourtant.
SGANARELLE.
Oui-da.
DON JUAN.
Oui, ma foi, il faut s'amender. Encore vingt ou trente ans de cette vie-ci, et puis nous songerons à nous.
SGANARELLE.
Oh!
DON JUAN
Qu'en dis-tu?
SGANARELLE.
Rien. Voilà le souper. (Il prend un morceau d'un des plats qu'on apporte, et le met dans sa bouche.)
DON JUAN.
Il me semble que tu as la joue enflée : qu'est-ce que c'est? Parle donc. Qu'as-tu là?
SGANARELLE.
Rien.

ACTE IV, SCÈNE XII.

DON JUAN.

Montre un peu. Parbleu! c'est une fluxion qui lui est tombée sur la joue. Vite une lancette pour percer cela! le pauvre garçon n'en peut plus, et cet abcès le pourroit étouffer. Attends : voyez comme il étoit mûr! Ah! coquin que vous êtes!

SGANARELLE.

Ma foi, monsieur, je voulois savoir si votre cuisinier n'avoit point mis trop de sel ou trop de poivre.

DON JUAN.

Allons, mets-toi là et mange. J'ai affaire de toi, quand j'aurai soupé. Tu as faim, à ce que je vois.

SGANARELLE, se mettant à table.

Je le crois bien, monsieur, je n'ai point mangé depuis ce matin. Tâtez de cela, voilà qui est le meilleur du monde. (A Ragotin, qui, à mesure que Sganarelle met quelque chose sur son assiette, la lui ôte dès que Sganarelle tourne la tête.) Mon assiette, mon assiette! Tout doux, s'il vous plaît. Vertubleu! petit compère, que vous êtes habile à donner des assiettes nettes! Et vous, petit la Violette, que vous savez présenter à boire à propos! (Pendant que la Violette donne à boire à Sganarelle, Ragotin ôte encore son assiette.)

DON JUAN.

Qui peut frapper de cette sorte?

SGANARELLE.

Qui diable nous vient troubler dans notre repas?

DON JUAN.

Je veux souper en repos, au moins, et qu'on ne laisse entrer personne.

SGANARELLE.

Laissez-moi faire, je m'y en vais moi-même.

DON JUAN, voyant venir Sganarelle effrayé.

Qu'est-ce donc? qu'y a-t-il?

SGANARELLE, baissant la tête comme la statue.

Le... qui est là.

DON JUAN.

Allons voir, et montrons que rien ne me sauroit ébranler.

SGANARELLE.

Ah! pauvre Sganarelle, où te cacheras-tu?

SCÈNE XII. — DON JUAN, LA STATUE DU COMMANDEUR, SGANARELLE, LA VIOLETTE, RAGOTIN.

DON JUAN, à ses gens.

Une chaise et un couvert. Vite donc. (Don Juan et la statue se mettent à table. A Sganarelle.) Allons, mets-toi à table.

SGANARELLE.

Monsieur, je n'ai plus faim.

DON JUAN.

Mets-toi là, te dis-je. A boire! A la santé du commandeur! Je te la porte, Sganarelle! qu'on lui donne du vin!

SGANARELLE.

Monsieur, je n'ai pas soif.

DON JUAN.

Bois et chante ta chanson, pour régaler le commandeur.

SGANARELLE.

Je suis enrhumé, monsieur.

DON JUAN.

Il n'importe. Allons. (A ses gens.) Vous autres, venez, accompagnez sa voix.

LA STATUE.

Don Juan, c'est assez. Je vous invite à venir demain souper avec moi. En aurez-vous le courage?

DON JUAN.

Oui, j'irai, accompagné du seul Sganarelle.

SGANARELLE.

Je vous rends grâces, il est demain jeûne pour moi

DON JUAN, à Sganarelle.

Prends ce flambeau.

LA STATUE.

On n'a pas besoin de lumière quand on est conduit par le ciel.

ACTE CINQUIÈME

Le théâtre représente une campagne.

SCÈNE I. — DON LOUIS, DON JUAN, SGANARELLE.

DON LOUIS.

Quoi! mon fils, seroit-il possible que la bonté du ciel eût exaucé mes vœux? Ce que vous me dites est-il bien vrai? Ne m'abusez-vous point d'un faux espoir, et puis-je prendre quelque assurance sur la nouveauté surprenante d'une telle conversion?

DON JUAN.

Oui, vous me voyez revenu de toutes mes erreurs; je ne suis plus le même d'hier au soir, et le ciel tout d'un coup a fait en moi un changement qui va surprendre tout le monde. Il a touché mon âme et dessillé mes yeux; et je regarde avec horreur le long aveuglement où j'ai été, et les désordres criminels de la vie que j'ai menée. J'en repasse dans mon esprit toutes les abominations, et m'étonne comme le ciel les a pu souffrir si longtemps, et n'a pas vingt fois sur ma tête laissé tomber les coups de sa justice redoutable. Je vois les grâces que sa bonté m'a faites en ne me punissant point de mes crimes, et je prétends en profiter comme je dois, faire éclater aux yeux du monde un soudain changement de vie, réparer par là le scandale de mes actions passées, et m'efforcer d'en obtenir du ciel une pleine rémission. C'est à quoi je vais travailler; et je vous prie, monsieur, de vouloir bien contribuer à ce dessein, et de m'aider vous-même à faire choix d'une personne qui me serve de guide, et sous la conduite de qui je puisse marcher sûrement dans le chemin où je m'en vais entrer.

DON LOUIS.

Ah! mon fils, que la tendresse d'un père est aisément rappelée, et que les offenses d'un fils s'évanouissent vite au moindre mot de repentir! Je ne me souviens plus déjà de tous les déplaisirs que vous m'avez donnés, et tout est effacé par les paroles que vous venez de me faire entendre. Je ne me sens pas, je l'avoue; je jette des larmes de joie; tous mes vœux sont satisfaits, et je n'ai plus rien désormais à demander au ciel. Embrassez-moi, mon fils, et persistez, je vous conjure, dans cette louable pensée. Pour moi, j'en vais tout de ce pas porter l'heureuse nouvelle à votre mère, partager avec elle les doux transports du ravissement où je suis, et rendre grâces au ciel des saintes résolutions qu'il a daigné vous inspirer.

SCÈNE II. — DON JUAN, SGANARELLE.

SGANARELLE.

Ah! monsieur, que j'ai de joie de vous voir converti! Il y a longtemps que j'attendois cela; et voilà, grâces au ciel, tous mes souhaits accomplis.

DON JUAN.

La peste le benêt!

SGANARELLE.

Comment, le benêt!

DON JUAN.

Quoi! tu prends pour de bon argent ce que je viens de dire, et tu crois que ma bouche étoit d'accord avec mon cœur?

SGANARELLE.

Quoi! ce n'est pas... Vous ne... Votre... (A part.) Oh! quel homme! quel homme! quel homme!

DON JUAN.

Non, non, je ne suis point changé, et mes sentiments sont toujours les mêmes.

SGANARELLE.

Vous ne vous rendez pas à la surprenante merveille de cette statue mouvante et parlante?

DON JUAN.

Il y a bien quelque chose là dedans que je ne comprends pas; mais, quoi que ce puisse être, cela n'est pas capable ni de convaincre mon esprit, ni d'ébranler mon âme; et, si j'ai dit que je voulois corriger ma conduite et me jeter dans un train de vie exemplaire, c'est un dessein que j'ai formé par pure politique, un stratagème utile, une grimace nécessaire où je veux me contraindre, pour ménager un père dont j'ai besoin, et me mettre à couvert, du côté des hommes, de cent fâcheuses aventures qui pourroient m'arriver. Je veux bien, Sganarelle, t'en faire confidence, et je suis bien aise d'avoir un témoin du fond de mon âme, et des véritables motifs qui m'obligent à faire les choses.

SGANARELLE.

Quoi! vous ne croyez rien du tout et vous voulez cependant vous ériger en homme de bien!

DON JUAN.

Et pourquoi non? Il y en a tant d'autres comme moi, qui se mêlent de ce métier, et qui se servent du même masque pour abuser le monde!

SGANARELLE.

Ah! quel homme! quel homme!

DON JUAN.

Il n'y a plus de honte maintenant à cela; l'hypocrisie est un vice à la mode, et tous les vices à la mode passent pour vertus. Le personnage d'homme de bien est le meilleur de tous les personnages qu'on puisse jouer. Aujourd'hui, la profession d'hypocrite a de merveilleux avantages. C'est un art de qui l'imposture est toujours respectée; et, quoiqu'on la découvre, on n'ose rien dire contre elle. Tous les autres vices des hommes sont exposés à la censure, et chacun a la liberté de les attaquer hautement; mais l'hypocrisie est un vice privilégié qui, de sa main, ferme la bouche à tout le monde, et jouit en repos d'une impunité souveraine. On lie, à force de grimaces, une société étroite avec tous les gens du parti. Qui en choque un se les attire tous sur les bras; et ceux que l'on sait même agir de bonne foi là-dessus, et que chacun connoît pour être véritablement touchés, ceux-là, dis-je, sont toujours les dupes des autres: ils donnent bonnement dans le panneau des grimaciers, et appuient aveuglément les singes de leurs actions. Combien crois-tu que j'en connoisse, qui, par ce stratagème, ont rhabillé adroitement les désordres de leur jeunesse, qui se font un bouclier du manteau de la religion, et, sous cet habit respecté, ont la permission d'être les plus méchants hommes du monde? On a beau savoir leurs intrigues et les connoître pour ce qu'ils sont, ils ne laissent pas pour cela d'être en crédit parmi les gens; et quelque baissement de tête, un soupir mortifié, et deux roulements d'yeux rajustent dans le monde tout ce qu'ils peuvent faire. C'est sous cet abri favorable que je veux me sauver, et mettre en sûreté mes affaires. Je ne quitterai point mes douces habitudes; mais j'aurai soin de me cacher, et me divertirai à petit bruit. Que si je viens à être découvert, je verrai, sans me remuer, prendre mes intérêts à toute la cabale, et je serai défendu par elle envers et contre tous. Enfin, c'est là le vrai moyen de faire impunément tout ce que je voudrai. Je m'érigerai en censeur des actions d'autrui, jugerai mal de tout le monde, et n'aurai bonne opinion que de moi. Dès qu'une fois on m'aura choqué tant soit peu, je ne pardonnerai jamais, et garderai tout doucement une haine irréconciliable. Je me ferai le vengeur des intérêts du ciel; et, sous ce prétexte commode, je pousserai mes ennemis, je les accuserai d'impiété, et saurai déchaîner contre eux des zélés indiscrets, qui, sans connoissance de cause, crieront en public contre eux, qui les accableront d'injures, et les damneront hautement de leur autorité privée. C'est ainsi qu'il faut profiter des foiblesses des hommes, et qu'un sage esprit s'accommode aux vices de son siècle.

SGANARELLE.

O ciel! qu'entends-je ici? Il ne vous manquoit plus que d'être hypocrite, pour vous achever de tout point, et voilà le comble des abominations. Monsieur, cette dernière-ci m'emporte, et je ne puis m'empêcher de parler. Faites-moi tout ce qu'il vous plaira; battez-moi, assommez-moi de coups, tuez-moi, si vous voulez; il faut que je décharge mon cœur, et qu'en valet fidèle je vous dise ce que je dois. Sachez, monsieur, que tant va la cruche à l'eau, qu'enfin elle se brise; et, comme dit fort bien cet auteur que je ne connois pas, l'homme est en ce monde, ainsi que l'oiseau sur la branche; la branche est attachée à l'arbre; qui s'attache à l'arbre suit de bons préceptes; les bons préceptes valent mieux que les belles paroles; les belles paroles sont à la cour; à la cour sont les courtisans; les courtisans suivent la mode; la mode vient de la fantaisie; la fantaisie est une faculté de l'âme; l'âme est ce qui nous donne la vie; la vie finit par la mort; la mort nous fait penser au ciel; le ciel est au-dessus de la terre; la terre n'est point la mer; la mer est sujette aux orages; les orages tourmentent les vaisseaux; les vaisseaux ont besoin d'un bon pilote; un bon pilote a de la prudence; la prudence n'est pas dans les jeunes gens; les jeunes gens doivent obéissance aux vieux; les vieux aiment les richesses; les richesses font les riches; les riches ne sont pas pauvres; les pauvres ont de la nécessité; la nécessité n'a pas de loi; qui n'a pas de loi vit en bête brute; et, par conséquent, vous serez damné à tous les diables.

DON JUAN.
O le beau raisonnement!

SGANARELLE.
Après cela, si vous ne vous rendez, tant pis pour vous.

SCÈNE III. — DON CARLOS, DON JUAN, SGANARELLE.

DON CARLOS.
Don Juan, je vous trouve à propos, et suis bien aise de vous parler ici plutôt que chez vous, pour vous demander vos résolutions. Vous savez que ce soin me regarde, et que je me suis, en votre présence, chargé de cette affaire. Pour moi, je ne le cèle point, je souhaite fort que les choses aillent dans la douceur; et il n'y a rien que je ne fasse pour porter votre esprit à vouloir prendre cette voie, et pour vous voir publiquement confirmer à ma sœur le nom de votre femme.

DON JUAN, d'un ton hypocrite.
Hélas! je voudrois bien, de tout mon cœur, vous donner la satisfaction que vous souhaitez; mais le ciel s'y oppose directement; il a inspiré à mon âme le dessein de changer de vie, et je n'ai point d'autres pensées maintenant que de quitter entièrement tous les attachements du monde, de me dépouiller au plus tôt de toutes sortes de vanités, et de corriger désormais par une austère conduite tous les déréglements criminels où m'a porté le feu d'une aveugle jeunesse.

DON CARLOS.
Ce dessein, don Juan, ne choque point ce que je dis; et la compagnie d'une femme légitime peut bien s'accommoder avec les louables pensées que le ciel vous inspire.

DON JUAN.
Hélas! point du tout. C'est un dessein que votre sœur elle-même a pris; elle a résolu sa retraite; et nous avons été touchés tous deux en même temps.

DON CARLOS.
Sa retraite ne peut nous satisfaire, pouvant être imputée au mépris que vous feriez d'elle et de notre famille; et notre honneur demande qu'elle vive avec vous.

DON JUAN.
Je vous assure que cela ne se peut. J'en avois, pour moi, toutes les envies du monde; et je me suis, même encore aujourd'hui, conseillé au ciel pour cela; mais, lorsque je l'ai consulté, j'ai entendu une voix qui m'a dit que je ne devois point songer à votre sœur, et qu'avec elle, assurément, je ne ferois point mon salut.

DON CARLOS.
Croyez-vous, don Juan, nous éblouir par ces belles excuses?

DON JUAN.

J'obéis à la voix du ciel.

DON CARLOS.

Quoi! vous voulez que je me paye d'un semblable discours?

DON JUAN.

C'est le ciel qui le veut ainsi.

DON CARLOS.

Vous aurez fait sortir ma sœur d'un couvent pour la laisser ensuite?

DON JUAN.

Le ciel l'ordonne de la sorte.

DON CARLOS.

Nous souffrirons cette tache en notre famille?

DON JUAN.

Prenez-vous-en au ciel.

DON CARLOS.

Eh quoi! toujours le ciel!

DON JUAN.

Le ciel le souhaite comme cela.

DON CARLOS.

Il suffit, don Juan, je vous entends. Ce n'est pas ici que je veux vous prendre, et le lieu ne le souffre pas; mais, avant qu'il soit peu, je saurai vous trouver.

DON JUAN.

Vous ferez ce que vous voudrez. Vous savez que je ne manque point de cœur, et que je sais me servir de mon épée, quand il le faut. Je m'en vais passer tout à l'heure dans cette petite rue écartée qui mène au grand couvent; mais je vous déclare, pour moi, que ce n'est point moi qui me veux battre; le ciel m'en défend la pensée; et, si vous m'attaquez, nous verrons ce qui en arrivera.

DON CARLOS.

Nous verrons, de vrai, nous verrons.

SCÈNE IV. — DON JUAN, SGANARELLE.

SGANARELLE.

Monsieur, quel diable de style prenez-vous là? Ceci est bien pis que le reste, et je vous aimerois bien mieux encore comme vous étiez auparavant. J'espérois toujours de votre salut: mais c'est maintenant que j'en désespère; et je crois que le ciel, qui vous a souffert jusques ici, ne pourra souffrir du tout cette dernière horreur.

DON JUAN.

Va, va, le ciel n'est pas si exact que tu penses; et si toutes les fois que les hommes...

SCÈNE V. — DON JUAN, SGANARELLE; UN SPECTRE, en femme voilée.

SGANARELLE, *apercevant le spectre.*

Ah! monsieur, c'est le ciel qui vous parle, et c'est un avis qu'il vous donne.

DON JUAN.

Si le ciel me donne un avis, il faut qu'il parle un peu plus clairement, s'il veut que je l'entende.

LE SPECTRE.

Don Juan n'a plus qu'un moment à pouvoir profiter de la miséricorde du ciel, et, s'il ne se repent ici, sa perte est résolue.

SGANARELLE.

Entendez-vous, monsieur?

DON JUAN.

Qui ose tenir ces paroles? Je crois connoître cette voix.

SGANARELLE.

Ah! monsieur, c'est un spectre, je le reconnois au marcher.

DON JUAN.

Spectre, fantôme, ou diable, je veux voir ce que c'est. (Le spectre change de figure, et représente le Temps, avec sa faux à la main.)

SGANARELLE.

O ciel! voyez-vous, monsieur, ce changement de figure?

DON JUAN.

Non, non, rien n'est capable de m'imprimer de la terreur; et je veux éprouver, avec mon épée, si c'est un corps ou un esprit. (Le spectre s'envole dans le temps que don Juan veut le frapper.)

SGANARELLE.

Ah! monsieur, rendez-vous à tant de preuves, et jetez-vous vite dans le repentir.

DON JUAN.

Non, non, il ne sera pas dit, quoi qu'il arrive, que je sois capable de me repentir. Allons, suis-moi.

SCÈNE VI. — LA STATUE DU COMMANDEUR, DON JUAN, SGANARELLE.

LA STATUE.

Arrêtez, don Juan. Vous m'avez hier donné parole de venir manger avec moi.

DON JUAN.

Oui. Où faut-il aller?

LA STATUE.

Donnez-moi la main.

DON JUAN.

La voilà

LA STATUE.

Don Juan, l'endurcissement au péché traîne une mort funeste; et les grâces du ciel que l'on renvoie ouvrent un chemin à sa foudre.

DON JUAN.

O ciel! que sens-je? un feu invisible me brûle, je n'en puis plus, et tout mon corps devient un brasier ardent. Ah! (Le tonnerre tombe avec un grand bruit et de grands éclairs sur don Juan. La terre s'ouvre et l'abîme; et il sort de grands feux de l'endroit où il est tombé.)

SCÈNE VII. — SGANARELLE, seul.

Ah! mes gages! mes gages! Voilà, par sa mort, un chacun satisfait. Ciel offensé, lois violées, filles séduites, familles déshonorées, parents outragés, femmes mises à mal, maris poussés à bout, tout le monde est content; il n'y a que moi seul de malheureux. Mes gages, mes gages, mes gages!

L'AMOUR MÉDECIN

COMÉDIE-BALLET EN TROIS ACTES

1665

AU LECTEUR

Ce n'est ici qu'un simple crayon, un petit impromptu dont le roi a voulu se faire un divertissement. Il est le plus précipité de tous ceux que Sa Majesté m'ait commandés; et, lorsque je dirai qu'il a été proposé, fait, appris et représenté en cinq jours, je ne dirai que ce qui est vrai. Il n'est pas nécessaire de vous avertir qu'il y a beaucoup de choses qui dépendent de l'action. On sait bien que les comédies ne sont faites que pour être jouées; et je ne conseille de lire celle-ci qu'aux personnes qui ont des yeux pour découvrir, dans la lecture, tout le jeu du théâtre. Ce que je vous dirai, c'est qu'il seroit à souhaiter que ces sortes d'ouvrages pussent toujours se montrer à vous avec les ornements qui les accompagnent chez le roi. Vous les verriez dans un état beaucoup plus supportable; et les airs et les symphonies de l'incomparable M. Lulli, mêlés à la beauté des voix et à l'adresse des danseurs, leur donnent sans doute des grâces dont ils ont toutes les peines du monde à se passer.

PERSONNAGES DU PROLOGUE

LA COMÉDIE.
LA MUSIQUE.
LE BALLET.

L'AMOUR MÉDECIN.

PERSONNAGES DE LA COMÉDIE

SGANARELLE, père de Lucinde.
LUCINDE, fille de Sganarelle.
CLITANDRE, amant de Lucinde.
AMINTE, voisine de Sganarelle.
LUCRÈCE, nièce de Sganarelle.
LISETTE, suivante de Lucinde.
M. GUILLAUME, marchand de tapisseries.
M. JOSSE, orfévre.
M. THOMÈS, \
M. DESFONANDRÈS, \
M. MACROTON, } médecins.
M. BAHIS, /
M. FILERIN, /
Un Notaire.
CHAMPAGNE, valet de Sganarelle.

PERSONNAGES DU BALLET

PREMIÈRE ENTRÉE.

CHAMPAGNE, valet de Sganarelle, dansant.
QUATRE MÉDECINS, dansants.

SECONDE ENTRÉE.

UN OPÉRATEUR, chantant.
TRIVELINS et SCARAMOUCHES, dansants, de la suite de l'opérateur.

TROISIÈME ENTRÉE.

LA COMÉDIE.
LA MUSIQUE.
LE BALLET.
JEUX, RIS, PLAISIRS, dansants.

La scène est à Paris, dans une des salles de la maison de Sganarelle.

PROLOGUE

LA COMÉDIE, LA MUSIQUE, LE BALLET.

LA COMÉDIE.

Quittons, quittons notre vaine querelle,
Ne nous disputons point nos talents tour à tour;
Et d'une gloire plus belle
Piquons-nous en ce jour.
Unissons-nous tous trois d'une ardeur sans seconde
Pour donner du plaisir au plus grand roi du monde.

TOUS TROIS ENSEMBLE.

Unissons-nous tous trois d'une ardeur sans seconde
Pour donner du plaisir au plus grand roi du monde.

LA MUSIQUE.
De ses travaux, plus grands qu'on ne peut croire,
Il se vient quelquefois délasser parmi nous.
LE BALLET.
Est il de plus grande gloire?
Est-il bonheur plus doux?
TOUS TROIS ENSEMBLE.
Unissons-nous tous trois d'une ardeur sans seconde
Pour donner du plaisir au plus grand roi du monde.

ACTE PREMIER

SCÈNE I. — SGANARELLE, AMINTE, LUCRÈCE, M. GUILLAUME, M. JOSSE.

SGANARELLE.

Ah! l'étrange chose que la vie! et que je puis bien dire, avec ce grand philosophe de l'antiquité, que qui terre a guerre a, et qu'un malheur ne vient jamais sans l'autre! Je n'avois qu'une femme, qui est morte¹.

MONSIEUR GUILLAUME.

E combien donc en vouliez-vous avoir?

SGANARELLE.

Elle est morte, monsieur Guillaume mon ami. Cette perte m'est très-sensible, et je ne puis m'en ressouvenir sans pleurer. Je n'étois pas fort satisfait de sa conduite, et nous avions le plus souvent dispute ensemble; mais enfin la mort rajuste toutes choses. Elle est morte; je la pleure. Si elle étoit en vie, nous nous querellerions. De tous les enfants que le ciel m'avoit donnés, il ne m'a laissé qu'une fille, et cette fille est toute ma peine; car enfin je la vois dans une mélancolie la plus sombre du monde, dans une tristesse épouvantable, dont il n'y a pas moyen de la retirer, et dont je ne saurois même apprendre la cause. Pour moi, j'en perds l'esprit, et j'aurois besoin d'un bon conseil sur cette matière. (A Lucrèce.) Vous êtes ma nièce; (A Aminte.) vous, ma voisine; (A monsieur Guillaume et à monsieur Josse.) et vous, mes compères et mes amis : je vous prie de me conseiller tout ce que je dois faire.

MONSIEUR JOSSE.

Pour moi, je tiens que la braverie, que l'ajustement, est la chose qui réjouit le plus les filles; et, si j'étois que de vous, je lui achèterois, dès aujourd'hui, une belle garniture de diamants, ou de rubis, ou d'émeraudes.

¹ Var. Je n'avois qu'une *seule* femme, qui est morte.

####### MONSIEUR GUILLAUME.

Et moi, si j'étois en votre place, j'achèterois une belle tenture de tapisserie de verdure, ou à personnages, que je ferois mettre dans sa chambre, pour lui réjouir l'esprit et la vue.

####### AMINTE.

Pour moi, je ne ferois pas tant de façons, et je la marierois fort bien, et le plus tôt que je pourrois, avec cette personne qui vous la fit, dit-on, demander il y a quelque temps.

####### LUCRÈCE.

Et moi, je tiens que votre fille n'est point du tout propre pour le mariage. Elle est d'une complexion trop délicate et trop peu saine, et c'est la vouloir envoyer bientôt en l'autre monde, que de l'exposer, comme elle est, à faire des enfants. Le monde n'est point du tout son fait; et je vous conseille de la mettre dans un couvent, où elle trouvera des divertissements qui seront mieux de son humeur.

####### SGANARELLE.

Tous ces conseils sont admirables assurément; mais je les tiens un peu intéressés, et trouve que vous me conseillez fort bien pour vous. Vous êtes orfèvre, monsieur Josse[1], et votre conseil sent son homme qui a envie de se défaire de sa marchandise. Vous vendez des tapisseries, monsieur Guillaume, et vous avez la mine d'avoir quelque tenture qui vous incommode. Celui que vous aimez, ma voisine, a, dit-on, quelque inclination pour ma fille, et vous ne seriez pas fâchée de la voir la femme d'un autre. Et quant à vous, ma chère nièce, ce n'est pas mon dessein, comme on sait, de marier ma fille avec qui que ce soit, et j'ai mes raisons pour cela; mais le conseil que vous me donnez de la faire religieuse est d'une femme qui pourroit bien souhaiter charitablement d'être mon héritière universelle. Ainsi, messieurs et mesdames, quoique tous vos conseils soient les meilleurs du monde, vous trouverez bon, s'il vous plaît, que je n'en suive aucun. (Seul.) Voilà de mes donneurs de conseils à la mode.

SCÈNE II. — LUCINDE, SGANARELLE.

####### SGANARELLE.

Ah! voilà ma fille qui prend l'air. Elle ne me voit pas. Elle soupire; elle lève les yeux au ciel. (A Lucinde.) Dieu vous garde! Bonjour, ma mie. Eh bien, qu'est-ce? Comme vous en va? Eh quoi! toujours triste et mélancolique comme cela, et tu ne veux pas me dire ce que tu as? Allons donc, découvre-moi ton petit cœur. Là, ma pauvre mie, dis, dis, dis tes petites pensées à ton petit papa mignon. Courage! Veux-

---

[1] Ce mot, qui jaillit si bien de la situation, est devenu proverbe. C'est que la saillie échappée si naturellement au gros bon sens de Sganarelle en dit plus que toutes les maximes et tous les raisonnements sur les conseils intéressés. (F. L.)

tu que je te baise? Viens. (A part.) J'enrage de la voir de cette humeur-là. (A Lucinde.) Mais, dis-moi, me veux-tu faire mourir de déplaisir; et ne puis-je savoir d'où vient cette grande langueur? découvre-m'en la cause, et je te promets que je ferai toutes choses pour toi. Oui, tu n'as qu'à me dire le sujet de ta tristesse; je t'assure ici et te fais serment qu'il n'y a rien que je ne fasse pour te satisfaire; c'est tout dire. Est-ce que tu es jalouse de quelqu'une de tes compagnes que tu voies plus brave que toi? et seroit-il quelque étoffe nouvelle dont tu voulusses avoir un habit? Non. Est-ce que ta chambre ne te semble pas assez parée, et que tu souhaiterois quelque cabinet[1] de la foire Saint-Laurent? Ce n'est pas cela. Aurois-tu envie d'apprendre quelque chose, et veux-tu que je te donne un maître pour te montrer à jouer du clavecin? Nenni. Aimerois-tu quelqu'un, et souhaiterois-tu d'être mariée? (Lucinde fait signe que oui.)

SCÈNE III. — SGANARELLE, LUCINDE, LISETTE.

LISETTE.

Eh bien, monsieur, vous venez d'entretenir votre fille. Avez-vous su la cause de sa mélancolie?

SGANARELLE.

Non. C'est une coquine qui me fait enrager.

LISETTE.

Monsieur, laissez-moi faire, je m'en vais la sonder un peu.

SGANARELLE.

Il n'est pas nécessaire; et, puisqu'elle veut être de cette humeur, je suis d'avis qu'on l'y laisse.

LISETTE.

Laissez-moi faire, vous dis-je. Peut-être qu'elle se découvrira plus librement à moi qu'à vous. Quoi! madame, vous ne nous direz point ce que vous avez, et vous voulez affliger ainsi tout le monde? Il me semble qu'on n'agit point comme vous faites, et que, si vous avez quelque répugnance à vous expliquer à un père, vous n'en devez avoir aucune à me découvrir votre cœur. Dites-moi, souhaitez-vous quelque chose de lui? Il nous a dit plus d'une fois qu'il n'épargneroit rien pour vous contenter. Est-ce qu'il ne vous donne pas toute la liberté que vous souhaiteriez? Et les promenades et les cadeaux ne tenteroient-ils point votre âme? Heu! avez-vous reçu quelque déplaisir de quelqu'un? Heu! n'auriez-vous point quelque secrète inclination avec qui vous souhaiteriez que votre père vous mariât? Ah! je vous entends. Voilà l'affaire. Que diable! pourquoi tant de façons? Monsieur, le mystère est découvert; et...

[1] Meuble servant à renfermer de l'argent, des bijoux et des colifichets à l'usage des femmes.

SGANARELLE.

Va, fille ingrate, je ne te veux plus parler, et je te laisse dans ton obstination.

LUCINDE.

Mon père, puisque vous voulez que je vous dise la chose...

SGANARELLE

Oui, je perds toute l'amitié que j'avois pour toi.

LISETTE.

Monsieur, sa tristesse...

SGANARELLE.

C'est une coquine qui me veut faire mourir.

LUCINDE.

Mon père, je veux bien...

SGANARELLE.

Ce n'est pas la récompense de t'avoir élevée comme j'ai fait.

LISETTE.

Mais, monsieur...

SGANARELLE.

Non, je suis contre elle dans une colère épouvantable.

LUCINDE.

Mais, mon père...

SGANARELLE.

Je n'ai plus aucune tendresse pour toi.

LISETTE.

Mais...

SGANARELLE.

C'est une friponne.

LUCINDE.

Mais...

SGANARELLE.

Une ingrate.

LISETTE.

Mais...

SGANARELLE.

Une coquine qui ne me veut pas dire ce qu'elle a.

LISETTE.

C'est un mari qu'elle veut.

SGANARELLE, *faisant semblant de ne pas entendre.*

Je l'abandonne.

LISETTE.

Un mari.

SGANARELLE.

Je la déteste.

LISETTE.

Un mari.

SGANARELLE.
Et la renonce pour ma fille.
LISETTE.
Un mari.
SGANARELLE.
Non, ne m'en parlez point.
LISETTE.
Un mari.
SGANARELLE.
Ne m'en parlez point.
LISETTE.
Un mari.
SGANARELLE.
Ne m'en parlez point.
LISETTE.
Un mari, un mari, un mari.

SCÈNE IV. — LUCINDE, LISETTE.

LISETTE.
On dit bien vrai qu'il n'y a point de pires sourds que ceux qui ne veulent point entendre.
LUCINDE.
Eh bien, Lisette, j'avois tort de cacher mon déplaisir, et je n'avois qu'à parler pour avoir tout ce que je souhaitois de mon père! Tu le vois.
LISETTE.
Par ma foi, voilà un vilain homme! et je vous avoue que j'aurois un plaisir extrême à lui jouer quelque tour. Mais d'où vient donc, madame, que jusqu'ici vous m'avez caché votre mal?
LUCINDE.
Hélas! de quoi m'auroit servi de te le découvrir plus tôt? et n'aurois-je pas autant gagné à le tenir caché toute ma vie? Crois-tu que je n'aie pas bien prévu tout ce que tu vois maintenant, que je ne susse pas à fond tous les sentiments de mon père, et que le refus qu'il a fait porter à celui qui m'a demandée par un ami n'ait pas étouffé dans mon âme toute sorte d'espoir?
LISETTE.
Quoi! c'est cet inconnu qui vous a fait demander, pour qui vous...
LUCINDE.
Peut-être n'est-il pas honnête à une fille de s'expliquer si librement; mais enfin je t'avoue que, s'il m'étoit permis de vouloir quelque chose, ce seroit lui que je voudrois. Nous n'avons eu ensemble aucune conversation, et sa bouche ne m'a point déclaré la passion qu'il a pour

moi; mais, dans tous les lieux où il m'a pu voir, ses regards et ses actions m'ont toujours parlé si tendrement, et la demande qu'il a fait faire de moi m'a paru d'un si honnête homme, que mon cœur n'a pu s'empêcher d'être sensible à ses ardeurs; et cependant tu vois où la dureté de mon père réduit toute cette tendresse.

LISETTE.

Allez, laissez-moi faire. Quelque sujet que j'aie de me plaindre de vous du secret que vous m'avez fait, je ne veux pas laisser de servir votre amour; et, pourvu que vous ayez assez de résolution...

LUCINDE.

Mais que veux-tu que je fasse contre l'autorité d'un père? Et, s'il est inexorable à mes vœux...

LISETTE.

Allez, allez, il ne faut pas se laisser mener comme un oison; et, pourvu que l'honneur n'y soit pas offensé, on peut se libérer un peu de la tyrannie d'un père. Que prétend-il que vous fassiez? N'êtes-vous pas en âge d'être mariée? et croit-il que vous soyez de marbre? Allez, encore un coup, je veux servir votre passion : je prends dès à présent sur moi tout le soin de ses intérêts, et vous verrez que je sais des détours... Mais je vois votre père. Rentrons, et me laissez agir.

SCÈNE V. — SGANARELLE, seul.

Il est bon quelquefois de ne point faire semblant d'entendre les choses qu'on n'entend que trop bien; et j'ai fait sagement de parer la déclaration d'un désir que je ne suis pas résolu de contenter. A-t-on jamais rien vu de plus tyrannique que cette coutume où l'on veut assujettir les pères, rien de plus impertinent et de plus ridicule que d'amasser du bien avec de grands travaux, et d'élever une fille avec beaucoup de soin et de tendresse, pour se dépouiller de l'un et de l'autre entre les mains d'un homme qui ne nous touche de rien? Non, non, je me moque de cet usage, et je veux garder mon bien et ma fille pour moi.

SCÈNE VI. — SGANARELLE, LISETTE.

LISETTE, courant sur le théâtre, et feignant de ne pas voir Sganarelle.

Ah! malheur! ah! disgrâce! ah! pauvre seigneur Sganarelle, où pourrai-je te rencontrer?

SGANARELLE, à part.

Que dit-elle là?

LISETTE, courant toujours.

Ah! misérable père! que feras-tu, quand tu sauras cette nouvelle?

SGANARELLE, à part.

Que sera-ce?

ACTE I, SCÈNE VI.

LISETTE.

Ma pauvre maîtresse!

SGANARELLE.

Je suis perdu!

LISETTE.

Ah!

SGANARELLE, courant après Lisette.

Lisette!

LISETTE.

Quelle infortune!

SGANARELLE.

Lisette!

LISETTE.

Quel accident!

SGANARELLE.

Lisette!

LISETTE.

Quelle fatalité!

SGANARELLE

Lisette!

LISETTE, s'arrêtant.

Ah! monsieur.

SGANARELLE.

Qu'est-ce?

LISETTE.

Monsieur!

SGANARELLE.

Qu'y a-t-il?

LISETTE.

Votre fille...

SGANARELLE.

Ah! ah[1]!

LISETTE.

Monsieur, ne pleurez donc point comme cela, car vous me feriez rire.

SGANARELLE.

Dis donc vite.

LISETTE.

Votre fille, toute saisie des paroles que vous lui avez dites, et de la colère effroyable où elle vous a vu contre elle, est montée vite dans sa chambre, et, pleine de désespoir, a ouvert la fenêtre qui regarde sur la rivière.

SGANARELLE

Eh bien?

[1] Molière a répété ce commencement de scène dans les *Fourberies de Scapin*.

LISETTE.

Alors, levant les yeux au ciel : « Non, a-t-elle dit, il m'est impossible de vivre avec le courroux de mon père; et, puisqu'il me renonce pour sa fille, je veux mourir. »

SGANARELLE.

Elle s'est jetée?

LISETTE.

Non, monsieur. Elle a fermé tout doucement la fenêtre, et s'est allée mettre sur son lit. Là, elle s'est prise à pleurer amèrement; et tout d'un coup son visage a pâli, ses yeux se sont tournés, le cœur lui a manqué, et elle est demeurée entre mes bras.

SGANARELLE.

Ah! ma fille! Elle est morte?

LISETTE.

Non, monsieur. A force de la tourmenter, je l'ai fait revenir; mais cela lui reprend de moment en moment, et je crois qu'elle ne passera pas la journée.

SGANARELLE.

Champagne! Champagne! Champagne!

SCÈNE VII. — SGANARELLE, CHAMPAGNE, LISETTE.

SGANARELLE.

Vite, qu'on m'aille querir des médecins, et en quantité. On n'en peut trop avoir dans une pareille aventure. Ah! ma fille! ma pauvre fille!

SCÈNE VIII.

PREMIER INTERMÈDE.

Champagne, valet de Sganarelle, frappe, en dansant, aux portes de quatre médecins.

SCÈNE IX.

Les quatre médecins dansent, et entrent avec cérémonie chez Sganarelle.

ACTE SECOND[1]

SCÈNE I. — SGANARELLE, LISETTE.

LISETTE

Que voulez-vous donc faire, monsieur, de quatre médecins? N'est-ce pas assez d'un pour tuer une personne?

[1] La pièce fut représentée à la cour telle qu'elle est ici, c'est-à-dire divisée en

SGANARELLE.
Taisez-vous. Quatre conseils valent mieux qu'un.
LISETTE.
Est-ce que votre fille ne peut pas bien mourir sans le secours de ces messieurs-là ?
SGANARELLE.
Est-ce que les médecins font mourir?
LISETTE.
Sans doute; et j'ai connu un homme qui prouvoit, par bonnes raisons, qu'il ne faut jamais dire : Une telle personne est morte d'une fièvre et d'une fluxion sur la poitrine, mais : Elle est morte de quatre médecins et de deux apothicaires.
SGANARELLE.
Chut! N'offensez pas ces messieurs-là.
LISETTE.
Ma foi, monsieur, notre chat est réchappé depuis peu d'un saut qu'il fit du haut de la maison dans la rue; et il fut trois jours sans manger et sans pouvoir remuer ni pied ni patte; mais il est bien heureux de ce qu'il n'y a point de chats médecins, car ses affaires étoient faites, et ils n'auroient pas manqué de le purger et de le saigner.
SGANARELLE.
Voulez-vous vous taire, vous dis-je! Mais voyez quelle impertinence! Les voici.
LISETTE.
Prenez garde, vous allez être bien édifié. Ils vous diront en latin que votre fille est malade.

SCÈNE II. — MM. TOMÈS, DESFONANDRÈS, MACROTON, BAHIS; SGANARELLE, LISETTE.

SGANARELLE.
Eh bien, messieurs?
MONSIEUR TOMÈS.
Nous avons vu suffisamment la malade, et sans doute qu'il y a beaucoup d'impuretés en elle.
SGANARELLE.
Ma fille est impure?
MONSIEUR TOMÈS.
Je veux dire qu'il y a beaucoup d'impuretés dans son corps, quantité d'humeurs corrompues.
SGANARELLE.
Ah! je vous entends.

---

trois actes par des entrées de ballet; mais, sur le théâtre de Paris, ces entrées furent probablement supprimées, et la pièce réduite en un seul acte. C'est du moins en cet état qu'on l'a toujours jouée depuis longtemps. (Auger.)

MONSIEUR TOMÈS.
Mais nous allons consulter ensemble.
SGANARELLE.
Allons, faites donner des siéges.
LISETTE, à M. Tomès.
Ah! monsieur, vous en êtes!
SGANARELLE, à Lisette.
De quoi donc connoissez-vous monsieur?
LISETTE.
De l'avoir vu l'autre jour chez la bonne amie de madame votre nièce.
MONSIEUR TOMÈS.
Comment se porte son cocher?
LISETTE.
Fort bien. Il est mort.
MONSIEUR TOMÈS.
Mort?
LISETTE.
Oui.
MONSIEUR TOMÈS.
Cela ne se peut.
LISETTE.
Je ne sais pas si cela se peut; mais je sais bien que cela est.
MONSIEUR TOMÈS.
Il ne peut pas être mort, vous dis-je.
LISETTE.
Et moi, je vous dis qu'il est mort et enterré.
MONSIEUR TOMÈS.
Vous vous trompez.
LISETTE.
Je l'ai vu.
MONSIEUR TOMÈS.
Cela est impossible. Hippocrate dit que ces sortes de maladies ne se terminent qu'au quatorze ou au vingt-un; et il n'y a que six jours qu'il est tombé malade.
LISETTE.
Hippocrate dira ce qu'il lui plaira; mais le cocher est mort.
SGANARELLE.
Paix, discoureuse! Allons, sortons d'ici. Messieurs, je vous supplie de consulter de la bonne manière. Quoique ce ne soit pas la coutume de payer auparavant, toutefois, de peur que je ne l'oublie [1], et afin que ce soit une affaire faite, voici... (Il leur donne de l'argent, et chacun, en le recevant, fait un geste différent.)

[1] Var. Toutefois, de peur que je l'oublie.

SCÈNE III. — MM. DESFONANDRÈS, TOMÈS, MACROTON, BAHIS.
Ils s'asseyent et toussent.

MONSIEUR DESFONANDRÈS.
Paris est étrangement grand, et il faut faire de longs trajets quand la pratique donne un peu.

MONSIEUR TOMÈS.
Il faut avouer que j'ai une mule admirable pour cela, et qu'on a peine à croire le chemin que je lui fais faire tous les jours.

MONSIEUR DESFONANDRÈS.
J'ai un cheval merveilleux, et c'est un animal infatigable.

MONSIEUR TOMÈS.
Savez-vous le chemin que ma mule a fait aujourd'hui? J'ai été, premièrement, tout contre l'Arsenal; de l'Arsenal au bout du faubourg Saint-Germain; du faubourg Saint-Germain au fond du Marais; du fond du Marais à la Porte Saint-Honoré; de la Porte Saint-Honoré, au faubourg Saint-Jacques; du faubourg Saint-Jacques à la porte de Richelieu; de la porte de Richelieu, ici; et d'ici je dois aller encore à la place Royale.

MONSIEUR DESFONANDRÈS.
Mon cheval a fait tout cela aujourd'hui; et, de plus, j'ai été à Ruel voir un malade.

MONSIEUR TOMÈS.
Mais, à propos, quel parti prenez-vous dans la querelle des deux médecins Théophraste et Artémius? car c'est une affaire qui partage tout notre corps.

MONSIEUR DESFONANDRÈS.
Moi, je suis pour Artémius.

MONSIEUR TOMÈS.
Et moi aussi. Ce n'est pas que son avis, comme on a vu, n'ait tué le malade, et que celui de Théophraste ne fût beaucoup meilleur, assurément; mais enfin il a tort dans les circonstances, et il ne devoit pas être d'un autre avis que son ancien. Qu'en dites-vous?

MONSIEUR DESFONANDRÈS.
Sans doute. Il faut toujours garder les formalités, quoi qu'il puisse arriver.

MONSIEUR TOMÈS.
Pour moi, j'y suis sévère en diable, à moins que ce soit entre amis; et l'on nous assembla un jour, trois de nous autres, avec un médecin de dehors, pour une consultation où j'arrêtai toute l'affaire, et ne voulus point endurer qu'on opinât, si les choses n'alloient dans l'ordre. Les gens de la maison faisoient ce qu'ils pouvoient, et la maladie pressoit; mais je n'en voulus point démordre, et la malade mourut bravement pendant cette contestation.

MONSIEUR DESFONANDRÈS.

C'est fort bien fait d'apprendre aux gens à vivre, et de leur montrer leur bec jaune.

MONSIEUR TOMÈS.

Un homme mort n'est qu'un homme mort, et ne fait point de conséquence ; mais une formalité négligée porte un notable préjudice à tout le corps des médecins.

SCÈNE IV. — SGANARELLE, MM. TOMÈS, DESFONANDRÈS, MACROTON, BAHIS.

SGANARELLE.

Messieurs, l'oppression de ma fille augmente ; je vous prie de me dire vite ce que vous avez résolu.

MONSIEUR TOMÈS, à M. Desfonandrès.

Allons, monsieur.

MONSIEUR DESFONANDRÈS

Non, monsieur, parlez, s'il vous plaît.

MONSIEUR TOMÈS

Vous vous moquez.

MONSIEUR DESFONANDRÈS

Je ne parlerai pas le premier.

MONSIEUR TOMÈS.

Monsieur...

MONSIEUR DESFONANDRÈS.

Monsieur...

SGANARELLE.

Eh ! de grâce, messieurs, laissez toutes ces cérémonies, et songez que les choses pressent. (Ils parlent tous quatre à la fois.)

MONSIEUR TOMÈS.

La maladie de votre fille...

MONSIEUR DESFONANDRÈS.

L'avis de tous ces messieurs tous ensemble...

MONSIEUR MACROTON.

A-près a-voir bi-en con-sul-té...

MONSIEUR BAHIS.

Pour raisonner...

SGANARELLE.

Eh ! messieurs, parlez l'un après l'autre, de grâce.

MONSIEUR TOMÈS.

Monsieur, nous avons raisonné sur la maladie de votre fille, et mon avis, à moi, est que cela procède d'une grande chaleur de sang ; ainsi je conclus à la saigner le plus tôt que vous pourrez.

MONSIEUR DESFONANDRÈS.

Et moi, je dis que sa maladie est une pourriture d'humeur causée

par une trop grande réplétion ; ainsi je conclus à lui donner de l'émétique.
MONSIEUR TOMÈS.
Je soutiens que l'émétique la tuera.
MONSIEUR DESFONANDRÈS.
Et moi, que la saignée la fera mourir.
MONSIEUR TOMÈS.
C'est bien à vous de faire l'habile homme !
MONSIEUR DESFONANDRÈS.
Oui, c'est à moi ; et je vous prêterai le collet en tout genre d'érudition.
MONSIEUR TOMÈS.
Souvenez-vous de l'homme que vous fîtes crever ces jours passés.
MONSIEUR DESFONANDRÈS.
Souvenez-vous de la dame que vous avez envoyée en l'autre monde il y a trois jours.
MONSIEUR TOMÈS, à Sganarelle.
Je vous ai dit mon avis.
MONSIEUR DESFONANDRÈS, à Sganarelle.
Je vous ai dit ma pensée.
MONSIEUR TOMÈS.
Si vous ne faites saigner tout à l'heure votre fille, c'est une personne morte. (Il sort.)
MONSIEUR DESFONANDRÈS.
Si vous la faites saigner, elle ne sera pas en vie dans un quart d'heure. (Il sort.)

SCÈNE V. — SGANARELLE, MM. MACROTON, BAHIS.

SGANARELLE.
A qui croire des deux ? et quelle résolution prendre sur des avis si opposés ? Messieurs, je vous conjure de déterminer mon esprit, et de me dire, sans passion, ce que vous croyez le plus propre à soulager ma fille.
MONSIEUR MACROTON.
Mon-si-eur, dans ces ma-ti-è-res-là, il faut pro-cé-der a-vec-que circon-spec-ti-on, et ne ri-en fai-re, com-me on dit, à la vo-lée ; d'au-tant que les fau-tes qu'on y peut fai-re sont, se-lon no-tre maî-tre Hip-po-cra-te, d'u-ne dan-ge-reu-se con-sé-quen-ce.
MONSIEUR BAHIS, bredouillant.
Il est vrai, il faut bien prendre garde à ce qu'on fait ; car ce ne sont pas ici jeux d'enfant ; et, quand on a failli, il n'est pas aisé de réparer le manquement, et de rétablir ce qu'on a gâté : *experimentum periculosum*. C'est pourquoi il s'agit de raisonner auparavant comme il

faut, de peser mûrement les choses, de regarder le tempérament des gens, d'examiner les causes de la maladie, et de voir les remèdes qu'on y doit apporter.

SGANARELLE, à part.

L'un va en tortue, et l'autre court la poste.

MONSIEUR MACROTON.

Or, mon-si-eur, pour ve-nir au fait, je trou-ve que vo-tre fil-le a u-ne ma-la-die chro-ni-que, et qu'el-le peut pé-ri-cli-ter, si on ne lui don-ne du se-cours, d'au-tant que les sym-ptô-mes qu'el-le a sont in-di-ca-tifs d'u-ne va-peur fu-li-gi-neu-se et mor-di-can-te qui lui pi-co-te les mem-bra-nes du cer-veau. Or, cet-te va-peur, que nous nom-mons en grec *at-mos*, est cau-sé-e par des hu-meurs pu-tri-des, te-na-ces, et con-glu-ti-neu-ses, qui sont con-te-nu-es dans le bas-ven-tre.

MONSIEUR BAHIS.

Et, comme ces humeurs ont été là engendrées par une longue succession de temps, elles s'y sont recuites, et ont acquis cette malignité qui fume vers la région du cerveau.

MONSIEUR MACROTON.

Si bi-en donc que, pour ti-rer, dé-ta-cher, ar-ra-cher, ex-pul-ser, é-va-cu-er les-di-tes hu-meurs, il fau-dra une pur-ga-ti-on vi-gou-reu-se. Mais, au pré-a-la-ble, je trou-ve à pro-pos, et il n'y a pas d'in-con-vé-nient, d'u-ser de pe-tits re-mê-des a-no-dins, c'est-à-di-re de pe-tits la-ve-ments ré-mol-li-ents et dé-ter-sifs, de ju-leps et de si-rops ra-fraî-chis-sants, qu'on mê-le-ra dans sa pti-sa-ne.

MONSIEUR BAHIS.

Après, nous en viendrons à la purgation, et à la saignée, que nous réitérerons, s'il en est besoin.

MONSIEUR MACROTON.

Ce n'est pas qu'a-vec-que tout cela vo-tre fil-le ne puis-se mou-rir; mais au moins vous au-rez fait quel-que cho-se, et vous au-rez la con-so-la-ti-on qu'el-le se-ra mor-te dans les for-mes.

MONSIEUR BAHIS.

Il vaut mieux mourir selon les règles que de réchapper contre les règles.

MONSIEUR MACROTON.

Nous vous di-sons sin-cè-re-ment no-tre pen-sé-e.

MONSIEUR BAHIS.

Et vous avons parlé comme nous parlerions à notre propre frère.

SGANARELLE, à M. Macroton, en allongeant ses mots.

Je vous rends très–hum–bles grâ–ces. (A M. Bahis, bredouillant.) Et vous suis infiniment obligé de la peine que vous avez prise.

SCÈNE VI. — SGANARELLE, seul.

Me voilà justement un peu plus incertain que je n'étois auparavant.

Morbleu! il me vient une fantaisie. Il faut que j'aille acheter de l'orviétan, et que je lui en fasse prendre; l'orviétan est un remède dont beaucoup de gens se sont bien trouvés. Holà!

SCÈNE VII. — SGANARELLE, UN OPÉRATEUR

SGANARELLE.

Monsieur, je vous prie de me donner une boîte de votre orviétan, que je m'en vais vous payer.

L'OPÉRATEUR chante.

L'or de tous les climats qu'entoure l'Océan
Peut-il jamais payer ce secret d'importance?
Mon remède guérit, par sa rare excellence,
Plus de maux qu'on n'en peut nombrer dans tout un an :
    La gale,
    La rogne,
    La teigne,
    La fièvre,
    La peste,
    La goutte,
    Vérole,
    Descente,
    Rougeole.
  O grande puissance
  De l'orviétan!

SGANARELLE.

Monsieur, je crois que tout l'or du monde n'est pas capable de payer votre remède; mais pourtant voici une pièce de trente sous que vous prendrez, s'il vous plaît.

L'OPÉRATEUR chante.

Admirez mes bontés, et le peu qu'on vous vend
Ce trésor merveilleux que ma main vous dispense.
Vous pouvez, avec lui, braver en assurance
Tous les maux que sur nous l'ire du ciel répand :
    La gale,
    La rogne,
    La teigne,
    La fièvre,
    La peste,
    La goutte,
    Vérole,
    Descente,
    Rougeole.
  O grande puissance
  De l'orviétan!

SCÈNE VIII.

Plusieurs Trivelins et plusieurs Scaramouches, valets de l'opérateur, se réjouissent en dansant.

ACTE TROISIÈME

SCÈNE I. — MM. FILERIN, TOMÈS, DESFONANDRÈS.

MONSIEUR FILERIN.

N'avez-vous point de honte, messieurs, de montrer si peu de prudence, pour des gens de votre âge, et de vous être querellés comme de jeunes étourdis! Ne voyez-vous pas bien quel tort ces sortes de querelles nous font parmi le monde? et n'est-ce pas assez que les savants voient les contrariétés et les dissensions qui sont entre nos auteurs et nos anciens maîtres, sans découvrir encore au peuple, par nos débats et nos querelles, la forfanterie de notre art? Pour moi, je ne comprends rien du tout à cette méchante politique de quelques-uns de nos gens, et il faut confesser que toutes ces contestations nous ont décriés depuis peu d'une étrange manière; et que, si nous n'y prenons garde, nous allons nous ruiner nous-mêmes. Je n'en parle pas pour mon intérêt; car, Dieu merci, j'ai déjà établi mes petites affaires. Qu'il vente, qu'il pleuve, qu'il grêle, ceux qui sont morts sont morts, et j'ai de quoi me passer des vivants; mais, enfin, toutes ces disputes ne valent rien pour la médecine. Puisque le ciel nous fait la grâce que, depuis tant de siècles, on demeure infatué de nous, ne désabusons point les hommes avec nos cabales extravagantes, et profitons de leurs sottises le plus doucement que nous pourrons. Nous ne sommes pas les seuls, comme vous savez, qui tâchons à nous prévaloir de la foiblesse humaine. C'est là que va l'étude de la plupart du monde, et chacun s'efforce de prendre les hommes par leur foible, pour en tirer quelque profit. Les flatteurs, par exemple, cherchent à profiter de l'amour que les hommes ont pour les louanges, en leur donnant tout le vain encens qu'ils souhaitent; et c'est un art où l'on fait, comme on voit, des fortunes considérables. Les alchimistes tâchent à profiter de la passion que l'on a pour les richesses, en promettant des montagnes d'or à ceux qui les écoutent; et les diseurs d'horoscopes, par leurs prédictions trompeuses, profitent de la vanité et de l'ambition des crédules esprits. Mais le plus grand foible des hommes, c'est l'amour qu'ils ont pour la vie; et nous en profitons, nous autres, par notre pompeux galimatias, et savons prendre nos avantages de cette vénération que la peur de mourir leur donne pour notre métier. Conservons-nous donc dans le degré d'estime où leur foiblesse nous a mis, et soyons de concert auprès des malades, pour nous attribuer les heureux succès de la maladie et rejeter sur la nature toutes les bévues de notre art. N'allons point, dis-je, détruire sottement les heureuses préventions d'une erreur qui donne du pain à tant de personnes, et, de l'argent de ceux que nous mettons en terre, nous fait élever de tous côtés de beaux héritages.

MONSIEUR TOMÈS.

Vous avez raison en tout ce que vous dites; mais ce sont chaleurs de sang dont parfois on n'est pas le maître.

MONSIEUR FILERIN.

Allons donc, messieurs, mettez bas toute rancune, et faisons ici votre accommodement.

MONSIEUR DESFONANDRÈS.

J'y consens. Qu'il me passe mon émétique pour la malade dont il s'agit, et je lui passerai tout ce qu'il voudra pour le premier malade dont il sera question.

MONSIEUR FILERIN.

On ne peut pas mieux dire, et voilà se mettre à la raison.

MONSIEUR DESFONANDRÈS.

Cela est fait.

MONSIEUR FILERIN.

Touchez donc là. Adieu. Une autre fois, montrez plus de prudence.

SCÈNE II. — M. TOMÈS, M. DESFONANDRÈS, LISETTE.

LISETTE.

Quoi! messieurs, vous voilà, et vous ne songez pas à réparer le tort qu'on vient de faire à la médecine!

MONSIEUR TOMÈS.

Comment! qu'est-ce?

LISETTE.

Un insolent, qui a eu l'effronterie d'entreprendre sur votre métier, et qui, sans votre ordonnance, vient de tuer un homme d'un grand coup d'épée au travers du corps.

MONSIEUR TOMÈS.

Écoutez, vous faites la railleuse; mais vous passerez par nos mains quelque jour.

LISETTE.

Je vous permets de me tuer lorsque j'aurai recours à vous

SCÈNE III. — CLITANDRE, en habit de médecin; LISETTE.

CLITANDRE.

Eh bien, Lisette, que dis-tu de mon équipage? Crois-tu qu'avec cet habit je puisse duper le bonhomme? Me trouves-tu bien ainsi?

LISETTE.

Le mieux du monde; et je vous attendois avec impatience. Enfin le ciel m'a faite d'un naturel le plus humain du monde [1], et je ne puis voir deux amants soupirer l'un pour l'autre qu'il ne me prenne une tendresse charitable et un désir ardent de soulager les maux qu'ils souffrent. Je veux, à quelque prix que ce soit, tirer Lucinde de la tyrannie où elle est, et la mettre en votre pouvoir. Vous m'avez plu d'abord; je me connois en gens, et elle ne peut pas mieux choisir. L'amour risque des choses extraordinaires; et nous avons concerté ensemble une manière de stratagème qui pourra peut-être nous réussir. Toutes nos mesures sont déjà prises : l'homme à qui nous avons affaire n'est pas des plus fins de ce monde; et, si cette aventure nous manque, nous trouverons mille autres voies pour arriver à notre but. Attendez-moi là seulement, je reviens vous quérir. (Clitandre se retire dans le fond du théâtre.)

SCÈNE IV. — SGANARELLE, LISETTE.

LISETTE.
Monsieur, allégresse! allégresse!

SGANARELLE.
Qu'est-ce?

LISETTE.
Réjouissez-vous.

SGANARELLE.
De quoi?

LISETTE.
Réjouissez-vous, vous dis-je.

SGANARELLE.
Dis-moi donc ce que c'est, et puis je me réjouirai peut-être.

LISETTE.
Non, je veux que vous vous réjouissiez auparavant, que vous chantiez, que vous dansiez.

SGANARELLE.
Sur quoi?

LISETTE.
Sur ma parole.

SGANARELLE.
Allons donc. (Il chante et danse.) La, lera la, la, la, lera la. Que diable!

LISETTE.
Monsieur, votre fille est guérie.

SGANARELLE.
Ma fille est guérie!

---

[1] Var. Enfin le ciel m'a *fait* d'un naturel le plus humain du monde.

ACTE III, SCÈNE V.

LISETTE.

Oui. Je vous amène un médecin, mais un médecin d'importance, qui fait des cures merveilleuses, et qui se moque des autres médecins.

SGANARELLE.

Où est-il?

LISETTE.

Je vais le faire entrer.

SGANARELLE, seul.

Il faut voir si celui-ci fera plus que les autres.

SCÈNE V. — CLITANDRE, en habit de médecin; SGANARELLE, LISETTE.

LISETTE, amenant Clitandre.

Le voici.

SGANARELLE.

Voilà un médecin qui a la barbe bien jeune.

LISETTE.

La science ne se mesure pas à la barbe, et ce n'est pas par le menton qu'il est habile.

SGANARELLE.

Monsieur, on m'a dit que vous aviez des remèdes admirables pour faire aller à la selle.

CLITANDRE.

Monsieur, mes remèdes sont différents de ceux des autres. Ils ont l'émétique, les saignées, les médecines et les lavements; mais moi, je guéris par des paroles, par des sons, par des lettres, par des talismans et par des anneaux constellés.

LISETTE.

Que vous ai-je dit?

SGANARELLE.

Voilà un grand homme!

LISETTE.

Monsieur, comme votre fille est là tout habillée dans une chaise, je vais la faire passer ici.

SGANARELLE.

Oui, fais.

CLITANDRE, tâtant le pouls à Sganarelle.

Votre fille est bien malade.

SGANARELLE.

Vous connoissez cela ici?

CLITANDRE.

Oui, par la sympathie qu'il y a entre le père et la fille.

SCÈNE VI. — SGANARELLE, LUCINDE, CLITANDRE, LISETTE.

LISETTE, à Clitandre.

Tenez, monsieur, voilà une chaise auprès d'elle. (A Sganarelle.) Allons, laissez-les là tous deux.

SGANARELLE.

Pourquoi? je veux demeurer là.

LISETTE.

Vous moquez-vous? Il faut s'éloigner. Un médecin a cent choses à demander qu'il n'est pas honnête qu'un homme entende. (Sganarelle et Lisette s'éloignent.)

CLITANDRE, bas, à Lucinde.

Ah! madame, que le ravissement où je me trouve est grand! et que je sais peu par où vous commencer mon discours! Tant que je ne vous ai parlé que des yeux, j'avois, ce me sembloit, cent choses à vous dire; et maintenant que j'ai la liberté de vous parler de la façon que je souhaitois, je demeure interdit, et la grande joie où je suis étouffe toutes mes paroles.

LUCINDE.

Je puis vous dire la même chose; et je sens, comme vous, des mouvements de joie qui m'empêchent de pouvoir parler.

CLITANDRE.

Ah! madame, que je serois heureux s'il étoit vrai que vous sentissiez tout ce que je sens, et qu'il me fût permis de juger de votre âme par la mienne! Mais, madame, puis-je au moins croire que ce soit à vous à qui je doive la pensée de cet heureux stratagème qui me fait jouir de votre présence?

LUCINDE.

Si vous ne m'en devez pas la pensée, vous m'êtes redevable au moins d'en avoir approuvé la proposition avec beaucoup de joie.

SGANARELLE, à Lisette.

Il me semble qu'il lui parle de bien près.

LISETTE, à Sganarelle.

C'est qu'il observe sa physionomie et tous les traits de son visage.

CLITANDRE, à Lucinde.

Serez-vous constante, madame, dans ces bontés que vous me témoignez?

LUCINDE.

Mais vous, serez-vous ferme dans les résolutions que vous avez montrées?

CLITANDRE.

Ah! madame, jusqu'à la mort. Je n'ai point de plus forte envie que d'être à vous, et je vais le faire paroître dans tout ce que vous m'allez voir faire.

SGANARELLE, à Clitandre.

Eh bien, notre malade? Elle me semble un peu plus gaie.

CLITANDRE.

C'est que j'ai déjà fait agir sur elle un de ces remèdes que mon art m'enseigne. Comme l'esprit a grand empire sur le corps, et que c'est de lui bien souvent que procèdent les maladies, ma coutume est de courir à guérir les esprits avant que de venir aux corps. J'ai donc observé ses regards, les traits de son visage et les lignes de ses deux mains; et, par la science que le ciel m'a donnée, j'ai reconnu que c'étoit de l'esprit qu'elle étoit malade, et que tout son mal ne venoit que d'une imagination déréglée, d'un désir dépravé de vouloir être mariée. Pour moi, je ne vois rien de plus extravagant et de plus ridicule que cette envie qu'on a du mariage.

SGANARELLE, à part.

Voilà un habile homme!

CLITANDRE.

Et j'ai eu et aurai pour lui toute ma vie une aversion effroyable.

SGANARELLE, à part.

Voilà un grand médecin!

CLITANDRE.

Mais, comme il faut flatter l'imagination des malades et que j'ai vu en elle de l'aliénation d'esprit et même qu'il y avoit du péril à ne lui pas donner un prompt secours, je l'ai prise par son foible, et lui ai dit que j'étois venu ici pour vous la demander en mariage [1]. Soudain son visage a changé, son teint s'est éclairci, ses yeux se sont animés; et, si vous voulez, pour quelques jours, l'entretenir dans cette erreur, vous verrez que nous la tirerons d'où elle est.

SGANARELLE.

Oui-da, je le veux bien.

CLITANDRE.

Après nous ferons agir d'autres remèdes pour la guérir entièrement de cette fantaisie.

SGANARELLE.

Oui, cela est le mieux du monde. Eh bien, ma fille, voilà monsieur qui a envie de t'épouser, et je lui ai dit que je le voulois bien.

LUCINDE.

Hélas! est-il possible?

SGANARELLE.

Oui.

LUCINDE.

Mais, tout de bon?

SGANARELLE.

Oui, oui.

[1] Var. Et lui ai dit que j'étois venu ici pour la demander en mariage.

LUCINDE, à Clitandre.

Quoi! vous êtes dans les sentiments d'être mon mari?

CLITANDRE.

Oui, madame.

LUCINDE.

Et mon père y consent?

SGANARELLE.

Oui, ma fille.

LUCINDE.

Ah! que je suis heureuse, si cela est véritable!

CLITANDRE.

N'en doutez point, madame. Ce n'est pas d'aujourd'hui que je vous aime et que je brûle de me voir votre mari. Je ne suis venu ici que pour cela; et, si vous voulez que je vous dise nettement les choses comme elles sont, cet habit n'est qu'un pur prétexte inventé, et je n'ai fait le médecin que pour m'approcher de vous, et obtenir plus facilement ce que je souhaite.

LUCINDE.

C'est me donner des marques d'un amour bien tendre, et j'y suis sensible autant que je puis.

SGANARELLE, à part.

O la folle! ô la folle! ô la folle!

LUCINDE.

Vous voulez donc bien, mon père, me donner monsieur pour époux?

SGANARELLE.

Oui. Çà, donne-moi ta main. Donnez-moi un peu aussi la vôtre, pour voir.

CLITANDRE.

Mais, monsieur...

SGANARELLE, étouffant de rire.

Non, non, c'est pour... pour lui contenter l'esprit. Touchez là. Voilà qui est fait.

CLITANDRE.

Acceptez, pour gage de ma foi, cet anneau que je vous donne. (Bas, à Sganarelle.) C'est un anneau constellé, qui guérit les égarements d'esprit.

LUCINDE.

Faisons donc le contrat, afin que rien n'y manque.

CLITANDRE.

Hélas! je le veux bien, madame. (Bas, à Sganarelle.) Je vais faire monter l'homme qui écrit mes remèdes, et lui faire croire que c'est un notaire.

SGANARELLE.

Fort bien.

CLITANDRE.

Holà! faites monter le notaire que j'ai amené avec moi

LUCINDE.

Quoi! vous aviez amené un notaire?

CLITANDRE.

Oui, madame.

LUCINDE.

J'en suis ravie.

SGANARELLE.

O la folle! ô la folle!

SCÈNE VII. — LE NOTAIRE, CLITANDRE, SGANARELLE, LUCINDE, LISETTE.

Clitandre parle bas au notaire.

SGANARELLE, au notaire.

Oui, monsieur, il faut faire un contrat pour ces deux personnes-là. Écrivez. (A Lucinde.) Voilà le contrat qu'on fait. (Au notaire.) Je lui donne vingt mille écus en mariage. Écrivez.

LUCINDE.

Je vous suis bien obligée, mon père.

LE NOTAIRE.

Voilà qui est fait. Vous n'avez qu'à venir signer.

SGANARELLE.

Voilà un contrat bientôt bâti.

CLITANDRE, à Sganarelle.

Mais au moins, monsieur...

SGANARELLE

Eh! non, vous dis-je. Sait-on pas bien... (Au notaire.) Allons, donnez-lui la plume pour signer. (A Lucinde.) Allons, signe, signe, signe. Va, va, je signerai tantôt, moi.

LUCINDE.

Non, non, je veux avoir le contrat entre mes mains.

SGANARELLE.

Eh bien, tiens. (Après avoir signé.) Es-tu contente?

LUCINDE.

Plus qu'on ne peut s'imaginer.

SGANARELLE.

Voilà qui est bien, voilà qui est bien.

CLITANDRE.

Au reste, je n'ai pas eu seulement la précaution d'amener un notaire; j'ai eu celle encore de faire venir des voix et des instruments et des danseurs pour célébrer la fête et pour nous réjouir. Qu'on les fasse venir. Ce sont des gens que je mène avec moi, et dont je me sers tous les jours pour pacifier avec leur harmonie et leurs danses les troubles de l'esprit.

SCÈNE VIII. — LA COMÉDIE, LE BALLET, LA MUSIQUE, ensemble.

Sans nous tous les hommes
Deviendroient malsains,
Et c'est nous qui sommes
Leurs grands médecins.

LA COMÉDIE.

Veut-on qu'on rabatte,
Par des moyens doux,
Les vapeurs de rate
Qui vous minent tous?
Qu'on laisse Hippocrate,
Et qu'on vienne à nous.

TOUS TROIS ENSEMBLE.

Sans nous tous les hommes
Deviendroient malsains,
Et c'est nous qui sommes
Leurs grands médecins.

Pendant que les Jeux, les Ris et les Plaisirs dansent, Clitandre emmène Lucinde.

SCÈNE IX. — SGANARELLE, LISETTE, LA COMÉDIE, LA MUSIQUE, LE BALLET, JEUX, RIS, PLAISIRS.

SGANARELLE.

Voilà une plaisante façon de guérir! Où est donc ma fille et le médecin?

LISETTE.

Ils sont allés achever le reste du mariage.

SGANARELLE.

Comment, le mariage?

LISETTE.

Ma foi, monsieur, la bécasse est bridée[1]; et vous avez cru faire un jeu, qui demeure une vérité.

SGANARELLE.

Comment diable! (Il veut aller après Clitandre et Lucinde, les danseurs le retiennent.) Laissez-moi aller, laissez-moi aller, vous dis-je! (Les danseurs le retiennent toujours.) Encore! (Ils veulent faire danser Sganarelle de force.) Peste des gens!

[1] *La bécasse est bridée.* — Cette expression proverbiale est empruntée de la chasse. On tend aux bécasses des lacets ou collets avec lesquels elles se brident elles-mêmes.

LE MISANTHROPE
COMÉDIE EN CINQ ACTES
1666

PERSONNAGES

ALCESTE, amant de Célimène.
PHILINTE, ami d'Alceste.
ORONTE, amant de Célimène.
CÉLIMÈNE, amante d'Alceste.
ÉLIANTE, cousine de Célimène.
ARSINOÉ, amie de Célimène.
ACASTE,
CLITANDRE, } marquis.
BASQUE, valet de Célimène.
UN GARDE de la maréchaussée de France.
DUBOIS, valet d'Alceste.

La scène se passe à Paris, dans la maison de Célimène.

ACTE PREMIER

SCÈNE I. — PHILINTE, ALCESTE.

PHILINTE.
Qu'est-ce donc? qu'avez-vous?
    ALCESTE, assis.
      Laissez-moi, je vous prie.
    PHILINTE.
Mais encor, dites-moi quelle bizarrerie...
    ALCESTE.
Laissez-moi là, vous dis-je, et courez vous cacher.
    PHILINTE.
Mais on entend les gens au moins sans se fâcher.
    ALCESTE.
Moi, je veux me fâcher, et ne veux point entendre.
    PHILINTE.
Dans vos brusques chagrins je ne puis vous comprendre;
Et, quoique amis enfin, je suis tout des premiers...
   ALCESTE, se levant brusquement.
Moi, votre ami! Rayez cela de vos papiers.

J'ai fait jusques ici profession de l'être;
Mais, après ce qu'en vous je viens de voir paroître,
Je vous déclare net que je ne le suis plus,
Et ne veux nulle place en des cœurs corrompus.

PHILINTE.

Je suis donc bien coupable, Alceste, à votre compte?

ALCESTE.

Allez, vous devriez mourir de pure honte;
Une telle action ne sauroit s'excuser,
Et tout homme d'honneur s'en doit scandaliser.
Je vous vois accabler un homme de caresses,
Et témoigner pour lui les dernières tendresses;
De protestations, d'offres et de serments,
Vous chargez la fureur de vos embrassements;
Et, quand je vous demande après quel est cet homme,
A peine pouvez-vous dire comme il se nomme;
Votre chaleur pour lui tombe en vous séparant,
Et vous me le traitez, à moi, d'indifférent!
Morbleu! c'est une chose indigne, lâche, infâme,
De s'abaisser ainsi jusqu'à trahir son âme;
Et si, par un malheur, j'en avois fait autant,
Je m'irois, de regret, pendre tout à l'instant!

PHILINTE.

Je ne vois pas, pour moi, que le cas soit pendable;
Et je vous supplierai d'avoir pour agréable
Que je me fasse un peu grâce sur votre arrêt,
Et ne me pende pas pour cela, s'il vous plaît.

ALCESTE.

Que la plaisanterie est de mauvaise grâce!

PHILINTE.

Mais, sérieusement, que voulez-vous qu'on fasse?

ALCESTE.

Je veux qu'on soit sincère, et qu'en homme d'honneur
On ne lâche aucun mot qui ne parte du cœur.

PHILINTE.

Lorsqu'un homme vous vient embrasser avec joie,
Il faut bien le payer de la même monnoie,
Répondre, comme on peut, à ses empressements,
Et rendre offre pour offre, et serments pour serments.

ALCESTE.

Non, je ne puis souffrir cette lâche méthode
Qu'affectent la plupart de vos gens à la mode;
Et je ne hais rien tant que les contorsions
De tous ces grands faiseurs de protestations,

Ces affables donneurs d'embrassades frivoles,
Ces obligeants discours d'inutiles paroles;
Qui de civilités avec tous font combat,
Et traitent du même air l'honnête homme et le fat.
Quel avantage a-t-on qu'un homme vous caresse,
Vous jure amitié, foi, zèle, estime, tendresse,
Et vous fasse de vous un éloge éclatant,
Lorsqu'au premier faquin il court en faire autant?
Non, non, il n'est point d'âme un peu bien située
Qui veuille d'une estime ainsi prostituée;
Et la plus glorieuse a des régals peu chers,
Dès qu'on voit qu'on nous mêle avec tout l'univers :
Sur quelque préférence une estime se fonde,
Et c'est n'estimer rien qu'estimer tout le monde.
Puisque vous y donnez, dans ces vices du temps,
Morbleu! vous n'êtes pas pour être de mes gens;
Je refuse d'un cœur la vaste complaisance
Qui ne fait de mérite aucune différence;
Je veux qu'on me distingue; et, pour le trancher net,
L'ami du genre humain n'est point du tout mon fait.

PHILINTE.
Mais, quand on est du monde, il faut bien que l'on rende
Quelques dehors civils que l'usage demande.

ALCESTE.
Non, vous dis-je; on devroit châtier sans pitié
Ce commerce honteux de semblants d'amitié.
Je veux que l'on soit homme, et qu'en toute rencontre
Le fond de notre cœur dans nos discours se montre,
Que ce soit lui qui parle, et que nos sentiments
Ne se masquent jamais sous de vains compliments.

PHILINTE.
Il est bien des endroits où la pleine franchise
Deviendroit ridicule et seroit peu permise :
Et parfois, n'en déplaise à votre austère honneur,
Il est bon de cacher ce qu'on a dans le cœur.
Seroit-il à propos, et de la bienséance,
De dire à mille gens tout ce que d'eux on pense?
Et quand on a quelqu'un qu'on hait ou qui déplaît
Lui doit-on déclarer la chose comme elle est?

ALCESTE.
Oui.

PHILINTE.
Quoi! vous iriez dire à la vieille Émilie
Qu'à son âge il sied mal de faire la jolie,

Et que le blanc qu'elle a scandalisé chacun?

ALCESTE.

Sans doute.

PHILINTE.

A Dorilas, qu'il est trop importun;
Et qu'il n'est, à la cour, oreille qu'il ne lasse
A conter sa bravoure et l'éclat de sa race?

ALCESTE.

Fort bien.

PHILINTE

Vous vous moquez.

ALCESTE.

Je ne me moque point;
Et je vais n'épargner personne sur ce point.
Mes yeux sont trop blessés, et la cour et la ville
Ne m'offrent rien qu'objets à m'échauffer la bile;
J'entre en une humeur noire, en un chagrin profond,
Quand je vois vivre entre eux les hommes comme ils font:
Je ne trouve partout que lâche flatterie,
Qu'injustice, intérêt, trahison, fourberie;
Je n'y puis plus tenir, j'enrage; et mon dessein
Est de rompre en visière à tout le genre humain.

PHILINTE.

Ce chagrin philosophe est un peu trop sauvage.
Je ris des noirs accès où je vous envisage,
Et crois voir en nous deux, sous mêmes soins nourris,
Les deux frères que peint l'*École des Maris*,
Dont...

ALCESTE.

Mon Dieu! laissons là vos comparaisons fades.

PHILINTE.

Non : tout de bon, quittez toutes ces incartades.
Le monde par vos soins ne se changera pas :
Et, puisque la franchise a pour vous tant d'appas,
Je vous dirai tout franc que cette maladie
Partout où vous allez donne la comédie;
Et qu'un si grand courroux contre les mœurs du temps
Vous tourne en ridicule auprès de bien des gens.

ALCESTE.

Tant mieux, morbleu! tant mieux, c'est ce que je demande.
Ce m'est un fort bon signe, et ma joie en est grande.
Tous les hommes me sont à tel point odieux,
Que je serois fâché d'être sage à leurs yeux.

PHILINTE.
Vous voulez un grand mal à la nature humaine.
ALCESTE.
Oui, j'ai conçu pour elle une effroyable haine.
PHILINTE.
Tous les pauvres mortels, sans nulle exception,
Seront enveloppés dans cette aversion?
Encore en est-il bien, dans le siècle où nous sommes...
ALCESTE.
Non, elle est générale, et je hais tous les hommes :
Les uns, parce qu'ils sont méchants et malfaisants,
Et les autres, pour être aux méchants complaisants,
Et n'avoir pas pour eux ces haines vigoureuses
Que doit donner le vice aux âmes vertueuses.
De cette complaisance on voit l'injuste excès
Pour le franc scélérat avec qui j'ai procès.
Au travers de son masque on voit à plein le traître :
Partout il est connu pour tout ce qu'il peut être ;
Et ses roulements d'yeux, et son ton radouci,
N'imposent qu'à des gens qui ne sont point d'ici.
On sait que ce pied-plat, digne qu'on le confonde,
Par de sales emplois s'est poussé dans le monde,
Et que par eux son sort, de splendeur revêtu,
Fait gronder le mérite et rougir la vertu ;
Quelques titres honteux qu'en tous lieux on lui donne,
Son misérable honneur ne voit pour lui personne :
Nommez-le fourbe, infâme, et scélérat maudit,
Tout le monde en convient, et nul n'y contredit.
Cependant sa grimace est partout bien venue ;
On l'accueille, on lui rit ; partout il s'insinue ;
Et s'il est, par la brigue, un rang à disputer,
Sur le plus honnête homme on le voit l'emporter.
Têtebleu ! ce me sont de mortelles blessures,
De voir qu'avec le vice on garde des mesures ;
Et parfois il me prend des mouvements soudains
De fuir dans un désert l'approche des humains.
PHILINTE.
Mon Dieu ! des mœurs du temps mettons-nous moins en peine,
Et faisons un peu grâce à la nature humaine ;
Ne l'examinons point dans la grande rigueur,
Et voyons ses défauts avec quelque douceur.
Il faut, parmi le monde, une vertu traitable ;
A force de sagesse, on peut être blâmable ;
La parfaite raison fuit toute extrémité,

Et veut que l'on soit sage avec sobriété [1].
Cette grande roideur des vertus des vieux âges
Heurte trop notre siècle et les communs usages;
Elle veut aux mortels trop de perfection :
Il faut fléchir au temps sans obstination;
Et c'est une folie à nulle autre seconde,
De vouloir se mêler de corriger le monde.
J'observe, comme vous, cent choses tous les jours,
Qui pourroient mieux aller, prenant un autre cours;
Mais, quoi qu'à chaque pas je puisse voir paroître,
En courroux, comme vous, on ne me voit point être;
Je prends tout doucement les hommes comme ils sont;
J'accoutume mon âme à souffrir ce qu'ils font,
Et je crois qu'à la cour, de même qu'à la ville,
Mon flegme est philosophe autant que votre bile.

ALCESTE.

Mais ce flegme, monsieur, qui raisonnez si bien [2],
Ce flegme pourra-t-il ne s'échauffer de rien?
Et s'il faut, par hasard, qu'un ami vous trahisse,
Que, pour avoir vos biens, on dresse un artifice,
Ou qu'on tâche à semer de méchants bruits de vous,
Verrez-vous tout cela sans vous mettre en courroux?

PHILINTE.

Oui, je vois ces défauts, dont votre âme murmure,
Comme vices unis à l'humaine nature;
Et mon esprit enfin n'est pas plus offensé
De voir un homme fourbe, injuste, intéressé,
Que de voir des vautours affamés de carnage,
Des singes malfaisants, et des loups pleins de rage.

ALCESTE.

Je me verrai trahir, mettre en pièces, voler,
Sans que je sois... Morbleu! je ne veux point parler,
Tant ce raisonnement est plein d'impertinence!

PHILINTE.

Ma foi, vous ferez bien de garder le silence.
Contre votre partie éclatez un peu moins,
Et donnez au procès une part de vos soins.

ALCESTE.

Je n'en donnerai point, c'est une chose dite.

PHILINTE.

Mais qui voulez-vous donc qui pour vous sollicite?

---

[1] C'est exactement la pensée et l'expression de saint Paul : *Sapere ad sobrietatem.*

[2] VAR. Qui *raisonne* si bien.

ALCESTE.

Qui je veux? La raison, mon bon droit, l'équité.

PHILINTE.

Aucun juge par vous ne sera visité?

ALCESTE.

Non. Est-ce que ma cause est injuste ou douteuse?

PHILINTE.

J'en demeure d'accord; mais la brigue est fâcheuse,
Et...

ALCESTE.

Non. J'ai résolu de n'en pas faire un pas.
J'ai tort ou j'ai raison.

PHILINTE.

Ne vous y fiez pas.

ALCESTE.

Je ne remuerai point.

PHILINTE.

Votre partie est forte,
Et peut, par sa cabale, entraîner...

ALCESTE.

Il n'importe.

PHILINTE.

Vous vous tromperez.

ALCESTE.

Soit. J'en veux voir le succès[1] :

PHILINTE.

Mais...

ALCESTE.

J'aurai le plaisir de perdre mon procès.

PHILINTE.

Mais enfin...

ALCESTE.

Je verrai dans cette plaiderie
Si les hommes auront assez d'effronterie,
Seront assez méchants, scélérats et pervers,
Pour me faire injustice aux yeux de l'univers.

PHILINTE.

Quel homme!

ALCESTE.

Je voudrois, m'en coutât-il grand'chose,
Pour la beauté du fait, avoir perdu ma cause[2].

---

[1] Succès signifiait alors issue quelconque, bonne ou mauvaise.
[2] On rit, non de la vertu et des scrupules honorables d'Alceste, mais de sa morosité, qui ne croirait pas acheter trop cher de la perte de ses biens le plaisir de pester contre l'iniquité des hommes.

PHILINTE.

On se riroit de vous, Alceste, tout de bon,
Si l'on vous entendoit parler de la façon.

ALCESTE.

Tant pis pour qui riroit.

PHILINTE.

Mais cette rectitude
Que vous voulez en tout avec exactitude,
Cette pleine droiture où vous vous renfermez,
La trouvez-vous ici dans ce que vous aimez?
Je m'étonne, pour moi, qu'étant, comme il le semble,
Vous et le genre humain, si fort brouillés ensemble,
Malgré tout ce qui peut vous le rendre odieux,
Vous ayez pris chez lui ce qui charme vos yeux;
Et ce qui me surprend encore davantage,
C'est cet étrange choix où votre cœur s'engage.
La sincère Éliante a du penchant pour vous;
La prude Arsinoé vous voit d'un œil fort doux;
Cependant à leurs vœux votre âme se refuse,
Tandis qu'en ses liens Célimène l'amuse,
De qui l'humeur coquette et l'esprit médisant
Semblent si fort donner dans les mœurs d'à présent.
D'où vient que, leur portant une haine mortelle,
Vous pouvez bien souffrir ce qu'en tient cette belle?
Ne sont-ce plus défauts dans un objet si doux?
Ne les voyez-vous pas, ou les excusez-vous [1]?

ALCESTE.

Non. L'amour que je sens pour cette jeune veuve
Ne ferme point mes yeux aux défauts qu'on lui treuve;
Et je suis, quelque ardeur qu'elle m'ait pu donner,
Le premier à les voir, comme à les condamner.
Mais avec tout cela, quoi que je puisse faire,
Je confesse mon foible; elle a l'art de me plaire:
J'ai beau voir ses défauts, et j'ai beau l'en blâmer,
En dépit qu'on en ait, elle se fait aimer;
Sa grâce est la plus forte; et sans doute ma flamme
De ces vices du temps pourra purger son âme.

PHILINTE.

Si vous faites cela, vous ne ferez pas peu.
Vous croyez être donc aimé d'elle?

---

[1] Cette passion si peu raisonnable est un trait de génie, un coup de maître. C'est par là que le poëte oppose dramatiquement la passion au caractère, et les met aux prises l'une avec l'autre. (Auger.)

ALCESTE.
          Oui, parbleu!
Je ne l'aimerois pas, si je ne croyois l'être.
PHILINTE.
Mais, si son amitié pour vous se fait paroître,
D'où vient que vos rivaux vous causent de l'ennui?
ALCESTE.
C'est qu'un cœur bien atteint veut qu'on soit tout à lui,
Et je ne viens ici qu'à dessein de lui dire
Tout ce que là-dessus ma passion m'inspire.
PHILINTE.
Pour moi, si je n'avois qu'à former des désirs,
Sa cousine Éliante auroit tous mes soupirs :
Son cœur, qui vous estime, est solide et sincère,
Et ce choix plus conforme étoit mieux votre affaire.
ALCESTE.
Il est vrai : ma raison me le dit chaque jour ;
Mais la raison n'est pas ce qui règle l'amour.
PHILINTE.
Je crains fort pour vos feux ; et l'espoir où vous êtes
Pourroit...

SCÈNE II. — ORONTE, ALCESTE, PHILINTE.

ORONTE, à Alceste.
     J'ai su là-bas que, pour quelques emplettes,
Éliante est sortie, et Célimène aussi ;
Mais, comme l'on m'a dit que vous étiez ici,
J'ai monté pour vous dire, et d'un cœur véritable,
Que j'ai conçu pour vous une estime incroyable,
Et que, depuis longtemps, cette estime m'a mis
Dans un ardent désir d'être de vos amis.
Oui, mon cœur au mérite aime à rendre justice,
Et je brûle qu'un nœud d'amitié nous unisse.
Je crois qu'un ami chaud, et de ma qualité,
N'est pas assurément pour être rejeté.
Pendant le discours d'Oronte, Alceste est rêveur, et semble ne pas entendre que c'est à lui qu'on parle. Il ne sort de sa rêverie que quand Oronte lui dit :
C'est à vous, s'il vous plaît, que ce discours s'adresse.
ALCESTE.
A moi, monsieur?
ORONTE.
     A vous. Trouvez-vous qu'il vous blesse ?
ALCESTE.
Non pas. Mais la surprise est fort grande pour moi,

Et je n'attendois pas l'honneur que je reçoi[1].

ORONTE.

L'estime où je vous tiens ne doit pas vous surprendre,
Et de tout l'univers vous la pouvez prétendre.

ALCESTE.

Monsieur...

ORONTE.

L'État n'a rien qui ne soit au-dessous
Du mérite éclatant que l'on découvre en vous.

ALCESTE.

Monsieur...

ORONTE.

Oui, de ma part, je vous tiens préférable
A tout ce que j'y vois de plus considérable.

ALCESTE.

Monsieur...

ORONTE.

Sois-je du ciel écrasé, si je mens!
Et, pour vous confirmer ici mes sentiments,
Souffrez qu'à cœur ouvert, monsieur, je vous embrasse,
Et qu'en votre amitié je vous demande place.
Touchez là, s'il vous plaît. Vous me la promettez,
Votre amitié?

ALCESTE.

Monsieur...

ORONTE.

Quoi! vous y résistez?

ALCESTE.

Monsieur, c'est trop d'honneur que vous me voulez faire;
Mais l'amitié demande un peu plus de mystère;
Et c'est assurément en profaner le nom,
Que de vouloir le mettre à toute occasion.
Avec lumière et choix cette union veut naître;
Avant que nous lier, il faut nous mieux connoître;
Et nous pourrions avoir telles complexions,
Que tous deux du marché nous nous repentirions.

ORONTE.

Parbleu! c'est là-dessus parler en homme sage,
Et je vous en estime encore davantage.
Souffrons donc que le temps forme des nœuds si doux;
Mais cependant je m'offre entièrement à vous.

---

[1] Ne voilà-t-il pas Alceste lui-même qui paye tribut à cette politesse contre laquelle il vient de se déchaîner si fort? Cette sorte d'inconséquence est un trait comique de plus. (F. L.)

S'il faut faire à la cour pour vous quelque ouverture,
On sait qu'auprès du roi je fais quelque figure;
Il m'écoute, et dans tout il en use, ma foi,
Le plus honnêtement du monde avecque moi.
Enfin je suis à vous de toutes les manières;
Et, comme votre esprit a de grandes lumières,
Je viens, pour commencer entre nous ce beau nœud,
Vous montrer un sonnet que j'ai fait depuis peu,
Et savoir s'il est bon qu'au public je l'expose.
ALCESTE.
Monsieur, je suis mal propre à décider la chose.
Veuillez m'en dispenser.
ORONTE.
Pourquoi?
ALCESTE.
J'ai le défaut
D'être un peu plus sincère en cela qu'il ne faut.
ORONTE.
C'est ce que je demande; et j'aurois lieu de plainte,
Si, m'exposant à vous pour me parler sans feinte,
Vous alliez me trahir et me déguiser rien [1].
ALCESTE.
Puisqu'il vous plaît ainsi, monsieur, je le veux bien.
ORONTE.
Sonnet. C'est un sonnet... *L'Espoir*... C'est une dame
Qui de quelque espérance avoit flatté ma flamme.
L'Espoir... Ce ne sont point de ces grands vers pompeux,
Mais de petits vers doux, tendres et langoureux.
ALCESTE.
Nous verrons bien.
ORONTE.
L'Espoir... Je ne sais si le style
Pourra vous en paroître assez net et facile,
Et si du choix des mots vous vous contenterez.
ALCESTE.
Nous allons voir, monsieur.
ORONTE.
Au reste, vous saurez
Que je n'ai demeuré qu'un quart d'heure à le faire
ALCESTE.
Voyons, monsieur; le temps ne fait rien à l'affaire.

---

[1] C'est avec la même bonne foi que Sganarelle, dans le *Mariage forcé*, conjure Géronimo « de ne point le flatter du tout, et de lui dire nettement sa pensée. » (Auger.)

ORONTE lit.

L'espoir, il est vrai, nous soulage,
Et nous berce un temps notre ennui;
Mais, Philis, le triste avantage,
Lorsque rien ne marche après lui

PHILINTE.

Je suis déjà charmé de ce petit morceau.

ALCESTE, bas, à Philinte.

Quoi! vous avez le front de trouver cela beau!

ORONTE.

Vous eûtes de la complaisance;
Mais vous en deviez moins avoir,
Et ne vous pas mettre en dépense
Pour ne me donner que l'espoir.

PHILINTE.

Ah! qu'en termes galants ces choses-là sont mises!

ALCESTE, bas, à Philinte.

Eh quoi! vil complaisant, vous louez des sottises!

ORONTE.

S'il faut qu'une attente éternelle
Pousse à bout l'ardeur de mon zèle,
Le trépas sera mon recours.

Vos soins ne m'en peuvent distraire:
Belle Philis, on désespère,
Alors qu'on espère toujours.

PHILINTE.

La chute en est jolie, amoureuse, admirable.

ALCESTE, bas, à part.

La peste de ta chute, empoisonneur, au diable!
En eusses-tu fait une à te casser le nez!

PHILINTE.

Je n'ai jamais ouï de vers si bien tournés.

ALCESTE, bas, à part.

Morbleu!

ORONTE, à Philinte.

Vous me flattez, et vous croyez peut-être...

PHILINTE.

Non, je ne flatte point.

ALCESTE, bas, à part.

Eh! que fais-tu donc, traître?

ORONTE, à Alceste.

Mais pour vous, vous savez quel est notre traité.
Parlez-moi, je vous prie, avec sincérité.

ALCESTE.

Monsieur, cette matière est toujours délicate,
Et sur le bel esprit nous aimons qu'on nous flatte.
Mais, un jour, à quelqu'un dont je tairai le nom,
Je disois, en voyant des vers de sa façon,
Qu'il faut qu'un galant homme ait toujours grand empire
Sur les démangeaisons qui nous prennent d'écrire;
Qu'il doit tenir la bride aux grands empressements
Qu'on a de faire éclat de tels amusements;
Et que, par la chaleur de montrer ses ouvrages,
On s'expose à jouer de mauvais personnages.

ORONTE.

Est-ce que vous voulez me déclarer par là
Que j'ai tort de vouloir...

ALCESTE.

Je ne dis pas cela.
Mais je lui disois, moi, qu'un froid écrit assomme,
Qu'il ne faut que ce foible à décrier un homme,
Et qu'eût-on d'autre part cent belles qualités,
On regarde les gens par leurs méchants côtés.

ORONTE.

Est-ce qu'à mon sonnet vous trouvez à redire?

ALCESTE.

Je ne dis pas cela. Mais, pour ne point écrire,
Je lui mettois aux yeux comme, dans notre temps,
Cette soif a gâté de fort honnêtes gens.

ORONTE.

Est-ce que j'écris mal, et leur ressemblerois-je?

ALCESTE.

Je ne dis pas cela. Mais enfin, lui disois-je,
Quel besoin si pressant avez-vous de rimer?
Et qui diantre vous pousse à vous faire imprimer?
Si l'on peut pardonner l'essor d'un mauvais livre,
Ce n'est qu'aux malheureux qui composent pour vivre.
Croyez-moi, résistez à vos tentations;
Dérobez au public ces occupations,
Et n'allez point quitter, de quoi que l'on vous somme,
Le nom que dans la cour vous avez d'honnête homme,
Pour prendre, de la main d'un avide imprimeur,
Celui de ridicule et misérable auteur.
C'est ce que je tâchai de lui faire comprendre.

ORONTE.

Voilà qui va fort bien, et je crois vous entendre.
Mais ne puis-je savoir ce que dans mon sonnet...

ALCESTE.

Franchement, il est bon à mettre au cabinet.
Vous vous êtes réglé sur de méchants modèles,
Et vos expressions ne sont point naturelles.

Qu'est-ce que : *Nous berce un temps notre ennui?*
Et que : *Rien ne marche après lui?*
Que : *Ne vous pas mettre en dépense*
Pour ne me donner que l'espoir?
Et que : *Philis, on désespère,*
Alors qu'on espère toujours?

Ce style figuré, dont on fait vanité,
Sort du bon caractère et de la vérité;
Ce n'est que jeu de mots, qu'affectation pure,
Et ce n'est point ainsi que parle la nature.
Le méchant goût du siècle en cela me fait peur;
Nos pères, tout grossiers, l'avoient beaucoup meilleur;
Et je prise bien moins tout ce que l'on admire
Qu'une vieille chanson que je m'en vais vous dire.

Si le roi m'avoit donné
Paris, sa grand'ville,
Et qu'il me fallût quitter
L'amour de ma mie,
Je dirois au roi Henri :
Reprenez votre Paris;
J'aime mieux ma mie, ô gué!
J'aime mieux ma mie.

La rime n'est pas riche, et le style en est vieux :
Mais ne voyez-vous pas que cela vaut bien mieux
Que ces colifichets dont le bon sens murmure,
Et que la passion parle là toute pure?

Si le roi m'avoit donné
Paris, sa grand'ville,
Et qu'il me fallût quitter
L'amour de ma mie,
Je dirois au roi Henri :
Reprenez votre Paris;
J'aime mieux ma mie, ô gué!
J'aime mieux ma mie.

Voilà ce que peut dire un cœur vraiment épris.

A Philinte, qui rit.

Oui, monsieur le rieur, malgré vos beaux esprits,
J'estime plus cela que la pompe fleurie
De tous ces faux brillants où chacun se récrie.

ORONTE.

Et moi, je vous soutiens que mes vers sont fort bons.

ALCESTE.

Pour les trouver ainsi, vous avez vos raisons;
Mais vous trouverez bon que j'en puisse avoir d'autres
Qui se dispenseront de se soumettre aux vôtres.

ORONTE.

Il me suffit de voir que d'autres en font cas.

ALCESTE.

C'est qu'ils ont l'art de feindre; et moi, je ne l'ai pas.

ORONTE.

Croyez-vous donc avoir tant d'esprit en partage?

ALCESTE.

Si je louois vos vers, j'en aurois davantage.

ORONTE.

Je me passerai fort que vous les approuviez.

ALCESTE.

Il faut bien, s'il vous plaît, que vous vous en passiez.

ORONTE.

Je voudrois bien, pour voir, que, de votre manière,
Vous en composassiez sur la même matière.

ALCESTE.

J'en pourrois, par malheur, faire d'aussi méchants;
Mais je me garderois de les montrer aux gens.

ORONTE.

Vous me parlez bien ferme; et cette suffisance...

ALCESTE.

Autre part que chez moi cherchez qui vous encense.

ORONTE.

Mais, mon petit monsieur, prenez-le un peu moins haut.

ALCESTE.

Ma foi, mon grand monsieur, je le prends comme il faut.

PHILINTE, se mettant entre deux.

Eh! messieurs, c'en est trop. Laissez cela, de grâce.

ORONTE.

Ah! j'ai tort, je l'avoue, et je quitte la place.
Je suis votre valet, monsieur, de tout mon cœur.

ALCESTE.

Et moi, je suis, monsieur, votre humble serviteur.

SCÈNE III. — PHILINTE, ALCESTE.

PHILINTE.

Eh bien, vous le voyez. Pour être trop sincère,
Vous voilà sur les bras une fâcheuse affaire;
Et j'ai bien vu qu'Oronte, afin d'être flatté...

ALCESTE.
Ne me parlez pas

PHILINTE.
Mais...

ALCESTE.
Plus de société.

PHILINTE.
C'est trop..

ALCESTE.
Laissez-moi là.

PHILINTE.
Si je...

ALCESTE.
Point de langage.

PHILINTE.
Mais quoi!...

ALCESTE.
Je n'entends rien.

PHILINTE.
Mais...

ALCESTE.
Encore!

PHILINTE.
On outrage...

ALCESTE.
Ah! parbleu! c'en est trop. Ne suivez point mes pas.

PHILINTE.
Vous vous moquez de moi. Je ne vous quitte pas.

ACTE SECOND

SCÈNE I. — ALCESTE, CÉLIMÈNE.

ALCESTE.
Madame, voulez-vous que je vous parle net?
De vos façons d'agir je suis mal satisfait:
Contre elles dans mon cœur trop de bile s'assemble,
Et je sens qu'il faudra que nous rompions ensemble.
Oui, je vous tromperois de parler autrement;
Tôt ou tard nous romprons indubitablement;
Et je vous promettrois mille fois le contraire,
Que je ne serois pas en pouvoir de le faire.

CÉLIMÈNE.

C'est pour me quereller donc, à ce que je voi,
Que vous avez voulu me ramener chez moi?

ALCESTE.

Je ne querelle point. Mais votre humeur, madame,
Ouvre au premier venu trop d'accès dans votre âme.
Vous avez trop d'amants qu'on voit vous obséder,
Et mon cœur de cela ne peut s'accommoder.

CÉLIMÈNE.

Des amants que je fais me rendez-vous coupable?
Puis-je empêcher les gens de me trouver aimable
Et, lorsque pour me voir ils font de doux efforts,
Dois-je prendre un bâton pour les mettre dehors?

ALCESTE.

Non, ce n'est pas, madame, un bâton qu'il faut prendre,
Mais un cœur à leurs vœux moins facile et moins tendre.
Je sais que vos appas vous suivent en tous lieux;
Mais votre accueil retient ceux qu'attirent vos yeux,
Et sa douceur offerte à qui vous rend les armes
Achève sur les cœurs l'ouvrage de vos charmes.
Le trop riant espoir que vous leur présentez
Attache autour de vous leurs assiduités;
Et votre complaisance, un peu moins étendue,
De tant de soupirants chasseroit la cohue.
Mais, au moins, dites-moi, madame, par quel sort
Votre Clitandre a l'heur[1] de vous plaire si fort.
Sur quel fonds de mérite et de vertu sublime
Appuyez-vous en lui l'honneur de votre estime?
Est-ce par l'ongle long qu'il porte au petit doigt
Qu'il s'est acquis chez vous l'estime où l'on le voit?
Vous êtes-vous rendue, avec tout le beau monde,
Au mérite éclatant de sa perruque blonde?
Sont-ce ses grands canons qui vous le font aimer?
L'amas de ses rubans a-t-il su vous charmer?
Est-ce par les appas de sa vaste rhingrave
Qu'il a gagné votre âme en faisant votre esclave?
Ou sa façon de rire et son ton de fausset
Ont-ils de vous toucher su trouver le secret?

CÉLIMÈNE.

Qu'injustement de lui vous prenez de l'ombrage!
Ne savez-vous pas bien pourquoi je le ménage,
Et que dans mon procès, ainsi qu'il m'a promis,
Il peut intéresser tout ce qu'il a d'amis?

---

[1] *Heur,* pour *bonheur;* vieux mot regretté par la Bruyère.

ALCESTE.

Perdez votre procès, madame, avec constance,
Et ne ménagez point un rival qui m'offense.

CÉLIMÈNE.

Mais de tout l'univers vous devenez jaloux.

ALCESTE.

C'est que tout l'univers est bien reçu de vous.

CÉLIMÈNE.

C'est ce qui doit rasseoir votre âme effarouchée,
Puisque ma complaisance est sur tous épanchée :
Et vous auriez plus lieu de vous en offenser,
Si vous me la voyiez sur un seul ramasser.

ALCESTE.

Mais moi, que vous blâmez de trop de jalousie,
Qu'ai-je de plus qu'eux tous, madame, je vous prie?

CÉLIMÈNE.

Le bonheur de savoir que vous êtes aimé.

ALCESTE.

Et quel lieu de le croire a [1] mon cœur enflammé?

CÉLIMÈNE.

Je pense qu'ayant pris le soin de vous le dire,
Un aveu de la sorte a de quoi vous suffire.

ALCESTE.

Mais qui m'assurera que, dans le même instant,
Vous n'en disiez, peut-être, aux autres tout autant?

CÉLIMÈNE.

Certes, pour un amant la fleurette est mignonne,
Et vous me traitez là de gentille personne.
Eh bien, pour vous ôter d'un semblable souci,
De tout ce que j'ai dit je me dédis ici;
Et rien ne sauroit plus vous tromper que vous-même :
Soyez content.

ALCESTE.

Morbleu! faut-il que je vous aime!
Ah! que si de vos mains je rattrape mon cœur,
Je bénirai le ciel de ce rare bonheur!
Je ne le cèle pas, je fais tout mon possible
A rompre de ce cœur l'attachement terrible;
Mais mes plus grands efforts n'ont rien fait jusqu'ici,
Et c'est pour mes péchés que je vous aime ainsi.

---

[1] L'édition originale porte *à*, préposition, au lieu de *a*, verbe, que presque tous les autres éditeurs ont adopté. Auger préfère la leçon de l'édition originale. Il la trouve plus vive et plus expressive. (F. L.)

CÉLIMÈNE.
Il est vrai, votre ardeur est pour moi sans seconde.
ALCESTE.
Oui, je puis là-dessus défier tout le monde.
Mon amour ne se peut concevoir; et jamais
Personne n'a, madame, aimé comme je fais.
CÉLIMÈNE.
En effet, la méthode en est toute nouvelle,
Car vous aimez les gens pour leur faire querelle;
Ce n'est qu'en mots fâcheux qu'éclate votre ardeur,
Et l'on n'a vu jamais un amant si grondeur.
ALCESTE.
Mais il ne tient qu'à vous que son chagrin ne passe.
A tous nos démêlés coupons chemin, de grâce;
Parlons à cœur ouvert, et voyons d'arrêter...

SCÈNE II. — CÉLIMÈNE, ALCESTE, BASQUE.

CÉLIMÈNE.

Qu'est-ce?

BASQUE.

Acaste est là-bas.
CÉLIMÈNE.

Eh bien, faites monter

SCÈNE III. — CÉLIMÈNE, ALCESTE.

ALCESTE.
Quoi! l'on ne peut jamais vous parler tête à tête?
A recevoir le monde on vous voit toujours prête;
Et vous ne pouvez pas, un seul moment de tous,
Vous résoudre à souffrir de n'être pas chez vous
CÉLIMÈNE.
Voulez-vous qu'avec lui je me fasse une affaire?
ALCESTE.
Vous avez des égards qui ne sauroient me plaire.
CÉLIMÈNE.
C'est un homme à jamais ne me le pardonner,
S'il savoit que sa vue eût pu m'importuner.
ALCESTE.
Et que vous fait cela, pour vous gêner de sorte?..
CÉLIMÈNE.
Mon Dieu! de ses pareils la bienveillance importe;
Et ce sont de ces gens qui, je ne sais comment,
Ont gagné, dans la cour, de parler hautement.

Dans tous les entretiens on les voit s'introduire ;
Ils ne sauroient servir, mais ils peuvent vous nuire ;
Et jamais, quelque appui qu'on puisse avoir d'ailleurs,
On ne doit se brouiller avec ces grands brailleurs.

ALCESTE.

Enfin, quoi qu'il en soit, et sur quoi qu'on se fonde,
Vous trouvez des raisons pour souffrir tout le monde ;
Et les précautions de votre jugement...

SCÈNE IV. — ALCESTE, CÉLIMÈNE, BASQUE.

BASQUE.

Voici Clitandre encor, madame.

ALCESTE.

Justement.

Il témoigne s'en vouloir aller.

CÉLIMÈNE.

Où courez-vous?

ALCESTE.

Je sors.

CÉLIMÈNE.

Demeurez.

ALCESTE.

Pourquoi faire?

CÉLIMÈNE.

Demeurez.

ALCESTE.

Je ne puis.

CÉLIMÈNE.

Je le veux.

ALCESTE.

Point d'affaire.
Ces conversations ne font que m'ennuyer,
Et c'est trop que vouloir me les faire essuyer.

CÉLIMÈNE.

Je le veux, je le veux.

ALCESTE.

Non, il m'est impossible.

CÉLIMÈNE.

Eh bien, allez, sortez, il vous est tout loisible.

SCÈNE V. — ÉLIANTE, PHILINTE, ACASTE, CLITANDRE, ALCESTE, CÉLIMÈNE, BASQUE.

ÉLIANTE, à Célimène.

Voici les deux marquis qui montent avec nous.

Vous l'est-on venu dire?
CÉLIMÈNE.
A Basque.
Oui. Des siéges pour tous.
Basque donne des siéges et sort

A Alceste.
Vous n'êtes pas sorti?
ALCESTE.
Non; mais je veux, madame,
Ou pour eux, ou pour moi, faire expliquer votre âme
CÉLIMÈNE
Taisez-vous.
ALCESTE.
Aujourd'hui vous vous expliquerez.
CÉLIMÈNE.
Vous perdez le sens.
ALCESTE.
Point. Vous vous déclarerez
CÉLIMÈNE.
Ah!
ALCESTE.
Vous prendrez parti.
CÉLIMÈNE.
Vous vous moquez, je pense.
ALCESTE.
Non. Mais vous choisirez : c'est trop de patience.
CLITANDRE.
Parbleu! je viens du Louvre, où Cléonte, au levé,
Madame, a bien paru ridicule achevé.
N'a-t-il point quelque ami qui pût, sur ses manières,
D'un charitable avis lui prêter les lumières?
CÉLIMÈNE
Dans le monde, à vrai dire, il se barbouille fort;
Partout il porte un air qui saute aux yeux d'abord;
Et, lorsqu'on le revoit après un peu d'absence,
On le retrouve encor plus plein d'extravagance.
ACASTE.
Parbleu! s'il faut parler de gens extravagants,
Je viens d'en essuyer un des plus fatigants:
Damon le raisonneur, qui m'a, ne vous déplaise,
Une heure, au grand soleil, tenu hors de ma chaise.
CÉLIMÈNE.
C'est un parleur étrange, et qui trouve toujours
L'art de ne vous rien dire avec de grands discours:

Dans les propos qu'il tient on ne voit jamais goutte,
Et ce n'est que du bruit que tout ce qu'on écoute.

ÉLIANTE, à Philinte.

Ce début n'est pas mal; et, contre le prochain,
La conversation prend un assez bon train.

CLITANDRE.

Timante encor, madame, est un bon caractère.

CÉLIMÈNE.

C'est de la tête aux pieds un homme tout mystère,
Qui vous jette, en passant, un coup d'œil égaré,
Et, sans aucune affaire, est toujours affairé.
Tout ce qu'il vous débite en grimaces abonde;
A force de façons, il assomme le monde :
Sans cesse il a tout bas, pour rompre l'entretien,
Un secret à vous dire, et ce secret n'est rien;
De la moindre vétille il fait une merveille,
Et, jusques au bonjour, il dit tout à l'oreille.

ACASTE.

Et Géralde, madame?

CÉLIMÈNE.

O l'ennuyeux conteur!
Jamais on ne le voit sortir du grand seigneur.
Dans le brillant commerce il se mêle sans cesse,
Et ne cite jamais que duc, prince, ou princesse.
La qualité l'entête; et tous ses entretiens
Ne sont que de chevaux, d'équipage, et de chiens.
Il tutaye en parlant ceux du plus haut étage,
Et le nom de monsieur est chez lui hors d'usage.

CLITANDRE.

On dit qu'avec Bélise il est du dernier bien.

CÉLIMÈNE.

Le pauvre esprit de femme, et le sec entretien!
Lorsqu'elle vient me voir, je souffre le martyre;
Il faut suer sans cesse à chercher que lui dire;
Et la stérilité de son expression
Fait mourir à tous coups la conversation.
En vain, pour attaquer son stupide silence,
De tous les lieux communs vous prenez l'assistance:
Le beau temps et la pluie, et le froid et le chaud,
Sont des fonds qu'avec elle on épuise bientôt.
Cependant sa visite, assez insupportable,
Traîne en une longueur encore épouvantable:
Et l'on demande l'heure, et l'on bâille vingt fois,

Qu'elle grouille¹ aussi peu qu'une pièce de bois.
ACASTE.
Que vous semble d'Adraste?
CÉLIMÈNE.
Ah! quel orgueil extrême!
C'est un homme gonflé de l'amour de soi-même.
Son mérite jamais n'est content de la cour,
Contre elle il fait métier de pester chaque jour,
Et l'on ne donne emploi, charge, ni bénéfice,
Qu'à tout ce qu'il se croit on ne fasse injustice.
CLITANDRE.
Mais le jeune Cléon, chez qui vont aujourd'hui
Nos plus honnêtes gens, que dites-vous de lui?
CÉLIMÈNE.
Que de son cuisinier il s'est fait un mérite,
Et que c'est à sa table à qui l'on rend visite.
ÉLIANTE.
Il prend soin d'y servir des mets fort délicats.
CÉLIMÈNE.
Oui; mais je voudrois bien qu'il ne s'y servît pas;
C'est un fort méchant plat que sa sotte personne,
Et qui gâte, à mon goût, tous les repas qu'il donne.
PHILINTE.
On fait assez de cas de son oncle Damis:
Qu'en dites-vous, madame?
CÉLIMÈNE.
Il est de mes amis.
PHILINTE.
Je le trouve honnête homme, et d'un air assez sage.
CÉLIMÈNE.
Oui; mais il veut avoir trop d'esprit, dont j'enrage.
Il est guindé sans cesse; et, dans tous ses propos,
On voit qu'il se travaille à dire de bons mots.
Depuis que dans la tête il s'est mis d'être habile,
Rien ne touche son goût, tant il est difficile.
Il veut voir des défauts à tout ce qu'on écrit,
Et pense que louer n'est pas d'un bel esprit,
Que c'est être savant que trouver à redire,
Qu'il n'appartient qu'aux sots d'admirer et de rire,
Et qu'en n'approuvant rien des ouvrages du temps,
Il se met au-dessus de tous les autres gens
Aux conversations même il trouve à reprendre;

¹ VAR. Qu'elle *s'émeut autant;* — qu'elle *remue autant.*

Ce sont propos trop bas pour y daigner descendre;
Et, les deux bras croisés, du haut de son esprit,
Il regarde en pitié tout ce que chacun dit.
####### ACASTE.
Dieu me damne, voilà son portrait véritable.
####### CLITANDRE, à Célimène.
Pour bien peindre les gens vous êtes admirable.
####### ALCESTE.
Allons, ferme, poussez, mes bons amis de cour;
Vous n'en épargnez point, et chacun a son tour :
Cependant aucun d'eux à vos yeux ne se montre,
Qu'on ne vous voie en hâte aller à sa rencontre,
Lui présenter la main, et d'un baiser flatteur
Appuyer les serments d'être son serviteur.
####### CLITANDRE.
Pourquoi s'en prendre à nous? Si ce qu'on dit vous blesse,
Il faut que le reproche à madame s'adresse.
####### ALCESTE.
Non, morbleu! c'est à vous; et vos ris complaisants
Tirent de son esprit tous ces traits médisants.
Son humeur satirique est sans cesse nourrie
Par le coupable encens de votre flatterie;
Et son cœur à railler trouveroit moins d'appas,
S'il avoit observé qu'on ne l'applaudit pas.
C'est ainsi qu'aux flatteurs on doit partout se prendre
Des vices où l'on voit les humains se répandre.
####### PHILINTE.
Mais pourquoi pour ces gens un intérêt si grand,
Vous qui condamneriez ce qu'en eux on reprend?
####### CÉLIMÈNE.
Eh! ne faut-il pas bien que monsieur contredise?
A la commune voix veut-on qu'il se réduise,
Et qu'il ne fasse pas éclater en tous lieux
L'esprit contrariant qu'il a reçu des cieux?
Le sentiment d'autrui n'est jamais pour lui plaire ;
Il prend toujours en main l'opinion contraire,
Et penseroit paroître un homme du commun,
Si l'on voyoit qu'il fût de l'avis de quelqu'un.
L'honneur de contredire a pour lui tant de charmes,
Qu'il prend contre lui-même assez souvent les armes;
Et ses vrais sentiments sont combattus par lui,
Aussitôt qu'il les voit dans la bouche d'autrui.
####### ALCESTE.
Les rieurs sont pour vous, madame, c'est tout dire;

Et vous pouvez pousser contre moi la satire.
####### PHILINTE.
Mais il est véritable aussi que votre esprit
Se gendarme toujours contre tout ce qu'on dit;
Et que, par un chagrin que lui-même il avoue,
Il ne sauroit souffrir qu'on blâme ni qu'on loue.
####### ALCESTE.
C'est que jamais, morbleu! les hommes n'ont raison,
Que le chagrin contre eux est toujours de saison,
Et que je vois qu'ils sont, sur toutes les affaires,
Loueurs impertinents, ou censeurs téméraires.
####### CÉLIMÈNE.
Mais...
####### ALCESTE.
Non, madame, non, quand j'en devrois mourir,
Vous avez des plaisirs que je ne puis souffrir;
Et l'on a tort ici de nourrir dans votre âme
Ce grand attachement aux défauts qu'on y blâme.
####### CLITANDRE.
Pour moi, je ne sais pas; mais j'avouerai tout haut
Que j'ai cru jusqu'ici madame sans défaut.
####### ACASTE.
De grâces et d'attraits je vois qu'elle est pourvue;
Mais les défauts qu'elle a ne frappent point ma vue.
####### ALCESTE.
Ils frappent tous la mienne; et, loin de m'en cacher,
Elle sait que j'ai soin de les lui reprocher.
Plus on aime quelqu'un, moins il faut qu'on le flatte;
A ne rien pardonner le pur amour éclate;
Et je bannirois, moi, tous ces lâches amants
Que je verrois soumis à tous mes sentiments,
Et dont, à tout propos, les molles complaisances
Donneroient de l'encens à mes extravagances.
####### CÉLIMÈNE.
Enfin, s'il faut qu'à vous s'en rapportent les cœurs,
On doit, pour bien aimer, renoncer aux douceurs,
Et du parfait amour mettre l'honneur suprême
A bien injurier les personnes qu'on aime.
####### ÉLIANTE.
L'amour, pour l'ordinaire, est peu fait à ces lois,
Et l'on voit les amants vanter toujours leur choix.
Jamais leur passion n'y voit rien de blâmable,
Et, dans l'objet aimé, tout leur devient aimable;
Ils comptent les défauts pour des perfections,

Et savent y donner de favorables noms.
La pâle est au jasmin en blancheur comparable;
La noire à faire peur, une brune adorable;
La maigre a de la taille et de la liberté;
La grasse est, dans son port, pleine de majesté;
La malpropre sur soi, de peu d'attraits chargée,
Est mise sous le nom de beauté négligée;
La géante paroît une déesse aux yeux;
La naine, un abrégé des merveilles des cieux;
L'orgueilleuse a le cœur digne d'une couronne;
La fourbe a de l'esprit; la sotte est toute bonne;
La trop grande parleuse est d'agréable humeur;
Et la muette garde une honnête pudeur.
C'est ainsi qu'un amant dont l'ardeur est extrême
Aime jusqu'aux défauts des personnes qu'il aime [1].

ALCESTE.

Et moi, je soutiens, moi...

CÉLIMÈNE.

Brisons là ce discours,
Et dans la galerie allons faire deux tours.
Quoi! vous vous en allez, messieurs?

CLITANDRE ET ACASTE.

Non pas, madame.

ALCESTE.

La peur de leur départ occupe fort votre âme.
Sortez quand vous voudrez, messieurs; mais j'avertis
Que je ne sors qu'après que vous serez sortis.

ACASTE.

A moins de voir madame en être importunée,
Rien ne m'appelle ailleurs de toute la journée.

CLITANDRE.

Moi, pourvu que je puisse être au petit couché,
Je n'ai point d'autre affaire où je sois attaché.

CÉLIMÈNE, à Alceste.

C'est pour rire, je crois?

ALCESTE.

Non, en aucune sorte.
Nous verrons si c'est moi que vous voudrez qui sorte.

---

[1] Cette charmante tirade est une imitation de *Lucrèce*. C'est le seul fragment qui nous reste d'une traduction libre que Molière avait faite des œuvres du grand poëte latin. (F. L.)

SCÈNE VI. — ALCESTE, CÉLIMÈNE, ÉLIANTE, ACASTE, PHILINTE, CLITANDRE, BASQUE.

BASQUE, à Alceste.

Monsieur, un homme est là qui voudroit vous parler
Pour affaire, dit-il, qu'on ne peut reculer.

ALCESTE.

Dis-lui que je n'ai point d'affaires si pressées

BASQUE.

Il porte une jaquette à grand'basques plissées,
Avec du dor dessus [1].

CÉLIMÈNE, à Alceste.

Allez voir ce que c'est,
Ou bien faites-le entrer.

SCÈNE VII. — ALCESTE, CÉLIMÈNE, ÉLIANTE, ACASTE, PHILINTE, CLITANDRE, UN GARDE de la maréchaussée.

ALCESTE, allant au-devant du garde.

Qu'est-ce donc qu'il vous plaît?
Venez, monsieur.

LE GARDE.

Monsieur, j'ai deux mots à vous dire.

ALCESTE.

Vous pouvez parler haut, monsieur, pour m'en instruire.

LE GARDE.

Messieurs les maréchaux, dont j'ai commandement,
Vous mandent de venir les trouver promptement,
Monsieur.

ALCESTE.

Qui? moi, monsieur?

LE GARDE.

Vous-même.

ALCESTE.

Et pourquoi faire?

PHILINTE, à Alceste.

C'est d'Oronte et de vous la ridicule affaire.

CÉLIMÈNE, à Philinte.

Comment?

PHILINTE.

Oronte et lui se sont tantôt bravés
Sur certains petits vers, qu'il n'a pas approuvés;

---

[1] Les gens du peuple et de la campagne disaient, par corruption : *du dor*, pour : de l'or.

Et l'on veut assoupir la chose en sa naissance[1].
####### ALCESTE
Moi, je n'aurai jamais de lâche complaisance.
####### PHILINTE.
Mais il faut suivre l'ordre : allons, disposez-vous.
####### ALCESTE.
Quel accommodement veut-on faire entre nous?
La voix de ces messieurs me condamnera-t-elle
A trouver bons les vers qui font notre querelle?
Je ne me dédis point de ce que j'en ai dit,
Je les trouve méchants.
####### PHILINTE.
Mais d'un plus doux esprit...
####### ALCESTE
Je n'en démordrai point, les vers sont exécrables.
####### PHILINTE.
Vous devez faire voir des sentiments traitables.
Allons, venez.
####### ALCESTE.
J'irai, mais rien n'aura pouvoir
De me faire dédire.
####### PHILINTE.
Allons vous faire voir.
####### ALCESTE.
Hors qu'un commandement exprès du roi me vienne
De trouver bons les vers dont on se met en peine,
Je soutiendrai toujours, morbleu! qu'ils sont mauvais,
Et qu'un homme est pendable après les avoir faits.
A Clitandre et à Acaste, qui rient.
Par le sangbleu! messieurs, je ne croyois pas être
Si plaisant que je suis.
####### CÉLIMÈNE.
Allez vite paroître
Où vous devez.
####### ALCESTE.
J'y vais, madame, et sur mes pas
Je reviens en ce lieu pour vider nos débats.

---

[1] Autrefois les maréchaux de France formaient un tribunal auquel était réservée la connaissance des affaires d'honneur entre gentilshommes ou officiers.

ACTE TROISIÈME

SCÈNE I. — CLITANDRE, ACASTE.

CLITANDRE.

Cher marquis, je te vois l'âme bien satisfaite;
Toute chose t'égaye, et rien ne t'inquiète.
En bonne foi, crois-tu, sans t'éblouir les yeux,
Avoir de grands sujets de paroître joyeux?

ACASTE.

Parbleu! je ne vois pas, lorsque je m'examine,
Où prendre aucun sujet d'avoir l'âme chagrine;
J'ai du bien, je suis jeune, et sors d'une maison
Qui se peut dire noble avec quelque raison;
Et je crois, par le rang que me donne ma race,
Qu'il est fort peu d'emplois dont je ne sois en passe.
Pour le cœur, dont surtout nous devons faire cas,
On sait, sans vanité, que je n'en manque pas;
Et l'on m'a vu pousser dans le monde une affaire
D'une assez vigoureuse et gaillarde manière.
Pour de l'esprit, j'en ai, sans doute; et du bon goût,
A juger sans étude et raisonner de tout;
A faire aux nouveautés, dont je suis idolâtre,
Figure de savant sur les bancs du théâtre;
Y décider en chef, et faire du fracas
A tous les beaux endroits qui méritent des has[1]!
Je suis assez adroit; j'ai bon air, bonne mine,
Les dents belles surtout, et la taille fort fine.
Quant à se mettre bien, je crois, sans me flatter,
Qu'on seroit mal venu de me le disputer.
Je me vois dans l'estime autant qu'on y puisse être,
Fort aimé du beau sexe, et bien auprès du maître.
Je crois qu'avec cela, mon cher marquis, je croi
Qu'on peut, par tout pays, être content de soi.

CLITANDRE.

Oui. Mais, trouvant ailleurs des conquêtes faciles,
Pourquoi pousser ici des soupirs inutiles?

ACASTE.

Moi? Parbleu! je ne suis de taille ni d'humeur
A pouvoir d'une belle essuyer la froideur.
C'est aux gens mal tournés, aux mérites vulgaires,
A brûler constamment pour des beautés sévères,

---

[1] Molière fait ici de l'interjection *ha!* un substantif auquel il donne un pluriel.

A languir à leurs pieds et souffrir leurs rigueurs,
A chercher le secours des soupirs et des pleurs,
Et tâcher, par des soins d'une très-longue suite,
D'obtenir ce qu'on nie à leur peu de mérite.
Mais les gens de mon air, marquis, ne sont pas faits
Pour aimer à crédit et faire tous les frais.
Quelque rare que soit le mérite des belles,
Je pense, Dieu merci, qu'on vaut son prix comme elles ;
Que pour se faire honneur d'un cœur comme le mien,
Ce n'est pas la raison qu'il ne leur coûte rien ;
Et qu'au moins, à tout mettre en de justes balances,
Il faut qu'à frais communs se fassent les avances.

CLITANDRE.

Tu penses donc, marquis, être fort bien ici ?

ACASTE.

J'ai quelque lieu, marquis, de le penser ainsi.

CLITANDRE.

Crois-moi, détache-toi de cette erreur extrême :
Tu te flattes, mon cher, et t'aveugles toi-même.

ACASTE.

Il est vrai, je me flatte et m'aveugle en effet.

CLITANDRE.

Mais qui te fait juger ton bonheur si parfait ?

ACASTE.

Je me flatte.

CLITANDRE.

    Sur quoi fonder tes conjectures ?

ACASTE.

Je m'aveugle.

CLITANDRE.

    En as-tu des preuves qui soient sûres ?

ACASTE.

Je m'abuse, te dis-je.

CLITANDRE.

    Est-ce que de ses vœux
Célimène t'a fait quelques secrets aveux ?

ACASTE.

Non, je suis maltraité.

CLITANDRE.

    Réponds-moi, je te prie.

ACASTE.

Je n'ai que des rebuts.

CLITANDRE.

    Laissons la raillerie,
Et me dis quel espoir on peut t'avoir donné.

ACASTE.

Je suis le misérable, et toi le fortuné ;
On a pour ma personne une aversion grande,
Et, quelqu'un de ces jours, il faut que je me pende.

CLITANDRE.

Oh çà, veux-tu, marquis, pour ajuster nos vœux,
Que nous tombions d'accord d'une chose tous deux?
Que qui pourra montrer une marque certaine
D'avoir meilleure part au cœur de Célimène,
L'autre ici fera place au vainqueur prétendu,
Et le délivrera d'un rival assidu?

ACASTE.

Ah! parbleu! tu me plais avec un tel langage,
Et du bon de mon cœur à cela je m'engage.
Mais, chut.

SCÈNE II. — CÉLIMÈNE, ACASTE, CLITANDRE.

CÉLIMÈNE.

Encore ici?

CLITANDRE.

L'amour retient nos pas.

CÉLIMÈNE.

Je viens d'ouïr entrer un carrosse là-bas.
Savez-vous qui c'est?

CLITANDRE.

Non.

SCÈNE III. — CÉLIMÈNE, ACASTE, CLITANDRE, BASQUE.

BASQUE.

Arsinoé, madame,
Monte ici pour vous voir.

CÉLIMÈNE.

Que me veut cette femme?

BASQUE

Éliante là-bas est à l'entretenir.

CÉLIMÈNE.

De quoi s'avise-t-elle, et qui la fait venir?

ACASTE.

Pour prude consommée en tous lieux elle passe;
Et l'ardeur de son zèle...

CÉLIMÈNE.

Oui, oui, franche grimace
Dans l'âme elle est du monde; et ses soins tentent tout

Pour accrocher quelqu'un, sans en venir à bout,
Elle ne sauroit voir qu'avec un œil d'envie
Les amants déclarés dont une autre est suivie ;
Et son triste mérite, abandonné de tous,
Contre le siècle aveugle est toujours en courroux.
Elle tâche à couvrir d'un faux voile de prude
Ce que chez elle on voit d'affreuse solitude ;
Et, pour sauver l'honneur de ses foibles appas,
Elle attache du crime au pouvoir qu'ils n'ont pas.
Cependant un amant plairoit fort à la dame ;
Et même pour Alceste elle a tendresse d'âme.
Ce qu'il me rend de soins outrage ses attraits ;
Elle veut que ce soit un vol que je lui fais ;
Et son jaloux dépit, qu'avec peine elle cache,
En tous endroits sous main contre moi se détache.
Enfin je n'ai rien vu de si sot à mon gré ;
Elle est impertinente au suprême degré,
Et...

SCÈNE IV. — ARSINOÉ, CÉLIMÈNE, CLITANDRE, ACASTE.

CÉLIMÈNE.

Ah ! quel heureux sort en ce lieu vous amène ?
Madame, sans mentir, j'étois de vous en peine.

ARSINOÉ.

Je viens pour quelque avis que j'ai cru vous devoir.

CÉLIMÈNE.

Ah ! mon Dieu, que je suis contente de vous voir !

Clitandre et Acaste sortent en riant.

SCÈNE V. — ARSINOÉ, CÉLIMÈNE.

ARSINOÉ.

Leur départ ne pouvoit plus à propos se faire.

CÉLIMÈNE.

Voulons-nous nous asseoir ?

ARSINOÉ.

Il n'est pas nécessaire.
Madame, l'amitié doit surtout éclater
Aux choses qui le plus nous peuvent importer ;
Et comme il n'en est point de plus grande importance
Que celles de l'honneur et de la bienséance,
Je viens, par un avis qui touche votre honneur,
Témoigner l'amitié que pour vous a mon cœur.
Hier j'étois chez des gens de vertu singulière,

Où sur vous du discours on tourna la matière;
Et là, votre conduite avec ses grands éclats,
Madame, eut le malheur qu'on ne la loua pas.
Cette foule de gens dont vous souffrez visite,
Votre galanterie, et les bruits qu'elle excite,
Trouvèrent des censeurs plus qu'il n'auroit fallu,
Et bien plus rigoureux que je n'eusse voulu.
Vous pouvez bien penser quel parti je sus prendre;
Je fis ce que je pus pour vous pouvoir défendre;
Je vous excusai fort sur votre intention,
Et voulus de votre âme être la caution.
Mais vous savez qu'il est des choses dans la vie
Qu'on ne peut excuser, quoiqu'on en ait envie;
Et je me vis contrainte à demeurer d'accord
Que l'air dont vous vivez vous faisoit un peu tort;
Qu'il prenoit dans le monde une méchante face;
Qu'il n'est conte fâcheux que partout on n'en fasse,
Et que, si vous vouliez, tous vos déportements
Pourroient moins donner prise aux mauvais jugements.
Non que j'y croie au fond l'honnêteté blessée :
Me préserve le ciel d'en avoir la pensée!
Mais aux ombres du crime on prête aisément foi,
Et ce n'est pas assez de bien vivre pour soi.
Madame, je vous crois l'âme trop raisonnable
Pour ne pas prendre bien cet avis profitable,
Et pour l'attribuer qu'aux mouvements secrets
D'un zèle qui m'attache à tous vos intérêts.

CÉLIMÈNE.

Madame, j'ai beaucoup de grâces à vous rendre.
Un tel avis m'oblige; et, loin de le mal prendre,
J'en prétends reconnoître à l'instant la faveur
Par un avis aussi qui touche votre honneur;
Et, comme je vous vois vous montrer mon amie,
En m'apprenant les bruits que de moi l'on publie,
Je veux suivre, à mon tour, un exemple si doux,
En vous avertissant de ce qu'on dit de vous.
En un lieu, l'autre jour, où je faisois visite,
Je trouvai quelques gens d'un très-rare mérite,
Qui, parlant des vrais soins d'une âme qui vit bien,
Firent tomber sur vous, madame, l'entretien.
Là, votre pruderie et vos éclats de zèle
Ne furent pas cités comme un fort bon modèle;
Cette affectation d'un grave extérieur,
Vos discours éternels de sagesse et d'honneur,

Vos mines et vos cris aux ombres d'indécence
Que d'un mot ambigu peut avoir l'innocence,
Cette hauteur d'estime où vous êtes de vous,
Et ces yeux de pitié que vous jetez sur tous,
Vos fréquentes leçons et vos aigres censures
Sur des choses qui sont innocentes et pures;
Tout cela, si je puis vous parler franchement,
Madame, fut blâmé d'un commun sentiment.
A quoi bon, disoient-ils, cette mine modeste,
Et ce sage dehors que dément tout le reste?
Elle est à bien prier exacte au dernier point;
Mais elle bat ses gens et ne les paye point.
Dans tous les lieux dévots elle étale un grand zèle
Mais elle met du blanc, et veut paroître belle.
Elle fait des tableaux couvrir les nudités;
Mais elle a de l'amour pour les réalités.
Pour moi, contre chacun je pris votre défense,
Et leur assurai fort que c'étoit médisance;
Mais tous les sentiments combattirent le mien,
Et leur conclusion fut que vous feriez bien
De prendre moins de soin des actions des autres
Et de vous mettre un peu plus en peine des vôtres;
Qu'on doit se regarder soi-même un fort long temps
Avant que de songer à condamner les gens;
Qu'il faut mettre le poids d'une vie exemplaire
Dans les corrections qu'aux autres on veut faire;
Et qu'encor vaut-il mieux s'en remettre, au besoin,
A ceux à qui le ciel en a commis le soin.
Madame, je vous crois aussi trop raisonnable
Pour ne pas prendre bien cet avis profitable,
Et pour l'attribuer qu'aux mouvements secrets
D'un zèle qui m'attache à tous vos intérêts.

ARSINOÉ.

A quoi qu'en reprenant on soit assujettie,
Je ne m'attendois pas à cette repartie,
Madame; et je vois bien, par ce qu'elle a d'aigreur,
Que mon sincère avis vous a blessée au cœur.

CÉLIMÈNE.

Au contraire, madame; et, si l'on étoit sage,
Ces avis mutuels seroient mis en usage.
On détruiroit par là, traitant de bonne foi,
Ce grand aveuglement où chacun est pour soi.
Il ne tiendra qu'à vous qu'avec le même zèle
Nous ne continuions cet office fidèle,

Et ne prenions grand soin de nous dire, entre nous,
Ce que nous entendrons, vous de moi, moi de vous.
ARSINOÉ.
Ah! madame, de vous je ne puis rien entendre;
C'est en moi que l'on peut trouver fort à reprendre.
CÉLIMÈNE.
Madame, on peut, je crois, louer et blâmer tout;
Et chacun a raison, suivant l'âge ou le goût.
Il est une saison pour la galanterie,
Il en est une aussi propre à la pruderie.
On peut, par politique, en prendre le parti,
Quand de nos jeunes ans l'éclat est amorti;
Cela sert à couvrir de fâcheuses disgrâces.
Je ne dis pas qu'un jour je ne suive vos traces;
L'âge amènera tout; et ce n'est pas le temps,
Madame, comme on sait, d'être prude à vingt ans.
ARSINOÉ.
Certes, vous vous targuez d'un bien foible avantage,
Et vous faites sonner terriblement votre âge.
Ce que de plus que vous on en pourroit avoir
N'est pas un si grand cas pour s'en tant prévaloir
Et je ne sais pourquoi votre âme ainsi s'emporte,
Madame, à me pousser de cette étrange sorte.
CÉLIMÈNE.
Et moi, je ne sais pas, madame, aussi pourquoi
On vous voit en tous lieux vous déchaîner sur moi.
Faut-il de vos chagrins sans cesse à moi vous prendre?
Et puis-je mais des soins qu'on ne va pas vous rendre?
Si ma personne aux gens inspire de l'amour,
Et si l'on continue à m'offrir chaque jour
Des vœux que votre cœur peut souhaiter qu'on m'ôte,
Je n'y saurois que faire, et ce n'est pas ma faute;
Vous avez le champ libre, et je n'empêche pas
Que, pour les attirer, vous n'ayez des appas.
ARSINOÉ.
Hélas! et croyez-vous que l'on se mette en peine
De ce nombre d'amants dont vous faites la vaine,
Et qu'il ne nous soit pas fort aisé de juger
A quel prix aujourd'hui l'on peut les engager?
Pensez-vous faire croire, à voir comme tout roule,
Que votre seul mérite attire cette foule?
Qu'ils ne brûlent pour vous que d'un honnête amour,
Et que pour vos vertus ils vous font tous la cour?
On ne s'aveugle point par de vaines défaites;

Le monde n'est point dupe; et j'en vois qui sont faites
A pouvoir inspirer de tendres sentiments,
Qui chez elles pourtant ne fixent point d'amants :
Et de là nous pouvons tirer des conséquences
Qu'on n'acquiert point leurs cœurs sans de grandes avances;
Qu'aucun, pour nos beaux yeux, n'est notre soupirant,
Et qu'il faut acheter tous les soins qu'on nous rend.
Ne vous enflez donc pas d'une si grande gloire,
Pour les petits brillants d'une foible victoire;
Et corrigez un peu l'orgueil de vos appas,
De traiter pour cela les gens de haut en bas.
Si nos yeux envioient les conquêtes des vôtres,
Je pense qu'on pourroit faire comme les autres,
Ne se point ménager, et vous faire bien voir
Que l'on a des amants quand on en veut avoir.

CÉLIMÈNE.

Ayez-en donc, madame, et voyons cette affaire;
Par ce rare secret efforcez-vous de plaire;
Et sans...

ARSINOÉ.

Brisons, madame, un pareil entretien :
Il pousseroit trop loin votre esprit et le mien;
Et j'aurois pris déjà le congé qu'il faut prendre,
Si mon carrosse encor ne m'obligeoit d'attendre.

CÉLIMÈNE.

Autant qu'il vous plaira vous pouvez arrêter,
Madame, et là-dessus rien ne doit vous hâter.
Mais, sans vous fatiguer de ma cérémonie,
Je m'en vais vous donner meilleure compagnie;
Et monsieur, qu'à propos le hasard fait venir,
Remplira mieux ma place à vous entretenir.

SCÈNE VI. — ALCESTE, CÉLIMÈNE, ARSINOÉ.

CÉLIMÈNE.

Alceste, il faut que j'aille écrire un mot de lettre,
Que sans me faire tort je ne saurois remettre.
Soyez avec madame; elle aura la bonté
D'excuser aisément mon incivilité.

SCÈNE VII. — ALCESTE, ARSINOÉ.

ARSINOÉ.

Vous voyez, elle veut que je vous entretienne,
Attendant un moment que mon carrosse vienne;

Et jamais tous ses soins ne pouvoient m'offrir rien
Qui me fût plus charmant qu'un pareil entretien.
En vérité, les gens d'un mérite sublime
Entraînent de chacun et l'amour et l'estime ;
Et le vôtre, sans doute, a des charmes secrets
Qui font entrer mon cœur dans tous vos intérêts.
Je voudrois que la cour, par un regard propice,
A ce que vous valez rendît plus de justice.
Vous avez à vous plaindre ; et je suis en courroux
Quand je vois chaque jour qu'on ne fait rien pour vous.

ALCESTE.

Moi, madame ? Et sur quoi pourrois-je en rien prétendre ?
Quel service à l'État est-ce qu'on m'a vu rendre ?
Qu'ai-je fait, s'il vous plaît, de si brillant de soi,
Pour me plaindre à la cour qu'on ne fait rien pour moi ?

ARSINOÉ.

Tous ceux sur qui la cour jette des yeux propices
N'ont pas toujours rendu de ces fameux services.
Il faut l'occasion ainsi que le pouvoir ;
Et le mérite enfin que vous nous faites voir
Devroit...

ALCESTE.

Mon Dieu ! laissons mon mérite, de grâce :
De quoi voulez-vous là que la cour s'embarrasse ?
Elle auroit fort à faire, et ses soins seroient grands
D'avoir à déterrer le mérite des gens.

ARSINOÉ.

Un mérite éclatant se déterre lui-même.
Du vôtre en bien des lieux on fait un cas extrême ;
Et vous saurez de moi qu'en deux fort bons endroits
Vous fûtes hier loué par des gens d'un grand poids.

ALCESTE.

Eh ! madame, l'on loue aujourd'hui tout le monde,
Et le siècle par là n'a rien qu'on ne confonde.
Tout est d'un grand mérite également doué ;
Ce n'est plus un honneur que de se voir loué ;
D'éloges on regorge, à la tête on les jette,
Et mon valet de chambre est mis dans la gazette.

ARSINOÉ.

Pour moi, je voudrois bien que, pour vous montrer mieux,
Une charge à la cour vous pût frapper les yeux.
Pour peu que d'y songer vous nous fassiez les mines,
On peut, pour vous servir, remuer des machines ;
Et j'ai des gens en main que j'emploierai pour vous,

Qui vous feront à tout un chemin assez doux.
ALCESTE.
Et que voudriez-vous, madame, que j'y fisse?
L'humeur dont je me sens veut que je m'en bannisse;
Le ciel ne m'a point fait, en me donnant le jour,
Une âme compatible avec l'air de la cour.
Je ne me trouve point les vertus nécessaires
Pour y bien réussir et faire mes affaires.
Être franc et sincère est mon plus grand talent;
Je ne sais point jouer les hommes en parlant;
Et qui n'a pas le don de cacher ce qu'il pense
Doit faire en ce pays fort peu de résidence.
Hors de la cour sans doute on n'a pas cet appui
Et ces titres d'honneur qu'elle donne aujourd'hui;
Mais on n'a pas aussi, perdant ces avantages,
Le chagrin de jouer de fort sots personnages :
On n'a point à souffrir mille rebuts cruels,
On n'a point à louer les vers de messieurs tels,
A donner de l'encens à madame une telle,
Et de nos francs marquis essuyer la cervelle.
ARSINOÉ.
Laissons, puisqu'il vous plaît, ce chapitre de cour :
Mais il faut que mon cœur vous plaigne en votre amour,
Et, pour vous découvrir là-dessus mes pensées,
Je souhaiterois fort vos ardeurs mieux placées.
Vous méritez, sans doute, un sort beaucoup plus doux,
Et celle qui vous charme est indigne de vous.
ALCESTE.
Mais, en disant cela, songez-vous, je vous prie,
Que cette personne est, madame, votre amie?
ARSINOÉ.
Oui. Mais ma conscience est blessée en effet
De souffrir plus longtemps le tort que l'on vous fait.
L'état où je vous vois afflige trop mon âme,
Et je vous donne avis qu'on trahit votre flamme.
ALCESTE.
C'est me montrer, madame, un tendre mouvement,
Et de pareils avis obligent un amant.
ARSINOÉ.
Oui, toute mon amie, elle est, et je la nomme,
Indigne d'asservir le cœur d'un galant homme,
Et le sien n'a pour vous que de feintes douceurs.
ALCESTE.
Cela se peut, madame, on ne voit pas les cœurs;

Mais votre charité se seroit bien passée
De jeter dans le mien une telle pensée.
ARSINOÉ.
Si vous ne voulez pas être désabusé,
Il faut ne vous rien dire; il est assez aisé.
ALCESTE.
Non. Mais sur ce sujet, quoi que l'on nous expose,
Les doutes sont fâcheux plus que toute autre chose;
Et je voudrois, pour moi, qu'on ne me fît savoir
Que ce qu'avec clarté l'on peut me faire voir.
ARSINOÉ.
Eh bien, c'est assez dit; et sur cette matière
Vous allez recevoir une pleine lumière.
Oui, je veux que du tout vos yeux vous fassent foi.
Donnez-moi seulement la main jusque chez moi;
Là, je vous ferai voir une preuve fidèle
De l'infidélité[1] du cœur de votre belle;
Et, si pour d'autres yeux le vôtre peut brûler,
On pourra vous offrir de quoi vous consoler.

ACTE QUATRIÈME

SCÈNE I. — ÉLIANTE, PHILINTE

PHILINTE.
Non, l'on n'a point vu d'âme à manier si dure,
Ni d'accommodement plus pénible à conclure:
En vain de tous côtés on l'a voulu tourner,
Hors de son sentiment on n'a pu l'entraîner;
Et jamais différend si bizarre, je pense,
N'avoit de ces messieurs occupé la prudence.
« Non, messieurs, disoit-il, je ne me dédis point,
« Et tomberai d'accord de tout, hors de ce point.
« De quoi s'offense-t-il? et que veut-il me dire?
« Y va-t-il de sa gloire à ne pas bien écrire?
« Que lui fait mon avis, qu'il a pris de travers?
« On peut être honnête homme, et faire mal des vers[2]:
« Ce n'est point à l'honneur que touchent ces matières.
« Je le tiens galant homme en toutes les manières,

---

[1] *Fidèle de l'infidélité;* ce jeu de mots a été justement désapprouvé par les critiques.
[2] Vers devenu proverbe.

« Homme de qualité, de mérite et de cœur,
« Tout ce qu'il vous plaira, mais fort méchant auteur.
« Je louerai, si l'on veut, son train et sa dépense,
« Son adresse à cheval, aux armes, à la danse;
« Mais, pour louer ses vers, je suis son serviteur;
« Et, lorsque d'en mieux faire on n'a pas le bonheur,
« On ne doit de rimer avoir aucune envie,
« Qu'on n'y soit condamné sur peine de la vie. »
Enfin, toute la grâce et l'accommodement
Où s'est avec effort plié son sentiment,
C'est de dire, croyant adoucir bien son style :
« Monsieur, je suis fâché d'être si difficile;
« Et, pour l'amour de vous, je voudrois, de bon cœur,
« Avoir trouvé tantôt votre sonnet meilleur. »
Et dans une embrassade, on leur a, pour conclure,
Fait vite envelopper toute la procédure.

ÉLIANTE.

Dans ses façons d'agir il est fort singulier;
Mais j'en fais, je l'avoue, un cas particulier;
Et la sincérité dont son âme se pique
A quelque chose en soi de noble et d'héroïque;
C'est une vertu rare au siècle d'aujourd'hui,
Et je la voudrois voir partout comme chez lui.

PHILINTE.

Pour moi, plus je le vois, plus surtout je m'étonne
De cette passion où son cœur s'abandonne.
De l'humeur dont le ciel a voulu le former,
Je ne sais pas comment il s'avise d'aimer;
Et je sais moins encor comment votre cousine
Peut être la personne où son penchant l'incline.

ÉLIANTE.

Cela fait assez voir que l'amour, dans les cœurs,
N'est pas toujours produit par un rapport d'humeurs;
Et toutes ces raisons de douces sympathies,
Dans cet exemple-ci, se trouvent démenties.

PHILINTE.

Mais croyez-vous qu'on l'aime, aux choses qu'on peut voir?

ÉLIANTE.

C'est un point qu'il n'est pas fort aisé de savoir.
Comment pouvoir juger s'il est vrai qu'elle l'aime?
Son cœur de ce qu'il sent n'est pas bien sûr lui-même;
Il aime quelquefois sans qu'il le sache bien,
Et croit aimer aussi, parfois, qu'il n'en est rien.

PHILINTE.
Je crois que notre ami, près de cette cousine,
Trouvera des chagrins plus qu'il ne s'imagine;
Et, s'il avoit mon cœur, à dire vérité,
Il tourneroit ses vœux tout d'un autre côté;
Et, par un choix plus juste, on le verroit, madame,
Profiter des bontés que lui montre votre âme.

ÉLIANTE.
Pour moi, je n'en fais point de façons, et je croi
Qu'on doit sur de tels points être de bonne foi.
Je ne m'oppose point à toute sa tendresse;
Au contraire, mon cœur pour elle s'intéresse;
Et, si c'étoit qu'à moi la chose pût tenir,
Moi-même à ce qu'il aime on me verroit l'unir.
Mais, si dans un tel choix, comme tout se peut faire,
Son amour éprouvoit quelque destin contraire,
S'il falloit que d'un autre on couronnât les feux,
Je pourrois me résoudre à recevoir ses vœux;
Et le refus souffert en pareille occurrence
Ne m'y feroit trouver aucune répugnance.

PHILINTE.
Et moi, de mon côté, je ne m'oppose pas,
Madame, à ces bontés qu'ont pour lui vos appas;
Et lui-même, s'il veut, il peut bien vous instruire
De ce que là-dessus j'ai pris soin de lui dire.
Mais si, par un hymen qui les joindroit eux deux,
Vous étiez hors d'état de recevoir ses vœux,
Tous les miens tenteroient la faveur éclatante
Qu'avec tant de bonté votre âme lui présente.
Heureux si, quand son cœur s'y pourra dérober,
Elle pouvoit sur moi, madame, retomber!

ÉLIANTE.
Vous vous divertissez, Philinte.

PHILINTE.
             Non, madame,
Et je vous parle ici du meilleur de mon âme.
J'attends l'occasion de m'offrir hautement,
Et, de tous mes souhaits, j'en presse le moment.

SCÈNE II. — ALCESTE, ÉLIANTE, PHILINTE.

ALCESTE.
Ah! faites-moi raison, madame, d'une offense
Qui vient de triompher de toute ma constance.

ÉLIANTE.
Qu'est-ce donc? Qu'avez-vous qui vous puisse émouvoir?
ALCESTE.
J'ai ce que, sans mourir, je ne puis concevoir;
Et le déchaînement de toute la nature
Ne m'accableroit pas comme cette aventure.
C'en est fait... Mon amour... Je ne saurois parler.
ÉLIANTE.
Que votre esprit un peu tâche à se rappeler [1].
ALCESTE.
O juste ciel! faut-il qu'on joigne à tant de grâces
Les vices odieux des âmes les plus basses!
ÉLIANTE.
Mais encor qui vous peut...
ALCESTE.
Ah! tout est ruiné,
Je suis, je suis trahi, je suis assassiné.
Célimène... (eût-on pu croire cette nouvelle?)
Célimène me trompe, et n'est qu'une infidèle.
ÉLIANTE.
Avez-vous, pour le croire, un juste fondement?
PHILINTE.
Peut-être est-ce un soupçon conçu légèrement;
Et votre esprit jaloux prend parfois des chimères...
ALCESTE.
Ah! morbleu! mêlez-vous, monsieur, de vos affaires.
  A Éliante.
C'est de sa trahison n'être que trop certain,
Que l'avoir, dans ma poche, écrite de sa main.
Oui, madame, une lettre écrite pour Oronte
A produit à mes yeux ma disgrâce et sa honte;
Oronte, dont j'ai cru qu'elle fuyoit les soins,
Et que de mes rivaux je redoutois le moins.
PHILINTE.
Une lettre peut bien tromper par l'apparence,
Et n'est pas quelquefois si coupable qu'on pense.
ALCESTE.
Monsieur, encore un coup, laissez-moi, s'il vous plaît,
Et ne prenez souci que de votre intérêt.
ÉLIANTE.
Vous devez modérer vos transports; et l'outrage...

---

[1] Ce vers et les cinq précédents sont empruntés à *Don Garcie de Navarre*. La scène suivante est également empruntée à la même pièce.

ALCESTE.
Madame, c'est à vous qu'appartient cet ouvrage;
C'est à vous que mon cœur a recours aujourd'hui,
Pour pouvoir s'affranchir de son cuisant ennui.
Vengez-moi d'une ingrate et perfide parente
Qui trahit lâchement une ardeur si constante;
Vengez-moi de ce trait qui doit vous faire horreur.

ÉLIANTE.
Moi, vous venger! comment?

ALCESTE.
En recevant mon cœur.
Acceptez-le, madame, au lieu de l'infidèle;
C'est par là que je puis prendre vengeance d'elle;
Et je la veux punir par les sincères vœux,
Par le profond amour, les soins respectueux,
Les devoirs empressés et l'assidu service,
Dont ce cœur va vous faire un ardent sacrifice.

ÉLIANTE.
Je compatis, sans doute, à ce que vous souffrez,
Et ne méprise point le cœur que vous m'offrez;
Mais peut-être le mal n'est pas si grand qu'on pense,
Et vous pourrez quitter ce désir de vengeance.
Lorsque l'injure part d'un objet plein d'appas,
On fait force desseins qu'on n'exécute pas :
On a beau voir, pour rompre, une raison puissante,
Une coupable aimée est bientôt innocente;
Tout le mal qu'on lui veut se dissipe aisément,
Et l'on sait ce que c'est qu'un courroux d'un amant.

ALCESTE.
Non, non, madame, non. L'offense est trop mortelle:
Il n'est point de retour, et je romps avec elle;
Rien ne sauroit changer le dessein que j'en fais,
Et je me punirois de l'estimer jamais.
La voici. Mon courroux redouble à cette approche,
Je vais de sa noirceur lui faire un vif reproche,
Pleinement la confondre, et vous porter après
Un cœur tout dégagé de ses trompeurs attraits.

SCÈNE III. — CÉLIMÈNE, ALCESTE.

ALCESTE, à part.
O ciel! de mes transports puis-je être ici le maître?

CÉLIMÈNE, à part.
A Alceste.
Ouais! Quel est donc le trouble où je vous vois paroître?

Et que me veulent dire, et ces soupirs poussés,
Et ces sombres regards que sur moi vous lancez?

ALCESTE.

Que toutes les horreurs dont une âme est capable
A vos déloyautés n'ont rien de comparable;
Que le sort, les démons, et le ciel en courroux,
N'ont jamais rien produit de si méchant que vous.

CÉLIMÈNE.

Voilà certainement des douceurs que j'admire.

ALCESTE.

Ah! ne plaisantez point, il n'est pas temps de rire.
Rougissez bien plutôt, vous en avez raison;
Et j'ai de sûrs témoins de votre trahison.
Voilà ce que marquoient les troubles de mon âme;
Ce n'étoit pas en vain que s'alarmoit ma flamme;
Par ces fréquents soupçons qu'on trouvoit odieux,
Je cherchois le malheur qu'ont rencontré mes yeux;
Et, malgré tous vos soins et votre adresse à feindre,
Mon astre me disoit ce que j'avois à craindre.
Mais ne présumez pas que, sans être vengé,
Je souffre le dépit de me voir outragé.
Je sais que sur les vœux on n'a point de puissance,
Que l'amour veut partout naître sans dépendance,
Que jamais par la force on n'entra dans un cœur,
Et que toute âme est libre à nommer son vainqueur.
Aussi ne trouverois-je aucun sujet de plainte,
Si pour moi votre bouche avoit parlé sans feinte,
Et, rejetant mes vœux dès le premier abord,
Mon cœur n'auroit eu droit de s'en prendre qu'au sort.
Mais d'un aveu trompeur voir ma flamme applaudie,
C'est une trahison, c'est une perfidie,
Qui ne sauroit trouver de trop grands châtiments;
Et je puis tout permettre à mes ressentiments.
Oui, oui, redoutez tout après un tel outrage;
Je ne suis plus à moi, je suis tout à la rage.
Percé du coup mortel dont vous m'assassinez,
Mes sens par la raison ne sont plus gouvernés;
Je cède aux mouvements d'une juste colère,
Et je ne réponds pas de ce que je puis faire.

CÉLIMÈNE.

D'où vient donc, je vous prie, un tel emportement?
Avez-vous, dites-moi, perdu le jugement?

ALCESTE.

Oui, oui, je l'ai perdu, lorsque dans votre vue

J'ai pris, pour mon malheur, le poison qui me tue,
Et que j'ai cru trouver quelque sincérité
Dans les traîtres appas dont je fus enchanté.
CÉLIMÈNE.
De quelle trahison pouvez-vous donc vous plaindre?
ALCESTE.
Ah! que ce cœur est double et sait bien l'art de feindre!
Mais, pour le mettre à bout, j'ai des moyens tout prêts.
Jetez ici les yeux, et connoissez vos traits;
Ce billet découvert suffit pour vous confondre,
Et contre ce témoin on n'a rien à répondre.
CÉLIMÈNE.
Voilà donc le sujet qui vous trouble l'esprit?
ALCESTE.
Vous ne rougissez pas en voyant cet écrit!
CÉLIMÈNE.
Et par quelle raison faut-il que j'en rougisse?
ALCESTE.
Quoi! vous joignez ici l'audace à l'artifice!
Le désavouerez-vous pour n'avoir point de seing?
CÉLIMÈNE.
Pourquoi désavouer un billet de ma main?
ALCESTE.
Et vous pouvez le voir sans demeurer confuse
Du crime dont vers moi son style vous accuse!
CÉLIMÈNE.
Vous êtes, sans mentir, un grand extravagant.
ALCESTE.
Quoi! vous bravez ainsi ce témoin convaincant!
Et ce qu'il m'a fait voir de douceur pour Oronte
N'a donc rien qui m'outrage et qui vous fasse honte?
CÉLIMÈNE.
Oronte! Qui vous dit que la lettre est pour lui?
ALCESTE.
Les gens qui dans mes mains l'ont remise aujourd'hui.
Mais je veux consentir qu'elle soit pour un autre,
Mon cœur en a-t-il moins à se plaindre du vôtre?
En serez-vous vers moi moins coupable en effet?
CÉLIMÈNE.
Mais si c'est une femme à qui va ce billet,
En quoi vous blesse-t-il, et qu'a-t-il de coupable?
ALCESTE.
Ah! le détour est bon, et l'excuse admirable.
Je ne m'attendois pas, je l'avoue, à ce trait,

Et me voilà par là convaincu tout à fait.
Osez-vous recourir à ces ruses grossières?
Et croyez-vous les gens si privés de lumières?
Voyons, voyons un peu par quel biais, de quel air,
Vous voulez soutenir un mensonge si clair;
Et comment vous pourrez tourner pour une femme
Tous les mots d'un billet qui montre tant de flamme.
Ajustez, pour couvrir un manquement de foi,
Ce que je m'en vais lire...

CÉLIMÈNE.

Il ne me plaît pas, moi.
Je vous trouve plaisant d'user d'un tel empire
Et de me dire au nez ce que vous m'osez dire!

ALCESTE.

Non, non, sans s'emporter, prenez un peu souci
De me justifier les termes que voici.

CÉLIMÈNE.

Non, je n'en veux rien faire; et, dans cette occurrence,
Tout ce que vous croirez m'est de peu d'importance.

ALCESTE.

De grâce, montrez-moi, je serai satisfait,
Qu'on peut, pour une femme, expliquer ce billet.

CÉLIMÈNE.

Non, il est pour Oronte; et je veux qu'on le croie.
Je reçois tous ses soins avec beaucoup de joie,
J'admire ce qu'il dit, j'estime ce qu'il est,
Et je tombe d'accord de tout ce qu'il vous plaît.
Faites, prenez parti; que rien ne vous arrête,
Et ne me rompez pas davantage la tête.

ALCESTE, à part.

Ciel! rien de plus cruel peut-il être inventé,
Et jamais cœur fut-il de la sorte traité?
Quoi! d'un juste courroux je suis ému contre elle,
C'est moi qui me viens plaindre, et c'est moi qu'on querelle!
On pousse ma douleur et mes soupçons à bout,
On me laisse tout croire, on fait gloire de tout;
Et cependant mon cœur est encore assez lâche
Pour ne pouvoir briser la chaîne qui l'attache,
Et pour ne pas s'armer d'un généreux mépris
Contre l'ingrat objet dont il est trop épris!

A Célimène.

Ah! que vous savez bien ici contre moi-même,
Perfide, vous servir de ma foiblesse extrême,
Et ménager pour vous l'excès prodigieux

De ce fatal amour né de vos traîtres yeux!
Défendez-vous au moins d'un crime qui m'accable,
Et cessez d'affecter d'être envers moi coupable.
Rendez-moi, s'il se peut, ce billet innocent;
A vous prêter les mains ma tendresse consent.
Efforcez-vous ici de paroître fidèle,
Et je m'efforcerai, moi, de vous croire telle.

CÉLIMÈNE.

Allez, vous êtes fou dans vos transports jaloux,
Et ne méritez pas l'amour qu'on a pour vous.
Je voudrois bien savoir qui pourroit me contraindre
A descendre pour vous aux bassesses de feindre;
Et pourquoi, si mon cœur penchoit d'autre côté,
Je ne le dirois pas avec sincérité!
Quoi! de mes sentiments l'obligeante assurance
Contre tous vos soupçons ne prend pas ma défense?
Auprès d'un tel garant sont-ils de quelque poids?
N'est-ce pas m'outrager que d'écouter leur voix?
Et, puisque notre cœur fait un effort extrême
Lorsqu'il peut se résoudre à confesser qu'il aime;
Puisque l'honneur du sexe, ennemi de nos feux,
S'oppose fortement à de pareils aveux,
L'amant qui voit pour lui franchir un tel obstacle
Doit-il impunément douter de cet oracle?
Et n'est-il pas coupable, en ne s'assurant pas
A ce qu'on ne dit point qu'après de grands combats?
Allez, de tels soupçons méritent ma colère;
Et vous ne valez pas que l'on vous considère.
Je suis sotte, et veux mal à ma simplicité
De conserver encor pour vous quelque bonté;
Je devrois autre part attacher mon estime,
Et vous faire un sujet de plainte légitime.

ALCESTE.

Ah! traîtresse! mon foible est étrange pour vous;
Vous me trompez, sans doute, avec des mots si doux;
Mais il n'importe, il faut suivre ma destinée;
A votre foi mon âme est tout abandonnée;
Je veux voir jusqu'au bout quel sera votre cœur,
Et si de me trahir il aura la noirceur.

CÉLIMÈNE.

Non, vous ne m'aimez point comme il faut que l'on aime.

ALCESTE.

Ah! rien n'est comparable à mon amour extrême;
Et dans l'ardeur qu'il a de se montrer à tous,

Il va jusqu'à former des souhaits contre vous.
Oui, je voudrois qu'aucun ne vous trouvât aimable,
Que vous fussiez réduite en un sort misérable ;
Que le ciel en naissant ne vous eût donné rien ;
Que vous n'eussiez ni rang, ni naissance, ni bien ;
Afin que de mon cœur l'éclatant sacrifice
Vous pût d'un pareil sort réparer l'injustice ;
Et que j'eusse la joie et la gloire en ce jour
De vous voir tenir tout des mains de mon amour.

CÉLIMÈNE.

C'est me vouloir du bien d'une étrange manière !
Me préserve le ciel que vous ayez matière...
Voici monsieur Dubois plaisamment figuré.

SCÈNE IV. — CÉLIMÈNE, ALCESTE, DUBOIS.

ALCESTE.

Que veut cet équipage et cet air effaré ?
Qu'as-tu ?

DUBOIS.

Monsieur...

ALCESTE.

Eh bien ?

DUBOIS.

Voici bien des mystères

ALCESTE.

Qu'est-ce ?

DUBOIS.

Nous sommes mal, monsieur, dans nos affaires.

ALCESTE.

Quoi ?

DUBOIS.

Parlerai-je haut ?

ALCESTE.

Oui, parle, et promptement

DUBOIS.

N'est-il point là quelqu'un ?

ALCESTE.

Ah ! que d'amusement !

Veux-tu parler ?

DUBOIS.

Monsieur, il faut faire retraite.

ALCESTE.

Comment ?

DUBOIS.

Il faut d'ici déloger sans trompette.

ACTE IV, SCÈNE IV.

ALCESTE.

Et pourquoi?

DUBOIS.

Je vous dis qu'il faut quitter ce lieu.

ALCESTE.

La cause?

DUBOIS.

Il faut partir, monsieur, sans dire adieu.

ALCESTE.

Mais par quelle raison me tiens-tu ce langage?

DUBOIS.

Par la raison, monsieur, qu'il faut plier bagage.

ALCESTE.

Ah! je te casserai la tête assurément,
Si tu ne veux, maraud, t'expliquer autrement!

DUBOIS.

Monsieur, un homme noir et d'habit et de mine
Est venu nous laisser, jusque dans la cuisine,
Un papier griffonné d'une telle façon,
Qu'il faudroit, pour le lire, être pis qu'un démon[1].
C'est de votre procès, je n'en fais aucun doute;
Mais le diable d'enfer, je crois, n'y verroit goutte.

ALCESTE.

Eh bien, quoi? Ce papier, qu'a-t-il à démêler,
Traître, avec le départ dont tu viens me parler?

DUBOIS.

C'est pour vous dire ici, monsieur, qu'une heure ensuite,
Un homme qui souvent vous vient rendre visite
Est venu vous chercher avec empressement,
Et, ne vous trouvant pas, m'a chargé doucement,
Sachant que je vous sers avec beaucoup de zèle,
De vous dire... Attendez, comme est-ce qu'il s'appelle?

ALCESTE.

Laisse là son nom, traître, et dis ce qu'il t'a dit!

DUBOIS.

C'est un de vos amis; enfin cela suffit.
Il m'a dit que d'ici votre péril vous chasse,
Et que d'être arrêté le sort vous y menace.

ALCESTE.

Mais quoi! n'a-t-il voulu te rien spécifier?

DUBOIS.

Non. Il m'a demandé de l'encre et du papier,

---

[1] VAR. Il faudroit, pour le lire, être pis *que* démon.

10.

Et vous a fait un mot, où vous pourrez, je pense,
Du fond de ce mystère avoir la connoissance.
ALCESTE.
Donne-le donc!
CÉLIMÈNE.
Que peut envelopper ceci?
ALCESTE.
Je ne sais; mais j'aspire à m'en voir éclairci.
Auras-tu bientôt fait, impertinent au diable?
DUBOIS, après avoir longtemps cherché le billet.
Ma foi, je l'ai, monsieur, laissé sur votre table.
ALCESTE.
Je ne sais qui me tient...
CÉLIMÈNE.
Ne vous emportez pas,
Et courez démêler un pareil embarras.
ALCESTE.
Il semble que le sort, quelque soin que je prenne,
Ait juré d'empêcher que je vous entretienne;
Mais, pour en triompher, souffrez à mon amour
De vous revoir, madame, avant la fin du jour.

ACTE CINQUIÈME

SCÈNE I. — ALCESTE, PHILINTE

ALCESTE.
La résolution en est prise, vous dis-je.
PHILINTE.
Mais, quel que soit ce coup, faut-il qu'il vous oblige...
ALCESTE.
Non, vous avez beau faire et beau me raisonner,
Rien de ce que je dis ne peut me détourner;
Trop de perversité règne au siècle où nous sommes,
Et je veux me tirer du commerce des hommes.
Quoi! contre ma partie on voit tout à la fois
L'honneur, la probité, la pudeur et les lois;
On publie en tous lieux l'équité de ma cause;
Sur la foi de mon droit mon âme se repose;
Cependant je me vois trompé par le succès:
J'ai pour moi la justice, et je perds mon procès!
Un traître, dont on sait la scandaleuse histoire,
Est sorti triomphant d'une fausseté noire!

Toute la bonne foi cède à sa trahison!
Il trouve, en m'égorgeant, moyen d'avoir raison!
Le poids de sa grimace, où brille l'artifice,
Renverse le bon droit et tourne la justice!
Il fait par un arrêt couronner son forfait!
Et, non content encor du tort que l'on me fait,
Il court parmi le monde un livre abominable,
Et de qui la lecture est même condamnable,
Un livre à mériter la dernière rigueur,
Dont le fourbe a le front de m'faire l'auteur!
Et là-dessus on voit Oronte qui murmure,
Et tâche méchamment d'appuyer l'imposture!
Lui qui d'un honnête homme à la cour tient le rang,
A qui je n'ai fait rien qu'être sincère et franc,
Qui me vient malgré moi, d'une ardeur empressée,
Sur des vers qu'il a faits demander ma pensée;
Et parce que j'en use avec honnêteté
Et ne le veux trahir, lui, ni la vérité,
Il aide à m'accabler d'un crime imaginaire!
Le voilà devenu mon plus grand adversaire!
Et jamais de son cœur je n'aurai de pardon,
Pour n'avoir pas trouvé que son sonnet fût bon!
Et les hommes, morbleu! sont faits de cette sorte!
C'est à ces actions que la gloire les porte!
Voilà la bonne foi, le zèle vertueux,
La justice et l'honneur que l'on trouve chez eux!
Allons, c'est trop souffrir les chagrins qu'on nous forge:
Tirons-nous de ce bois et de ce coupe-gorge.
Puisque entre humains ainsi vous vivez en vrais loups,
Traîtres, vous ne m'aurez de ma vie avec vous.

PHILINTE.

Je trouve un peu bien prompt le dessein où vous êtes
Et tout le mal n'est pas si grand que vous le faites.
Ce que votre partie ose vous imputer
N'a point eu le crédit de vous faire arrêter;
On voit son faux rapport lui-même se détruire,
Et c'est une action qui pourroit bien lui nuire.

ALCESTE.

Lui? de semblables tours il ne craint point l'éclat:
Il a permission d'être franc scélérat;
Et, loin qu'à son crédit nuise cette aventure,
On l'en verra demain en meilleure posture.

PHILINTE.

Enfin il est constant qu'on n'a point trop donné

Au bruit que contre vous sa malice a tourné :
De ce côté déjà vous n'avez rien à craindre;
Et pour votre procès, dont vous pouvez vous plaindre,
Il vous est en justice aisé d'y revenir,
Et contre cet arrêt...

ALCESTE.

Non, je veux m'y tenir.
Quelque sensible tort qu'un tel arrêt me fasse,
Je me garderai bien de vouloir qu'on le casse :
On y voit trop à plein le bon droit maltraité,
Et je veux qu'il demeure à la postérité
Comme une marque insigne, un fameux témoignage
De la méchanceté des hommes de notre âge.
Ce sont vingt mille francs qu'il m'en pourra coûter;
Mais pour vingt mille francs j'aurai droit de pester
Contre l'iniquité de la nature humaine,
Et de nourrir pour elle une immortelle haine!

PHILINTE.

Mais enfin...

ALCESTE.

Mais enfin, vos soins sont superflus.
Que pouvez-vous, monsieur, me dire là-dessus?
Aurez-vous bien le front de me vouloir, en face,
Excuser les horreurs de tout ce qui se passe?

PHILINTE.

Non, je tombe d'accord de tout ce qu'il vous plaît :
Tout marche par cabale et par pur intérêt;
Ce n'est plus que la ruse aujourd'hui qui l'emporte,
Et les hommes devroient être faits d'autre sorte.
Mais est-ce une raison que leur peu d'équité,
Pour vouloir se tirer de leur société?
Tous ces défauts humains nous donnent, dans la vie,
Des moyens d'exercer notre philosophie :
C'est le plus bel emploi que trouve la vertu;
Et, si de probité tout étoit revêtu,
Si tous les cœurs étoient francs, justes et dociles,
La plupart des vertus nous seroient inutiles,
Puisqu'on en met l'usage à pouvoir sans ennui
Supporter dans nos droits l'injustice d'autrui;
Et, de même qu'un cœur d'une vertu profonde...

ALCESTE.

Je sais que vous parlez, monsieur, le mieux du monde,
En beaux raisonnements vous abondez toujours;
Mais vous perdez le temps et tous vos beaux discours.

La raison, pour mon bien, veut que je me retire :
Je n'ai point sur ma langue un assez grand empire ;
De ce que je dirois je ne répondrois pas,
Et je me jetterois cent choses sur les bras.
Laissez-moi, sans dispute, attendre Célimène.
Il faut qu'elle consente au dessein qui m'amène ;
Je vais voir si son cœur a de l'amour pour moi ;
Et c'est ce moment-ci qui doit m'en faire foi.

PHILINTE.

Montons chez Éliante, attendant sa venue.

ALCESTE.

Non : de trop de souci je me sens l'âme émue.
Allez-vous-en la voir, et me laissez enfin
Dans ce petit coin sombre avec mon noir chagrin.

PHILINTE.

C'est une compagnie étrange pour attendre ;
Et je vais obliger Éliante à descendre.

SCÈNE II. — CÉLIMÈNE, ORONTE, ALCESTE.

ORONTE.

Oui, c'est à vous de voir si, par des nœuds si doux,
Madame, vous voulez m'attacher tout à vous.
Il me faut de votre âme une pleine assurance :
Un amant là-dessus n'aime point qu'on balance.
Si l'ardeur de mes feux a pu vous émouvoir,
Vous ne devez point feindre à me le faire voir ;
Et la preuve, après tout, que je vous en demande,
C'est de ne plus souffrir qu'Alceste vous prétende,
De le sacrifier, madame, à mon amour,
Et de chez vous enfin le bannir dès ce jour.

CÉLIMÈNE.

Mais quel sujet si grand contre lui vous irrite,
Vous à qui j'ai tant vu parler de son mérite ?

ORONTE.

Madame, il ne faut point ces éclaircissements ;
Il s'agit de savoir quels sont vos sentiments.
Choisissez, s'il vous plaît, de garder l'un ou l'autre ;
Ma résolution n'attend rien que la vôtre.

ALCESTE, *sortant du coin où il étoit.*

Oui, monsieur a raison ; madame, il faut choisir ;
Et sa demande ici s'accorde à mon désir.
Pareille ardeur me presse, et même soin m'amène ;
Mon amour veut du vôtre une marque certaine :

Les choses ne sont plus pour traîner en longueur,
Et voici le moment d'expliquer votre cœur.
ORONTE.
Je ne veux point, monsieur, d'une flamme importune
Troubler aucunement votre bonne fortune.
ALCESTE.
Je ne veux point, monsieur, jaloux ou non jaloux,
Partager de son cœur rien du tout avec vous.
ORONTE.
Si votre amour au mien lui semble préférable...
ALCESTE.
Si du moindre penchant elle est pour vous capable...
ORONTE.
Je jure de n'y rien prétendre désormais.
ALCESTE.
Je jure hautement de ne la voir jamais
ORONTE.
Madame, c'est à vous de parler sans contrainte.
ALCESTE.
Madame, vous pouvez vous expliquer sans crainte.
ORONTE.
Vous n'avez qu'à nous dire où s'attachent vos vœux.
ALCESTE.
Vous n'avez qu'à trancher et choisir de nous deux.
ORONTE.
Quoi! sur un pareil choix vous semblez être en peine!
ALCESTE.
Quoi! votre âme balance et paroît incertaine!
CÉLIMÈNE.
Mon Dieu! que cette instance est là hors de saison!
Et que vous témoignez tous deux peu de raison!
Je sais prendre parti sur cette préférence,
Et ce n'est pas mon cœur maintenant qui balance :
Il n'est point suspendu sans doute entre vous deux,
Et rien n'est sitôt fait que le choix de nos vœux;
Mais je souffre, à vrai dire, une gêne trop forte
A prononcer en face un aveu de la sorte :
Je trouve que ces mots, qui sont désobligeants,
Ne se doivent point dire en présence des gens ;
Qu'un cœur de son penchant donne assez de lumière,
Sans qu'on nous fasse aller jusqu'à rompre en visière ;
Et qu'il suffit enfin que de plus doux témoins [1]
Instruisent un amant du malheur de ses soins.

Témoin est ici pour : preuves, témoignages.

ACTE V, SCÈNE III.

ORONTE.

Non, non, un franc aveu n'a rien que j'appréhende ;
J'y consens pour ma part.

ALCESTE.

     Et moi, je le demande ;
C'est son éclat surtout qu'ici j'ose exiger,
Et je ne prétends point vous voir rien ménager.
Conserver tout le monde est votre grande étude ;
Mais plus d'amusement et plus d'incertitude :
Il faut vous expliquer nettement là-dessus,
Ou bien pour un arrêt je prends votre refus ;
Je saurai, de ma part, expliquer ce silence,
Et me tiendrai pour dit tout le mal que j'en pense.

ORONTE.

Je vous sais fort bon gré, monsieur, de ce courroux
Et je lui dis ici même chose que vous.

CÉLIMÈNE.

Que vous me fatiguez avec un tel caprice !
Ce que vous demandez a-t-il de la justice ?
Et ne vous dis-je pas quel motif me retient ?
J'en vais prendre pour juge Éliante, qui vient.

SCÈNE III. — ÉLIANTE, PHILINTE, CÉLIMÈNE, ORONTE, ALCESTE

CÉLIMÈNE.

Je me vois, ma cousine, ici persécutée
Par des gens dont l'humeur y paroît concertée.
Ils veulent l'un et l'autre, avec même chaleur,
Que je prononce entre eux le choix que fait mon cœur,
Et que, par un arrêt qu'en face il me faut rendre,
Je défende à l'un d'eux tous les soins qu'il peut prendre.
Dites-moi si jamais cela se fait ainsi.

ÉLIANTE.

N'allez point là-dessus me consulter ici ;
Peut-être y pourriez-vous être mal adressée,
Et je suis pour les gens qui disent leur pensée.

ORONTE.

Madame, c'est en vain que vous vous défendez.

ALCESTE.

Tous vos détours ici seront mal secondés.

ORONTE.

Il faut, il faut parler, et lâcher la balance.

ALCESTE.

Il ne faut que poursuivre à garder le silence.

ORONTE.

Je ne veux qu'un seul mot pour finir nos débats.

ALCESTE.

Et moi, je vous entends, si vous ne parlez pas.

SCÈNE IV. — ARSINOÉ, CÉLIMÈNE, ÉLIANTE, ALCESTE, PHILINTE, ACASTE, CLITANDRE, ORONTE.

ACASTE, à Célimène.

Madame, nous venons tous deux, sans vous déplaire,
Éclaircir avec vous une petite affaire.

CLITANDRE, à Oronte et à Alceste.

Fort à propos, messieurs, vous vous trouvez ici,
Et vous êtes mêlés dans cette affaire aussi.

ARSINOÉ, à Célimène.

Madame, vous serez surprise de ma vue;
Mais ce sont ces messieurs qui causent ma venue :
Tous deux ils m'ont trouvée, et se sont plaints à moi
D'un trait à qui mon cœur ne sauroit prêter foi.
J'ai du fond de votre âme une trop haute estime
Pour vous croire jamais capable d'un tel crime;
Mes yeux ont démenti leurs témoins les plus forts,
Et, l'amitié passant sur de petits discords,
J'ai bien voulu chez vous leur faire compagnie,
Pour vous voir vous laver de cette calomnie.

ACASTE.

Oui, madame, voyons, d'un esprit adouci,
Comment vous vous prendrez à soutenir ceci.
Cette lettre, par vous, est écrite à Clitandre.

CLITANDRE.

Vous avez pour Acaste écrit ce billet tendre.

ACASTE, à Oronte et à Alceste.

Messieurs, ces traits pour vous n'ont point d'obscurité,
Et je ne doute pas que sa civilité
A connoître sa main n'ait trop su vous instruire.
Mais ceci vaut assez la peine de le lire.

« Vous êtes un étrange homme de condamner mon enjouement, et de me reprocher que je n'ai jamais tant de joie que lorsque je ne suis pas avec vous. Il n'y a rien de plus injuste; et, si vous ne venez bien vite me demander pardon de cette offense, je ne vous la pardonnerai de ma vie. Notre grand flandrin de vicomte... »

Il devroit être ici.

« Notre grand flandrin de vicomte, par qui vous commencez vos plaintes, est un homme qui ne sauroit me revenir; et, depuis que je l'ai vu, trois quarts d'heure durant, cracher dans un puits pour faire des ronds, je n'ai jamais pu prendre bonne opinion de lui. Pour le petit marquis... »

C'est moi-même, messieurs, sans nulle vanité.

« Pour le petit marquis, qui me tint hier longtemps la main, je trouve qu'il n'y a rien de si mince que toute sa personne; et ce sont de ces mérites qui n'ont que la cape et l'épée. Pour l'homme aux rubans verts... »

A Alceste.
A vous le dé, monsieur.

« Pour l'homme aux rubans verts[1], il me divertit quelquefois avec ses brusqueries et son chagrin bourru; mais il est cent moments où je le trouve le plus fâcheux du monde. Et pour l'homme au sonnet... »

A Oronte.
Voici votre paquet.

« Et pour l'homme au sonnet, qui s'est jeté dans le bel esprit et veut être auteur malgré tout le monde, je ne puis me donner la peine d'écouter ce qu'il dit, et sa prose me fatigue autant que ses vers. Mettez-vous donc en tête que je ne me divertis pas toujours si bien que vous pensez; que je vous trouve à dire, plus que je ne voudrois, dans toutes les parties où l'on m'entraîne; et que c'est un merveilleux assaisonnement aux plaisirs qu'on goûte que la présence des gens qu'on aime. »

CLITANDRE.
Me voici maintenant, moi.

« Votre Clitandre, dont vous me parlez, et qui fait tant le doucereux, est le dernier des hommes pour qui j'aurois de l'amitié. Il est extravagant de se persuader qu'on l'aime, et vous l'êtes de croire qu'on ne vous aime pas. Changez, pour être raisonnable, vos sentiments contre les siens; et voyez-moi le plus que vous pourrez, pour m'aider à porter le chagrin d'en être obsédée. »

D'un fort beau caractère on voit là le modèle,
Madame, et vous savez comment cela s'appelle.
Il suffit. Nous allons l'un et l'autre, en tous lieux,
Montrer de votre cœur le portrait glorieux.

ACASTE.
J'aurois de quoi vous dire, et belle est la matière;
Mais je ne vous tiens pas digne de ma colère;
Et je vous ferai voir que les petits marquis
Ont, pour se consoler, des cœurs du plus haut prix.

SCÈNE V. — CÉLIMÈNE, ÉLIANTE, ARSINOÉ, ALCESTE, ORONTE, PHILINTE.

ORONTE.
Quoi! de cette façon je vois qu'on me déchire,
Après tout ce qu'à moi je vous ai vu m'écrire!

[1] A cette époque, les jeunes seigneurs se paraient, comme les dames, de nœuds de rubans, et cette parure féminine entrait même dans leur toilette militaire.

Et votre cœur, paré de beaux semblants d'amour,
A tout le genre humain se promet tour à tour!
Allez, j'étois trop dupe, et je vais ne plus l'être;
Vous me faites un bien, me faisant vous connoître:
J'y profite d'un cœur qu'ainsi vous me rendez,
Et trouve ma vengeance en ce que vous perdez.
    A Alceste.
Monsieur, je ne fais plus d'obstacle à votre flamme,
Et vous pouvez conclure affaire avec madame.

SCÈNE VI. — CÉLIMÈNE, ÉLIANTE, ARSINOÉ, ALCESTE, PHILINTE.

ARSINOÉ, à Célimène.

Certes, voilà le trait du monde le plus noir;
Je ne m'en saurois taire, et me sens émouvoir.
Voit-on des procédés qui soient pareils aux vôtres?
Je ne prends point de part aux intérêts des autres;
    Montrant Alceste.
Mais monsieur, que chez vous fixoit votre bonheur,
Un homme, comme lui, de mérite et d'honneur,
Et qui vous chérissoit avec idolâtrie,
Devoit-il...
    ALCESTE.
            Laissez-moi, madame, je vous prie,
Vider mes intérêts moi-même là-dessus,
Et ne vous chargez point de ces soins superflus.
Mon cœur a beau vous voir prendre ici sa querelle,
Il n'est pas en état de payer ce grand zèle;
Et ce n'est point à vous que je pourrai songer,
Si par un autre choix je cherche à me venger.
    ARSINOÉ.
Eh! croyez-vous, monsieur, qu'on ait cette pensée,
Et que de vous avoir on soit tant empressée?
Je vous trouve un esprit bien plein de vanité,
Si de cette créance il peut s'être flatté.
Le rebut de madame est une marchandise
Dont on auroit grand tort d'être si fort éprise.
Détrompez-vous, de grâce, et portez-le moins haut.
Ce ne sont pas des gens comme moi qu'il vous faut.
Vous ferez bien encor de soupirer pour elle,
Et je brûle de voir une union si belle.

SCÈNE VII. — CÉLIMÈNE, ÉLIANTE, ALCESTE, PHILINTE.

ALCESTE, à Célimène.

Eh bien, je me suis tu, malgré ce que je voi,

Et j'ai laissé parler tout le monde avant moi.
Ai-je pris sur moi-même un assez long empire?
Et puis-je maintenant...
CÉLIMÈNE.
Oui, vous pouvez tout dire;
Vous en êtes en droit, lorsque vous vous plaindrez,
Et de me reprocher tout ce que vous voudrez.
J'ai tort, je le confesse; et mon âme confuse
Ne cherche à vous payer d'aucune vaine excuse.
J'ai des autres ici méprisé le courroux;
Mais je tombe d'accord de mon crime envers vous.
Votre ressentiment sans doute est raisonnable;
Je sais combien je dois vous paroitre coupable,
Que toute chose dit que j'ai pu vous trahir,
Et qu'enfin vous avez sujet de me haïr.
Faites-le, j'y consens.
ALCESTE.
Eh! le puis-je, traîtresse?
Puis-je ainsi triompher de toute ma tendresse?
Et, quoique avec ardeur je veuille vous haïr,
Trouvé-je un cœur en moi tout prêt à m'obéir?
A Éliante et à Philinte.
Vous voyez ce que peut une indigne tendresse,
Et je vous fais tous deux témoins de ma foiblesse.
Mais, à vous dire vrai, ce n'est pas encor tout,
Et vous allez me voir la pousser jusqu'au bout,
Montrer que c'est à tort que sages on nous nomme,
Et que dans tous les cœurs il est toujours de l'homme.
A Célimène.
Oui, je veux bien, perfide, oublier vos forfaits;
J'en saurai, dans mon âme, excuser tous les traits,
Et me les couvrirai du nom d'une foiblesse
Où le vice du temps porte votre jeunesse,
Pourvu que votre cœur veuille donner les mains
Au dessein que j'ai fait de fuir tous les humains,
Et que dans mon désert où j'ai fait vœu de vivre,
Vous soyez, sans tarder, résolue à me suivre.
C'est par là seulement que, dans tous les esprits,
Vous pouvez réparer le mal de vos écrits,
Et qu'après cet éclat qu'un noble cœur abhorre,
Il peut m'être permis de vous aimer encore.
CÉLIMÈNE.
Moi, renoncer au monde avant que de vieillir,
Et dans votre désert aller m'ensevelir!

ALCESTE.

Eh! s'il faut qu'à mes feux votre flamme réponde,
Que vous doit importer tout le reste du monde?
Vos désirs avec moi ne sont-ils pas contents?

CÉLIMÈNE.

La solitude effraye une âme de vingt ans.
Je ne sens point la mienne assez grande, assez forte,
Pour me résoudre à prendre un dessein de la sorte.
Si le don de ma main peut contenter vos vœux,
Je pourrai me résoudre à serrer de tels nœuds ;
Et l'hymen...

ALCESTE.

Non, mon cœur à présent vous déteste,
Et ce refus lui seul fait plus que tout le reste.
Puisque vous n'êtes point, en des liens si doux,
Pour trouver tout en moi, comme moi tout en vous,
Allez, je vous refuse; et ce sensible outrage
De vos indignes fers pour jamais me dégage.

SCÈNE VIII. — ÉLIANTE, ALCESTE, PHILINTE.

ALCESTE, à Éliante.

Madame, cent vertus ornent votre beauté,
Et je n'ai vu qu'en vous de la sincérité ;
De vous depuis longtemps je fais un cas extrême ;
Mais laissez-moi toujours vous estimer de même,
Et souffrez que mon cœur, dans ses troubles divers,
Ne se présente point à l'honneur de vos fers ;
Je m'en sens trop indigne, et commence à connoître
Que le ciel pour ce nœud ne m'avoit point fait naître,
Que ce seroit pour vous un hommage trop bas,
Que le rebut d'un cœur qui ne vous valoit pas ;
Et qu'enfin...

ÉLIANTE.

Vous pouvez suivre cette pensée ;
Ma main de se donner n'est pas embarrassée
Et voilà votre ami, sans trop m'inquiéter,
Qui, si je l'en priois, la pourroit accepter.

PHILINTE.

Ah! cet honneur, madame, est toute mon envie,
Et j'y sacrifierois et mon sang et ma vie.

ALCESTE.

Puissiez-vous, pour goûter de vrais contentements,
L'un pour l'autre à jamais garder ces sentiments!

Trahi de toutes parts, accablé d'injustices,
Je vais sortir d'un gouffre où triomphent les vices,
Et chercher sur la terre un endroit écarté
Où d'être homme d'honneur on ait la liberté.

PHILINTE.

Allons, madame, allons employer toute chose
Pour rompre le dessein que son cœur se propose.

LE MÉDECIN MALGRÉ LUI

COMÉDIE EN TROIS ACTES

1666

PERSONNAGES

GÉRONTE, père de Lucinde.
LUCINDE, fille de Géronte.
LÉANDRE, amant de Lucinde.
SGANARELLE, mari de Martine.
MARTINE, femme de Sganarelle.
M. ROBERT, voisin de Sganarelle.
VALÈRE, domestique de Géronte.
LUCAS, mari de Jacqueline.
JACQUELINE, nourrice chez Géronte, et femme de Lucas.
THIBAUD, père de Perrin, } paysans.
PERRIN,

ACTE PREMIER

Le théâtre représente une forêt.

SCÈNE I. — SGANARELLE, MARTINE, paroissent sur le théâtre en se querellant.

SGANARELLE.

Non, je te dis que je n'en veux rien faire, et que c'est à moi de parler et d'être le maître !

MARTINE.

Et je te dis, moi, que je veux que tu vives à ma fantaisie, et que je ne me suis point mariée avec toi pour souffrir tes fredaines !

SGANARELLE.

Oh ! la grande fatigue que d'avoir une femme ! et qu'Aristote a bien raison, quand il dit qu'une femme est pire qu'un démon !

MARTINE.

Voyez un peu l'habile homme, avec son benêt d'Aristote.

SGANARELLE.

Oui, habile homme. Trouve-moi un faiseur de fagots qui sache comme moi raisonner des choses, qui ait servi six ans un fameux médecin, et qui ait su dans son jeune âge son rudiment par cœur.

MARTINE.

Peste du fou fieffé!

SGANARELLE.

Peste de la carogne!

MARTINE.

Que maudits soient l'heure et le jour où je m'avisai d'aller dire oui!

SGANARELLE.

Que maudit soit le bec cornu de notaire qui me fit signer ma ruine!

MARTINE.

C'est bien à toi, vraiment, à te plaindre de cette affaire! Devrois-tu être un seul moment sans rendre grâces au ciel de m'avoir pour ta femme? et méritois-tu d'épouser une femme comme moi?

SGANARELLE.

Il est vrai que tu me fis trop d'honneur, et que j'eus lieu de me louer la première nuit de mes noces! Eh! morbleu! ne me fais point parler là-dessus : je dirois de certaines choses...

MARTINE.

Quoi? que dirois-tu?

SGANARELLE.

Baste, laissons là ce chapitre. Il suffit que nous savons ce que nous savons, et que tu fus bien heureuse de me trouver.

MARTINE.

Qu'appelles-tu bien heureuse de te trouver? Un homme qui me réduit à l'hôpital, un débauché, un traître, qui me mange tout ce que j'ai!...

SGANARELLE.

Tu as menti : j'en bois une partie.

MARTINE.

Qui me vend, pièce à pièce, tout ce qui est dans le logis!...

SGANARELLE.

C'est vivre de ménage.

MARTINE.

Qui m'a ôté jusqu'au lit que j'avois!..

SGANARELLE.

Tu t'en lèveras plus matin.

MARTINE.

Enfin qui ne laisse aucun meuble dans toute la maison...

ACTE I, SCÈNE I.

SGANARELLE.

On en déménage plus aisément.

MARTINE.

Et qui, du matin jusqu'au soir, ne fait que jouer et que boire!

SGANARELLE.

C'est pour ne me point ennuyer.

MARTINE.

Et que veux-tu, pendant ce temps, que je fasse avec ma famille?

SGANARELLE.

Tout ce qu'il te plaira.

MARTINE.

J'ai quatre pauvres petits enfants sur les bras...

SGANARELLE.

Mets-les à terre.

MARTINE.

Qui me demandent à toute heure du pain.

SGANARELLE.

Donne-leur le fouet : quand j'ai bien bu et bien mangé, je veux que tout le monde soit soûl dans ma maison.

MARTINE.

Et tu prétends, ivrogne, que les choses aillent toujours de même?

SGANARELLE.

Ma femme, allons tout doucement, s'il vous plaît.

MARTINE.

Que j'endure éternellement tes insolences et tes débauches?

SGANARELLE.

Ne nous emportons point, ma femme.

MARTINE.

Et que je ne sache pas trouver le moyen de te ranger à ton devoir?

SGANARELLE.

Ma femme, vous savez que je n'ai pas l'âme endurante, et que j'ai le bras assez bon.

MARTINE.

Je me moque de tes menaces!

SGANARELLE.

Ma petite femme, ma mie, votre peau vous démange, à votre ordinaire.

MARTINE.

Je te montrerai bien que je ne te crains nullement.

SGANARELLE.

Ma chère moitié, vous avez envie de me dérober quelque chose [1].

---

[1] Dicton populaire qui se trouve dans la *Comédie des Proverbes*, d'Adrien de Montluc : « Si tu m'importunes davantage, tu me déroberas un soufflet. » (Auger.)

MARTINE.

Crois-tu que je m'épouvante de tes paroles?

SGANARELLE.

Doux objet de mes vœux, je vous frotterai les oreilles.

MARTINE.

Ivrogne que tu es!

SGANARELLE.

Je vous battrai.

MARTINE

Sac à vin!

SGANARELLE.

Je vous rosserai.

MARTINE.

Infâme!

SGANARELLE.

Je vous étrillerai.

MARTINE.

Traître! insolent! trompeur! lâche! coquin! pendard! gueux! belître! fripon! maraud! voleur!...

SGANARELLE.

Ah! vous en voulez donc! (Sganarelle prend un bâton et bat sa femme.)

MARTINE, criant.

Ah! ah! ah! ah!

SGANARELLE.

Voilà le vrai moyen de vous apaiser.

SCÈNE II. — MONSIEUR ROBERT, SGANARELLE, MARTINE.

MONSIEUR ROBERT.

Holà! holà! holà! Fi! Qu'est ceci? Quelle infamie! Peste soit le coquin, de battre ainsi sa femme!

MARTINE, les mains sur les côtés, parle à monsieur Robert en le faisant reculer.

Et je veux qu'il me batte, moi!

MONSIEUR ROBERT.

Ah! j'y consens de tout mon cœur.

MARTINE.

De quoi vous mêlez-vous?

MONSIEUR ROBERT.

J'ai tort.

MARTINE.

Est-ce là votre affaire?

MONSIEUR ROBERT.

Vous avez raison.

MARTINE.

Voyez un peu cet impertinent, qui veut empêcher les maris de battre leurs femmes !

MONSIEUR ROBERT.

Je me rétracte.

MARTINE.

Qu'avez-vous à voir là-dessus ?

MONSIEUR ROBERT.

Rien.

MARTINE.

Est-ce à vous d'y mettre le nez ?

MONSIEUR ROBERT.

Non.

MARTINE.

Mêlez-vous de vos affaires.

MONSIEUR ROBERT.

Je ne dis plus mot.

MARTINE.

Il me plaît d'être battue.

MONSIEUR ROBERT.

D'accord.

MARTINE.

Ce n'est pas à vos dépens.

MONSIEUR ROBERT.

Il est vrai.

MARTINE.

Et vous êtes un sot de venir vous fourrer où vous n'avez que faire. Elle lui donne un soufflet.)

MONSIEUR ROBERT, à Sganarelle.

Compère, je vous demande pardon de tout mon cœur. Faites, rossez, battez comme il faut votre femme ; je vous aiderai si vous le voulez.

SGANARELLE.

Il ne me plaît pas, moi.

MONSIEUR ROBERT.

Ah ! c'est une autre chose.

SGANARELLE.

Je la veux battre, si je le veux ; et ne la veux pas battre, si je ne le veux pas.

MONSIEUR ROBERT.

Fort bien.

SGANARELLE.

C'est ma femme, et non pas la vôtre.

MONSIEUR ROBERT.

Sans doute.

SGANARELLE.

Vous n'avez rien à me commander.

MONSIEUR ROBERT.

D'accord.

SGANARELLE.

Je n'ai que faire de votre aide.

MONSIEUR ROBERT.

Très-volontiers.

SGANARELLE.

Et vous êtes un impertinent de vous ingérer des affaires d'autrui. Apprenez que Cicéron dit qu'entre l'arbre et le doigt il ne faut point mettre l'écorce. (Il le chasse après l'avoir battu.)

SCÈNE III. — SGANARELLE, MARTINE.

SGANARELLE.

Oh çà! faisons la paix nous deux. Touche là. (Il lui présente la main.)

MARTINE.

Oui, après m'avoir ainsi battue!

SGANARELLE.

Cela n'est rien. Touche.

MARTINE.

Je ne veux pas.

SGANARELLE.

Eh?

MARTINE.

Non.

SGANARELLE.

Ma petite femme!

MARTINE.

Point.

SGANARELLE.

Allons, te dis-je.

MARTINE.

Je n'en ferai rien.

SGANARELLE.

Viens, viens, viens.

MARTINE.

Non; je veux être en colère.

SGANARELLE.

Fi! c'est une bagatelle. Allons, allons.

MARTINE.

Laisse-moi là.

SGANARELLE.

Touche, te dis-je.

MARTINE.

Tu m'as trop maltraitée.

SGANARELLE.

Eh bien, va, je te demande pardon; mets là ta main.

MARTINE.

Je te pardonne. (Bas, à part.) Mais tu le payeras[1].

SGANARELLE.

Tu es une folle de prendre garde à cela : ce sont petites choses qui sont de temps en temps nécessaires dans l'amitié; et cinq ou six coups de bâton, entre gens qui s'aiment, ne font que ragaillardir l'affection. Va, je m'en vais au bois, et je te promets aujourd'hui plus d'un cent de fagots.

SCÈNE IV. — MARTINE, seule.

Va, quelque mine que je fasse, je n'oublierai pas mon ressentiment; et je brûle en moi-même de trouver les moyens de te punir des coups que tu m'as donnés. Je sais bien qu'une femme a toujours dans les mains de quoi se venger d'un mari; mais c'est une punition trop délicate pour mon pendard : je veux une vengeance qui se fasse un peu mieux sentir; et ce n'est pas contentement pour l'injure que j'ai reçue.

SCÈNE V. — VALÈRE, LUCAS, MARTINE.

LUCAS, à Valère, sans voir Martine.

Parguienne! j'avons pris là tous deux une guèble de commission; et je ne sais pas, moi, ce que je pensons attraper.

VALÈRE, à Lucas, sans voir Martine.

Que veux-tu, mon pauvre nourricier? il faut bien obéir à notre maître : et puis, nous avons intérêt, l'un et l'autre, à la santé de sa fille, notre maîtresse; et sans doute son mariage, différé par sa maladie, nous vaudra quelque récompense. Horace, qui est libéral, a bonne part aux prétentions qu'on peut avoir sur sa personne; et, quoiqu'elle ait fait voir de l'amitié pour un certain Léandre, tu sais bien que son père n'a jamais voulu consentir à le recevoir pour son gendre.

MARTINE, rêvant à part, se croyant seule.

Ne puis-je point trouver quelque invention pour me venger?

LUCAS, à Valère.

Mais quelle fantaisie s'est-il bouté là dans la tête, puisque les médecins y avont tous pardu leur latin?

VALÈRE, à Lucas.

On trouve quelquefois, à force de chercher, ce qu'on ne trouve pas d'abord; et souvent en de simples lieux...

---

[1] Ce mot, devenu proverbe, termine plaisamment la querelle de ménage, et lie très-heureusement l'exposition ou plutôt le commencement de la pièce à l'action qui va commencer. (Auger.)

MARTINE, se croyant toujours seule.

Oui, il faut que je me venge, à quelque prix que ce soit. Ces coups de bâton me reviennent au cœur, je ne les saurois digérer; et... (Elle dit tout ceci en rêvant, de sorte que, ne prenant pas garde à ces deux hommes, elle les heurte en se retournant, et leur dit :) Ah! messieurs, je vous demande pardon; je ne vous voyois pas, et cherchois dans ma tête quelque chose qui m'embarrasse.

VALÈRE.

Chacun a ses soins dans le monde, et nous cherchons aussi ce que nous voudrions bien trouver.

MARTINE.

Seroit-ce quelque chose où je vous puisse aider?

VALÈRE.

Cela se pourroit faire; et nous tâchons de rencontrer quelque habile homme, quelque médecin particulier qui pût donner quelque soulagement à la fille de notre maître, attaquée d'une maladie qui lui a ôté tout d'un coup l'usage de la langue. Plusieurs médecins ont déjà épuisé toute leur science après elle; mais on trouve parfois des gens avec des secrets admirables, de certains remèdes particuliers, qui font le plus souvent ce que les autres n'ont su faire; et c'est là ce que nous cherchons.

MARTINE, bas, à part.

Ah! que le ciel m'inspire une admirable invention pour me venger de mon pendard! (Haut.) Vous ne pouviez jamais vous mieux adresser pour rencontrer ce que vous cherchez; et nous avons un homme, le plus merveilleux homme du monde pour les maladies désespérées.

VALÈRE.

Eh! de grâce, où pouvons-nous le rencontrer?

MARTINE.

Vous le trouverez maintenant vers ce petit lieu que voilà, qui s'amuse à couper du bois.

LUCAS.

Un médecin qui coupe du bois!

VALÈRE.

Qui s'amuse à cueillir des simples, voulez-vous dire?

MARTINE.

Non; c'est un homme extraordinaire qui se plaît à cela, fantasque, bizarre, quinteux, et que vous ne prendriez jamais pour ce qu'il est. Il va vêtu d'une façon extravagante, affecte quelquefois de paroître ignorant, tient sa science renfermée, et ne fuit rien tant tous les jours que d'exercer les merveilleux talents qu'il a eus du ciel pour la médecine.

ACTE I, SCÈNE V.

VALÈRE.

C'est une chose admirable que tous les grands hommes ont toujours du caprice, quelque petit grain de folie mêlé à leur science.

MARTINE.

La folie de celui-ci est plus grande qu'on ne peut croire, car elle va parfois jusqu'à vouloir être battu pour demeurer d'accord de sa capacité; et je vous donne avis que vous n'en viendrez pas à bout, qu'il n'avouera jamais qu'il est médecin, s'il se le met en fantaisie, que vous ne preniez chacun un bâton, et ne le réduisiez, à force de coups, à vous confesser à la fin ce qu'il vous cachera d'abord. C'est ainsi que nous en usons quand nous avons besoin de lui [1].

VALÈRE.

Voilà une étrange folie!

MARTINE.

Il est vrai; mais, après cela, vous verrez qu'il fait des merveilles.

VALÈRE.

Comment s'appelle-t-il?

MARTINE.

Il s'appelle Sganarelle. Mais il est aisé à connoître : c'est un homme qui a une large barbe noire, et qui porte une fraise, avec un habit jaune et vert.

LUCAS.

Un habit jaune et vart! C'est donc le médecin des parroquets?

VALÈRE.

Mais est-il bien vrai qu'il soit si habile que vous le dites?

MARTINE.

Comment! c'est un homme qui fait des miracles. Il y a six mois qu'une femme fut abandonnée de tous les autres médecins : on la tenoit morte il y avoit déjà six heures, et l'on se disposoit à l'ensevelir, lorsqu'on y fit venir de force l'homme dont nous parlons. Il lui mit, l'ayant vue, une petite goutte de je ne sais quoi dans la bouche; et, dans le même instant, elle se leva de son lit, et se mit aussitôt à se promener dans sa chambre comme si de rien n'eût été.

LUCAS.

Ah!

VALÈRE.

Il falloit que ce fût quelque goutte d'or potable.

MARTINE.

Cela pourroit bien être. Il n'y a pas trois semaines encore qu'un jeune enfant de douze ans tomba du haut du clocher en bas, et se brisa sur le pavé la tête, les bras et les jambes. On n'y eut pas plutôt amené notre homme, qu'il le frotta par tout le corps d'un certain on-

---

[1] Toute la pièce est bâtie sur cette invention de Martine.

guent qu'il sait faire; et l'enfant aussitôt se leva sur ses pieds et courut jouer à la fossette.

LUCAS.

Ah!

VALÈRE.

Il faut que cet homme-là ait la médecine universelle.

MARTINE.

Qui en doute?

LUCAS.

Tétigué! v'là justement l'homme qu'il nous faut. Allons vite le charcher.

VALÈRE.

Nous vous remercions du plaisir que vous nous faites.

MARTINE.

Mais souvenez-vous bien au moins de l'avertissement que je vous ai donné.

LUCAS.

Eh! morguenne! laissez-nous faire : s'il ne tient qu'à battre, la vache est à nous.

VALÈRE, à Lucas.

Nous sommes bien heureux d'avoir fait cette rencontre; et j'en conçois, pour moi, la meilleure espérance du monde.

SCÈNE VI. — SGANARELLE, VALÈRE, LUCAS.

SGANARELLE, chantant derrière le théâtre.

La, la, la...

VALÈRE.

J'entends quelqu'un qui chante, et qui coupe du bois.

SGANARELLE, entrant sur le théâtre, avec une bouteille à sa main, sans apercevoir Valère ni Lucas.

La, la, la... Ma foi, c'est assez travaillé pour boire un coup. Prenons un peu d'haleine. (Après avoir bu.) Voilà du bois qui est salé comme tous les diables[1]. (Il chante.)

> Qu'ils sont doux,
> Bouteille jolie,
> Qu'ils sont doux,
> Vos petits glougloux!
> Mais mon sort feroit bien des jaloux,
> Si vous étiez toujours remplie.
> Ah! bouteille, ma mie,
> Pourquoi vous videz-vous?

Allons, morbleu! il ne faut point engendrer de mélancolie.

---

[1] Un *bois salé*, comme on dit un *ragoût salé*, parce qu'on a soif après avoir coupé de l'un, comme après avoir mangé de l'autre. (Auger.)

ACTE I, SCÈNE VI.

VALÈRE, bas, à Lucas.

Le voilà lui-même.

LUCAS, bas, à Valère.

Je pense que vous dites vrai, et que j'avons bouté le nez dessus.

VALÈRE.

Voyons de près.

SGANARELLE, embrassant sa bouteille.

Ah! petite friponne! que je t'aime, mon petit bouchon! (Il chante. Apercevant Valère et Lucas qui l'examinent, il baisse la voix.)

Mais mon sort... feroit... bien des jaloux,
Si...

Voyant qu'on l'examine de plus près.

Que diable! à qui en veulent ces gens-là?

VALÈRE, à Lucas.

C'est lui assurément.

LUCAS, à Valère.

Le v'là tout craché comme on nous l'a défiguré.

SGANARELLE, à part.

Ici il pose sa bouteille à terre; et, Valère se baissant pour le saluer, comme il croit que c'est à dessein de la prendre, il la met de l'autre côté; Lucas faisant la même chose, il la reprend et la tient contre son estomac, avec divers gestes qui font un jeu de théâtre.

Ils consultent en me regardant. Quel dessein auroient-ils?

VALÈRE.

Monsieur, n'est-ce pas vous qui vous appelez Sganarelle?

SGANARELLE.

Eh! quoi?

VALÈRE.

Je vous demande si ce n'est pas vous qui se nomme Sganarelle.

SGANARELLE, se tournant vers Valère, puis vers Lucas.

Oui et non, selon ce que vous lui voulez.

VALÈRE.

Nous ne voulons que lui faire toutes les civilités que nous pourrons.

SGANARELLE.

En ce cas, c'est moi qui se nomme Sganarelle.

VALÈRE.

Monsieur, nous sommes ravis de vous voir. On nous a adressés à vous pour ce que nous cherchons; et nous venons implorer votre aide, dont nous avons besoin.

SGANARELLE.

Si c'est quelque chose, messieurs, qui dépende de mon petit négoce, je suis tout prêt à vous rendre service.

VALÈRE.

Monsieur, c'est trop de grâce que vous nous faites. Mais, monsieur, couvrez-vous, s'il vous plaît; le soleil pourroit vous incommoder.

LUCAS.

Monsieu, boutez dessus.

SGANARELLE, à part.

Voici des gens bien pleins de cérémonie. (Il se couvre.)

VALÈRE.

Monsieur, il ne faut pas trouver étrange que nous venions à vous; les habiles gens sont toujours recherchés, et nous sommes instruits de votre capacité.

SGANARELLE.

Il est vrai, messieurs, que je suis le premier homme du monde pour faire des fagots.

VALÈRE.

Ah! monsieur!

SGANARELLE.

Je n'y épargne aucune chose, et les fais d'une façon qu'il n'y a rien à dire.

VALÈRE.

Monsieur, ce n'est pas cela dont il est question.

SGANARELLE.

Mais aussi je les vends cent dix sous le cent.

VALÈRE.

Ne parlons point de cela, s'il vous plaît.

SGANARELLE.

Je vous promets que je ne saurois les donner à moins.

VALÈRE.

Monsieur, nous savons les choses.

SGANARELLE.

Si vous savez les choses, vous savez que je les vends cela.

VALÈRE.

Monsieur, c'est se moquer que...

SGANARELLE.

Je ne me moque point, je n'en puis rien rabattre.

VALÈRE.

Parlons d'autre façon, de grâce.

SGANARELLE.

Vous en pourrez trouver autre part à moins; il y a fagots et fagots: mais pour ceux que je fais...

VALÈRE.

Eh! monsieur, laissons là ce discours.

SGANARELLE.

Je vous jure que vous ne les auriez pas, s'il s'en falloit un double.

VALÈRE.

Eh! fi!

SGANARELLE.

Non, en conscience; vous en payerez cela. Je vous parle sincèrement, et ne suis pas homme à surfaire.

VALÈRE.

Faut-il, monsieur, qu'une personne comme vous s'amuse à ces grossières feintes, s'abaisse à parler de la sorte! qu'un homme si savant, un fameux médecin, comme vous êtes, veuille se déguiser aux yeux du monde, et tenir enterrés les beaux talents qu'il a!

SGANARELLE, à part.

Il est fou.

VALÈRE.

De grâce, monsieur, ne dissimulez point avec nous.

SGANARELLE.

Comment?

LUCAS.

Tout ce tripotage ne sart de rian; je savons ce que je savons.

SGANARELLE.

Quoi donc! que me voulez-vous dire? Pour qui me prenez-vous?

VALÈRE.

Pour ce que vous êtes, pour un grand médecin.

SGANARELLE.

Médecin vous-même; je ne le suis point, et je ne l'ai jamais été.

VALÈRE, bas.

Voilà sa folie qui le tient. (Haut.) Monsieur, ne veuillez point nier les choses davantage; et n'en venons point, s'il vous plaît, à de fâcheuses extrémités.

SGANARELLE.

A quoi donc?

VALÈRE.

A de certaines choses dont nous serions marris.

SGANARELLE.

Parbleu! venez-en à tout ce qu'il vous plaira; je ne suis point médecin, et ne sais ce que vous me voulez dire.

VALÈRE, bas.

Je vois bien qu'il faut se servir du remède. (Haut.) Monsieur, encore un coup, je vous prie d'avouer ce que vous êtes.

LUCAS.

Eh! tétigué! ne lantiponez point davantage, et confessez à la franquette que v's êtes médecin.

SGANARELLE, à part.

J'enrage!

VALÈRE.

A quoi bon nier ce qu'on sait?

LUCAS.

Pourquoi toutes ces fraimes-là? A quoi est-ce que ça vous sart?

SGANARELLE.

Messieurs, en un mot autant qu'en deux mille, je vous dis que je ne suis point médecin.

VALÈRE.

Vous n'êtes point médecin?

SGANARELLE.

Non.

LUCAS.

V' n'êtes pas médecin?

SGANARELLE.

Non, vous dis-je!

VALÈRE.

Puisque vous le voulez, il faut donc s'y résoudre. (Ils prennent chacun un bâton et le frappent.)

SGANARELLE.

Ah! ah! messieurs! je suis tout ce qu'il vous plaira.

VALÈRE.

Pourquoi, monsieur, nous obligez-vous à cette violence?

LUCAS.

A quoi bon nous bailler la peine de vous battre?

VALÈRE.

Je vous assure que j'en ai tous les regrets du monde.

LUCAS.

Par ma figué! j'en sis fâché, franchement.

SGANARELLE.

Que diable est ceci, messieurs? De grâce, est-ce pour rire, ou si tous deux vous extravaguez, de vouloir que je sois médecin?

VALÈRE.

Quoi! vous ne vous rendez pas encore, et vous vous défendez d'être médecin?

SGANARELLE.

Diable emporte si je le suis!

LUCAS.

Il n'est pas vrai qu'ous sayez médecin?

SGANARELLE.

Non, la peste m'étouffe! (Ils recommencent à le battre.) Ah! ah! Eh bien, messieurs, oui, puisque vous le voulez, je suis médecin, je suis médecin; apothicaire encore, si vous le trouvez bon. J'aime mieux consentir à tout que de me faire assommer.

VALÈRE.

Ah! voilà qui va bien, monsieur : je suis ravi de vous voir raisonnable.

LUCAS.

Vous me boutez la joie au cœur, quand je vous vois parler comme ça.

VALÈRE.

Je vous demande pardon de toute mon âme.

LUCAS.

Je vous demandons excuse de la libarté que j'avons prise.

SGANARELLE, à part.

Ouais! seroit-ce bien moi qui me tromperois, et serois-je devenu médecin sans m'en être aperçu?

VALÈRE.

Monsieur, vous ne vous repentirez pas de nous montrer ce que vous êtes; et vous verrez assurément que vous en serez satisfait

SGANARELLE.

Mais, messieurs, dites-moi, ne vous trompez-vous point vous-mêmes? Est-il bien assuré que je sois médecin?

LUCAS.

Oui, par ma figué!

SGANARELLE.

Tout de bon?

VALÈRE.

Sans doute.

SGANARELLE.

Diable emporte si je le savois!

VALÈRE.

Comment! vous êtes le plus habile médecin du monde.

SGANARELLE.

Ah! ah!

LUCAS.

Un médecin qui a gari je ne sais combien de maladies.

SGANARELLE.

Tudieu!

VALÈRE.

Une femme étoit tenue pour morte il y avoit six heures; elle étoit prête à ensevelir, lorsque, avec une goutte de quelque chose, vous la fîtes revenir et marcher d'abord par la chambre.

SGANARELLE.

Peste!

LUCAS.

Un petit enfant de douze ans se laissit choir du haut d'un clocher, de quoi il eut la tête, les jambes et les bras cassés: et vous, avec je ne sais quel onguent, vous fîtes qu'aussitôt il se relevit sur ses pieds, et s'en fut jouer à la fossette.

SGANARELLE

Diantre!

VALÈRE.

Enfin, monsieur, vous aurez contentement avec nous et vous gagnerez ce que vous voudrez, en vous laissant conduire où nous prétendons vous mener.

SGANARELLE.

Je gagnerai ce que je voudrai?

VALÈRE.

Oui.

SGANARELLE.

Ah! je suis médecin, sans contredit. Je l'avois oublié; mais je m'en ressouviens. De quoi est-il question? Où faut-il se transporter?

VALÈRE.

Nous vous conduirons. Il est question d'aller voir une fille qui a perdu la parole.

SGANARELLE.

Ma foi, je ne l'ai pas trouvée.

VALÈRE, bas, à Lucas.

Il aime à rire. (A Sganarelle.) Allons, monsieur.

SGANARELLE.

Sans une robe de médecin?

VALÈRE.

Nous en prendrons une.

SGANARELLE, présentant sa bouteille à Valère.

Tenez cela, vous : voilà où je mets mes juleps. (Puis se tournant vers Lucas en crachant.) Vous, marchez là-dessus, par ordonnance du médecin.

LUCAS.

Palsanguenne! v'là un médecin qui me plaît; je pense qu'il réussira, car il est bouffon.

ACTE SECOND

Le théâtre représente une chambre de la maison de Géronte.

SCÈNE I. — GÉRONTE, VALÈRE, LUCAS, JACQUELINE.

VALÈRE.

Oui, monsieur, je crois que vous serez satisfait; et nous vous avons amené le plus grand médecin du monde.

LUCAS.

Oh! morguenne! il faut tirer l'échelle après ceti-là, et tous les autres ne sont pas daignes de li déchausser ses souliers.

VALÈRE.

C'est un homme qui a fait des cures merveilleuses.

LUCAS.

Qui a gari des gens qui étiant morts.

VALÈRE.

Il est un peu capricieux, comme je vous ai dit; et, parfois, il a des moments où son esprit s'échappe, et ne paroît pas ce qu'il est.

LUCAS.

Oui, il aime à bouffonner; et l'an diroit parfois, ne v's en déplaise; qu'il a quelque petit coup de hache à la tête.

VALÈRE.

Mais, dans le fond, il est toute science; et bien souvent il dit des choses tout à fait relevées.

LUCAS.

Quand il s'y boute, il parle tout fin drait comme s'il lisoit dans un livre.

VALÈRE.

Sa réputation s'est déjà répandue ici; et tout le monde vient à lui [1].

GÉRONTE.

Je meurs d'envie de le voir; faites-le-moi vite venir.

VALÈRE.

Je le vais querir.

SCÈNE II. — GÉRONTE, JACQUELINE, LUCAS.

JACQUELINE.

Par ma fi, monsieu, ceti-ci fera justement ce qu'ant fait les autres. Je pense que ce sera quessi queumi; et la meilleure médeçaine que l'an pourroit bailler à votre fille, ce seroit, selon moi, un biau et bon mari, pour qui alle eût de l'amiquié.

GÉRONTE.

Ouais! nourrice, ma mie, vous vous mêlez de bien des choses!

LUCAS.

Taisez-vous, notre minagère Jacquelaine; ce n'est pas à vous à bouter là votre nez.

JACQUELINE.

Je vous dis et vous douze que tous ces médecins n'y feront rian que de l'iau claire; que votre fille a besoin d'autre chose que de rhibarbe et de séné, et qu'un mari est un emplâtre qui garit tous les maux des filles.

GÉRONTE.

Est-elle en état maintenant qu'on s'en voulût charger, avec l'infirmité qu'elle a? Et lorsque j'ai ôté dans le dessein de la marier, ne s'est-elle pas opposée à mes volontés?

JACQUELINE.

Je le crois bian; vous l'y vouliez bailler eun homme qu'alle n'aime

---

[1] Ceci prépare la seconde scène du troisième acte, où nous verrons Thibaut et Perrin venir demander des remèdes à Sganarelle.

point. Que ne preniais-vous ce monsieu Liandre, qui li touchoit au cœur? alle auroit été fort obéissante; et je m'en vas gager qu'il la prendroit, li, comme alle est, si vous la li vouillais donner.

GÉRONTE.

Ce Léandre n'est pas ce qu'il faut; il n'a pas du bien comme l'autre.

JACQUELINE.

Il a eun oncle qui est si riche, dont il est hériquié!

GÉRONTE.

Tous ces biens à venir me semblent autant de chansons. Il n'est rien tel que ce qu'on tient; et l'on court grand risque de s'abuser, lorsque l'on compte sur le bien qu'un autre vous garde. La mort n'a pas toujours les oreilles ouvertes aux vœux et aux prières de messieurs les héritiers; et l'on a le temps d'avoir les dents longues, lorsqu'on attend pour vivre le trépas de quelqu'un.

JACQUELINE.

Enfin, j'ai toujours ouï dire qu'en mariage, comme ailleurs, contentement passe richesse. Les pères et les mères ant cette maudite couteume de demander toujours : Qu'a-t-il? et Qu'a-t-elle? et le compère Piarre a marié sa fille Simonette au gros Thomas pour un quarquié de vaigne qu'il avoit davantage que le jeune Robin, où elle avoit bouté son amiquié; et v'là que la pauvre criature en est devenue jaune comme un coing, et n'a pas profité tout depuis ce temps-là. C'est un bel exemple pour vous, monsieu. On n'a que son plaisir en ce monde; et j'aimerois mieux bailler à ma fille eun bon mari qui li fût agriable, que toutes les rentes de la Biausse.

GÉRONTE.

Peste! madame la nourrice, comme vous dégoisez! Taisez-vous, je vous prie; vous prenez trop de soin, et vous échauffez votre lait.

LUCAS, frappant, à chaque phrase qu'il dit, sur l'épaule de Géronte.

Morgué! tais-toi, t'es eune impartinente. Monsieu n'a que faire de tes discours, et il sait ce qu'il a à faire. Mêle-toi de donner à teter à ton enfant, sans tant faire la raisonneuse. Monsieu est le père de sa fille; et il est bon et sage pour voir ce qu'il li faut.

GÉRONTE.

Tout doux! Oh! tout doux!

LUCAS, frappant encore sur l'épaule de Géronte.

Monsieu, je veux un peu la mortifier, et li apprendre le respect qu'alle vous doit.

GÉRONTE.

Oui; mais ces gestes ne sont pas nécessaires.

SCÈNE III. — VALÈRE, SGANARELLE, GÉRONTE, LUCAS, JACQUELINE.

VALÈRE.

Monsieur, préparez-vous. Voici notre médecin qui entre.

ACTE II, SCÈNE III.

GÉRONTE, à Sganarelle.

Monsieur, je suis ravi de vous voir chez moi, et nous avons grand besoin de vous.

SGANARELLE, en robe de médecin, avec un chapeau des plus pointus.

Hippocrate dit... que nous nous couvrions tous deux.

GÉRONTE.

Hippocrate dit cela?

SGANARELLE.

Oui.

GÉRONTE.

Dans quel chapitre, s'il vous plait?

SGANARELLE.

Dans son chapitre... des chapeaux.

GÉRONTE.

Puisque Hippocrate le dit, il le faut faire.

SGANARELLE.

Monsieur le médecin, ayant appris les merveilleuses choses...

GÉRONTE.

A qui parlez-vous, de grâce?

SGANARELLE.

A vous.

GÉRONTE.

Je ne suis pas médecin.

SGANARELLE.

Vous n'êtes pas médecin?

GÉRONTE.

Non, vraiment.

SGANARELLE.

Tout de bon?

GÉRONTE.

Tout de bon. (Sganarelle prend un bâton, et bat Géronte comme on l'a battu.) Ah! ah! ah!

SGANARELLE.

Vous êtes médecin maintenant; je n'ai jamais eu d'autres licences.

GÉRONTE, à Valère.

Quel diable d'homme m'avez-vous là amené?

VALÈRE.

Je vous ai bien dit que c'étoit un médecin goguenard.

GÉRONTE.

Oui; mais je l'enverrois promener avec ses goguenarderies.

LUCAS.

Ne prenez pas garde à ça, monsieu; ce n'est que pour rire.

GÉRONTE.

Cette raillerie ne me plaît pas.

SGANARELLE.

Monsieur, je vous demande pardon de la liberté que j'ai prise.

GÉRONTE.

Monsieur, je suis votre serviteur.

SGANARELLE.

Je suis fâché...

GÉRONTE.

Cela n'est rien.

SGANARELLE.

Des coups de bâton...

GÉRONTE.

Il n'y a pas de mal.

SGANARELLE.

Que j'ai eu l'honneur de vous donner.

GÉRONTE.

Ne parlons plus de cela. Monsieur, j'ai une fille qui est tombée dans une étrange maladie.

SGANARELLE.

Je suis ravi, monsieur, que votre fille ait besoin de moi; et je souhaiterois de tout mon cœur que vous en eussiez besoin aussi, vous et toute votre famille, pour vous témoigner l'envie que j'ai de vous servir.

GÉRONTE.

Je vous suis obligé de ces sentiments.

SGANARELLE.

Je vous assure que c'est du meilleur de mon âme que je vous parle.

GÉRONTE.

C'est trop d'honneur que vous me faites.

SGANARELLE.

Comment s'appelle votre fille?

GÉRONTE.

Lucinde.

SGANARELLE.

Lucinde! Ah! beau nom à médicamenter! Lucinde!

GÉRONTE.

Je m'en vais voir un peu ce qu'elle fait.

SGANARELLE.

Qui est cette grande femme-là?

GÉRONTE.

C'est la nourrice d'un petit enfant que j'ai.

SCÈNE IV. — SGANARELLE, JACQUELINE, LUCAS.

SGANARELLE, à part.

Peste! le joli meuble que voilà! (Haut.) Ah! nourrice, charmante nourrice, ma médecine est la très-humble esclave de votre nourricerie, et je voudrois bien être le petit poupon fortuné qui tetât le lait de vos bonnes grâces. (Il lui porte la main sur le sein.) Tous mes remèdes, toute ma science, toute ma capacité est à votre service; et...

LUCAS.

Avec votre parmission, monsieu le médecin, laissez là ma femme, je vous prie.

SGANARELLE.

Quoi! elle est votre femme?

LUCAS.

Oui.

SGANARELLE.

Ah! vraiment je ne savois pas cela, et je m'en réjouis pour l'amou de l'un et de l'autre. (Il fait semblant de vouloir embrasser Lucas, et embrasse la nourrice.)

LUCAS, tirant Sganarelle, et se remettant entre lui et sa femme.

Tout doucement, s'il vous plait.

SGANARELLE.

Je vous assure que je suis ravi que vous soyez unis ensemble : je la félicite d'avoir un mari comme vous; et je vous félicite, vous, d'avoir une femme si belle, si sage, et si bien faite comme elle est. (Faisant encore semblant d'embrasser Lucas, qui lui tend les bras, il passe dessous, et embrasse encore la nourrice.)

LUCAS, le tirant encore.

Eh! tétigué! point tant de compliments, je vous supplie.

SGANARELLE.

Ne voulez-vous pas que je me réjouisse avec vous d'un si bel assemblage?

LUCAS.

Avec moi tant qu'il vous plaira, mais avec ma femme, trêve de sarimonie.

SGANARELLE.

Je prends part également au bonheur de tous deux : et, si je vous embrasse pour vous témoigner ma joie, je l'embrasse de même pour lui en témoigner aussi. (Il continue le même jeu.)

LUCAS, le tirant pour la troisième fois.

Ah! vartiguë, monsieu le médecin, que de lantiponages [1]!

SCÈNE V. — GÉRONTE, SGANARELLE, LUCAS, JACQUELINE.

GÉRONTE.

Monsieur, voici tout à l'heure ma fille qu'on va vous amener.

SGANARELLE.

Je l'attends, monsieur, avec toute la médecine.

[1] De *lantiponer*, chicaner, importuner.

GÉRONTE.

Où est-elle?

SGANARELLE, se touchant le front.

Là dedans.

GÉRONTE.

Fort bien.

SGANARELLE, en voulant toucher les tetons de la nourrice.

Mais, comme je m'intéresse à toute votre famille, il faut que j'essaye un peu le lait de votre nourrice, et que je visite son sein. (Il s'approche de Jacqueline.)

LUCAS, le tirant et lui faisant faire la pirouette.

Nannain, nannain; je n'avons que faire de ça.

SGANARELLE.

C'est l'office du médecin de voir les tetons des nourrices.

LUCAS.

Il gnia office qui quienne, je sis votre sarviteur.

SGANARELLE.

As-tu bien la hardiesse de t'opposer au médecin? Hors de là!

LUCAS.

Je me moque de ça.

SGANARELLE, en le regardant de travers.

Je te donnerai la fièvre.

JACQUELINE, prenant Lucas par le bras, et lui faisant faire aussi la pirouette.

Ote-toi de là aussi; est-ce que je ne sis pas assez grande pour me défendre moi-même, s'il me fait queuque chose qui ne soit pas à faire?

LUCAS.

Je ne veux pas qu'il te tâte, moi.

SGANARELLE.

Fi, le vilain, qui est jaloux de sa femme!

GÉRONTE.

Voici ma fille.

SCÈNE VI. — LUCINDE, GÉRONTE, SGANARELLE, VALÈRE, LUCAS, JACQUELINE.

SGANARELLE.

Est-ce là la malade?

GÉRONTE.

Oui. Je n'ai qu'elle de fille; et j'aurois tous les regrets du monde si elle venoit à mourir.

SGANARELLE.

Qu'elle s'en garde bien! Il ne faut pas qu'elle meure sans l'ordonnance du médecin.

GÉRONTE.

Allons, un siége.

SGANARELLE, assis entre Géronte et Lucinde.

Voilà une malade qui n'est pas tant dégoûtante, et je tiens qu'un homme bien sain s'en accommoderoit assez.

GÉRONTE.

Vous l'avez fait rire, monsieur.

SGANARELLE.

Tant mieux : lorsque le médecin fait rire le malade, c'est le meilleur signe du monde. (A Lucinde.) Eh bien, de quoi est-il question? Qu'avez-vous? quel est le mal que vous sentez?

LUCINDE répond par signes, en portant la main à sa bouche, à sa tête, et sous son menton.

Han, hi, hon, han.

SGANARELLE.

Eh! que dites-vous?

LUCINDE continue les mêmes gestes.

Han, hi, hon, han, han, hi, hon.

SGANARELLE.

Quoi?

LUCINDE.

Han, hi, hon.

SGANARELLE, la contrefaisant.

Han, hi, hon, han, ha. Je ne vous entends point. Quel diable de langage est-ce là?

GÉRONTE.

Monsieur, c'est là sa maladie. Elle est devenue muette, sans que jusques ici on en ait pu savoir la cause; et c'est un accident qui a fait reculer son mariage.

SGANARELLE.

Et pourquoi?

GÉRONTE.

Celui qu'elle doit épouser veut attendre sa guérison pour conclure les choses.

SGANARELLE.

Et qui est ce sot-là, qui ne veut pas que sa femme soit muette? Plût à Dieu que la mienne eût cette maladie! je me garderois bien de la vouloir guérir.

GÉRONTE.

Enfin, monsieur, nous vous prions d'employer tous vos soins pour la soulager de son mal.

SGANARELLE.

Ah! ne vous mettez pas en peine. Dites-moi un peu : ce mal l'oppresse-t-il beaucoup?

GÉRONTE.

Oui, monsieur.

SGANARELLE.

Tant mieux. Sent-elle de grandes douleurs?

GÉRONTE.

Fort grandes.

SGANARELLE.

C'est fort bien fait. Va-t-elle où vous savez?

GÉRONTE.

Oui.

SGANARELLE.

Copieusement?

GÉRONTE.

Je n'entends rien à cela.

SGANARELLE.

La matière est-elle louable?

GÉRONTE.

Je ne me connois pas à ces choses.

SGANARELLE, se tournant vers la malade.

Donnez-moi votre bras. (A Géronte.) Voilà un pouls qui marque que votre fille est muette.

GÉRONTE.

Eh! oui, monsieur, c'est là son mal; vous l'avez trouvé tout du premier coup.

SGANARELLE.

Ah! ah!

JACQUELINE.

Voyez comme il a deviné sa maladie!

SGANARELLE

Nous autres grands médecins, nous connoissons d'abord les choses. Un ignorant auroit été embarrassé, et vous eût été dire : C'est ceci, c'est cela; mais moi, je touche au but du premier coup, et je vous apprends que votre fille est muette.

GÉRONTE.

Oui; mais je voudrois bien que vous me pussiez dire d'où cela vient.

SGANARELLE.

Il n'est rien de plus aisé; cela vient de ce qu'elle a perdu la parole.

GÉRONTE.

Fort bien. Mais la cause, s'il vous plaît, qui fait qu'elle a perdu la parole?

SGANARELLE.

Tous nos meilleurs auteurs vous diront que c'est l'empêchement de l'action de sa langue.

GÉRONTE.

Mais encore, vos sentiments sur cet empêchement de l'action de sa langue?

SGANARELLE.

Aristote, là-dessus, dit... de fort belles choses.

GÉRONTE.

Je le crois.

SGANARELLE.

Ah! c'étoit un grand homme!

GÉRONTE.

Sans doute.

SGANARELLE

Grand homme tout à fait... (Levant le bras depuis le coude.) Un homme qui étoit plus grand que moi de tout cela. Pour revenir donc à notre raisonnement, je tiens que cet empêchement de l'action de sa langue est causé par de certaines humeurs, qu'entre nous autres savants nous appelons humeurs peccantes; peccantes, c'est-à-dire... humeurs peccantes; d'autant que les vapeurs formées par les exhalaisons des influences qui s'élèvent dans la région des maladies, venant... pour ainsi dire... à... Entendez-vous le latin?

GÉRONTE.

En aucune façon.

SGANARELLE, se levant brusquement.

Vous n'entendez point le latin?

GÉRONTE.

Non.

SGANARELLE, en faisant diverses plaisantes postures.

Cabricias, arci thuram, catalamus, singulariter, nominativo, hæc musa, la muse, *bonus, bona, bonum. Deus sanctus, est-ne oratio latinas? Etiam*, oui. *Quare?* pourquoi? *Quia substantivo, et adjectivum, concordat in generi, numerum, et casus* [1].

GÉRONTE.

Ah! que n'ai-je étudié!

JACQUELINE.

L'habile homme que vlà!

LUCAS.

Oui, ça est si biau, que je n'y entends goutte.

SGANARELLE.

Or, ces vapeurs dont je vous parle venant à passer, du côté gauche où est le foie, au côté droit où est le cœur, il se trouve que le pou-

---

[1] Les quatre premiers mots de cette tirade prétendue latine sont des mots forgés qui n'appartiennent à aucune langue. Le reste est une citation estropiée de quelques lignes du rudiment de Despautère, et principalement de ce passage: « Deus sanctus, est-ne oratio latina? Etiam. Quare? Quia adjectivum et substantivum concordant in genere, numero, casu. » (Auger.)

mon, que nous appelons en latin *armyan*, ayant communication avec le cerveau, que nous nommons en grec *nasmus*, par le moyen de la veine cave, que nous appelons en hébreu *cubile*, rencontre en son chemin lesdites vapeurs qui remplissent les ventricules de l'omoplate ; et parce que lesdites vapeurs... comprenez bien ce raisonnement, je vous prie ; et parce que lesdites vapeurs ont certaine malignité... écoutez bien ceci, je vous conjure.

GÉRONTE.

Oui.

SGANARELLE.

Ont une certaine malignité qui est causée... soyez attentif, s'il vous plaît.

GÉRONTE.

Je le suis.

SGANARELLE.

Qui est causée par l'âcreté des humeurs engendrées dans la concavité du diaphragme, il arrive que ces vapeurs... *Ossabandus, nequeis, nequer, potarinum, quipsa milus*. Voilà justement ce qui fait que votre fille est muette.

JACQUELINE.

Ah ! que ça est bian dit, notre homme !

LUCAS.

Que n'ai-je la langue aussi bian pendue !

GÉRONTE.

On ne peut pas mieux raisonner, sans doute. Il n'y a qu'une seule chose qui m'a choqué : c'est l'endroit du foie et du cœur. Il me semble que vous les placez autrement qu'ils ne sont ; que le cœur est du côté gauche, et le foie du côté droit.

SGANARELLE.

Oui ; cela étoit autrefois ainsi : mais nous avons changé tout cela, et nous faisons maintenant la médecine d'une méthode toute nouvelle.

GÉRONTE.

C'est ce que je ne savois pas, et je vous demande pardon de mon ignorance.

SGANARELLE.

Il n'y a point de mal ; et vous n'êtes pas obligé d'être aussi habile que nous.

GÉRONTE.

Assurément. Mais, monsieur, que croyez-vous qu'il faille faire à cette maladie ?

SGANARELLE.

Ce que je crois qu'il faille faire ?

GÉRONTE.

Oui.

SGANARELLE.

Mon avis est qu'on la remette sur son lit, et qu'on lui fasse prendre pour remède quantité de pain trempé dans du vin.

GÉRONTE

Pourquoi cela, monsieur?

SGANARELLE

Parce qu'il y a dans le vin et le pain, mêlés ensemble, une vertu sympathique qui fait parler. Ne voyez-vous pas bien qu'on ne donne autre chose aux perroquets, et qu'ils apprennent à parler en mangeant de cela?

GÉRONTE.

Cela est vrai! Ah! le grand homme! Vite, quantité de pain et de vin.

SGANARELLE.

Je reviendrai voir sur le soir en quel état elle sera.

SCÈNE VII. — GÉRONTE, SGANARELLE, JACQUELINE.

SGANARELLE, à Jacqueline.

Doucement, vous. (A Géronte.) Monsieur, voilà une nourrice à laquelle il faut que je fasse quelques petits remèdes.

JACQUELINE.

Qui? moi? Je me porte le mieux du monde.

SGANARELLE.

Tant pis, nourrice; tant pis. Cette grande santé est à craindre, et il ne sera pas mauvais de vous faire quelque petite saignée amiable, de vous donner quelque petit clystère dulcifiant.

GÉRONTE.

Mais, monsieur, voilà une mode que je ne comprends point. Pourquoi s'aller faire saigner quand on n'a point de maladie?

SGANARELLE.

Il n'importe, la mode en est salutaire; et, comme on boit pour la soif à venir, il faut se faire aussi saigner pour la maladie à venir [1].

JACQUELINE, en s'en allant.

Ma fi, je me moque de ça, et je ne veux point faire de mon corps une boutique d'apothicaire.

SGANARELLE.

Vous êtes rétive aux remèdes; mais nous saurons vous soumettre à la raison.

---

[1] C'était exactement la médecine du temps, qui ordonnait sans cesse des purgations ou des saignées de précaution. On voit, dans les Mémoires de Dangeau, que Louis XIV prenait médecine chaque mois, *pour la maladie à venir*, comme dit Sganarelle. (Auger.)

SCÈNE VIII. — GÉRONTE, SGANARELLE.

SGANARELLE.

Je vous donne le bonjour.

GÉRONTE.

Attendez un peu, s'il vous plaît.

SGANARELLE.

Que voulez-vous faire?

GÉRONTE.

Vous donner de l'argent, monsieur.

SGANARELLE, tendant sa main derrière, par-dessous sa robe, tandis que Géronte ouvre sa bourse.

Je n'en prendrai pas, monsieur.

GÉRONTE.

Monsieur...

SGANARELLE.

Point du tout.

GÉRONTE.

Un petit moment.

SGANARELLE.

En aucune façon.

GÉRONTE.

De grâce!

SGANARELLE.

Vous vous moquez.

GÉRONTE.

Voilà qui est fait.

SGANARELLE.

Je n'en ferai rien.

GÉRONTE.

Eh!

SGANARELLE.

Ce n'est pas l'argent qui me fait agir.

GÉRONTE.

Je le crois.

SGANARELLE, après avoir pris l'argent.

Cela est-il de poids?

GÉRONTE.

Oui, monsieur.

SGANARELLE.

Je ne suis pas un médecin mercenaire.

GÉRONTE.

Je le sais bien.

SGANARELLE.

L'intérêt ne me gouverne point.

GÉRONTE.

Je n'ai pas cette pensée.

SGANARELLE, seul, regardant l'argent qu'il a reçu.

Ma foi, cela ne va pas mal; et pourvu que...

SCÈNE IX. — LÉANDRE, SGANARELLE.

LÉANDRE.

Monsieur, il y a longtemps que je vous attends; et je viens implorer votre assistance.

SGANARELLE, lui tâtant le pouls.

Voilà un pouls qui est fort mauvais.

LÉANDRE.

Je ne suis point malade, monsieur; et ce n'est pas pour cela que je viens à vous.

SGANARELLE.

Si vous n'êtes pas malade, que diable ne le dites-vous donc?

LÉANDRE.

Non. Pour vous dire la chose en deux mots, je m'appelle Léandre, qui suis amoureux de Lucinde, que vous venez de visiter; et comme, par la mauvaise humeur de son père, toute sorte d'accès m'est fermé auprès d'elle, je me hasarde à vous prier de vouloir servir mon amour, et de me donner lieu d'exécuter un stratagème que j'ai trouvé pour lui pouvoir dire deux mots, d'où dépendent absolument mon bonheur et ma vie.

SGANARELLE, paroissant en colère.

Pour qui me prenez-vous? Comment! oser vous adresser à moi pour vous servir dans votre amour, et vouloir ravaler la dignité de médecin à des emplois de cette nature!

LÉANDRE.

Monsieur, ne faites point de bruit.

SGANARELLE, en le faisant reculer.

J'en veux faire, moi. Vous êtes un impertinent!

LÉANDRE.

Eh! monsieur, doucement.

SGANARELLE.

Un malavisé!

LÉANDRE.

De grâce!

SGANARELLE.

Je vous apprendrai que je ne suis point homme à cela, et que c'est une insolence extrême...

LÉANDRE, tirant une bourse.

Monsieur...

SGANARELLE.

De vouloir m'employer... (Tenant la bourse.) Je ne parle pas pour vous, car vous êtes honnête homme ; et je serois ravi de vous rendre service : mais il y a de certains impertinents au monde qui viennent prendre les gens pour ce qu'ils ne sont pas ; et je vous avoue que cela me met en colère.

LÉANDRE.

Je vous demande pardon, monsieur, de la liberté que...

SGANARELLE.

Vous vous moquez. De quoi est-il question ?

LÉANDRE.

Vous saurez donc, monsieur, que cette maladie que vous voulez guérir est une feinte maladie. Les médecins ont raisonné là-dessus comme il faut ; et ils n'ont pas manqué de dire que cela procédoit, qui du cerveau, qui des entrailles, qui de la rate, qui du foie[1] : mais il est certain que l'amour en est la véritable cause, et que Lucinde n'a trouvé cette maladie que pour se délivrer d'un mariage dont elle étoit importunée. Mais, de crainte qu'on ne nous voie ensemble, retirons-nous d'ici, et je vous dirai en marchant ce que je souhaite de vous.

SGANARELLE.

Allons, monsieur : vous m'avez donné pour votre amour une tendresse qui n'est pas concevable ; et j'y perdrai toute ma médecine, ou la malade crèvera, ou bien elle sera à vous.

ACTE TROISIÈME

Le théâtre représente un lieu voisin de la maison de Géronte.

SCÈNE I. — LÉANDRE, SGANARELLE.

LÉANDRE.

Il me semble que je ne suis pas mal ainsi pour un apothicaire ; et, comme le père ne m'a guère vu, ce changement d'habit et de perruque est assez capable, je crois, de me déguiser à ses yeux.

SGANARELLE.

Sans doute.

LÉANDRE.

Tout ce que je souhaiterois seroit de savoir cinq ou six grands mots de médecine, pour parer mon discours et me donner l'air d'habile homme.

[1] *Qui*, pronom distributif, signifie *celui-ci, celui-là*.

SGANARELLE.

Allez, allez, tout cela n'est pas nécessaire; il suffit de l'habit : et je n'en sais pas plus que vous.

LÉANDRE.

Comment?

SGANARELLE.

Diable emporte si j'entends rien en médecine ! Vous êtes honnête homme, et je veux bien me confier à vous comme vous vous confiez à moi.

LÉANDRE.

Quoi! vous n'êtes pas effectivement...

SGANARELLE.

Non, vous dis-je; ils m'ont fait médecin malgré mes dents. Je ne m'étois jamais mêlé d'être si savant que cela; et toutes mes études n'ont été que jusqu'en sixième. Je ne sais point sur quoi cette imagination leur est venue; mais, quand j'ai vu qu'à toute force ils vouloient que je fusse médecin, je me suis résolu de l'être aux dépens de qui il appartiendra. Cependant vous ne sauriez croire comment l'erreur s'est répandue, et de quelle façon chacun est endiablé à me croire habile homme. On me vient chercher de tous côtés; et, si les choses vont toujours de même, je suis d'avis de m'en tenir toute la vie à la médecine. Je trouve que c'est le métier le meilleur de tous; car, soit qu'on fasse bien, ou soit qu'on fasse mal, on est toujours payé de même sorte. La méchante besogne ne retombe jamais sur notre dos; et nous taillons comme il nous plait sur l'étoffe où nous travaillons. Un cordonnier, en faisant des souliers, ne sauroit gâter un morceau de cuir, qu'il n'en paye les pots cassés; mais ici l'on peut gâter un homme sans qu'il en coûte rien. Les bévues ne sont point pour nous, et c'est toujours la faute de celui qui meurt. Enfin le bon de cette profession est qu'il y a parmi les morts une honnêteté, une discrétion la plus grande du monde; et jamais on n'en voit se plaindre du médecin qui l'a tué

LÉANDRE.

Il est vrai que les morts sont fort honnêtes gens sur cette matière.

SGANARELLE, voyant des hommes qui viennent à lui.

Voilà des gens qui ont la mine de me venir consulter. (A Léandre.) Allez toujours m'attendre auprès du logis de votre maîtresse.

SCÈNE II. — THIBAUT, PERRIN, SGANARELLE.

THIBAUT.

Monsieu, je venons vous charcher, mon fils Perrin et moi.

SGANARELLE.

Qu'y a-t-il?

THIBAUT.

Sa pauvre mère, qui a nom Parrette, est dans un lit, malade il y a six mois.

SGANARELLE, tendant la main comme pour recevoir de l'argent.

Que voulez-vous que j'y fasse?

THIBAUT.

Je voudrions, monsieu, que vous nous baillissiez queuque petite drôlerie pour la garir.

SGANARELLE.

Il faut voir de quoi est-ce qu'elle est malade.

THIBAUT.

Alle est malade d'hypocrisie, monsieu.

SGANARELLE.

D'hypocrisie?

THIBAUT.

Oui, c'est-à-dire qu'alle est enflée partout; et l'an dit que c'est quantité de sériosités qu'alle a dans le corps, et que son foie, son ventre, ou sa rate, comme vous voudrois l'appeler, au glieu de faire du sang, ne fait plus que de l'iau. Alle a, de deux jours l'un, la fièvre quotiguienne, avec des lassitudes et des douleurs dans les mufles des jambes. On entend dans sa gorge des fleumes qui sont tout prêts à l'étouffer; et parfois il li prend des syncoles et des conversions, que je crayons qu'alle est passée. J'avons dans notre village un apothicaire, révérence parler, qui li a donné je ne sais combien d'histoires; et il m'en coûte plus d'eune douzaine de bons écus en lavements, ne v's en déplaise, en aposthumes qu'on li a fait prendre, en infections de jacinthe, et en portions cordales. Mais tout ça, comme dit l'autre, n'a été que de l'onguent miton-mitaine. Il veloit li bailler d'eune certaine drogue que l'on appelle du vin amétile; mais j'ai-z-eu peur franchement que ça l'envoyît *a patres*; et l'an dit que ces gros médecins tuont je ne sais combien de monde avec cette invention-là.

SGANARELLE, tendant toujours la main, et la branlant comme pour signe qu'il demande de l'argent.

Venons au fait, mon ami, venons au fait.

THIBAUT.

Le fait est, monsieu, que je venons vous prier de nous dire ce qu'il faut que je fassions.

SGANARELLE.

Je ne vous entends point du tout

PERRIN.

Monsieu, ma mère est malade; et v'là deux écus que je vous apportons pour nous bailler queuque remède.

SGANARELLE.

Ah! je vous entends, vous. Voilà un garçon qui parle clairement, et qui s'explique comme il faut. Vous dites que votre mère est malade d'hydropisie, qu'elle est enflée par tout le corps, qu'elle a la fièvre, avec des douleurs dans les jambes, et qu'il lui prend parfois des syncopes et des convulsions, c'est-à-dire des évanouissements?

PERRIN.

Eh! oui, monsieu, c'est justement ça.

SGANARELLE.

J'ai compris d'abord vos paroles. Vous avez un père qui ne sait ce qu'il dit. Maintenant vous me demandez un remède?

PERRIN.

Oui, monsieu.

SGANARELLE.

Un remède pour la guérir?

PERRIN.

C'est comme je l'entendons.

SGANARELLE.

Tenez, voilà un morceau de fromage qu'il faut que vous lui fassiez prendre.

PERRIN.

Du fromage, monsieu?

SGANARELLE.

Oui, c'est un fromage préparé, où il entre de l'or, du corail et des perles, et quantité d'autres choses précieuses.

PERRIN.

Monsieu, je vous sommes bien obligés; et j'allons li faire prendre ça tout à l'heure.

SGANARELLE.

Allez. Si elle meurt, ne manquez pas de la faire enterrer du mieux que vous pourrez.

Le théâtre change, et représente, comme au second acte, une chambre de la maison de Géronte.

SCÈNE III. — JACQUELINE, SGANARELLE; LUCAS, dans le fond du théâtre.

SGANARELLE.

Voici la belle nourrice. Ah! nourrice de mon cœur, je suis ravi de cette rencontre; et votre vue est la rhubarbe, la casse et le séné qui purgent toute la mélancolie de mon âme.

JACQUELINE.

Par ma figué, monsieu le médecin, ça est trop bian dit pour moi, et je n'entends rian à tout votre latin.

SGANARELLE.

Devenez malade, nourrice, je vous prie; devenez malade pour l'amour de moi. J'aurois toutes les joies du monde de vous guérir.

JACQUELINE.

Je sis votre sarvante; j'aime bian mieux qu'an ne me garisse pas.

SGANARELLE.

Que je vous plains, belle nourrice, d'avoir un mari jaloux et fâcheux comme celui que vous avez!

JACQUELINE.

Que velez-vous, monsieu? C'est pour la pénitence de mes fautes; et là où la chèvre est liée, il faut bian qu'alle y broute.

SGANARELLE.

Comment! un rustre comme cela! un homme qui vous observe toujours, et ne veut pas que personne vous parle!

JACQUELINE.

Hélas! vous n'avez rian vu encore; et ce n'est qu'un petit échantillon de sa mauvaise humeur.

SGANARELLE.

Est-il possible? et qu'un homme ait l'âme assez basse pour maltraiter une personne comme vous? Ah! que j'en sais, belle nourrice, et qui ne sont pas loin d'ici, qui se tiendroient heureux de baiser seulement les petits bouts de vos petons! Pourquoi faut-il qu'une personne si bien faite soit tombée en de telles mains! et qu'un franc animal, un brutal, un stupide, un sot... pardonnez-moi, nourrice, si je parle de votre mari ainsi...

JACQUELINE.

Eh! monsieu, je sais bian qu'il mérite tous ces noms-là.

SGANARELLE.

Oui, sans doute, nourrice, il les mérite; et il mériteroit encore que vous lui missiez quelque chose sur la tête, pour le punir des soupçons qu'il a.

JACQUELINE.

Il est bian vrai que si je n'avois devant les yeux que son intérêt, il pourroit m'obliger à queuque étrange chose.

SGANARELLE.

Ma foi, vous ne feriez pas mal de vous venger de lui avec quelqu'un. C'est un homme, je vous le dis, qui mérite bien cela; et, si j'étois assez heureux, belle nourrice, pour être choisi pour... (Dans le temps que Sganarelle tend les bras pour embrasser Jacqueline, Lucas passe sa tête par-dessous, et se met entre eux deux. Sganarelle et Jacqueline regardent Lucas, et sortent chacun de leur côté, mais le médecin d'une manière fort plaisante.)

SCÈNE IV. — GÉRONTE, LUCAS.

GÉRONTE.

Holà! Lucas, n'as-tu point vu ici notre médecin?

LUCAS.

Eh! oui, de par tous les diantres, je l'ai vu, et ma femme aussi.

GÉRONTE.

Où est-ce donc qu'il peut être?

LUCAS.

Je ne sais; mais je voudrois qu'il fût à tous les guèbles!

GÉRONTE.

Va-t'en voir un peu ce que fait ma fille.

SCÈNE V. — SGANARELLE, LÉANDRE, GÉRONTE.

GÉRONTE.

Ah! monsieur, je demandois où vous étiez.

SGANARELLE.

Je m'étois amusé dans votre cour à expulser le superflu de la boisson. Comment se porte la malade?

GÉRONTE.

Un peu plus mal depuis votre remède.

SGANARELLE.

Tant mieux; c'est signe qu'il opère.

GÉRONTE.

Oui; mais, en opérant, je crains qu'il ne l'étouffe.

SGANARELLE.

Ne vous mettez pas en peine; j'ai des remèdes qui se moquent de tout, et je l'attends à l'agonie.

GÉRONTE, *montrant Léandre.*

Qui est cet homme-là que vous amenez?

SGANARELLE, *faisant des signes avec la main pour montrer que c'est un apothicaire.*

C'est...

GÉRONTE.

Quoi?

SGANARELLE.

Celui...

GÉRONTE.

Eh?

SGANARELLE.

Qui..

GÉRONTE.

Je vous entends.

SGANARELLE.

Votre fille en aura besoin.

SCÈNE VI. — LUCINDE, GÉRONTE, LÉANDRE, JACQUELINE, SGANARELLE.

JACQUELINE.

Monsieu, v'là votre fille, qui veut un peu marcher.

SGANARELLE.

Cela lui fera du bien. Allez-vous-en, monsieur l'apothicaire, tâter un peu son pouls, afin que je raisonne tantôt avec vous de sa maladie. (En cet endroit, il tire Géronte à un bout du théâtre, et, lui passant un bras sur les épaules, lui rabat la main sous le menton, avec laquelle il le fait retourner vers lui, lorsqu'il veut regarder ce que sa fille et l'apothicaire font ensemble, lui tenant cependant le discours suivant pour l'amuser.) Monsieur, c'est une grande et subtile question entre les docteurs, de savoir si les femmes sont plus faciles à guérir que les hommes. Je vous prie d'écouter ceci, s'il vous plaît. Les uns disent que non, les autres disent que oui : et moi, je dis que oui et non; d'autant que l'incongruité des humeurs opaques, qui se rencontrent au tempérament naturel des femmes, étant cause que la partie brutale veut toujours prendre empire sur la sensitive, on voit que l'inégalité de leurs opinions dépend du mouvement oblique du cercle de la lune; et comme le soleil, qui darde ses rayons sur la concavité de la terre, trouve...

LUCINDE, à Léandre.

Non, je ne suis point du tout capable de changer de sentiment.

GÉRONTE.

Voilà ma fille qui parle! ô grande vertu du remède! ô admirable médecin! Que je vous suis obligé, monsieur, de cette guérison merveilleuse! et que puis-je faire pour vous après un tel service?

SGANARELLE, se promenant sur le théâtre, et s'éventant avec son chapeau.

Voilà une maladie qui m'a bien donné de la peine!

LUCINDE.

Oui, mon père, j'ai recouvré la parole; mais je l'ai recouvrée pour vous dire que je n'aurai jamais d'autre époux que Léandre, et que c'est inutilement que vous voulez me donner Horace

GÉRONTE.

Mais...

LUCINDE.

Rien n'est capable d'ébranler la résolution que j'ai prise.

GÉRONTE.

Quoi!

LUCINDE.

Vous m'opposerez en vain de belles raisons.

GÉRONTE.

Si...

LUCINDE.

Tous vos discours ne serviront de rien.

GÉRONTE.

Je...

LUCINDE.

C'est une chose où je suis déterminée.

ACTE III, SCÈNE VI.

GÉRONTE.

Mais...

LUCINDE.

Il n'est puissance paternelle qui me puisse obliger à me marier malgré moi.

GÉRONTE.

J'ai...

LUCINDE.

Vous avez beau faire tous vos efforts.

GÉRONTE.

Il...

LUCINDE.

Mon cœur ne sauroit se soumettre à cette tyrannie.

GÉRONTE.

La...

LUCINDE.

Et je me jetterai plutôt dans un couvent que d'épouser un homme que je n'aime point.

GÉRONTE.

Mais...

LUCINDE, parlant d'un ton de voix à étourdir.

Non. En aucune façon. Point d'affaires. Vous perdez le temps. Je n'en ferai rien. Cela est résolu.

GÉRONTE.

Ah! quelle impétuosité de paroles! Il n'y a pas moyen d'y résister. (A Sganarelle.) Monsieur, je vous prie de la faire redevenir muette.

SGANARELLE.

C'est une chose qui m'est impossible. Tout ce que je puis faire pour votre service est de vous rendre sourd, si vous voulez.

GÉRONTE.

Je vous remercie. (A Lucinde.) Penses-tu donc...

LUCINDE.

Non, toutes vos raisons ne gagneront rien sur mon âme.

GÉRONTE.

Tu épouseras Horace dès ce soir.

LUCINDE.

J'épouserai plutôt la mort.

SGANARELLE, à Géronte.

Mon Dieu! arrêtez-vous, laissez-moi médicamenter cette affaire; c'est une maladie qui la tient, et je sais le remède qu'il y faut apporter.

GÉRONTE.

Seroit-il possible, monsieur, que vous pussiez aussi guérir cette maladie d'esprit?

SGANARELLE.

Oui; laissez-moi faire, j'ai des remèdes pour tout; et notre apothicaire nous servira pour cette cure. (A Léandre.) Un mot. Vous voyez que l'ardeur qu'elle a pour ce Léandre est tout à fait contraire aux volontés du père; qu'il n'y a point de temps à perdre; que les humeurs sont fort aigries; et qu'il est nécessaire de trouver promptement un remède à ce mal, qui pourroit empirer par le retardement. Pour moi, je n'y en vois qu'un seul, qui est une prise de fuite purgative, que vous mêlerez comme il faut avec deux drachmes de matrimonium en pilules. Peut-être fera-t-elle quelque difficulté à prendre ce remède : mais, comme vous êtes habile homme dans votre métier, c'est à vous de l'y résoudre, et de lui faire avaler la chose du mieux que vous pourrez. Allez-vous-en lui faire faire un petit tour de jardin, afin de préparer les humeurs, tandis que j'entretiendrai ici son père; mais surtout ne perdez point de temps. Au remède, vite! au remède spécifique!

SCÈNE VII. — GÉRONTE, SGANARELLE.

GÉRONTE.
Quelles drogues, monsieur, sont celles que vous venez de dire? il me semble que je ne les ai jamais ouï nommer.

SGANARELLE.
Ce sont drogues dont on se sert dans les nécessités urgentes.

GÉRONTE.
Avez-vous jamais vu une insolence pareille à la sienne?

SGANARELLE.
Les filles sont quelquefois un peu têtues.

GÉRONTE.
Vous ne sauriez croire comme elle est affolée de ce Léandre.

SGANARELLE.
La chaleur du sang fait cela dans les jeunes esprits.

GÉRONTE.
Pour moi, dès que j'ai eu découvert la violence de cet amour, j'ai su tenir toujours ma fille renfermée.

SGANARELLE.
Vous avez fait sagement.

GÉRONTE.
Et j'ai bien empêché qu'ils n'aient eu communication ensemble.

SGANARELLE.
Fort bien.

GÉRONTE.
Il seroit arrivé quelque folie, si j'avois souffert qu'ils se fussent vus.

SGANARELLE.
Sans doute.

GÉRONTE.

Et je crois qu'elle auroit été fille à s'en aller avec lui.

SGANARELLE.

C'est prudemment raisonné.

GÉRONTE.

On m'avertit qu'il fait tous ses efforts pour lui parler.

SGANARELLE.

Quel drôle!

GÉRONTE.

Mais il perdra son temps.

SGANARELLE.

Ah! ah!

GÉRONTE.

Et j'empêcherai bien qu'il ne la voie.

SGANARELLE.

Il n'a pas affaire à un sot, et vous savez des rubriques qu'il ne sait pas. Plus fin que vous n'est pas bête.

SCÈNE VIII. — LUCAS, GÉRONTE, SGANARELLE.

LUCAS.

Ah! palsanguenne, monsieu, voici bian du tintamarre; votre fille s'en est enfuie avec son Liandre. C'étoit lui qui étoit l'apothicaire; et v'là monsieu le médecin qui a fait cette belle opération-là.

GÉRONTE.

Comment! m'assassiner de la façon! Allons, un commissaire, et qu'on empêche qu'il ne sorte. Ah! traître, je vous ferai punir par la justice!

LUCAS.

Ah! par ma fi, monsieu le médecin, vous serez pendu : ne bougez de là seulement.

SCÈNE IX. — MARTINE, SGANARELLE, LUCAS.

MARTINE, à Lucas.

Ah! mon Dieu! que j'ai eu de peine à trouver ce logis! Dites-moi un peu des nouvelles du médecin que je vous ai donné.

LUCAS.

Le v'là qui va être pendu.

MARTINE.

Quoi! mon mari pendu! Hélas! et qu'a-t-il fait pour cela?

LUCAS.

Il a fait enlever la fille de notre maître.

MARTINE.

Hélas! mon cher mari, est-il bien vrai qu'on te va pendre?

SGANARELLE.

Tu vois. Ah!

MARTINE.

Faut-il que tu te laisses mourir en présence de tant de gens?

SGANARELLE.

Que veux-tu que j'y fasse?

MARTINE.

Encore, si tu avois achevé de couper notre bois, je prendrois quelque consolation.

SGANARELLE.

Retire-toi de là, tu me fends le cœur.

MARTINE.

Non, je veux demeurer pour t'encourager à la mort; et je ne te quitterai point que je ne t'aie vu pendu.

SGANARELLE.

Ah!

SCÈNE X. — GÉRONTE, SGANARELLE, MARTINE.

GÉRONTE, à Sganarelle.

Le commissaire viendra bientôt, et l'on s'en va vous mettre en lieu où l'on me répondra de vous.

SGANARELLE, à genoux, le chapeau à la main.

Hélas! cela ne se peut-il point changer en quelques coups de bâton?

GÉRONTE.

Non, non; la justice en ordonnera. Mais que vois-je?

SCÈNE XI. — GÉRONTE, LÉANDRE, LUCINDE, SGANARELLE, LUCAS, MARTINE.

LÉANDRE.

Monsieur, je viens faire paroître Léandre à vos yeux, et remettre Lucinde en votre pouvoir. Nous avons eu dessein de prendre la fuite nous deux, et de nous aller marier ensemble; mais cette entreprise a fait place à un procédé plus honnête. Je ne prétends point vous voler votre fille, et ce n'est que de votre main que je veux la recevoir. Ce que je vous dirai, monsieur, c'est que je viens tout à l'heure de recevoir des lettres par où j'apprends que mon oncle est mort, et que je suis héritier de tous ses biens.

GÉRONTE.

Monsieur, votre vertu m'est tout à fait considérable, et je vous donne ma fille avec la plus grande joie du monde.

SGANARELLE, à part.

La médecine l'a échappé belle!

MARTINE.

Puisque tu ne seras point pendu, rends-moi grâce d'être médecin, car c'est moi qui t'ai procuré cet honneur.

SGANARELLE.

Oui! c'est toi qui m'as procuré je ne sais combien de coups de bâton.

LÉANDRE, à Sganarelle.

L'effet en est trop beau pour en garder du ressentiment.

SGANARELLE.

Soit. (A Martine.) Je te pardonne ces coups de bâton en faveur de la dignité où tu m'as élevé : mais prépare-toi désormais à vivre dans un grand respect avec un homme de ma conséquence, et songe que la colère d'un médecin est plus à craindre qu'on ne peut croire.

MÉLICERTE

PASTORALE HÉROÏQUE

1666

PERSONNAGES

MÉLICERTE, bergère.
DAPHNÉ, bergère.
ÉROXÈNE, bergère.
MYRTIL, amant de Mélicerte.
ACANTHE, amant de Daphné.
TYRÈNE, amant d'Éroxène.
LYCARSIS, pâtre, cru père de Myrtil.
CORINNE, confidente de Mélicerte.
NICANDRE, berger.
MOPSE, berger, cru oncle de Mélicerte.

La scène est en Thessalie, dans la vallée de Tempé.

ACTE PREMIER

SCÈNE I. — DAPHNÉ, ÉROXÈNE, ACANTHE, TYRÈNE.

ACANTHE.

Ah! charmante Daphné!

TYRÈNE.

Trop aimable Éroxène!

DAPHNÉ.

Acanthe, laisse-moi.

ÉROXÈNE.

Ne me suis point, Tyrène.

ACANTHE, à Daphné.

Pourquoi me chasses-tu?

TYRÈNE, à Éroxène.

Pourquoi fuis-tu mes pas?

DAPHNÉ, à Acanthe.

Tu me plais loin de moi.

ÉROXÈNE, à Tyrène.

Je m'aime où tu n'es pas.

ACANTHE.

Ne cesseras-tu point cette rigueur mortelle?

TYRÈNE.

Ne cesseras-tu point de m'être si cruelle?

DAPHNÉ.

Ne cesseras-tu point tes inutiles vœux?

ÉROXÈNE.

Ne cesseras-tu point de m'être si fâcheux?

ACANTHE.

Si tu n'en prends pitié, je succombe à ma peine.

TYRÈNE.

Si tu ne me secours, ma mort est trop certaine.

DAPHNÉ.

Si tu ne veux partir, je quitterai ce lieu.

ÉROXÈNE.

Si tu veux demeurer, je te vais dire adieu.

ACANTHE.

Eh bien, en m'éloignant je te vais satisfaire.

TYRÈNE.

Mon départ va t'ôter ce qui peut te déplaire.

ACANTHE.

Généreuse Éroxène, en faveur de mes feux,
Daigne au moins, par pitié, lui dire un mot ou deux.

TYRÈNE.

Obligeante Daphné, parle à cette inhumaine,
Et sache d'où pour moi procède tant de haine.

SCÈNE II. — DAPHNÉ, ÉROXÈNE.

ÉROXÈNE.

Acanthe a du mérite, et t'aime tendrement :
D'où vient que tu lui fais un si dur traitement?

ACTE I, SCÈNE II.

DAPHNÉ.
Tyrène vaut beaucoup, et languit pour tes charmes :
D'où vient que sans pitié tu vois couler ses larmes?
ÉROXÈNE.
Puisque j'ai fait ici la demande avant toi,
La raison te condamne à répondre avant moi.
DAPHNÉ.
Pour tous les soins d'Acanthe on me voit inflexible,
Parce qu'à d'autres vœux je me trouve sensible.
ÉROXÈNE.
Je ne fais pour Tyrène éclater que rigueur,
Parce qu'un autre choix est maître de mon cœur.
DAPHNÉ.
Puis-je savoir de toi ce choix qu'on te voit taire?
ÉROXÈNE.
Oui, si tu veux du tien m'apprendre le mystère.
DAPHNÉ.
Sans te nommer celui qu'Amour m'a fait choisir,
Je puis facilement contenter ton désir ;
Et de la main d'Atis, ce peintre inimitable,
J'en garde dans ma poche un portrait admirable,
Qui jusqu'au moindre trait lui ressemble si fort,
Qu'il est sûr que tes yeux le connoîtront d'abord.
ÉROXÈNE.
Je puis te contenter par une même voie,
Et payer ton secret en pareille monnoie.
J'ai de la main aussi de ce peintre fameux
Un aimable portrait de l'objet de mes vœux,
Si plein de tous ses traits et de sa grâce extrême,
Que tu pourras d'abord te le nommer toi-même.
DAPHNÉ.
La boîte que le peintre a fait faire pour moi
Est tout à fait semblable à celle que je voi.
ÉROXÈNE.
Il est vrai, l'une à l'autre entièrement ressemble,
Et certe il faut qu'Atis les ait fait faire ensemble.
DAPHNÉ.
Faisons en même temps, par un peu de couleurs,
Confidence à nos yeux du secret de nos cœurs.
ÉROXÈNE.
Voyons à qui plus vite entendra ce langage,
Et qui parle le mieux, de l'un ou l'autre ouvrage.
DAPHNÉ.
La méprise est plaisante, et tu te brouilles bien :

Au lieu de ton portrait, tu m'as rendu le mien.
ÉROXÈNE.
Il est vrai, je ne sais comme j'ai fait la chose.
DAPHNÉ.
Donne. De cette erreur ta rêverie est cause.
ÉROXÈNE.
Que veut dire ceci? Nous nous jouons, je croi :
Tu fais de ces portraits même chose que moi.
DAPHNÉ.
Certes, c'est pour en rire, et tu peux me le rendre.
ÉROXÈNE, mettant les deux portraits l'un à côté de l'autre.
Voici le vrai moyen de ne se point méprendre.
DAPHNÉ.
De mes sens prévenus est-ce une illusion?
ÉROXÈNE.
Mon âme sur mes yeux fait-elle impression?
DAPHNÉ.
Myrtil à mes regards s'offre dans cet ouvrage.
ÉROXÈNE.
De Myrtil dans ces traits je rencontre l'image.
DAPHNÉ.
C'est le jeune Myrtil qui fait naître mes feux.
ÉROXÈNE.
C'est au jeune Myrtil que tendent tous mes vœux.
DAPHNÉ.
Je venois aujourd'hui te prier de lui dire
Les soins que pour son sort son mérite m'inspire.
ÉROXÈNE.
Je venois te chercher pour servir mon ardeur,
Dans le dessein que j'ai de m'assurer son cœur.
DAPHNÉ.
Cette ardeur qu'il t'inspire est-elle si puissante?
ÉROXÈNE.
L'aimes-tu d'une amour qui soit si violente?
DAPHNÉ.
Il n'est point de froideur qu'il ne puisse enflammer,
Et sa grâce naissante a de quoi te charmer.
ÉROXÈNE.
Il n'est nymphe en l'aimant qui ne se tînt heureuse;
Et Diane, sans honte, en seroit amoureuse.
DAPHNÉ.
Rien que son air charmant ne me touche aujourd'hui,
Et, si j'avois cent cœurs, ils seroient tous pour lui.

ÉROXÈNE.
Il efface à mes yeux tout ce qu'on voit paroître;
Et, si j'avois un sceptre, il en seroit le maître.
DAPHNÉ.
Ce seroit donc en vain qu'à chacune, en ce jour,
On nous voudroit du sein arracher cet amour :
Nos âmes dans leurs vœux sont trop bien affermies.
Ne tâchons, s'il se peut, qu'à demeurer amies;
Et, puisqu'en même temps, pour le même sujet,
Nous avons toutes deux formé même projet,
Mettons dans ce débat la franchise en usage,
Ne prenons l'une et l'autre aucun lâche avantage,
Et courons nous ouvrir ensemble à Lycarsis
Des tendres sentiments où nous jette son fils.
ÉROXÈNE.
J'ai peine à concevoir, tant la surprise est forte,
Comme un tel fils est né d'un père de la sorte;
Et sa taille, son air, sa parole et ses yeux,
Feroient croire qu'il est issu du sang des dieux.
Mais enfin j'y souscris, courons trouver ce père,
Allons-lui de nos cœurs découvrir le mystère;
Et consentons qu'après, Myrtil, entre nous deux,
Décide par son choix ce combat de nos vœux.
DAPHNÉ.
Soit. Je vois Lycarsis avec Mopse et Nicandre.
Ils pourront le quitter, cachons-nous pour attendre.

SCÈNE III. — LYCARSIS, MOPSE, NICANDRE.

NICANDRE, à Lycarsis.
Dis-nous donc ta nouvelle.
LYCARSIS.
Ah! que vous me pressez!
Cela ne se dit pas comme vous le pensez.
MOPSE.
Que de sottes façons et que de badinage!
Ménalque, pour chanter, n'en fait pas davantage.
LYCARSIS.
Parmi les curieux des affaires d'État,
Une nouvelle à dire est d'un puissant éclat.
Je me veux mettre un peu sur l'homme d'importance[1],
Et jouir quelque temps de votre impatience.

---

[1] On diroit aujourd'hui : *trancher de l'homme d'importance*.

NICANDRE.
Veux-tu par tes délais nous fatiguer tous deux?
MOPSE.
Prends-tu quelque plaisir à te rendre fâcheux?
NICANDRE.
De grâce, parle, et mets ces mines en arrière.
LYCARSIS.
Priez-moi donc tous deux de la bonne manière
Et me dites chacun quel don vous me ferez
Pour obtenir de moi ce que vous désirez.
MOPSE.
La peste soit du fat! Laissons-le là, Nicandre;
Il brûle de parler, bien plus que nous d'entendre.
Sa nouvelle lui pèse, il veut s'en décharger;
Et ne l'écouter pas est le faire enrager.
LYCARSIS.
Eh!
NICANDRE.
Te voilà puni de tes façons de faire.
LYCARSIS.
Je m'en vais vous le dire, écoutez.
MOPSE.
Point d'affaire.
LYCARSIS.
Quoi! vous ne voulez pas m'entendre?
NICANDRE.
Non.
LYCARSIS.
Eh bien,
Je ne dirai donc mot, et vous ne saurez rien.
MOPSE.
Soit.
LYCARSIS.
Vous ne saurez pas qu'avec magnificence
Le roi vient honorer Tempé de sa présence;
Qu'il entra dans Larisse hier sur le haut du jour;
Qu'à l'aise je l'y vis avec toute sa cour;
Que ces bois vont jouir aujourd'hui de sa vue,
Et qu'on raisonne fort touchant cette venue.
NICANDRE.
Nous n'avons pas envie aussi de rien savoir.
LYCARSIS.
Je vis cent choses là, ravissantes à voir :
Ce ne sont que seigneurs, qui, des pieds à la tête,

Sont brillants et parés comme au jour d'une fête ;
Ils surprennent la vue ; et nos prés, au printemps,
Avec toutes leurs fleurs sont bien moins éclatants.
Pour le prince, entre tous sans peine on le remarque,
Et d'une stade[1] loin il sent son grand monarque :
Dans toute sa personne il a je ne sais quoi
Qui d'abord fait juger que c'est un maître roi.
Il le fait d'une grâce à nulle autre seconde ;
Et cela, sans mentir, lui sied le mieux du monde.
On ne croiroit jamais comme de toutes parts
Toute sa cour s'empresse à chercher ses regards :
Ce sont autour de lui confusions plaisantes,
Et l'on diroit d'un tas de mouches reluisantes
Qui suivent en tous lieux un doux rayon de miel.
Enfin l'on ne voit rien de si beau sous le ciel ;
Et la fête de Pan, parmi nous si chérie,
Auprès de ce spectacle est une gueuserie.
Mais, puisque sur le fier vous vous tenez si bien,
Je garde ma nouvelle, et ne veux dire rien.

MOPSE.

Et nous ne te voulons aucunement entendre.

LYCARSIS.

Allez vous promener.

MOPSE.

Va-t'en te faire pendre.

SCÈNE IV. — ÉROXÈNE, DAPHNÉ, LYCARSIS.

LYCARSIS, se croyant seul.

C'est de cette façon que l'on punit les gens,
Quand ils font les benêts et les impertinents.

DAPHNÉ.

Le ciel tienne, pasteur, vos brebis toujours saines !

ÉROXÈNE.

Cérès tienne de grains vos granges toujours pleines !

LYCARSIS.

Et le grand Pan vous donne à chacune un époux
Qui vous aime beaucoup et soit digne de vous !

DAPHNÉ.

Ah ! Lycarsis, nos vœux à même but aspirent.

ÉROXÈNE.

C'est pour le même objet que nos deux cœurs soupirent.

[1] Le mot *stade* est masculin. *Un stade.*

DAPHNÉ.

Et l'Amour, cet enfant qui cause nos langueurs,
A pris chez vous le trait dont il blesse nos cœurs.

ÉROXÈNE.

Et nous venons ici chercher votre alliance,
Et voir qui de nous deux aura la préférence.

LYCARSIS.

Nymphes...

DAPHNÉ.

Pour ce bien seul nous poussons des soupirs.

LYCARSIS.

Je suis...

ÉROXÈNE.

A ce bonheur tendent tous nos désirs.

DAPHNÉ.

C'est un peu librement exprimer sa pensée.

LYCARSIS.

Pourquoi?

ÉROXÈNE.

La bienséance y semble un peu blessée.

LYCARSIS.

Ah! point.

DAPHNÉ.

Mais, quand le cœur brûle d'un noble feu,
On peut, sans nulle honte, en faire un libre aveu.

LYCARSIS.

Je...

ÉROXÈNE.

Cette liberté nous peut être permise,
Et du choix de nos cœurs la beauté l'autorise.

LYCARSIS.

C'est blesser ma pudeur que me flatter ainsi.

ÉROXÈNE.

Non, non, n'affectez point de modestie ici.

DAPHNÉ.

Enfin, tout notre bien est en votre puissance.

ÉROXÈNE.

C'est de vous que dépend notre unique espérance.

DAPHNÉ.

Trouverons-nous en vous quelques difficultés?

LYCARSIS.

Ah!

ÉROXÈNE.

Nos vœux, dites-moi, seront-ils rejetés?

ACTE I, SCÈNE IV.

LYCARSIS.
Non, j'ai reçu du ciel une âme peu cruelle :
Je tiens de feu ma femme; et je me sens, comme elle,
Pour les désirs d'autrui beaucoup d'humanité,
Et je ne suis point homme à garder de fierté.

DAPHNÉ.
Accordez donc Myrtil à notre amoureux zèle.

ÉROXÈNE.
Et souffrez que son choix règle notre querelle.

LYCARSIS.
Myrtil !

DAPHNÉ.
Oui, c'est Myrtil que de vous nous voulons.

ÉROXÈNE.
De qui pensez-vous donc qu'ici nous vous parlons?

LYCARSIS.
Je ne sais; mais Myrtil n'est guère dans un âge
Qui soit propre à ranger au joug du mariage.

DAPHNÉ.
Son mérite naissant peut frapper d'autres yeux,
Et l'on veut s'engager un bien si précieux,
Prévenir d'autres cœurs, et braver la fortune
Sous les fermes liens d'une chaîne commune.

ÉROXÈNE.
Comme par son esprit et ses autres brillants
Il rompt l'ordre commun et devance le temps,
Notre flamme pour lui veut en faire de même,
Et régler tous ses vœux sur son mérite extrême.

LYCARSIS.
Il est vrai qu'à son âge il surprend quelquefois;
Et cet Athénien qui fut chez moi vingt mois,
Qui, le trouvant joli, se mit en fantaisie
De lui remplir l'esprit de sa philosophie,
Sur de certains discours l'a rendu si profond,
Que, tout grand que je suis, souvent il me confond.
Mais, avec tout cela, ce n'est encor qu'enfance,
Et son fait est mêlé de beaucoup d'innocence.

DAPHNÉ.
Il n'est point tant enfant, qu'à le voir chaque jour
Je ne le croie atteint déjà d'un peu d'amour;
Et plus d'une aventure à mes yeux s'est offerte
Où j'ai connu qu'il suit la jeune Mélicerte.

ÉROXÈNE.
Ils pourroient bien s'aimer; et je vois...

LYCARSIS.

Franc abus.
Pour elle passe encore, elle a deux ans de plus ;
Et deux ans, dans son sexe, est une grande avance.
Mais pour lui, le jeu seul l'occupe tout, je pense,
Et les petits désirs de se voir ajusté
Ainsi que les bergers de haute qualité [1].

DAPHNÉ.

Enfin, nous désirons par le nœud d'hyménée
Attacher sa fortune à notre destinée.

ÉROXÈNE.

Nous voulons, l'une et l'autre, avec pareille ardeur,
Nous assurer de loin l'empire de son cœur.

LYCARSIS.

Je m'en tiens honoré plus qu'on ne sauroit croire.
Je suis un pauvre pâtre ; et ce m'est trop de gloire
Que deux nymphes d'un rang le plus haut du pays
Disputent à se faire un époux de mon fils.
Puisqu'il vous plaît qu'ainsi la chose s'exécute,
Je consens que son choix règle votre dispute ;
Et celle qu'à l'écart laissera cet arrêt
Pourra, pour son recours, m'épouser, s'il lui plaît.
C'est toujours même sang, et presque même chose.
Mais le voici. Souffrez qu'un peu je le dispose.
Il tient quelque moineau qu'il a pris fraîchement :
Et voilà ses amours et son attachement.

SCÈNE V. — ÉROXÈNE, DAPHNÉ et LYCARSIS, dans le fond du théâtre ; MYRTIL.

MYRTIL, se croyant seul, et tenant un moineau dans une cage.

Innocente petite bête,
Qui contre ce qui vous arrête
Vous débattez tant à mes yeux,
De votre liberté ne plaignez point la perte :
Votre destin est glorieux,
Je vous ai pris pour Mélicerte.
Elle vous baisera, vous prenant dans sa main ;
Et de vous mettre en son sein
Elle vous fera la grâce.
Est-il un sort au monde et plus doux et plus beau ?
Et qui des rois, hélas ! heureux petit moineau,
Ne voudroit être en votre place ?

[1] *Bergers de haute qualité* est une singulière expression. Nous allons voir plus loin le *haut rang*, la *puissance* et même la *noblesse* des bergères. (Auger.)

LYCARSIS.

Myrtil, Myrtil, un mot. Laissons là ces joyaux ;
Il s'agit d'autre chose ici que de moineaux.
Ces deux nymphes, Myrtil, à la fois te prétendent,
Et, tout jeune [1], déjà pour époux te demandent.
Je dois par un hymen t'engager à leurs vœux,
Et c'est toi que l'on veut qui choisisses des deux.

MYRTIL.

Ces nymphes?

LYCARSIS.

Oui. Des deux tu peux en choisir une.
Vois quel est ton bonheur, et bénis la fortune.

MYRTIL.

Ce choix qui m'est offert peut-il m'être un bonheur,
S'il n'est aucunement souhaité de mon cœur?

LYCARSIS.

Enfin, qu'on le reçoive ; et que, sans se confondre,
A l'honneur qu'elles font on songe à bien répondre.

ÉROXÈNE.

Malgré cette fierté qui règne parmi nous,
Deux nymphes, ô Myrtil ! viennent s'offrir à vous ;
Et de vos qualités les merveilles écloses
Font que nous renversons ici l'ordre des choses.

DAPHNÉ.

Nous vous laissons, Myrtil, pour l'avis le meilleur,
Consulter, sur ce choix, vos yeux et votre cœur ;
Et nous n'en voulons point prévenir les suffrages
Par un récit paré de tous nos avantages.

MYRTIL.

C'est me faire un honneur dont l'éclat me surprend ;
Mais cet honneur, pour moi, je l'avoue, est trop grand.
A vos rares bontés il faut que je m'oppose ;
Pour mériter ce sort, je suis trop peu de chose ;
Et je serois fâché, quels qu'en soient les appas,
Qu'on vous blâmât pour moi de faire un choix trop bas.

ÉROXÈNE.

Contentez nos désirs, quoi qu'on en puisse croire,
Et ne vous chargez point du soin de notre gloire.

DAPHNÉ.

Non, ne descendez point dans ces humilités,
Et laissez-nous juger ce que vous méritez.

MYRTIL.

Le choix qui m'est offert s'oppose à votre attente,

---

[1] *Tout jeune*, pour : *tout jeune que tu es*.

Et peut seul empêcher que mon cœur vous contente.
Le moyen de choisir de deux grandes beautés,
Égales en naissance et rares qualités?
Rejeter l'une ou l'autre est un crime effroyable,
Et n'en choisir aucune est bien plus raisonnable.

ÉROXÈNE.

Mais en faisant refus de répondre à nos vœux,
Au lieu d'une, Myrtil, vous en outragez deux.

DAPHNÉ.

Puisque nous consentons à l'arrêt qu'on peut rendre,
Ces raisons ne font rien à vouloir s'en défendre.

MYRTIL.

Eh bien, si ces raisons ne vous satisfont pas,
Celle-ci le fera : j'aime d'autres appas;
Et je sens bien qu'un cœur qu'un bel objet engage
Est insensible et sourd à tout autre avantage.

LYCARSIS.

Comment donc! Qu'est ceci? Qui l'eût pu présumer?
Et savez-vous, morveux, ce que c'est que d'aimer?

MYRTIL.

Sans savoir ce que c'est, mon cœur a su le faire.

LYCARSIS.

Mais cet amour me choque, et n'est pas nécessaire.

MYRTIL.

Vous ne deviez donc pas, si cela vous déplaît,
Me faire un cœur sensible et tendre comme il est.

LYCARSIS.

Mais ce cœur que j'ai fait me doit obéissance.

MYRTIL.

Oui, lorsque d'obéir il est en sa puissance.

LYCARSIS.

Mais enfin, sans mon ordre, il ne doit point aimer.

MYRTIL.

Que n'empêchiez-vous donc que l'on pût le charmer?

LYCARSIS.

Eh bien, je vous défends que cela continue.

MYRTIL.

La défense, j'ai peur, sera trop tard venue.

LYCARSIS.

Quoi! les pères n'ont pas des droits supérieurs?

MYRTIL.

Les dieux, qui sont bien plus, ne forcent point les cœurs.

LYCARSIS.

Les dieux... Paix, petit sot! Cette philosophie

Me...
DAPHNÉ.
Ne vous mettez point en courroux, je vous prie.
LYCARSIS.
Non : je veux qu'il se donne à l'une pour époux,
Ou je vais lui donner le fouet tout devant vous.
Ah! ah! je vous ferai sentir que je suis père.
DAPHNÉ.
Traitons, de grâce, ici les choses sans colère.
ÉROXÈNE.
Peut-on savoir de vous cet objet si charmant,
Dont la beauté, Myrtil, vous a fait son amant?
MYRTIL.
Mélicerte, madame. Elle en peut faire d'autres.
ÉROXÈNE.
Vous comparez, Myrtil, ses qualités aux nôtres?
DAPHNÉ.
Le choix d'elle et de nous est assez inégal.
MYRTIL.
Nymphes, au nom des dieux, n'en dites point de mal;
Daignez considérer, de grâce, que je l'aime,
Et ne me jetez point dans un désordre extrême.
Si j'outrage, en l'aimant, vos célestes attraits,
Elle n'a point de part au crime que je fais;
C'est de moi, s'il vous plaît, que vient toute l'offense.
Il est vrai, d'elle à vous je sais la différence;
Mais par sa destinée on se trouve enchaîné;
Et je sens bien enfin que le ciel m'a donné
Pour vous tout le respect, nymphes, imaginable,
Pour elle tout l'amour dont une âme est capable.
Je vois, à la rougeur qui vient de vous saisir,
Que ce que je vous dis ne vous fait pas plaisir.
Si vous parlez, mon cœur appréhende d'entendre
Ce qui peut le blesser par l'endroit le plus tendre;
Et, pour me dérober à de semblables coups,
Nymphes, j'aime bien mieux prendre congé de vous.
LYCARSIS.
Myrtil, holà! Myrtil! Veux-tu revenir, traître!
Il fuit; mais on verra qui de nous est le maître.
Ne vous effrayez point de tous ces vains transports;
Vous l'aurez pour époux, j'en réponds corps pour corps[1].

---

[1] Comment s'intéresser à deux filles assez peu retenues pour se jeter à la tête d'un enfant qui les rebute, pourtant assez maîtresses d'elles-mêmes pour rester amies malgré leur rivalité? (Auger.)

ACTE SECOND

SCÈNE I. — MÉLICERTE, CORINNE.

MÉLICERTE.
Ah! Corinne, tu viens de l'apprendre de Stelle,
Et c'est de Lycarsis qu'elle tient la nouvelle?
CORINNE.
Oui.

MÉLICERTE.
Que les qualités dont Myrtil est orné
Ont su toucher d'amour Éroxène et Daphné?
CORINNE.
Oui.

MÉLICERTE.
Que pour l'obtenir leur ardeur est si grande,
Qu'ensemble elles en ont déjà fait la demande?
Et que, dans ce débat, elles ont fait dessein
De passer, dès cette heure, à recevoir sa main?
Ah! que tes mots ont peine à sortir de ta bouche!
Et que c'est foiblement que mon souci te touche!
CORINNE.
Mais quoi! que voulez-vous? C'est là la vérité,
Et vous redites tout comme je l'ai conté.
MÉLICERTE.
Mais comment Lycarsis reçoit-il cette affaire?
CORINNE.
Comme un honneur, je crois, qui doit beaucoup lui plaire.
MÉLICERTE.
Et ne vois-tu pas bien, toi qui sais mon ardeur,
Qu'avec ces mots, hélas! tu me perces le cœur?
CORINNE.
Comment?

MÉLICERTE.
Me mettre aux yeux que le sort implacable,
Auprès d'elles, me rend trop peu considérable,
Et qu'à moi, par leur rang, on les va préférer,
N'est-ce pas une idée à me désespérer?
CORINNE.
Mais quoi! je vous réponds, et dis ce que je pense.
MÉLICERTE.
Ah! tu me fais mourir par ton indifférence.
Mais, dis, quels sentiments Myrtil a-t-il fait voir?

ACTE II, SCÈNE III.

CORINNE.

Je ne sais.

MÉLICERTE

Eh! c'est là ce qu'il falloit savoir,
Cruelle!

CORINNE.

En vérité, je ne sais comment faire;
Et, de tous les côtés, je trouve à vous déplaire.

MÉLICERTE.

C'est que tu n'entres point dans tous les mouvements
D'un cœur, hélas! rempli de tendres sentiments.
Va-t'en : laisse-moi seule, en cette solitude,
Passer quelques moments de mon inquiétude.

SCÈNE II. — MÉLICERTE, seule.

Vous le voyez, mon cœur, ce que c'est que d'aimer;
Et Bélise avoit su trop bien m'en informer.
Cette charmante mère, avant sa destinée,
Me disoit une fois, sur le bord du Pénée :
« Ma fille, songe à toi; l'amour aux jeunes cœurs
« Se présente toujours entouré de douceurs.
« D'abord il n'offre aux yeux que choses agréables;
« Mais il traine après lui des troubles effroyables;
« Et, si tu veux passer tes jours dans quelque paix,
« Toujours, comme d'un mal, défends-toi de ses traits. »
De ces leçons, mon cœur, je m'étois souvenue;
Et, quand Myrtil venoit à s'offrir à ma vue,
Qu'il jouoit avec moi, qu'il me rendoit des soins,
Je vous disois toujours de vous y plaire moins.
Vous ne me crûtes point; et votre complaisance
Se vit bientôt changée en trop de bienveillance.
Dans ce naissant amour qui flattoit vos désirs
Vous ne vous figuriez que joie et que plaisirs :
Cependant vous voyez la cruelle disgrâce
Dont en ce triste jour le destin vous menace,
Et la peine mortelle où vous voilà réduit.
Ah! mon cœur! ah! mon cœur! je vous l'avois bien dit.
Mais tenons, s'il se peut, notre douleur couverte.
Voici...

SCÈNE III. — MYRTIL, MÉLICERTE.

MYRTIL.

J'ai fait tantôt, charmante Mélicerte,

Un petit prisonnier que je garde pour vous,
Et dont peut-être un jour je deviendrai jaloux.
C'est un jeune moineau, qu'avec un soin extrême
Je veux, pour vous l'offrir, apprivoiser moi-même.
Le présent n'est pas grand; mais les divinités
Ne jettent leurs regards que sur les volontés.
C'est le cœur qui fait tout; et jamais la richesse
Des présents que... Mais, ciel! d'où vient cette tristesse?
Qu'avez-vous, Mélicerte, et quel sombre chagrin
Se voit dans vos beaux yeux répandu ce matin?
Vous ne répondez point; et ce morne silence
Redouble encor ma peine et mon impatience.
Parlez. De quel ennui ressentez-vous les coups?
Qu'est-ce donc?

MÉLICERTE.
Ce n'est rien.
MYRTIL.
Ce n'est rien, dites-vous?
Et je vois cependant vos yeux couverts de larmes.
Cela s'accorde-t-il, beauté pleine de charmes?
Ah! ne me faites point un secret dont je meurs,
Et m'expliquez, hélas! ce que disent ces pleurs.

MÉLICERTE.
Rien ne me serviroit de vous le faire entendre.

MYRTIL.
Devez-vous rien avoir que je ne doive apprendre?
Et ne blessez-vous pas notre amour aujourd'hui,
De vouloir me voler ma part de votre ennui?
Ah! ne le cachez point à l'ardeur qui m'inspire.

MÉLICERTE.
Eh bien, Myrtil, eh bien, il faut donc vous le dire.
J'ai su que, par un choix plein de gloire pour vous,
Éroxène et Daphné vous veulent pour époux;
Et je vous avouerai que j'ai cette foiblesse,
De n'avoir pu, Myrtil, le savoir sans tristesse,
Sans accuser du sort la rigoureuse loi,
Qui les rend, dans leurs vœux, préférables à moi.

MYRTIL.
Et vous pouvez l'avoir, cette injuste tristesse!
Vous pouvez soupçonner mon amour de foiblesse,
Et croire qu'engagé par des charmes si doux,
Je puisse être jamais à quelque autre qu'à vous!
Que je puisse accepter une autre main offerte!
Eh! que vous ai-je fait, cruelle Mélicerte,

Pour traiter ma tendresse avec tant de rigueur
Et faire un jugement si mauvais de mon cœur?
Quoi! faut-il que de lui vous ayez quelque crainte?
Je suis bien malheureux de souffrir cette atteinte;
Et que me sert d'aimer comme je fais, hélas!
Si vous êtes si prête à ne le croire pas?
MÉLICERTE.
Je pourrois moins, Myrtil, redouter ces rivales,
Si les choses étoient de part et d'autre égales;
Et, dans un rang pareil, j'oserois espérer
Que peut-être l'amour me feroit préférer;
Mais l'inégalité de bien et de naissance
Qui peut, d'elles à moi, faire la différence..
MYRTIL.
Ah! leur rang de mon cœur ne viendra point à bout,
Et vos divins appas vous tiennent lieu de tout.
Je vous aime : il suffit ; et, dans votre personne,
Je vois rang, biens, trésors, États, sceptre, couronne;
Et des rois les plus grands m'offrît-on le pouvoir,
Je n'y changerois pas le bien de vous avoir.
C'est une vérité toute sincère et pure;
Et pouvoir en douter est me faire une injure.
MÉLICERTE.
Eh bien, je crois, Myrtil, puisque vous le voulez,
Que vos vœux par leur rang ne sont point ébranlés;
Et que, bien qu'elles soient nobles, riches et belles,
Votre cœur m'aime assez pour me mieux aimer qu'elles.
Mais ce n'est pas l'amour dont vous suivrez la voix :
Votre père, Myrtil, réglera votre choix,
Et de même qu'à vous je ne lui suis pas chère,
Pour préférer à tout une simple bergère.
MYRTIL.
Non, chère Mélicerte, il n'est père ni dieux
Qui me puissent forcer à quitter vos beaux yeux;
Et toujours de mes vœux, reine comme vous êtes...
MÉLICERTE.
Ah! Myrtil, prenez garde à ce qu'ici vous faites :
N'allez point présenter un espoir à mon cœur,
Qu'il recevroit peut-être avec trop de douceur,
Et qui, tombant après comme un éclair qui passe,
Me rendroit plus cruel le coup de ma disgrâce.
MYRTIL.
Quoi! faut-il des serments appeler le secours,
Lorsque l'on vous promet de vous aimer toujours?

Que vous vous faites tort par de telles alarmes,
Et connoissez bien peu le pouvoir de vos charmes!
Eh bien, puisqu'il le faut, je jure par les dieux,
Et, si ce n'est assez, je jure par vos yeux,
Qu'on me tuera plutôt que je vous abandonne.
Recevez-en ici la foi que je vous donne,
Et souffrez que ma bouche, avec ravissement,
Sur cette belle main en signe le serment.

MÉLICERTE.

Ah! Myrtil, levez-vous, de peur qu'on ne nous voie.

MYRTIL.

Est-il rien... Mais, ô ciel! on vient troubler ma joie!

SCÈNE IV. — LYCARSIS, MYRTIL, MÉLICERTE.

LYCARSIS.

Ne vous contraignez pas pour moi.

MÉLICERTE, à part.

Quel sort fâcheux!

LYCARSIS.

Cela ne va pas mal : continuez tous deux.
Peste! mon petit fils, que vous avez l'air tendre,
Et qu'en maître déjà vous savez vous y prendre!
Vous a-t-il, ce savant qu'Athènes exila,
Dans sa philosophie appris ces choses-là?
Et vous, qui lui donnez de si douce manière
Votre main à baiser, la gentille bergère,
L'honneur vous apprend-il ces mignardes douceurs
Par qui vous débauchez ainsi les jeunes cœurs?

MYRTIL.

Ah! quittez de ces mots l'outrageante bassesse,
Et ne m'accablez point d'un discours qui la blesse.

LYCARSIS.

Je veux lui parler, moi. Toutes ces amitiés...

MYRTIL.

Je ne souffrirai point que vous la maltraitiez.
A du respect pour vous la naissance m'engage;
Mais je saurai, sur moi, vous punir de l'outrage.
Oui, j'atteste le ciel que si, contre mes vœux,
Vous lui dites encor le moindre mot fâcheux,
Je vais avec ce fer, qui m'en fera justice,
Au milieu de mon sein vous chercher un supplice,
Et, par mon sang versé, lui marquer promptement
L'éclatant désaveu de votre emportement.

MÉLICERTE.

Non, non, ne croyez pas qu'avec art je l'enflamme,
Et que mon dessein soit de séduire son âme.
S'il s'attache à me voir et me veut quelque bien,
C'est de son mouvement : je ne l'y force en rien.
Ce n'est pas que mon cœur veuille ici se défendre
De répondre à ses vœux d'une ardeur assez tendre ;
Je l'aime, je l'avoue, autant qu'on puisse aimer :
Mais cet amour n'a rien qui vous doive alarmer ;
Et, pour vous arracher toute injuste créance,
Je vous promets ici d'éviter sa présence,
De faire place au choix où vous vous résoudrez,
Et ne souffrir ses vœux que quand vous le voudrez.

SCÈNE V. — LYCARSIS, MYRTIL.

MYRTIL.

Eh bien, vous triomphez avec cette retraite,
Et, dans ces mots, votre âme a ce qu'elle souhaite :
Mais apprenez qu'en vain vous vous réjouissez,
Que vous serez trompé dans ce que vous pensez ;
Et qu'avec tous vos soins, toute votre puissance,
Vous ne gagnerez rien sur ma persévérance.

LYCARSIS.

Comment ! à quel orgueil, fripon, vous vois-je aller ?
Est-ce de la façon que l'on me doit parler ?

MYRTIL.

Oui, j'ai tort, il est vrai : mon transport n'est pas sage ;
Pour rentrer au devoir, je change de langage ;
Et je vous prie ici, mon père, au nom des dieux,
Et par tout ce qui peut vous être précieux,
De ne vous point servir, dans cette conjoncture,
Des fiers droits que sur moi vous donne la nature.
Ne m'empoisonnez point vos bienfaits les plus doux.
Le jour est un présent que j'ai reçu de vous :
Mais de quoi vous serai-je aujourd'hui redevable,
Si vous me l'allez rendre, hélas ! insupportable ?
Il est, sans Mélicerte, un supplice à mes yeux ;
Sans ses divins appas rien ne m'est précieux ;
Ils font tout mon bonheur et toute mon envie ;
Et, si vous me l'ôtez, vous m'arrachez la vie [1].

---

[1] A quelques mots près, voilà une bonne tirade. Pourquoi ? C'est qu'elle est vraie de sentiment et d'expression, et que les fausses couleurs du sujet n'y viennent point altérer le langage naturel de la passion. (Auger.)

LYCARSIS, à part.

Aux douleurs de son âme il me fait prendre part.
Qui l'auroit jamais cru de ce petit pendard?
Quel amour! quels transports! quels discours pour son âge!
J'en suis confus, et sens que cet amour m'engage.

MYRTIL, se jetant aux genoux de Lycarsis.

Voyez, me voulez-vous ordonner de mourir?
Vous n'avez qu'à parler, je suis prêt d'obéir.

LYCARSIS, à part.

Je n'y puis plus tenir : il m'arrache des larmes,
Et ses tendres propos me font rendre les armes.

MYRTIL.

Que si dans votre cœur un reste d'amitié
Vous peut de mon destin donner quelque pitié
Accordez Mélicerte à mon ardente envie,
Et vous ferez bien plus que me donner la vie.

LYCARSIS.

Lève-toi.

MYRTIL.

Serez-vous sensible à mes soupirs?

LYCARSIS.

Oui.

MYRTIL.

J'obtiendrai de vous l'objet de mes désirs?

LYCARSIS.

Oui.

MYRTIL.

Vous ferez pour moi que son oncle l'oblige
A me donner sa main?

LYCARSIS.

Oui. Lève-toi, te dis-je.

MYRTIL.

O père le meilleur qui jamais ait été,
Que je baise vos mains après tant de bonté!

LYCARSIS.

Ah! que pour ses enfants un père a de foiblesse!
Peut-on rien refuser à leurs mots de tendresse?
Et ne se sent-on pas certains mouvements doux,
Quand on vient à songer que cela sort de vous?

MYRTIL.

Me tiendrez-vous au moins la parole avancée?
Ne changerez-vous point, dites-moi, de pensée?

LYCARSIS.

Non.

MYRTIL.
Me permettez-vous de vous désobéir,
Si de ces sentiments on vous fait revenir?
Prononcez le mot.
LYCARSIS.
Oui. Ah! nature! nature!
Je m'en vais trouver Mopse, et lui faire ouverture
De l'amour que sa nièce et toi vous vous portez.
MYRTIL.
Ah! que ne dois-je point à vos rares bontés!
Seul.
Quelle heureuse nouvelle à dire à Mélicerte!
Je n'accepterois pas une couronne offerte,
Pour le plaisir que j'ai de courir lui porter
Ce merveilleux succès qui la doit contenter[1].

SCÈNE VI. — ACANTHE, TYRÈNE, MYRTIL.

ACANTHE.
Ah! Myrtil, vous avez du ciel reçu des charmes
Qui nous ont préparé des matières de larmes;
Et leur naissant éclat, fatal à nos ardeurs,
De ce que nous aimons nous enlève les cœurs.
TYRÈNE.
Peut-on savoir, Myrtil, vers qui, de ces deux belles,
Vous tournerez ce choix dont courent les nouvelles?
Et sur qui doit de nous tomber ce coup affreux,
Dont se voit foudroyé tout l'espoir de nos vœux?
ACANTHE.
Ne faites point languir deux amants davantage,
Et nous dites quel sort votre cœur nous partage.
TYRÈNE.
Il vaut mieux, quand on craint ces malheurs éclatants,
En mourir tout d'un coup que trainer si longtemps.
MYRTIL.
Rendez, nobles bergers, le calme à votre flamme:
La belle Mélicerte a captivé mon âme.
Auprès de cet objet mon sort est assez doux,
Pour ne pas consentir à rien prendre sur vous;
Et, si vos vœux enfin n'ont que les miens à craindre,
Vous n'aurez, l'un ni l'autre, aucun lieu de vous plaindre.

---

[1] Cette scène, qu'on est surpris de trouver dans une si mauvaise pièce, n'en déparerait pas une très-bonne. (Auger.)

ACANTHE.
Ah! Myrtil, se peut-il que deux tristes amants...
TYRÈNE.
Est-il vrai que le ciel, sensible à nos tourments...
MYRTIL.
Oui, content de mes fers comme d'une victoire,
Je me suis excusé de ce choix plein de gloire;
J'ai de mon père encor changé les volontés,
Et l'ai fait consentir à mes félicités.
ACANTHE, à Tyrène.
Ah! que cette aventure est un charmant miracle,
Et qu'à notre poursuite elle ôte un grand obstacle!
TYRÈNE, à Acanthe.
Elle peut renvoyer ces nymphes à nos vœux,
Et nous donner moyen d'être contents tous deux.

SCÈNE VII. — NICANDRE, MYRTIL, ACANTHE, TYRÈNE.

NICANDRE.
Savez-vous en quel lieu Mélicerte est cachée?
MYRTIL.
Comment?
NICANDRE.
En diligence elle est partout cherchée.
MYRTIL.
Et pourquoi?
NICANDRE.
Nous allons perdre cette beauté.
C'est pour elle qu'ici le roi s'est transporté;
Avec un grand seigneur on dit qu'il la marie.
MYRTIL.
O ciel! Expliquez-moi ce discours, je vous prie.
NICANDRE.
Ce sont des incidents grands et mystérieux.
Oui, le roi vient chercher Mélicerte en ces lieux,
Et l'on dit qu'autrefois feu Bélise, sa mère,
Dont tout Tempé croyoit que Mopse étoit le frère...
Mais je me suis chargé de la chercher partout :
Vous saurez tout cela tantôt de bout en bout.
MYRTIL.
Ah! dieux! quelle rigueur! Eh! Nicandre, Nicandre!
ACANTHE.
Suivons aussi ses pas, afin de tout apprendre [1].

[1] Ne nous plaignons point de ce que Molière n'a pu achever ce mauvais roman héroïco-pastoral. Il a dû trouver sans peine un meilleur emploi de son temps. (Auger.)

PASTORALE COMIQUE

1666

PERSONNAGES DE LA PASTORALE

IRIS, jeune bergère.
LYCAS, riche pasteur, amant d'Iris.
PHILÈNE, riche pasteur, amant d'Iris.
CORYDON, jeune berger, confident de Lycas, amant d'Iris.
UN PATRE, ami de Philène.
UN BERGER.

PERSONNAGES DU BALLET

MAGICIENS dansants.
MAGICIENS chantants.
DÉMONS dansants.
PAYSANS.
UNE ÉGYPTIENNE chantante et dansante.
ÉGYPTIENS dansants.

La scène est en Thessalie, dans un hameau de la vallée de Tempé.

SCÈNE I[1]. — LYCAS, CORYDON.

SCÈNE II. — LYCAS; MAGICIENS chantants et dansants; DÉMONS.
PREMIÈRE ENTRÉE DE BALLET.

Deux magiciens commencent, en dansant, un enchantement pour embellir Lycas; ils frappent la terre avec leurs baguettes, et en font sortir six démons, qui se joignent à eux. Trois magiciens sortent aussi de dessous terre.

TROIS MAGICIENS CHANTANTS.

Déesse des appas,
Ne nous refuse pas
La grâce qu'implorent nos bouches.
Nous t'en prions par tes rubans,
Par tes boucles de diamants,

Cette pièce trouva aussi sa place dans le *Ballet des Muses*, et fit partie de la fête donnée à Saint-Germain-en-Laye. Elle n'est susceptible d'aucune observation. Molière, avant de mourir, l'avait brûlée : on n'en a conservé que les paroles chantées, qui ont été recueillies dans la partition de Lulli, auteur de la musique. Ces morceaux n'ont point de liaison, et ne peuvent indiquer ce qu'était cette pièce, quand le dialogue existait. (Petitot.)

Ton rouge, ta poudre, tes mouches,
Ton masque, ta coiffe, et tes gants.

UN MAGICIEN, seul.

O toi qui peux rendre agréables
Les visages les plus mal faits,
Répands, Vénus, de tes attraits
Deux ou trois doses charitables
Sur ce museau tondu tout frais!

LES TROIS MAGICIENS CHANTANTS.

Déesse des appas,
Ne nous refuse pas
La grâce qu'implorent nos bouches.
Nous t'en prions par tes rubans,
Par tes boucles de diamants,
Ton rouge, ta poudre, tes mouches,
Ton masque, ta coiffe, et tes gants.

SECONDE ENTRÉE DE BALLET.

Les six démons dansants habillent Lycas d'une manière ridicule et bizarre.

LES TROIS MAGICIENS CHANTANTS.

Ah! qu'il est beau,
Le jouvenceau!
Ah! qu'il est beau! ah! qu'il est beau!
Qu'il va faire mourir de belles!
Auprès de lui, les plus cruelles
Ne pourront tenir dans leur peau.
Ah! qu'il est beau,
Le jouvenceau!
Ah! qu'il est beau! ah! qu'il est beau!
Ho, ho, ho, ho, ho, ho, ho, ho!

TROISIÈME ENTRÉE DE BALLET.

Les magiciens et les démons continuent leurs danses, tandis que les trois magiciens chantants continuent à se moquer de Lycas.

LES TROIS MAGICIENS CHANTANTS.

Qu'il est joli,
Gentil, poli!
Qu'il est joli! qu'il est joli!
Est-il des yeux qu'il ne ravisse?
Il passe en beauté feu Narcisse,
Qui fut un blondin accompli

SCÈNE III. 249

Qu'il est joli,
Gentil, poli !
Qu'il est joli ! qu'il est joli !
Hi, hi, hi, hi, hi, hi, hi, hi !

Les trois magiciens chantants s'enfoncent dans la terre, et les magiciens dansants disparoissent.

SCÈNE III. — LYCAS, PHILÈNE.

PHILÈNE, sans voir Lycas, chante.

Paissez, chères brebis, les herbettes naissantes ;
Ces prés et ces ruisseaux ont de quoi vous charmer :
Mais, si vous désirez vivre toujours contentes,
　　Petites innocentes,
　　Gardez-vous bien d'aimer.

LYCAS, sans voir Philène.

Ce pasteur, voulant faire des vers pour sa maîtresse, prononce le nom d'Iris assez haut pour que Philène l'entende.

PHILÈNE, à Lycas.

Est-ce toi que j'entends, téméraire ? Est-ce toi
Qui nommes la beauté qui me tient sous sa loi ?

LYCAS.

Oui, c'est moi ; oui, c'est moi.

PHILÈNE.

Oses-tu bien, en aucune façon,
　　Proférer ce beau nom ?

LYCAS.

Eh ! pourquoi non ? eh ! pourquoi non ?

PHILÈNE.

Iris charme mon âme ;
Et qui pour elle aura
Le moindre brin de flamme,
Il s'en repentira.

LYCAS.

Je me moque de cela.
Je me moque de cela.

PHILÈNE.

Je t'étranglerai, mangerai,
Si tu nommes jamais ma belle ;
Ce que je dis, je le ferai,
Je t'étranglerai, mangerai.
Il suffit que j'en ai juré :
Quand les dieux prendroient ta querelle,
Je t'étranglerai, mangerai,

Si tu nommes jamais ma belle.

LYCAS.

Bagatelle, bagatelle.

SCÈNE IV. — IRIS, LYCAS.

SCÈNE V. — LYCAS, UN PATRE.

Un pâtre apporte à Lycas un cartel de la part de Philène.

SCÈNE VI. — LYCAS, CORYDON.

SCÈNE VII. — PHILÈNE, LYCAS.

PHILÈNE chante.

Arrête, malheureux !
Tourne, tourne visage ;
Et voyons qui des deux
Obtiendra l'avantage.

LYCAS.

Lycas hésite à se battre.

PHILÈNE.

C'est par trop discourir ;
Allons, il faut mourir.

SCÈNE VIII. — PHILÈNE, LYCAS, PAYSANS.

Les paysans viennent pour séparer Philène et Lycas.

QUATRIÈME ENTRÉE DE BALLET.

Les paysans prennent querelle en voulant séparer les deux pasteurs, et dansent en se battant.

SCÈNE IX. — CORYDON, LYCAS, PHILÈNE, PAYSANS.

Corydon, par ses discours, trouve moyen d'apaiser la querelle des paysans.

CINQUIÈME ENTRÉE DE BALLET.

Les paysans réconciliés dansent ensemble.

SCÈNE X. — CORYDON, LYCAS, PHILÈNE.

SCÈNE XI. — IRIS, CORYDON.

SCÈNE XII. — PHILÈNE, LYCAS, IRIS, CORYDON.

Lycas et Philène, amants de la bergère, la pressent de décider lequel des deux aura la préférence.

PHILÈNE, à Iris.

N'attendez pas qu'ici je me vante moi-même,
Pour le choix que vous balancez;
Vous avez des yeux, je vous aime;
C'est vous en dire assez.

La bergère décide en faveur de Corydon.

SCÈNE XIII. — PHILÈNE, LYCAS.

PHILÈNE chante.

Hélas! peut-on sentir de plus vive douleur?
Nous préférer un servile pasteur!
O ciel!

LYCAS chante.

O sort!

PHILÈNE.

Quelle rigueur!

LYCAS.

Quel coup!

PHILÈNE.

Quoi! tant de pleurs,

LYCAS.

Tant de persévérance,

PHILÈNE.

Tant de langueur,

LYCAS.

Tant de souffrance,

PHILÈNE.

Tant de vœux,

LYCAS.

Tant de soins,

PHILÈNE.

Tant d'ardeur,

LYCAS.

Tant d'amour.

PHILÈNE.

Avec tant de mépris sont traités en ce jour!
Ah! cruelle!

LYCAS.

Cœur dur!

PHILÈNE.
Tigresse!
LYCAS.
Inexorable!
PHILÈNE.
Inhumaine!
LYCAS.
Inflexible!
PHILÈNE.
Ingrate!
LYCAS.
Impitoyable!
PHILÈNE.
Tu veux donc nous faire mourir?
Il te faut contenter.
LYCAS.
Il te faut obéir.
PHILÈNE, tirant son javelot.
Mourons, Lycas.
LYCAS, tirant son javelot.
Mourons, Philène.
PHILÈNE.
Avec ce fer, finissons notre peine.
LYCAS.
Pousse.
PHILÈNE.
Ferme.
LYCAS.
Courage.
PHILÈNE.
Allons, va le premier.
LYCAS.
Non, je veux marcher le dernier.
PHILÈNE.
Puisque même malheur aujourd'hui nous assemble,
Allons, partons ensemble.

SCÈNE XIV. — UN BERGER, LYCAS, PHILÈNE.

LE BERGER chante.
Ah! quelle folie
De quitter la vie
Pour une beauté
Dont on est rebuté!
On peut pour un objet aimable,

Dont le cœur nous est favorable,
Vouloir perdre la clarté ;
Mais quitter la vie
Pour une beauté
Dont on est rebuté,
Ah ! quelle folie !

SCÈNE XV. — UNE ÉGYPTIENNE, ÉGYPTIENS dansants.

L'ÉGYPTIENNE.

D'un pauvre cœur
Soulagez le martyre ;
D'un pauvre cœur
Soulagez la douleur.
J'ai beau vous dire
Ma vive ardeur,
Je vous vois rire
De ma langueur.
Ah ! cruelle, j'expire
Sous tant de rigueur.
D'un pauvre cœur
Soulagez le martyre ;
D'un pauvre cœur
Soulagez la douleur.

SIXIÈME ENTRÉE DE BALLET.

Douze Égyptiens, dont quatre jouent de la guitare, quatre des castagnettes, quatre des gnacares[1], dansent avec l'Égyptienne, aux chansons qu'elle chante.

L'ÉGYPTIENNE.

Croyez-moi, hâtons-nous, ma Sylvie,
Usons bien des moments précieux ;
Contentons ici notre envie,
De nos ans le feu nous y convie,
Nous ne saurions, vous et moi, faire mieux.

Quand l'hiver a glacé nos guérets,
Le printemps vient reprendre sa place,
Et ramène à nos champs leurs attraits ;
Mais, hélas ! quand l'âge nous glace,
Nos beaux jours ne reviennent jamais.

---

[1] Les *gnacares* étaient une espèce de cymbales. Le nom de cet instrument est italien : *gnaccare* ou *gnacchere*.

Ne cherchons tous les jours qu'à nous plaire.
Soyons-y l'un et l'autre empressés ;
Du plaisir faisons notre affaire,
Des chagrins songeons à nous défaire ;
Il vient un temps où l'on en prend assez.

Quand l'hiver a glacé nos guérets,
Le printemps vient reprendre sa place,
Et ramène à nos champs leurs attraits ;
Mais, hélas ! quand l'âge nous glace,
Nos beaux jours ne reviennent jamais.

NOMS DES PERSONNES

QUI RÉCITOIENT, CHANTOIENT ET DANSOIENT

DANS LA PASTORALE

IRIS, mademoiselle DE BRIE.
LYCAS, le sieur MOLIÈRE.
PHILÈNE, le sieur ESTIVAL.
CORYDON, le sieur DE LA GRANGE.
UN BERGER, le sieur BLONDEL.
UN PATRE, le sieur DE CHATEAUNEUF.
MAGICIENS dansants, les sieurs LA PIERRE, FAVIER.
MAGICIENS chantants, les sieurs LEGROS, DON, GAYE.
DÉMONS dansants, les sieurs CHICANNEAU, BONNARD, NOBLET le cadet, ARNALD, MAYEU, FOIGNARD.
PAYSANS, les sieurs DOLIVET, DESONETS, DU PRON, LA PIERRE, MERCIER, PESAN, LE ROY.
ÉGYPTIENNE dansante et chantante, le sieur NOBLET l'aîné.
ÉGYPTIENS dansants : quatre jouant de la guitare, les sieurs LULLI, BEAUCHAMP, CHICANNEAU, VAIGART ; quatre jouant des castagnettes, les sieurs FAVIER, BONNARD, SAINT-ANDRÉ, ARNALD ; quatre jouant des gnacares, les sieurs LA MARRE, DES AIRS second, DU FEU, PESAN.

LE SICILIEN

ou

L'AMOUR PEINTRE

COMÉDIE-BALLET EN UN ACTE

1667

PERSONNAGES DE LA COMÉDIE

DON PÈDRE, gentilhomme sicilien.
ADRASTE, gentilhomme françois, amant d'Isidore.
ISIDORE, Grecque, esclave de don Pèdre.
ZAÏDE, jeune esclave.
UN SÉNATEUR.
HALI, Turc, esclave d'Adraste.
DEUX LAQUAIS.

PERSONNAGES DU BALLET

MUSICIENS.
ESCLAVE chantant.
ESCLAVES dansants.
MAURES et MAURESQUES dansants.

SCÈNE I. — HALI, MUSICIENS.

HALI, aux musiciens.

Chut. N'avancez pas davantage, et demeurez dans cet endroit, jusqu'à ce que je vous appelle.

SCÈNE II. — HALI, seul.

Il fait noir comme dans un four : le ciel s'est habillé ce soir en Scaramouche[1], et je ne vois pas une étoile qui montre le bout de son nez. Sotte condition que celle d'un esclave, de ne vivre jamais pour soi, et d'être toujours tout entier aux passions d'un maître, de n'être réglé que par ses humeurs, et de se voir réduit à faire ses propres affaires de tous les soucis qu'il peut prendre! Le mien me fait ici

---

[1] *Scaramouche* était un personnage bouffon de l'ancien théâtre italien, qui était habillé de noir de la tête aux pieds, et dont le masque même était rayé de noir au front, aux joues et au menton. (Auger.)

épouser ses inquiétudes; et, parce qu'il est amoureux, il faut que nuit et jour je n'aie aucun repos. Mais voici des flambeaux, et, sans doute, c'est lui.

SCÈNE III. — ADRASTE; DEUX LAQUAIS, portant chacun un flambeau; HALI.

ADRASTE.

Est-ce toi, Hali?

HALI.

Et qui pourroit-ce être que moi? A ces heures de nuit, hors vous et moi, monsieur, je ne crois pas que personne s'avise de courir maintenant les rues.

ADRASTE.

Aussi ne crois-je pas qu'on puisse voir personne qui sente dans son cœur la peine que je sens. Car, enfin, ce n'est rien d'avoir à combattre l'indifférence ou les rigueurs d'une beauté qu'on aime, on a toujours au moins le plaisir de la plainte et la liberté des soupirs; mais ne pouvoir trouver aucune occasion de parler à ce qu'on adore, ne pouvoir savoir d'une belle si l'amour qu'inspirent ses yeux est pour lui plaire ou lui déplaire, c'est la plus fâcheuse, à mon gré, de toutes les inquiétudes; et c'est où me réduit l'incommode jaloux qui veille, avec tant de souci, sur ma charmante Grecque, et ne fait pas un pas sans la traîner à ses côtés.

HALI.

Mais il est, en amour, plusieurs façons de se parler; et il me semble, à moi, que vos yeux et les siens, depuis près de deux mois, se sont dit bien des choses.

ADRASTE.

Il est vrai qu'elle et moi souvent nous nous sommes parlé des yeux; mais comment reconnoître que, chacun de notre côté, nous ayons, comme il faut, expliqué ce langage? Et que sais-je, après tout, si elle entend bien tout ce que mes regards lui disent, et si les siens me disent ce que je crois parfois entendre?

HALI.

Il faut chercher quelque moyen de se parler d'autre manière.

ADRASTE.

As-tu là tes musiciens?

HALI.

Oui.

ADRASTE.

Fais-les approcher. (Seul.) Je veux jusques au jour les faire ici chanter, et voir si leur musique n'obligera point cette belle à paroître à quelque fenêtre.

SCÈNE IV. — ADRASTE, HALI, MUSICIENS.

HALI.

Les voici. Que chanteront-ils?

ADRASTE.

Ce qu'ils jugeront de meilleur.

HALI.

Il faut qu'ils chantent un trio qu'ils me chantèrent l'autre jour.

ADRASTE.

Non. Ce n'est pas ce qu'il me faut.

HALI.

Ah! monsieur, c'est du beau bécarre.

ADRASTE.

Que diantre veux-tu dire avec ton beau bécarre?

HALI.

Monsieur, je tiens pour le bécarre. Vous savez que je m'y connois. Le bécarre me charme; hors du bécarre, point de salut en harmonie. Écoutez un peu ce trio.

ADRASTE.

Non. Je veux quelque chose de tendre et de passionné, quelque chose qui m'entretienne dans une douce rêverie.

HALI.

Je vois bien que vous êtes pour le bémol; mais il y a moyen de nous contenter l'un et l'autre. Il faut qu'ils vous chantent une certaine scène d'une petite comédie que je leur ai vu essayer. Ce sont deux bergers amoureux, tout remplis de langueur, qui, sur bémol, viennent séparément faire leurs plaintes dans un bois, puis se découvrent l'un à l'autre la cruauté de leurs maîtresses; et là-dessus vient un berger joyeux avec un bécarre admirable, qui se moque de leur foiblesse.

ADRASTE.

J'y consens. Voyons ce que c'est.

HALI.

Voici, tout juste, un lieu propre à servir de scène; et voilà deux flambeaux pour éclairer la comédie.

ADRASTE.

Place-toi contre ce logis, afin qu'au moindre bruit que l'on fera dedans, je fasse cacher les lumières [1].

---

[1] L'espèce de sérénade que donne Adraste à la belle Isidore doit faire supposer que la scène se passe dans la rue. Les scènes chantées qui suivent furent mises en musique par Lulli. (Bret.)

LE SICILIEN.

FRAGMENT DE COMÉDIE

CHANTÉ ET ACCOMPAGNÉ

PAR LES MUSICIENS QU'HALI A AMENÉS

SCÈNE I

PHILÈNE, TIRCIS.

PREMIER MUSICIEN, représentant Philène.
Si du triste récit de mon inquiétude
Je trouble le repos de votre solitude,
 Rochers, ne soyez point fâchés;
Quand vous saurez l'excès de mes peines secrètes,
  Tout rochers que vous êtes,
  Vous en serez touchés.
  DEUXIÈME MUSICIEN, représentant Tircis.
Les oiseaux réjouis, dès que le jour s'avance,
Recommencent leurs chants dans ces vastes forêts;
 Et moi, j'y recommence
Mes soupirs languissants et mes tristes regrets.
  Ah! mon cher Philène!
   PHILÈNE.
  Ah! mon cher Tircis!
   TIRCIS.
  Que je sens de peine!
   PHILÈNE.
  Que j'ai de soucis!
   TIRCIS.
Toujours sourde à mes vœux est l'ingrate Climène.
   PHILÈNE.
Chloris n'a point pour moi de regards adoucis.
   TOUS DEUX ENSEMBLE.
 O loi trop inhumaine!
Amour, si tu ne peux les contraindre d'aimer,
Pourquoi leur laisses-tu le pouvoir de charmer?

SCÈNE II

PHILÈNE, TIRCIS, UN PATRE.

TROISIÈME MUSICIEN, représentant un pâtre.
Pauvres amants, quelle erreur
D'adorer des inhumaines!
Jamais les âmes bien saines

Ne se payent de rigueur,
Et les faveurs sont les chaînes
Qui doivent lier un cœur.
On voit cent belles ici,
Auprès de qui je m'empresse;
A leur vouer ma tendresse
Je mets mon plus doux souci;
Mais, lorsque l'on est tigresse,
Ma foi, je suis tigre aussi.

PHILÈNE ET TIRCIS, ensemble.

Heureux, hélas! qui peut aimer ainsi!

HALI.

Monsieur, je viens d'ouïr quelque bruit au dedans.

ADRASTE.

Qu'on se retire vite, et qu'on éteigne les flambeaux.

SCÈNE V. — DON PÈDRE, ADRASTE, HALI.

DON PÈDRE, sortant de sa maison, en bonnet de nuit et en robe de chambre, avec une épée sous son bras.

Il y a quelque temps que j'entends chanter à ma porte; et sans doute cela ne se fait pas pour rien. Il faut que, dans l'obscurité, je tâche à découvrir quelles gens ce peuvent être.

ADRASTE.

Hali!

HALI.

Quoi?

ADRASTE.

N'entends-tu plus rien?

HALI.

Non. (Don Pèdre est derrière eux, qui les écoute.)

ADRASTE.

Quoi! tous nos efforts ne pourront obtenir que je parle un moment à cette aimable Grecque! et ce jaloux maudit, ce traître de Sicilien, me fermera toujours tout accès auprès d'elle!

HALI.

Je voudrois, de bon cœur, que le diable l'eût emporté, pour la fatigue qu'il nous donne, le fâcheux, le bourreau qu'il est! Ah! si nous le tenions ici, que je prendrois de joie à venger sur son dos tous les pas inutiles que sa jalousie nous fait faire!

ADRASTE.

Si faut-il bien[1], pourtant, trouver quelque moyen, quelque invention,

---

[1] Pour: encore faut-il bien.

quelque ruse, pour attraper notre brutal. J'y suis trop engagé pour en avoir le démenti; et, quand j'y devrois employer...

HALI.

Monsieur, je ne sais pas ce que cela veut dire, mais la porte est ouverte; et, si vous le voulez, j'entrerai doucement pour découvrir d'où cela vient. (Don Pèdre se retire sur sa porte.)

ADRASTE.

Oui, fais; mais sans faire de bruit. Je ne m'éloigne pas de toi. Plût au ciel que ce fût la charmante Isidore!

DON PÈDRE, donnant un soufflet à Hali.

Qui va là?

HALI, rendant le soufflet à don Pèdre.

Ami[1].

DON PÈDRE.

Holà! Francisque, Dominique, Simon, Martin, Pierre, Thomas, Georges, Charles, Barthélemy! Allons, promptement, mon épée, ma rondache, ma hallebarde, mes pistolets, mes mousquetons, mes fusils! Vite, dépêchez! Allons, tue, point de quartier!

SCÈNE VI. — ADRASTE, HALI.

ADRASTE.

Je n'entends remuer personne. Hali! Hali!

HALI, caché dans un coin.

Monsieur?

ADRASTE.

Où donc te caches-tu?

HALI.

Ces gens sont-ils sortis?

ADRASTE.

Non. Personne ne bouge.

HALI, sortant d'où il étoit caché.

S'ils viennent, ils seront frottés.

ADRASTE.

Quoi! tous nos soins seront donc inutiles! Et toujours ce fâcheux jaloux se moquera de nos desseins!

HALI.

Non. Le courroux du point d'honneur me prend : il ne sera pas dit qu'on triomphe de mon adresse : ma qualité de fourbe s'indigne de tous ces obstacles, et je prétends faire éclater les talents que j'ai eus du ciel.

ADRASTE.

Je voudrois seulement que, par quelque moyen, par un billet, par

[1] Voilà une de ces saillies inattendues et vraiment comiques qui font éclater le rire le plus franc. (Auger.)

quelque bouche, elle fût avertie des sentiments qu'on a pour elle, te savoir les siens là-dessus. Après, on peut trouver facilement les moyens...

HALI.

Laissez-moi faire seulement. J'en essayerai tant de toutes les manières, que quelque chose enfin nous pourra réussir. Allons, le jour paroît; je vais chercher mes gens, et venir attendre, en ce lieu, que notre jaloux sorte.

SCÈNE VII. — DON PÈDRE, ISIDORE.

ISIDORE.

Je ne sais pas quel plaisir vous prenez à me réveiller si matin. Cela s'ajuste assez mal, ce me semble, au dessein que vous avez pris de me faire peindre aujourd'hui; et ce n'est guère pour avoir le teint frais et les yeux brillants que se lever ainsi dès la pointe du jour.

DON PÈDRE.

J'ai une affaire qui m'oblige à sortir à l'heure qu'il est.

ISIDORE.

Mais l'affaire que vous avez eût bien pu se passer, je crois, de ma présence; et vous pouviez, sans vous incommoder, me laisser goûter les douceurs du sommeil du matin.

DON PÈDRE.

Oui. Mais je suis bien aise de vous voir toujours avec moi. Il n'est pas mal de s'assurer un peu contre les soins des surveillants; et, cette nuit encore, on est venu chanter sous nos fenêtres.

ISIDORE.

Il est vrai. La musique en étoit admirable.

DON PÈDRE.

C'étoit pour vous que cela se faisoit.

ISIDORE.

Je le veux croire ainsi, puisque vous me le dites.

DON PÈDRE.

Vous savez qui étoit celui qui donnoit cette sérénade?

ISIDORE.

Non pas; mais, qui que ce puisse être, je lui suis obligée.

DON PÈDRE.

Obligée?

ISIDORE.

Sans doute, puisqu'il cherche à me divertir.

DON PÈDRE.

Vous trouvez donc bon qu'il vous aime?

ISIDORE.

Fort bon. Cela n'est jamais qu'obligeant.

DON PÈDRE.

Et vous voulez du bien à tous ceux qui prennent ce soin?

ISIDORE.

Assurément.

DON PÈDRE.

C'est dire fort net ses pensées.

ISIDORE.

A quoi bon de dissimuler? Quelque mine qu'on fasse, on est toujours bien aise d'être aimée. Ces hommages à nos appas ne sont jamais pour nous déplaire. Quoi qu'on en puisse dire, la grande ambition des femmes est, croyez-moi, d'inspirer de l'amour. Tous les soins qu'elles prennent ne sont que pour cela, et l'on n'en voit point de si fière qui ne s'applaudisse en son cœur des conquêtes que font ses yeux.

DON PÈDRE.

Mais, si vous prenez, vous, du plaisir à vous voir aimée, savez-vous bien, moi, qui vous aime, que je n'y en prends nullement?

ISIDORE.

Je ne sais pourquoi cela; et, si j'aimois quelqu'un, je n'aurois point de plus grand plaisir que de le voir aimé de tout le monde. Y a-t-il rien qui marque davantage la beauté du choix que l'on fait? Et n'est-ce pas pour s'applaudir que ce que nous aimons soit trouvé fort aimable?

DON PÈDRE.

Chacun aime à sa guise, et ce n'est pas là ma méthode. Je serai fort ravi qu'on ne vous trouve point si belle, et vous m'obligerez de n'affecter pas tant de la[1] paroître à d'autres yeux.

ISIDORE.

Quoi! jaloux de ces choses-là?

DON PÈDRE.

Oui, jaloux de ces choses-là, mais jaloux comme un tigre, et, si vous voulez, comme un diable. Mon amour vous veut toute à moi. Sa délicatesse s'offense d'un souris, d'un regard qu'on vous peut arracher; et tous les soins qu'on me voit prendre ne sont que pour fermer tout accès aux galants et m'assurer la possession d'un cœur dont je ne puis souffrir qu'on me vole la moindre chose.

ISIDORE.

Certes, voulez-vous que je dise? vous prenez un mauvais parti; et la possession d'un cœur est fort mal assurée, lorsqu'on prétend le retenir par force. Pour moi, je vous l'avoue, si j'étois galant d'une femme

---

[1] Les grammairiens avaient signalé comme invariable le pronom *le*, quand il tient la place d'un adjectif ou d'un substantif pris adjectivement. Leur décision a prévalu. Molière et beaucoup d'autres écrivains ont manqué à cette règle. Madame de Sévigné aurait cru, disait-elle, avoir de la barbe si, à cette question, *Êtes-vous enrhumée?* elle avait répondu: *Je le suis.*

qui fût au pouvoir de quelqu'un, je mettrois toute mon étude à rendre ce quelqu'un jaloux et l'obliger à veiller nuit et jour celle que je voudrois gagner. C'est un admirable moyen d'avancer ses affaires, et l'on ne tarde guère à profiter du chagrin et de la colère que donnent à l'esprit d'une femme la contrainte et la servitude.

DON PÈDRE.

Si bien donc que si quelqu'un vous en contoit, il vous trouveroit disposée à recevoir ses vœux?

ISIDORE.

Je ne vous dis rien là-dessus. Mais les femmes, enfin, n'aiment pas qu'on les gêne; et c'est beaucoup risquer que de leur montrer des soupçons et de les tenir renfermées.

DON PÈDRE.

Vous reconnoissez peu ce que vous me devez; et il me semble qu'une esclave que l'on a affranchie et dont on veut faire sa femme...

ISIDORE.

Quelle obligation vous ai-je, si vous changez mon esclavage en un autre beaucoup plus rude, si vous ne me laissez jouir d'aucune liberté, et me fatiguez, comme on voit, d'une garde continuelle?

DON PÈDRE.

Mais tout cela ne part que d'un excès d'amour.

ISIDORE.

Si c'est votre façon d'aimer, je vous prie de me haïr.

DON PÈDRE.

Vous êtes aujourd'hui dans une humeur désobligeante; et je pardonne ces paroles au chagrin où vous pouvez être de vous être levée matin.

SCÈNE VIII. — DON PÈDRE, ISIDORE; HALI, habillé en Turc, faisant plusieurs révérences à don Pèdre.

DON PÈDRE.

Trêve aux cérémonies. Que voulez-vous?

HALI, se mettant entre don Pèdre et Isidore. Il se tourne vers Isidore, à chaque parole qu'il dit à don Pèdre, et lui fait des signes pour lui faire connoître le dessein de son maître.

Signor (avec la permission de la signore), je vous dirai (avec la permission de la signore) que je viens vous trouver (avec la permission de la signore), pour vous prier (avec la permission de la signore) de vouloir bien (avec la permission de la signore)...

DON PÈDRE.

Avec la permission de la signore, passez un peu de ce côté. (Don Pèdre se met entre Hali et Isidore.)

HALI.

Signor, je suis un virtuose.

DON PÈDRE.

Je n'ai rien à donner.

HALI.

Ce n'est pas ce que je demande. Mais, comme je me mêle un peu de musique et de danse, j'ai instruit quelques esclaves qui voudroient bien trouver un maître qui se plût à ces choses; et, comme je sais que vous êtes une personne considérable, je voudrois vous prier de les voir et de les entendre, pour les acheter, s'ils vous plaisent, ou pour leur enseigner quelqu'un de vos amis qui voulût s'en accommoder.

ISIDORE.

C'est une chose à voir, et cela nous divertira. Faites-les-nous venir.

HALI.

Chala bala... Voici une chanson nouvelle, qui est du temps. Écoutez bien. Chala bala.

SCÈNE IX. — DON PÈDRE, ISIDORE, HALI, ESCLAVES TURCS.

UN ESCLAVE chantant, à Isidore.

D'un cœur ardent, en tous lieux,
Un amant suit une belle;
Mais d'un jaloux odieux
La vigilance éternelle
Fait qu'il ne peut que des yeux
S'entretenir avec elle.
Est-il peine plus cruelle
Pour un cœur bien amoureux?

A don Pèdre.

Chiribirida ouch alla,
   Star bon Turca,
  Non aver danara :
  Ti voler comprara?
   Mi servi à ti,
  Se pagar per mi;
  Far bona cucina,
  Mi levar matina,
  Far boller caldara.
  Parlara, parlara,
  Ti voler comprara [1]?

---

[1] Voici le sens de ce couplet : « Je suis bon Turc, je n'ai point d'argent. Voulez-vous m'acheter? je vous servirai, si vous payez pour moi. Je ferai une bonne cuisine; je me lèverai matin; je ferai bouillir la marmite. Parlez, parlez, voulez-vous m'acheter? » (Auger.)

SCÈNE IX.

PREMIÈRE ENTRÉE DE BALLET.

Danse des esclaves.

L'ESCLAVE, à Isidore.

C'est un supplice, à tous coups,
Sous qui cet amant expire;
Mais, si d'un œil un peu doux
La belle voit son martyre,
Et consent qu'aux yeux de tous
Pour ses attraits il soupire,
Il pourroit bientôt se rire
De tous les soins du jaloux.

A don Pèdre.

Chiribirida ouch alla,
   Star bon Turca,
  Non aver danara :
  Ti voler comprara?
   Mi servir à ti,
   Se pagar per mi;
  Far bona cucina,
  Mi levar matina,
  Far boller caldara.
  Parlara, parlara,
  Ti voler comprara?

SECONDE ENTRÉE DE BALLET.

Les esclaves recommencent leur danse.

DON PÈDRE chante.

Savez-vous, mes drôles,
Que cette chanson
Sent pour vos épaules
Les coups de bâton?
Chiribirida ouch alla,
  Mi ti non comprara,
  Ma ti bastonara,
  Si ti non andara;
  Andara, andara.
  O ti bastonara[1].

Oh! oh! quels égrillards! (A Isidore.) Allons, rentrons ici : j'ai changé de pensée; et puis, le temps se couvre un peu. (A Hali, qui paroît encore.) Ah! fourbe! que je vous y trouve!

---

[1] « Je ne t'achèterai pas; mais je te bâtonnerai, si tu ne t'en vas pas. Va-t'en, va-t'en, ou je te bâtonnerai. » (Auger.)

HALI.

Eh bien, oui, mon maître l'adore. Il n'a point de plus grand désir que de lui montrer son amour; et, si elle y consent, il la prendra pour femme.

DON PÈDRE.

Oui, oui. Je la lui garde.

HALI.

Nous l'aurons malgré vous.

DON PÈDRE.

Comment! coquin...

HALI.

Nous l'aurons, dis-je, en dépit de vos dents.

DON PÈDRE.

Si je prends...

HALI.

Vous avez beau faire la garde, j'en ai juré, elle sera à nous.

DON PÈDRE.

Laisse-moi faire, je t'attraperai sans courir.

HALI.

C'est nous qui vous attraperons. Elle sera notre femme, la chose est résolue. (Seul.) Il faut que j'y périsse, ou que j'en vienne à bout.

SCÈNE X. — ADRASTE, HALI, DEUX LAQUAIS.

ADRASTE.

Eh bien, Hali, nos affaires s'avancent-elles?

HALI.

Monsieur, j'ai déjà fait quelque petite tentative; mais je...

ADRASTE.

Ne te mets point en peine; j'ai trouvé, par hasard, tout ce que je voulois; et je vais jouir du bonheur de voir chez elle cette belle. Je me suis rencontré chez le peintre Damon, qui m'a dit qu'aujourd'hui il venoit faire le portrait de cette adorable personne; et, comme il est depuis longtemps de mes plus intimes amis, il a voulu servir mes feux, et m'envoie à sa place, avec un petit mot de lettre pour me faire accepter. Tu sais que, de tout temps, je me suis plu à la peinture, et que parfois je manie le pinceau, contre la coutume de France, qui ne veut pas qu'un gentilhomme sache rien faire : ainsi j'aurai la liberté de voir cette belle à mon aise. Mais je ne doute pas que mon jaloux fâcheux ne soit toujours présent, et n'empêche tous les propos que nous pourrions avoir ensemble; et, pour te dire vrai, j'ai, par le moyen d'une jeune esclave, un stratagème prêt pour tirer cette belle Grecque des mains de son jaloux, si je puis obtenir d'elle qu'elle y consente.

SCÈNE XI.

HALI.

Laissez-moi faire, je veux vous faire un peu de jour à la pouvoir entretenir. (Il parle bas à l'oreille d'Adraste.) Il ne sera pas dit que je ne serve de rien dans cette affaire-là. Quand y allez-vous?

ADRASTE.

Tout de ce pas, et j'ai déjà préparé toutes choses.

HALI.

Je vais, de mon côté, me préparer aussi.

ADRASTE.

Je ne veux point perdre de temps. Holà! il me tarde que je ne goûte le plaisir de la voir.

SCÈNE XI. — DON PÈDRE, ADRASTE, DEUX LAQUAIS.

DON PÈDRE.

Que cherchez-vous, cavalier, dans cette maison [1]?

ADRASTE.

J'y cherche le seigneur don Pèdre.

DON PÈDRE.

Vous l'avez devant vous.

ADRASTE.

Il prendra, s'il lui plaît, la peine de lire cette lettre.

DON PÈDRE.

« Je vous envoie, au lieu de moi, pour le portrait que vous savez,
« ce gentilhomme françois, qui, comme curieux d'obliger les honnêtes
« gens, a bien voulu prendre ce soin, sur la proposition que je lui en
« ai faite. Il est, sans contredit, le premier homme du monde pour
« ces sortes d'ouvrages, et j'ai cru que je ne vous pouvois rendre un
« service plus agréable que de vous l'envoyer, dans le dessein que vous
« avez d'avoir un portrait achevé de la personne que vous aimez. Gar-
« dez-vous bien surtout de lui parler d'aucune récompense; car c'est
« un homme qui s'en offenseroit, et qui ne fait les choses que pour
« la gloire et la réputation. »

Seigneur François, c'est une grande grâce que vous me voulez faire, et je vous suis fort obligé.

ADRASTE.

Toute mon ambition est de rendre service aux gens de nom et de mérite.

DON PÈDRE.

Je vais faire venir la personne dont il s'agit.

---

[1] Jusqu'ici la scène a été dans la rue. Il est évident, d'après ces paroles de don Pèdre, qu'elle est maintenant dans sa maison.

SCÈNE XII. — ISIDORE, DON PÈDRE, ADRASTE, DEUX LAQUAIS.

DON PÈDRE, à Isidore.

Voici un gentilhomme que Damon nous envoie, qui se veut bien donner la peine de vous peindre. (A Adraste, qui embrasse Isidore en la saluant.) Holà! seigneur François, cette façon de saluer n'est point d'usage en ce pays.

ADRASTE.

C'est la manière de France.

DON PÈDRE.

La manière de France est bonne pour vos femmes; mais, pour les nôtres, elle est un peu trop familière.

ISIDORE.

Je reçois cet honneur avec beaucoup de joie. L'aventure me surprend fort; et, pour dire le vrai, je ne m'attendois pas d'avoir un peintre si illustre.

ADRASTE.

Il n'y a personne, sans doute, qui ne tînt à beaucoup de gloire de toucher à un tel ouvrage. Je n'ai pas grande habileté; mais le sujet, ici, ne fournit que trop de lui même, et il y a moyen de faire quelque chose de beau sur un original fait comme celui-là.

ISIDORE.

L'original est peu de chose; mais l'adresse du peintre en saura couvrir les défauts.

ADRASTE.

Le peintre n'y en voit aucun; et tout ce qu'il souhaite est d'en pouvoir représenter les grâces aux yeux de tout le monde, aussi grandes qu'il les peut voir.

ISIDORE.

Si votre pinceau flatte autant que votre langue, vous allez me faire un portrait qui ne me ressemblera pas.

ADRASTE.

Le ciel, qui fit l'original, nous ôte le moyen d'en faire un portrait qui puisse flatter.

ISIDORE.

Le ciel, quoi que vous en disiez, ne...

DON PÈDRE.

Finissons cela, de grâce. Laissons les compliments, et songeons au portrait.

ADRASTE, aux laquais.

Allons, apportez tout. (On apporte tout ce qu'il faut pour peindre Isidore.)

ISIDORE, à Adraste.

Où voulez-vous que je me place?

SCÈNE XII.

ADRASTE.

Ici. Voici le lieu le plus avantageux, et qui reçoit le mieux les vues favorables de la lumière que nous cherchons.

ISIDORE, après s'être assise.

Suis-je bien ainsi?

ADRASTE.

Oui. Levez-vous un peu, s'il vous plaît. Un peu plus de ce côté-là. Le corps tourné ainsi. La tête un peu levée, afin que la beauté du cou paroisse. Ceci un peu plus découvert. (Il découvre un peu plus sa gorge.) Bon. Là, un peu davantage; encore tant soit peu.

DON PÈDRE, à Isidore.

Il y a bien de la peine à vous mettre; ne sauriez-vous vous tenir comme il faut?

ISIDORE.

Ce sont ici des choses toutes neuves pour moi; et c'est à monsieur à me mettre de la façon qu'il veut.

ADRASTE, assis.

Voilà qui va le mieux du monde, et vous vous tenez à merveille. (La faisant tourner un peu vers lui.) Comme cela, s'il vous plaît. Le tout dépend des attitudes qu'on donne aux personnes qu'on peint.

DON PÈDRE.

Fort bien.

ADRASTE.

Un peu plus de ce côté. Vos yeux toujours tournés vers moi, je vous prie; vos regards attachés aux miens.

ISIDORE.

Je ne suis pas comme ces femmes qui veulent, en se faisant peindre, des portraits qui ne sont point elles, et ne sont point satisfaites du peintre s'il ne les fait toujours plus belles qu'elles ne sont[1]. Il faudroit, pour les contenter, ne faire qu'un portrait pour toutes; car toutes demandent les mêmes choses : un teint tout de lis et de roses, un nez bien fait, une petite bouche, et de grands yeux vifs, bien fendus; et surtout le visage pas plus gros que le poing, l'eussent-elles d'un pied de large. Pour moi, je vous demande un portrait qui soit moi, et qui n'oblige point à demander qui c'est.

ADRASTE.

Il seroit malaisé qu'on demandât cela du vôtre; et vous avez des traits à qui fort peu d'autres ressemblent. Qu'ils ont de douceurs et de charmes, et qu'on court de risque à les peindre!

DON PÈDRE.

Le nez me semble un peu trop gros.

ADRASTE.

J'ai lu, je ne sais où, qu'Apelles peignit autrefois une maîtresse

[1] VAR. S'il ne les fait toujours plus belles *que le jour.*

d'Alexandre d'une merveilleuse beauté, et qu'il en devint, la peignant, si éperdument amoureux, qu'il fut près d'en perdre la vie; de sorte qu'Alexandre, par générosité, lui céda l'objet de ses vœux. (A don Pèdre.) Je pourrois faire ici ce qu'Apelles fit autrefois; mais vous ne feriez pas, peut-être, ce que fit Alexandre. (Don Pèdre fait la grimace.)

ISIDORE, à don Pèdre.

Tout cela sent la nation; et toujours messieurs les François ont un fonds de galanterie qui se répand partout.

ADRASTE.

On ne se trompe guère à ces sortes de choses, et vous avez l'esprit trop éclairé pour ne pas voir de quelle source partent les choses qu'on vous dit. Oui, quand Alexandre seroit ici, et que ce seroit votre amant, je ne pourrois m'empêcher de vous dire que je n'ai rien vu de si beau que ce que je vois maintenant, et que...

DON PÈDRE.

Seigneur François, vous ne devriez pas, ce me semble, tant parler; cela vous détourne de votre ouvrage.

ADRASTE.

Ah! point du tout. J'ai toujours de coutume de parler quand je peins; et il est besoin, dans ces choses, d'un peu de conversation, pour réveiller l'esprit et tenir les visages dans la gaieté nécessaire aux personnes que l'on veut peindre.

SCÈNE XIII. — HALI, vêtu en Espagnol; DON PÈDRE, ADRASTE, ISIDORE.

DON PÈDRE.

Que veut cet homme-là? Et qui laisse monter les gens sans nous en venir avertir?

HALI, à don Pèdre.

J'entre ici librement; mais, entre cavaliers, telle liberté est permise. Seigneur, suis-je connu de vous?

DON PÈDRE.

Non, seigneur.

HALI.

Je suis don Gilles d'Avalos; et l'histoire d'Espagne vous doit avoir instruit de mon mérite.

DON PÈDRE.

Souhaitez-vous quelque chose de moi?

HALI.

Oui, un conseil sur un fait d'honneur. Je sais qu'en ces matières il est malaisé de trouver un cavalier plus consommé que vous; mais je vous demande, pour grâce, que nous nous tirions à l'écart.

DON PÈDRE.

Nous voilà assez loin.

SCÈNE XIII.

ADRASTE, à don Pèdre, qui le surprend parlant bas à Isidore.
J'observois de près la couleur de ses yeux.

HALI, tirant don Pèdre, pour l'éloigner d'Adraste et d'Isidore.
Seigneur, j'ai reçu un soufflet. Vous savez ce qu'est un soufflet, lorsqu'il se donne à main ouverte, sur le beau milieu de la joue. J'ai ce soufflet fort sur le cœur; et je suis dans l'incertitude, si, pour me venger de l'affront, je dois me battre avec mon homme, ou bien le faire assassiner.

DON PÈDRE.
Assassiner, c'est le plus sûr et le plus court chemin. Quel est votre ennemi?

HALI.
Parlons bas, s'il vous plaît. (Hali tient don Pèdre, en lui parlant, de façon qu'il ne peut voir Adraste.)

ADRASTE, aux genoux d'Isidore, pendant que don Pèdre et Hali parlent bas ensemble.
Oui, charmante Isidore, mes regards vous le disent depuis plus de deux mois, et vous les avez entendus. Je vous aime plus que tout ce que l'on peut aimer, et je n'ai point d'autre pensée, d'autre but, d'autre passion, que d'être à vous toute ma vie.

ISIDORE.
Je ne sais si vous dites vrai; mais vous persuadez.

ADRASTE.
Mais vous persuadé-je jusqu'à vous inspirer quelque peu de bonté pour moi?

ISIDORE.
Je ne crains que d'en trop avoir.

ADRASTE.
En aurez-vous assez pour consentir, belle Isidore, au dessein que je vous ai dit?

ISIDORE.
Je ne puis encore vous le dire.

ADRASTE
Qu'attendez-vous pour cela?

ISIDORE.
A me résoudre.

ADRASTE.
Ah! quand on aime bien, on se résout bientôt.

ISIDORE.
Eh bien, allez, oui, j'y consens.

ADRASTE.
Mais consentez-vous, dites-moi, que ce soit dès ce moment même?

ISIDORE.
Lorsqu'on est une fois résolu sur la chose, s'arrête-t-on sur le temps?

DON PÈDRE, à Hali.

Voilà mon sentiment, et je vous baise les mains.

HALI.

Seigneur, quand vous aurez reçu quelque soufflet, je suis homme aussi de conseil, et je pourrai vous rendre la pareille.

DON PÈDRE.

Je vous laisse aller sans vous reconduire ; mais, entre cavaliers, cette liberté est permise.

ADRASTE, à Isidore.

Non, il n'est rien qui puisse effacer de mon cœur les tendres témoignages... (A don Pèdre, apercevant Adraste qui parle de près à Isidore.) Je regardois ce petit trou qu'elle a du côté du menton ; et je croyois d'abord que ce fût une tache. Mais c'est assez pour aujourd'hui, nous finirons une autre fois. (A don Pèdre, qui veut voir le portrait.) Non, ne regardez rien encore ; faites serrer cela, je vous prie. (A Isidore.) Et vous, je vous conjure de ne vous relâcher point, et de garder un esprit gai, pour le dessein que j'ai d'achever notre ouvrage.

ISIDORE.

Je conserverai pour cela toute la gaieté qu'il faut.

SCÈNE XIV. — DON PÈDRE, ISIDORE.

ISIDORE.

Qu'en dites-vous ? ce gentilhomme me paroit le plus civil du monde ; et l'on doit demeurer d'accord que les François ont quelque chose en eux de poli, de galant, que n'ont point les autres nations.

DON PÈDRE.

Oui ; mais ils ont cela de mauvais qu'ils s'émancipent un peu trop, et s'attachent, en étourdis, à conter des fleurettes à tout ce qu'ils rencontrent.

ISIDORE.

C'est qu'ils savent qu'on plaît aux dames par ces choses.

DON PÈDRE.

Oui ; mais, s'ils plaisent aux dames, ils déplaisent fort aux messieurs ; et l'on n'est point bien aise de voir, sur sa moustache, cajoler hardiment sa femme ou sa maîtresse.

ISIDORE.

Ce qu'ils en font n'est que par jeu.

SCÈNE XV. — ZAÏDE, DON PÈDRE, ISIDORE.

ZAÏDE.

Ah ! seigneur cavalier, sauvez-moi, s'il vous plaît, des mains d'un mari furieux dont je suis poursuivie. Sa jalousie est incroyable, et passe, dans ses mouvements, tout ce qu'on peut imaginer. Il va jusques à vouloir que je sois toujours voilée; et, pour m'avoir trouvée le visage un peu découvert, il a mis l'épée à la main, et m'a réduite à me jeter chez vous, pour vous demander votre appui contre son injustice. Mais je le vois paroître. De grâce, seigneur cavalier, sauvez-moi de sa fureur!

DON PÈDRE, à Zaïde, lui montrant Isidore.

Entrez là dedans avec elle, et n'appréhendez rien.

SCÈNE XVI. — ADRASTE, DON PÈDRE.

DON PÈDRE.

Eh quoi! seigneur, c'est vous? Tant de jalousie pour un François? Je pensois qu'il n'y eût que nous qui en fussions capables.

ADRASTE.

Les François excellent toujours dans toutes les choses qu'ils font; et, quand nous nous mêlons d'être jaloux, nous le sommes vingt fois plus qu'un Sicilien. L'infâme croit avoir trouvé chez vous un assuré refuge; mais vous êtes trop raisonnable pour blâmer mon ressentiment. Laissez-moi, je vous prie, la traiter comme elle mérite.

DON PÈDRE.

Ah! de grâce, arrêtez. L'offense est trop petite pour un courroux si grand.

ADRASTE.

La grandeur d'une telle offense n'est pas dans l'importance des choses que l'on fait. Elle est à transgresser les ordres qu'on nous donne; et, sur de pareilles matières, ce qui n'est qu'une bagatelle devient fort criminel lorsqu'il est défendu.

DON PÈDRE.

De la façon qu'elle a parlé, tout ce qu'elle en a fait a été sans dessein; et je vous prie enfin de vous remettre bien ensemble.

ADRASTE.

Eh quoi! vous prenez son parti, vous qui êtes si délicat sur ces sortes de choses?

DON PÈDRE.

Oui, je prends son parti; et, si vous voulez m'obliger, vous oublierez votre colère, et vous vous réconcilierez tous deux. C'est une grâce que je vous demande; et je la recevrai comme un essai de l'amitié que je veux qui soit entre nous.

ADRASTE.

Il ne m'est pas permis, à ces conditions, de vous rien refuser. Je ferai ce que vous voudrez.

SCÈNE XVII. — ZAÏDE, DON PÈDRE; ADRASTE, caché dans un coin du théâtre.

DON PÈDRE, à Zaïde.

Holà! venez. Vous n'avez qu'à me suivre, et j'ai fait votre paix. Vous ne pouviez jamais mieux tomber que chez moi.

ZAÏDE.

Je vous suis obligée plus qu'on ne sauroit croire : mais je m'en vais prendre mon voile; je n'ai garde, sans lui, de paroître à ses yeux.

SCÈNE XVIII. — DON PÈDRE, ADRASTE.

DON PÈDRE.

La voici qui s'en va venir; et son âme, je vous assure, a paru toute réjouie lorsque je lui ai dit que j'avois raccommodé tout.

SCÈNE XIX. — ISIDORE, sous le voile de Zaïde; ADRASTE, DON PÈDRE.

DON PÈDRE, à Adraste.

Puisque vous m'avez bien voulu abandonner votre ressentiment, trouvez bon qu'en ce lieu je vous fasse toucher dans la main l'un de l'autre, et que tous deux je vous conjure de vivre, pour l'amour de moi, dans une parfaite union.

ADRASTE.

Oui, je vous le promets, que, pour l'amour de vous, je m'en vais, avec elle, vivre le mieux du monde.

DON PÈDRE.

Vous m'obligez sensiblement, et j'en garderai la mémoire.

ADRASTE.

Je vous donne ma parole, seigneur don Pèdre, qu'à votre considération, je m'en vais la traiter du mieux qu'il me sera possible.

DON PÈDRE.

C'est trop de grâce que vous me faites. (Seul.) Il est bon de pacifier et d'adoucir toujours les choses. Holà! Isidore, venez.

SCÈNE XX. — ZAÏDE, DON PÈDRE.

DON PÈDRE.

Comment! que veut dire cela?

ZAÏDE, sans voile.

Ce que cela veut dire? Qu'un jaloux est un monstre haï de tout le monde, et qu'il n'y a personne qui ne soit ravi de lui nuire, n'y eût-il point d'autre intérêt; que toutes les serrures et les verrous du monde ne retiennent point les personnes, et que c'est le cœur qu'il faut arrêter par la douceur et par la complaisance; qu'Isidore est entre les mains du cavalier qu'elle aime, et que vous êtes pris pour dupe.

DON PÈDRE.

Don Pèdre souffrira cette injure mortelle! Non, non : j'ai trop de cœur, et je vais demander l'appui de la justice pour pousser la perfide à bout. C'est ici le logis d'un sénateur. Holà[1]!

SCÈNE XXI. — UN SÉNATEUR, DON PÈDRE.

LE SÉNATEUR.

Serviteur, seigneur don Pèdre. Que vous venez à propos!

DON PÈDRE.

Je viens me plaindre à vous d'un affront qu'on m'a fait.

LE SÉNATEUR.

J'ai fait une mascarade la plus belle du monde.

DON PÈDRE.

Un traître de François m'a joué une pièce.

LE SÉNATEUR.

Vous n'avez, dans votre vie, jamais rien vu de si beau.

DON PÈDRE.

Il m'a enlevé une fille que j'avois affranchie.

LE SÉNATEUR.

Ce sont gens vêtus en Maures qui dansent admirablement.

DON PÈDRE.

Vous voyez si c'est une injure qui se doive souffrir.

LE SÉNATEUR.

Les habits merveilleux, et qui sont faits exprès.

DON PÈDRE.

Je demande l'appui de la justice contre cette action.

LE SÉNATEUR.

Je veux que vous voyiez cela. On la va répéter, pour en donner le divertissement au peuple.

DON PÈDRE.

Comment! de quoi parlez-vous là?

LE SÉNATEUR.

Je parle de ma mascarade.

DON PÈDRE.

Je vous parle de mon affaire.

LE SÉNATEUR.

Je ne veux point, aujourd'hui, d'autres affaires que de plaisir. Allons, messieurs, venez. Voyons si cela ira bien.

---

[1] Depuis la scène xi, l'action s'est passée dans une salle de la maison de don Pèdre. Ici, le théâtre a changé encore une fois; il représente, comme dans les premières scènes, une rue ou une place publique.

DON PÈDRE.
La peste soit du fou, avec sa mascarade!
LE SÉNATEUR.
Diantre soit le fâcheux, avec son affaire!

SCÈNE XXII. — UN SÉNATEUR, TROUPE DE DANSEURS.

TROISIÈME ENTRÉE DE BALLET.

Plusieurs danseurs, vêtus en Maures, dansent devant le sénateur, et finissent la comédie.

NOMS DES PERSONNES

QUI ONT DANSÉ ET CHANTÉ

DANS LE SICILIEN

DON PÈDRE, le sieur Molière.
ADRASTE, le sieur DE LA GRANGE.
ISIDORE, mademoiselle DE BRIE.
ZAÏDE, mademoiselle Molière.
HALI, le sieur DE LA THORILLIÈRE.
UN SÉNATEUR, le sieur DU CROISY.
MUSICIENS chantants, les sieurs BLONDEL, GAYE, NOBLET.
ESCLAVE TURC chantant, le sieur GAYE.
ESCLAVES TURCS dansants, les sieurs LE PRÊTRE, CHICANNEAU, MAYEU, PESAN.
MAURES de qualité, LE ROI, M. LE GRAND, les marquis de VILLEROI et de RASSENT.
MAURESQUES de qualité, MADAME, mademoiselle DE LA VALLIÈRE, madame DE ROCHEFORT, mademoiselle DE BRANCAS.
MAURES nus, MM. COCQUET, DE SOUVILLE, les sieurs BEAUCHAMP, NOBLET, CHICANNEAU, LA PIERRE, FAVIER et DES AIRS-GALAND.
MAURES à capot, les sieurs LA MARRE, DU FEU, ARNALD, VAGNARD, BONNARD.

L'IMPOSTEUR

OU

LE TARTUFFE

COMÉDIE EN CINQ ACTES

1667

PRÉFACE

Voici une comédie dont on a fait beaucoup de bruit, qui a été longtemps persécutée, et les gens qu'elle joue ont bien fait voir qu'ils étoient plus puissants en France que tous ceux que j'ai joués jusques ici. Les marquis, les précieuses, les cocus et les médecins, ont souffert doucement qu'on les ait représentés, et ils ont fait semblant de se divertir, avec tout le monde, des peintures que l'on a faites d'eux; mais les hypocrites n'ont point entendu raillerie; ils se sont effarouchés d'abord, et ont trouvé étrange que j'eusse la hardiesse de jouer leurs grimaces et de vouloir décrier un métier dont tant d'honnêtes gens se mêlent. C'est un crime qu'ils ne sauroient me pardonner; et ils se sont tous armés contre ma comédie avec une fureur épouvantable. Ils n'ont eu garde de l'attaquer par le côté qui les a blessés : ils sont trop politiques pour cela, et savent trop bien vivre pour découvrir le fond de leur âme. Suivant leur louable coutume, ils ont couvert leurs intérêts de la cause de Dieu; et le *Tartuffe*, dans leur bouche, est une pièce qui offense la piété. Elle est, d'un bout à l'autre, pleine d'abominations, et l'on n'y trouve rien qui ne mérite le feu. Toutes les syllabes en sont impies; les gestes mêmes y sont criminels; et le moindre coup d'œil, le moindre branlement de tête, le moindre pas à droite ou à gauche, y cachent des mystères qu'ils trouvent moyen d'expliquer à mon désavantage.

J'ai eu beau la soumettre aux lumières de mes amis, et à la censure de tout le monde; les corrections que j'y ai pu faire; le jugement du roi et de la reine, qui l'ont vue; l'approbation des grands princes et de messieurs les ministres, qui l'ont honorée publiquement de leur présence; le témoignage des gens de bien, qui l'ont trouvée profitable, tout cela n'a de rien servi. Ils n'en veulent point démordre; et, tous les jours encore, ils font crier en public des zélés indiscrets, qui me disent des injures pieusement, et me damnent par charité.

Je me soucierois fort peu de tout ce qu'ils peuvent dire, n'étoit l'artifice qu'ils ont de me faire des ennemis que je respecte, et de jeter dans leur parti de véritables gens de bien, dont ils préviennent la bonne foi, et qui, par la chaleur qu'ils ont pour les intérêts du ciel, sont faciles à recevoir les impressions qu'on veut leur donner. Voilà ce qui m'oblige à me défendre. C'est aux vrais dévots que je veux partout me justifier sur la conduite de ma comédie; et je les conjure, de tout mon cœur, de ne point condamner les choses avant que de les voir, de se défaire de toute prévention, et de ne point servir la passion de ceux dont les grimaces les déshonorent.

Si l'on prend la peine d'examiner de bonne foi ma comédie, on verra sans doute que mes intentions y sont partout innocentes, et qu'elle ne tend nullement à jouer les choses que l'on doit révérer; que je l'ai traitée avec toutes les précautions que demandoit la délicatesse de la matière; et que j'ai mis tout l'art et tous les soins qu'il m'a été possible pour bien distinguer le personnage de l'hypocrite d'avec celui du vrai dévot. J'ai employé pour cela deux actes entiers à préparer la venue de mon scélérat. Il ne tient pas un seul moment l'auditeur en balance; on le connoît d'abord aux marques que je lui donne; et, d'un bout à l'autre, il ne dit pas un mot, il ne fait pas une action, qui ne peigne aux spectateurs le caractère d'un méchant homme, et ne fasse éclater celui du véritable homme de bien que je lui oppose.

Je sais bien que, pour réponse, ces messieurs tâchent d'insinuer que ce n'est point au théâtre à parler de ces matières; mais je leur demande, avec leur permission, sur quoi ils fondent cette belle maxime. C'est une proposition qu'ils ne font que supposer, et qu'ils ne prouvent en aucune façon; et, sans doute, il ne seroit pas difficile de leur faire voir que la comédie, chez les anciens, a pris son origine de la religion, et faisoit partie de leurs mystères; que les Espagnols, nos voisins, ne célèbrent guère de fêtes où la comédie ne soit mêlée; et que même, parmi nous, elle doit sa naissance aux soins d'une confrérie à qui appartient encore aujourd'hui l'hôtel de Bourgogne ; que c'est un lieu qui fut donné pour y représenter les plus importants mystères de notre foi ; qu'on en voit encore des comédies imprimées en lettres gothiques, sous le nom d'un docteur de Sorbonne ; et, sans aller chercher si loin, que l'on a joué, de notre temps, des pièces saintes de M. de Corneille[1], qui ont été l'admiration de toute la France.

Si l'emploi de la comédie est de corriger les vices des hommes, je ne vois pas par quelle raison il y en aura de privilégiés. Celui-ci est, dans l'État, d'une conséquence bien plus dangereuse que tous les autres ; et nous avons vu que le théâtre a une grande vertu pour la correction. Les plus beaux traits d'une sérieuse morale sont moins puissants, le plus souvent, que ceux de la satire ; et rien ne reprend mieux la plupart des hommes que la peinture de leurs défauts. C'est une grande atteinte aux vices, que de les exposer à la risée de tout le monde. On souffre aisément des répréhensions ; mais on ne souffre point la raillerie. On veut bien être méchant ; mais on ne veut point être ridicule.

On me reproche d'avoir mis des termes de piété dans la bouche de mon imposteur. Eh ! pouvois-je m'en empêcher, pour bien représenter le caractère d'un hypocrite ? Il suffit, ce me semble, que je fasse connoître les motifs criminels qui lui font dire les choses, et que j'en aie retranché les termes consacrés, dont on auroit eu peine à lui entendre faire un mauvais usage. — Mais il débite au quatrième acte une morale pernicieuse. — Mais cette morale est-elle quelque chose dont tout le monde n'eût les oreilles rebattues ? Dit-elle rien de nouveau dans ma comédie ? Et peut-on craindre que des choses si généralement détestées fassent quelque impression dans les esprits ; que je les rende dangereuses en les faisant monter sur le théâtre ; qu'elles reçoivent quelque autorité de la bouche d'un scélérat ? Il n'y a nulle apparence à cela ; et l'on doit approuver la comédie du *Tartuffe*, ou condamner généralement toutes les comédies.

C'est à quoi l'on s'attache furieusement depuis un temps ; et jamais on ne s'étoit si fort déchaîné contre le théâtre. Je ne puis pas nier qu'il n'y ait eu des Pères de l'Église qui ont condamné la comédie ; mais on ne peut pas me nier aussi qu'il n'y en ait eu quelques-uns qui l'ont traitée un peu plus doucement. Ainsi l'autorité dont on prétend appuyer la censure est détruite par ce partage : et toute la conséquence qu'on peut tirer de cette diversité d'opinions en des esprits éclairés des mêmes lumières, c'est qu'ils ont pris la comédie différemment, et que les uns l'ont considérée dans sa pureté, lorsque les autres l'ont regardée dans sa corruption, et confondue avec tous ces vilains spectacles qu'on a eu raison de nommer des spectacles de turpitude.

Et, en effet, puisqu'on doit discourir des choses et non pas des mots, et que la plupart des contrariétés viennent de ne se pas entendre et d'envelopper dans un même mot des choses opposées, il ne faut qu'ôter le voile de l'équivoque, et regarder ce qu'est la comédie en soi, pour voir si elle est condamnable. On connoîtra, sans doute, que, n'étant autre chose qu'un poëme ingénieux, qui, par des leçons agréables, reprend les défauts des hommes, on ne sauroit la censurer sans injustice ; et, si nous voulons ouïr là-dessus le témoignage de l'antiquité, elle nous dira que ses plus célèbres philosophes ont donné des louanges à la comédie, eux qui faisoient profession d'une sagesse si austère, et qui crioient sans cesse après les vices de leur siècle. Elle nous fera voir qu'Aristote a consacré des veilles au théâtre, et s'est donné le soin de réduire en préceptes l'art de faire des comédies. Elle nous apprendra que de ses plus grands hommes, et des

---

[1] *Polyeucte* et *Théodore, vierge et martyre*.

premiers en dignité, ont fait gloire d'en composer eux-mêmes ; qu'il y en a eu d'autres qui n'ont pas dédaigné de réciter en public celles qu'ils avoient composées ; que la Grèce a fait pour cet art éclater son estime par les prix glorieux et par les superbes théâtres dont elle a voulu l'honorer ; et que, dans Rome enfin, ce même art a reçu aussi des honneurs extraordinaires : je ne dis pas dans Rome débauchée, et sous la licence des empereurs, mais dans Rome disciplinée, sous la sagesse des consuls, et dans le temps de la vigueur de la vertu romaine.

J'avoue qu'il y a eu des temps où la comédie s'est corrompue. Et qu'est-ce que dans le monde on ne corrompt point tous les jours ? Il n'y a chose si innocente où les hommes ne puissent porter du crime ; point d'art si salutaire dont ils ne soient capables de renverser les intentions ; rien de si bon en soi qu'ils ne puissent tourner à de mauvais usages. La médecine est un art profitable, et chacun la révère comme une des plus excellentes choses que nous ayons ; et cependant il y a eu des temps où elle s'est rendue odieuse, et souvent on en a fait un art d'empoisonner les hommes. La philosophie est un présent du ciel ; elle nous a été donnée pour porter nos esprits à la connoissance d'un Dieu par la contemplation des merveilles de la nature ; et pourtant on n'ignore pas que souvent on l'a détournée de son emploi, et qu'on l'a occupée publiquement à soutenir l'impiété. Les choses même les plus saintes ne sont point à couvert de la corruption des hommes ; et nous voyons des scélérats qui, tous les jours, abusent de la piété et la font servir méchamment aux crimes les plus grands. Mais on ne laisse pas pour cela de faire les distinctions qu'il est besoin de faire. On n'enveloppe point dans une fausse conséquence la bonté des choses que l'on corrompt, avec la malice des corrupteurs. On sépare toujours le mauvais usage d'avec l'intention de l'art ; et, comme on ne s'avise point de défendre la médecine pour avoir été bannie de Rome, ni la philosophie pour avoir été condamnée publiquement dans Athènes, on ne doit point aussi vouloir interdire la comédie pour avoir été censurée en de certains temps. Cette censure a eu ses raisons, qui ne subsistent point ici. Elle s'est renfermée dans ce qu'elle a pu voir ; et nous ne devons point la tirer des bornes qu'elle s'est données, l'étendre plus loin qu'il ne faut, et lui faire embrasser l'innocent avec le coupable. La comédie qu'elle a eu dessein d'attaquer n'est point du tout la comédie que nous voulons défendre. Il se faut bien garder de confondre celle-là avec celle-ci. Ce sont deux personnes de qui les mœurs sont tout à fait opposées. Elles n'ont aucun rapport l'une avec l'autre que la ressemblance du nom ; et ce seroit une injustice épouvantable que de vouloir condamner Olympe, qui est femme de bien, parce qu'il y a une Olympe qui a été une débauchée. De semblables arrêts, sans doute, feroient un grand désordre dans le monde. Il n'y auroit rien par là qui ne fût condamné ; et, puisque l'on ne garde point cette rigueur à tant de choses dont on abuse tous les jours, on doit bien faire la même grâce à la comédie, et approuver les pièces de théâtre où l'on verra régner l'instruction et l'honnêteté.

Je sais qu'il y a des esprits dont la délicatesse ne peut souffrir aucune comédie ; qui disent que les plus honnêtes sont les plus dangereuses ; que les passions que l'on y dépeint sont d'autant plus touchantes qu'elles sont pleines de vertu, et que les âmes sont attendries par ces sortes de représentations. Je ne vois pas quel grand crime c'est que de s'attendrir à la vue d'une passion honnête ; et c'est un haut étage de vertu que cette pleine insensibilité où ils veulent faire monter notre âme. Je doute qu'une si grande perfection soit dans les forces de la nature humaine ; et je ne sais s'il n'est pas mieux de travailler à rectifier et adoucir les passions des hommes que de vouloir les retrancher entièrement. J'avoue qu'il y a des lieux qu'il vaut mieux fréquenter que le théâtre ; et, si l'on veut blâmer toutes les choses qui ne regardent pas directement Dieu et notre salut, il est certain que la comédie en doit être, et je ne trouve point mauvais qu'elle soit condamnée avec le reste; mais, supposé, comme il est vrai, que les exercices de la piété souffrent des intervalles, et que les hommes aient besoin de divertissement, je soutiens qu'on ne leur en peut trouver un qui soit plus innocent que la comédie. Je me suis étendu trop loin. Finissons par un mot d'un grand prince[1] sur la comédie du *Tartuffe*.

Huit jours après qu'elle eut été défendue, on représenta devant la cour une pièce intitulée *Scaramouche ermite;* et le roi, en sortant, dit au grand prince que je veux dire : « Je voudrois bien savoir pourquoi les gens « qui se scandalisent si fort de la comédie de Molière ne disent mot de « celle de *Scaramouche;* » à quoi le prince répondit : « La raison de cela, « c'est que la comédie de *Scaramouche* joue le ciel et la religion, dont ces « messieurs-là ne se soucient point : mais celle de Molière les joue eux-« mêmes; c'est ce qu'ils ne peuvent souffrir. »

PREMIER PLACET

PRÉSENTÉ AU ROI

Sur la comédie du *Tartuffe*, qui n'avoit pas encore été représentée en public[2].

Sire,

Le devoir de la comédie étant de corriger les hommes en les divertissant, j'ai cru que, dans l'emploi où je me trouve[3], je n'avois rien de mieux à faire que d'attaquer par des peintures ridicules les vices de mon siècle; et, comme l'hypocrisie, sans doute, en est un des plus en usage, des plus incommodes et des plus dangereux, j'avois eu, Sire, la pensée que je ne rendrois pas un petit service à tous les honnêtes gens de votre royaume, si je faisois une comédie qui décriât les hypocrites, et mît en vue, comme il faut, toutes les grimaces étudiées de ces gens de bien à outrance, toutes les friponneries couvertes de ces faux monnoyeurs en dévotion, qui veulent attraper les hommes avec un zèle contrefait et une charité sophistiquée.

Je l'ai faite, Sire, cette comédie, avec tout le soin, comme je crois, et toutes les circonspections que pouvoit demander la délicatesse de la matière; et, pour mieux conserver l'estime et le respect qu'on doit aux vrais dévots, j'en ai distingué le plus que j'ai pu le caractère que j'avois à toucher. Je n'ai point laissé d'équivoque, j'ai ôté ce qui pouvoit confondre le bien avec le mal, et ne me suis servi dans cette peinture que des couleurs expresses et des traits essentiels qui font reconnoître d'abord un véritable et franc hypocrite.

Cependant toutes mes précautions ont été inutiles. On a profité, Sire, de la délicatesse de votre âme sur les matières de religion, et l'on a su vous prendre par l'endroit seul que vous êtes prenable, je veux dire par le respect des choses saintes. Les tartuffes, sous main, ont eu l'adresse de trouver grâce auprès de Votre Majesté; et les originaux enfin ont fait supprimer la copie, quelque innocente qu'elle fût, et quelque ressemblante qu'on la trouvât.

Bien que ce m'eût été un coup sensible que la suppression de cet ou-

---

[1] Le grand Condé.
[2] On ne sait de quelle date est ce premier placet.
[3] Cet emploi est celui de chef de la troupe du roi.

vrage, mon malheur pourtant étoit adouci par la manière dont Votre Majesté s'étoit expliquée sur ce sujet; et j'ai cru, Sire, qu'elle m'ôtoit tout lieu de me plaindre, ayant eu la bonté de déclarer qu'elle ne trouvoit rien à dire dans cette comédie qu'elle me défendoit de produire en public.

Mais, malgré cette glorieuse déclaration du plus grand roi du monde et du plus éclairé, malgré l'approbation encore de M. le légat, et de la plus grande partie de nos prélats, qui tous, dans les lectures particulières que je leur ai faites de mon ouvrage, se sont trouvés d'accord avec les sentiments de Votre Majesté; malgré tout cela, dis-je, on voit un livre composé par le curé de... [1], qui donne hautement un démenti à tous ces augustes témoignages. Votre Majesté a beau dire, et M. le légat et MM. les prélats ont beau donner leur jugement, ma comédie, sans l'avoir vue, est diabolique, et diabolique mon cerveau; je suis un démon vêtu de chair et habillé en homme, un libertin, un impie digne d'un supplice exemplaire. Ce n'est pas assez que le feu expie en public mon offense, j'en serois quitte à trop bon marché : le zèle charitable de ce galant homme de bien n'a garde de demeurer là; il ne veut point que j'aie de miséricorde auprès de Dieu; il veut absolument que je sois damné, c'est une affaire résolue.

Ce livre, Sire, a été présenté à Votre Majesté; et, sans doute, elle juge bien elle-même combien il m'est fâcheux de me voir exposé tous les jours aux insultes de ces messieurs; quel tort me feront dans le monde de telles calomnies, s'il faut qu'elles soient tolérées; et quel intérêt j'ai enfin à me purger de son imposture, et à faire voir au public que ma comédie n'est rien moins que ce qu'on veut qu'elle soit. Je ne dirai point, Sire, ce que j'aurois à demander pour ma réputation et pour justifier à tout le monde l'innocence de mon ouvrage : les rois éclairés comme vous n'ont pas besoin qu'on leur marque ce qu'on souhaite; ils voient, comme Dieu, ce qu'il nous faut, et savent mieux que nous ce qu'ils nous doivent accorder.. Il me suffit de mettre mes intérêts entre les mains de Votre Majesté; et j'attends d'elle, avec respect, tout ce qu'il lui plaira d'ordonner là-dessus.

SECOND PLACET

PRÉSENTÉ AU ROI

Dans son camp devant la ville de Lille en Flandre, par les nommés de la Thorillière et de la Grange, comédiens de Sa Majesté, et compagnons du sieur Molière, sur la défense qui fut faite, le 6 août 1667, de représenter le *Tartuffe* jusques à nouvel ordre de Sa Majesté.

Sire,

C'est une chose bien téméraire à moi que de venir importuner un grand monarque au milieu de ses glorieuses conquêtes; mais, dans l'état où je me vois, où trouver, Sire, une protection qu'au lieu où je la viens chercher? et qui puis-je solliciter contre l'autorité de la puissance qui m'accable, que la source de la puissance et de l'autorité, que le juste dispensateur des ordres absolus, que le souverain juge et le maître de toutes choses?

Ma comédie, Sire, n'a pu jouir ici des bontés de Votre Majesté. En vain je l'ai produite sous le titre de l'*Imposteur*, et déguisé le personnage sous l'ajustement d'un homme du monde; j'ai eu beau lui donner un petit cha-

---

[1] Le curé de Saint-Barthélemy, auteur du libelle intitulé le *Roi glorieux au monde. Contre la comédie de l'*Hypocrite *que Molière a faite, et que Sa Majesté lui a défendu de représenter*. (Ch. Louandre.)

peau, de grands cheveux, un grand collet, une épée, et des dentelles sur tout l'habit, mettre en plusieurs endroits des adoucissements, et retrancher avec soin tout ce que j'ai jugé capable de fournir l'ombre d'un prétexte aux célèbres originaux du portrait que je voulois faire : tout cela n'a de rien servi. La cabale s'est réveillée aux simples conjectures qu'ils ont pu avoir de la chose. Ils ont trouvé moyen de surprendre des esprits qui, dans toute autre matière, font une haute profession de ne se point laisser surprendre. Ma comédie n'a pas plutôt paru, qu'elle s'est vue foudroyée par le coup d'un pouvoir qui doit imposer du respect; et tout ce que j'ai pu faire en cette rencontre pour me sauver moi-même de l'éclat de cette tempête, c'est de dire que Votre Majesté avoit eu la bonté de m'en permettre la représentation, et que je n'avois pas cru qu'il fût besoin de demander cette permission à d'autres, puisqu'il n'y avoit qu'elle seule qui me l'eût défendue.

Je ne doute point, Sire, que les gens que je peins dans ma comédie ne remuent bien des ressorts auprès de Votre Majesté, et ne jettent dans leur parti, comme ils l'ont déjà fait, de véritables gens de bien, qui sont d'autant plus prompts à se laisser tromper qu'ils jugent d'autrui par eux-mêmes. Ils ont l'art de donner de belles couleurs à toutes leurs intentions. Quelque mine qu'ils fassent, ce n'est point du tout l'intérêt de Dieu qui les peut émouvoir : ils l'ont assez montré dans les comédies qu'ils ont souffert qu'on ait jouées tant de fois en public, sans en dire le moindre mot. Celles-là n'attaquoient que la piété et la religion, dont ils se soucient fort peu : mais celle-ci les attaque et les joue eux-mêmes; et c'est ce qu'ils ne peuvent souffrir. Ils ne sauroient me pardonner de dévoiler leurs impostures aux yeux de tout le monde; et, sans doute, on ne manquera pas de dire à Votre Majesté que chacun s'est scandalisé de ma comédie. Mais la vérité pure, Sire, c'est que tout Paris ne s'est scandalisé que de la défense qu'on en a faite, que les plus scrupuleux en ont trouvé la représentation profitable, et qu'on s'est étonné que des personnes d'une probité si connue aient eu une si grande déférence pour des gens qui devroient être l'horreur de tout le monde et sont si opposés à la véritable piété, dont elles font profession.

J'attends avec respect l'arrêt que Votre Majesté daignera prononcer sur cette matière : mais il est très-assuré, Sire, qu'il ne faut plus que je songe à faire des comédies, si les tartuffes ont l'avantage; qu'ils prendront droit par là de me persécuter plus que jamais, et voudront trouver à redire aux choses les plus innocentes qui pourront sortir de ma plume.

Daignent vos bontés, Sire, me donner une protection contre leur rage envenimée! et puissé-je, au retour d'une campagne si glorieuse, délasser Votre Majesté des fatigues de ses conquêtes, lui donner d'innocents plaisirs après de si nobles travaux, et faire rire le monarque qui fait trembler toute l'Europe!

TROISIÈME PLACET

PRÉSENTÉ AU ROI

LE 5 FÉVRIER 1669

Sire,

Un fort honnête médecin [1], dont j'ai l'honneur d'être le malade, me

---

[1] Il se nommait Mauvilain. C'est en parlant de Mauvilain que Louis XIV dit un jour à Molière : « Vous avez un médecin; que vous fait-il? — Sire, répondit

promet et veut s'obliger par-devant notaire de me faire vivre encore trente années, si je puis lui obtenir une grâce de Votre Majesté. Je lui ai dit, sur sa promesse, que je ne lui demandois pas tant, et que je serois satisfait de lui pourvu qu'il s'obligeât de ne me point tuer. Cette grâce, Sire, est un canonicat de votre chapelle royale de Vincennes, vacant par la mort de..

Oserois-je demander encore cette grâce à Votre Majesté le propre jour de la grande résurrection de *Tartuffe*, ressuscité par vos bontés? Je suis, par cette première faveur, réconcilié avec les dévots; et je le serois, par cette seconde, avec les médecins. C'est pour moi, sans doute, trop de grâces à la fois; mais peut-être n'en est-ce pas trop pour Votre Majesté; et j'attends, avec un peu d'espérance respectueuse, la réponse de mon placet

PERSONNAGES

MADAME PERNELLE, mère d'Orgon.
ORGON, mari d'Elmire.
ELMIRE, femme d'Orgon.
DAMIS, fils d'Orgon.
MARIANE, fille d'Orgon et amante de Valère.
VALÈRE, amant de Mariane.
CLÉANTE, beau-frère d'Orgon.
TARTUFFE, faux dévot.
DORINE, suivante de Mariane.
M. LOYAL, sergent.
UN EXEMPT.
FLIPOTE, servante de madame Pernelle.

La scène est à Paris, dans la maison d'Orgon.

ACTE PREMIER

SCÈNE I. — MADAME PERNELLE, ELMIRE, MARIANE, CLÉANTE, DAMIS, DORINE, FLIPOTE.

MADAME PERNELLE.
Allons, Flipote, allons; que d'eux je me délivre.
ELMIRE.
Vous marchez d'un tel pas, qu'on a peine à vous suivre.
MADAME PERNELLE.
Laissez, ma bru, laissez; ne venez pas plus loin;
Ce sont toutes façons dont je n'ai pas besoin.
ELMIRE.
De ce que l'on vous doit envers vous on s'acquitte.
Mais, ma mère, d'où vient que vous sortez si vite?

Molière, nous causons ensemble; il m'ordonne des remèdes; je ne les fais point et je guéris. » (Grimarest.) — Molière obtint le canonicat qu'il demandait pour le fils de ce médecin. (Auger.)

MADAME PERNELLE.

C'est que je ne puis voir tout ce ménage-ci,
Et que de me complaire on ne prend nul souci.
Oui, je sors de chez vous fort mal édifiée :
Dans toutes mes leçons j'y suis contrariée;
On n'y respecte rien, chacun y parle haut,
Et c'est tout justement la cour du roi Pétaud [1].

DORINE.

Si...

MADAME PERNELLE.

Vous êtes, ma mie, une fille suivante,
Un peu trop forte en gueule, et fort impertinente;
Vous vous mêlez sur tout de dire votre avis.

DAMIS.

Mais...

MADAME PERNELLE.

Vous êtes un sot en trois lettres, mon fils;
C'est moi qui vous le dis, qui suis votre grand'mère;
Et j'ai prédit cent fois à mon fils, votre père,
Que vous preniez tout l'air d'un méchant garnement,
Et ne lui donneriez jamais que du tourment.

MARIANE.

Je crois...

MADAME PERNELLE.

Mon Dieu! sa sœur, vous faites la discrète,
Et vous n'y touchez pas, tant vous semblez doucette
Mais il n'est, comme on dit, pire eau que l'eau qui dort,
Et vous menez, sous chape [2], un train que je hais fort.

ELMIRE.

Mais, ma mère...

MADAME PERNELLE.

Ma bru, qu'il ne vous en déplaise,
Votre conduite, en tout, est tout à fait mauvaise :
Vous devriez leur mettre un bon exemple aux yeux;
Et leur défunte mère en usoit beaucoup mieux.
Vous êtes dépensière; et cet état me blesse,
Que vous alliez vêtue ainsi qu'une princesse.

---

[1] Lorsque toutes les corporations avaient leur chef, autrement leur *roi*, les mendiants avaient le leur, qu'ils appelaient Pétaud, par corruption du latin *peto* (je demande). Comme on a supposé que le roi des gueux avait peu d'autorité sur sa nation, on a nommé *cour du roi Pétaud*, et, plus brièvement, *pétaudière*, toute société, toute maison où chacun est maître. (Auger.)

[2] *Sous chape* ou *sous cape*, en secret. La cape ou chape, le *bardocucullus* des Gaulois, était un manteau à capuchon. On rabattait ce capuchon pour se cacher le visage, lorsqu'on voulait n'être point reconnu; et métaphoriquement on vivait sous cape, quand on cachait ses actions. (Ch. Louandre.)

Quiconque à son mari veut plaire seulement,
Ma bru, n'a pas besoin de tant d'ajustement.

CLÉANTE.

Mais, madame, après tout...

MADAME PERNELLE.

Pour vous, monsieur son frère,
Je vous estime fort, vous aime, et vous révère;
Mais enfin, si j'étois de mon fils son époux,
Je vous prierois bien fort de n'entrer point chez nous.
Sans cesse vous prêchez des maximes de vivre
Qui par d'honnêtes gens ne se doivent point suivre.
Je vous parle un peu franc; mais c'est là mon humeur,
Et je ne mâche point ce que j'ai sur le cœur.

DAMIS.

Votre monsieur Tartuffe est bien heureux, sans doute...

MADAME PERNELLE.

C'est un homme de bien qu'il faut que l'on écoute;
Et je ne puis souffrir, sans me mettre en courroux,
De le voir querellé par un fou comme vous.

DAMIS.

Quoi! je souffrirai, moi, qu'un cagot de critique
Vienne usurper céans un pouvoir tyrannique;
Et que nous ne puissions à rien nous divertir,
Si ce beau monsieur-là n'y daigne consentir?

DORINE.

S'il le faut écouter, et croire à ses maximes,
On ne peut faire rien, qu'on ne fasse des crimes;
Car il contrôle tout, ce critique zélé.

MADAME PERNELLE.

Et tout ce qu'il contrôle est fort bien contrôlé.
C'est au chemin du ciel qu'il prétend vous conduire:
Et mon fils à l'aimer vous devroit tous induire.

DAMIS.

Non, voyez-vous, ma mère, il n'est père ni rien,
Qui me puisse obliger à lui vouloir du bien :
Je trahirois mon cœur de parler d'autre sorte,
Sur ses façons de faire à tous coups je m'emporte:
J'en prévois une suite, et qu'avec ce pied-plat
Il faudra que j'en vienne à quelque grand éclat.

DORINE.

Certes, c'est une chose aussi qui scandalise
De voir qu'un inconnu céans s'impatronise;
Qu'un gueux, qui, quand il vint, n'avoit pas de souliers,
Et dont l'habit entier valoit bien six deniers,

En vienne jusque-là que de se méconnoître,
De contrarier tout, et de faire le maître.
MADAME PERNELLE.
Eh! merci de ma vie, il en iroit bien mieux
Si tout se gouvernoit par ses ordres pieux.
DORINE.
Il passe pour un saint dans votre fantaisie :
Tout son fait, croyez-moi, n'est rien qu'hypocrisie.
MADAME PERNELLE.
Voyez la langue!
DORINE.
A lui, non plus qu'à son Laurent,
Je ne me fierois, moi, que sur un bon garant.
MADAME PERNELLE.
J'ignore ce qu'au fond le serviteur peut être;
Mais pour homme de bien je garantis le maître.
Vous ne lui voulez mal et ne le rebutez
Qu'à cause qu'il vous dit à tous vos vérités.
C'est contre le péché que son cœur se courrouce,
Et l'intérêt du ciel est tout ce qui le pousse.
DORINE.
Oui ; mais pourquoi, surtout depuis un certain temps,
Ne sauroit-il souffrir qu'aucun hante céans?
En quoi blesse le ciel une visite honnête,
Pour en faire un vacarme à nous rompre la tête?
Veut-on que là-dessus je m'explique entre nous?...
Montrant Elmire.
Je crois que de madame il est, ma foi, jaloux [1].
MADAME PERNELLE.
Taisez-vous, et songez aux choses que vous dites.
Ce n'est pas lui tout seul qui blâme ces visites :
Tout ce tracas qui suit les gens que vous hantez,
Ces carrosses sans cesse à la porte plantés,
Et de tant de laquais le bruyant assemblage,
Font un éclat fâcheux dans tout le voisinage.
Je veux croire qu'au fond il ne se passe rien;
Mais enfin on en parle, et cela n'est pas bien.
CLÉANTE.
Eh! voulez-vous, madame, empêcher qu'on ne cause?
Ce seroit dans la vie une fâcheuse chose,
Si, pour les sots discours où l'on peut être mis,
Il falloit renoncer à ses meilleurs amis.

---

[1] Ce vers, jeté en manière de saillie, annonce toute l'action de la pièce. (Auger.)

Et, quand même on pourroit se résoudre à le faire,
Croiriez-vous obliger tout le monde à se taire?
Contre la médisance il n'est point de rempart.
A tous les sots caquets n'ayons donc nul égard;
Efforçons-nous de vivre avec toute innocence,
Et laissons aux causeurs une pleine licence.

DORINE.

Daphné, notre voisine, et son petit époux,
Ne seroient-ils point ceux qui parlent mal de nous?
Ceux de qui la conduite offre le plus à rire
Sont toujours sur autrui les premiers à médire :
Ils ne manquent jamais de saisir promptement
L'apparente lueur du moindre attachement,
D'en semer la nouvelle avec beaucoup de joie,
Et d'y donner le tour qu'ils veulent qu'on y croie;
Des actions d'autrui, teintes de leurs couleurs,
Ils pensent dans le monde autoriser les leurs,
Et, sous le faux espoir de quelque ressemblance,
Aux intrigues qu'ils ont donner de l'innocence,
Ou faire ailleurs tomber quelques traits partagés
De ce blâme public dont ils sont trop chargés.

MADAME PERNELLE.

Tous ces raisonnements ne font rien à l'affaire.
On sait qu'Orante mène une vie exemplaire;
Tous ses soins vont au ciel; et j'ai su, par des gens,
Qu'elle condamne fort le train qui vient céans.

DORINE.

L'exemple est admirable, et cette dame est bonne!
Il est vrai qu'elle vit en austère personne;
Mais l'âge, dans son âme, a mis ce zèle ardent,
Et l'on sait qu'elle est prude, à son corps défendant.
Tant qu'elle a pu des cœurs attirer les hommages,
Elle a fort bien joui de tous ses avantages;
Mais, voyant de ses yeux tous les brillants baisser,
Au monde qui la quitte elle veut renoncer,
Et du voile pompeux d'une haute sagesse
De ses attraits usés déguiser la foiblesse.
Ce sont là les retours des coquettes du temps ;
Il leur est dur de voir déserter les galants.
Dans un tel abandon, leur sombre inquiétude
Ne voit d'autre recours que le métier de prude;
Et la sévérité de ces femmes de bien
Censure toute chose et ne pardonne à rien.
Hautement d'un chacun elles blâment la vie,

Non point par charité, mais par un trait d'envie,
Qui ne sauroit souffrir qu'une autre ait les plaisirs
Dont le penchant [1] de l'âge a sevré leurs désirs.

MADAME PERNELLE, à Elmire.

Voilà les contes bleus qu'il vous faut, pour vous plaire,
Ma bru. L'on est chez vous contrainte de se taire :
Car madame, à jaser, tient le dé tout le jour.
Mais enfin je prétends discourir à mon tour :
Je vous dis que mon fils n'a rien fait de plus sage
Qu'en recueillant chez soi ce dévot personnage;
Que le ciel au besoin l'a céans envoyé
Pour redresser à tous votre esprit fourvoyé;
Que, pour votre salut, vous le devez entendre,
Et qu'il ne reprend rien qui ne soit à reprendre.
Ces visites, ces bals, ces conversations,
Sont du malin esprit toutes inventions.
Là, jamais on n'entend de pieuses paroles ;
Ce sont propos oisifs, chansons, et fariboles :
Bien souvent le prochain en a sa bonne part,
Et l'on y sait médire et du tiers et du quart.
Enfin les gens sensés ont leurs têtes troublées
De la confusion de telles assemblées;
Mille caquets divers s'y font en moins de rien ;
Et, comme l'autre jour un docteur dit fort bien
C'est véritablement la tour de Babylone [2],
Car chacun y babille, et tout du long de l'aune ;
Et, pour conter l'histoire où ce point l'engagea...

Montrant Cléante.

Voilà-t-il pas monsieur qui ricane déjà !
Allez chercher vos fous qui vous donnent à rire,

A Elmire.

Et sans... Adieu, ma bru; je ne veux plus rien dire.
Sachez que pour céans j'en rabats de moitié,
Et qu'il fera beau temps quand j'y mettrai le pied.

Donnant un soufflet à Flipote.

Allons, vous, vous rêvez et bayez aux corneilles.
Jour de Dieu ! je saurai vous frotter les oreilles.
Marchons, gaupe, marchons [3] !

---

[1] *Penchant*, déclin.
[2] La bonne femme, trompée par la ressemblance de *babil* et de *Babylone*, dit la *tour de Babylone* pour la *tour de Babel*.
[3] Cette exposition est peut être la meilleure de Molière, qui n'en a fait que d'excellentes. (Auger.)

SCÈNE II. — CLÉANTE, DORINE.

CLÉANTE.

Je n'y veux point aller,
De peur qu'elle ne vînt encor me quereller ;
Que cette bonne femme...

DORINE.

Ah ! certes, c'est dommage
Qu'elle ne vous ouït tenir un tel langage :
Elle vous diroit bien qu'elle vous trouve bon,
Et qu'elle n'est point d'âge à lui donner ce nom !

CLÉANTE.

Comme elle s'est pour rien contre nous échauffée !
Et que de son Tartuffe elle paroît coiffée !

DORINE.

Oh ! vraiment, tout cela n'est rien au prix du fils :
Et, si vous l'aviez vu, vous diriez : C'est bien pis !
Nos troubles l'avoient mis sur le pied d'homme sage,
Et, pour servir son prince, il montra du courage.
Mais il est devenu comme un homme hébété
Depuis que de Tartuffe on le voit entêté ;
Il l'appelle son frère, et l'aime dans son âme
Cent fois plus qu'il ne fait mère, fils, fille et femme.
C'est de tous ses secrets l'unique confident,
Et de ses actions le directeur prudent ;
Il le choie, il l'embrasse ; et pour une maîtresse
On ne sauroit, je pense, avoir plus de tendresse :
A table, au plus haut bout il veut qu'il soit assis ;
Avec joie il l'y voit manger autant que six ;
Les bons morceaux de tout, il faut qu'on les lui cède ;
Et, s'il vient à roter, il lui dit : Dieu vous aide !
Enfin il en est fou ; c'est son tout, son héros ;
Il l'admire à tous coups, le cite à tous propos ;
Ses moindres actions lui semblent des miracles,
Et tous les mots qu'il dit sont pour lui des oracles.
Lui, qui connoît sa dupe, et qui veut en jouir,
Par cent dehors fardés a l'art de l'éblouir ;
Son cagotisme en tire à toute heure des sommes,
Et prend droit de gloser sur tous tant que nous sommes.
Il n'est pas jusqu'au fat qui lui sert de garçon,
Qui ne se mêle aussi de nous faire leçon ;
Il vient nous sermonner avec des yeux farouches,
Et jeter nos rubans, notre rouge, et nos mouches.
Le traître, l'autre jour, nous rompit de ses mains

Un mouchoir qu'il trouva dans une *Fleur des Saints* [1],
Disant que nous mêlions, par un crime effroyable,
Avec la sainteté les parures du diable.

SCÈNE III. — ELMIRE, MARIANE, DAMIS, CLÉANTE, DORINE.

ELMIRE, à Cléante.

Vous êtes bien heureux de n'être point venu
Au discours qu'à la porte elle nous a tenu.
Mais j'ai vu mon mari; comme il ne m'a point vue,
Je veux aller là-haut attendre sa venue.

CLÉANTE.

Moi, je l'attends ici pour moins d'amusement;
Et je vais lui donner le bonjour seulement.

SCÈNE IV. — CLÉANTE, DAMIS, DORINE.

DAMIS.

De l'hymen de ma sœur touchez-lui quelque chose:
J'ai soupçon que Tartuffe à son effet s'oppose,
Qu'il oblige mon père à des détours si grands;
Et vous n'ignorez pas quel intérêt j'y prends...
Si même ardeur enflamme et ma sœur et Valère,
La sœur de cet ami, vous le savez, m'est chère;
Et s'il falloit...

DORINE.

Il entre.

SCÈNE V. — ORGON, CLÉANTE, DORINE.

ORGON.

Ah! mon frère, bonjour.

CLÉANTE.

Je sortois, et j'ai joie à vous voir de retour.
La campagne à présent n'est pas beaucoup fleurie?

ORGON.

A Cléante.

Dorine.. Mon beau-frère, attendez, je vous prie.
Vous voulez bien souffrir, pour m'ôter de souci,
Que je m'informe un peu des nouvelles d'ici?

A Dorine.

Tout s'est-il, ces deux jours, passé de bonne sorte?
Qu'est-ce qu'on fait céans? comme est-ce qu'on s'y porte?

---

[1] Ouvrage d'un jésuite espagnol.

ACTE I, SCÈNE V.

DORINE.
Madame eut avant-hier la fièvre jusqu'au soir,
Avec un mal de tête étrange à concevoir.

ORGON.
Et Tartuffe?

DORINE.
Tartuffe! il se porte à merveille,
Gros et gras, le teint frais, et la bouche vermeille.

ORGON.
Le pauvre homme!

DORINE.
Le soir elle eut un grand dégoût,
Et ne put, au souper, toucher à rien du tout,
Tant sa douleur de tête étoit encor cruelle!

ORGON.
Et Tartuffe?

DORINE.
Il soupa, lui tout seul, devant elle;
Et fort dévotement il mangea deux perdrix,
Avec une moitié de gigot en hachis.

ORGON.
Le pauvre homme!

DORINE.
La nuit se passa tout entière
Sans qu'elle pût fermer un moment la paupière;
Des chaleurs l'empêchoient de pouvoir sommeiller,
Et jusqu'au jour, près d'elle, il nous fallut veiller.

ORGON.
Et Tartuffe?

DORINE.
Pressé d'un sommeil agréable,
Il passa dans sa chambre au sortir de la table;
Et dans son lit bien chaud il se mit tout soudain,
Où, sans trouble, il dormit jusques au lendemain.

ORGON.
Le pauvre homme!

DORINE.
A la fin, par nos raisons gagnée,
Elle se résolut à souffrir la saignée;
Et le soulagement suivit tout aussitôt.

ORGON.
Et Tartuffe?

DORINE.
Il reprit courage comme il faut;

Et, contre tous les maux fortifiant son âme,
Pour réparer le sang qu'avoit perdu madame,
But, à son déjeuner, quatre grands coups de vin.

ORGON.

Le pauvre homme!

DORINE.

Tous deux se portent bien enfin;
Et je vais à madame annoncer, par avance,
La part que vous prenez à sa convalescence.

SCÈNE VI. — ORGON, CLÉANTE.

CLÉANTE.

A votre nez, mon frère, elle se rit de vous :
Et, sans avoir dessein de vous mettre en courroux,
Je vous dirai tout franc que c'est avec justice.
A-t-on jamais parlé d'un semblable caprice?
Et se peut-il qu'un homme ait un charme aujourd'hui
A vous faire oublier toutes choses pour lui?
Qu'après avoir chez vous réparé sa misère,
Vous en veniez au point...

ORGON.

Halte-là, mon beau-frère,
Vous ne connoissez pas celui dont vous parlez.

CLÉANTE.

Je ne le connois pas, puisque vous le voulez;
Mais enfin, pour savoir quel homme ce peut être...

ORGON.

Mon frère, vous seriez charmé de le connoître;
Et vos ravissements ne prendroient point de fin.
C'est un homme... qui... ah!... un homme... un homme enfin.
Qui suit bien ses leçons goûte une paix profonde,
Et comme du fumier regarde tout le monde.
Oui, je deviens tout autre avec son entretien;
Il m'enseigne à n'avoir affection pour rien;
De toutes amitiés il détache mon âme;
Et je verrois mourir frère, enfants, mère, et femme,
Que je m'en soucierois autant que de cela.

CLÉANTE.

Les sentiments humains, mon frère, que voilà!

ORGON.

Ah! si vous aviez vu comme j'en fis rencontre,
Vous auriez pris pour lui l'amitié que je montre.
Chaque jour à l'église il venoit, d'un air doux

ACTE I, SCÈNE VI.

Tout vis-à-vis de moi se mettre à deux genoux.
Il attiroit les yeux de l'assemblée entière
Par l'ardeur dont au ciel il poussoit sa prière ;
Il faisoit des soupirs, de grands élancements,
Et baisoit humblement la terre à tous moments :
Et, lorsque je sortois, il me devançoit vite
Pour m'aller, à la porte, offrir de l'eau bénite.
Instruit par son garçon, qui dans tout l'imitoit,
Et de son indigence, et de ce qu'il étoit,
Je lui faisois des dons ; mais, avec modestie,
Il me vouloit toujours en rendre une partie.
C'est trop, me disoit-il, *c'est trop de la moitié ;*
Je ne mérite pas de vous faire pitié.
Et, quand je refusois de le vouloir reprendre,
Aux pauvres, à mes yeux, il alloit le répandre.
Enfin le ciel chez moi me le fit retirer,
Et depuis ce temps-là tout semble y prospérer.
Je vois qu'il reprend tout, et qu'à ma femme même
Il prend, pour mon honneur, un intérêt extrême ;
Il m'avertit des gens qui lui font les yeux doux,
Et plus que moi six fois il s'en montre jaloux.
Mais vous ne croiriez point jusqu'où monte son zèle :
Il s'impute à péché la moindre bagatelle ;
Un rien presque suffit pour le scandaliser,
Jusque-là qu'il se vint l'autre jour accuser
D'avoir pris une puce en faisant sa prière,
Et de l'avoir tuée avec trop de colère.

CLÉANTE.

Parbleu, vous êtes fou, mon frère, que je croi.
Avec de tels discours vous moquez-vous de moi ?
Et que prétendez-vous ? Que tout ce badinage...

ORGON.

Mon frère, ce discours sent le libertinage :
Vous en êtes un peu dans votre âme entiché ;
Et, comme je vous l'ai plus de dix fois prêché,
Vous vous attirerez quelque méchante affaire.

CLÉANTE.

Voilà de vos pareils le discours ordinaire :
Ils veulent que chacun soit aveugle comme eux.
C'est être libertin [1] que d'avoir de bons yeux,

---

[1] *Libertin*, aujourd'hui restreint à la débauche des femmes, signifiait dans l'origine un esprit fort, un libre penseur ; on le disait aussi des personnes indépendantes par caractère, et ennemies de la contrainte. (F. Génin.)

Et qui n'adore pas de vaines simagrées
N'a ni respect ni foi pour les choses sacrées.
Allez, tous vos discours ne me font point de peur,
Je sais comme je parle, et le ciel voit mon cœur.
De tous vos façonniers on n'est point les esclaves.
Il est de faux dévots ainsi que de faux braves :
Et, comme on ne voit pas qu'où l'honneur les conduit
Les vrais braves soient ceux qui font beaucoup de bruit,
Les bons et vrais dévots, qu'on doit suivre à la trace,
Ne sont pas ceux aussi qui font tant de grimace.
Eh quoi! vous ne ferez nulle distinction
Entre l'hypocrisie et la dévotion?
Vous les voulez traiter d'un semblable langage,
Et rendre même honneur au masque qu'au visage;
Égaler l'artifice à la sincérité,
Confondre l'apparence avec la vérité,
Estimer le fantôme autant que la personne,
Et la fausse monnoie à l'égal de la bonne?
Les hommes, la plupart, sont étrangement faits;
Dans la juste nature on ne les voit jamais :
La raison a pour eux des bornes trop petites;
En chaque caractère ils passent ses limites,
Et la plus noble chose, ils la gâtent souvent
Pour la vouloir outrer et pousser trop avant.
Que cela vous soit dit en passant, mon beau-frère.

ORGON.

Oui, vous êtes, sans doute, un docteur qu'on révère;
Tout le savoir du monde est chez vous retiré;
Vous êtes le seul sage et le seul éclairé,
Un oracle, un Caton, dans le siècle où nous sommes;
Et près de vous ce sont des sots que tous les hommes.

CLÉANTE.

Je ne suis point, mon frère, un docteur révéré,
Et le savoir chez moi n'est point tout retiré.
Mais, en un mot, je sais, pour toute ma science,
Du faux avec le vrai faire la différence.
Et, comme je ne vois nul genre de héros
Qui soient plus à priser que les parfaits dévots,
Aucune chose au monde et plus noble, et plus belle,
Que la sainte ferveur d'un véritable zèle;
Aussi ne vois-je rien qui soit plus odieux
Que le dehors plâtré d'un zèle spécieux,
Que ces francs charlatans, que ces dévots de place,
De qui la sacrilége et trompeuse grimace

Abuse impunément, et se joue, à leur gré,
De ce qu'ont les mortels de plus saint et sacré ;
Ces gens qui, par une âme à l'intérêt soumise,
Font de dévotion métier et marchandise,
Et veulent acheter crédit et dignités
A prix de faux clins d'yeux et d'élans affectés ;
Ces gens, dis-je, qu'on voit, d'une ardeur non commune,
Par le chemin du ciel courir à leur fortune ;
Qui, brûlants et priants, demandent chaque jour,
Et prêchent la retraite au milieu de la cour ;
Qui savent ajuster leur zèle avec leurs vices,
Sont prompts, vindicatifs, sans foi, pleins d'artifices,
Et, pour perdre quelqu'un, couvrent insolemment
De l'intérêt du ciel leur fier ressentiment ;
D'autant plus dangereux dans leur âpre colère,
Qu'ils prennent contre nous des armes qu'on révère,
Et que leur passion, dont on leur sait bon gré,
Veut nous assassiner avec un fer sacré :
De ce faux caractère on en voit trop paroître.
Mais les dévots de cœur sont aisés à connoître.
Notre siècle, mon frère, en expose à nos yeux
Qui peuvent nous servir d'exemples glorieux.
Regardez Ariston, regardez Périandre,
Oronte, Alcidamas, Polydore, Clitandre ;
Ce titre par aucun ne leur est débattu ;
Ce ne sont point du tout fanfarons de vertu ;
On ne voit point en eux ce faste insupportable,
Et leur dévotion est humaine, est traitable :
Ils ne censurent point toutes nos actions,
Ils trouvent trop d'orgueil dans ces corrections ;
Et, laissant la fierté des paroles aux autres,
C'est par leurs actions qu'ils reprennent les nôtres.
L'apparence du mal a chez eux peu d'appui,
Et leur âme est portée à juger bien d'autrui.
Point de cabale en eux, point d'intrigues à suivre ;
On les voit, pour tous soins, se mêler de bien vivre.
Jamais contre un pécheur ils n'ont d'acharnement,
Ils attachent leur haine au péché seulement,
Et ne veulent point prendre, avec un zèle extrême,
Les intérêts du ciel, plus qu'il ne veut lui-même.
Voilà mes gens, voilà comme il en faut user,
Voilà l'exemple enfin qu'il se faut proposer.
Votre homme, à dire vrai, n'est pas de ce modèle :
C'est de fort bonne foi que vous vantez son zèle ;

Mais par un faux éclat je vous crois ébloui[1].

ORGON.

Monsieur mon cher beau-frère, avez-vous tout dit?

CLÉANTE.

Oui.

ORGON, s'en allant.

Je suis votre valet.

CLÉANTE.

De grâce, un mot, mon frère.
Laissons là ce discours. Vous savez que Valère,
Pour être votre gendre a parole de vous.

ORGON.

Oui.

CLÉANTE.

Vous aviez pris jour pour un lien si doux.

ORGON.

Il est vrai.

CLÉANTE.

Pourquoi donc en différer la fête?

ORGON.

Je ne sais.

CLÉANTE.

Auriez-vous autre pensée en tête?

ORGON.

Peut-être.

CLÉANTE.

Vous voulez manquer à votre foi?

ORGON.

Je ne dis pas cela.

CLÉANTE.

Nul obstacle, je croi,
Ne vous peut empêcher d'accomplir vos promesses.

ORGON.

Selon.

CLÉANTE.

Pour dire un mot faut-il tant de finesses?
Valère, sur ce point, me fait vous visiter.

ORGON.

Le ciel en soit loué!

CLÉANTE.

Mais que lui reporter?

[1] La distinction entre la vraie piété et la fausse dévotion, si solidement établie par Cléante, est en même temps la morale de la pièce et l'apologie de l'auteur. (La Harpe.)

ORGON.

Tout ce qu'il vous plaira.

CLÉANTE.

Mais il est nécessaire
De savoir vos desseins. Quels sont-ils donc?

ORGON.

De faire
Ce que le ciel voudra.

CLÉANTE.

Mais parlons tout de bon.
Valère a votre foi; la tiendrez-vous, ou non?

ORGON.

Adieu.

CLÉANTE, seul.

Pour son amour je crains une disgrâce,
Et je dois l'avertir de tout ce qui se passe.

ACTE SECOND

SCÈNE I. — ORGON, MARIANE.

ORGON.

Mariane!

MARIANE.

Mon père?

ORGON.

Approchez; j'ai de quoi
Vous parler en secret.

MARIANE, à Orgon, qui regarde dans un cabinet.

Que cherchez-vous?

ORGON.

Je voi
Si quelqu'un n'est point là qui pourroit nous entendre,
Car ce petit endroit est propre pour surprendre.
Or sus, nous voilà bien. J'ai, Mariane, en vous
Reconnu de tout temps un esprit assez doux,
Et de tout temps aussi vous m'avez été chère.

MARIANE.

Je suis fort redevable à cet amour de père.

ORGON.

C'est fort bien dit, ma fille; et, pour le mériter,
Vous devez n'avoir soin que de me contenter.

MARIANE.
C'est où je mets aussi ma gloire la plus haute.
ORGON.
Fort bien. Que dites-vous de Tartuffe notre hôte?
MARIANE.
Qui, moi?
ORGON.
Vous. Voyez bien comme vous répondrez.
MARIANE.
Hélas! j'en dirai, moi, tout ce que vous voudrez.

SCÈNE II. — ORGON, MARIANE; DORINE, entrant doucement, et se tenant derrière Orgon, sans être vue.

ORGON.
C'est parler sagement... Dites-moi donc, ma fille,
Qu'en toute sa personne un haut mérite brille,
Qu'il touche votre cœur, et qu'il vous seroit doux
De le voir, par mon choix, devenir votre époux.
Eh?

Mariane se recule avec surprise.

MARIANE.
Eh?
ORGON.
Qu'est-ce?
MARIANE.
Plaît-il?
ORGON.
Quoi?
MARIANE.
Me suis-je méprise?
ORGON.
Comment?
MARIANE.
Qui voulez-vous, mon père, que je dise
Qui me touche le cœur, et qu'il me seroit doux
De voir, par votre choix, devenir mon époux?
ORGON.
Tartuffe.
MARIANE.
Il n'en est rien, mon père, je vous jure.
Pourquoi me faire dire une telle imposture?
ORGON.
Mais je veux que cela soit une vérité;
Et c'est assez pour vous que je l'aie arrêté.

ACTE II, SCÈNE II.

MARIANE.

Quoi! vous voulez, mon père...

ORGON.

Oui, je prétends, ma fille,
Unir, par votre hymen, Tartuffe à ma famille.
Il sera votre époux, j'ai résolu cela;

Apercevant Dorine.

Et, comme sur vos vœux je... Que faites-vous là?
La curiosité qui vous presse est bien forte,
Ma mie, à nous venir écouter de la sorte.

DORINE.

Vraiment, je ne sais pas si c'est un bruit qui part
De quelque conjecture, ou d'un coup de hasard;
Mais de ce mariage on m'a dit la nouvelle,
Et j'ai traité cela de pure bagatelle.

ORGON.

Quoi donc! la chose est-elle incroyable?

DORINE.

A tel point,
Que vous-même, monsieur, je ne vous en crois point.

ORGON.

Je sais bien le moyen de vous le faire croire.

DORINE.

Oui! oui! vous nous contez une plaisante histoire!

ORGON.

Je conte justement ce qu'on verra dans peu.

DORINE.

Chansons!

ORGON.

Ce que je dis, ma fille, n'est point jeu.

DORINE.

Allez, ne croyez point à monsieur votre père;
Il raille.

ORGON.

Je vous dis...

DORINE.

Non, vous avez beau faire,
On ne vous croira point.

ORGON.

A la fin, mon courroux...

DORINE.

Eh bien, on vous croit donc; et c'est tant pis pour vous.
Quoi! se peut-il, monsieur, qu'avec l'air d'homme sage,
Et cette large barbe au milieu du visage,

Vous soyez assez fou pour vouloir?..
ORGON.
Écoutez :
Vous avez pris céans certaines privautés
Qui ne me plaisent point; je vous le dis, ma mie.
DORINE.
Parlons sans nous fâcher, monsieur, je vous supplie.
Vous moquez-vous des gens d'avoir fait ce complot?
Votre fille n'est point l'affaire d'un bigot :
Il a d'autres emplois auxquels il faut qu'il pense.
Et puis, que vous apporte une telle alliance?
A quel sujet aller, avec tout votre bien,
Choisir un gendre gueux?...
ORGON.
Taisez-vous. S'il n'a rien,
Sachez que c'est par là qu'il faut qu'on le révère.
Sa misère est sans doute une honnête misère :
Au-dessus des grandeurs elle doit l'élever,
Puisque enfin de son bien il s'est laissé priver
Par son trop peu de soin des choses temporelles
Et sa puissante attache aux choses éternelles.
Mais mon secours pourra lui donner les moyens
De sortir d'embarras et rentrer dans ses biens :
Ce sont fiefs qu'à bon titre au pays on renomme;
Et, tel que l'on le voit, il est bien gentilhomme.
DORINE.
Oui, c'est lui qui le dit; et cette vanité,
Monsieur, ne sied pas bien avec la piété.
Qui d'une sainte vie embrasse l'innocence
Ne doit pas tant prôner son nom et sa naissance;
Et l'humble procédé de la dévotion
Souffre mal les éclats de cette ambition.
A quoi bon cet orgueil?... Mais ce discours vous blesse;
Parlons de sa personne, et laissons sa noblesse.
Ferez-vous possesseur, sans quelque peu d'ennui,
D'une fille comme elle un homme comme lui?
Et ne devez-vous pas songer aux bienséances,
Et de cette union prévoir les conséquences?
Sachez que d'une fille on risque la vertu,
Lorsque dans son hymen son goût est combattu;
Que le dessein d'y vivre en honnête personne
Dépend des qualités du mari qu'on lui donne,
Et que ceux dont partout on montre au doigt le front
Font leurs femmes souvent ce qu'on voit qu'elles sont.

ACTE II, SCÈNE II.

Il est bien difficile enfin d'être fidèle
A de certains maris faits d'un certain modèle ;
Et qui donne à sa fille un homme qu'elle hait
Est responsable au ciel des fautes qu'elle fait.
Songez à quels périls votre dessein vous livre.

ORGON.

Je vous dis qu'il me faut apprendre d'elle à vivre !

DORINE.

Vous n'en feriez que mieux, de suivre mes leçons.

ORGON.

Ne nous amusons point, ma fille, à ces chansons ;
Je sais ce qu'il vous faut, et je suis votre père.
J'avois donné pour vous ma parole à Valère ;
Mais, outre qu'à jouer on dit qu'il est enclin,
Je le soupçonne encor d'être un peu libertin ;
Je ne remarque point qu'il hante les églises.

DORINE.

Voulez-vous qu'il y coure à vos heures précises,
Comme ceux qui n'y vont que pour être aperçus ?

ORGON.

Je ne demande pas votre avis là-dessus.
Enfin, avec le ciel l'autre est le mieux du monde,
Et c'est une richesse à nulle autre seconde.
Cet hymen de tous biens comblera vos désirs,
Il sera tout confit en douceurs et plaisirs.
Ensemble vous vivrez, dans vos ardeurs fidèles,
Comme deux vrais enfants, comme deux tourterelles :
A nul fâcheux débat jamais vous n'en viendrez ;
Et vous ferez de lui tout ce que vous voudrez.

DORINE.

Elle ? Elle n'en fera qu'un sot [1], je vous assure.

ORGON.

Ouais ! quels discours !

DORINE.

        Je dis qu'il en a l'encolure
Et que son ascendant, monsieur, l'emportera
Sur toute la vertu que votre fille aura.

ORGON.

Cessez de m'interrompre, et songez à vous taire,
Sans mettre votre nez où vous n'avez que faire.

---

[1] On sait quel ridicule s'attache chez nous au mari d'une femme infidèle : en faudrait-il une autre preuve que l'acception dans laquelle *sot* est pris ici par Dorine ? (Auger.)

DORINE; elle l'interrompt toujours au moment où il se retourne pour parler à sa fille.

Je n'en parle, monsieur, que pour votre intérêt.

ORGON.

C'est prendre trop de soin; taisez-vous, s'il vous plaît!

DORINE.

Si l'on ne vous aimoit...

ORGON.

Je ne veux pas qu'on m'aime.

DORINE.

Et je veux vous aimer, monsieur, malgré vous-même.

ORGON.

Ah!

DORINE.

Votre honneur m'est cher, et je ne puis souffrir
Qu'aux brocards d'un chacun vous alliez vous offrir.

ORGON.

Vous ne vous tairez point?

DORINE.

C'est une conscience
Que de vous laisser faire une telle alliance.

ORGON.

Te tairas-tu, serpent, dont les traits effrontés...

DORINE.

Ah! vous êtes dévot, et vous vous emportez!

ORGON.

Oui, ma bile s'échauffe à toutes ces fadaises,
Et tout résolûment je veux que tu te taises.

DORINE.

Soit. Mais, ne disant mot, je n'en pense pas moins.

ORGON.

Pense, si tu le veux; mais applique tes soins

Se retournant vers sa fille.

A ne m'en point parler, ou... Suffit... Comme sage,
J'ai pesé mûrement toutes choses.

DORINE, à part.

J'enrage
De ne pouvoir parler!

ORGON.

Sans être damoiseau,
Tartuffe est fait de sorte...

DORINE.

Oui, c'est un beau museau!

ORGON.
Que, quand tu n'aurois même aucune sympathie
Pour tous les autres dons...

DORINE, à part.
La voilà bien lotie!

Orgon se tourne du côté de Dorine, et, les bras croisés, l'écoute et la regarde en face.

Si j'étois en sa place, un homme assurément
Ne m'épouseroit pas de force impunément;
Et je lui ferois voir, bientôt après la fête,
Qu'une femme a toujours une vengeance prête.

ORGON, à Dorine.
Donc de ce que je dis on ne fera nul cas?

DORINE.
De quoi vous plaignez-vous? Je ne vous parle pas.

ORGON.
Qu'est-ce que tu fais donc?

DORINE.
Je me parle à moi-même.

ORGON, à part.
Fort bien. Pour châtier son insolence extrême,
Il faut que je lui donne un revers de ma main.

Il se met en posture de donner un soufflet à Dorine, et, à chaque mot qu'il dit à sa fille, il se tourne pour regarder Dorine, qui se tient droite sans parler.

Ma fille, vous devez approuver mon dessein...
Croire que le mari... que j'ai su vous élire...

A Dorine.
Que ne te parles-tu?

DORINE.
Je n'ai rien à me dire.

ORGON.
Encore un petit mot.

DORINE.
Il ne me plait pas, moi.

ORGON.
Certes, je t'y guettois.

DORINE.
Quelque sotte, ma foi!...

ORGON.
Enfin, ma fille, il faut payer d'obéissance;
Et montrer pour mon choix entière déférence.

DORINE, en s'enfuyant.
Je me moquerois fort de prendre un tel époux.

ORGON, après avoir manqué de donner un soufflet à Dorine.
Vous avez là, ma fille, une peste avec vous,

Avec qui, sans péché, je ne saurois plus vivre.
Je me sens hors d'état maintenant de poursuivre;
Ses discours insolents m'ont mis l'esprit en feu,
Et je vais prendre l'air pour me rasseoir un peu.

SCÈNE III. — MARIANE, DORINE.

DORINE.

Avez-vous donc perdu, dites-moi, la parole?
Et faut-il qu'en ceci je fasse votre rôle?
Souffrir qu'on vous propose un projet insensé,
Sans que du moindre mot vous l'ayez repoussé!

MARIANE.

Contre un père absolu que veux-tu que je fasse?

DORINE.

Ce qu'il faut pour parer une telle menace.

MARIANE.

Quoi?

DORINE.

Lui dire qu'un cœur n'aime point par autrui;
Que vous vous mariez pour vous, non pas pour lui;
Qu'étant celle pour qui se fait toute l'affaire,
C'est à vous, non à lui, que le mari doit plaire;
Et que, si son Tartuffe est pour lui si charmant,
Il le peut épouser sans nul empêchement.

MARIANE.

Un père, je l'avoue, a sur nous tant d'empire,
Que je n'ai jamais eu la force de rien dire.

DORINE.

Mais raisonnons. Valère a fait pour vous des pas :
L'aimez-vous, je vous prie, ou ne l'aimez-vous pas?

MARIANE.

Ah! qu'envers mon amour ton injustice est grande,
Dorine! Me dois-tu faire cette demande?
T'ai-je pas là-dessus ouvert cent fois mon cœur?
Et sais-tu pas pour lui jusqu'où va mon ardeur?

DORINE.

Que sais-je si le cœur a parlé par la bouche,
Et si c'est tout de bon que cet amant vous touche?

MARIANE.

Tu me fais un grand tort, Dorine, d'en douter;
Et mes vrais sentiments ont su trop éclater.

DORINE.

Enfin, vous l'aimez donc?

MARIANE.
Oui, d'une ardeur extrême.
DORINE.
Et, selon l'apparence, il vous aime de même?
MARIANE.
Je le crois.
DORINE.
Et tous deux brûlez également
De vous voir mariés ensemble?
MARIANE.
Assurément.
DORINE.
Sur cette autre union quelle est donc votre attente?
MARIANE.
De me donner la mort, si l'on me violente.
DORINE.
Fort bien. C'est un recours où je ne songeois pas;
Vous n'avez qu'à mourir pour sortir d'embarras.
Le remède, sans doute, est merveilleux. J'enrage
Lorsque j'entends tenir ces sortes de langage!
MARIANE.
Mon Dieu! de quelle humeur, Dorine, tu te rends!
Tu ne compatis point aux déplaisirs des gens.
DORINE.
Je ne compatis point à qui dit des sornettes,
Et dans l'occasion mollit comme vous faites.
MARIANE.
Mais que veux-tu? si j'ai de la timidité...
DORINE.
Mais l'amour dans un cœur veut de la fermeté.
MARIANE.
Mais n'en gardé-je pas pour les feux de Valère?
Et n'est-ce pas à lui de m'obtenir d'un père?
DORINE.
Mais quoi! si votre père est un bourru fieffé,
Qui s'est de son Tartuffe entièrement coiffé,
Et manque à l'union qu'il avoit arrêtée,
La faute à votre amant doit-elle être imputée?
MARIANE.
Mais, par un haut refus et d'éclatants mépris,
Ferai-je, dans mon choix, voir un cœur trop épris?
Sortirai-je pour lui, quelque éclat dont il brille,
De la pudeur du sexe et du devoir de fille?
Et veux-tu que mes feux par le monde étalés...

DORINE.

Non, non, je ne veux rien. Je vois que vous voulez
Être à monsieur Tartuffe ; et j'aurois, quand j'y pense,
Tort de vous détourner d'une telle alliance.
Quelle raison aurois-je à combattre vos vœux ?
Le parti de soi-même est fort avantageux.
Monsieur Tartuffe ! oh ! oh ! n'est-ce rien qu'on propose ?
Certes, monsieur Tartuffe, à bien prendre la chose,
N'est pas un homme, non, qui se mouche du pied ;
Et ce n'est pas peu d'heur que d'être sa moitié.
Tout le monde déjà de gloire le couronne ;
Il est noble chez lui, bien fait de sa personne ;
Il a l'oreille rouge et le teint bien fleuri :
Vous vivrez trop contente avec un tel mari.

MARIANE.

Mon Dieu !...

DORINE.

Quelle allégresse aurez-vous dans votre âme
Quand d'un époux si beau vous vous verrez la femme !

MARIANE.

Ah ! cesse, je te prie, un semblable discours,
Et contre cet hymen ouvre-moi du secours.
C'en est fait, je me rends, et suis prête à tout faire.

DORINE.

Non, il faut qu'une fille obéisse à son père,
Voulût-il lui donner un singe pour époux.
Votre sort est fort beau . de quoi vous plaignez-vous ?
Vous irez par le coche en sa petite ville,
Qu'en oncles et cousins vous trouverez fertile,
Et vous vous plairez fort à les entretenir.
D'abord chez le beau monde on vous fera venir
Vous irez visiter, pour votre bienvenue,
Madame la baillive et madame l'élue,
Qui d'un siége pliant vous feront honorer.
Là, dans le carnaval, vous pourrez espérer
Le bal et la grand'bande, assavoir[1], deux musettes,
Et parfois Fagotin[2], et les marionnettes ;
Si pourtant votre époux...

MARIANE.

Ah ! tu me fais mourir !
De tes conseils plutôt songe à me secourir.

---

[1] Toutes les éditions portent à tort : *à savoir* ; c'est l'ancien infinitif *assavoir*. (F. Génin.)

[2] Singe fameux par sa souplesse et sa dextérité

DORINE.

Je suis votre servante.

MARIANE.

Eh! Dorine, de grâce...

DORINE.

Il faut, pour vous punir, que cette affaire passe.

MARIANE.

Ma pauvre fille!

DORINE.

Non.

MARIANE.

Si mes vœux déclarés...

DORINE.

Point. Tartuffe est votre homme, et vous en tâterez.

MARIANE.

Tu sais qu'à toi toujours je me suis confiée :
Fais-moi...

DORINE.

Non, vous serez, ma foi, tartuffiée.

MARIANE.

Eh bien, puisque mon sort ne sauroit t'émouvoir,
Laisse-moi désormais toute à mon désespoir :
C'est de lui que mon cœur empruntera de l'aide;
Et je sais de mes maux l'infaillible remède.

Elle veut s'en aller.

DORINE.

Eh! la, la, revenez. Je quitte mon courroux.
Il faut, nonobstant tout, avoir pitié de vous.

MARIANE.

Vois-tu, si l'on m'expose à ce cruel martyre,
Je te le dis, Dorine, il faudra que j'expire.

DORINE.

Ne vous tourmentez point. On peut adroitement
Empêcher... Mais voici Valère, votre amant.

SCÈNE IV. — VALÈRE, MARIANE, DORINE.

VALÈRE.

On vient de débiter, madame, une nouvelle
Que je ne savois pas, et qui sans doute est belle.

MARIANE.

Quoi?

VALÈRE.

Que vous épousez Tartuffe

MARIANE.

Il est certain
Que mon père s'est mis en tête ce dessein.

VALÈRE.

Votre père, madame...

MARIANE.

A changé de visée :
La chose vient par lui de m'être proposée.

VALÈRE.

Quoi! sérieusement?

MARIANE.

Oui, sérieusement.
Il s'est pour cet hymen déclaré hautement.

VALÈRE.

Et quel est le dessein où votre âme s'arrête,
Madame?

MARIANE.

Je ne sais.

VALÈRE.

La réponse est honnête :
Vous ne savez?

MARIANE.

Non.

VALÈRE.

Non?

MARIANE.

Que me conseillez-vous?

VALÈRE.

Je vous conseille, moi, de prendre cet époux.

MARIANE.

Vous me le conseillez?

VALÈRE.

Oui.

MARIANE.

Tout de bon?

VALÈRE.

Sans doute.
Le choix est glorieux, et vaut bien qu'on l'écoute.

MARIANE.

Eh bien, c'est un conseil, monsieur, que je reçois.

VALÈRE.

Vous n'aurez pas grand'peine à le suivre, je crois.

MARIANE.

Pas plus qu'à le donner n'en a souffert votre âme.

ACTE II, SCÈNE IV.

VALÈRE.
Moi, je vous l'ai donné pour vous plaire, madame.
MARIANE.
Et moi, je le suivrai pour vous faire plaisir.
DORINE, se retirant dans le fond du théâtre.
Voyons ce qui pourra de ceci réussir.
VALÈRE.
C'est donc ainsi qu'on aime? Et c'étoit tromperie
Quand vous...
MARIANE.
Ne parlons point de cela, je vous prie;
Vous m'avez dit tout franc que je dois accepter
Celui que pour époux on me veut présenter,
Et je déclare, moi, que je prétends le faire,
Puisque vous m'en donnez le conseil salutaire.
VALÈRE.
Ne vous excusez point sur mes intentions.
Vous aviez pris déjà vos résolutions;
Et vous vous saisissez d'un prétexte frivole
Pour vous autoriser à manquer de parole.
MARIANE.
Il est vrai, c'est bien dit.
VALÈRE.
Sans doute; et votre cœur
N'a jamais eu pour moi de véritable ardeur.
MARIANE.
Hélas! permis à vous d'avoir cette pensée.
VALÈRE.
Oui, oui, permis à moi : mais mon âme offensée
Vous préviendra peut-être en un pareil dessein;
Et je sais où porter et mes vœux et ma main.
MARIANE.
Ah! je n'en doute point; et les ardeurs qu'excite
Le mérite...
VALÈRE.
Mon Dieu! laissons là le mérite.
J'en ai fort peu sans doute, et vous en faites foi.
Mais j'espère aux bontés qu'une autre aura pour moi;
Et j'en sais de qui l'âme, à ma retraite ouverte,
Consentira sans honte à réparer ma perte.
MARIANE.
La perte n'est pas grande; et de ce changement
Vous vous consolerez assez facilement.

VALÈRE.

J'y ferai mon possible, et vous le pouvez croire.
Un cœur qui nous oublie engage notre gloire;
Il faut à l'oublier mettre aussi tous nos soins;
Si l'on n'en vient à bout, on le doit feindre au moins:
Et cette lâcheté jamais ne se pardonne,
De montrer de l'amour pour qui nous abandonne.

MARIANE.

Ce sentiment sans doute est noble et relevé.

VALÈRE.

Fort bien; et d'un chacun il doit être approuvé.
Eh quoi! vous voudriez qu'à jamais dans mon âme
Je gardasse pour vous les ardeurs de ma flamme,
Et vous visse, à mes yeux, passer en d'autres bras,
Sans mettre ailleurs un cœur dont vous ne voulez pas?

MARIANE.

Au contraire; pour moi, c'est ce que je souhaite;
Et je voudrois déjà que la chose fût faite.

VALÈRE.

Vous le voudriez?

MARIANE.

Oui.

VALÈRE.

C'est assez m'insulter,
Madame; et, de ce pas, je vais vous contenter.

Il fait un pas pour s'en aller.

MARIANE.

Fort bien.

VALÈRE, revenant.

Souvenez-vous au moins que c'est vous-même
Qui contraignez mon cœur à cet effort extrême.

MARIANE.

Oui.

VALÈRE, revenant encore.

Et que le dessein que mon âme conçoit
N'est rien qu'à votre exemple.

MARIANE.

A mon exemple, soit.

VALÈRE, en sortant.

Suffit: vous allez être à point nommé servie.

MARIANE.

Tant mieux.

VALÈRE, revenant encore.

Vous me voyez, c'est pour toute ma vie.

ACTE II, SCÈNE IV.

MARIANE.

A la bonne heure.

VALÈRE s'en va, et, lorsqu'il est vers la porte, il se retourne.

Eh?

MARIANE.

Quoi?

VALÈRE.

Ne m'appelez-vous pas?

MARIANE.

Moi! Vous rêvez.

VALÈRE.

Eh bien, je poursuis donc mes pas.
Adieu, madame.

Il s'en va lentement.

MARIANE.

Adieu, monsieur.

DORINE, à Mariane.

Pour moi, je pense
Que vous perdez l'esprit par cette extravagance :
Et je vous ai laissés tout du long quereller,
Pour voir où tout cela pourroit enfin aller.
Holà! seigneur Valère.

Elle arrête Valère par le bras.

VALÈRE, feignant de résister.

Eh? que veux-tu, Dorine?

DORINE.

Venez ici.

VALÈRE.

Non, non, le dépit me domine.
Ne me détourne point de ce qu'elle a voulu.

DORINE.

Arrêtez.

VALÈRE.

Non, vois-tu, c'est un point résolu.

DORINE.

Ah!

MARIANE, à part.

Il souffre à me voir, ma présence le chasse;
Et je ferai bien mieux de lui quitter la place.

DORINE, quittant Valère, et courant après Mariane.

A l'autre! Où courez-vous?

MARIANE.

Laisse.

DORINE.

Il faut revenir.

MARIANE.

Non, non, Dorine; en vain tu veux me retenir.

VALÈRE, à part.

Je vois bien que ma vue est pour elle un supplice,
Et, sans doute, il vaut mieux que je l'en affranchisse.

DORINE, quittant Mariane, et courant après Valère.

Encor! Diantre soit fait de vous! Si, je le veux.
Cessez ce badinage; et venez çà tous deux.

Elle prend Valère et Mariane par la main et les ramène.

VALÈRE, à Dorine.

Mais quel est ton dessein?

MARIANE, à Dorine.

Qu'est-ce que tu veux faire?

DORINE.

Vous bien remettre ensemble, et vous tirer d'affaire.

A Valère.

Êtes-vous fou d'avoir un pareil démêlé?

VALÈRE.

N'as-tu pas entendu comme elle m'a parlé?

DORINE, à Mariane.

Êtes-vous folle, vous, de vous être emportée?

MARIANE.

N'as-tu pas vu la chose, et comme il m'a traitée?

DORINE.

A Valère.

Sottise des deux parts. Elle n'a d'autre soin
Que de se conserver à vous, j'en suis témoin.

A Mariane.

Il n'aime que vous seule, et n'a point d'autre envie
Que d'être votre époux; j'en réponds sur ma vie.

MARIANE, à Valère.

Pourquoi donc me donner un semblable conseil?

VALÈRE, à Mariane.

Pourquoi m'en demander sur un sujet pareil?

DORINE.

Vous êtes fous tous deux. Çà, la main l'un et l'autre.

A Valère.

Allons, vous.

VALÈRE, en donnant sa main à Dorine.

A quoi bon ma main?

DORINE, à Mariane.

Ah çà! la vôtre.

MARIANE, en donnant aussi sa main.

De quoi sert tout cela?

ACTE II, SCÈNE IV.

DORINE.

Mon Dieu! vite, avancez.
Vous vous aimez tous deux plus que vous ne pensez.

Valère et Mariane se tiennent quelque temps par la main sans se regarder.

VALÈRE, *se tournant vers Mariane.*

Mais ne faites donc point les choses avec peine ;
Et regardez un peu les gens sans nulle haine.

Mariane se tourne du côté de Valère en lui souriant.

DORINE.

A vous dire le vrai, les amants sont bien fous !

VALÈRE, à Mariane.

Oh çà ! n'ai-je pas lieu de me plaindre de vous [1] ?
Et, pour n'en point mentir, n'êtes-vous pas méchante
De vous plaire à me dire une chose affligeante ?

MARIANE.

Mais vous, n'êtes-vous pas l'homme le plus ingrat ?...

DORINE.

Pour une autre saison laissons tout ce débat,
Et songeons à parer ce fâcheux mariage.

MARIANE.

Dis-nous donc quels ressorts il faut mettre en usage.

DORINE.

Nous en ferons agir de toutes les façons.

A Mariane.   *A Valère.*

Votre père se moque ; et ce sont des chansons.

A Mariane.

Mais, pour vous, il vaut mieux qu'à son extravagance
D'un doux consentement vous prêtiez l'apparence,
Afin qu'en cas d'alarme il vous soit plus aisé
De tirer en longueur cet hymen proposé.
En attrapant du temps, à tout on remédie.
Tantôt vous payerez de quelque maladie
Qui viendra tout à coup, et voudra des délais ;
Tantôt vous payerez de présages mauvais ;
Vous aurez fait d'un mort la rencontre fâcheuse,
Cassé quelque miroir, ou songé d'eau bourbeuse.
Enfin, le bon de tout, c'est qu'à d'autres qu'à lui
On ne vous peut lier que vous ne disiez oui.
Mais, pour mieux réussir, il est bon, ce me semble,
Qu'on ne vous trouve point tous deux parlant ensemble.

A Valère.

Sortez ; et, sans tarder, employez vos amis

---

[1] Voilà le trait le plus charmant de cette scène délicieuse. Ce n'est pas là un mot plaisant, un joli vers ; c'est la nature prise sur le fait par le génie.

Pour vous faire tenir ce qu'on vous a promis.
Nous allons réveiller les efforts de son frère,
Et dans notre parti jeter la belle-mère.
Adieu.

VALÈRE, à Mariane.

Quelques efforts que nous préparions tous,
Ma plus grande espérance, à vrai dire, est en vous.

MARIANE, à Valère.

Je ne vous réponds pas des volontés d'un père;
Mais je ne serai point à d'autre qu'à Valère.

VALÈRE.

Que vous me comblez d'aise! et, quoi que puisse oser...

DORINE.

Ah! jamais les amants ne sont las de jaser.
Sortez, vous dis-je.

VALÈRE; il fait un pas et revient.

Enfin...

DORINE.

Quel caquet est le vôtre!
Tirez de cette part; et vous, tirez de l'autre.

Dorine les pousse chacun par l'épaule et les oblige de se séparer.

ACTE TROISIÈME

SCÈNE I. — DAMIS, DORINE.

DAMIS.

Que la foudre, sur l'heure, achève mes destins,
Qu'on me traite partout du plus grand des faquins,
S'il est aucun respect ni pouvoir qui m'arrête,
Et si je ne fais pas quelque coup de ma tête!

DORINE.

De grâce, modérez un tel emportement :
Votre père n'a fait qu'en parler simplement.
On n'exécute pas tout ce qui se propose;
Et le chemin est long du projet à la chose.

DAMIS.

Il faut que de ce fat j'arrête les complots,
Et qu'à l'oreille un peu je lui dise deux mots

DORINE.

Ah! tout doux! envers lui, comme envers votre père,
Laissez agir les soins de votre belle-mère.

Sur l'esprit de Tartuffe elle a quelque crédit,
Il se rend complaisant à tout ce qu'elle dit,
Et pourroit bien avoir douceur de cœur pour elle.
Plût à Dieu qu'il fût vrai! la chose seroit belle [1].
Enfin, votre intérêt l'oblige à le mander :
Sur l'hymen qui vous trouble elle veut le sonder,
Savoir ses sentiments, et lui faire connoître
Quels fâcheux démêlés il pourra faire naître,
S'il faut qu'à ce dessein il prête quelque espoir.
Son valet dit qu'il prie, et je n'ai pu le voir;
Mais ce valet m'a dit qu'il s'en alloit descendre.
Sortez donc, je vous prie, et me laissez l'attendre.

DAMIS.

Je puis être présent à tout cet entretien.

DORINE.

Point. Il faut qu'ils soient seuls.

DAMIS.

Je ne lui dirai rien.

DORINE.

Vous vous moquez : on sait vos transports ordinaires;
Et c'est le vrai moyen de gâter les affaires.
Sortez.

DAMIS.

Non; je veux voir, sans me mettre en courroux.

DORINE.

Que vous êtes fâcheux! Il vient. Retirez-vous.

Damis va se cacher dans un cabinet qui est au fond du théâtre.

SCÈNE II. — TARTUFFE, DORINE.

TARTUFFE, *parlant haut à son valet, qui est dans la maison, dès qu'il aperçoit Dorine.*

Laurent, serrez ma haire avec ma discipline,
Et priez que toujours le ciel vous illumine.
Si l'on vient pour me voir, je vais aux prisonniers
Des aumônes que j'ai partager les deniers.

DORINE, *à part.*

Que d'affectation et de forfanterie!

TARTUFFE.

Que voulez-vous?

---

[1] Déjà trois fois les spectateurs ont été prévenus des sentiments de Tartuffe pour Elmire : ils le seront encore une quatrième, et la déclaration suivra aussitôt. Molière avait besoin d'avertir le public d'une scène aussi extraordinaire; et c'est en lui promettant longtemps d'avance un plaisir, celui de surprendre les secrets de l'hypocrite, qu'il prépare cette scène et qu'il en établit la vraisemblance. (Aimé Martin.)

DORINE.

Vous dire...

TARTUFFE, tirant un mouchoir de sa poche.

Ah! mon Dieu! je vous prie,
Avant que de parler, prenez-moi ce mouchoir.

DORINE.

Comment!

TARTUFFE.

Couvrez ce sein que je ne saurois voir.
Par de pareils objets les âmes sont blessées,
Et cela fait venir de coupables pensées.

DORINE.

Vous êtes donc bien tendre à la tentation,
Et la chair sur vos sens fait grande impression!
Certes, je ne sais pas quelle chaleur vous monte :
Mais, à convoiter, moi, je ne suis point si prompte,
Et je vous verrois nu du haut jusques en bas,
Que toute votre peau ne me tenteroit pas.

TARTUFFE.

Mettez dans vos discours un peu de modestie[1],
Ou je vais sur-le-champ vous quitter la partie.

DORINE.

Non, non, c'est moi qui vais vous laisser en repos,
Et je n'ai seulement qu'à vous dire deux mots.
Madame va venir dans cette salle basse,
Et d'un mot d'entretien vous demande la grâce.

TARTUFFE.

Hélas! très-volontiers.

DORINE, à part.

Comme il se radoucit!
Ma foi, je suis toujours pour ce que j'en ai dit.

TARTUFFE.

Viendra-t-elle bientôt?

DORINE.

Je l'entends, ce me semble.
Oui, c'est elle en personne, et je vous laisse ensemble.

SCÈNE III. — ELMIRE, TARTUFFE.

TARTUFFE.

Que le ciel à jamais, par sa toute-bonté,
Et de l'âme et du corps vous donne la santé,

[1] Donné par un autre que Tartuffe, l'avis ne semblerait pas déplacé. Mais aussi, à un autre que Tartuffe, Dorine ne parlerait pas de ce ton.

Et bénisse vos jours autant que le désire
Le plus humble de ceux que son amour inspire!
\hfill ELMIRE.
Je suis fort obligée à ce souhait pieux.
Mais prenons une chaise, afin d'être un peu mieux.
\hfill TARTUFFE, assis.
Comment de votre mal vous sentez-vous remise?
\hfill ELMIRE, assise.
Fort bien; et cette fièvre a bientôt quitté prise.
\hfill TARTUFFE.
Mes prières n'ont pas le mérite qu'il faut
Pour avoir attiré cette grâce d'en haut;
Mais je n'ai fait au ciel nulle dévote instance
Qui n'ait eu pour objet votre convalescence.
\hfill ELMIRE.
Votre zèle pour moi s'est trop inquiété.
\hfill TARTUFFE.
On ne peut trop chérir votre chère santé;
Et, pour la rétablir, j'aurois donné la mienne.
\hfill ELMIRE.
C'est pousser bien avant la charité chrétienne;
Et je vous dois beaucoup pour toutes ces bontés.
\hfill TARTUFFE.
Je fais bien moins pour vous que vous ne méritez.
\hfill ELMIRE.
J'ai voulu vous parler en secret d'une affaire,
Et suis bien aise, ici, qu'aucun ne nous éclaire.
\hfill TARTUFFE.
J'en suis ravi de même; et, sans doute, il m'est doux,
Madame, de me voir seul à seul avec vous.
C'est une occasion qu'au ciel j'ai demandée,
Sans que, jusqu'à cette heure, il me l'ait accordée.
\hfill ELMIRE.
Pour moi, ce que je veux, c'est un mot d'entretien,
Où tout votre cœur s'ouvre, et ne me cache rien.

Damis, sans se montrer, entr'ouvre la porte du cabinet dans lequel il s'étoit retiré, pour entendre la conversation.

\hfill TARTUFFE.
Et je ne veux aussi, pour grâce singulière,
Que montrer à vos yeux mon âme tout entière,
Et vous faire serment que les bruits que j'ai faits
Des visites qu'ici reçoivent vos attraits
Ne sont pas envers vous l'effet d'aucune haine,
Mais plutôt d'un transport de zèle qui m'entraîne,

Et d'un pur mouvement...
ELMIRE.
Je le prends bien aussi,
Et crois que mon salut vous donne ce souci.
TARTUFFE, prenant la main d'Elmire, et lui serrant les doigts.
Oui, madame, sans doute; et ma ferveur est telle...
ELMIRE.
Ouf! vous me serrez trop.
TARTUFFE.
C'est par excès de zèle.
De vous faire aucun mal je n'eus jamais dessein,
Et j'aurois bien plutôt...
Il met la main sur les genoux d'Elmire.
ELMIRE.
Que fait là votre main?
TARTUFFE.
Je tâte votre habit : l'étoffe en est moelleuse.
ELMIRE.
Ah! de grâce, laissez, je suis fort chatouilleuse.
Elmire recule son fauteuil, et Tartuffe se rapproche d'elle
TARTUFFE, maniant le fichu d'Elmire.
Mon Dieu! que de ce point l'ouvrage est merveilleux!
On travaille aujourd'hui d'un air miraculeux :
Jamais, en toute chose, on n'a vu si bien faire.
ELMIRE.
Il est vrai. Mais parlons un peu de notre affaire.
On tient que mon mari veut dégager sa foi,
Et vous donner sa fille. Est-il vrai? dites-moi.
TARTUFFE.
Il m'en a dit deux mots : mais, madame, à vrai dire,
Ce n'est pas le bonheur après quoi je soupire;
Et je vois autre part les merveilleux attraits
De la félicité qui fait tous mes souhaits.
ELMIRE.
C'est que vous n'aimez rien des choses de la terre.
TARTUFFE.
Mon sein n'enferme pas un cœur qui soit de pierre.
ELMIRE.
Pour moi, je crois qu'au ciel tendent tous vos soupirs,
Et que rien ici-bas n'arrête vos désirs.
TARTUFFE.
L'amour qui nous attache aux beautés éternelles
N'étouffe pas en nous l'amour des temporelles :
Nos sens facilement peuvent être charmés

Des ouvrages parfaits que le ciel a formés.
Ses attraits réfléchis brillent dans vos pareilles ;
Mais il étale en vous ses plus rares merveilles :
Il a sur votre face épanché des beautés
Dont les yeux sont surpris et les cœurs transportés,
Et je n'ai pu vous voir, parfaite créature,
Sans admirer en vous l'Auteur de la nature
Et d'une ardente amour sentir mon cœur atteint,
Au plus beau des portraits où lui-même il s'est peint.
D'abord j'appréhendai que cette ardeur secrète
Ne fût du noir esprit une surprise adroite ;
Et même à fuir vos yeux mon cœur se résolut,
Vous croyant un obstacle à faire mon salut.
Mais enfin je connus, ô beauté tout aimable !
Que cette passion peut n'être point coupable,
Que je puis l'ajuster avecque la pudeur,
Et c'est ce qui m'y fait abandonner mon cœur.
Ce m'est, je le confesse, une audace bien grande
Que d'oser de ce cœur vous adresser l'offrande ;
Mais j'attends en mes vœux tout de votre bonté,
Et rien des vains efforts de mon infirmité.
En vous est mon espoir, mon bien, ma quiétude ;
De vous dépend ma peine ou ma béatitude ;
Et je vais être enfin, par votre seul arrêt,
Heureux, si vous voulez ; malheureux, s'il vous plaît.

ELMIRE.

La déclaration est tout à fait galante ;
Mais elle est, à vrai dire, un peu bien surprenante.
Vous deviez, ce me semble, armer mieux votre sein,
Et raisonner un peu sur un pareil dessein.
Un dévot comme vous, et que partout on nomme...

TARTUFFE.

Ah ! pour être dévot, je n'en suis pas moins homme :
Et, lorsqu'on vient à voir vos célestes appas,
Un cœur se laisse prendre et ne raisonne pas.
Je sais qu'un tel discours de moi paroît étrange :
Mais, madame, après tout, je ne suis pas un ange ;
Et, si vous condamnez l'aveu que je vous fais,
Vous devez vous en prendre à vos charmants attraits.
Dès que j'en vis briller la splendeur plus qu'humaine,
De mon intérieur vous fûtes souveraine ;
De vos regards divins l'ineffable douceur
Força la résistance où s'obstinoit mon cœur ;
Elle surmonta tout, jeûnes, prières, larmes,

Et tourna tous mes vœux du côté de vos charmes.
Mes yeux et mes soupirs vous l'ont dit mille fois;
Et, pour mieux m'expliquer, j'emploie ici la voix.
Que si vous contemplez, d'une âme un peu bénigne
Les tribulations de votre esclave indigne;
S'il faut que vos bontés veuillent me consoler,
Et jusqu'à mon néant daignent se ravaler,
J'aurai toujours pour vous, ô suave merveille!
Une dévotion à nulle autre pareille.
Votre honneur avec moi ne court point de hasard,
Et n'a nulle disgrâce à craindre de ma part.
Tous ces galants de cour, dont les femmes sont folles,
Sont bruyants dans leurs faits et vains dans leurs paroles;
De leurs progrès sans cesse on les voit se targuer;
Ils n'ont point de faveurs qu'ils n'aillent divulguer;
Et leur langue indiscrète, en qui l'on se confie,
Déshonore l'autel où leur cœur sacrifie.
Mais les gens comme nous brûlent d'un feu discret,
Avec qui, pour toujours, on est sûr du secret.
Le soin que nous prenons de notre renommée
Répond de toute chose à la personne aimée;
Et c'est en nous qu'on trouve, acceptant notre cœur,
De l'amour sans scandale et du plaisir sans peur.

ELMIRE.

Je vous écoute dire, et votre rhétorique
En termes assez forts à mon âme s'explique.
N'appréhendez-vous point que je ne sois d'humeur
A dire à mon mari cette galante ardeur,
Et que le prompt avis d'un amour de la sorte
Ne pût bien altérer l'amitié qu'il vous porte?

TARTUFFE.

Je sais que vous avez trop de bénignité,
Et que vous ferez grâce à ma témérité;
Que vous m'excuserez, sur l'humaine foiblesse,
Des violents transports d'un amour qui vous blesse,
Et considérerez, en regardant votre air,
Que l'on n'est pas aveugle, et qu'un homme est de chair.

ELMIRE.

D'autres prendroient cela d'autre façon peut-être;
Mais ma discrétion se veut faire paroître.
Je ne redirai point l'affaire à mon époux;
Mais je veux, en revanche, une chose de vous:
C'est de presser tout franc, et sans nulle chicane,
L'union de Valère avecque Mariane,

De renoncer vous-même à l'injuste pouvoir
Qui veut du bien d'un autre enrichir votre espoir ;
Et...

SCÈNE IV. — ELMIRE, DAMIS, TARTUFFE.

DAMIS, sortant du cabinet où il s'étoit retiré.
Non, madame, non ; ceci doit se répandre.
J'étois en cet endroit, d'où j'ai pu tout entendre ;
Et la bonté du ciel m'y semble avoir conduit
Pour confondre l'orgueil d'un traître qui me nuit,
Pour m'ouvrir une voie à prendre la vengeance
De son hypocrisie et de son insolence,
A détromper mon père, et lui mettre en plein jour
L'âme d'un scélérat qui vous parle d'amour.

ELMIRE.
Non, Damis ; il suffit qu'il se rende plus sage
Et tâche à mériter la grâce où je m'engage.
Puisque je l'ai promis, ne m'en dédites pas.
Ce n'est point mon humeur de faire des éclats ;
Une femme se rit de sottises pareilles,
Et jamais d'un mari n'en trouble les oreilles.

DAMIS.
Vous avez vos raisons pour en user ainsi,
Et pour faire autrement j'ai les miennes aussi.
Le vouloir épargner est une raillerie ;
Et l'insolent orgueil de sa cagoterie
N'a triomphé que trop de mon juste courroux
Et que trop excité de désordre chez nous.
Le fourbe trop longtemps a gouverné mon père
Et desservi mes feux avec ceux de Valère.
Il faut que du perfide il soit désabusé :
Et le ciel, pour cela, m'offre un moyen aisé.
De cette occasion je lui suis redevable,
Et, pour la négliger, elle est trop favorable :
Ce seroit mériter qu'il me la vînt ravir,
Que de l'avoir en main et ne m'en pas servir.

ELMIRE.
Damis...

DAMIS.
Non, s'il vous plaît, il faut que je me croie.
Mon âme est maintenant au comble de sa joie ;
Et vos discours en vain prétendent m'obliger
A quitter le plaisir de me pouvoir venger.

Sans aller plus avant, je vais vider l'affaire;
Et voici justement de quoi me satisfaire.

SCÈNE V. — ORGON, ELMIRE, DAMIS, TARTUFFE.

DAMIS.

Nous allons régaler, mon père, votre abord
D'un incident tout frais qui vous surprendra fort.
Vous êtes bien payé de toutes vos caresses,
Et monsieur d'un beau prix reconnoît vos tendresses
Son grand zèle pour vous vient de se déclarer :
Il ne va pas à moins qu'à vous déshonorer ;
Et je l'ai surpris là qui faisoit à madame
L'injurieux aveu d'une coupable flamme.
Elle est d'une humeur douce, et son cœur trop discret
Vouloit à toute force en garder le secret ;
Mais je ne puis flatter une telle impudence,
Et crois que vous la taire est vous faire une offense.

ELMIRE.

Oui, je tiens que jamais de tous ces vains propos
On ne doit d'un mari traverser le repos;
Que ce n'est point de là que l'honneur peut dépendre,
Et qu'il suffit, pour nous, de savoir nous défendre.
Ce sont mes sentiments; et vous n'auriez rien dit,
Damis, si j'avois eu sur vous quelque crédit.

SCÈNE VI. — ORGON, DAMIS, TARTUFFE.

ORGON.

Ce que je viens d'entendre, ô ciel! est-il croyable?

TARTUFFE.

Oui, mon frère, je suis un méchant, un coupable,
Un malheureux pécheur, tout plein d'iniquité,
Le plus grand scélérat qui jamais ait été.
Chaque instant de ma vie est chargé de souillures;
Elle n'est qu'un amas de crimes et d'ordures ;
Et je vois que le ciel, pour ma punition,
Me veut mortifier en cette occasion.
De quelque grand forfait qu'on me puisse reprendre,
Je n'ai garde d'avoir l'orgueil de m'en défendre.
Croyez ce qu'on vous dit, armez votre courroux,
Et comme un criminel chassez-moi de chez vous;
Je ne saurois avoir tant de honte en partage,
Que je n'en aie encor mérité davantage.

ORGON, à son fils.

Ah! traître, oses-tu bien, par cette fausseté,
Vouloir de sa vertu ternir la pureté?

DAMIS.

Quoi! la feinte douceur de cette âme hypocrite [1]
Vous fera démentir...

ORGON.

Tais-toi, peste maudite!

TARTUFFE.

Ah! laissez-le parler; vous l'accusez à tort,
Et vous ferez bien mieux de croire à son rapport.
Pourquoi, sur un tel fait, m'être si favorable?
Savez-vous, après tout, de quoi je suis capable?
Vous fiez-vous, mon frère, à mon extérieur?
Et, pour tout ce qu'on voit, me croyez-vous meilleur?
Non, non : vous vous laissez tromper à l'apparence,
Et je ne suis rien moins, hélas! que ce qu'on pense.
Tout le monde me prend pour un homme de bien;
Mais la vérité pure est que je ne vaux rien.

S'adressant à Damis.

Oui, mon cher fils, parlez; traitez-moi de perfide,
D'infâme, de perdu, de voleur, d'homicide;
Accablez-moi de noms encor plus détestés :
Je n'y contredis point, je les ai mérités;
Et j'en veux à genoux souffrir l'ignominie,
Comme une honte due aux crimes de ma vie.

ORGON.

A Tartuffe.   A son fils.

Mon frère, c'en est trop. Ton cœur ne se rend point,
Traître!

DAMIS.

Quoi! ses discours vous séduiront au point...

ORGON.

Relevant Tartuffe.

Tais-toi, pendard! Mon frère, eh! levez-vous, de grâce!
A son fils.
Infâme!

DAMIS.

Il peut...

ORGON.

Tais-toi!

DAMIS.

J'enrage! Quoi! je passe...

[1] Var. Quoi! la feinte *douleur* de cette âme hypocrite.

ORGON.

Si tu dis un seul mot, je te romprai les bras.

TARTUFFE.

Mon frère, au nom de Dieu, ne vous emportez pas!
J'aimerois mieux souffrir la peine la plus dure
Qu'il eût reçu pour moi la moindre égratignure.

ORGON, à son fils.

Ingrat!

TARTUFFE.

Laissez-le en paix. S'il faut, à deux genoux,
Vous demander sa grâce...

ORGON, se jetant aussi à genoux et embrassant Tartuffe.

Hélas! vous moquez-vous?

A son fils.

Coquin! vois sa bonté!

DAMIS.

Donc...

ORGON.

Paix!

DAMIS.

Quoi! je...

ORGON.

Paix, dis-je :
Je sais bien quel motif à l'attaquer t'oblige.
Vous le haïssez tous, et je vois aujourd'hui
Femme, enfants et valets déchaînés contre lui.
On met impudemment toute chose en usage
Pour ôter de chez moi ce dévot personnage :
Mais plus on fait d'efforts afin de l'en bannir,
Plus j'en veux employer à l'y mieux retenir;
Et je vais me hâter de lui donner ma fille,
Pour confondre l'orgueil de toute ma famille.

DAMIS.

A recevoir sa main on pense l'obliger?

ORGON.

Oui, traître, et dès ce soir, pour vous faire enrager.
Ah! je vous brave tous, et vous ferai connoître
Qu'il faut qu'on m'obéisse, et que je suis le maître.
Allons, qu'on se rétracte; et qu'à l'instant, fripon,
On se jette à ses pieds pour demander pardon.

DAMIS.

Qui? moi! de ce coquin, qui, par ses impostures...

ORGON.

Ah! tu résistes, gueux, et lui dis des injures!

A Tartuffe.
Un bâton! un bâton! Ne me retenez pas.
A son fils.
Sus, que de ma maison on sorte de ce pas,
Et que d'y revenir on n'ait jamais l'audace!

DAMIS.
Oui, je sortirai; mais...

ORGON.
Vite, quittons la place!
Je te prive, pendard, de ma succession,
Et te donne, de plus, ma malédiction!

SCÈNE VII. — ORGON, TARTUFFE.

ORGON.
Offenser de la sorte une sainte personne!
TARTUFFE.
O ciel! pardonne-lui comme je lui pardonne.
A Orgon.
Si vous pouviez savoir avec quel déplaisir
Je vois qu'envers mon frère on tâche à me noircir!...
ORGON.
Hélas!
TARTUFFE.
Le seul penser de cette ingratitude
Fait souffrir à mon âme un supplice si rude...
L'horreur que j'en conçois... J'ai le cœur si serré,
Que je ne puis parler, et crois que j'en mourrai.
ORGON, courant tout en larmes à la porte par où il a chassé son fils.
Coquin! je me repens que ma main t'ait fait grâce,
Et ne t'ait pas d'abord assommé sur la place!
A Tartuffe.
Remettez-vous, mon frère, et ne vous fâchez pas.
TARTUFFE.
Rompons, rompons le cours de ces fâcheux débats.
Je regarde céans quels grands troubles j'apporte,
Et crois qu'il est besoin, mon frère, que j'en sorte.
ORGON.
Comment! vous moquez-vous?
TARTUFFE.
On m'y hait, et je voi
Qu'on cherche à vous donner des soupçons de ma foi.
ORGON.
Qu'importe? Voyez-vous que mon cœur les écoute?

TARTUFFE.

On ne manquera pas de poursuivre, sans doute;
Et ces mêmes rapports qu'ici vous rejetez,
Peut-être, une autre fois, seront-ils écoutés.

ORGON.

Non, mon frère, jamais.

TARTUFFE.

Ah! mon frère, une femme
Aisément d'un mari peut bien surprendre l'âme.

ORGON.

Non, non.

TARTUFFE.

Laissez-moi vite, en m'éloignant d'ici,
Leur ôter tout sujet de m'attaquer ainsi.

ORGON.

Non, vous demeurerez; il y va de ma vie.

TARTUFFE.

Eh bien, il faudra donc que je me mortifie.
Pourtant, si vous vouliez...

ORGON.

Ah!

TARTUFFE.

Soit : n'en parlons plus.
Mais je sais comme il faut en user là-dessus.
L'honneur est délicat, et l'amitié m'engage
A prévenir les bruits et les sujets d'ombrage.
Je fuirai votre épouse, et vous ne me verrez...

ORGON.

Non, en dépit de tous vous la fréquenterez.
Faire enrager le monde est ma plus grande joie;
Et je veux qu'à toute heure avec elle on vous voie.
Ce n'est pas tout encor : pour les mieux braver tous,
Je ne veux point avoir d'autre héritier que vous;
Et je vais de ce pas, en fort bonne manière,
Vous faire de mon bien donation entière.
Un bon et franc ami, que pour gendre je prends,
M'est bien plus cher que fils, que femme, et que parents.
N'accepterez-vous pas ce que je vous propose?

TARTUFFE.

La volonté du ciel soit faite en toute chose!

ORGON.

Le pauvre homme! Allons vite en dresser un écrit :
Et que puisse l'envie en crever de dépit!

ACTE QUATRIÈME

SCÈNE I. — CLÉANTE, TARTUFFE.

CLÉANTE.

Oui, tout le monde en parle, et, vous m'en pouvez croire,
L'éclat que fait ce bruit n'est point à votre gloire;
Et je vous ai trouvé, monsieur, fort à propos
Pour vous en dire net ma pensée en deux mots.
Je n'examine point à fond ce qu'on expose;
Je passe là-dessus, et prends au pis la chose.
Supposons que Damis n'en ait pas bien usé,
Et que ce soit à tort qu'on vous ait accusé :
N'est-il pas d'un chrétien de pardonner l'offense,
Et d'éteindre en son cœur tout désir de vengeance?
Et devez-vous souffrir, pour votre démêlé,
Que du logis d'un père un fils soit exilé?
Je vous le dis encore, et parle avec franchise,
Il n'est petit ni grand qui ne s'en scandalise;
Et, si vous m'en croyez, vous pacifierez tout,
Et ne pousserez point les affaires à bout.
Sacrifiez à Dieu toute votre colère,
Et remettez le fils en grâce avec le père.

TARTUFFE.

Hélas! je le voudrois, quant à moi, de bon cœur;
Je ne garde pour lui, monsieur, aucune aigreur;
Je lui pardonne tout; de rien je ne le blâme,
Et voudrois le servir du meilleur de mon âme :
Mais l'intérêt du ciel n'y sauroit consentir;
Et, s'il rentre céans, c'est à moi d'en sortir.
Après son action, qui n'eut jamais d'égale,
Le commerce entre nous porteroit du scandale :
Dieu sait ce que d'abord tout le monde en croiroit;
A pure politique on me l'imputeroit,
Et l'on diroit partout que, me sentant coupable,
Je feins, pour qui m'accuse, un zèle charitable;
Que mon cœur l'appréhende, et veut le ménager
Pour le pouvoir, sous main, au silence engager.

CLÉANTE.

Vous nous payez ici d'excuses colorées;
Et toutes vos raisons, monsieur, sont trop tirées.
Des intérêts du ciel pourquoi vous chargez-vous?
Pour punir le coupable a-t-il besoin de nous?

Laissez-lui, laissez-lui le soin de ses vengeances :
Ne songez qu'au pardon qu'il prescrit des offenses,
Et ne regardez point aux jugements humains,
Quand vous suivez du ciel les ordres souverains.
Quoi! le foible intérêt de ce qu'on pourra croire
D'une bonne action empêchera la gloire?
Non, non; faisons toujours ce que le ciel prescrit,
Et d'aucun autre soin ne nous brouillons l'esprit.

TARTUFFE.

Je vous ai déjà dit que mon cœur lui pardonne;
Et c'est faire, monsieur, ce que le ciel ordonne :
Mais, après le scandale et l'affront d'aujourd'hui,
Le ciel n'ordonne pas que je vive avec lui.

CLÉANTE.

Et vous ordonne-t-il, monsieur, d'ouvrir l'oreille
A ce qu'un pur caprice à son père conseille?
Et d'accepter le don qui vous est fait d'un bien
Où le droit vous oblige à ne prétendre rien?

TARTUFFE.

Ceux qui me connoîtront n'auront pas la pensée
Que ce soit un effet d'une âme intéressée.
Tous les biens de ce monde ont pour moi peu d'appas;
De leur éclat trompeur je ne m'éblouis pas :
Et, si je me résous à recevoir du père
Cette donation qu'il a voulu me faire,
Ce n'est, à dire vrai, que parce que je crains
Que tout ce bien ne tombe en de méchantes mains;
Qu'il ne trouve des gens qui, l'ayant en partage,
En fassent dans le monde un criminel usage,
Et ne s'en servent pas, ainsi que j'ai dessein,
Pour la gloire du ciel et le bien du prochain.

CLÉANTE.

Eh! monsieur, n'ayez point ces délicates craintes,
Qui d'un juste héritier peuvent causer les plaintes
Souffrez, sans vous vouloir embarrasser de rien,
Qu'il soit, à ses périls, possesseur de son bien;
Et songez qu'il vaut mieux encor qu'il en mésuse
Que si de l'en frustrer il faut qu'on vous accuse.
J'admire seulement que, sans confusion,
Vous en ayez souffert la proposition.
Car enfin le vrai zèle a-t-il quelque maxime
Qui montre à dépouiller l'héritier légitime?
Et, s'il faut que le ciel dans votre cœur ait mis
Un invincible obstacle à vivre avec Damis,

Ne vaudroit-il pas mieux qu'en personne discrète
Vous fissiez de céans une honnête retraite,
Que de souffrir ainsi, contre toute raison,
Qu'on en chasse pour vous le fils de la maison?
Croyez-moi, c'est donner de votre prudhommie,
Monsieur...

TARTUFFE.

Il est, monsieur, trois heures et demie :
Certain devoir pieux me demande là-haut,
Et vous m'excuserez de vous quitter sitôt.

CLÉANTE, seul.

Ah!

SCÈNE II. — ELMIRE, MARIANE, CLÉANTE, DORINE.

DORINE, à Cléante.

De grâce, avec nous employez-vous pour elle,
Monsieur : son âme souffre une douleur mortelle;
Et l'accord que son père a conclu pour ce soir
La fait, à tous moments, entrer en désespoir.
Il va venir. Joignons nos efforts, je vous prie,
Et tâchons d'ébranler, de force ou d'industrie,
Ce malheureux dessein qui nous a tous troublés.

SCÈNE III. — ORGON, ELMIRE, MARIANE, CLÉANTE, DORINE.

ORGON.

Ah! je me réjouis de vous voir assemblés.

A Mariane.

Je porte en ce contrat de quoi vous faire rire,
Et vous savez déjà ce que cela veut dire.

MARIANE, aux genoux d'Orgon.

Mon père, au nom du ciel, qui connoît ma douleur,
Et par tout ce qui peut émouvoir votre cœur,
Relâchez-vous un peu des droits de la naissance
Et dispensez mes vœux de cette obéissance.
Ne me réduisez point, par cette dure loi,
Jusqu'à me plaindre au ciel de ce que je vous doi;
Et cette vie, hélas! que vous m'avez donnée,
Ne me la rendez pas, mon père, infortunée.
Si, contre un doux espoir que j'avois pu former,
Vous me défendez d'être à ce que j'ose aimer,
Au moins, par vos bontés qu'à vos genoux j'implore,
Sauvez-moi du tourment d'être à ce que j'abhorre;
Et ne me portez point à quelque désespoir,

En vous servant sur moi de tout votre pouvoir.

ORGON, *se sentant attendrir.*

Allons, ferme, mon cœur! point de foiblesse humaine!

MARIANE.

Vos tendresses pour lui ne me font point de peine;
Faites-les éclater, donnez-lui votre bien,
Et, si ce n'est assez, joignez-y tout le mien :
J'y consens de bon cœur, et je vous l'abandonne;
Mais, au moins, n'allez pas jusques à ma personne;
Et souffrez qu'un couvent, dans les austérités,
Use les tristes jours que le ciel m'a comptés.

ORGON.

Ah! voilà justement de mes religieuses,
Lorsqu'un père combat leurs flammes amoureuses.
Debout. Plus votre cœur répugne à l'accepter,
Plus ce sera pour vous matière à mériter.
Mortifiez vos sens avec ce mariage,
Et ne me rompez pas la tête davantage.

DORINE.

Mais quoi!...

ORGON.

Taisez-vous, vous! Parlez à votre écot[1].
Je vous défends, tout net, d'oser dire un seul mot.

CLÉANTE.

Si par quelque conseil vous souffrez qu'on réponde...

ORGON.

Mon frère, vos conseils sont les meilleurs du monde;
Ils sont bien raisonnés, et j'en fais un grand cas;
Mais vous trouverez bon que je n'en use pas.

ELMIRE, *à son mari.*

A voir ce que je vois, je ne sais plus que dire;
Et votre aveuglement fait que je vous admire.
C'est être bien coiffé, bien prévenu de lui,
Que de nous démentir sur le fait d'aujourd'hui!

ORGON.

Je suis votre valet, et crois les apparences.
Pour mon fripon de fils je sais vos complaisances;
Et vous avez eu peur de le désavouer
Du trait qu'à ce pauvre homme il a voulu jouer.
Vous étiez trop tranquille, enfin, pour être crue;
Et vous auriez paru d'autre manière émue.

---

[1] *Parlez à votre écot*, c'est-à-dire : Parlez à ceux qui sont *de votre écot, de votre compagnie.* (Petitot.)

ELMIRE.

Est-ce qu'au simple aveu d'un amoureux transport
Il faut que notre honneur se gendarme si fort?
Et ne peut-on répondre à tout ce qui le touche,
Que le feu dans les yeux et l'injure à la bouche?
Pour moi, de tels propos je me ris simplement;
Et l'éclat, là-dessus, ne me plaît nullement.
J'aime qu'avec douceur nous nous montrions sages,
Et ne suis point du tout pour ces prudes sauvages
Dont l'honneur est armé de griffes et de dents,
Et veut au moindre mot dévisager les gens.
Me préserve le ciel d'une telle sagesse!
Je veux une vertu qui ne soit point diablesse,
Et crois que d'un refus la discrète froideur
N'en est pas moins puissante à rebuter un cœur.

ORGON.

Enfin je sais l'affaire, et ne prends point le change.

ELMIRE.

J'admire, encore un coup, cette foiblesse étrange:
Mais que me répondroit votre incrédulité,
Si je vous faisois voir qu'on vous dit vérité?

ORGON.

Voir?

ELMIRE.

Oui.

ORGON.

Chansons!

ELMIRE.

Mais quoi! si je trouvois manière
De vous le faire voir avec pleine lumière?...

ORGON.

Contes en l'air!

ELMIRE.

Quel homme! Au moins, répondez-moi.
Je ne vous parle pas de nous ajouter foi;
Mais supposons ici que, d'un lieu qu'on peut prendre,
On vous fît clairement tout voir et tout entendre:
Que diriez-vous alors de votre homme de bien?

ORGON.

En ce cas, je dirois que... Je ne dirois rien,
Car cela ne se peut.

ELMIRE.

L'erreur trop longtemps dure,
Et c'est trop condamner ma bouche d'imposture

Il faut que, par plaisir, et sans aller plus loin,
De tout ce qu'on vous dit je vous fasse témoin.

ORGON.

Soit. Je vous prends au mot. Nous verrons votre adresse,
Et comment vous pourrez remplir cette promesse.

ELMIRE, à Dorine.

Faites-le-moi venir.

DORINE, à Elmire.

   Son esprit est rusé,
Et peut-être à surprendre il sera malaisé.

ELMIRE, à Dorine.

Non; on est aisément dupé par ce qu'on aime,
Et l'amour-propre engage à se tromper soi-même.

A Cléante et à Mariane.

Faites-le-moi descendre. Et vous, retirez-vous.

SCÈNE IV. — ELMIRE, ORGON.

ELMIRE.

Approchons cette table, et vous mettez dessous.

ORGON.

Comment!

ELMIRE.

   Vous bien cacher est un point nécessaire.

ORGON.

Pourquoi sous cette table?

ELMIRE.

     Ah! mon Dieu! laissez faire;
J'ai mon dessein en tête, et vous en jugerez.
Mettez-vous là, vous dis-je; et, quand vous y serez,
Gardez qu'on ne vous voie et qu'on ne vous entende.

ORGON.

Je confesse qu'ici ma complaisance est grande;
Mais de votre entreprise il vous faut voir sortir.

ELMIRE.

Vous n'aurez, que je crois, rien à me repartir.

A son mari, qui est sous la table.

Au moins, je vais toucher une étrange matière:
Ne vous scandalisez en aucune manière.
Quoi que je puisse dire, il doit m'être permis;
Et c'est pour vous convaincre, ainsi que j'ai promis.
Je vais par des douceurs, puisque j'y suis réduite,
Faire poser le masque à cette âme hypocrite,
Flatter de son amour les désirs effrontés,

Et donner un champ libre à ses témérités.
Comme c'est pour vous seul, et pour mieux le confondre,
Que mon âme à ses vœux va feindre de répondre,
J'aurai lieu de cesser dès que vous vous rendrez,
Et les choses n'iront que jusqu'où vous voudrez.
C'est à vous d'arrêter son ardeur insensée,
Quand vous croirez l'affaire assez avant poussée;
D'épargner votre femme, et de ne m'exposer
Qu'à ce qu'il vous faudra pour vous désabuser.
Ce sont vos intérêts, vous en serez le maître;
Et... L'on vient. Tenez-vous, et gardez de paroître.

SCÈNE V. — TARTUFFE, ELMIRE; ORGON, sous la table.

TARTUFFE.
On m'a dit qu'en ce lieu vous me vouliez parler.
ELMIRE.
Oui. L'on a des secrets à vous y révéler.
Mais tirez cette porte avant qu'on vous les dise;
Et regardez partout, de crainte de surprise.

Tartuffe va fermer la porte, et revient.

Une affaire pareille à celle de tantôt
N'est pas assurément ici ce qu'il nous faut:
Jamais il ne s'est vu de surprise de même.
Damis m'a fait pour vous une frayeur extrême;
Et vous avez bien vu que j'ai fait mes efforts
Pour rompre son dessein et calmer ses transports.
Mon trouble, il est bien vrai, m'a si fort possédée,
Que de le démentir je n'ai point eu l'idée:
Mais par là, grâce au ciel, tout a bien mieux été,
Et les choses en sont en plus de sûreté.
L'estime où l'on vous tient a dissipé l'orage,
Et mon mari de vous ne peut prendre d'ombrage.
Pour mieux braver l'éclat des mauvais jugements,
Il veut que nous soyons ensemble à tous moments;
Et c'est par où je puis, sans peur d'être blâmée,
Me trouver ici seule avec vous enfermée,
Et ce qui m'autorise à vous ouvrir un cœur
Un peu trop prompt peut-être à souffrir votre ardeur.
TARTUFFE.
Ce langage à comprendre est assez difficile,
Madame; et vous parliez tantôt d'un autre style.
ELMIRE.
Ah! si d'un tel refus vous êtes en courroux,

Que le cœur d'une femme est mal connu de vous !
Et que vous savez peu ce qu'il veut faire entendre
Lorsque si foiblement on le voit se défendre !
Toujours notre pudeur combat, dans ces moments,
Ce qu'on peut nous donner de tendres sentiments.
Quelque raison qu'on trouve à l'amour qui nous dompte,
On trouve à l'avouer toujours un peu de honte.
On s'en défend d'abord : mais de l'air qu'on s'y prend
On fait connoître assez que notre cœur se rend ;
Qu'à nos vœux, par honneur, notre bouche s'oppose,
Et que de tels refus promettent toute chose.
C'est vous faire, sans doute, un assez libre aveu,
Et sur notre pudeur me ménager bien peu.
Mais, puisque la parole enfin en est lâchée,
A retenir Damis me serois-je attachée,
Aurois-je, je vous prie, avec tant de douceur
Écouté tout au long l'offre de votre cœur,
Aurois-je pris la chose ainsi qu'on m'a vu faire,
Si l'offre de ce cœur n'eût eu de quoi me plaire ?
Et, lorsque j'ai voulu moi-même vous forcer
A refuser l'hymen qu'on venoit d'annoncer,
Qu'est-ce que cette instance a dû vous faire entendre,
Que l'intérêt qu'en vous on s'avise de prendre,
Et l'ennui qu'on auroit que ce nœud qu'on résout
Vînt partager du moins un cœur que l'on veut tout ?

TARTUFFE.

C'est sans doute, madame, une douceur extrême
Que d'entendre ces mots d'une bouche qu'on aime ;
Leur miel dans tous mes sens fait couler à longs traits
Une suavité qu'on ne goûta jamais.
Le bonheur de vous plaire est ma suprême étude,
Et mon cœur de vos vœux fait sa béatitude ;
Mais ce cœur vous demande ici la liberté
D'oser douter un peu de sa félicité.
Je puis croire ces mots un artifice honnête
Pour m'obliger à rompre un hymen qui s'apprête ;
Et, s'il faut librement m'expliquer avec vous,
Je ne me fierai point à des propos si doux,
Qu'un peu de vos faveurs, après quoi je soupire,
Ne vienne m'assurer tout ce qu'ils m'ont pu dire,
Et planter dans mon âme une constante foi
Des charmantes bontés que vous avez pour moi.

ELMIRE, *après avoir toussé pour avertir son mari.*

Quoi ! vous voulez aller avec cette vitesse,

ACTE IV, SCÈNE V.

Et d'un cœur tout d'abord épuiser la tendresse?
On se tue à vous faire un aveu des plus doux,
Cependant ce n'est pas encore assez pour vous;
Et l'on ne peut aller jusqu'à vous satisfaire,
Qu'aux dernières faveurs on ne pousse l'affaire?

TARTUFFE.

Moins on mérite un bien, moins on l'ose espérer.
Nos vœux sur des discours ont peine à s'assurer.
On soupçonne aisément un sort tout plein de gloire,
Et l'on veut en jouir avant que de le croire.
Pour moi, qui crois si peu mériter vos bontés,
Je doute du bonheur de mes témérités;
Et je ne croirai rien, que vous n'ayez, madame,
Par des réalités su convaincre ma flamme.

ELMIRE.

Mon Dieu! que votre amour en vrai tyran agit!
Et qu'en un trouble étrange il me jette l'esprit!
Que sur les cœurs il prend un furieux empire,
Et qu'avec violence il veut ce qu'il désire!
Quoi! de votre poursuite on ne peut se parer,
Et vous ne donnez pas le temps de respirer?
Sied-il bien de tenir une rigueur si grande?
De vouloir sans quartier les choses qu'on demande,
Et d'abuser ainsi, par vos efforts pressants,
Du foible que pour vous vous voyez qu'ont les gens?

TARTUFFE.

Mais, si d'un œil bénin vous voyez mes hommages,
Pourquoi m'en refuser d'assurés témoignages?

ELMIRE.

Mais comment consentir à ce que vous voulez
Sans offenser le ciel, dont toujours vous parlez?

TARTUFFE.

Si ce n'est que le ciel qu'à mes vœux on oppose,
Lever un tel obstacle est à moi peu de chose;
Et cela ne doit point retenir votre cœur.

ELMIRE.

Mais des arrêts du ciel on nous fait tant de peur!

TARTUFFE.

Je puis vous dissiper ces craintes ridicules,
Madame, et je sais l'art de lever les scrupules.
Le ciel défend, de vrai, certains contentements;
Mais on trouve avec lui des accommodements [1].

---

[1] C'est un scélérat qui parle. (Note de Molière.) — Il est probable que l'auteur

Selon divers besoins, il est une science
D'étendre les liens de notre conscience,
Et de rectifier le mal de l'action
Avec la pureté de notre intention.
De ces secrets, madame, on saura vous instruire;
Vous n'avez seulement qu'à vous laisser conduire.
Contentez mon désir, et n'ayez point d'effroi;
Je vous réponds de tout et prends le mal sur moi.

Elmire tousse plus fort.

Vous toussez fort, madame.

ELMIRE.

Oui, je suis au supplice.

TARTUFFE.

Vous plaît-il un morceau de ce jus de réglisse?

ELMIRE.

C'est un rhume obstiné, sans doute; et je vois bien
Que tous les jus du monde ici ne feront rien.

TARTUFFE.

Cela, certe, est fâcheux.

ELMIRE.

Oui, plus qu'on ne peut dire.

TARTUFFE.

Enfin votre scrupule est facile à détruire.
Vous êtes assurée ici d'un plein secret,
Et le mal n'est jamais que dans l'éclat qu'on fait.
Le scandale du monde est ce qui fait l'offense,
Et ce n'est pas pécher que pécher en silence.

ELMIRE, *après avoir encore toussé et frappé sur la table.*

Enfin je vois qu'il faut se résoudre à céder;
Qu'il faut que je consente à vous tout accorder;
Et qu'à moins de cela je ne dois point prétendre
Qu'on puisse être content et qu'on veuille se rendre.
Sans doute il est fâcheux d'en venir jusque-là,
Et c'est bien malgré moi que je franchis cela;
Mais, puisque l'on s'obstine à m'y vouloir réduire,
Puisqu'on ne veut point croire à tout ce qu'on peut dire,
Et qu'on veut des témoins qui soient plus convaincants,
Il faut bien s'y résoudre, et contenter les gens.
Si ce consentement porte en soi quelque offense,
Tant pis pour qui me force à cette violence;
La faute assurément n'en doit point être à moi.

avait cru cette observation nécessaire pour prévenir les interprétations calomnieuses de ses ennemis.

TARTUFFE.
Oui, madame, on s'en charge; et la chose de soi...
ELMIRE.
Ouvrez un peu la porte, et voyez, je vous prie,
Si mon mari n'est point dans cette galerie.
TARTUFFE.
Qu'est-il besoin pour lui du soin que vous prenez?
C'est un homme, entre nous, à mener par le nez.
De tous nos entretiens il est pour faire gloire,
Et je l'ai mis au point de voir tout sans rien croire.
ELMIRE.
Il n'importe; sortez, je vous prie, un moment;
Et partout là dehors voyez exactement.

SCÈNE VI. — ORGON, ELMIRE.

ORGON, sortant de dessous la table.
Voilà, je vous l'avoue, un abominable homme!
Je n'en puis revenir, et tout ceci m'assomme.
ELMIRE.
Quoi! vous sortez sitôt? Vous vous moquez des gens.
Rentrez sous le tapis, il n'est pas encor temps;
Attendez jusqu'au bout, pour voir les choses sûres,
Et ne vous fiez point aux simples conjectures.
ORGON.
Non, rien de plus méchant n'est sorti de l'enfer!
ELMIRE.
Mon Dieu! l'on ne doit point croire trop de léger :
Laissez-vous bien convaincre avant que de vous rendre,
Et ne vous hâtez pas, de peur de vous méprendre.

Elmire fait mettre Orgon derrière elle.

SCÈNE VII. — TARTUFFE, ELMIRE, ORGON.

TARTUFFE, sans voir Orgon.
Tout conspire, madame, à mon contentement.
J'ai visité de l'œil tout cet appartement.
Personne ne s'y trouve ; et mon âme ravie...

Dans le temps que Tartuffe s'avance, les bras ouverts, pour embrasser Elmire, elle se retire, et Tartuffe aperçoit Orgon.

ORGON, arrêtant Tartuffe.
Tout doux! vous suivez trop votre amoureuse envie,
Et vous ne devez pas vous tant passionner.
Ah! ah! l'homme de bien, vous m'en voulez donner!
Comme aux tentations s'abandonne votre âme!

Vous épousiez ma fille, et convoitiez ma femme !
J'ai douté fort longtemps que ce fût tout de bon,
Et je croyois toujours qu'on changeroit de ton ;
Mais c'est assez avant pousser le témoignage :
Je m'y tiens, et n'en veux, pour moi, pas davantage.

ELMIRE, à Tartuffe.

C'est contre mon humeur que j'ai fait tout ceci ;
Mais on m'a mise au point de vous traiter ainsi.

TARTUFFE, à Orgon.

Quoi ! vous croyez...

ORGON.

    Allons, point de bruit, je vous prie.
Dénichons de céans, et sans cérémonie.

TARTUFFE.

Mon dessein...

ORGON.

    Ces discours ne sont plus de saison.
Il faut, tout sur-le-champ, sortir de la maison.

TARTUFFE.

C'est à vous d'en sortir, vous qui parlez en maître :
La maison m'appartient, je le ferai connoître,
Et vous montrerai bien qu'en vain on a recours,
Pour me chercher querelle, à ces lâches détours ;
Qu'on n'est pas où l'on pense en me faisant injure ;
Que j'ai de quoi confondre et punir l'imposture,
Venger le ciel qu'on blesse, et faire repentir
Ceux qui parlent ici de me faire sortir !

SCÈNE VIII. — ELMIRE, ORGON.

ELMIRE.

Quel est donc ce langage ? et qu'est-ce qu'il veut dire ?

ORGON.

Ma foi, je suis confus, et n'ai pas lieu de rire.

ELMIRE.

Comment ?

ORGON.

   Je vois ma faute aux choses qu'il me dit ;
Et la donation m'embarrasse l'esprit.

ELMIRE.

La donation...

ORGON.

   Oui. C'est une affaire faite.
Mais j'ai quelque autre chose encor qui m'inquiète.

ELMIRE.

Et quoi?

ORGON.

Vous saurez tout. Mais voyons au plus tôt
Si certaine cassette est encore là-haut.

ACTE CINQUIÈME

SCÈNE I. — ORGON, CLÉANTE.

CLÉANTE.

Où voulez-vous courir?

ORGON.

Las! que sais-je?

CLÉANTE.

Il me semble
Que l'on doit commencer par consulter ensemble
Les choses qu'on peut faire en cet événement.

ORGON.

Cette cassette-là me trouble entièrement.
Plus que le reste encore elle me désespère.

CLÉANTE.

Cette cassette est donc un important mystère?

ORGON.

C'est un dépôt qu'Argas, cet ami que je plains,
Lui-même en grand secret m'a mis entre les mains.
Pour cela dans sa fuite il me voulut élire;
Et ce sont des papiers, à ce qu'il m'a pu dire,
Où sa vie et ses biens se trouvent attachés.

CLÉANTE.

Pourquoi donc les avoir en d'autres mains lâchés?

ORGON.

Ce fut par un motif de cas de conscience.
J'allai droit à mon traître en faire confidence;
Et son raisonnement me vint persuader
De lui donner plutôt la cassette à garder,
Afin que pour nier, en cas de quelque enquête,
J'eusse d'un faux-fuyant la faveur toute prête,
Par où ma conscience eût pleine sûreté
A faire des serments contre la vérité.

CLÉANTE.

Vous voilà mal, au moins, si j'en crois l'apparence;
Et la donation et cette confidence

Sont, à vous en parler selon mon sentiment,
Des démarches par vous faites légèrement.
On peut vous mener loin avec de pareils gages;
Et cet homme sur vous ayant ces avantages,
Le pousser est encor grande imprudence à vous;
Et vous deviez chercher quelque biais plus doux.

ORGON.

Quoi! sous un beau semblant de ferveur si touchante
Cacher un cœur si double, une âme si méchante!
Et moi, qui l'ai reçu gueusant et n'ayant rien...
C'en est fait, je renonce à tous les gens de bien;
J'en aurai désormais une horreur effroyable,
Et m'en vais devenir pour eux pire qu'un diable.

CLÉANTE.

Eh bien, ne voilà pas de vos emportements!
Vous ne gardez en rien les doux tempéraments.
Dans la droite raison jamais n'entre la vôtre;
Et toujours d'un excès vous vous jetez dans l'autre.
Vous voyez votre erreur, et vous avez connu
Que par un zèle feint vous étiez prévenu;
Mais pour vous corriger quelle raison demande
Que vous alliez passer dans une erreur plus grande,
Et qu'avecque le cœur d'un perfide vaurien
Vous confondiez les cœurs de tous les gens de bien?
Quoi! parce qu'un fripon vous dupe avec audace,
Sous le pompeux éclat d'une austère grimace,
Vous voulez que partout on soit fait comme lui,
Et qu'aucun vrai dévot ne se trouve aujourd'hui?
Laissez aux libertins ces sottes conséquences :
Démêlez la vertu d'avec ses apparences,
Ne hasardez jamais votre estime trop tôt,
Et soyez pour cela dans le milieu qu'il faut.
Gardez-vous, s'il se peut, d'honorer l'imposture;
Mais au vrai zèle aussi n'allez pas faire injure,
Et, s'il vous faut tomber dans une extrémité,
Péchez plutôt encor de cet autre côté.

SCÈNE II. — ORGON, CLÉANTE, DAMIS.

DAMIS.

Quoi! mon père, est-il vrai qu'un coquin vous menace?
Qu'il n'est point de bienfait qu'en son âme il n'efface,
Et que son lâche orgueil, trop digne de courroux,
Se fait de vos bontés des armes contre vous?

ORGON.
Oui, mon fils; et j'en sens des douleurs nonpareilles.
DAMIS.
Laissez-moi, je lui veux couper les deux oreilles.
Contre son insolence on ne doit point gauchir :
C'est à moi tout d'un coup de vous en affranchir;
Et, pour sortir d'affaire, il faut que je l'assomme.
CLÉANTE.
Voilà tout justement parler en vrai jeune homme.
Modérez, s'il vous plaît, ces transports éclatants.
Nous vivons sous un règne et sommes dans un temps
Où par la violence on fait mal ses affaires.

SCÈNE III. — MADAME PERNELLE, ORGON, ELMIRE, CLÉANTE, MARIANE, DAMIS, DORINE.

MADAME PERNELLE.
Qu'est-ce? J'apprends ici de terribles mystères!
ORGON.
Ce sont des nouveautés dont mes yeux sont témoins,
Et vous voyez le prix dont sont payés mes soins.
Je recueille avec zèle un homme en sa misère,
Je le loge, et le tiens comme mon propre frère;
De bienfaits chaque jour il est par moi chargé;
Je lui donne ma fille, et tout le bien que j'ai :
Et, dans le même temps, le perfide, l'infâme,
Tente le noir dessein de suborner ma femme ;
Et, non content encor de ces lâches essais,
Il m'ose menacer de mes propres bienfaits,
Et veut, à ma ruine, user des avantages
Dont le viennent d'armer mes bontés trop peu sages,
Me chasser de mes biens où je l'ai transféré,
Et me réduire au point d'où je l'ai retiré.
DORINE.
Le pauvre homme!
MADAME PERNELLE.
Mon fils, je ne puis du tout croire
Qu'il ait voulu commettre une action si noire.
ORGON.
Comment?
MADAME PERNELLE.
Les gens de bien sont enviés toujours.
ORGON.
Que voulez-vous donc dire avec votre discours,
Ma mère?

MADAME PERNELLE.
Que chez vous on vit d'étrange sorte,
Et qu'on ne sait que trop la haine qu'on lui porte.
ORGON.
Qu'a cette haine à faire avec ce qu'on vous dit?
MADAME PERNELLE.
Je vous l'ai dit cent fois quand vous étiez petit :
La vertu dans le monde est toujours poursuivie;
Les envieux mourront, mais non jamais l'envie.
ORGON.
Mais que fait ce discours aux choses d'aujourd'hui?
MADAME PERNELLE.
On vous aura forgé cent sots contes de lui.
ORGON.
Je vous ai dit déjà que j'ai vu tout moi-même.
MADAME PERNELLE.
Des esprits médisants la malice est extrême.
ORGON.
Vous me feriez damner, ma mère! Je vous dis
Que j'ai vu de mes yeux un crime si hardi.
MADAME PERNELLE.
Les langues ont toujours du venin à répandre,
Et rien n'est ici-bas qui s'en puisse défendre.
ORGON.
C'est tenir un propos de sens bien dépourvu.
Je l'ai vu, dis-je, vu, de mes propres yeux vu,
Ce qu'on appelle vu. Faut-il vous le rebattre
Aux oreilles cent fois, et crier comme quatre?
MADAME PERNELLE.
Mon Dieu! le plus souvent l'apparence déçoit :
Il ne faut pas toujours juger sur ce qu'on voit.
ORGON.
J'enrage!
MADAME PERNELLE.
Aux faux soupçons la nature est sujette,
Et c'est souvent à mal que le bien s'interprète.
ORGON.
Je dois interpréter à charitable soin
Le désir d'embrasser ma femme!
MADAME PERNELLE.
Il est besoin,
Pour accuser les gens, d'avoir de justes causes;
Et vous deviez attendre à vous voir sûr des choses.

ORGON.

Eh! diantre! le moyen de m'en assurer mieux?
Je devois donc, ma mère, attendre qu'à mes yeux
Il eût... Vous me feriez dire quelque sottise.

MADAME PERNELLE.

Enfin d'un trop pur zèle on voit son âme éprise;
Et je ne puis du tout me mettre dans l'esprit
Qu'il ait voulu tenter les choses que l'on dit [1].

ORGON.

Allez, je ne sais pas, si vous n'étiez ma mère,
Ce que je vous dirois, tant je suis en colère!

DORINE, à Orgon.

Juste retour, monsieur, des choses d'ici-bas :
Vous ne vouliez point croire, et l'on ne vous croit pas.

CLÉANTE.

Nous perdons des moments en bagatelles pures,
Qu'il faudroit employer à prendre des mesures.
Aux menaces du fourbe on doit ne dormir point.

DAMIS.

Quoi! son effronterie iroit jusqu'à ce point?

ELMIRE.

Pour moi, je ne crois pas cette instance possible [2],
Et son ingratitude est ici trop visible.

CLÉANTE, à Orgon.

Ne vous y fiez pas; il aura des ressorts
Pour donner contre vous raison à ses efforts,
Et sur moins que cela le poids d'une cabale
Embarrasse les gens dans un fâcheux dédale.
Je vous le dis encore : armé de ce qu'il a,
Vous ne deviez jamais le pousser jusque-là.

ORGON.

Il est vrai; mais qu'y faire? A l'orgueil de ce traître,
De mes ressentiments je n'ai pas été maître.

CLÉANTE.

Je voudrois de bon cœur qu'on pût entre vous deux
De quelque ombre de paix raccommoder les nœuds

ELMIRE.

Si j'avois su qu'en main il a de telles armes,

---

[1] Quel surcroît de comique, et comme l'auteur enchérit sur ce qu'il semble avoir épuisé, quand madame Pernelle joue avec Orgon le même rôle que ce même Orgon a joué avec les autres personnages de la pièce, lorsqu'elle refuse de se rendre à toutes les preuves qu'il allègue contre Tartuffe! Quelle progression d'effets comiques! (La Harpe.)
[2] *Instance*, demande, poursuite.

Je n'aurois pas donné matière à tant d'alarmes ;
Et mes...

ORGON, à Dorine, voyant entrer monsieur Loyal.

Que veut cet homme? Allez tôt le savoir.
Je suis bien en état que l'on me vienne voir!

SCÈNE IV. — ORGON, MADAME PERNELLE, ELMIRE, MARIANE, CLÉANTE, DAMIS, DORINE, MONSIEUR LOYAL.

MONSIEUR LOYAL, à Dorine, dans le fond du théâtre.

Bonjour, ma chère sœur[1] ; faites, je vous supplie,
Que je parle à monsieur.

DORINE.

Il est en compagnie ;
Et je doute qu'il puisse à présent voir quelqu'un.

MONSIEUR LOYAL.

Je ne suis pas pour être en ces lieux importun.
Mon abord n'aura rien, je crois, qui lui déplaise ;
Et je viens pour un fait dont il sera bien aise.

DORINE.

Votre nom?

MONSIEUR LOYAL.

Dites-lui seulement que je vien
De la part de monsieur Tartuffe, pour son bien.

DORINE, à Orgon.

C'est un homme qui vient, avec douce manière,
De la part de monsieur Tartuffe, pour affaire
Dont vous serez, dit-il, bien aise.

CLÉANTE, à Orgon.

Il vous faut voir
Ce que c'est que cet homme et ce qu'il peut vouloir.

ORGON, à Cléante.

Pour nous raccommoder il vient ici peut-être :
Quels sentiments aurai-je à lui faire paroître?

CLÉANTE.

Votre ressentiment ne doit point éclater ;
Et, s'il parle d'accord, il le faut écouter.

MONSIEUR LOYAL, à Orgon.

Salut, monsieur! Le ciel perde qui vous veut nuire,
Et vous soit favorable autant que je désire!

ORGON, bas, à Cléante.

Ce doux début s'accorde avec mon jugement

---

[1] Cette salutation cénobitique et l'air de douceur hypocrite qui doit l'accompagner annoncent tout de suite que M. Loyal est un huissier digne d'*occuper*, comme on dit, pour le *bon* M. Tartuffe. (Auger.)

ACTE V, SCÈNE IV.

Et présage déjà quelque accommodement.
MONSIEUR LOYAL.
Toute votre maison m'a toujours été chère,
Et j'étois serviteur de monsieur votre père.
ORGON.
Monsieur, j'ai grande honte et demande pardon
D'être sans vous connoitre ou savoir votre nom.
MONSIEUR LOYAL.
Je m'appelle Loyal, natif de Normandie,
Et suis huissier à verge, en dépit de l'envie.
J'ai, depuis quarante ans, grâce au ciel, le bonheur
D'en exercer la charge avec beaucoup d'honneur,
Et je vous viens, monsieur, avec votre licence,
Signifier l'exploit de certaine ordonnance...
ORGON.
Quoi! vous êtes ici...
MONSIEUR LOYAL.
Monsieur, sans passion.
Ce n'est rien seulement qu'une sommation,
Un ordre de vider d'ici, vous et les vôtres,
Mettre vos meubles hors, et faire place à d'autres,
Sans délai ni remise, ainsi que besoin est.
ORGON.
Moi! sortir de céans?
MONSIEUR LOYAL.
Oui, monsieur, s'il vous plait.
La maison à présent, comme savez de reste,
Au bon monsieur Tartuffe appartient sans conteste.
De vos biens désormais il est maître et seigneur,
En vertu d'un contrat duquel je suis porteur.
Il est en bonne forme, et l'on n'y peut rien dire.
DAMIS, à M. Loyal.
Certes, cette impudence est grande, et je l'admire!
MONSIEUR LOYAL, à Damis.
Monsieur, je ne dois point avoir affaire à vous;
Montrant Orgon.
C'est à monsieur : il est et raisonnable et doux,
Et d'un homme de bien il sait trop bien l'office,
Pour se vouloir du tout opposer à justice.
ORGON.
Mais...
MONSIEUR LOYAL.
Oui, monsieur, je sais que pour un million
Vous ne voudriez pas faire rébellion,

Et que vous souffrirez en honnête personne
Que j'exécute ici les ordres qu'on me donne.

DAMIS.

Vous pourriez bien ici sur votre noir jupon,
Monsieur l'huissier à verge, attirer le bâton.

MONSIEUR LOYAL, à Orgon.

Faites que votre fils se taise ou se retire,
Monsieur. J'aurois regret d'être obligé d'écrire,
Et de vous voir couché dans mon procès-verbal.

DORINE, à part.

Ce monsieur Loyal porte un air bien déloyal.

MONSIEUR LOYAL.

Pour tous les gens de bien j'ai de grandes tendresses,
Et ne me suis voulu, monsieur, charger des pièces
Que pour vous obliger et vous faire plaisir;
Que pour ôter par là le moyen d'en choisir
Qui, n'ayant pas pour vous le zèle qui me pousse,
Auroient pu procéder d'une façon moins douce.

ORGON.

Et que peut-on de pis que d'ordonner aux gens
De sortir de chez eux?

MONSIEUR LOYAL.

On vous donne du temps;
Et jusques à demain je ferai surséance
A l'exécution, monsieur, de l'ordonnance.
Je viendrai seulement passer ici la nuit
Avec dix de mes gens, sans scandale et sans bruit.
Pour la forme il faudra, s'il vous plaît, qu'on m'apporte
Avant que se coucher, les clefs de votre porte.
J'aurai soin de ne pas troubler votre repos,
Et de ne rien souffrir qui ne soit à propos.
Mais demain, du matin, il vous faut être habile
A vider de céans jusqu'au moindre ustensile;
Mes gens vous aideront, et je les ai pris forts
Pour vous faire service à tout mettre dehors.
On n'en peut pas user mieux que je fais, je pense;
Et, comme je vous traite avec grande indulgence,
Je vous conjure aussi, monsieur, d'en user bien,
Et qu'au dû de ma charge on ne me trouble en rien.

ORGON, à part.

Du meilleur de mon cœur je donnerois, sur l'heure,
Les cent plus beaux louis de ce qui me demeure,
Et pouvoir, à plaisir, sur ce mufle asséner
Le plus grand coup de poing qui se puisse donner.

ACTE V, SCÈNE V.

CLÉANTE, bas, à Orgon.

Laissez, ne gâtons rien.

DAMIS.

A cette audace étrange
J'ai peine à me tenir, et la main me démange.

DORINE.

Avec un si bon dos, ma foi, monsieur Loyal,
Quelques coups de bâton ne vous siéroient pas mal.

MONSIEUR LOYAL.

On pourroit bien punir ces paroles infâmes,
Ma mie; et l'on décrète aussi contre les femmes.

CLÉANTE, à monsieur Loyal.

Finissons tout cela, monsieur; c'en est assez.
Donnez tôt ce papier, de grâce, et nous laissez.

MONSIEUR LOYAL.

Jusqu'au revoir. Le ciel vous tienne tous en joie!

ORGON.

Puisse-t-il te confondre, et celui qui t'envoie!

SCÈNE V. — ORGON, MADAME PERNELLE, ELMIRE, CLÉANTE, MARIANE, DAMIS, DORINE.

ORGON.

Eh bien, vous le voyez, ma mère, si j'ai droit:
Et vous pouvez juger du reste par l'exploit.
Ses trahisons enfin vous sont-elles connues?

MADAME PERNELLE.

Je suis tout ébaubie, et je tombe des nues!

DORINE, à Orgon.

Vous vous plaignez à tort, à tort vous le blâmez,
Et ses pieux desseins par là sont confirmés.
Dans l'amour du prochain sa vertu se consomme:
Il sait que très-souvent les biens corrompent l'homme,
Et, par charité pure, il veut vous enlever
Tout ce qui vous peut faire obstacle à vous sauver.

ORGON.

Taisez-vous. C'est le mot qu'il vous faut toujours dire.

CLÉANTE, à Orgon.

Allons voir quel conseil on doit vous faire élire.

ELMIRE.

Allez faire éclater l'audace de l'ingrat.
Ce procédé détruit la vertu du contrat;
Et sa déloyauté va paroître trop noire,
Pour souffrir qu'il en ait le succès qu'on veut croire.

SCÈNE VI. — VALÈRE, ORGON, MADAME PERNELLE, ELMIRE, CLÉANTE, MARIANE, DAMIS, DORINE.

VALÈRE.

Avec regret, monsieur, je viens vous affliger;
Mais je m'y vois contraint par le pressant danger.
Un ami, qui m'est joint d'une amitié fort tendre,
Et qui sait l'intérêt qu'en vous j'ai lieu de prendre,
A violé pour moi, par un pas délicat,
Le secret que l'on doit aux affaires d'État,
Et me vient d'envoyer un avis dont la suite
Vous réduit au parti d'une soudaine fuite.
Le fourbe qui longtemps a pu vous imposer
Depuis une heure au prince a su vous accuser,
Et remettre en ses mains, dans les traits qu'il vous jette,
D'un criminel d'État l'importante cassette,
Dont, au mépris, dit-il, du devoir d'un sujet,
Vous avez conservé le coupable secret.
J'ignore le détail du crime qu'on vous donne [1];
Mais un ordre est donné contre votre personne;
Et lui-même est chargé, pour mieux l'exécuter,
D'accompagner celui qui vous doit arrêter.

CLÉANTE.

Voilà ses droits armés; et c'est par où le traître
De vos biens qu'il prétend cherche à se rendre maître.

ORGON.

L'homme est, je vous l'avoue, un méchant animal!

VALÈRE.

Le moindre amusement [2] vous peut être fatal.
J'ai, pour vous emmener, mon carrosse à la porte,
Avec mille louis qu'ici je vous apporte.
Ne perdons point de temps : le trait est foudroyant;
Et ce sont de ces coups que l'on pare en fuyant.
A vous mettre en lieu sûr je m'offre pour conduite,
Et veux accompagner, jusqu'au bout, votre fuite.

ORGON.

Las! que ne dois-je point à vos soins obligeants!
Pour vous en rendre grâce, il faut un autre temps;
Et je demande au ciel de m'être assez propice
Pour reconnoître un jour ce généreux service.
Adieu : prenez le soin, vous autres.

---

[1] Qu'on vous impute. Le mot *donne* semble impropre.
[2] Retardement, perte de temps.

CLÉANTE.

Allez tôt;
Nous songerons, mon frère, à faire ce qu'il faut.

SCÈNE VII. — TARTUFFE, UN EXEMPT, MADAME PERNELLE, ORGON, ELMIRE, CLÉANTE, MARIANE, VALÈRE, DAMIS, DORINE.

TARTUFFE, arrêtant Orgon.

Tout beau, monsieur, tout beau, ne courez point si vite :
Vous n'irez pas fort loin pour trouver votre gîte;
Et, de la part du prince, on vous fait prisonnier.

ORGON.

Traître! tu me gardois ce trait pour le dernier :
C'est le coup, scélérat, par où tu m'expédies;
Et voilà couronner toutes tes perfidies !

TARTUFFE.

Vos injures n'ont rien à me pouvoir aigrir;
Et je suis, pour le ciel, appris à tout souffrir.

CLÉANTE.

La modération est grande, je l'avoue.

DAMIS.

Comme du ciel l'infâme impudemment se joue!

TARTUFFE.

Tous vos emportements ne sauroient m'émouvoir;
Et je ne songe à rien qu'à faire mon devoir.

MARIANE.

Vous avez de ceci grande gloire à prétendre;
Et cet emploi pour vous est fort honnête à prendre.

TARTUFFE.

Un emploi ne sauroit être que glorieux
Quand il part du pouvoir qui m'envoie en ces lieux.

ORGON.

Mais t'es-tu souvenu que ma main charitable,
Ingrat, t'a retiré d'un état misérable?

TARTUFFE.

Oui, je sais quels secours j'en ai pu recevoir;
Mais l'intérêt du prince est mon premier devoir.
De ce devoir sacré la juste violence
Étouffe dans mon cœur toute reconnoissance;
Et je sacrifierois à de si puissants nœuds
Ami, femme, parents, et moi-même avec eux.

ELMIRE.

L'imposteur !

DORINE.

Comme il sait, de traîtresse manière,

Se faire un beau manteau de tout ce qu'on révère!

CLÉANTE.

Mais, s'il est si parfait que vous le déclarez,
Ce zèle qui vous pousse et dont vous vous parez,
D'où vient que pour paroître il s'avise d'attendre
Qu'à poursuivre sa femme il ait su vous surprendre,
Et que vous ne songez à l'aller dénoncer
Que lorsque son honneur l'oblige à vous chasser?
Je ne vous parle point, pour devoir en distraire [1],
Du don de tout son bien qu'il venoit de vous faire;
Mais, le voulant traiter en coupable aujourd'hui,
Pourquoi consentiez-vous à rien prendre de lui?

TARTUFFE, à l'exempt.

Délivrez-moi, monsieur, de la criaillerie;
Et daignez accomplir votre ordre, je vous prie.

L'EXEMPT.

Oui, c'est trop demeurer, sans doute, à l'accomplir;
Votre bouche à propos m'invite à le remplir:
Et, pour l'exécuter, suivez-moi tout à l'heure
Dans la prison qu'on doit vous donner pour demeure [2].

TARTUFFE.

Qui? moi, monsieur?

L'EXEMPT.

Oui, vous.

TARTUFFE.

Pourquoi donc la prison?

L'EXEMPT.

Ce n'est pas vous à qui j'en veux rendre raison.

A Orgon.

Remettez-vous, monsieur, d'une alarme si chaude.
Nous vivons sous un prince ennemi de la fraude,
Un prince dont les yeux se font jour dans les cœurs,
Et que ne peut tromper tout l'art des imposteurs.
D'un fin discernement sa grande âme pourvue
Sur les choses toujours jette une droite vue;
Chez elle jamais rien ne surprend trop d'accès,
Et sa ferme raison ne tombe en nul excès.
Il donne aux gens de bien une gloire immortelle;

---

[1] Cette fin de vers, peu intelligible, ressemble à un remplissage.
[2] Voilà un coup de théâtre qui est, pour ainsi dire, le pendant de celui du quatrième acte:

C'est à vous d'en sortir, vous qui parlez en maître.

Autant l'un a causé de terreur et de consternation, autant l'autre procure de soulagement et de plaisir. (Auger.)

Mais sans aveuglement il fait briller ce zèle,
Et l'amour pour les vrais ne ferme point son cœur
A tout ce que les faux doivent donner d'horreur.
Celui-ci n'étoit pas pour le pouvoir surprendre,
Et de piéges plus fins on le voit se défendre.
D'abord il a percé, par ses vives clartés,
Des replis de son cœur toutes les lâchetés.
Venant vous accuser, il s'est trahi lui-même,
Et, par un juste trait de l'équité suprême,
S'est découvert au prince un fourbe renommé,
Dont sous un autre nom il étoit informé;
Et c'est un long détail d'actions toutes noires
Dont on pourroit former des volumes d'histoires.
Ce monarque, en un mot, a vers vous détesté
Sa lâche ingratitude et sa déloyauté;
A ses autres horreurs il a joint cette suite,
Et ne m'a jusqu'ici soumis à sa conduite
Que pour voir l'impudence aller jusques au bout,
Et vous faire, par lui, faire raison de tout.
Oui, de tous vos papiers, dont il se dit le maître,
Il veut qu'entre vos mains je dépouille le traître.
D'un souverain pouvoir, il brise les liens
Du contrat qui lui fait un don de tous vos biens,
Et vous pardonne enfin cette offense secrète
Où vous a d'un ami fait tomber la retraite:
Et c'est le prix qu'il donne au zèle qu'autrefois
On vous vit témoigner en appuyant ses droits,
Pour montrer que son cœur sait, quand moins on y pense,
D'une bonne action verser la récompense;
Que jamais le mérite avec lui ne perd rien;
Et que, mieux que du mal, il se souvient du bien.

DORINE.

Que le ciel soit loué!

MADAME PERNELLE.

Maintenant je respire.

ELMIRE.

Favorable succès!

MARIANE.

Qui l'auroit osé dire?

ORGON, à Tartuffe, que l'exempt emmène.

Eh bien, te voilà, traître!...

SCÈNE VIII. — MADAME PERNELLE, ORGON, ELMIRE, MARIANE, CLÉANTE, VALÈRE, DAMIS, DORINE.

CLÉANTE.
Ah! mon frère, arrêtez,
Et ne descendez point à des indignités.
A son mauvais destin laissez un misérable,
Et ne vous joignez point au remords qui l'accable.
Souhaitez bien plutôt que son cœur, en ce jour,
Au sein de la vertu fasse un heureux retour;
Qu'il corrige sa vie en détestant son vice,
Et puisse du grand prince adoucir la justice;
Tandis qu'à sa bonté vous irez, à genoux,
Rendre ce que demande un traitement si doux.

ORGON.
Oui, c'est bien dit. Allons à ses pieds avec joie
Nous louer des bontés que son cœur nous déploie;
Puis, acquittés un peu de ce premier devoir,
Aux justes soins d'un autre il nous faudra pourvoir,
Et par un doux hymen couronner en Valère
La flamme d'un amant généreux et sincère.

AMPHITRYON

COMÉDIE EN TROIS ACTES

1668

A SON ALTESSE SÉRÉNISSIME

MONSEIGNEUR

LE PRINCE

MONSEIGNEUR,

N'en déplaise à nos beaux esprits, je ne vois rien de plus ennuyeux que les épîtres dédicatoires; et VOTRE ALTESSE SÉRÉNISSIME trouvera bon, s'il lui plaît, que je ne suive point ici le style de ces messieurs-là, et refuse de me servir de deux ou trois misérables pensées qui ont été tournées et retournées tant de fois, qu'elles sont usées de tous les côtés. Le nom du GRAND CONDÉ est un nom trop glorieux pour le traiter comme on fait tous les autres noms. Il ne faut l'appliquer, ce nom illustre, qu'à des emplois qui soient dignes de lui; et, pour dire de belles choses, je voudrois parler de la mettre à la tête d'une armée plutôt qu'à la tête d'un livre; et je conçois bien mieux ce qu'il est capable de faire en l'opposant aux forces des ennemis de cet État qu'en l'opposant à la critique des ennemis d'une comédie.

Ce n'est pas, Monseigneur, que la glorieuse approbation de Votre Altesse Sérénissime ne fût une puissante protection pour toutes ces sortes d'ouvrages, et qu'on ne soit persuadé des lumières de votre esprit autant que de l'intrépidité de votre cœur et de la grandeur de votre âme. On sait, par toute la terre, que l'éclat de votre mérite n'est point renfermé dans les bornes de cette valeur indomptable qui se fait des adorateurs chez ceux même qu'elle surmonte; qu'il s'étend, ce mérite, jusques aux connoissances les plus fines et les plus relevées, et que les décisions de votre jugement sur tous les ouvrages d'esprit ne manquent point d'être suivies par le sentiment des plus délicats. Mais on sait aussi, Monseigneur, que toutes ces glorieuses approbations dont nous nous vantons en public ne nous coûtent rien à faire imprimer; et que ce sont des choses dont nous disposons comme nous voulons. On sait, dis-je, qu'une épître dédicatoire dit tout ce qu'il lui plaît, et qu'un auteur est en pouvoir d'aller saisir les personnes les plus augustes, et de parer de leurs grands noms les premiers feuillets de son livre; qu'il a la liberté de s'y donner, autant qu'il le veut, l'honneur de leur estime, et de se faire des protecteurs qui n'ont jamais songé à l'être.

Je n'abuserai, Monseigneur, ni de votre nom, ni de vos bontés, pour combattre les censeurs de l'*Amphitryon* et m'attribuer une gloire que je n'ai peut-être pas méritée : et je ne prends la liberté de vous offrir ma comédie que pour avoir lieu de vous dire que je regarde incessamment, avec une profonde vénération, les grandes qualités que vous joignez au sang auguste dont vous tenez le jour, et que je suis, Monseigneur, avec tout le respect possible, et tout le zèle imaginable,

De Votre Altesse Sérénissime,

Le très-humble, très-obéissant,
et très-obligé serviteur,

J. B. P. Molière.

PERSONNAGES DU PROLOGUE

MERCURE.
LA NUIT.

PERSONNAGES DE LA COMÉDIE

JUPITER, sous la forme d'Amphitryon.
MERCURE, sous la forme de Sosie.
AMPHITRYON, général des Thébains.
ALCMÈNE, femme d'Amphitryon.
CLÉANTHIS, suivante d'Alcmène et femme de Sosie.
ARGATIPHONTIDAS,
NAUCRATÈS,
POLIDAS, } capitaines thébains.
PAUSICLÈS,
SOSIE, valet d'Amphitryon.

La scène est à Thèbes, devant la maison d'Amphitryon.

PROLOGUE

MERCURE, sur un nuage; LA NUIT, dans un char traîné dans l'air par deux chevaux.

MERCURE.

Tout beau, charmante Nuit, daignez vous arrêter.
Il est certain secours que de vous on désire;
  Et j'ai deux mots à vous dire
  De la part de Jupiter.

LA NUIT.

  Ah! ah! c'est vous, seigneur Mercure!
Qui vous eût deviné là dans cette posture?

MERCURE.

Ma foi, me trouvant las, pour ne pouvoir fournir
Aux différents emplois où Jupiter m'engage,
Je me suis doucement assis sur ce nuage,
  Pour vous attendre venir.

LA NUIT.

Vous vous moquez, Mercure, et vous n'y songez pas;
Sied-il bien à des dieux de dire qu'ils sont las?

MERCURE.

Les dieux sont-ils de fer?

LA NUIT.

    Non; mais il faut sans cesse
Garder le décorum de la divinité.
Il est de certains mots dont l'usage rabaisse
  Cette sublime qualité,
  Et que, pour leur indignité,
  Il est bon qu'aux hommes on laisse.

MERCURE.

  A votre aise vous en parlez;
Et vous avez, la belle, une chaise roulante
Où, par deux bons chevaux, en dame nonchalante,
Vous vous faites traîner partout où vous voulez.
  Mais de moi ce n'est pas de même;
Et je ne puis vouloir, dans mon destin fatal,
  Aux poëtes assez de mal
  De leur impertinence extrême,
  D'avoir, par une injuste loi
  Dont on veut maintenir l'usage,
  A chaque dieu, dans son emploi,
  Donné quelque allure en partage,

PROLOGUE.

Et de me laisser à pied, moi,
Comme un messager de village;
Moi qui suis, comme on sait, en terre et dans les cieux,
Le fameux messager du souverain des dieux;
Et qui, sans rien exagérer,
Par tous les emplois qu'il me donne,
Aurois besoin, plus que personne,
D'avoir de quoi me voiturer.

LA NUIT.

Que voulez-vous faire à cela?
Les poëtes font à leur guise.
Ce n'est pas la seule sottise
Qu'on voit faire à ces messieurs-là.
Mais contre eux toutefois votre âme à tort s'irrite,
Et vos ailes aux pieds sont un don de leurs soins.

MERCURE.

Oui; mais, pour aller plus vite,
Est-ce qu'on s'en lasse moins?

LA NUIT.

Laissons cela, seigneur Mercure,
Et sachons ce dont il s'agit.

MERCURE.

C'est Jupiter, comme je vous l'ai dit,
Qui de votre manteau veut la faveur obscure,
Pour certaine douce aventure
Qu'un nouvel amour lui fournit.
Ses pratiques[1], je crois, ne vous sont pas nouvelles:
Bien souvent pour la terre il néglige les cieux;
Et vous n'ignorez pas que ce maître des dieux
Aime à s'humaniser pour des beautés mortelles,
Et sait cent tours ingénieux
Pour mettre à bout les plus cruelles.
Des yeux d'Alcmène il a senti les coups;
Et, tandis qu'au milieu des béotiques plaines
Amphitryon, son époux,
Commande aux troupes thébaines,
Il en a pris la forme, et reçoit là-dessous
Un soulagement à ses peines
Dans la possession des plaisirs les plus doux.
L'état des mariés à ses feux est propice:
L'hymen ne les a joints que depuis quelques jours;
Et la jeune chaleur de leurs tendres amours
A fait que Jupiter à ce bel artifice

---

[1] *Pratiques*, intrigues, menées sourdes.

S'est avisé d'avoir recours.
Son stratagème ici se trouve salutaire :
 Mais, près de maint objet chéri,
Pareil déguisement seroit pour ne rien faire,
Et ce n'est pas partout un bon moyen de plaire
 Que la figure d'un mari.

LA NUIT.

J'admire Jupiter, et je ne comprends pas
Tous les déguisements qui lui viennent en tête.

MERCURE.

Il veut goûter par là toutes sortes d'états;
 Et c'est agir en dieu qui n'est pas bête.
Dans quelque rang qu'il soit des mortels regardé,
 Je le tiendrois fort misérable,
S'il ne quittoit jamais sa mine redoutable,
Et qu'au faîte des cieux il fût toujours guindé.
Il n'est point, à mon gré, de plus sotte méthode
Que d'être emprisonné toujours dans sa grandeur;
Et surtout aux transports de l'amoureuse ardeur
La haute qualité devient fort incommode.
Jupiter, qui sans doute en plaisirs se connoît,
Sait descendre du haut de sa gloire suprême;
 Et, pour entrer dans tout ce qu'il lui plaît,
 Il sort tout à fait de lui-même,
Et ce n'est plus alors Jupiter qui paroît.

LA NUIT.

Passe encor de le voir, de ce sublime étage,
 Dans celui des hommes venir.
Prendre tous les transports que leur cœur peut fournir,
 Et se faire à leur badinage,
Si, dans les changements où son humeur l'engage,
A la nature humaine il s'en vouloit tenir.
 Mais de voir Jupiter taureau,
 Serpent, cygne, ou quelque autre chose,
 Je ne trouve point cela beau,
Et ne m'étonne pas si parfois on en cause.

MERCURE.

 Laissons dire tous les censeurs :
 Tels changements ont leurs douceurs
 Qui passent leur intelligence.
Ce dieu sait ce qu'il fait aussi bien là qu'ailleurs;
Et, dans les mouvements de leurs tendres ardeurs,
Les bêtes ne sont pas si bêtes que l'on pense.

LA NUIT.

Revenons à l'objet dont il a les faveurs.
Si, par son stratagème, il voit sa flamme heureuse,
Que peut-il souhaiter, et qu'est-ce que je puis?

MERCURE.

Que vos chevaux, par vous au petit pas réduits,
Pour satisfaire aux vœux de son âme amoureuse,
    D'une nuit si délicieuse
    Fassent la plus longue des nuits ;
  Qu'à ses transports vous donniez plus d'espace,
  Et retardiez la naissance du jour
    Qui doit avancer le retour
    De celui dont il tient la place.

LA NUIT.

    Voilà sans doute un bel emploi
    Que le grand Jupiter m'apprête!
    Et l'on donne un nom fort honnête
    Au service qu'il veut de moi!

MERCURE.

    Pour une jeune déesse,
    Vous êtes bien du bon temps!
    Un tel emploi n'est bassesse
    Que chez les petites gens.
Lorsque dans un haut rang on a l'heur de paroître,
  Tout ce qu'on fait est toujours bel et bon ;
    Et, suivant ce qu'on peut être,
    Les choses changent de nom.

LA NUIT.

    Sur de pareilles matières
    Vous en savez plus que moi,
    Et, pour accepter l'emploi,
    J'en veux croire vos lumières.

MERCURE.

    Eh! la, la, madame la Nuit,
    Un peu doucement, je vous prie ;
    Vous avez dans le monde un bruit [1]
    De n'être pas si renchérie.
On vous fait confidente, en cent climats divers
    De beaucoup de bonnes affaires ;
  Et je crois, à parler à sentiments ouverts,
    Que nous ne nous en devons guères.

---

[1] *Bruit*, pour : *réputation*.

LA NUIT.

Laissons ces contrariétés,
Et demeurons ce que nous sommes.
N'apprêtons point à rire aux hommes,
En nous disant nos vérités.

MERCURE.

Adieu. Je vais là-bas, dans ma commission,
Dépouiller promptement la forme de Mercure,
Pour y vêtir la figure
Du valet d'Amphitryon.

LA NUIT.

Moi, dans cet hémisphère, avec ma suite obscure,
Je vais faire une station.

MERCURE.

Bonjour, la Nuit.

LA NUIT.

Adieu, Mercure[1].

Mercure descend de son nuage, et la Nuit traverse le théâtre.

ACTE PREMIER

SCÈNE I. — SOSIE, seul.

Qui va là? Heu! ma peur à chaque pas s'accroît!
Messieurs, ami de tout le monde.
Ah! quelle audace sans seconde
De marcher à l'heure qu'il est!
Que mon maître, couvert de gloire,
Me joue ici d'un vilain tour!
Quoi! si pour son prochain il avoit quelque amour,
M'auroit-il fait partir par une nuit si noire?
Et, pour me renvoyer annoncer son retour
Et le détail de sa victoire,
Ne pouvoit-il pas bien attendre qu'il fût jour?
Sosie, à quelle servitude
Tes jours sont-ils assujettis!
Notre sort est beaucoup plus rude
Chez les grands que chez les petits.
Ils veulent que pour eux tout soit, dans la nature,
Obligé de s'immoler.

---

[1] Ce prologue est le seul qui soit resté au théâtre, non parce qu'il est le plus ingénieux de tous, mais parce qu'il est le seul nécessaire. (Auger.)

ACTE I, SCÈNE I.

Jour et nuit, grêle, vent, péril, chaleur, froidure,
    Dès qu'ils parlent, il faut voler.
        Vingt ans d'assidu service
        N'en obtiennent rien pour nous :
        Le moindre petit caprice
        Nous attire leur courroux.
    Cependant notre âme insensée
S'acharne au vain honneur de demeurer près d'eux,
Et s'y veut contenter de la fausse pensée
Qu'ont tous les autres gens, que nous sommes heureux.
Vers la retraite en vain la raison nous appelle,
En vain notre dépit quelquefois y consent ;
        Leur vue a sur notre zèle
        Un ascendant trop puissant,
Et la moindre faveur d'un coup d'œil caressant
        Nous rengage de plus belle.
    Mais enfin, dans l'obscurité,
Je vois notre maison, et ma frayeur s'évade.
    Il me faudroit, pour l'ambassade,
    Quelque discours prémédité.
Je dois aux yeux d'Alcmène un portrait militaire
Du grand combat qui met nos ennemis à bas ;
        Mais comment diantre le faire,
        Si je ne m'y trouvai pas?
N'importe, parlons-en et d'estoc et de taille,
        Comme oculaire témoin.
Combien de gens font-ils des récits de bataille
        Dont ils se sont tenus loin !
        Pour jouer mon rôle sans peine,
        Je le veux un peu repasser.
Voici la chambre où j'entre en courrier que l'on mène ;
        Et cette lanterne est Alcmène,
        A qui je me dois adresser.

<small>Sosie pose sa lanterne à terre et lui adresse son compliment.</small>

Madame, Amphitryon, mon maître et votre époux...
(Bon ! beau début !) l'esprit toujours plein de vos charmes,
    M'a voulu choisir entre tous
Pour vous donner avis du succès de ses armes,
Et du désir qu'il a de se voir près de vous.
    « Ah ! vraiment, mon pauvre Sosie,
    « A te revoir j'ai de la joie au cœur. »
    Madame, ce m'est trop d'honneur,
    Et mon destin doit faire envie.
(Bien répondu !) « Comment se porte Amphitryon? »

Madame, en homme de courage,
Dans les occasions où la gloire l'engage.
    (Fort bien! belle conception!)
« Quand viendra-t-il, par son retour charmant,
« Rendre mon âme satisfaite? »
Le plus tôt qu'il pourra, madame, assurément;
    Mais bien plus tard que son cœur ne souhaite.
(Ah!) « Mais quel est l'état où la guerre l'a mis?
« Que dit-il? que fait-il? Contente un peu mon âme. »
    Il dit moins qu'il ne fait, madame,
    Et fait trembler les ennemis.
(Peste! où prend mon esprit toutes ces gentillesses?)
« Que font les révoltés? dis-moi, quel est leur sort? »
Ils n'ont pu résister, madame, à notre effort;
    Nous les avons taillés en pièces,
    Mis Ptérélas, leur chef, à mort,
Pris Télèbe d'assaut; et déjà dans le port
    Tout retentit de nos prouesses.
« Ah! quel succès! ô dieux! Qui l'eût pu jamais croire? »
« Raconte-moi, Sosie, un tel événement. »
Je le veux bien, madame; et, sans m'enfler de gloire,
    Du détail de cette victoire
    Je puis parler très-savamment.
    Figurez-vous donc que Télèbe,
    Madame, est de ce côté;

    Sosie marque les lieux sur sa main ou à terre.

C'est une ville, en vérité,
Aussi grande quasi que Thèbe.
    La rivière est comme là.
    Ici nos gens se campèrent;
    Et l'espace que voilà,
    Nos ennemis l'occupèrent.
    Sur un haut[1], vers cet endroit,
    Étoit leur infanterie;
    Et plus bas, du côté droit,
    Étoit la cavalerie.
Après avoir aux dieux adressé les prières,
Tous les ordres donnés, on donne le signal :
Les ennemis, pensant nous tailler des croupières,
Firent trois pelotons de leurs gens à cheval;
Mais leur chaleur par nous fut bientôt réprimée,
    Et vous allez voir comme quoi.

---

[1] *Un haut*, pour : *une hauteur*. Ne se dit plus.

Voilà notre avant-garde à bien faire animée;
　Là, les archers de Créon, notre roi;
　　Et voici le corps d'armée,
　　　　On fait un peu de bruit.
Qui d'abord... Attendez, le corps d'armée a peur;
　J'entends quelque bruit, ce me semble

SCÈNE II. — MERCURE, SOSIE.

MERCURE, sous la figure de Sosie, sortant de la maison d'Amphitryon.
　　Sous ce minois qui lui ressemble,
　　Chassons de ces lieux ce causeur,
　Dont l'abord importun troubleroit la douceur
　　Que nos amants goûtent ensemble.

SOSIE, sans voir Mercure.
　　Mon cœur tant soit peu se rassure,
　　Et je pense que ce n'est rien.
　Crainte pourtant de sinistre aventure,
　Allons chez nous achever l'entretien.

MERCURE, à part.
　　Tu seras plus fort que Mercure,
　　Ou je t'en empêcherai bien.

SOSIE, sans voir Mercure.
Cette nuit en longueur me semble sans pareille.
Il faut, depuis le temps que je suis en chemin,
Ou que mon maître ait pris le soir pour le matin,
Ou que trop tard au lit le blond Phébus sommeille,
　　Pour avoir trop pris de son vin.

MERCURE, à part.
　　Comme avec irrévérence
　　Parle des dieux ce maraud!
　　Mon bras saura bien tantôt
　　Châtier cette insolence;
Et je vais m'égayer avec lui comme il faut,
En lui volant son nom avec sa ressemblance.

SOSIE, apercevant Mercure d'un peu loin.
　　Ah! par ma foi, j'avois raison:
　C'est fait de moi, chétive créature!
　　Je vois devant notre maison
　　Certain homme dont l'encolure
　　Ne me présage rien de bon.
　　Pour faire semblant d'assurance,
　　Je veux chanter un peu d'ici.
　　　　　Il chante.

MERCURE.

Qui donc est ce coquin qui prend tant de licence
　Que de chanter et m'étourdir ainsi?

A mesure que Mercure parle, la voix de Sosie s'affoiblit peu à peu.

Veut-il qu'à l'étriller ma main un peu s'applique?

SOSIE, à part.

Cet homme assurément n'aime pas la musique [1].

MERCURE.

　Depuis plus d'une semaine
Je n'ai trouvé personne à qui rompre les os :
La vigueur de mon bras se perd dans le repos ;
　Et je cherche quelque dos
　Pour me remettre en haleine.

SOSIE, à part.

　Quel diable d'homme est-ce ci?
De mortelles frayeurs je sens mon âme atteinte.
　Mais pourquoi trembler tant aussi?
Peut-être a-t-il dans l'âme autant que moi de crainte,
　Et que le drôle parle ainsi
Pour me cacher sa peur sous une audace feinte.
Oui, oui, ne souffrons point qu'on nous croie un oison :
Si je ne suis hardi, tâchons de le paroître.
　Faisons-nous du cœur par raison :
Il est seul, comme moi ; je suis fort, j'ai bon maître,
　Et voilà notre maison.

MERCURE.

Qui va là?

SOSIE.

　　Moi.

MERCURE.

　Qui, moi?

SOSIE.

A part.

　Moi. Courage, Sosie.

MERCURE.

Quel est ton sort? dis-moi.

SOSIE.

　　D'être homme, et de parler.

MERCURE.

Es-tu maître, ou valet?

SOSIE.

　Comme il me prend envie.

---

[1] Ce trait appartient à Molière ; le reste est imité de Plaute.

MERCURE.

Où s'adressent tes pas?

SOSIE.

Où j'ai dessein d'aller.

MERCURE.

Ah! ceci me déplaît.

SOSIE.

J'en ai l'âme ravie.

MERCURE.

Résolûment, par force ou par amour,
  Je veux savoir de toi, traître,
Ce que tu fais, d'où tu viens avant jour,
  Où tu vas, à qui tu peux être.

SOSIE.

Je fais le bien et le mal tour à tour;
Je viens de là, vais là; j'appartiens à mon maître.

MERCURE.

Tu montres de l'esprit, et je te vois en train
De trancher avec moi de l'homme d'importance.
Il me prend un désir, pour faire connoissance,
  De te donner un soufflet de ma main.

SOSIE.

A moi-même?

MERCURE.

A toi-même; et t'en voilà certain.

Mercure donne un soufflet à Sosie.

SOSIE.

Ah! ah! c'est tout de bon.

MERCURE.

Non, ce n'est que pour rire,
Et répondre à tes quolibets.

SOSIE.

Tudieu! l'ami, sans vous rien dire,
Comme vous baillez des soufflets!

MERCURE.

Ce sont là de mes moindres coups,
De petits soufflets ordinaires.

SOSIE.

Si j'étois aussi prompt que vous,
Nous ferions de belles affaires.

MERCURE.

Tout cela n'est encor rien :
Nous verrons bien autre chose.
Pour y faire quelque pause,

Poursuivons notre entretien.

SOSIE.

Je quitte la partie.

Sosie veut s'en aller

MERCURE, *arrêtant Sosie.*

Où vas-tu?

SOSIE.

Que t'importe?

MERCURE.

Je veux savoir où tu vas.

SOSIE.

Me faire ouvrir cette porte.
Pourquoi retiens-tu mes pas?

MERCURE.

Si jusqu'à l'approcher tu pousses ton audace,
Je fais sur toi pleuvoir un orage de coups.

SOSIE.

Quoi! tu veux, par ta menace,
M'empêcher d'entrer chez nous?

MERCURE.

Comment! chez nous?

SOSIE.

Oui, chez nous.

MERCURE.

O le traître!

Tu te dis de cette maison?

SOSIE.

Fort bien. Amphitryon n'en est-il pas le maître?

MERCURE.

Eh bien, que fait cette raison?

SOSIE.

Je suis son valet.

MERCURE.

Toi?

SOSIE.

Moi.

MERCURE.

Son valet?

SOSIE.

Sans doute.

MERCURE.

Valet d'Amphitryon?

SOSIE.

D'Amphitryon, de lui.

ACTE I, SCÈNE II.

MERCURE.

Ton nom est?...

SOSIE.

Sosie.

MERCURE.

Heu! comment?

SOSIE.

Sosie.

MERCURE.

Écoute.
Sais-tu que de ma main je t'assomme aujourd'hui?

SOSIE.

Pourquoi? De quelle rage est ton âme saisie?

MERCURE.

Qui te donne, dis-moi, cette témérité
De prendre le nom de Sosie?

SOSIE.

Moi, je ne le prends point, je l'ai toujours porté.

MERCURE.

O le mensonge horrible, et l'impudence extrême!
Tu m'oses soutenir que Sosie est ton nom?

SOSIE.

Fort bien; je le soutiens, par la grande raison
Qu'ainsi l'a fait des dieux la puissance suprême;
Et qu'il n'est pas en moi de pouvoir dire non,
Et d'être un autre que moi-même.

MERCURE.

Mille coups de bâton doivent être le prix
D'une pareille effronterie.

SOSIE, battu par Mercure.

Justice, citoyens! Au secours! je vous prie.

MERCURE.

Comment! bourreau, tu fais des cris!

SOSIE.

De mille coups tu me meurtris,
Et tu ne veux pas que je crie?

MERCURE.

C'est ainsi que mon bras...

SOSIE.

L'action ne vaut rien.
Tu triomphes de l'avantage
Que te donne sur moi mon manque de courage;
Et ce n'est pas en user bien.
C'est pure fanfaronnerie

De vouloir profiter de la poltronnerie
De ceux qu'attaque notre bras.
Battre un homme à jeu sûr n'est pas d'une belle âme;
Et le cœur est digne de blâme
Contre des gens qui n'en ont pas.

MERCURE.

Eh bien, es-tu Sosie à présent? qu'en dis-tu?

SOSIE.

Tes coups n'ont point en moi fait de métamorphose;
Et tout le changement que je trouve à la chose,
C'est d'être Sosie battu.

MERCURE, menaçant Sosie.

Encor! Cent autres coups pour cette autre impudence...

SOSIE.

De grâce, fais trêve à tes coups.

MERCURE.

Fais donc trêve à ton insolence.

SOSIE.

Tout ce qu'il te plaira; je garde le silence.
La dispute est par trop inégale entre nous.

MERCURE.

Es-tu Sosie encor? dis, traître!

SOSIE.

Hélas! je suis ce que tu veux :
Dispose de mon sort tout au gré de tes vœux;
Ton bras t'en a fait le maître.

MERCURE.

Ton nom étoit Sosie, à ce que tu disois?

SOSIE.

Il est vrai, jusqu'ici j'ai cru la chose claire;
Mais ton bâton, sur cette affaire,
M'a fait voir que je m'abusois.

MERCURE.

C'est moi qui suis Sosie, et tout Thèbes l'avoue :
Amphitryon jamais n'en eut d'autre que moi.

SOSIE.

Toi, Sosie?

MERCURE.

Oui, Sosie; et, si quelqu'un s'y joue,
Il peut bien prendre garde à soi.

SOSIE, à part.

Ciel! me faut-il ainsi renoncer à moi-même,
Et par un imposteur me voir voler mon nom?
Que son bonheur est extrême

ACTE I, SCÈNE II

De ce que je suis poltron !
Sans cela, par la mort !...

MERCURE.

Entre tes dents, je pense,
Tu murmures je ne sais quoi.

SOSIE.

Non. Mais, au nom des dieux, donne-moi la licence
De parler un moment à toi.

MERCURE.

Parle.

SOSIE.

Mais promets-moi, de grâce,
Que les coups n'en seront point.
Signons une trêve.

MERCURE.

Passe ;
Va, je t'accorde ce point.

SOSIE.

Qui te jette, dis-moi, dans cette fantaisie ?
Que te reviendra-t-il de m'enlever mon nom ?
Et peux-tu faire enfin, quand tu serois démon,
Que je ne sois pas moi, que je ne sois Sosie ?

MERCURE, levant le bâton sur Sosie.

Comment ! tu peux...

SOSIE.

Ah ! tout doux ·
Nous avons fait trêve aux coups.

MERCURE.

Quoi ! pendard, imposteur, coquin !...

SOSIE.

Pour des injures,
Dis-m'en tant que tu voudras :
Ce sont légères blessures,
Et je ne m'en fâche pas.

MERCURE.

Tu te dis Sosie ?

SOSIE.

Oui. Quelque conte frivole...

MERCURE.

Sus, je romps notre trêve, et reprends ma parole.

SOSIE.

N'importe. Je ne puis m'anéantir pour toi,
Et souffrir un discours si loin de l'apparence.
Être ce que je suis est-il en ta puissance ?

Et puis-je cesser d'être moi ?
S'avisa-t-on jamais d'une chose pareille ?
Et peut-on démentir cent indices pressants ?
Rêvé-je ! Est-ce que je sommeille ?
Ai-je l'esprit troublé par des transports puissants ?
Ne sens-je pas bien que je veille ?
Ne suis-je pas dans mon bon sens ?
Mon maître Amphitryon ne m'a-t-il pas commis
A venir en ces lieux vers Alcmène sa femme ?
Ne lui dois-je pas faire, en lui vantant sa flamme,
Un récit de ses faits contre nos ennemis ?
Ne suis-je pas du port arrivé tout à l'heure ?
Ne tiens-je pas une lanterne en main ?
Ne te trouvé-je pas devant notre demeure ?
Ne t'y parlé-je pas d'un esprit tout humain ?
Ne te tiens-tu pas fort de ma poltronnerie,
Pour m'empêcher d'entrer chez nous ?
N'as-tu pas sur mon dos exercé ta furie ?
Ne m'as-tu pas roué de coups ?
Ah ! tout cela n'est que trop véritable ;
Et, plût au ciel, le fût-il moins !
Cesse donc d'insulter au sort d'un misérable :
Et laisse à mon devoir s'acquitter de ses soins.

MERCURE.

Arrête, ou sur ton dos le moindre pas attire
Un assommant éclat de mon juste courroux.
Tout ce que tu viens de dire
Est à moi, hormis les coups.

SOSIE.

Ce matin, du vaisseau, plein de frayeur en l'âme,
Cette lanterne sait comme je suis parti.
Amphitryon, du camp, vers Alcmène sa femme
M'a-t-il pas envoyé ?

MERCURE.

Vous en avez menti.
C'est moi qu'Amphitryon députe vers Alcmène,
Et qui du port persique[1] arrive de ce pas ;
Moi, qui viens annoncer la valeur de son bras
Qui nous fait remporter une victoire pleine,
Et de nos ennemis a mis le chef à bas.
C'est moi qui suis Sosie enfin, de certitude,
Fils de Dave, honnête berger ;

[1] Port d'Eubée.

ACTE I, SCÈNE II.

Frère d'Arpage, mort en pays étranger;
   Mari de Cléanthis la prude,
Dont l'humeur me fait enrager;
Qui dans Thèbe ai reçu mille coups d'étrivière,
   Sans en avoir jamais dit rien;
Et jadis en public fus marqué par derrière,
   Pour être trop homme de bien [1].

SOSIE, bas, à part.

Il a raison. A moins d'être Sosie,
   On ne peut pas savoir tout ce qu'il dit:
Et, dans l'étonnement dont mon âme est saisie,
Je commence, à mon tour, à le croire un petit.
En effet, maintenant que je le considère,
Je vois qu'il a de moi taille, mine, action.
   Faisons-lui quelque question,
   Afin d'éclaircir ce mystère.

Haut.

Parmi tout le butin fait sur nos ennemis,
Qu'est-ce qu'Amphitryon obtient pour son partage?

MERCURE.

Cinq fort gros diamants en nœuds proprement mis,
Dont leur chef se paroit comme d'un rare ouvrage.

SOSIE.

A qui destine-t-il un si riche présent?

MERCURE.

A sa femme; et sur elle il le veut voir paroître.

SOSIE.

Mais où, pour l'apporter, est-il mis à présent?

MERCURE.

Dans un coffret scellé des armes de mon maître [2].

SOSIE, à part.

Il ne ment pas d'un mot à chaque repartie;
Et de moi je commence à douter tout de bon.
Près de moi, par la force, il est déjà Sosie;
Il pourroit bien encor l'être par la raison.
Pourtant, quand je me tâte et que je me rappelle,
   Il me semble que je suis moi.
Où puis-je rencontrer quelque clarté fidèle,
   Pour démêler ce que je voi?

---

[1] L'usage de marquer les malfaiteurs sur l'épaule n'existait pas chez les anciens. (Aimé Martin.)

[2] Les *armes*, héraldiquement parlant, sont une invention des temps de la chevalerie. Ainsi Amphitryon n'avait point un cachet blasonné, mais, comme la plupart des anciens, un anneau sur la pierre duquel était gravé quelque signe particulier qu'il avait adopté. (Auger.)

Ce que j'ai fait tout seul, et que n'a vu personne,
A moins d'être moi-même, on ne le peut savoir :
Par cette question il faut que je l'étonne;
C'est de quoi le confondre, et nous allons le voir.
   Haut.
Lorsqu'on étoit aux mains, que fis-tu dans nos tentes,
  Où tu courus seul te fourrer?
     MERCURE.
D'un jambon...
    SOSIE, bas, à part.
  L'y voilà!
    MERCURE.
    Que j'allai déterrer
Je coupai bravement deux tranches succulentes,
  Dont je sus fort bien me bourrer;
Et, joignant à cela d'un vin que l'on ménage,
Et dont, avant le goût, les yeux se contentoient,
  Je pris un peu de courage
  Pour nos gens qui se battoient.
    SOSIE, bas, à part.
  Cette preuve sans pareille
  En sa faveur conclut bien;
  Et l'on n'y peut dire rien,
  S'il n'étoit dans la bouteille.
   Haut.
Je ne saurois nier, aux preuves qu'on m'expose,
Que tu ne sois Sosie, et j'y donne ma voix.
Mais, si tu l'es, dis-moi qui tu veux que je sois;
Car enfin faut-il bien que je sois quelque chose.
    MERCURE.
  Quand je ne serai plus Sosie,
  Sois-le, j'en demeure d'accord;
Mais, tant que je le suis, je te garantis mort,
  Si tu prends cette fantaisie.
    SOSIE.
Tout cet embarras met mon esprit sur les dents,
  Et la raison à ce qu'on voit s'oppose.
Mais il faut terminer enfin par quelque chose;
Et le plus court pour moi, c'est d'entrer là dedans.
    MERCURE.
Ah! tu prends donc, pendard, goût à la bastonnade?
   SOSIE, battu par Mercure.
Ah! qu'est-ce ci, grands dieux! il frappe un ton plus fort
Et mon dos pour un mois en doit être malade.

Laissons ce diable d'homme, et retournons au port.
O juste ciel! j'ai fait une belle ambassade!

MERCURE, seul.

Enfin, je l'ai fait fuir, et, sous ce traitement,
De beaucoup d'actions il a reçu la peine;
Mais je vois Jupiter, que fort civilement
    Reconduit l'amoureuse Alcmène.

SCÈNE III. — JUPITER, sous la figure d'Amphitryon; ALCMÈNE, CLÉANTHIS, MERCURE.

JUPITER.

Défendez, chère Alcmène, aux flambeaux d'approcher.
Ils m'offrent des plaisirs en m'offrant votre vue;
Mais ils pourroient ici découvrir ma venue,
    Qu'il est à propos de cacher.
Mon amour, que gênoient tous ces soins éclatants
Où me tenoit lié la gloire de nos armes,
Aux devoirs de ma charge a volé les instants
    Qu'il vient de donner à vos charmes.
Ce vol, qu'à vos beautés mon cœur a consacré,
Pourroit être blâmé dans la bouche publique,
    Et j'en veux pour témoin unique
    Celle qui peut m'en savoir gré.

ALCMÈNE.

Je prends, Amphitryon, grande part à la gloire.
Que répandent sur vous vos illustres exploits;
    Et l'éclat de votre victoire
Sait toucher de mon cœur les sensibles endroits.
    Mais, quand je vois que cet honneur fatal
    Éloigne de moi ce que j'aime,
Je ne puis m'empêcher, dans ma tendresse extrême,
    De lui vouloir un peu de mal,
Et d'opposer mes vœux à cet ordre suprême
    Qui des Thébains vous fait le général.
C'est une douce chose, après une victoire,
Que la gloire où l'on voit ce qu'on aime élevé;
Mais, parmi les périls mêlés à cette gloire,
Un triste coup, hélas! est bientôt arrivé.
De combien de frayeurs a-t-on l'âme blessée,
    Au moindre choc dont on entend parler!
Voit-on, dans les horreurs d'une telle pensée,
    Par où jamais se consoler
    Du coup dont on est menacée?

Et, de quelque laurier qu'on couronne un vainqueur,
Quelque part que l'on ait à cet honneur suprême,
Vaut-il ce qu'il en coûte aux tendresses d'un cœur
Qui peut, à tout moment, trembler pour ce qu'il aime?

JUPITER.

Je ne vois rien en vous dont mon feu ne s'augmente;
Tout y marque à mes yeux un cœur bien enflammé;
Et c'est, je vous l'avoue, une chose charmante
De trouver tant d'amour dans un objet aimé.
Mais, si je l'ose dire, un scrupule me gêne,
Aux tendres sentiments que vous me faites voir;
Et, pour les bien goûter, mon amour, chère Alcmène,
Voudroit n'y voir entrer rien de votre devoir;
Qu'à votre seule ardeur, qu'à ma seule personne,
Je dusse les faveurs que je reçois de vous;
Et que la qualité que j'ai de votre époux
   Ne fût point ce qui me les donne.

ALCMÈNE.

C'est de ce nom pourtant que l'ardeur qui me brûle
   Tient le droit de paroître au jour;
Et je ne comprends rien à ce nouveau scrupule
   Dont s'embarrasse votre amour.

JUPITER.

Ah! ce que j'ai pour vous d'ardeur et de tendresse
   Passe aussi celle d'un époux;
Et vous ne savez pas, dans des moments si doux,
   Quelle en est la délicatesse.
Vous ne concevez point qu'un cœur bien amoureux
Sur cent petits égards s'attache avec étude,
   Et se fait une inquiétude
   De la manière d'être heureux.
   En moi, belle et charmante Alcmène,
Vous voyez un mari, vous voyez un amant;
Mais l'amant seul me touche, à parler franchement,
Et je sens, près de vous, que le mari le gêne.
Cet amant, de vos vœux jaloux au dernier point,
Souhaite qu'à lui seul votre amour s'abandonne;
   Et sa passion ne veut point
   De ce que le mari lui donne.
Il veut de pure source obtenir vos ardeurs,
Et ne veut rien tenir des nœuds de l'hyménée,
Rien d'un fâcheux devoir qui fait agir les cœurs,
Et par qui, tous les jours, des plus chères faveurs
   La douceur est empoisonnée.

ACTE I, SCÈNE IV

Dans le scrupule enfin dont il est combattu,
Il veut, pour satisfaire à sa délicatesse,
Que vous le sépariez d'avec ce qui le blesse,
Que le mari ne soit que pour votre vertu,
Et que de votre cœur, de bonté revêtu,
L'amant ait tout l'amour et toute la tendresse.

ALCMÈNE.

Amphitryon, en vérité,
Vous vous moquez de tenir ce langage,
Et j'aurois peur qu'on ne vous crût pas sage,
Si de quelqu'un vous étiez écouté.

JUPITER.

Ce discours est plus raisonnable,
Alcmène, que vous ne pensez.
Mais un plus long séjour me rendroit trop coupable,
Et du retour au port les moments sont pressés.
Adieu. De mon devoir l'étrange barbarie
Pour un temps m'arrache de vous ;
Mais, belle Alcmène, au moins, quand vous verrez l'époux,
Songez à l'amant, je vous prie.

ALCMÈNE.

Je ne sépare point ce qu'unissent les dieux ;
Et l'époux et l'amant me sont fort précieux.

SCÈNE IV. — CLÉANTHIS, MERCURE.

CLÉANTHIS, à part.

O ciel! que d'aimables caresses
D'un époux ardemment chéri !
Et que mon traître de mari
Est loin de toutes ces tendresses !

MERCURE, à part.

La Nuit, qu'il me faut avertir,
N'a plus qu'à plier tous ses voiles ;
Et, pour effacer les étoiles,
Le Soleil de son lit peut maintenant sortir

CLÉANTHIS, arrêtant Mercure.

Quoi ! c'est ainsi que l'on me quitte !

MERCURE.

Et comment donc? Ne veux-tu pas
Que de mon devoir je m'acquitte,
Et que d'Amphitryon j'aille suivre les pas ?

CLÉANTHIS.

Mais avec celte brusquerie,
Traître ! de moi te séparer !

MERCURE.

Le beau sujet de fâcherie!
Nous avons tant de temps ensemble à demeurer!

CLÉANTHIS.

Mais quoi! partir ainsi d'une façon brutale,
Sans me dire un seul mot de douceur pour régale!

MERCURE.

Diantre! où veux-tu que mon esprit
T'aille chercher des fariboles?
Quinze ans de mariage épuisent les paroles;
Et, depuis un long temps, nous nous sommes tout dit.

CLÉANTHIS.

Regarde, traître, Amphitryon;
Vois combien pour Alcmène il étale de flamme;
Et rougis, là-dessus, du peu de passion
Que tu témoignes pour ta femme.

MERCURE.

Eh! mon Dieu! Cléanthis, ils sont encore amants.
Il est certain âge où tout passe;
Et ce qui leur sied bien dans ces commencements,
En nous, vieux mariés, auroit mauvaise grâce.
Il nous feroit beau voir, attachés face à face,
A pousser les beaux sentiments!

CLÉANTHIS.

Quoi! suis-je hors d'état, perfide, d'espérer
Qu'un cœur auprès de moi soupire?

MERCURE.

Non, je n'ai garde de le dire;
Mais je suis trop barbon pour oser soupirer,
Et je ferois crever de rire.

CLÉANTHIS.

Mérites-tu, pendard, cet insigne bonheur
De te voir pour épouse une femme d'honneur?

MERCURE.

Mon Dieu! tu n'es que trop honnête;
Ce grand honneur ne me vaut rien.
Ne sois point si femme de bien,
Et me romps un peu moins la tête.

CLÉANTHIS.

Comment! de trop bien vivre on te voit me blâmer!

MERCURE.

La douceur d'une femme est tout ce qui me charme;
Et ta vertu fait un vacarme
Qui ne cesse de m'assommer.

CLÉANTHIS.

Il te faudroit des cœurs pleins de fausses tendresses,
De ces femmes aux beaux et louables talents,
Qui savent accabler leurs maris de caresses,
Pour leur faire avaler l'usage des galants.

MERCURE.

Ma foi, veux-tu que je te dise?
Un mal d'opinion ne touche que les sots;
Et je prendrois pour ma devise :
« Moins d'honneur, et plus de repos. »

CLÉANTHIS.

Comment! tu souffrirois, sans nulle répugnance,
Que j'aimasse un galant avec toute licence?

MERCURE.

Oui, si je n'étois plus de tes cris rebattu,
Et qu'on te vît changer d'humeur et de méthode.
J'aime mieux un vice commode
Qu'une fatigante vertu.
Adieu, Cléanthis, ma chère âme;
Il me faut suivre Amphitryon.

CLÉANTHIS, seule.

Pourquoi, pour punir cet infâme,
Mon cœur n'a-t-il assez de résolution?
Ah! que, dans cette occasion,
J'enrage d'être honnête femme[1]!

ACTE SECOND

SCÈNE I. — AMPHITRYON, SOSIE.

AMPHITRYON.

Viens çà, bourreau, viens çà! Sais-tu, maître fripon,
Qu'à te faire assommer ton discours peut suffire,
Et que, pour te traiter comme je le désire,
Mon courroux n'attend qu'un bâton?

SOSIE.

Si vous le prenez sur ce ton,
Monsieur, je n'ai plus rien à dire;
Et vous aurez toujours raison.

AMPHITRYON.

Quoi! tu veux me donner pour des vérités, traître!

---

[1] Le rôle de Cléanthis est une création de Molière, et l'on peut dire une des plus heureuses. (F. L.)

Des contes que je vois d'extravagance outrés?
SOSIE.
Non : je suis le valet, et vous êtes le maître,
Il n'en sera, monsieur, que ce que vous voudrez.
AMPHITRYON.
Çà, je veux étouffer le courroux qui m'enflamme,
Et, tout du long, t'ouïr sur ta commission.
   Il faut, avant que voir ma femme,
Que je débrouille ici cette confusion.
Rappelle tous tes sens, rentre bien dans ton âme,
Et réponds mot pour mot à chaque question.
SOSIE.
   Mais, de peur d'incongruité,
   Dites-moi, de grâce, à l'avance,
De quel air il vous plaît que ceci soit traité.
Parlerai-je, monsieur, selon ma conscience,
Ou comme auprès des grands on le voit usité?
   Faut-il dire la vérité,
   Ou bien user de complaisance?
AMPHITRYON.
   Non; je ne te veux obliger
Qu'à me rendre de tout un compte fort sincère.
SOSIE.
Bon. C'est assez, laissez-moi faire;
Vous n'avez qu'à m'interroger.
AMPHITRYON.
Sur l'ordre que tantôt je t'avois su prescrire...
SOSIE.
Je suis parti, les cieux d'un noir crêpe voilés,
Pestant fort contre vous dans ce fâcheux martyre,
Et maudissant vingt fois l'ordre dont vous parlez.
AMPHITRYON.
Comment, coquin!
SOSIE.
      Monsieur, vous n'avez rien qu'à dire;
Je mentirai, si vous voulez.
AMPHITRYON.
Voilà comme un valet pour nous montre du zèle!
Passons. Sur le chemin que t'est-il arrivé?
SOSIE.
D'avoir une frayeur mortelle
Au moindre objet que j'ai trouvé.
AMPHITRYON.
Poltron!

ACTE II, SCÈNE I.

SOSIE.

En nous formant, nature a ses caprices;
Divers penchants en nous elle fait observer :
Les uns à s'exposer trouvent mille délices;
Moi, j'en trouve à me conserver.

AMPHITRYON.

Arrivant au logis?...

SOSIE.

J'ai, devant notre porte,
En moi-même voulu répéter un petit [1]
Sur quel ton et de quelle sorte
Je ferois du combat le glorieux récit.

AMPHITRYON.

Ensuite?

SOSIE.

On m'est venu troubler et mettre en peine.

AMPHITRYON.

Et qui?

SOSIE.

Sosie; un moi, de vos ordres jaloux,
Que vous avez du port envoyé vers Alcmène,
Et qui de nos secrets a connoissance pleine,
Comme le moi qui parle à vous.

AMPHITRYON.

Quels contes!

SOSIE.

Non, monsieur, c'est la vérité pure :
Ce moi, plus tôt que moi, s'est au logis trouvé
Et j'étois venu, je vous jure,
Avant que je fusse arrivé.

AMPHITRYON.

D'où peut procéder, je te prie,
Ce galimatias maudit?
Est-ce songe? est-ce ivrognerie,
Aliénation d'esprit,
Ou méchante plaisanterie?

SOSIE.

Non, c'est la chose comme elle est,
Et point du tout conte frivole;
Je suis homme d'honneur, j'en donne ma parole;
Et vous m'en croirez, s'il vous plaît.
Je vous dis que, croyant n'être qu'un seul Sosie,
Je me suis trouvé deux chez nous;

[1] Un peu

Et que de ces deux moi, piqués de jalousie,
L'un est à la maison, et l'autre est avec vous;
Que le moi que voici, chargé de lassitude,
A trouvé l'autre moi frais, gaillard et dispos,
    Et n'ayant d'autre inquiétude
    Que de battre et casser des os.

AMPHITRYON.

    Il faut être, je le confesse,
D'un esprit bien posé, bien tranquille, bien doux,
Pour souffrir qu'un valet de chansons me repaisse.

SOSIE.

    Si vous vous mettez en courroux,
    Plus de conférence entre nous;
    Vous savez que d'abord tout cesse.

AMPHITRYON.

Non, sans emportement je te veux écouter:
Je l'ai promis. Mais dis, en bonne conscience,
Au mystère nouveau que tu me viens conter
    Est-il quelque ombre d'apparence?

SOSIE.

Non; vous avez raison, et la chose à chacun
    Hors de créance doit paroître.
    C'est un fait à n'y rien connoître,
Un conte extravagant, ridicule, importun:
    Cela choque le sens commun;
    Mais cela ne laisse pas d'être.

AMPHITRYON.

Le moyen d'en rien croire, à moins qu'être insensé?

SOSIE.

Je ne l'ai pas cru, moi, sans une peine extrême.
Je me suis d'être deux senti l'esprit blessé,
Et longtemps d'imposteur j'ai traité ce moi-même.
Mais à me reconnoître enfin il m'a forcé;
J'ai vu que c'étoit moi, sans aucun stratagème:
Des pieds jusqu'à la tête il est comme moi fait,
Beau, l'air noble, bien pris, les manières charmantes;
    Enfin, deux gouttes de lait
    Ne sont pas plus ressemblantes;
Et, n'étoit que ses mains sont un peu trop pesantes,
    J'en serois fort satisfait.

AMPHITRYON.

A quelle patience il faut que je m'exhorte!
Mais enfin, n'es-tu pas entré dans la maison?

SOSIE.

Bon, entré! Eh! de quelle sorte?
Ai-je voulu jamais entendre de raison?
Et ne me suis-je pas interdit notre porte?

AMPHITRYON.

Comment donc?

SOSIE.

Avec un bâton,
Dont mon dos sent encore une douleur très-forte.

AMPHITRYON.

On t'a battu?

SOSIE.

Vraiment!

AMPHITRYON.

Et qui?

SOSIE.

Moi.

AMPHITRYON.

Toi, te battre?

SOSIE.

Oui, moi; non pas le moi d'ici,
Mais le moi du logis, qui frappe comme quatre.

AMPHITRYON.

Te confonde le ciel de me parler ainsi!

SOSIE.

Ce ne sont point des badinages.
Le moi que j'ai trouvé tantôt
Sur le moi qui vous parle a de grands avantages;
Il a le bras fort, le cœur haut :
J'en ai reçu des témoignages;
Et ce diable de moi m'a rossé comme il faut :
C'est un drôle qui fait des rages.

AMPHITRYON.

Achevons. As-tu vu ma femme?

SOSIE.

Non.

AMPHITRYON.

Pourquoi?

SOSIE.

Par une raison assez forte.

AMPHITRYON.

Qui t'a fait y manquer, maraud? Explique-toi.

SOSIE.

Faut-il le répéter vingt fois de même sorte?

Moi, vous dis-je, ce moi plus robuste que moi;
Ce moi qui s'est de force emparé de la porte;
　　Ce moi qui m'a fait filer doux;
　　Ce moi qui le seul moi veut être;
　　Ce moi de moi-même jaloux;
　　Ce moi vaillant dont le courroux
　　Au moi poltron s'est fait connoître;
　　Enfin ce moi qui suis chez nous;
　　Ce moi qui s'est montré mon maître;
　　Ce moi qui m'a roué de coups.

AMPHITRYON.

Il faut que ce matin, à force de trop boire,
　　Il se soit troublé le cerveau.

SOSIE.

Je veux être pendu, si j'ai bu que de l'eau!
　　A mon serment on m'en peut croire.

AMPHITRYON.

Il faut donc qu'au sommeil tes sens se soient portés,
Et qu'un songe fâcheux, dans ses confus mystères,
　　T'ait fait voir toutes les chimères
　　Dont tu me fais des vérités.

SOSIE.

　Tout aussi peu. Je n'ai point sommeillé,
　　Et n'en ai même aucune envie.
　Je vous parle bien éveillé:
J'étois bien éveillé ce matin, sur ma vie,
Et bien éveillé même étoit l'autre Sosie,
　　Quand il m'a si bien étrillé.

AMPHITRYON.

　Suis-moi, je t'impose silence.
　C'est trop me fatiguer l'esprit;
Et je suis un vrai fou d'avoir la patience
D'écouter d'un valet les sottises qu'il dit.

SOSIE, à part.

　Tous les discours sont des sottises,
　Partant d'un homme sans éclat:
　Ce seroient paroles exquises
　Si c'étoit un grand qui parlât.

AMPHITRYON.

　Entrons sans davantage attendre.
Mais Alcmène paroit avec tous ses appas;
En ce moment, sans doute, elle ne m'attend pas,
　　Et mon abord la va surprendre.

SCÈNE II. — ALCMÈNE, AMPHITRYON, CLÉANTHIS, SOSIE.

ALCMÈNE, sans voir Amphitryon.

Allons pour mon époux, Cléanthis, vers les dieux[1],
    Nous acquitter de nos hommages,
Et les remerciér des succès glorieux
Dont Thèbes, par son bras, goûte les avantages.

Apercevant Amphitryon.

O dieux!

AMPHITRYON.

        Fasse le ciel qu'Amphitryon vainqueur
    Avec plaisir soit revu de sa femme;
    Et que ce jour, favorable à ma flamme,
Vous redonne à mes yeux avec le même cœur!
    Que j'y retrouve autant d'ardeur
    Que vous en rapporte mon âme!

ALCMÈNE.

Quoi! de retour sitôt?

AMPHITRYON.

                Certes, c'est en ce jour
Me donner de vos feux un mauvais témoignage;
    Et ce « Quoi! sitôt de retour? »
    En ces occasions n'est guère le langage
        D'un cœur bien enflammé d'amour.
        J'osois me flatter en moi-même
    Que loin de vous j'aurois trop demeuré.
L'attente d'un retour ardemment désiré
Donne à tous les instants une longueur extrême;
    Et l'absence de ce qu'on aime,
Quelque peu qu'elle dure, a toujours trop duré.

ALCMÈNE.

Je ne vois...

AMPHITRYON.

        Non, Alcmène, à son impatience
On mesure le temps en de pareils états;
    Et vous comptez les moments de l'absence
        En personne qui n'aime pas.
        Lorsque l'on aime comme il faut,
        Le moindre éloignement nous tue,
        Et ce dont on chérit la vue
        Ne revient jamais assez tôt.
        De votre accueil, je le confesse,

---

[1] *Vers*, pour: *envers*. Se disait alors.

Se plaint ici mon amoureuse ardeur;
Et j'attendois de votre cœur
D'autres transports de joie et de tendresse.

ALCMÈNE.

J'ai peine à comprendre sur quoi
Vous fondez les discours que je vous entends faire;
Et, si vous vous plaignez de moi,
Je ne sais pas, de bonne foi,
Ce qu'il faut pour vous satisfaire.
Hier au soir, ce me semble, à votre heureux retour,
On me vit témoigner une joie assez tendre,
Et rendre aux soins de votre amour
Tout ce que de mon cœur vous aviez lieu d'attendre.

AMPHITRYON.

Comment?

ALCMÈNE.

Ne fis-je pas éclater à vos yeux
Les soudains mouvements d'une entière allégresse?
Et le transport d'un cœur peut-il s'expliquer mieux,
Au retour d'un époux qu'on aime avec tendresse?

AMPHITRYON.

Que me dites-vous là?

ALCMÈNE.

Que même votre amour
Montra de mon accueil une joie incroyable;
Et que, m'ayant quittée à la pointe du jour,
Je ne vois pas qu'à ce soudain retour
Ma surprise soit si coupable.

AMPHITRYON.

Est-ce que du retour que j'ai précipité
Un songe, cette nuit, Alcmène, dans votre âme,
A prévenu la vérité?
Et que, m'ayant peut-être en dormant bien traité,
Votre cœur se croit vers ma flamme
Assez amplement acquitté?

ALCMÈNE.

Est-ce qu'une vapeur, par sa malignité,
Amphitryon, a, dans votre âme,
Du retour d'hier au soir brouillé la vérité?
Et que du doux accueil duquel je m'acquittai
Votre cœur prétend à ma flamme
Ravir toute l'honnêteté?

AMPHITRYON.

Cette vapeur, dont vous me régalez,

ACTE II, SCÈNE II.

Est un peu, ce me semble, étrange.
####### ALCMÈNE.
C'est ce qu'on peut donner pour change
Au songe dont vous me parlez.
####### AMPHITRYON.
A moins d'un songe, on ne peut pas, sans doute,
Excuser ce qu'ici votre bouche me dit.
####### ALCMÈNE.
A moins d'une vapeur qui vous trouble l'esprit,
On ne peut pas sauver ce que de vous j'écoute.
####### AMPHITRYON.
Laissons un peu cette vapeur, Alcmène.
####### ALCMÈNE.
Laissons un peu ce songe, Amphitryon.
####### AMPHITRYON.
Sur le sujet dont il est question
Il n'est guère de jeu que trop loin on ne mène.
####### ALCMÈNE.
Sans doute; et, pour marque certaine,
Je commence à sentir un peu d'émotion.
####### AMPHITRYON.
Est-ce donc que par là vous voulez essayer
A réparer l'accueil dont je vous ai fait plainte?
####### ALCMÈNE.
Est-ce donc que par cette feinte
Vous désirez vous égayer?
####### AMPHITRYON.
Ah! de grâce, cessons, Alcmène, je vous prie,
Et parlons sérieusement.
####### ALCMÈNE.
Amphitryon, c'est trop pousser l'amusement;
Finissons cette raillerie.
####### AMPHITRYON.
Quoi! vous osez me soutenir en face
Que plus tôt qu'à cette heure on m'ait ici pu voir?
####### ALCMÈNE.
Quoi! vous voulez nier avec audace
Que dès hier en ces lieux vous vintes sur le soir?
####### AMPHITRYON.
Moi! je vins hier?
####### ALCMÈNE.
Sans doute; et, dès devant l'aurore,
Vous vous en êtes retourné.

AMPHITRYON, à part.

Ciel! un pareil débat s'est-il pu voir encore?
Et qui de tout ceci ne seroit étonné?
Sosie!

SOSIE.

Elle a besoin de six grains d'ellébore;
Monsieur, son esprit est tourné.

AMPHITRYON.

Alcmène, au nom de tous les dieux,
Ce discours a d'étranges suites!
Reprenez vos sens un peu mieux,
Et pensez à ce que vous dites.

ALCMÈNE.

J'y pense mûrement aussi;
Et tous ceux du logis ont vu votre arrivée.
J'ignore quel motif vous fait agir ainsi;
Mais, si la chose avoit besoin d'être prouvée,
S'il étoit vrai qu'on pût ne s'en souvenir pas,
De qui puis-je tenir, que de vous, la nouvelle
  Du dernier de tous vos combats,
Et les cinq diamants que portoit Ptérélas,
  Qu'a fait dans la nuit éternelle
  Tomber l'effort de votre bras?
En pourroit-on vouloir un plus sûr témoignage?

AMPHITRYON.

Quoi! je vous ai déjà donné
Le nœud de diamants que j'eus pour mon partage,
  Et que je vous ai destiné?

ALCMÈNE.

Assurément. Il n'est pas difficile
De vous en bien convaincre.

AMPHITRYON.

Et comment?

ALCMÈNE, montrant le nœud de diamants à sa ceinture.

Le voici.

AMPHITRYON.

Sosie!

SOSIE, tirant de sa poche un coffret.

Elle se moque, et je le tiens ici;
Monsieur, la feinte est inutile.

AMPHITRYON, regardant le coffret.

Le cachet est entier.

ALCMÈNE, présentant à Amphitryon le nœud de diamants.

Est-ce une vision?

Tenez. Trouverez-vous cette preuve assez forte?
AMPHITRYON.
Ah! ciel! ô juste ciel!
ALCMÈNE.
Allez, Amphitryon,
Vous vous moquez d'en user de la sorte;
Et vous en devriez avoir confusion.
AMPHITRYON.
Romps vite ce cachet.
SOSIE, ayant ouvert le coffret.
Ma foi, la place est vide.
Il faut que, par magie, on ait su le tirer,
Ou bien que de lui-même il soit venu, sans guide,
Vers celle qu'il a su qu'on en vouloit parer.
AMPHITRYON, à part.
O dieux, dont le pouvoir sur les choses préside,
Quelle est cette aventure, et qu'en puis-je augurer
Dont mon amour ne s'intimide?
SOSIE, à Amphitryon.
Si sa bouche dit vrai, nous avons même sort,
Et de même que moi, monsieur, vous êtes double.
AMPHITRYON.
Tais-toi.
ALCMÈNE.
Sur quoi vous étonner si fort?
Et d'où peut naître ce grand trouble?
AMPHITRYON, à part.
O ciel! quel étrange embarras!
Je vois des incidents qui passent la nature;
Et mon honneur redoute une aventure
Que mon esprit ne comprend pas.
ALCMÈNE.
Songez-vous, en tenant cette preuve sensible,
A me nier encor votre retour pressé?
AMPHITRYON.
Non; mais, à ce retour, daignez, s'il est possible,
Me conter ce qui s'est passé.
ALCMÈNE.
Puisque vous demandez un récit de la chose,
Vous voulez dire donc que ce n'étoit pas vous?
AMPHITRYON.
Pardonnez-moi; mais j'ai certaine cause
Qui me fait demander ce récit entre nous.

ALCMÈNE.
Les soucis importants qui vous peuvent saisir
Vous ont-ils fait si vite en perdre la mémoire?
AMPHITRYON.
Peut-être; mais enfin vous me ferez plaisir
De m'en dire toute l'histoire.
ALCMÈNE.
L'histoire n'est pas longue. A vous je m'avançai,
Pleine d'une aimable surprise;
Tendrement je vous embrassai,
Et témoignai ma joie à plus d'une reprise.
AMPHITRYON, à part.
Ah! d'un si doux accueil je me serois passé.
ALCMÈNE.
Vous me fîtes d'abord ce présent d'importance,
Que du butin conquis vous m'aviez destiné.
Votre cœur avec véhémence
M'étala de ses feux toute la violence,
Et les soins importuns qui l'avoient enchaîné,
L'aise de me revoir, les tourments de l'absence,
Tout le souci que son impatience
Pour le retour s'étoit donné;
Et jamais votre amour, en pareille occurrence,
Ne me parut si tendre et si passionné.
AMPHITRYON, à part.
Peut-on plus vivement se voir assassiné?
ALCMÈNE.
Tous ces transports, toute cette tendresse,
Comme vous croyez bien, ne me déplaisoient pas;
Et, s'il faut que je le confesse,
Mon cœur, Amphitryon, y trouvoit mille appas.
AMPHITRYON.
Ensuite, s'il vous plaît?
ALCMÈNE.
Nous nous entrecoupâmes
De mille questions qui pouvoient nous toucher.
On servit. Tête à tête ensemble nous soupâmes;
Et, le souper fini, nous nous fûmes coucher.
AMPHITRYON.
Ensemble?
ALCMÈNE.
Assurément. Quelle est cette demande?
AMPHITRYON, à part.
Ah! c'est ici le coup le plus cruel de tous,

ACTE II, SCÈNE II.

Et dont à s'assurer trembloit mon feu jaloux.
ALCMÈNE.
D'où vous vient, à ce mot, une rougeur si grande?
Ai-je fait quelque mal de coucher avec vous?
AMPHITRYON.
Non, ce n'étoit pas moi, pour ma douleur sensible;
Et qui dit qu'hier ici mes pas se sont portés
    Dit, de toutes les faussetés,
    La fausseté la plus horrible!
ALCMÈNE.
Amphitryon!
AMPHITRYON.
    Perfide!
ALCMÈNE.
    Ah! quel emportement!
AMPHITRYON.
Non, non, plus de douceur et plus de déférence :
Ce revers vient à bout de toute ma constance,
Et mon cœur ne respire, en ce fatal moment,
    Et que fureur et que vengeance!
ALCMÈNE.
De qui donc vous venger? et quel manque de foi
    Vous fait ici me traiter de coupable?
AMPHITRYON.
Je ne sais pas, mais ce n'étoit pas moi :
Et c'est un désespoir qui de tout rend capable.
ALCMÈNE.
Allez, indigne époux, le fait parle de soi,
    Et l'imposture est effroyable.
    C'est trop me pousser là-dessus,
Et d'infidélité me voir trop condamnée.
    Si vous cherchez, dans ces transports confus,
Un prétexte à briser les nœuds d'un hyménée
    Qui me tient à vous enchaînée,
    Tous ces détours sont superflus;
    Et me voilà déterminée
A souffrir qu'en ce jour nos liens soient rompus.
AMPHITRYON.
Après l'indigne affront que l'on me fait connoître,
C'est bien à quoi, sans doute, il faut vous préparer :
C'est le moins qu'on doit voir; et les choses peut-être
    Pourront n'en pas là demeurer.
Le déshonneur est sûr, mon malheur m'est visible,
Et mon amour en vain voudroit me l'obscurcir;

Mais le détail encor ne m'en est pas sensible,
Et mon juste courroux prétend s'en éclaircir.
Votre frère déjà peut hautement répondre
Que, jusqu'à ce matin, je ne l'ai point quitté :
Je m'en vais le chercher, afin de vous confondre
Sur ce retour qui m'est faussement imputé.
Après, nous percerons jusqu'au fond d'un mystère
  Jusques à présent inouï;
Et, dans les mouvements d'une juste colère,
  Malheur à qui m'aura trahi !

SOSIE.

Monsieur...

AMPHITRYON.

  Ne m'accompagne pas,
Et demeure ici pour m'attendre.

CLÉANTHIS, à Alcmène.

Faut-il?...

ALCMÈNE.

  Je ne puis rien entendre :
Laisse-moi seule, et ne suis point mes pas [1].

SCÈNE III. — CLÉANTHIS, SOSIE.

CLÉANTHIS, à part.

Il faut que quelque chose ait brouillé sa cervelle,
  Mais le frère sur-le-champ
  Finira cette querelle.

SOSIE, à part.

C'est ici pour mon maître un coup assez touchant,
  Et son aventure est cruelle.
Je crains fort pour mon fait quelque chose approchant,
Et je m'en veux, tout doux, éclaircir avec elle.

CLÉANTHIS, à part.

Voyez s'il me viendra seulement aborder!
Mais je veux m'empêcher de rien faire paroître.

SOSIE, à part.

La chose quelquefois est fâcheuse à connoître,
  Et je tremble à la demander.
Ne vaudroit-il point mieux, pour ne rien hasarder,
  Ignorer ce qu'il en peut être?
  Allons, tout coup vaille, il faut voir,
  Et je ne m'en saurois défendre.

---

[1] Cette scène est proprement la scène principale de l'ouvrage, celle qui fait le nœud, celle enfin que les précédentes ne font que préparer, et dont toutes les suivantes ne sont que la conséquence. (Auger.)

La foiblesse humaine est d'avoir
Des curiosités d'apprendre
Ce qu'on ne voudroit pas savoir.
Dieu te gard', Cléanthis!

CLÉANTHIS.

Ah! ah! tu t'en avises,
Traître, de t'approcher de nous!

SOSIE.

Mon Dieu! qu'as-tu? Toujours on te voit en courroux,
Et sur rien tu te formalises!

CLÉANTHIS.

Qu'appelles-tu sur rien? Dis.

SOSIE.

J'appelle sur rien
Ce qui sur rien s'appelle en vers ainsi qu'en prose,
Et rien, comme tu le sais bien,
Veut dire rien, ou peu de chose.

CLÉANTHIS.

Je ne sais qui me tient, infâme,
Que je ne t'arrache les yeux,
Et ne t'apprenne où va le courroux d'une femme!

SOSIE.

Holà! D'où te vient donc ce transport furieux?

CLÉANTHIS.

Tu n'appelles donc rien le procédé, peut-être,
Qu'avec moi ton cœur a tenu?

SOSIE.

Et quel?

CLÉANTHIS.

Quoi! tu fais l'ingénu?
Est-ce qu'à l'exemple du maître
Tu veux dire qu'ici tu n'es pas revenu?

SOSIE.

Non, je sais fort bien le contraire;
Mais je ne t'en fais pas le fin,
Nous avions bu de je ne sais quel vin,
Qui m'a fait oublier tout ce que j'ai pu faire.

CLÉANTHIS.

Tu crois peut-être excuser par ce trait...

SOSIE.

Non, tout de bon, tu m'en peux croire.
J'étois dans un état où je puis avoir fait
Des choses dont j'aurois regret,
Et dont je n'ai nulle mémoire.

CLÉANTHIS.
Tu ne te souviens point du tout de la manière
Dont tu m'as su traiter, étant venu du port?

SOSIE.
Non plus que rien. Tu peux m'en faire le rapport
Je suis équitable et sincère,
Et me condamnerai moi-même, si j'ai tort.

CLÉANTHIS.
Comment! Amphitryon m'ayant su disposer,
Jusqu'à ce que tu vins j'avois poussé ma veille;
Mais je ne vis jamais une froideur pareille :
De ta femme il fallut moi-même t'aviser [1];
Et, lorsque je fus te baiser,
Tu détournas le nez, et me donnas l'oreille.

SOSIE.
Bon!

CLÉANTHIS.
Comment, bon?

SOSIE.
Mon Dieu! tu ne sais pas pourquoi,
Cléanthis, je tiens ce langage :
J'avois mangé de l'ail, et fis en homme sage
De détourner un peu mon haleine de toi.

CLÉANTHIS.
Je te sus exprimer des tendresses de cœur;
Mais à tous mes discours tu fus comme une souche;
Et jamais un mot de douceur
Ne te put sortir de la bouche.

SOSIE.
Courage!

CLÉANTHIS.
Enfin ma flamme eut beau s'émanciper,
Sa chaste ardeur en toi ne trouva rien que glace;
Et, dans un tel retour, je te vis la tromper
Jusqu'à faire refus de prendre au lit la place
Que les lois de l'hymen t'obligent d'occuper.

SOSIE.
Quoi! je ne couchai point?

CLÉANTHIS.
Non, lâche!

SOSIE.
Est-il possible?

---

[1] C'est-à-dire : *te faire songer à ta femme.*

CLÉANTHIS.

Traître! il n'est que trop assuré.
C'est de tous les affronts l'affront le plus sensible;
Et, loin que ce matin ton cœur l'ait réparé,
   Tu t'es d'avec moi séparé
Par des discours chargés d'un mépris tout visible.

SOSIE.

Vivat Sosie!

CLÉANTHIS.

      Eh quoi! ma plainte a cet effet!
   Tu ris après ce bel ouvrage!

SOSIE.

   Que je suis de moi satisfait!

CLÉANTHIS.

Exprime-t-on ainsi le regret d'un outrage?

SOSIE.

Je n'aurois jamais cru que j'eusse été si sage.

CLÉANTHIS.

Loin de te condamner d'un si perfide trait,
Tu m'en fais éclater la joie en ton visage!

SOSIE.

Mon Dieu! tout doucement! Si je parois joyeux,
Crois que j'en ai dans l'âme une raison très-forte,
Et que, sans y penser, je ne fis jamais mieux
Que d'en user tantôt avec toi de la sorte.

CLÉANTHIS.

Traître! te moques-tu de moi?

SOSIE.

Non, je te parle avec franchise.
En l'état où j'étois, j'avois certain effroi
Dont, avec ton discours, mon âme s'est remise.
Je m'appréhendois fort, et craignois qu'avec toi
   Je n'eusse fait quelque sottise.

CLÉANTHIS.

Quelle est cette frayeur? et sachons donc pourquoi.

SOSIE.

Les médecins disent, quand on est ivre,
   Que de sa femme on se doit abstenir,
Et que dans cet état il ne peut provenir
Que des enfants pesants et qui ne sauroient vivre.
Vois, si mon cœur n'eût su de froideur se munir,
Quels inconvénients auroient pu s'en ensuivre!

CLÉANTHIS.

Je me moque des médecins,

Avec leurs raisonnements fades :
Qu'ils règlent ceux qui sont malades,
Sans vouloir gouverner les gens qui sont bien sains.
Ils se mêlent de trop d'affaires,
De prétendre tenir nos chastes feux gênés ;
Et sur les jours caniculaires
Ils nous donnent encore, avec leurs lois sévères,
De cent sots contes par le nez.

SOSIE.

Tout doux !

CLÉANTHIS.

Non, je soutiens que cela conclut mal ;
Ces raisons sont raisons d'extravagantes têtes.
Il n'est ni vin ni temps qui puisse être fatal
A remplir le devoir de l'amour conjugal ;
Et les médecins sont des bêtes.

SOSIE.

Contre eux, je t'en supplie, apaise ton courroux :
Ce sont d'honnêtes gens, quoi que le monde en dise.

CLÉANTHIS.

Tu n'es pas où tu crois ; en vain tu files doux :
Ton excuse n'est point une excuse de mise ;
Et je me veux venger tôt ou tard, entre nous,
De l'air dont chaque jour je vois qu'on me méprise.
Des discours de tantôt je garde tous les coups,
Et tâcherai d'user, lâche et perfide époux,
De cette liberté que ton cœur m'a permise.

SOSIE.

Quoi ?

CLÉANTHIS.

Tu m'as dit tantôt que tu consentois fort,
Lâche, que j'en aimasse un autre.

SOSIE.

Ah ! pour cet article, j'ai tort,
Je m'en dédis, il y va trop du nôtre.
Garde-toi bien de suivre ce transport.

CLÉANTHIS.

Si je puis une fois pourtant
Sur mon esprit gagner la chose...

SOSIE.

Fais à ce discours quelque pause.
Amphitryon revient, qui me paroît content [1].

[1] Cette scène, l'une des plus jolies de la pièce, est toute de l'invention de Molière.

SCÈNE IV. — JUPITER, CLÉANTHIS, SOSIE.

JUPITER, à part.

Je viens prendre le temps de rapaiser Alcmène,
De bannir les chagrins que son cœur veut garder,
Et donner à mes feux, dans ce soin qui m'amène,
  Le doux plaisir de se raccommoder.

A Cléanthis.

Alcmène est là-haut, n'est-ce pas?

CLÉANTHIS.

  Oui, pleine d'une inquiétude
  Qui cherche de la solitude,
Et qui m'a défendu d'accompagner ses pas.

JUPITER.

  Quelque défense qu'elle ait faite,
  Elle ne sera pas pour moi.

SCÈNE V. — CLÉANTHIS, SOSIE.

CLÉANTHIS.

  Son chagrin, à ce que je vois,
  A fait une prompte retraite.

SOSIE.

Que dis-tu, Cléanthis, de ce joyeux maintien,
  Après son fracas effroyable?

CLÉANTHIS.

  Que si toutes nous faisions bien,
Nous donnerions tous les hommes au diable,
  Et que le meilleur n'en vaut rien.

SOSIE.

Cela se dit dans le courroux;
Mais aux hommes par trop vous êtes accrochées;
Et vous seriez, ma foi, toutes bien empêchées,
  Si le diable les prenoit tous.

CLÉANTHIS.

Vraiment...

SOSIE.

  Les voici. Taisons-nous.

SCÈNE VI. — JUPITER, ALCMÈNE, CLÉANTHIS, SOSIE.

JUPITER.

Voulez-vous me désespérer?
Hélas! arrêtez, belle Alcmène.

ALCMÈNE.

Non, avec l'auteur de ma peine
Je ne puis du tout demeurer.

JUPITER.

De grâce!

ALCMÈNE.

Laissez-moi.

JUPITER.

Quoi!

ALCMÈNE.

Laissez-moi, vous dis-je.

JUPITER, bas, à part.

Ses pleurs touchent mon âme, et sa douleur m'afflige.

Haut.

Souffrez que mon cœur...

ALCMÈNE.

Non, ne suivez point mes pas.

JUPITER.

Où voulez-vous aller?

ALCMÈNE.

Où vous ne serez pas.

JUPITER.

Ce vous est une attente vaine.
Je tiens à vos beautés par un nœud trop serré,
Pour pouvoir un moment en être séparé.
Je vous suivrai partout, Alcmène.

ALCMÈNE.

Et moi, partout je vous fuirai.

JUPITER.

Je suis donc bien épouvantable!

ALCMÈNE.

Plus qu'on ne peut dire, à mes yeux.
Oui, je vous vois comme un monstre effroyable,
Un monstre cruel, furieux,
Et dont l'approche est redoutable;
Comme un monstre à fuir en tous lieux.
Mon cœur souffre, à vous voir, une peine incroyable :
C'est un supplice qui m'accable;
Et je ne vois rien sous les cieux
D'affreux, d'horrible, d'odieux,
Qui ne me fût plus que vous supportable.

JUPITER.

En voilà bien, hélas! que votre bouche dit.

ALCMÈNE.

J'en ai dans le cœur davantage;
Et, pour s'exprimer tout, ce cœur a du dépit
    De ne point trouver de langage.

JUPITER.

Eh! que vous a donc fait ma flamme,
Pour me pouvoir, Alcmène, en monstre regarder?

ALCMÈNE.

Ah! juste ciel! cela peut-il se demander?
    Et n'est-ce pas pour mettre à bout une âme?

JUPITER.

    Ah! d'un esprit plus adouci...

ALCMÈNE.

Non, je ne veux du tout vous voir, ni vous entendre.

JUPITER.

Avez-vous bien le cœur de me traiter ainsi?
    Est-ce là cet amour si tendre
Qui devoit tant durer quand je vins hier ici?

ALCMÈNE.

Non, non, ce ne l'est pas, et vos lâches injures
    En ont autrement ordonné.
Il n'est plus, cet amour tendre et passionné;
Vous l'avez dans mon cœur, par cent vives blessures,
    Cruellement assassiné.
C'est en sa place un courroux inflexible,
Un vif ressentiment, un dépit invincible,
Un désespoir d'un cœur justement animé,
Qui prétend vous haïr, pour cet affront sensible,
Autant qu'il est d'accord de vous avoir aimé;
    Et c'est haïr autant qu'il est possible.

JUPITER.

Hélas! que votre amour n'avoit guère de force,
Si de si peu de chose on le peut voir mourir!
Ce qui n'étoit que jeu doit-il faire un divorce?
Et d'une raillerie a-t-on lieu de s'aigrir?

ALCMÈNE.

Ah! c'est cela dont je suis offensée,
    Et que ne peut pardonner mon courroux:
Des véritables traits d'un mouvement jaloux
    Je me trouverois moins blessée.
La jalousie a des impressions
    Dont bien souvent la force nous entraîne;
Et l'âme la plus sage, en ces occasions,
    Sans doute avec assez de peine

Répond de ses émotions.
L'emportement d'un cœur qui peut s'être abusé
A de quoi ramener une âme qu'il offense ;
　　Et dans l'amour qui lui donne naissance
Il trouve au moins, malgré toute sa violence,
　　Des raisons pour être excusé.
De semblables transports contre un ressentiment
Pour défense toujours ont ce qui les fait naître ;
　　Et l'on donne grâce aisément
　　A ce dont on n'est pas le maître.
　　Mais que, de gaieté de cœur,
On passe aux mouvements d'une fureur extrême ;
Que sans cause l'on vienne, avec tant de rigueur,
　　Blesser la tendresse et l'honneur
　　D'un cœur qui chèrement vous aime,
　　Ah! c'est un coup trop cruel en lui-même,
　　Et que jamais n'oubliera ma douleur.

　　　　　　　JUPITER.

Oui, vous avez raison, Alcmène, il se faut rendre.
Cette action sans doute est un crime odieux,
　　Je ne prétends plus le défendre ;
Mais souffrez que mon cœur s'en défende à vos yeux,
　　Et donne au vôtre à qui se prendre
　　De ce transport injurieux.
　　A vous en faire un aveu véritable,
　　L'époux, Alcmène, a commis tout le mal ;
C'est l'époux qu'il vous faut regarder en coupable :
L'amant n'a point de part à ce transport brutal,
Et de vous offenser son cœur n'est point capable.
Il a pour vous, ce cœur, pour jamais y penser,
　　Trop de respect et de tendresse ;
Et, si de faire rien à vous pouvoir blesser
　　Il avoit eu la coupable foiblesse,
De cent coups à vos yeux il voudroit le percer.
Mais l'époux est sorti de ce respect soumis
　　Où pour vous on doit toujours être ;
A son dur procédé l'époux s'est fait connoître,
Et par le droit d'hymen il s'est cru tout permis.
Oui, c'est lui qui sans doute est criminel vers vous,
Lui seul a maltraité votre aimable personne ;
　　Haïssez, détestez l'époux,
　　J'y consens, et vous l'abandonne ;
Mais, Alcmène, sauvez l'amant de ce courroux
　　Qu'une telle offense vous donne ;

N'en jetez pas sur lui l'effet,
Démêlez-le un peu du coupable;
Et, pour être enfin équitable,
Ne le punissez point de ce qu'il n'a pas fait.

ALCMÈNE.

Ah! toutes ces subtilités
N'ont que des excuses frivoles,
Et pour les esprits irrités
Ce sont des contre-temps que de telles paroles.
Ce détour ridicule est en vain pris par vous.
Je ne distingue rien en celui qui m'offense,
Tout y devient l'objet de mon courroux;
Et dans sa juste violence
Sont confondus et l'amant et l'époux.
Tous deux de même sorte occupent ma pensée.
Et des mêmes couleurs, par mon âme blessée,
Tous deux ils sont peints à mes yeux :
Tous deux sont criminels, tous deux m'ont offensée,
Et tous deux me sont odieux.

JUPITER.

Eh bien, puisque vous le voulez [1],
Il faut donc me charger du crime.
Oui, vous avez raison lorsque vous m'immolez
A vos ressentiments, en coupable victime.
Un trop juste dépit contre moi vous anime;
Et tout ce grand courroux qu'ici vous étalez
Ne me fait endurer qu'un tourment légitime.
C'est avec droit que mon abord vous chasse,
Et que de me fuir en tous lieux
Votre colère me menace.
Je dois vous être un objet odieux.
Vous devez me vouloir un mal prodigieux.
Il n'est aucune horreur que mon forfait ne passe,
D'avoir offensé vos beaux yeux.
C'est un crime à blesser les hommes et les dieux;
Et je mérite enfin, pour punir cette audace,
Que contre moi votre haine ramasse
Tous ses traits les plus furieux.
Mais mon cœur vous demande grâce;
Pour vous la demander je me jette à genoux,

---

[1] Toute la partie de la scène comprise entre ce vers et celui-ci :
    Laissez; je me veux mal de mon trop de foiblesse,
est prise de *Don Garcie de Navarre*.

Et la demande au nom de la plus vive flamme,
Du plus tendre amour dont une âme
Puisse jamais brûler pour vous.
Si votre cœur, charmante Alcmène,
Me refuse la grâce où j'ose recourir,
Il faut qu'une atteinte soudaine
M'arrache, en me faisant mourir,
Aux dures rigueurs d'une peine
Que je ne saurois plus souffrir.
Oui, cet état me désespère.
Alcmène, ne présumez pas
Qu'aimant, comme je fais, vos célestes appas,
Je puisse vivre un jour avec votre colère.
Déjà de ces moments la barbare longueur
Fait, sous des atteintes mortelles,
Succomber tout mon triste cœur,
Et de mille vautours les blessures cruelles
N'ont rien de comparable à ma vive douleur.
Alcmène, vous n'avez qu'à me le déclarer :
S'il n'est point de pardon que je doive espérer,
Cette épée aussitôt, par un coup favorable,
Va percer à vos yeux le cœur d'un misérable,
Ce cœur, ce traître cœur, trop digne d'expirer,
Puisqu'il a pu fâcher un objet adorable :
Heureux, en descendant au ténébreux séjour,
Si de votre courroux mon trépas vous ramène,
Et ne laisse en votre âme, après ce triste jour,
Aucune impression de haine,
Au souvenir de mon amour!
C'est tout ce que j'attends pour faveur souveraine.

ALCMÈNE.

Ah! trop cruel époux!

JUPITER.

Dites, parlez, Alcmène.

ALCMÈNE.

Faut-il encor pour vous conserver des bontés,
Et vous voir m'outrager par tant d'indignités!

JUPITER.

Quelque ressentiment qu'un outrage nous cause,
Tient-il contre un remords d'un cœur bien enflammé?

ALCMÈNE.

Un cœur bien plein de flamme à mille morts s'expose,
Plutôt que de vouloir fâcher l'objet aimé.

JUPITER.

Plus on aime quelqu'un, moins on trouve de peine...

ALCMÈNE.

Non, ne m'en parlez point; vous méritez ma haine.

JUPITER.

Vous me haïssez donc?

ALCMÈNE.

J'y fais tout mon effort;
Et j'ai dépit de voir que toute votre offense
Ne puisse de mon cœur jusqu'à cette vengeance
   Faire encore aller le transport.

JUPITER.

   Mais pourquoi cette violence,
Puisque, pour vous venger, je vous offre ma mort?
Prononcez-en l'arrêt, et j'obéis sur l'heure.

ALCMÈNE.

Qui ne sauroit haïr peut-il vouloir qu'on meure?

JUPITER.

Et moi, je ne puis vivre, à moins que vous quittiez
   Cette colère qui m'accable,
Et que vous m'accordiez le pardon favorable
   Que je vous demande à vos pieds.

      Sosie et Cléanthis se mettent aussi à genoux.

   Résolvez ici l'un des deux,
   Ou de punir, ou bien d'absoudre.

ALCMÈNE.

   Hélas! ce que je puis résoudre
   Paroît bien plus que je ne veux.
Pour vouloir soutenir le courroux qu'on me donne,
   Mon cœur a trop su me trahir:
   Dire qu'on ne sauroit haïr,
   N'est-ce pas dire qu'on pardonne?

JUPITER.

Ah! belle Alcmène, il faut que, comblé d'allégresse...

ALCMÈNE.

Laissez; je me veux mal de mon trop de foiblesse.

JUPITER.

   Va, Sosie, et dépêche-toi,
Voir, dans les doux transports dont mon âme est charmée,
Ce que tu trouveras d'officiers de l'armée,
   Et les invite à dîner avec moi.

      Bas, à part.

   Tandis que d'ici je le chasse,
   Mercure y remplira sa place.

SCÈNE VII. — CLÉANTHIS, SOSIE.

SOSIE.
Eh bien, tu vois, Cléanthis, ce ménage.
Veux-tu qu'à leur exemple ici
Nous fassions entre nous un peu de paix aussi,
    Quelque petit rapatriage?

CLÉANTHIS.
C'est pour ton nez, vraiment! cela se fait ainsi.

SOSIE.
Quoi! tu ne veux pas?

CLÉANTHIS.
    Non.

SOSIE.
        Il ne m'importe guère.
Tant pis pour toi.

CLÉANTHIS.
    Là, là, revien.

SOSIE.
Non, morbleu! je n'en ferai rien.
Et je veux être, à mon tour, en colère.

CLÉANTHIS.
Va, va, traître, laisse-moi faire:
On se lasse parfois d'être femme de bien.

ACTE TROISIÈME

SCÈNE I. — AMPHITRYON, seul.

Oui, sans doute, le sort tout exprès me le cache;
Et des tours que je fais, à la fin, je suis las.
Il n'est point de destin plus cruel, que je sache.
Je ne saurois trouver, portant partout mes pas,
    Celui qu'à chercher je m'attache,
Et je trouve tous ceux que je ne cherche pas.
Mille fâcheux cruels, qui ne pensent pas l'être,
De nos faits avec moi, sans beaucoup me connoitre,
Viennent se réjouir pour me faire enrager.
Dans l'embarras cruel du souci qui me blesse,
De leurs embrassements et de leur allégresse
Sur mon inquiétude ils viennent tous charger.
    En vain à passer je m'apprête,

Pour fuir leurs persécutions,
Leur tuante amitié de tous côtés m'arrête ;
Et, tandis qu'à l'ardeur de leurs expressions
    Je réponds d'un geste de tête,
Je leur donne tout bas cent malédictions.
Ah! qu'on est peu flatté de louange, d'honneur,
Et de tout ce que donne une grande victoire,
Lorsque dans l'âme on souffre une vive douleur!
Et que l'on donneroit volontiers cette gloire
    Pour avoir le repos du cœur!
    Ma jalousie, à tout propos,
    Me promène sur ma disgrâce ;
    Et plus mon esprit y repasse,
Moins j'en puis débrouiller le funeste chaos.
Le vol des diamant n'est pas ce qui m'étonne :
On lève les cachets, qu'on ne l'aperçoit pas ;
Mais le don qu'on veut qu'hier j'en vins faire en personne
Est ce qui fait ici mon cruel embarras.
La nature parfois produit des ressemblances
Dont quelques imposteurs ont pris droit d'abuser ;
Mais il est hors de sens que, sous ces apparences,
Un homme pour époux se puisse supposer ;
Et dans tous ces rapports sont mille différences
Dont se peut une femme aisément aviser.
    Des charmes de la Thessalie
On vante de tout temps les merveilleux effets ;
Mais les contes fameux qui partout en sont faits
Dans mon esprit toujours ont passé pour folie ;
Et ce seroit du sort une étrange rigueur,
    Qu'au sortir d'une ample victoire
    Je fusse contraint de les croire
    Aux dépens de mon propre honneur.
Je veux la retâter sur ce fâcheux mystère,
Et voir si ce n'est point une vaine chimère
Qui sur ses sens troublés ait su prendre crédit.
    Ah! fasse le ciel équitable
    Que ce penser soit véritable,
Et que, pour mon bonheur, elle ait perdu l'esprit!

SCÈNE II. — MERCURE, AMPHITRYON.

MERCURE, *sur le balcon de la maison d'Amphitryon, sans être vu ni entendu d'Amphitryon.*
Comme l'amour ici ne m'offre aucun plaisir,

Je m'en veux faire au moins qui soient d'autre nature,
Et je vais égayer mon sérieux loisir
A mettre Amphitryon hors de toute mesure.
Cela n'est pas d'un dieu bien plein de charité;
Mais aussi n'est-ce pas ce dont je m'inquiète;
   Et je me sens, par ma planète,
   A la malice un peu porté.

AMPHITRYON.

D'où vient donc qu'à cette heure on ferme cette porte?

MERCURE.

Holà! tout doucement. Qui frappe?

AMPHITRYON, sans voir Mercure.

               Moi.

MERCURE.

                     Qui, moi?

AMPHITRYON, apercevant Mercure, qu'il prend pour Sosie.

Ah! ouvre.

MERCURE.

    Comment, ouvre! et qui donc es-tu, toi,
Qui fais tant de vacarme et parles de la sorte?

AMPHITRYON.

Quoi! tu ne me connois pas?

MERCURE.

               Non.
Et n'en ai pas la moindre envie.

AMPHITRYON, à part.

Tout le monde perd-il aujourd'hui la raison?
Est-ce un mal répandu? Sosie! holà, Sosie!

MERCURE.

Eh bien, Sosie! oui, c'est mon nom;
As-tu peur que je ne l'oublie?

AMPHITRYON.

Me vois-tu bien?

MERCURE.

       Fort bien. Qui peut pousser ton bras
A faire une rumeur si grande?
Et que demandes-tu là-bas?

AMPHITRYON.

Moi, pendard! ce que je demande?

MERCURE.

Que ne demandes-tu donc pas?
Parle, si tu veux qu'on t'entende.

AMPHITRYON.

Attends, traître : avec un bâton

Je vais là-haut me faire entendre,
Et de bonne façon t'apprendre
A m'oser parler sur ce ton!

MERCURE.

Tout beau! si pour heurter tu fais la moindre instance,
Je t'enverrai d'ici des messagers fâcheux.

AMPHITRYON.

O ciel! vit-on jamais une telle insolence?
La peut-on concevoir d'un serviteur, d'un gueux?

MERCURE.

Eh bien, qu'est-ce? M'as-tu tout parcouru par ordre?
M'as-tu de tes gros yeux assez considéré?
Comme il les écarquille, et paroît effaré!
Si des regards on pouvoit mordre,
Il m'auroit déjà déchiré.

AMPHITRYON.

Moi-même je frémis de ce que tu t'apprêtes
Avec ces impudents propos.
Que tu grossis pour toi d'effroyables tempêtes!
Quels orages de coups vont fondre sur ton dos!

MERCURE.

L'ami, si de ces lieux tu ne veux disparoître,
Tu pourras y gagner quelque contusion.

AMPHITRYON.

Ah! tu sauras, maraud, à ta confusion,
Ce que c'est qu'un valet qui s'attaque à son maître!

MERCURE.

Toi, mon maître?

AMPHITRYON.

Oui, coquin! M'oses-tu méconnoître?

MERCURE.

Je n'en reconnois point d'autre qu'Amphitryon.

AMPHITRYON.

Et cet Amphitryon, qui, hors moi, le peut être?

MERCURE.

Amphitryon?

AMPHITRYON.

Sans doute.

MERCURE.

Ah! quelle vision!
Dis-nous un peu, quel est le cabaret honnête
Où tu t'es coiffé le cerveau?

AMPHITRYON.

Comment! encore?

MERCURE.
Étoit-ce un vin à faire fête?
AMPHITRYON.
Ciel!
MERCURE.
Étoit-il vieux, ou nouveau?
AMPHITRYON.
Que de coups!
MERCURE.
Le nouveau donne fort dans la tête,
Quand on le veut boire sans eau.
AMPHITRYON.
Ah! je t'arracherai cette langue, sans doute!
MERCURE.
Passe, mon pauvre ami, crois-moi;
Que quelqu'un ici ne t'écoute.
Je respecte le vin. Va-t'en, retire-toi,
Et laisse Amphitryon dans les plaisirs qu'il goûte.
AMPHITRYON.
Comment! Amphitryon est là dedans?
MERCURE.
Fort bien;
Qui, couvert des lauriers d'une victoire pleine,
Est auprès de la belle Alcmène,
A jouir des douceurs d'un aimable entretien.
Après le démêlé d'un amoureux caprice,
Ils goûtent le plaisir de s'être rajustés.
Garde-toi de troubler leurs douces privautés,
Si tu ne veux qu'il ne punisse
L'excès de tes témérités.

SCÈNE III. — AMPHITRYON, seul

Ah! quel étrange coup m'a-t-il porté dans l'âme!
En quel trouble cruel jette-t-il mon esprit!
Et, si les choses sont comme le traître dit,
Où vois-je ici réduits mon honneur et ma flamme!
A quel parti me doit résoudre ma raison?
Ai-je l'éclat ou le secret à prendre[1]?
Et dois-je, en mon courroux, renfermer ou répandre
Le déshonneur de ma maison?
Ah! faut-il consulter dans un affront si rude?
Je n'ai rien à prétendre et rien à ménager;

[1] Ellipse, pour: Ai-je à prendre le parti de l'éclat ou celui du secret?

Et toute mon inquiétude
Ne doit aller qu'à me venger.

SCÈNE IV. — AMPHITRYON, SOSIE; NAUCRATÈS et POLIDAS,
dans le fond du théâtre.

SOSIE, à Amphitryon.
Monsieur, avec mes soins, tout ce que j'ai pu faire,
C'est de vous amener ces messieurs que voici.
AMPHITRYON.
Ah! vous voilà!
SOSIE.
Monsieur!
AMPHITRYON.
Insolent! téméraire!
SOSIE.
Quoi?
AMPHITRYON.
Je vous apprendrai de me traiter ainsi!
SOSIE.
Qu'est-ce donc? qu'avez-vous?
AMPHITRYON, mettant l'épée à la main.
Ce que j'ai, misérable!
SOSIE, à Naucratès et à Polidas.
Holà, messieurs! venez donc tôt.
NAUCRATÈS, à Amphitryon.
Ah! de grâce, arrêtez!
SOSIE.
De quoi suis-je coupable?
AMPHITRYON.
Tu me le demandes, maraud!
A Naucratès.
Laissez-moi satisfaire un courroux légitime.
SOSIE.
Lorsque l'on pend quelqu'un, on lui dit pourquoi c'est.
NAUCRATÈS, à Amphitryon.
Daignez nous dire au moins quel peut être son crime.
SOSIE.
Messieurs, tenez bon, s'il vous plaît.
AMPHITRYON.
Comment! il vient d'avoir l'audace
De me fermer la porte au nez,
Et de joindre encor la menace
A mille propos effrénés!

Voulant le frapper.
Ah! coquin!

SOSIE, tombant à genoux.
Je suis mort!

NAUCRATÈS, à Amphitryon.
Calmez cette colere.

SOSIE.
Messieurs!

POLIDAS, à Sosie.
Qu'est-ce?

SOSIE.
M'a-t-il frappé?

AMPHITRYON.
Non, il faut qu'il ait le salaire
Des mots où tout à l'heure il s'est émancipé.

SOSIE.
Comment cela se peut-il faire,
Si j'étois par votre ordre autre part occupé?
Ces messieurs sont ici pour rendre témoignage
Qu'à dîner avec vous je les viens d'inviter.

NAUCRATÈS.
Il est vrai qu'il nous vient de faire ce message,
Et n'a point voulu nous quitter.

AMPHITRYON.
Qui t'a donné cet ordre?

SOSIE.
Vous.

AMPHITRYON.
Et quand?

SOSIE.
Après votre paix faite,
Au milieu des transports d'une âme satisfaite
D'avoir d'Alcmène apaisé le courroux.

Sosie se relève.

AMPHITRYON.
O ciel! chaque instant, chaque pas,
Ajoute quelque chose à mon cruel martyre;
Et, dans ce fatal embarras,
Je ne sais plus que croire ni que dire.

NAUCRATÈS.
Tout ce que de chez vous il vient de nous conter
Surpasse si fort la nature,
Qu'avant que de rien faire et de vous emporter,
Vous devez éclaircir toute cette aventure.

AMPHITRYON.
Allons; vous y pourrez seconder mon effort;
Et le ciel à propos ici vous a fait rendre.
Voyons quelle fortune en ce jour peut m'attendre;
Débrouillons ce mystère, et sachons notre sort.
Hélas! je brûle de l'apprendre,
Et je le crains plus que la mort.

Amphitryon frappe à la porte de sa maison.

SCÈNE V. — JUPITER, AMPHITRYON, NAUCRATÈS, POLIDAS, SOSIE.

JUPITER.
Quel bruit à descendre m'oblige,
Et qui frappe en maître où je suis?

AMPHITRYON
Que vois-je? justes dieux!

NAUCRATÈS.
Ciel! quel est ce prodige?
Quoi! deux Amphitryons ici nous sont produits!

AMPHITRYON, à part.
Mon âme demeure transie!
Hélas! je n'en puis plus, l'aventure est à bout;
Ma destinée est éclaircie,
Et ce que je vois me dit tout.

NAUCRATÈS.
Plus mes regards sur eux s'attachent fortement,
Plus je trouve qu'en tout l'un à l'autre est semblable.

SOSIE, passant du côté de Jupiter.
Messieurs, voici le véritable;
L'autre est un imposteur, digne de châtiment.

POLIDAS.
Certes, ce rapport admirable
Suspend ici mon jugement.

AMPHITRYON.
C'est trop être éludés [1] par un fourbe exécrable;
Il faut avec ce fer rompre l'enchantement.

NAUCRATÈS, à Amphitryon, qui a mis l'épée à la main.
Arrêtez!

AMPHITRYON.
Laissez-moi!

NAUCRATÈS.
Dieux! que voulez-vous faire?

---

[1] Traduction littérale du participe latin *elusus*, qui veut dire trompé, dupé, joué.

AMPHITRYON.
Punir d'un imposteur les lâches trahisons.
JUPITER.
Tout beau! l'emportement est fort peu nécessaire;
Et, lorsque de la sorte on se met en colère,
On fait croire qu'on a de mauvaises raisons.
SOSIE.
Oui, c'est un enchanteur qui porte un caractère
Pour ressembler aux maîtres des maisons.
AMPHITRYON, à Sosie.
Je te ferai, pour ton partage,
Sentir par mille coups ces propos outrageants.
SOSIE.
Mon maître est homme de courage,
Et ne souffrira point que l'on batte ses gens.
AMPHITRYON.
Laissez-moi m'assouvir dans mon courroux extrême,
Et laver mon affront au sang d'un scélérat!
NAUCRATÈS, arrêtant Amphitryon.
Nous ne souffrirons point cet étrange combat
D'Amphitryon contre lui-même.
AMPHITRYON.
Quoi! mon honneur de vous reçoit ce traitement!
Et mes amis d'un fourbe embrassent la défense!
Loin d'être les premiers à prendre ma vengeance,
Eux-mêmes font obstacle à mon ressentiment!
NAUCRATÈS.
Que voulez-vous qu'à cette vue
Fassent nos résolutions,
Lorsque par deux Amphitryons
Toute notre chaleur demeure suspendue?
A vous faire éclater notre zèle aujourd'hui,
Nous craignons de faillir et de vous méconnoître.
Nous voyons bien en vous Amphitryon paroître,
Du salut des Thébains le glorieux appui;
Mais nous le voyons tous aussi paroître en lui,
Et ne saurions juger dans lequel il peut être.
Notre parti n'est point douteux,
Et l'imposteur par nous doit mordre la poussière;
Mais ce parfait rapport le cache entre vous deux:
Et c'est un coup trop hasardeux
Pour l'entreprendre sans lumière.
Avec douceur laissez-nous voir
De quel côté peut être l'imposture;

Et, dès que nous aurons démêlé l'aventure,
Il ne nous faudra point dire notre devoir.

JUPITER.

Oui, vous avez raison; et cette ressemblance
A douter de tous deux vous peut autoriser :
Je ne m'offense point de vous voir en balance;
Je suis plus raisonnable, et sais vous excuser.
L'œil ne peut entre nous faire de différence,
Et je vois qu'aisément on s'y peut abuser.
Vous ne me voyez point témoigner de colère,
    Point mettre l'épée à la main;
C'est un mauvais moyen d'éclaircir ce mystère,
Et j'en puis trouver un plus doux et plus certain.
    L'un de nous est Amphitryon;
Et tous deux à vos yeux nous le pouvons paroître.
C'est à moi de finir cette confusion,
Et je prétends me faire à tous si bien connoître,
Qu'aux pressantes clartés de ce que je puis être
Lui-même soit d'accord du sang qui m'a fait naître,
Et n'ait plus de rien dire aucune occasion.
C'est aux yeux des Thébains que je veux avec vous
De la vérité pure ouvrir la connoissance;
Et la chose sans doute est assez d'importance
    Pour affecter la circonstance
    De l'éclaircir aux yeux de tous.
Alcmène attend de moi ce public témoignage;
Sa vertu, que l'éclat de ce désordre outrage,
Veut qu'on la justifie, et j'en vais prendre soin.
C'est à quoi mon amour envers elle m'engage;
Et des plus nobles chefs je fais un assemblage
Pour l'éclaircissement dont sa gloire a besoin.
Attendant avec vous ces témoins souhaités,
    Ayez, je vous prie, agréable
    De venir honorer la table
    Où vous a Sosie invités.

SOSIE.

Je ne me trompois pas, messieurs; ce mot termine
    Toute l'irrésolution;
    Le véritable Amphitryon
    Est l'Amphitryon où l'on dîne [1].

AMPHITRYON.

O ciel! puis-je plus bas me voir humilié?

---

[1] Excellente saillie comique qui est devenue proverbe.

Quoi ! faut-il que j'entende ici, pour mon martyre,
Tout ce que l'imposteur à mes yeux vient de dire,
Et que, dans la fureur que ce discours m'inspire,
    On me tienne le bras lié !

        NAUCRATÈS, à Amphitryon.

Vous vous plaignez à tort. Permettez-nous d'attendre
    L'éclaircissement qui doit rendre
    Les ressentiments de saison.
     Je ne sais pas s'il impose ;
     Mais il parle sur la chose
     Comme s'il avoit raison.

        AMPHITRYON.

Allez, foibles amis, et flattez l'imposture :
Thèbes en a pour moi de tout autres que vous ;
Et je vais en trouver qui, partageant l'injure,
Sauront prêter la main à mon juste courroux.

        JUPITER.

Eh bien, je les attends, et saurai décider
    Le différend en leur présence.

        AMPHITRYON.

Fourbe, tu crois par là peut-être t'évader ;
Mais rien ne te sauroit sauver de ma vengeance !

        JUPITER.

    A ces injurieux propos
    Je ne daigne à présent répondre ;
    Et tantôt je saurai confondre
    Cette fureur avec deux mots.

        AMPHITRYON.

Le ciel même, le ciel ne t'y sauroit soustraire ;
Et jusques aux enfers j'irai suivre tes pas !

        JUPITER.

    Il ne sera pas nécessaire ;
Et l'on verra tantôt que je ne fuirai pas.

        AMPHITRYON, à part.

Allons, courons, avant que d'avec eux il sorte,
Assembler des amis qui suivent mon courroux ;
    Et chez moi venons à main forte
    Pour le percer de mille coups.

SCÈNE VI. — JUPITER, NAUCRATÈS, POLIDAS, SOSIE.

        JUPITER.

Point de façon, je vous conjure ;
Entrons vite dans la maison.

NAUCRATÈS.

Certes, toute cette aventure
Confond le sens et la raison.

SOSIE.

Faites trêve, messieurs, à toutes vos surprises,
Et, pleins de joie, allez tabler¹ jusqu'à demain.
Seul.
Que je vais m'en donner, et me mettre en beau train
De raconter nos vaillantises!
Je brûle d'en venir aux prises;
Et jamais je n'eus tant de faim

SCÈNE VII. — MERCURE, SOSIE.

MERCURE.

Arrête! Quoi! tu viens ici mettre ton nez,
Impudent fleureur² de cuisine!

SOSIE.

Ah! de grâce, tout doux!

MERCURE.

Ah! vous y retournez!
Je vous ajusterai l'échine.

SOSIE.

Hélas! brave et généreux moi,
Modère-toi, je t'en supplie;
Sosie, épargne un peu Sosie,
Et ne te plais point tant à frapper dessus toi.

MERCURE.

Qui de t'appeler de ce nom
A pu te donner la licence?
Ne t'en ai-je pas fait une expresse défense,
Sous peine d'essuyer mille coups de bâton?

SOSIE.

C'est un nom que tous deux nous pouvons à la fois
Posséder sous un même maître.
Pour Sosie en tous lieux on sait me reconnoître;
Je souffre bien que tu le sois,
Souffre aussi que je le puisse être.
Laissons aux deux Amphitryons
Faire éclater des jalousies;
Et, parmi leurs contentions,
Faisons en bonne paix vivre les deux Sosies.

---

¹ Molière est peut-être le seul écrivain qui ait donné à ce verbe l'acception qu'il a ici, celle de *tenir table*. (Auger.)
² On a dit depuis *flaireur*.

MERCURE.

Non, c'est assez d'un seul, et je suis obstiné
    A ne point souffrir de partage.

SOSIE.

Du pas devant sur moi tu prendras l'avantage:
Je serai le cadet, et tu seras l'aîné.

MERCURE.

Non! un frère incommode, et n'est pas de mon goût,
    Et je veux être fils unique.

SOSIE.

    O cœur barbare et tyrannique!
Souffre qu'au moins je sois ton ombre.

MERCURE.

                    Point du tout.

SOSIE.

Que d'un peu de pitié ton âme s'humanise;
En cette qualité souffre-moi près de toi:
Je te serai partout une ombre si soumise,
    Que tu seras content de moi.

MERCURE.

    Point de quartier; immuable est la loi.
Si d'entrer là dedans tu prends encor l'audace,
    Mille coups en seront le fruit.

SOSIE.

    Las! à quelle étrange disgrâce,
    Pauvre Sosie, es-tu réduit!

MERCURE.

    Quoi! ta bouche se licencie
A te donner encore un nom que je défends!

SOSIE.

    Non, ce n'est pas moi que j'entends
    Et je parle d'un vieux Sosie
    Qui fut jadis de mes parents,
    Qu'avec très-grande barbarie,
A l'heure du dîner, l'on chassa de céans.

MERCURE.

Prends garde de tomber dans cette frénésie,
Si tu veux demeurer au nombre des vivants.

SOSIE, à part.

Que je te rosserois si j'avois du courage,
Double fils de putain, de trop d'orgueil enflé!

MERCURE.

Que dis-tu?

SOSIE.
Rien.
MERCURE.
Tu tiens, je crois, quelque langage.
SOSIE.
Demandez, je n'ai pas soufflé.
MERCURE.
Certain mot de fils de putain
A pourtant frappé mon oreille,
Il n'est rien de plus certain.
SOSIE.
C'est donc un perroquet que le beau temps réveille.
MERCURE.
Adieu. Lorsque le dos pourra te démanger,
Voilà l'endroit où je demeure.
SOSIE, seul.
O ciel! que l'heure de manger,
Pour être mis dehors, est une maudite heure!
Allons, cédons au sort dans notre affliction,
Suivons-en aujourd'hui l'aveugle fantaisie;
Et, par une juste union,
Joignons le malheureux Sosie
Au malheureux Amphitryon.
Je l'aperçois venir en bonne compagnie.

SCÈNE VIII. — AMPHITRYON, ARGATIPHONTIDAS, PAUSICLÈS;
SOSIE, dans un coin du théâtre, sans être aperçu.

AMPHITRYON, à plusieurs autres officiers qui l'accompagnent.
Arrêtez là, messieurs; suivez-nous d'un peu loin,
Et n'avancez tous, je vous prie,
Que quand il en sera besoin.
PAUSICLÈS.
Je comprends que ce coup doit fort toucher votre âme.
AMPHITRYON.
Ah! de tous les côtés mortelle est ma douleur,
Et je souffre pour ma flamme
Autant que pour mon honneur.
PAUSICLÈS.
Si cette ressemblance est telle que l'on dit,
Alcmène, sans être coupable...
AMPHITRYON.
Ah! sur le fait dont il s'agit
L'erreur simple devient un crime véritable,

Et sans consentement l'innocence y périt.
De semblables erreurs, quelque jour qu'on leur donne,
Touchent les endroits délicats ;
Et la raison bien souvent les pardonne,
Que l'honneur et l'amour ne les pardonnent pas.

ARGATIPHONTIDAS.

Je n'embarrasse point là dedans ma pensée :
Mais je haïs vos messieurs de leurs honteux délais ;
Et c'est un procédé dont j'ai l'âme blessée,
Et que les gens de cœur n'approuveront jamais.
Quand quelqu'un nous emploie, on doit, tête baissée,
Se jeter dans ses intérêts.
Argatiphontidas ne va point aux accords.
Écouter d'un ami raisonner l'adversaire,
Pour des hommes d'honneur n'est point un coup à faire ;
Il ne faut écouter que la vengeance alors.
Le procès ne me sauroit plaire,
Et l'on doit commencer toujours, dans ses transports,
Par donner, sans autre mystère,
De l'épée au travers du corps.
Oui, vous verrez, quoi qu'il advienne,
Qu'Argatiphontidas marche droit sur ce point ;
Et de vous il faut que j'obtienne
Que le pendard ne meure point
D'une autre main que de la mienne.

AMPHITRYON.

Allons.

SOSIE, à Amphitryon.

Je viens, monsieur, subir, à deux genoux,
Le juste châtiment d'une audace maudite.
Frappez, battez, chargez, accablez-moi de coups,
Tuez-moi dans votre courroux,
Vous ferez bien, je le mérite ;
Et je n'en dirai pas un seul mot contre vous.

AMPHITRYON.

Lève-toi. Que fait-on ?

SOSIE.

L'on m'a chassé tout net ;
Et, croyant à manger m'aller comme eux ébattre,
Je ne songeois pas qu'en effet
Je m'attendois là pour me battre.
Oui, l'autre moi, valet de l'autre vous, a fait
Tout de nouveau le diable à quatre.
La rigueur d'un pareil destin,

Monsieur, aujourd'hui nous talonne;
Et l'on me des-Sosie enfin
Comme on vous des-Amphitryonne[1].

AMPHITRYON.

Suis-moi.

SOSIE.

N'est-il pas mieux de voir s'il vient personne?

SCÈNE IX. — CLÉANTHIS, AMPHITRYON, ARGATIPHONTIDAS, POLIDAS, NAUCRATÈS, PAUSICLÈS, SOSIE.

CLÉANTHIS.

O ciel!

AMPHITRYON.

Qui t'épouvante ainsi?
Quelle est la peur que je t'inspire?

CLÉANTHIS.

Las! vous êtes là-haut, et je vous vois ici!

NAUCRATÈS, à Amphitryon.

Ne vous pressez point; le voici
Pour donner devant tous les clartés qu'on désire,
Et qui, si l'on peut croire à ce qu'il vient de dire,
Sauront vous affranchir de trouble et de souci.

SCÈNE X. — MERCURE, AMPHITRYON, ARGATIPHONTIDAS, POLIDAS, NAUCRATÈS, PAUSICLÈS, CLÉANTHIS, SOSIE.

MERCURE.

Oui, vous l'allez voir tous; et sachez par avance
Que c'est le grand maître des dieux
Que, sous les traits chéris de cette ressemblance,
Alcmène a fait du ciel descendre dans ces lieux.
Et quant à moi, je suis Mercure,
Qui, ne sachant que faire, ai rossé tant soit peu
Celui dont j'ai pris la figure :
Mais de s'en consoler il a maintenant lieu;
Et les coups de bâton d'un dieu
Font honneur à qui les endure.

SOSIE.

Ma foi, monsieur le dieu, je suis votre valet :

---

[1] *Des-Sosie* et *des-Amphitryonne* sont des expressions plaisantes dont le sens et le sel seraient évidemment affaiblis par la périphrase la mieux faite. Il en est de même du mot *tartuffé*. (Auger.)

Je me serois passé de votre courtoisie.

MERCURE.

Je lui donne à présent congé [1] d'être Sosie
Je suis las de porter un visage si laid ;
Et je m'en vais au ciel, avec de l'ambroisie,
    M'en débarbouiller tout à fait.

Mercure s'envole au ciel.

SOSIE.

Le ciel de m'approcher t'ôte à jamais l'envie !
Ta fureur s'est par trop acharnée après moi ;
    Et je ne vis de ma vie
    Un dieu plus diable que toi.

SCÈNE XI. — JUPITER, AMPHITRYON, NAUCRATÈS, ARGATIPHONTIDAS, POLIDAS, PAUSICLÈS, CLÉANTHIS, SOSIE.

JUPITER, annoncé par le bruit du tonnerre, armé de son foudre, dans un nuage, sur son aigle.

Regarde, Amphitryon, quel est ton imposteur,
Et sous tes propres traits vois Jupiter paroître.
A ces marques tu peux aisément le connoître ;
Et c'est assez, je crois, pour remettre ton cœur
    Dans l'état auquel il doit être,
Et rétablir chez toi la paix et la douceur.
Mon nom, qu'incessamment toute la terre adore,
Étouffe ici les bruits qui pouvoient éclater.
    Un partage avec Jupiter
    N'a rien du tout qui déshonore ;
Et, sans doute, il ne peut être que glorieux
De se voir le rival du souverain des dieux.
Je n'y vois pour ta flamme aucun lieu de murmure ;
    Et c'est moi, dans cette aventure,
Qui, tout dieu que je suis, dois être le jaloux.
Alcmène est toute à toi, quelque soin qu'on emploie ;
Et ce doit à tes feux être un objet bien doux
De voir que pour lui plaire il n'est point d'autre voie
    Que de paroître son époux ;
Que Jupiter, orné de sa gloire immortelle,
Par lui-même n'a pu triompher de sa foi ;
    Et que ce qu'il a reçu d'elle
N'a, par son cœur ardent, été donné qu'à toi.

---

[1] Licence, permission.

SOSIE.

Le seigneur Jupiter sait dorer la pilule [1].

JUPITER.

Sors donc des noirs chagrins que ton cœur a soufferts,
Et rends le calme entier à l'ardeur qui te brûle :
Chez toi doit naître un fils qui, sous le nom d'Hercule,
Remplira de ses faits tout le vaste univers.
L'éclat d'une fortune en mille biens féconde
Fera connoître à tous que je suis ton support;
 Et je mettrai tout le monde
 Au poi t d'envier ton sort.
 Tu peux hardiment te flatter
 De ces espérances données.
C'est un crime que d'en douter :
Les paroles de Jupiter
Sont des arrêts des destinées.

     Il se perd dans les n ics.

NAUCRATÈS.

Certes, je suis ravi de ces marques brillantes...

SOSIE.

Messieurs, voulez-vous bien suivre mon sentime t?
 Ne vous embarquez nullement
 Dans ces douceurs congratulantes :
 C'est un mauvais embarquement;
Et d'une et d'autre part, pour un tel compliment,
 Les phrases sont embarrassantes.
Le grand dieu Jupiter nous fait beaucoup d'honneur,
Et sa bonté, sans doute, est pour nous sans seconde.
 Il nous promet l'infaillible bonheur
 D'une fortune en mille biens féconde,
Et chez nous il doit naître un fils d'un très-grand cœur :
 Tout cela va le mieux du monde;
 Mais enfin, coupons aux discours,
Et que chacun chez soi doucement se retire.
 Sur telles affaires toujours
 Le meilleur est de ne rien dire.

---

[1] L'idée de ce vers appartient à Rotrou:
   On appelle cela lui sucrer le breuvage.
Molière n'a fait que changer l'image.

GEORGE DANDIN[1]

ou
LE MARI CONFONDU
COMÉDIE EN TROIS ACTES
1668

PERSONNAGES

GEORGE DANDIN, riche paysan, mari d'Angélique.
ANGÉLIQUE, femme de George Dandin, et fille de monsieur de Sotenville.
MONSIEUR DE SOTENVILLE, gentilhomme campagnard, père d'Angélique.
MADAME DE SOTENVILLE.
CLITANDRE, amant d'Angélique.
CLAUDINE, suivante d'Angélique.
LUBIN, paysan, servant Clitandre.
COLIN, valet de George Dandin.

La scène est devant la maison de George Dandin, à la campagne.

ACTE PREMIER

SCÈNE I. — GEORGE DANDIN, seul.

Ah ! qu'une femme demoiselle[2] est une étrange affaire ! et que mon mariage est une leçon bien parlante à tous les paysans qui veulent s'élever au-dessus de leur condition, et s'allier, comme j'ai fait, à la maison d'un gentilhomme ! La noblesse, de soi, est bonne, c'est une chose considérable, assurément ; mais elle est accompagnée de tant de mauvaises circonstances, qu'il est très-bon de ne s'y point frotter. Je suis devenu là-dessus savant à mes dépens, et connois le style[3] des nobles, lorsqu'ils nous font, nous autres, entrer dans leur famille. L'alliance qu'ils font est petite avec nos personnes : c'est notre bien seul qu'ils épousent ; et j'aurois bien mieux fait, tout riche que je

---

[1] La comédie de *George Dandin* fit partie des divertissements dont se composa la fête magnifique donnée à Versailles par Louis XIV, le 18 juillet 1668, après la conquête de la Franche-Comté et la paix d'Aix-la-Chapelle.
[2] Autrefois, une *damoiselle* ou *demoiselle* était une fille ou femme née de parents nobles ; ainsi l'on pouvait dire une *femme demoiselle*.
[3] *Style* est employé ici figurément pour procédé, manière d'agir. (Auger.)

suis, de m'allier en bonne et franche paysannerie, que de prendre une femme qui se tient au-dessus de moi, s'offense de porter mon nom, et pense qu'avec tout mon bien je n'ai pas assez acheté la qualité de son mari. George Dandin! George Dandin! vous avez fait une sottise, la plus grande du monde. Ma maison m'est effroyable maintenant, et je n'y rentre point sans y trouver quelque chagrin [1].

SCÈNE II. — GEORGE DANDIN, LUBIN.

GEORGE DANDIN, à part, voyant sortir Lubin de chez lui.

Que diantre ce drôle-là vient-il faire chez moi?

LUBIN, à part, apercevant George Dandin.

Voilà un homme qui me regarde.

GEORGE DANDIN, à part.

Il ne me connoît pas.

LUBIN, à part.

Il se doute de quelque chose.

GEORGE DANDIN, à part.

Ouais! il a grand'peine à saluer.

LUBIN, à part.

J'ai peur qu'il n'aille dire qu'il m'a vu sortir de là dedans.

GEORGE DANDIN.

Bonjour.

LUBIN.

Serviteur.

GEORGE DANDIN.

Vous n'êtes pas d'ici, que je crois.

LUBIN.

Non : je n'y suis venu que pour voir la fête de demain.

GEORGE DANDIN.

Eh! dites-moi un peu, s'il vous plaît : vous venez de là dedans?

LUBIN.

Chut!

GEORGE DANDIN.

Comment!

LUBIN.

Paix!

GEORGE DANDIN.

Quoi donc?

LUBIN.

Motus! Il ne faut pas dire que vous m'ayez vu sortir de là.

---

[1] Un simple monologue de quelques lignes nous apprend tout le sujet de la pièce. (F. L.)

GEORGE DANDIN.

Pourquoi?

LUBIN.

Mon Dieu! parce...

GEORGE DANDIN.

Mais encore?

LUBIN.

Doucement. J'ai peur qu'on ne nous écoute.

GEORGE DANDIN.

Point, point.

LUBIN.

C'est que je viens de parler à la maîtresse du logis, de la part d'un certain monsieur qui lui fait les doux yeux; et il ne faut pas qu'on sache cela. Entendez-vous?

GEORGE DANDIN.

Oui.

LUBIN.

Voilà la raison. On m'a enchargé [1] de prendre garde que personne ne me vît; et je vous prie, au moins, de ne pas dire que vous m'ayez vu.

GEORGE DANDIN.

Je n'ai garde.

LUBIN.

Je suis bien aise de faire les choses secrètement, comme on m'a recommandé.

GEORGE DANDIN.

C'est bien fait.

LUBIN.

Le mari, à ce qu'ils disent, est un jaloux qui ne veut pas qu'on fasse l'amour à sa femme; et il feroit le diable à quatre, si cela venoit à ses oreilles. Vous comprenez bien?

GEORGE DANDIN.

Fort bien.

LUBIN.

Il ne faut pas qu'il sache rien de tout ceci.

GEORGE DANDIN.

Sans doute.

LUBIN.

On le veut tromper tout doucement. Vous entendez bien?

GEORGE DANDIN.

Le mieux du monde.

---

[1] Encharger, donner la commission de.

ACTE I, SCÈNE II

LUBIN.

Si vous alliez dire que vous m'avez vu sortir de chez lui, vous gâteriez toute l'affaire. Vous comprenez bien?

GEORGE DANDIN.

Assurément. Et comment nommez-vous celui qui vous a envoyé là dedans?

LUBIN.

C'est le seigneur de notre pays, monsieur le vicomte de chose... Foin! je ne me souviens jamais comment diantre ils baragouinent ce nom-là. Monsieur Cli... Clitandre.

GEORGE DANDIN.

Est-ce ce jeune courtisan qui demeure...

LUBIN.

Oui; auprès de ces arbres.

GEORGE DANDIN, à part.

C'est pour cela que depuis peu ce damoiseau poli s'est venu loger contre moi. J'avois bon nez, sans doute; et son voisinage déjà m'avoit donné quelque soupçon.

LUBIN.

Tétigué! c'est le plus honnête homme que vous ayez jamais vu. Il m'a donné trois pièces d'or pour aller dire seulement à la femme qu'il est amoureux d'elle, et qu'il souhaite fort l'honneur de pouvoir lui parler. Voyez s'il y a là une grande fatigue, pour me payer si bien; et ce qu'est, au prix de cela, une journée de travail, où je ne gagne que dix sous!

GEORGE DANDIN.

Eh bien, avez-vous fait votre message?

LUBIN.

Oui. J'ai trouvé là dedans une certaine Claudine, qui, tout du premier coup, a compris ce que je voulois, et qui m'a fait parler à sa maîtresse.

GEORGE DANDIN, à part.

Ah! coquine de servante!

LUBIN.

Morguienne! cette Claudine-là est tout à fait jolie : elle a gagné mon amitié, et il ne tiendra qu'à elle que nous soyons mariés ensemble.

GEORGE DANDIN.

Mais quelle réponse a faite la maîtresse à ce monsieur le courtisan?

LUBIN.

Elle m'a dit de lui dire... attendez, je ne sais si je me souviendrai bien de tout cela... qu'elle lui est tout à fait obligée de l'affection qu'il a pour elle, et qu'à cause de son mari, qui est fantasque, il garde d'en rien faire paroître, et qu'il faudra songer à chercher quelque invention pour se pouvoir entretenir tous deux.

GEORGE DANDIN, à part.

Ah! pendarde de femme[1]!

LUBIN.

Tétiguienne! cela sera drôle; car le mari ne se doutera point de la manigance : voilà ce qui est de bon, et il aura un pied de nez avec sa jalousie. Est-ce pas?

GEORGE DANDIN.

Cela est vrai.

LUBIN.

Adieu. Bouche cousue, au moins. Gardez bien le secret, afin que le mari ne le sache pas.

GEORGE DANDIN.

Oui, oui.

LUBIN.

Pour moi, je vais faire semblant de rien. Je suis un fin matois, et l'on ne diroit pas que j'y touche.

SCÈNE III. — GEORGE DANDIN, seul.

Eh bien, George Dandin, vous voyez de quel air votre femme vous traite! Voilà ce que c'est d'avoir voulu épouser une demoiselle! L'on vous accommode de toutes pièces, sans que vous puissiez vous venger; et la gentilhommerie vous tient les bras liés. L'égalité de condition laisse du moins à l'honneur d'un mari la liberté de ressentiment; et, si c'étoit une paysanne, vous auriez maintenant toutes vos coudées franches à vous en faire la justice à bons coups de bâton. Mais vous avez voulu tâter de la noblesse; et il vous ennuyoit d'être maître chez vous. Ah! j'enrage de tout mon cœur, et je me donnerois volontiers des soufflets. Quoi! écouter impudemment l'amour d'un damoiseau, et y promettre en même temps de la correspondance! Morbleu! je ne veux point laisser passer une occasion de la sorte. Il me faut, de ce pas, aller faire mes plaintes au père et à la mère, et les rendre témoins, à telle fin que de raison, des sujets de chagrin et de ressentiment que leur fille me donne. Mais les voici l'un et l'autre fort à propos.

SCÈNE IV. — MONSIEUR DE SOTENVILLE, MADAME DE SOTENVILLE, GEORGE DANDIN.

MONSIEUR DE SOTENVILLE.

Qu'est-ce, mon gendre? vous me paroissez tout troublé.

---

[1] La ressemblance de l'*École des Femmes* et de *George Dandin* a frappé tous les commentateurs. George Dandin est toujours averti des infidélités de sa femme, comme Arnolphe des ruses d'Agnès; et cependant ni l'un ni l'autre ne peuvent réussir à surprendre les coupables. (Aimé Martin.)

GEORGE DANDIN.

Aussi en ai-je du sujet; et...

MADAME DE SOTENVILLE.

Mon Dieu! notre gendre, que vous avez peu de civilité, de ne pas saluer les gens quand vous les approchez!

GEORGE DANDIN.

Ma foi! ma belle-mère, c'est que j'ai d'autres choses en tête; et...

MADAME DE SOTENVILLE.

Encore! est-il possible, notre gendre, que vous sachiez si peu votre monde, et qu'il n'y ait pas moyen de vous instruire de la manière qu'il faut vivre parmi les personnes de qualité!

GEORGE DANDIN.

Comment?

MADAME DE SOTENVILLE.

Ne vous déferez-vous jamais, avec moi, de la familiarité de ce mot de ma belle-mère, et ne sauriez-vous vous accoutumer à me dire madame?

GEORGE DANDIN.

Parbleu! si vous m'appelez votre gendre, il me semble que je puis vous appeler ma belle-mère.

MADAME DE SOTENVILLE.

Il y a fort à dire, et les choses ne sont pas égales. Apprenez, s'il vous plaît, que ce n'est pas à vous à vous servir de ce mot-là avec une personne de ma condition; que, tout notre gendre que vous soyez, il y a grande différence de vous à nous, et que vous devez vous connoitre.

MONSIEUR DE SOTENVILLE.

C'en est assez, m'amour : laissons cela.

MADAME DE SOTENVILLE.

Mon Dieu! monsieur de Sotenville, vous avez des indulgences qui n'appartiennent qu'à vous, et vous ne savez pas vous faire rendre par les gens ce qui vous est dû.

MONSIEUR DE SOTENVILLE.

Corbleu! pardonnez-moi : on ne peut point me faire de leçons là-dessus; et j'ai su montrer en ma vie, par vingt actions de vigueur, que je ne suis point homme à démordre jamais d'un pouce de mes prétentions; mais il suffit de lui avoir donné un petit avertissement. Sachons un peu, mon gendre, ce que vous avez dans l'esprit.

GEORGE DANDIN.

Puisqu'il faut donc parler catégoriquement, je vous dirai, monsieur de Sotenville, que j'ai lieu de...

MONSIEUR DE SOTENVILLE.

Doucement, mon gendre. Apprenez qu'il n'est pas respectueux d'appeler les gens par leur nom, et qu'à ceux qui sont au-dessus de nous il faut dire monsieur tout court.

GEORGE DANDIN.

Eh bien, monsieur tout court, et non plus monsieur de Sotenville, j'ai à vous dire que ma femme me donne...

MONSIEUR DE SOTENVILLE.

Tout beau! Apprenez aussi que vous ne devez pas dire ma femme, quand vous parlez de notre fille.

GEORGE DANDIN.

J'enrage! Comment! ma femme n'est pas ma femme?

MADAME DE SOTENVILLE.

Oui, notre gendre, elle est votre femme; mais il ne vous est pas permis de l'appeler ainsi; et c'est tout ce que vous pourriez faire, si vous aviez épousé une de vos pareilles.

GEORGE DANDIN, à part.

Ah! George Dandin, où t'es-tu fourré? (Haut.) Eh! de grâce, mettez, pour un moment, votre gentilhommerie à côté[1], et souffrez que je vous parle maintenant comme je pourrai. (A part.) Au diantre soit la tyrannie de toutes ces histoires-là! (A monsieur de Sotenville.) Je vous dis que je suis mal satisfait de mon mariage.

MONSIEUR DE SOTENVILLE.

Et la raison, mon gendre?

MADAME DE SOTENVILLE.

Quoi! parler ainsi d'une chose dont vous avez tiré de si grands avantages!

GEORGE DANDIN.

Et quels avantages, madame, puisque madame y a? L'aventure n'a pas été mauvaise pour vous; car, sans moi, vos affaires, avec votre permission, étoient fort délabrées, et mon argent a servi à reboucher d'assez bons trous; mais, moi, de quoi y ai-je profité, je vous prie, que d'un allongement de nom, et, au lieu de George Dandin, d'avoir reçu par vous le titre de monsieur de la Dandinière?

MONSIEUR DE SOTENVILLE.

Ne comptez-vous pour rien, mon gendre, l'avantage d'être allié à la maison de Sotenville?

MADAME DE SOTENVILLE.

Et à celle de la Prudoterie, dont j'ai l'honneur d'être issue; maison où le ventre anoblit, et qui, par ce beau privilége, rendra vos enfants gentilshommes?

GEORGE DANDIN.

Oui, voilà qui est bien, mes enfants seront gentilshommes; mais je serai cocu, moi, si l'on n'y met ordre.

---

[1] Aujourd'hui on dirait : de côté.

MONSIEUR DE SOTENVILLE.

Que veut dire cela, mon gendre?

GEORGE DANDIN.

Cela veut dire que votre fille ne vit pas comme il faut qu'une femme vive, et qu'elle fait des choses qui sont contre l'honneur.

MADAME DE SOTENVILLE.

Tout beau! Prenez garde à ce que vous dites. Ma fille est d'une race trop pleine de vertu, pour se porter jamais à faire aucune chose dont l'honnêteté soit blessée; et, de la maison de la Prudoterie, il y a plus de trois cents ans qu'on n'a pas remarqué qu'il y ait eu une femme, Dieu merci, qui ait fait parler d'elle.

MONSIEUR DE SOTENVILLE.

Corbleu! dans la maison de Sotenville on n'a jamais vu de coquette; et la bravoure n'y est pas plus héréditaire aux mâles que la chasteté aux femelles.

MADAME DE SOTENVILLE.

Nous avons eu une Jacqueline de la Prudoterie, qui ne voulut jamais être la maîtresse d'un duc et pair, gouverneur de notre province.

MONSIEUR DE SOTENVILLE.

Il y a eu une Mathurine de Sotenville, qui refusa vingt mille écus d'un favori du roi, qui ne demandoit seulement que la faveur de lui parler.

GEORGE DANDIN.

Oh bien, votre fille n'est pas si difficile que cela; et elle s'est apprivoisée depuis qu'elle est chez moi.

MONSIEUR DE SOTENVILLE.

Expliquez-vous, mon gendre. Nous ne sommes point gens à la supporter dans de mauvaises actions, et nous serons les premiers, sa mère et moi, à vous en faire la justice.

MADAME DE SOTENVILLE.

Nous n'entendons point raillerie sur les matières de l'honneur; et nous l'avons élevée dans toute la sévérité possible.

GEORGE DANDIN.

Tout ce que je vous puis dire, c'est qu'il y a ici un certain courtisan que vous avez vu, qui est amoureux d'elle à ma barbe, et qui lui a fait faire des protestations d'amour qu'elle a très-humainement écoutées.

MADAME DE SOTENVILLE.

Jour de Dieu! je l'étranglerois de mes propres mains, s'il falloit qu'elle forlignât [1] de l'honnêteté de sa mère!

MONSIEUR DE SOTENVILLE.

Corbleu! je lui passerois mon épée au travers du corps, à elle et au galant, si elle avoit forfait à son honneur!

[1] *Forligner*, de *forlincare*, sortir hors de la ligne, dégénérer. (Ménage.)

GEORGE DANDIN.

Je vous ai dit ce qui se passe, pour vous faire mes plaintes, et je vous demande raison de cette affaire-là.

MONSIEUR DE SOTENVILLE.

Ne vous tourmentez point : je vous la ferai de tous deux, et je suis homme pour serrer le bouton à qui que ce puisse être. Mais êtes-vous bien sûr aussi de ce que vous nous dites?

GEORGE DANDIN.

Très-sûr.

MONSIEUR DE SOTENVILLE.

Prenez bien garde, au moins; car, entre gentilshommes, ce sont des choses chatouilleuses, et il n'est pas question d'aller faire ici un pas de clerc.

GEORGE DANDIN.

Je ne vous ai rien dit, vous dis-je, qui ne soit véritable.

MONSIEUR DE SOTENVILLE.

M'amour, allez-vous-en parler à votre fille, tandis qu'avec mon gendre j'irai parler à l'homme.

MADAME DE SOTENVILLE.

Se pourroit-il, mon fils, qu'elle s'oubliât de la sorte, après le sage exemple que vous savez vous-même que je lui ai donné?

MONSIEUR DE SOTENVILLE.

Nous allons éclaircir l'affaire. Suivez-moi, mon gendre, et ne vous mettez pas en peine. Vous verrez de quel bois nous nous chauffons, lorsqu'on s'attaque à ceux qui nous peuvent appartenir.

GEORGE DANDIN.

Le voici qui vient vers nous.

SCÈNE V. — MONSIEUR DE SOTENVILLE, CLITANDRE, GEORGE DANDIN.

MONSIEUR DE SOTENVILLE.

Monsieur, suis-je connu de vous?

CLITANDRE.

Non pas, que je sache, monsieur

MONSIEUR DE SOTENVILLE.

Je m'appelle le baron de Sotenville

CLITANDRE.

Je m'en réjouis fort.

MONSIEUR DE SOTENVILLE.

Mon nom est connu à la cour; et j'eus l'honneur, dans ma jeunesse, de me signaler des premiers à l'arrière-ban de Nancy.

CLITANDRE.

A la bonne heure.

ACTE I, SCENE V.

MONSIEUR DE SOTENVILLE.

Monsieur mon père, Jean-Gilles de Sotenville, eut la gloire d'assister en personne au grand siége de Montauban.

CLITANDRE.

J'en suis ravi.

MONSIEUR DE SOTENVILLE.

Et j'ai eu un aïeul, Bertrand de Sotenville, qui fut si considéré en son temps, que d'avoir permission de vendre tout son bien pour le voyage d'outre-mer.

CLITANDRE.

Je le veux croire.

MONSIEUR DE SOTENVILLE.

Il m'a été rapporté, monsieur, que vous aimez et poursuivez une jeune personne, qui est ma fille, pour laquelle je m'intéresse, (Montrant George Dandin.), et pour l'homme que vous voyez, qui a l'honneur d'être mon gendre.

CLITANDRE.

Qui? moi?

MONSIEUR DE SOTENVILLE.

Oui; et je suis bien aise de vous parler, pour tirer de vous, s'il vous plaît, un éclaircissement de cette affaire.

CLITANDRE.

Voilà une étrange médisance! Qui vous a dit cela, monsieur?

MONSIEUR DE SOTENVILLE.

Quelqu'un qui croit le bien savoir.

CLITANDRE.

Ce quelqu'un-là en a menti. Je suis honnête homme. Me croyez-vous capable, monsieur, d'une action aussi lâche que celle-là? Moi, aimer une jeune et belle personne qui a l'honneur d'être la fille de monsieur le baron de Sotenville! je vous révère trop pour cela, et suis trop votre serviteur. Quiconque vous l'a dit est un sot.

MONSIEUR DE SOTENVILLE.

Allons, mon gendre.

GEORGE DANDIN.

Quoi?

CLITANDRE.

C'est un coquin et un maraud.

MONSIEUR DE SOTENVILLE, à George Dandin.

Répondez.

GEORGE DANDIN.

Répondez vous-même.

CLITANDRE.

Si je savois qui ce peut être, je lui donnerois, en votre présence, de l'épée dans le ventre.

MONSIEUR DE SOTENVILLE, à George Dandin.

Soutenez donc la chose.

GEORGE DANDIN.

Elle est toute soutenue. Cela est vrai.

CLITANDRE.

Est-ce votre gendre, monsieur, qui...

MONSIEUR DE SOTENVILLE.

Oui, c'est lui-même qui s'en est plaint à moi.

CLITANDRE.

Certes, il peut remercier l'avantage qu'il a de vous appartenir; et, sans cela, je lui apprendrois bien à tenir de pareils discours d'une personne comme moi.

SCÈNE VI. — MONSIEUR et MADAME DE SOTENVILLE, ANGÉLIQUE, CLITANDRE, GEORGE DANDIN, CLAUDINE.

MADAME DE SOTENVILLE.

Pour ce qui est de cela, la jalousie est une étrange chose! J'amène ici ma fille pour éclaircir l'affaire en présence de tout le monde.

CLITANDRE, à Angélique.

Est-ce donc vous, madame, qui avez dit à votre mari que je suis amoureux de vous?

ANGÉLIQUE.

Moi? Et comment lui aurois-je dit? Est-ce que cela est? Je voudrois bien le voir, vraiment, que vous fussiez amoureux de moi! Jouez-vous-y, je vous en prie; vous trouverez à qui parler; c'est une chose que je vous conseille de faire. Ayez recours, pour voir, à tous les détours des amants : essayez un peu, par plaisir, à m'envoyer des ambassades, à m'écrire secrètement de petits billets doux, à épier les moments que mon mari n'y sera pas, ou le temps que je sortirai, pour me parler de votre amour; vous n'avez qu'à y venir, je vous promets que vous serez reçu comme il faut.

CLITANDRE.

Eh! la, la, madame, tout doucement. Il n'est pas nécessaire de me faire tant de leçons, et de vous tant scandaliser. Qui vous dit que je songe à vous aimer?

ANGÉLIQUE.

Que sais-je, moi, ce qu'on me vient conter ici?

CLITANDRE.

On dira ce que l'on voudra; mais vous savez si je vous ai parlé d'amour, lorsque je vous ai rencontrée.

ANGÉLIQUE.

Vous n'aviez qu'à le faire, vous auriez été bien venu!

CLITANDRE.

Je vous assure qu'avec moi vous n'avez rien à craindre; que je ne suis point homme à donner du chagrin aux belles; et que je vous respecte trop, et vous, et messieurs vos parents, pour avoir la pensée d'être amoureux de vous.

MADAME DE SOTENVILLE, à George Dandin

Eh bien, vous le voyez.

MONSIEUR DE SOTENVILLE.

Vous voilà satisfait, mon gendre. Que dites-vous à cela?

GEORGE DANDIN.

Je dis que ce sont là des contes à dormir debout; que je sais bien ce que je sais; et que tantôt, puisqu'il faut parler net, elle a reçu une ambassade de sa part.

ANGÉLIQUE.

Moi, j'ai reçu une ambassade?

CLITANDRE

J'ai envoyé une ambassade?

ANGÉLIQUE.

Claudine!

CLITANDRE, à Claudine.

Est-il vrai?

CLAUDINE.

Par ma foi, voilà une étrange fausseté!

GEORGE DANDIN.

Taisez-vous, carogne que vous êtes! Je sais de vos nouvelles; et c'est vous qui tantôt avez introduit le courrier.

CLAUDINE.

Qui? moi?

GEORGE DANDIN.

Oui, vous. Ne faites pas tant la sucrée.

CLAUDINE.

Hélas! que le monde aujourd'hui est rempli de méchanceté, de m'aller soupçonner ainsi, moi, qui suis l'innocence même!

GEORGE DANDIN.

Taisez-vous, bonne pièce[1]! Vous faites la sournoise, mais je vous connois il y a longtemps; et vous êtes une dessalée[2].

CLAUDINE, à Angélique.

Madame, est-ce que...

GEORGE DANDIN.

Taisez-vous, vous dis-je; vous pourriez bien porter la folle enchère de tous les autres; et vous n'avez point de père gentilhomme.

---

[1] Par ironie, *une bonne pièce*, c'est-à-dire *une pièce de monnaie fausse*; et, au figuré, *une méchante personne*. (Aimé Martin.)
[2] Une matoise, une égrillarde.

ANGÉLIQUE.

C'est une imposture si grande, et qui me touche si fort au cœur, que je ne puis pas même avoir la force d'y répondre. Cela est bien horrible, d'être accusée par un mari, lorsqu'on ne lui fait rien qui ne soit à faire! Hélas! si je suis blâmable de quelque chose, c'est d'en user trop bien avec lui.

CLAUDINE.

Assurément.

ANGÉLIQUE.

Tout mon malheur est de le trop considérer; et plût au ciel que je fusse capable de souffrir, comme il dit, les galanteries de quelqu'un! e ne serois pas tant à plaindre. Adieu; je me retire, et je ne puis plus endurer qu'on m'outrage de cette sorte.

SCÈNE VII. — MONSIEUR et MADAME DE SOTENVILLE, CLITANDRE, GEORGE DANDIN, CLAUDINE.

MADAME DE SOTENVILLE, à George Dandin.

Allez, vous ne méritez pas l'honnête femme qu'on vous a donnée.

CLAUDINE.

Par ma foi, il mériteroit qu'elle lui fît dire vrai; et, si j'étois en sa place, je n'y marchanderois pas. (A Clitandre.) Oui, monsieur, vous devez, pour le punir, faire l'amour à ma maîtresse. Poussez, c'est moi qui vous le dis; ce sera fort bien employé; et je m'offre à vous y servir, puisqu'il m'en a déjà taxée. (Claudine sort.)

MONSIEUR DE SOTENVILLE.

Vous méritez, mon gendre, qu'on vous dise ces choses-là; et votre procédé met tout le monde contre vous.

MADAME DE SOTENVILLE.

Allez, songez à mieux traiter une demoiselle bien née; et prenez garde désormais à ne plus faire de pareilles bévues.

GEORGE DANDIN, à part.

J'enrage de bon cœur d'avoir tort, lorsque j'ai raison!

SCÈNE VIII. — MONSIEUR DE SOTENVILLE, CLITANDRE, GEORGE DANDIN.

CLITANDRE, à monsieur de Sotenville.

Monsieur, vous voyez comme j'ai été faussement accusé : vous êtes homme qui savez les maximes du point d'honneur; et je vous demande raison de l'affront qui m'a été fait.

MONSIEUR DE SOTENVILLE.

Cela est juste, et c'est l'ordre des procédés. Allons, mon gendre, faites satisfaction à monsieur.

ACTE I, SCÈNE VIII.

GEORGE DANDIN.

Comment, satisfaction?

MONSIEUR DE SOTENVILLE.

Oui, cela se doit dans les règles, pour l'avoir à tort accusé.

GEORGE DANDIN.

C'est une chose, moi, dont je ne demeure pas d'accord, de l'avoir à tort accusé; et je sais bien ce que j'en pense.

MONSIEUR DE SOTENVILLE.

Il n'importe. Quelque pensée qui vous puisse rester, il a nié : c'est satisfaire les personnes; et l'on n'a nul droit de se plaindre de tout homme qui se dédit.

GEORGE DANDIN.

Si bien donc que si je le trouvois couché avec ma femme, il en seroit quitte pour se dédire?

MONSIEUR DE SOTENVILLE.

Point de raisonnement. Faites-lui les excuses que je vous dis.

GEORGE DANDIN.

Moi! je lui ferai encore des excuses après...

MONSIEUR DE SOTENVILLE.

Allons, vous dis-je, il n'y a rien à balancer; et vous n'avez que faire d'avoir peur d'en trop faire, puisque c'est moi qui vous conduis.

GEORGE DANDIN.

Je ne saurois...

MONSIEUR DE SOTENVILLE.

Corbleu! mon gendre, ne m'échauffez pas la bile. Je me mettrois avec lui contre vous. Allons, laissez-vous gouverner par moi.

GEORGE DANDIN, à part.

Ah! George Dandin!

MONSIEUR DE SOTENVILLE.

Votre bonnet à la main, le premier; monsieur est gentilhomme, et vous ne l'êtes pas.

GEORGE DANDIN, à part, le bonnet à la main.

J'enrage!

MONSIEUR DE SOTENVILLE.

Répétez après moi : Monsieur...

GEORGE DANDIN.

Monsieur...

MONSIEUR DE SOTENVILLE.

Je vous demande pardon... (Voyant que George Dandin fait difficulté de lui obéir.) Ah!

GEORGE DANDIN.

Je vous demande pardon...

MONSIEUR DE SOTENVILLE.

Des mauvaises pensées que j'ai eues de vous.

GEORGE DANDIN.

Des mauvaises pensées que j'ai eues de vous.

MONSIEUR DE SOTENVILLE.

C'est que je n'avois pas l'honneur de vous connoitre.

GEORGE DANDIN.

C'est que je n'avois pas l'honneur de vous connoitre.

MONSIEUR DE SOTENVILLE.

Et je vous prie de croire...

GEORGE DANDIN.

Et je vous prie de croire...

MONSIEUR DE SOTENVILLE.

Que je suis votre serviteur.

GEORGE DANDIN.

Voulez-vous que je sois serviteur d'un homme qui me veut faire cocu?

MONSIEUR DE SOTENVILLE, le menaçant encore.

Ah!

CLITANDRE.

Il suffit, monsieur.

MONSIEUR DE SOTENVILLE.

Non, je veux qu'il achève, et que tout aille dans les formes. Que je suis votre serviteur.

GEORGE DANDIN.

Que je suis votre serviteur.

CLITANDRE, à George Dandin.

Monsieur, je suis le vôtre de tout mon cœur; et je ne songe plus à ce qui s'est passé. (A monsieur de Sotenville.) Pour vous, monsieur, je vous donne le bonjour, et suis fâché du petit chagrin que vous avez eu.

MONSIEUR DE SOTENVILLE.

Je vous baise les mains; et, quand il vous plaira, je vous donnerai le divertissement de courre un lièvre.

CLITANDRE.

C'est trop de grâce que vous me faites. (Clitandre sort.)

MONSIEUR DE SOTENVILLE.

Voilà, mon gendre, comme il faut pousser les choses. Adieu. Sachez que vous êtes entré dans une famille qui vous donnera de l'appui et ne souffrira point que l'on vous fasse aucun affront.

SCÈNE IX. — GEORGE DANDIN, seul.

Ah! que je... Vous l'avez voulu; vous l'avez voulu, George Dandin, vous l'avez voulu; cela vous sied fort bien, et vous voilà ajusté comme il faut : vous avez justement ce que vous méritez. Allons, il s'agit seulement de désabuser le père et la mère; et je pourrai trouver peut-être quelque moyen d'y réussir.

ACTE SECOND

SCÈNE I. — CLAUDINE, LUBIN.

CLAUDINE.

Oui, j'ai bien deviné qu'il falloit que cela vînt de toi, et que tu l'eusses dit à quelqu'un qui l'ait rapporté à notre maître.

LUBIN.

Par ma foi, je n'en ai touché qu'un petit mot, en passant, à un homme, afin qu'il ne dit point qu'il m'avoit vu sortir; et il faut que les gens, en ce pays-ci, soient de grands babillards!

CLAUDINE.

Vraiment, ce monsieur le vicomte a bien choisi son monde, que de te prendre pour son ambassadeur; et il s'est allé servir là d'un homme bien chanceux.

LUBIN.

Va, une autre fois je serai plus fin, et je prendrai mieux garde à moi.

CLAUDINE.

Oui, oui, il sera temps!

LUBIN.

Ne parlons plus de cela. Écoute.

CLAUDINE.

Que veux-tu que j'écoute?

LUBIN.

Tourne un peu ton visage devers moi.

CLAUDINE.

Eh bien, qu'est-ce?

LUBIN.

Claudine!

CLAUDINE.

Quoi?

LUBIN.

Eh! la! ne sais-tu pas bien ce que je veux dire?

CLAUDINE.

Non.

LUBIN.

Morgué! je t'aime.

CLAUDINE.

Tout de bon?

LUBIN.

Oui, le diable m'emporte! tu peux me croire, puisque j'en jure.

CLAUDINE.

A la bonne heure.

LUBIN.

Je me sens tout tribouiller[1] le cœur quand je te regarde.

CLAUDINE.

Je m'en réjouis.

LUBIN.

Comment est-ce que tu fais pour être si jolie?

CLAUDINE.

Je fais comme font les autres.

LUBIN.

Vois-tu, il ne faut point tant de beurre pour faire un quarteron : si tu veux, tu seras ma femme, je serai ton mari, et nous serons tous deux mari et femme.

CLAUDINE.

Tu serois peut-être jaloux comme notre maître.

LUBIN.

Point.

CLAUDINE.

Pour moi, je hais les maris soupçonneux; et j'en veux un qui ne s'épouvante de rien, un si plein de confiance et si sûr de ma chasteté, qu'il me vît sans inquiétude au milieu de trente hommes.

LUBIN.

Eh bien, je serai tout comme cela.

CLAUDINE.

C'est la plus sotte chose du monde que de se défier d'une femme et de la tourmenter. La vérité de l'affaire est qu'on n'y gagne rien de bon : cela nous fait songer à mal; et ce sont souvent les maris qui, avec leurs vacarmes, se font eux-mêmes ce qu'ils sont.

LUBIN.

Eh bien, je te donnerai la liberté de faire tout ce qu'il te plaira.

CLAUDINE.

Voilà comme il faut faire pour n'être point trompé. Lorsqu'un mari se met à notre discrétion, nous ne prenons de liberté que ce qu'il nous en faut : et il en est comme avec ceux qui nous ouvrent leur bourse, et nous disent : Prenez. Nous en usons honnêtement, et nous nous contentons de la raison. Mais ceux qui nous chicanent, nous nous efforçons de les tondre, et nous ne les épargnons point.

LUBIN.

Va, je serai de ceux qui ouvrent leur bourse; et tu n'as qu'à te marier avec moi.

CLAUDINE.

Eh bien, bien, nous verrons.

LUBIN

Viens donc ici, Claudine.

[1] Vieux mot qui signifie *troubler, remuer.*

CLAUDINE.

Que veux-tu?

LUBIN.

Viens, te dis-je.

CLAUDINE.

Ah! doucement. Je n'aime point les patineurs.

LUBIN.

Eh! un petit brin d'amitié.

CLAUDINE.

Laisse-moi là, te dis-je; je n'entends pas raillerie.

LUBIN.

Claudine.

CLAUDINE, repoussant Lubin.

Hai!

LUBIN.

Ah! que tu es rude à pauvres gens! Fi! que cela est malhonnête de refuser les personnes! N'as-tu point de honte d'être belle, et de ne vouloir pas qu'on te caresse? Eh! la!

CLAUDINE.

Je te donnerai sur le nez.

LUBIN.

Oh! la farouche! la sauvage! Fi! pouah! la vilaine, qui est cruelle!

CLAUDINE.

Tu t'émancipes trop.

LUBIN.

Qu'est-ce que cela te coûteroit de me laisser un peu faire?

CLAUDINE.

Il faut que tu te donnes patience.

LUBIN.

Un petit baiser seulement, en rabattant sur notre mariage

CLAUDINE.

Je suis votre servante.

LUBIN.

Claudine, je t'en prie, sur l'et-tant-moins [1].

CLAUDINE.

Eh! que nenni! J'y ai déjà été attrapée. Adieu. Va-t'en, et dis à monsieur le vicomte que j'aurai soin de rendre son billet.

LUBIN.

Adieu, beauté rude ânière [2].

CLAUDINE.

Le mot est amoureux.

---

[1] Cette expression, peu connue, est empruntée de la pratique, et signifie *en déduction*: Je vous donnerai cela *sur et tant moins* de ce que je vous dois. (Bret.)
[2] *Rudanière*, d'une humeur farouche, sévère, brusque.

LUBIN.

Adieu, rocher, caillou, pierre de taille, et tout ce qu'il y a de plus dur au monde.

CLAUDINE, seule.

Je vais remettre aux mains de ma maîtresse... Mais la voici avec son mari : éloignons-nous, et attendons qu'elle soit seule.

SCÈNE II. — GEORGE DANDIN, ANGÉLIQUE.

GEORGE DANDIN.

Non, non; on ne m'abuse pas avec tant de facilité, et je ne suis que trop certain que le rapport que l'on m'a fait est véritable. J'ai de meilleurs yeux qu'on ne pense, et votre galimatias ne m'a point tantôt ébloui.

SCÈNE III. — CLITANDRE, ANGÉLIQUE, GEORGE DANDIN.

CLITANDRE, à part, dans le fond du théâtre.

Ah! la voilà; mais le mari est avec elle.

GEORGE DANDIN, sans voir Clitandre.

Au travers de toutes vos grimaces j'ai vu la vérité de ce que l'on m'a dit, et le peu de respect que vous avez pour le nœud qui nous joint. (Clitandre et Angélique se saluent.) Mon Dieu! laissez là votre révérence; ce n'est pas de ces sortes de respect dont je vous parle, et vous n'avez que faire de vous moquer.

ANGÉLIQUE.

Moi, me moquer! en aucune façon.

GEORGE DANDIN.

Je sais votre pensée, et connois.. (Clitandre et Angélique se saluent encore.) Encore! Ah! ne raillons point davantage. Je n'ignore pas qu'à cause de votre noblesse vous me tenez fort au-dessous de vous, et le respect que je vous veux dire ne regarde point ma personne; j'entends parler de celui que vous devez à des nœuds aussi vénérables que le sont ceux du mariage. (Angélique fait signe à Clitandre.) Il ne faut point lever les épaules, et je ne dis point de sottises.

ANGÉLIQUE.

Qui songe à lever les épaules?

GEORGE DANDIN.

Mon Dieu! nous voyons clair. Je vous dis, encore une fois, que le mariage est une chaîne à laquelle on doit porter toute sorte de respect; et que c'est fort mal fait à vous d'en user comme vous faites. (Angélique fait signe de la tête à Clitandre.) Oui, oui, mal fait à vous; et vous n'avez que faire de hocher la tête et de me faire la grimace.

ANGÉLIQUE.

Moi? je ne sais ce que vous voulez dire.

GEORGE DANDIN.

Je le sais fort bien, moi; et vos mépris me sont connus. Si je ne suis pas né noble, au moins suis-je d'une race où il n'y a point de reproche; et la famille des Dandins...

CLITANDRE, derrière Angélique, sans être aperçu de George Dandin.

Un moment d'entretien.

GEORGE DANDIN, sans voir Clitandre.

Eh?

ANGÉLIQUE.

Quoi? Je ne dis mot. (George Dandin tourne autour de sa femme, et Clitandre se retire en faisant une grande révérence à George Dandin.)

SCÈNE IV. — GEORGE DANDIN, ANGÉLIQUE.

GEORGE DANDIN.

Le voilà qui vient rôder autour de vous.

ANGÉLIQUE.

Eh bien, est-ce ma faute? Que voulez-vous que j'y fasse?

GEORGE DANDIN.

Je veux que vous y fassiez ce que fait une femme qui ne veut plaire qu'à son mari. Quoi qu'on en puisse dire, les galants n'obsèdent jamais que quand on le veut bien. Il y a un certain air doucereux qui les attire, ainsi que le miel fait les mouches; et les honnêtes femmes ont des manières qui les savent chasser d'abord.

ANGÉLIQUE.

Moi, les chasser! et par quelle raison? Je ne me scandalise point qu'on me trouve bien faite; et cela me fait du plaisir.

GEORGE DANDIN.

Oui! Mais quel personnage voulez-vous que joue un mari pendant cette galanterie?

ANGÉLIQUE.

Le personnage d'un honnête homme, qui est bien aise de voir sa femme considérée.

GEORGE DANDIN.

Je suis votre valet. Ce n'est pas là mon compte; et les Dandins ne sont point accoutumés à cette mode-là.

ANGÉLIQUE.

Oh! les Dandins s'y accoutumeront s'ils veulent; car, pour moi, je vous déclare que mon dessein n'est pas de renoncer au monde et de m'enterrer toute vive dans un mari. Comment! parce qu'un homme s'avise de nous épouser, il faut d'abord que toutes choses soient finies pour nous et que nous rompions tout commerce avec les vivants! C'est une chose merveilleuse que cette tyrannie de messieurs les maris; et je les trouve bons de vouloir qu'on soit morte à tous les divertissements et qu'on ne vive que pour eux! Je me moque de cela et ne veux point mourir si jeune.

GEORGE DANDIN.

C'est ainsi que vous satisfaites aux engagements de la foi que vous m'avez donnée publiquement?

ANGÉLIQUE.

Moi? je ne vous l'ai point donnée de bon cœur, et vous me l'avez arrachée. M'avez-vous, avant le mariage, demandé mon consentement et si je voulois bien de vous? Vous n'avez consulté, pour cela, que mon père et ma mère; ce sont eux, proprement, qui vous ont épousé, et c'est pourquoi vous ferez bien de vous plaindre toujours à eux des torts que l'on pourra vous faire. Pour moi, qui ne vous ai point dit de vous marier avec moi et que vous avez prise sans consulter mes sentiments, je prétends n'être point obligée à me soumettre en esclave à vos volontés; et je veux jouir, s'il vous plaît, de quelque nombre de beaux jours que m'offre la jeunesse, prendre les douces libertés que l'âge me permet, voir un peu le beau monde et goûter le plaisir de m'ouïr dire des douceurs. Préparez-vous-y, pour votre punition; et rendez grâces au ciel de ce que je ne suis pas capable de quelque chose de pis [1].

GEORGE DANDIN.

Oui! c'est ainsi que vous le prenez? Je suis votre mari, et je vous dis que je n'entends pas cela.

ANGÉLIQUE.

Moi, je suis votre femme, et je vous dis que je l'entends.

GEORGE DANDIN, à part.

Il me prend des tentations d'accommoder tout son visage à la compote et le mettre en état de ne plaire de sa vie aux diseurs de fleurettes. Ah! Allons, George Dandin; je ne pourrois me retenir, et il vaut mieux quitter la place.

SCÈNE V. — ANGÉLIQUE, CLAUDINE.

CLAUDINE.

J'avois, madame, impatience qu'il s'en allât, pour vous rendre ce mot de la part que vous savez.

ANGÉLIQUE.

Voyons. (Elle lit bas.)

[1] Il est difficile ici d'en croire Angélique sur sa parole : se bornera-t-elle toujours *à s'ouïr dire des douceurs?* George Dandin ne le croit pas, et le spectateur partage son incrédulité. (Auger.) — Au reste, Molière n'a pas rendu et ne devait pas rendre Angélique intéressante. (Aimé Martin.)

CLAUDINE, à part.

A ce que je puis remarquer, ce qu'on lui écrit ne lui déplaît pas trop.

ANGÉLIQUE.

Ah! Claudine, que ce billet s'explique d'une façon galante! Que, dans tous leurs discours et dans toutes leurs actions, les gens de cour ont un air agréable! Et qu'est-ce que c'est, auprès d'eux, que nos gens de province?

CLAUDINE.

Je crois qu'après les avoir vus les Dandins ne vous plaisent guère.

ANGÉLIQUE.

Demeure ici : je m'en vais faire la réponse.

CLAUDINE, seule.

Je n'ai pas besoin, que je pense, de lui recommander de la faire agréable. Mais voici...

SCÈNE VI. — CLITANDRE, LUBIN, CLAUDINE.

CLAUDINE.

Vraiment, monsieur, vous avez pris là un habile messager!

CLITANDRE.

Je n'ai pas osé envoyer de mes gens; mais, ma pauvre Claudine, il faut que je te récompense des bons offices que je sais que tu m'as rendus. (Il fouille dans sa poche.)

CLAUDINE.

Eh! monsieur, il n'est pas nécessaire. Non, monsieur, vous n'avez que faire de vous donner cette peine-là; et je vous rends service parce que vous le méritez, et que je me sens au cœur de l'inclination pour vous.

CLITANDRE, donnant de l'argent à Claudine.

Je te suis obligé.

LUBIN, à Claudine.

Puisque nous serons mariés, donne-moi cela, que je le mette avec le mien.

CLAUDINE.

Je te le garde, aussi bien que le baiser.

CLITANDRE, à Claudine.

Dis-moi, as-tu rendu mon billet à ta belle maîtresse?

CLAUDINE.

Oui. Elle est allée y répondre.

CLITANDRE.

Mais, Claudine, n'y a-t-il pas moyen que je la puisse entretenir?

CLAUDINE.

Oui : venez avec moi, je vous ferai parler à elle.

CLITANDRE.

Mais le trouvera-t-elle bon? et n'y a-t-il rien à risquer?

CLAUDINE.

Non, non. Son mari n'est pas au logis; et puis, ce n'est pas lui qu'elle a le plus à ménager; c'est son père et sa mère; et, pourvu qu'ils soient prévenus [1], tout le reste n'est point à craindre.

CLITANDRE.

Je m'abandonne à ta conduite.

LUBIN, seul.

Tétiguenne! que j'aurai là une habile femme! Elle a de l'esprit comme quatre.

SCÈNE VII. — GEORGE DANDIN, LUBIN.

GEORGE DANDIN, bas, à part.

Voici mon homme de tantôt. Plût au ciel qu'il pût se résoudre à vouloir rendre témoignage au père et à la mère de ce qu'ils ne veulent point croire!

LUBIN.

Ah! vous voilà, monsieur le babillard, à qui j'avois tant recommandé de ne point parler, et qui me l'aviez tant promis! Vous êtes donc un causeur, et vous allez redire ce que l'on vous dit en secret?

GEORGE DANDIN.

Moi?

LUBIN.

Oui. Vous avez été tout rapporter au mari, et vous êtes cause qu'il a fait du vacarme. Je suis bien aise de savoir que vous avez de la langue; et cela m'apprendra à ne vous plus rien dire.

GEORGE DANDIN.

Écoute, mon ami.

LUBIN.

Si vous n'aviez point babillé, je vous aurois conté ce qui se passe à cette heure; mais, pour votre punition, vous ne saurez rien du tout.

GEORGE DANDIN.

Comment! qu'est-ce qui se passe?

LUBIN.

Rien, rien. Voilà ce que c'est d'avoir causé; vous n'en tâterez plus, et je vous laisse sur la bonne bouche.

GEORGE DANDIN.

Arrête un peu.

LUBIN.

Point.

---

[1] *Et pourvu qu'ils soient prévenus*, c'est-à-dire pourvu qu'ils aient toujours la même prévention en faveur de leur fille. (Auger.)

GEORGE DANDIN.

Je ne te veux dire qu'un mot.

LUBIN.

Nennin, nennin. Vous avez envie de me tirer les vers du nez.

GEORGE DANDIN.

Non, ce n'est pas cela.

LUBIN.

Eh! quelque sot... Je vous vois venir.

GEORGE DANDIN.

C'est autre chose. Écoute.

LUBIN.

Point d'affaire. Vous voudriez que je vous disse que monsieur le vicomte vient de donner de l'argent à Claudine, et qu'elle l'a mené chez sa maîtresse. Mais je ne suis pas si bête.

GEORGE DANDIN.

De grâce...

LUBIN.

Non.

GEORGE DANDIN.

Je te donnerai...

LUBIN.

Tarare!

SCÈNE VIII. — GEORGE DANDIN, seul.

Je n'ai pu me servir, avec cet innocent, de la pensée que j'avois. Mais le nouvel avis qui lui est échappé feroit la même chose; et, si le galant est chez moi, ce seroit pour avoir raison aux yeux du père et de la mère, et les convaincre pleinement de l'effronterie de leur fille. Le mal de tout ceci, c'est que je ne sais comment faire pour profiter d'un tel avis. Si je rentre chez moi, je ferai évader le drôle; et, quelque chose que je puisse voir moi-même de mon déshonneur, je n'en serai point cru à mon serment, et l'on me dira que je rêve. Si, d'autre part, je vais quérir beau-père et belle-mère, sans être sûr de trouver chez moi le galant, ce sera la même chose, et je retomberai dans l'inconvénient de tantôt. Pourrois-je point m'éclaircir doucement s'il y est encore? (Après avoir regardé par le trou de la serrure.) Ah! ciel! il n'en faut plus douter, et je viens de l'apercevoir par le trou de la porte. Le sort me donne ici de quoi confondre ma partie; et, pour achever l'aventure, il fait venir à point nommé les juges dont j'avois besoin.

SCÈNE IX. — MONSIEUR et MADAME DE SOTENVILLE, GEORGE DANDIN.

GEORGE DANDIN.

Enfin, vous ne m'avez pas voulu croire tantôt, et votre fille l'a emporté sur moi; mais j'ai en main de quoi vous faire voir comme elle m'accommode; et, Dieu merci, mon déshonneur est si clair maintenant, que vous n'en pourrez plus douter.

MONSIEUR DE SOTENVILLE.

Comment! mon gendre, vous en êtes encore là-dessus?

GEORGE DANDIN.

Oui, j'y suis; et jamais je n'eus tant de sujet d'y être.

MADAME DE SOTENVILLE.

Vous nous venez encore étourdir la tête?

GEORGE DANDIN.

Oui, madame; et l'on fait bien pis à la mienne.

MONSIEUR DE SOTENVILLE.

Ne vous lassez-vous point de vous rendre importun?

GEORGE DANDIN.

Non; mais je me lasse fort d'être pris pour dupe.

MADAME DE SOTENVILLE.

Ne voulez-vous point vous défaire de vos pensées extravagantes?

GEORGE DANDIN.

Non, madame; mais je voudrois bien me défaire d'une femme qui me déshonore.

MADAME DE SOTENVILLE.

Jour de Dieu! notre gendre, apprenez à parler.

MONSIEUR DE SOTENVILLE.

Corbleu! cherchez des termes moins offensants que ceux-là.

GEORGE DANDIN.

Marchand qui perd ne peut rire.

MADAME DE SOTENVILLE.

Souvenez-vous que vous avez épousé une demoiselle.

GEORGE DANDIN.

Je m'en souviens assez, et ne m'en souviendrai que trop.

MONSIEUR DE SOTENVILLE.

Si vous vous en souvenez, songez donc à parler d'elle avec plus de respect.

GEORGE DANDIN.

Mais que ne songe-t-elle plutôt à me traiter plus honnêtement? Quoi! parce qu'elle est demoiselle, il faut qu'elle ait la liberté de me faire ce qui lui plaît, sans que j'ose souffler?

MONSIEUR DE SOTENVILLE.

Qu'avez-vous donc, et que pouvez-vous dire? N'avez-vous pas vu, ce matin, qu'elle s'est défendue de connoître celui dont vous m'étiez venu parler?

GEORGE DANDIN.

Oui. Mais vous, que pourrez-vous dire, si je vous fais voir maintenant que le galant est avec elle?

MADAME DE SOTENVILLE.

Avec elle?

GEORGE DANDIN.

Oui, avec elle, et dans ma maison.

MONSIEUR DE SOTENVILLE.

Dans votre maison?

GEORGE DANDIN.

Oui, dans ma propre maison.

MADAME DE SOTENVILLE.

Si cela est, nous serons pour vous contre elle.

MONSIEUR DE SOTENVILLE.

Oui. L'honneur de notre famille nous est plus cher que toute chose; et, si vous dites vrai, nous la renoncerons pour notre sang et l'abandonnerons à votre colère.

GEORGE DANDIN.

Vous n'avez qu'à me suivre.

MADAME DE SOTENVILLE.

Gardez de vous tromper.

MONSIEUR DE SOTENVILLE.

N'allez pas faire comme tantôt.

GEORGE DANDIN.

Mon Dieu! vous allez voir. (Montrant Clitandre, qui sort avec Angélique.) Tenez, ai-je menti?

SCÈNE X. — ANGÉLIQUE, CLITANDRE, CLAUDINE; MONSIEUR DE SOTENVILLE, MADAME DE SOTENVILLE, avec GEORGE DANDIN, dans le fond du théâtre.

ANGÉLIQUE, à Clitandre.

Adieu. J'ai peur qu'on ne vous surprenne ici, et j'ai quelques mesures à garder.

CLITANDRE.

Promettez-moi donc, madame, que je pourrai vous parler cette nuit.

ANGÉLIQUE.

J'y ferai mes efforts.

GEORGE DANDIN, à monsieur et à madame de Sotenville.

Approchons doucement par derrière, et tâchons de n'être point vus.

CLAUDINE, à Angélique.

Ah! madame, tout est perdu. Voilà votre père et votre mère, accompagnés de votre mari.

CLITANDRE.

Ah! ciel!

ANGÉLIQUE, bas, à Clitandre et à Claudine.

Ne faites pas semblant de rien, et me laissez faire tous deux. (Haut, à Clitandre.) Quoi! vous osez en user de la sorte après l'affaire de tantôt! et c'est ainsi que vous dissimulez vos sentiments! On me vient rapporter que vous avez de l'amour pour moi, et que vous faites des desseins de me solliciter; j'en témoigne mon dépit, et m'explique à vous clairement en présence de tout le monde; vous niez hautement la chose, et me donnez parole de n'avoir aucune pensée de m'offenser; et cependant, le même jour, vous prenez la hardiesse de venir chez moi me rendre visite, de me dire que vous m'aimez, et de me faire cent sots contes pour me persuader de répondre à vos extravagances: comme si j'étois femme à violer la foi que j'ai donnée à un mari, et m'éloigner jamais de la vertu que mes parents m'ont enseignée! Si mon père savoit cela, il vous apprendroit bien à tenter de ces entreprises! Mais une honnête femme n'aime point les éclats: je n'ai garde de lui en rien dire, (Après avoir fait signe à Claudine d'apporter un bâton.) et je veux vous montrer que, toute femme que je suis, j'ai assez de courage pour me venger moi-même des offenses que l'on me fait. L'action que vous avez faite n'est pas d'un gentilhomme, et ce n'est pas en gentilhomme aussi que je veux vous traiter. (Angélique prend le bâton et le lève sur Clitandre, qui se range de façon que les coups tombent sur George Dandin.)

CLITANDRE, criant comme s'il avoit été frappé.

Ah! ah! ah! ah! ah! doucement!

SCÈNE XI. — MONSIEUR et MADAME DE SOTENVILLE, ANGÉLIQUE, GEORGE DANDIN, CLAUDINE.

CLAUDINE.

Fort, madame! frappez comme il faut.

ANGÉLIQUE, faisant semblant de parler à Clitandre.

S'il vous demeure quelque chose sur le cœur, je suis pour vous répondre.

CLAUDINE.

Apprenez à qui vous vous jouez.

ANGÉLIQUE, faisant l'étonnée.

Ah! mon père, vous êtes là!

MONSIEUR DE SOTENVILLE.

Oui, ma fille; et je vois qu'en sagesse et en courage tu te montres un digne rejeton de la maison de Sotenville. Viens çà; approche-toi, que je t'embrasse.

MADAME DE SOTENVILLE.

Embrasse-moi aussi, ma fille. Las! je pleure de joie, et je reconnois mon sang aux choses que tu viens de faire.

MONSIEUR DE SOTENVILLE.

Mon gendre, que vous devez être ravi! et que cette aventure est pour vous pleine de douceurs! Vous aviez un juste sujet de vous alarmer; mais vos soupçons se trouvent dissipés le plus avantageusement du monde.

MADAME DE SOTENVILLE.

Sans doute, notre gendre, et vous devez maintenant être le plus content des hommes.

CLAUDINE.

Assurément. Voilà une femme, celle-là! Vous êtes trop heureux de l'avoir, et vous devriez baiser les pas où elle passe.

GEORGE DANDIN, à part.

Euh, traîtresse!

MONSIEUR DE SOTENVILLE.

Qu'est-ce, mon gendre? Que ne remerciez-vous un peu votre femme de l'amitié que vous voyez qu'elle montre pour vous?

ANGÉLIQUE.

Non, non, mon père; il n'est pas nécessaire. Il ne m'a aucune obligation de ce qu'il vient de voir; et tout ce que j'en fais n'est que pour l'amour de moi-même.

MONSIEUR DE SOTENVILLE.

Où allez-vous, ma fille?

ANGÉLIQUE.

Je me retire, mon père, pour ne me voir point obligée de recevoir ses compliments.

CLAUDINE, à George Dandin.

Elle a raison d'être en colère. C'est une femme qui mérite d'être adorée, et vous ne la traitez pas comme vous devriez.

GEORGE DANDIN, à part.

Scélérate!

SCÈNE XII. — MONSIEUR et MADAME DE SOTENVILLE, GEORGE DANDIN.

MONSIEUR DE SOTENVILLE.

C'est un petit ressentiment de l'affaire de tantôt, et cela se passera avec un peu de caresse que vous lui ferez. Adieu, mon gendre; vous voilà en état de ne vous plus inquiéter. Allez-vous-en faire la paix ensemble, et tâchez de l'apaiser par des excuses de votre emportement.

MADAME DE SOTENVILLE.

Vous devez considérer que c'est une fille élevée à la vertu, et qui n'est point accoutumée à se voir soupçonner d'aucune vilaine action. Adieu. Je suis ravie de voir vos désordres finis, et des transports de joie que vous doit donner sa conduite.

SCÈNE XIII. — GEORGE DANDIN, seul.

Je ne dis mot, car je ne gagnerois rien à parler; et jamais il ne s'est rien vu d'égal à ma disgrâce. Oui, j'admire mon malheur, et la subtile adresse de ma carogne de femme pour se donner toujours raison et me faire avoir tort. Est-il possible que toujours j'aurai du dessous avec elle! que les apparences toujours tourneront contre moi, et que je ne parviendrai point à convaincre mon effrontée! O ciel! seconde mes desseins, et m'accorde la grâce de faire voir aux gens que l'on me déshonore [1].

ACTE TROISIÈME

SCÈNE I. — CLITANDRE, LUBIN.

CLITANDRE.

La nuit est avancée, et j'ai peur qu'il ne soit trop tard. Je ne vois point à me conduire. Lubin!

LUBIN.

Monsieur?

CLITANDRE.

Est-ce par ici?

LUBIN.

Je pense que oui. Morgué! voilà une sotte nuit, d'être si noire que cela!

CLITANDRE.

Elle a tort, assurément; mais si, d'un côté, elle nous empêche de voir, elle empêche, de l'autre, que nous ne soyons vus.

LUBIN.

Vous avez raison, elle n'a pas tant de tort. Je voudrois bien savoir, monsieur, vous qui êtes savant, pourquoi il ne fait point jour la nuit?

CLITANDRE.

C'est une grande question, et qui est difficile. Tu es curieux, Lubin.

LUBIN.

Oui; si j'avois étudié, j'aurois été songer à des choses où on n'a jamais songé.

CLITANDRE.

Je le crois. Tu as la mine d'avoir l'esprit subtil et pénétrant.

LUBIN.

Cela est vrai. Tenez, j'explique du latin, quoique jamais je ne l'aie

---

[1] Tous les éléments dont le premier acte est formé se retrouvent exactement dans celui-ci; mais la situation devient plus vive et plus forte de scène en scène, et les moyens, quoique semblables au fond, sont variés dans la forme avec un art qui les fait paraître nouveaux. (Auger.)

appris; et, voyant l'autre jour écrit sur une grande porte *collegium*, je devinai que cela vouloit dire collége.

CLITANDRE.

Cela est admirable! Tu sais donc lire, Lubin?

LUBIN.

Oui, je sais lire la lettre moulée; mais je n'ai jamais su apprendre à lire l'écriture.

CLITANDRE.

Nous voici contre la maison. (Après avoir frappé dans ses mains.) C'est le signal que m'a donné Claudine.

LUBIN.

Par ma foi, c'est une fille qui vaut de l'argent; et je l'aime de tout mon cœur.

CLITANDRE.

Aussi t'ai-je amené avec moi pour l'entretenir.

LUBIN.

Monsieur, je vous suis...

CLITANDRE.

Chut! j'entends quelque bruit.

SCÈNE II. — ANGÉLIQUE, CLAUDINE, CLITANDRE, LUBIN.

ANGÉLIQUE.

Claudine!

CLAUDINE.

Eh bien?

ANGÉLIQUE.

Laisse la porte entr'ouverte.

CLAUDINE.

Voilà qui est fait. (Scène de nuit. Les acteurs se cherchent les uns les autres dans l'obscurité.)

CLITANDRE, à Lubin.

Ce sont elles. St.

ANGÉLIQUE.

St.

LUBIN.

St.

CLAUDINE.

St.

CLITANDRE, à Claudine, qu'il prend pour Angélique.

Madame!

ANGÉLIQUE, à Lubin, qu'elle prend pour Clitandre.

Quoi?

LUBIN, à Angélique, qu'il prend pour Claudine.

Claudine!

CLAUDINE, à Clitandre, qu'elle prend pour Lubin.

Qu'est-ce?

CLITANDRE, à Claudine, croyant parler à Angélique.

Ah! madame, que j'ai de joie!

LUBIN, à Angélique, croyant parler à Claudine.

Claudine! ma pauvre Claudine!

CLAUDINE, à Clitandre.

Doucement, monsieur.

ANGÉLIQUE, à Lubin.

Tout beau, Lubin.

CLITANDRE.

Est-ce toi, Claudine?

CLAUDINE.

Oui.

LUBIN.

Est-ce vous, madame?

ANGÉLIQUE.

Oui.

CLAUDINE, à Clitandre.

Vous avez pris l'une pour l'autre.

LUBIN, à Angélique.

Ma foi, la nuit, on n'y voit goutte.

ANGÉLIQUE.

Est-ce pas vous, Clitandre?

CLITANDRE.

Oui, madame.

ANGÉLIQUE.

Mon mari ronfle comme il faut, et j'ai pris ce temps pour nous entretenir ici.

CLITANDRE.

Cherchons quelque lieu pour nous asseoir.

CLAUDINE.

C'est fort bien avisé. (Angélique, Clitandre et Claudine, vont s'asseoir dans le fond du théâtre.)

LUBIN, cherchant Claudine.

Claudine! où est-ce que tu es?

SCÈNE III. — ANGÉLIQUE, CLITANDRE, CLAUDINE, assis au fond du théâtre; GEORGE DANDIN, à moitié déshabillé; LUBIN.

GEORGE DANDIN, à part.

J'ai entendu descendre ma femme, et je me suis vite habillé pour descendre après elle. Où peut-elle être allée? seroit-elle sortie?

LUBIN, cherchant Claudine, et prenant George Dandin pour Claudine.

Où es-tu donc, Claudine? Ah! te voilà. Par ma foi, ton maître est plaisamment attrapé; et je trouve ceci aussi drôle que les coups de bâton de tantôt, dont on m'a fait récit. Ta maîtresse dit qu'il ronfle, à cette heure, comme tous les diantres; et il ne sait pas que monsieur le vicomte et elle sont ensemble pendant qu'il dort. Je voudrois bien savoir quel songe il fait maintenant. Cela est tout à fait risible. De quoi s'avise-t-il aussi, d'être jaloux de sa femme, et de vouloir qu'elle soit à lui tout seul? C'est un impertinent, et monsieur le vicomte lui fait trop d'honneur. Tu ne dis mot, Claudine? Allons, suivons-les; et me donne ta petite menotte, que je la baise. Ah! que cela est doux! Il me semble que je mange des confitures. (A George Dandin, qu'il prend toujours pour Claudine, et qui le repousse rudement.) Tudieu! comme vous y allez! voilà une petite menotte qui est un peu bien rude.

GEORGE DANDIN.

Qui va là?

LUBIN.

Personne.

GEORGE DANDIN.

Il fuit, et me laisse informé de la nouvelle perfidie de ma coquine. Allons, il faut que, sans tarder, j'envoie appeler son père et sa mère, et que cette aventure me serve à me faire séparer d'elle. Holà! Colin! Colin!

SCÈNE IV. — ANGÉLIQUE, CLITANDRE, CLAUDINE, LUBIN, assis au fond du théâtre; GEORGE DANDIN, COLIN.

COLIN, à la fenêtre.

Monsieur?

GEORGE DANDIN.

Allons, vite ici-bas.

COLIN, sautant par la fenêtre.

M'y voilà, on ne peut pas plus vite.

GEORGE DANDIN.

Tu es là?

COLIN.

Oui, monsieur. (Pendant que George Dandin va chercher Colin du côté où il a entendu sa voix, Colin passe de l'autre, et s'endort.)

GEORGE DANDIN, se tournant du côté où il croit qu'est Colin.

Doucement. Parle bas. Écoute. Va-t'en chez mon beau-père et ma belle-mère, et dis que je les prie très-instamment de venir tout à l'heure ici. Entends-tu? Hé! Colin! Colin!

COLIN, de l'autre côté, se réveillant.

Monsieur?

GEORGE DANDIN.

Où diable es-tu?

COLIN.

Ici.

GEORGE DANDIN.

Peste soit du maroufle, qui s'éloigne de moi! (Pendant que George Dandin retourne du côté où il croit que Colin est resté, Colin, à moitié endormi, passe de l'autre côté, et se rendort.) Je te dis que tu ailles de ce pas trouver mon beau-père et ma belle-mère, et leur dire que je les conjure de se rendre ici tout à l'heure. M'entends-tu bien? Réponds. Colin! Colin!

COLIN, de l'autre côté, se réveillant.

Monsieur?

GEORGE DANDIN.

Voilà un pendard qui me fera enrager. Viens-t'en à moi. (Ils se rencontrent, et tombent tous deux.) Ah! le traître! il m'a estropié! Où est-ce que tu es? Approche, que je te donne mille coups. Je pense qu'il me fuit.

COLIN.

Assurément.

GEORGE DANDIN.

Veux-tu venir?

COLIN.

Nenni, ma foi.

GEORGE DANDIN.

Viens, te dis-je.

COLIN.

Point. Vous me voulez battre.

GEORGE DANDIN.

Eh bien, non, je ne te ferai rien.

COLIN.

Assurément?

GEORGE DANDIN.

Oui. Approche. (A Colin, qu'il tient par le bras.) Bon! Tu es bien heureux de ce que j'ai besoin de toi. Va-t'en vite, de ma part, prier mon beau-père et ma belle-mère de se rendre ici le plus tôt qu'ils pourront, et leur dis que c'est pour une affaire de la dernière conséquence; et, s'ils faisoient quelque difficulté, à cause de l'heure, ne manque pas de les presser et de leur bien faire entendre qu'il est très-important qu'ils viennent, en quelque état qu'ils soient. Tu m'entends bien maintenant?

COLIN.

Oui, monsieur.

GEORGE DANDIN.

Va vite, et reviens de même. (Se croyant seul.) Et moi, je vais rentrer dans ma maison, attendant que... Mais j'entends quelqu'un. Ne seroit-ce point ma femme? Il faut que j'écoute et me serve de l'obscurité qu'il fait. (George Dandin se range près de la porte de sa maison.)

SCÈNE V. — ANGÉLIQUE, CLITANDRE, CLAUDINE, LUBIN, GEORGE DANDIN.

ANGÉLIQUE, à Clitandre.

Adieu. Il est temps de se retirer.

CLITANDRE.

Quoi! sitôt?

ANGÉLIQUE.

Nous nous sommes assez entretenus.

CLITANDRE.

Ah! madame, puis-je assez vous entretenir, et trouver, en si peu de temps, toutes les paroles dont j'ai besoin? Il me faudroit des journées entières pour me bien expliquer à vous de tout ce que je sens; et je ne vous ai pas dit encore la moindre partie de ce que j'ai à vous dire.

ANGÉLIQUE.

Nous en écouterons une autre fois davantage.

CLITANDRE.

Hélas! de quel coup me percez-vous l'âme, lorsque vous parlez de vous retirer; et avec combien de chagrin m'allez-vous laisser maintenant!

ANGÉLIQUE.

Nous trouverons moyen de nous revoir.

CLITANDRE.

Oui. Mais je songe qu'en me quittant vous allez trouver un mari. Cette pensée m'assassine, et les priviléges qu'ont les maris sont des choses cruelles pour un amant qui aime bien.

ANGÉLIQUE.

Serez-vous assez foible pour avoir cette inquiétude, et pensez-vous qu'on soit capable d'aimer de certains maris qu'il y a? On les prend parce qu'on ne s'en peut défendre et que l'on dépend de parents qui n'ont des yeux que pour le bien; mais on sait leur rendre justice, et l'on se moque fort de les considérer au delà de ce qu'ils méritent.

GEORGE DANDIN, à part.

Voilà nos carognes de femmes!

CLITANDRE.

Ah! qu'il faut avouer que celui qu'on vous a donné étoit peu digne de l'honneur qu'il a reçu; et que c'est une étrange chose que l'assemblage qu'on a fait d'une personne comme vous avec un homme comme lui!

GEORGE DANDIN, à part.

Pauvres maris! voilà comme on vous traite.

CLITANDRE.

Vous méritez, sans doute, une tout autre destinée; et le ciel ne vous a point faite pour être la femme d'un paysan.

GEORGE DANDIN.

Plût au ciel! fût-elle la tienne! tu changerois bien de langage! Rentrons; c'en est assez. (George Dandin, étant rentré, ferme la porte en dedans.)

SCÈNE VI. — ANGÉLIQUE, CLITANDRE, CLAUDINE, LUBIN.

CLAUDINE.

Madame, si vous avez à dire du mal de votre mari, dépêchez vite, car il est tard.

CLITANDRE.

Ah! Claudine, que tu es cruelle!

ANGÉLIQUE, à Clitandre.

Elle a raison. Séparons-nous.

CLITANDRE.

Il faut donc s'y résoudre, puisque vous le voulez. Mais, au moins, je vous conjure de me plaindre un peu des méchants moments que je vais passer.

ANGÉLIQUE.

Adieu.

LUBIN.

Où es-tu, Claudine, que je te donne le bonsoir!

CLAUDINE.

Va, va, je le reçois de loin, et je t'en renvoie autant.

SCÈNE VII. — ANGÉLIQUE, CLAUDINE.

ANGÉLIQUE.

Rentrons sans faire de bruit.

CLAUDINE.

La porte s'est fermée.

ANGÉLIQUE.

J'ai le passe-partout.

CLAUDINE.

Ouvrez donc doucement.

ANGÉLIQUE.

On a fermé en dedans, et je ne sais comment nous ferons.

CLAUDINE.

Appelez le garçon qui couche là.

ANGÉLIQUE.

Colin! Colin! Colin!

SCÈNE VIII. — GEORGE DANDIN, ANGÉLIQUE, CLAUDINE.

GEORGE DANDIN, à la fenêtre.

Colin! Colin! Ah! je vous y prends donc, madame ma femme, et vous faites des *escampativos* pendant que je dors! Je suis bien aise de cela, et de vous voir dehors à l'heure qu'il est.

ANGÉLIQUE.

Eh bien, quel grand mal est-ce qu'il y a à prendre le frais de la nuit?

GEORGE DANDIN.

Oui, oui, l'heure est bonne à prendre le frais! C'est bien plutôt le chaud, madame la coquine; et nous savons toute l'intrigue du rendez-vous et du damoiseau. Nous avons entendu votre galant entretien, et les beaux vers à ma louange que vous avez dits l'un et l'autre. Mais ma consolation, c'est que je vais être vengé, et que votre père et votre mère seront convaincus maintenant de la justice de mes plaintes et du dérèglement de votre conduite. Je les ai envoyé querir, et ils vont être ici dans un moment.

ANGÉLIQUE, à part.

Ah! ciel!

CLAUDINE.

Madame!

GEORGE DANDIN.

Voilà un coup, sans doute, où vous ne vous attendiez pas. C'est maintenant que je triomphe, et j'ai de quoi mettre à bas votre orgueil et détruire vos artifices. Jusques ici vous avez joué mes accusations, ébloui vos parents et plâtré vos malversations. J'ai eu beau voir et beau dire, votre adresse toujours l'a emporté sur mon bon droit, et toujours vous avez trouvé moyen d'avoir raison; mais, à cette fois, Dieu merci, les choses vont être éclaircies, et votre effronterie sera pleinement confondue.

ANGÉLIQUE.

Eh! je vous prie, faites-moi ouvrir la porte.

GEORGE DANDIN.

Non, non: il faut attendre la venue de ceux que j'ai mandés, et je veux qu'ils vous trouvent dehors à la belle heure qu'il est. En attendant qu'ils viennent, songez, si vous voulez, à chercher dans votre tête quelque nouveau détour pour vous tirer de cette affaire; à inventer quelque moyen de rhabiller votre escapade; à trouver quelque belle ruse pour éluder ici les gens et paroître innocente, quelque prétexte spécieux de pèlerinage nocturne, ou d'amie en travail d'enfant, que vous veniez de secourir

ANGÉLIQUE.

Non. Mon intention n'est pas de vous rien déguiser. Je ne prétends point me défendre, ni vous nier les choses, puisque vous les savez.

GEORGE DANDIN.

C'est que vous voyez bien que tous les moyens vous en sont fermés, et que, dans cette affaire, vous ne sauriez inventer d'excuse qu'il ne me soit facile de convaincre de fausseté.

ANGÉLIQUE.

Oui, je confesse que j'ai tort et que vous avez sujet de vous plaindre. Mais je vous demande, par grâce, de ne m'exposer point maintenant à la mauvaise humeur de mes parents et de me faire promptement ouvrir.

GEORGE DANDIN.

Je vous baise les mains.

ANGÉLIQUE.

Eh! mon pauvre petit mari! Je vous en conjure!

GEORGE DANDIN.

Ah! mon pauvre petit mari! Je suis votre petit mari maintenant, parce que vous vous sentez prise. Je suis bien aise de cela; et vous ne vous étiez jamais avisée de me dire ces douceurs.

ANGÉLIQUE.

Tenez, je vous promets de ne vous plus donner aucun sujet de déplaisir, et de me...

GEORGE DANDIN.

Tout cela n'est rien. Je ne veux point perdre cette aventure; et il m'importe qu'on soit une fois éclairci à fond de vos déportements.

ANGÉLIQUE.

De grâce, laissez-moi vous dire. Je vous demande un moment d'audience.

GEORGE DANDIN.

Eh bien, quoi?

ANGÉLIQUE.

Il est vrai que j'ai failli, je vous l'avoue encore une fois; que votre ressentiment est juste; que j'ai pris le temps de sortir pendant que vous dormiez; et que cette sortie est un rendez-vous que j'avois donné à la personne que vous dites. Mais enfin ce sont des actions que vous devez pardonner à mon âge, des emportements de jeune personne qui n'a encore rien vu et ne fait que d'entrer au monde; des libertés où l'on s'abandonne, sans y penser de mal, et qui sans doute, dans le fond, n'ont rien de...

GEORGE DANDIN.

Oui : vous le dites, et ce sont de ces choses qui ont besoin qu'on les croie pieusement.

ANGÉLIQUE.

Je ne veux point m'excuser, par là, d'être coupable envers vous, et je vous prie seulement d'oublier une offense dont je vous demande pardon de tout mon cœur, et de m'épargner, en cette rencontre, le déplaisir que me pourroient causer les reproches fâcheux de mon père et de ma mère. Si vous m'accordez généreusement la grâce que je vous demande, ce procédé obligeant, cette bonté que vous me ferez voir, me gagnera entièrement; elle touchera tout à fait mon cœur, et y fera naître pour vous ce que tout le pouvoir de mes parents et les liens du mariage n'avoient pu y jeter. En un mot, elle sera cause que je renoncerai à toutes les galanteries et n'aurai de l'attachement que pour vous. Oui, je vous donne ma parole que vous m'allez voir désormais la meilleure femme du monde, et que je vous témoignerai tant d'amitié, tant d'amitié, que vous en serez satisfait.

GEORGE DANDIN.

Ah! crocodile, qui flattes les gens pour les étrangler!

ANGÉLIQUE.

Accordez-moi cette faveur.

GEORGE DANDIN.

Point d'affaires. Je suis inexorable.

ANGÉLIQUE.

Montrez-vous généreux.

GEORGE DANDIN.

Non.

ANGÉLIQUE.

De grâce!

GEORGE DANDIN.

Point.

ANGÉLIQUE.

Je vous en conjure de tout mon cœur.

GEORGE DANDIN.

Non, non, non. Je veux qu'on soit détrompé de vous et que votre confusion éclate.

ANGÉLIQUE.

Eh bien, si vous me réduisez au désespoir, je vous avertis qu'une femme, en cet état, est capable de tout, et que je ferai quelque chose ici dont vous vous repentirez.

GEORGE DANDIN

Eh! que ferez-vous, s'il vous plaît?

ANGÉLIQUE.

Mon cœur se portera jusqu'aux extrêmes résolutions; et, de ce couteau que voici, je me tuerai sur la place.

GEORGE DANDIN.

Ah! ah! A la bonne heure.

ANGÉLIQUE.

Pas tant à la bonne heure pour vous que vous vous imaginez. On sait de tous côtés nos différends, et les chagrins perpétuels que vous concevez contre moi. Lorsqu'on me trouvera morte, il n'y aura personne qui mette en doute que ce ne soit vous qui m'aurez tuée; et mes parents ne sont pas gens, assurément, à laisser cette mort impunie, et ils en feront, sur votre personne, toute la punition que leur pourront offrir et les poursuites de la justice et la chaleur de leur ressentiment. C'est par là que je trouverai moyen de me venger de vous; et je ne suis pas la première qui ait su recourir à de pareilles vengeances, qui n'ait pas fait difficulté de se donner la mort pour perdre ceux qui ont la cruauté de nous pousser à la dernière extrémité.

GEORGE DANDIN.

Je suis votre valet. On ne s'avise plus de se tuer soi-même, et la mode en est passée il y a longtemps.

ANGÉLIQUE.

C'est une chose dont vous pouvez vous tenir sûr; et, si vous persistez dans votre refus, si vous ne me faites ouvrir, je vous jure que, tout à l'heure, je vais vous faire voir jusques où peut aller la résolution d'une personne qu'on met au désespoir.

GEORGE DANDIN.

Bagatelles, bagatelles. C'est pour me faire peur.

ANGÉLIQUE.

Eh bien, puisqu'il le faut, voici qui nous contentera tous deux, et montrera si je me moque. (Après avoir fait semblant de se tuer.) Ah! c'en est fait. Fasse le ciel que ma mort soit vengée comme je le souhaite, et que celui qui en est la cause reçoive un juste châtiment de la dureté qu'il a eue pour moi!

GEORGE DANDIN.

Ouais! seroit-elle bien si malicieuse que de s'être tuée pour me faire pendre? Prenons un bout de chandelle pour aller voir.

SCÈNE IX. — ANGÉLIQUE, CLAUDINE.

ANGÉLIQUE, à Claudine.

St. Paix. Rangeons-nous chacune immédiatement contre un des côtés de la porte.

SCÈNE X. — ANGÉLIQUE et CLAUDINE, entrant dans la maison au moment que George Dandin en sort, et fermant la porte en dedans; GEORGE DANDIN, une chandelle a la main.

GEORGE DANDIN.

La méchanceté d'une femme iroit-elle bien jusque-là? (Seul, après avoir regardé partout.) Il n'y a personne! Eh! je m'en étois bien douté; et la pendarde s'est retirée, voyant qu'elle ne gagnoit rien après moi, ni par prières ni par menaces. Tant mieux! cela rendra ses affaires encore plus mauvaises; et le père et la mère, qui vont venir, en verront mieux son crime. (Après avoir été à la porte de sa maison pour rentrer.) Ah! ah! la porte s'est fermée. Holà! ho! quelqu'un! qu'on m'ouvre promptement!

SCÈNE XI. — ANGÉLIQUE et CLAUDINE, à la fenêtre; GEORGE DANDIN.

ANGÉLIQUE.

Comment! c'est toi? D'où viens-tu, bon pendard? Est-il l'heure de revenir chez soi, quand le jour est près de paroître; et cette manière de vie est-elle celle que doit suivre un honnête mari?

CLAUDINE.

Cela est-il beau, d'aller ivrogner toute la nuit et de laisser ainsi toute seule une pauvre jeune femme dans la maison?

GEORGE DANDIN.

Comment! vous avez...

ANGÉLIQUE.

Va, va, traître, je suis lasse de tes déportements, et je m'en veux plaindre, sans plus tarder, à mon père et à ma mère.

GEORGE DANDIN.

Quoi! c'est ainsi que vous osez...

SCÈNE XII. — MONSIEUR et MADAME DE SOTENVILLE, en déshabillé de nuit; COLIN, portant une lanterne; ANGÉLIQUE et CLAUDINE, à la fenêtre; GEORGE DANDIN.

ANGÉLIQUE, à monsieur et à madame de Sotenville.

Approchez, de grâce, et venez me faire raison de l'insolence la plus grande du monde, d'un mari à qui le vin et la jalousie ont troublé de telle sorte la cervelle, qu'il ne sait plus ni ce qu'il dit, ni ce qu'il fait, et vous a lui-même envoyé querir pour vous faire témoins de l'extravagance la plus étrange dont on ait jamais ouï parler. Le voilà qui revient, comme vous voyez, après s'être fait attendre toute la nuit; et, si vous voulez l'écouter, il vous dira qu'il a les plus grandes plaintes du monde à vous faire de moi; que, durant qu'il dormoit, je me suis dérobée d'auprès de lui pour m'en aller courir, et cent autres contes de même nature qu'il est allé rêver.

GEORGE DANDIN, à part.

Voilà une méchante carogne!

CLAUDINE.

Oui, il nous a voulu faire accroire qu'il étoit dans la maison et que nous en étions dehors; et c'est une folie qu'il n'y a pas moyen de lui ôter de la tête.

MONSIEUR DE SOTENVILLE.

Comment! Qu'est-ce à dire cela?

MADAME DE SOTENVILLE.
Voilà une furieuse impudence, que de nous envoyer querir!

GEORGE DANDIN.
Jamais...

ANGÉLIQUE.
Non, mon père, je ne puis plus souffrir un mari de la sorte : ma patience est poussée à bout; et il vient de me dire cent paroles injurieuses.

MONSIEUR DE SOTENVILLE, à George Dandin.
Corbleu! vous êtes un malhonnête homme.

CLAUDINE.
C'est une conscience de voir une pauvre jeune femme traitée de la façon; et cela crie vengeance au ciel.

GEORGE DANDIN.
Peut-on...

MONSIEUR DE SOTENVILLE.
Allez, vous devriez mourir de honte.

GEORGE DANDIN.
Laissez-moi vous dire deux mots.

ANGÉLIQUE.
Vous n'avez qu'à l'écouter : il va vous en conter de belles!

GEORGE DANDIN, à part.
Je désespère.

CLAUDINE.
Il a tant bu, que je ne pense pas qu'on puisse durer contre lui; et l'odeur du vin qu'il souffle est montée jusqu'à nous.

GEORGE DANDIN.
Monsieur mon beau-père, je vous conjure...

MONSIEUR DE SOTENVILLE.
Retirez-vous : vous puez le vin à pleine bouche.

GEORGE DANDIN.
Madame, je vous prie...

MADAME DE SOTENVILLE.
Fi! ne m'approchez pas : votre haleine est empestée.

GEORGE DANDIN, à monsieur de Sotenville.
Souffrez que je vous...

MONSIEUR DE SOTENVILLE.
Retirez-vous, vous dis-je, on ne peut vous souffrir.

GEORGE DANDIN, à madame de Sotenville.
Permettez, de grâce, que...

MADAME DE SOTENVILLE.
Pouah! vous m'engloutissez le cœur. Parlez de loin, si vous voulez.

GEORGE DANDIN.
Eh bien, oui, je parle de loin. Je vous jure que je n'ai bougé de chez moi, et que c'est elle qui est sortie.

ANGÉLIQUE.

Ne voilà pas ce que je vous ai dit?

CLAUDINE.

Vous voyez quelle apparence il y a.

MONSIEUR DE SOTENVILLE, à George Dandin.

Allez, vous vous moquez des gens. Descendez, ma fille, et venez ici.

SCÈNE XIII. — MONSIEUR et MADAME DE SOTENVILLE, GEORGE DANDIN, COLIN.

GEORGE DANDIN.

J'atteste le ciel que j'étois dans la maison, et que...

MONSIEUR DE SOTENVILLE.

Taisez-vous : c'est une extravagance qui n'est pas supportable.

GEORGE DANDIN.

Que la foudre m'écrase tout à l'heure, si...

MONSIEUR DE SOTENVILLE.

Ne nous rompez pas davantage la tête, et songez à demander pardon à votre femme.

GEORGE DANDIN.

Moi! demander pardon?

MONSIEUR DE SOTENVILLE.

Oui, pardon, et sur-le-champ.

GEORGE DANDIN.

Quoi! je...

MONSIEUR DE SOTENVILLE.

Corbleu! si vous me répliquez, je vous apprendrai ce que c'est que de vous jouer à nous.

GEORGE DANDIN.

Ah! George Dandin!

SCÈNE XIV. — MONSIEUR et MADAME DE SOTENVILLE, ANGÉLIQUE, GEORGE DANDIN, CLAUDINE, COLIN.

MONSIEUR DE SOTENVILLE.

Allons, venez, ma fille, que votre mari vous demande pardon.

ANGÉLIQUE.

Moi, lui pardonner tout ce qu'il m'a dit? Non, non, mon père, il m'est impossible de m'y résoudre; et je vous prie de me séparer d'un mari avec lequel je ne saurois plus vivre.

CLAUDINE.

Le moyen d'y résister!

MONSIEUR DE SOTENVILLE.

Ma fille, de semblables séparations ne se font point sans grand scandale; et vous devez vous montrer plus sage que lui, et patienter encore cette fois.

ANGÉLIQUE.

Comment patienter, après de telles indignités? Non, mon père; c'est une chose où je ne puis consentir.

MONSIEUR DE SOTENVILLE.

Il le faut, ma fille, et c'est moi qui vous le commande.

ANGÉLIQUE.

Ce mot me ferme la bouche; et vous avez sur moi une puissance absolue.

CLAUDINE.

Quelle douceur!

ANGÉLIQUE.

Il est fâcheux d'être contrainte d'oublier de telles injures; mais, quelque violence que je me fasse, c'est à moi de vous obéir.

CLAUDINE.

Pauvre mouton!

MONSIEUR DE SOTENVILLE, à Angélique.

Approchez.

ANGÉLIQUE.

Tout ce que vous me faites faire ne servira de rien; et vous verrez que ce sera dès demain à recommencer.

MONSIEUR DE SOTENVILLE.

Nous y donnerons ordre. (A George Dandin.) Allons, mettez-vous à genoux.

GEORGE DANDIN.

A genoux?

MONSIEUR DE SOTENVILLE.

Oui, à genoux, et sans tarder.

GEORGE DANDIN, à genoux, une chandelle à la main, à part.

O ciel! (A monsieur de Sotenville.) Que faut-il dire?

MONSIEUR DE SOTENVILLE.

Madame, je vous prie de me pardonner...

GEORGE DANDIN.

Madame, je vous prie de me pardonner...

MONSIEUR DE SOTENVILLE.

L'extravagance que j'ai faite...

GEORGE DANDIN.

L'extravagance que j'ai faite... (A part.) de vous épouser.

MONSIEUR DE SOTENVILLE.

Et je vous promets de mieux vivre à l'avenir.

GEORGE DANDIN.

Et je vous promets de mieux vivre à l'avenir.

MONSIEUR DE SOTENVILLE, à George Dandin.

Prenez-y garde, et sachez que c'est ici la dernière de vos impertinences que nous souffrirons.

MADAME DE SOTENVILLE.

Jour de Dieu! si vous y retournez, on vous apprendra le respect que vous devez à votre femme et à ceux de qui elle sort.

MONSIEUR DE SOTENVILLE.

Voilà le jour qui va paroître. Adieu. (A George Dandin.) Rentrez chez vous, et songez bien à être sage. (A madame de Sotenville.) Et nous, m'amour, allons nous mettre au lit.

SCÈNE XV. — GEORGE DANDIN, seul.

Ah! je le quitte maintenant, et je n'y vois plus de remède. Lorsqu'on a, comme moi, épousé une méchante femme, le meilleur parti qu'on puisse prendre, c'est de s'aller jeter dans l'eau, la tête la première [1].

L'AVARE

COMÉDIE EN CINQ ACTES

1669

PERSONNAGES

HARPAGON, père de Cléante et d'Élise, et amoureux de Mariane.
CLÉANTE, fils d'Harpagon, amant de Mariane.
ÉLISE, fille d'Harpagon, amante de Valère.
VALÈRE, fils d'Anselme, et amant d'Élise.
MARIANE, amante de Cléante, et aimée d'Harpagon.
ANSELME, père de Valère et de Mariane.
FROSINE, femme d'intrigue.
MAÎTRE SIMON, courtier.
MAÎTRE JACQUES, cuisinier et cocher d'Harpagon.
LA FLÈCHE, valet de Cléante.
DAME CLAUDE, servante d'Harpagon.
BRINDAVOINE, } laquais d'Harpagon.
LA MERLUCHE, }
Un COMMISSAIRE et son CLERC.

La scène est à Paris, dans la maison d'Harpagon.

---

[1] Le but de cette comédie était de montrer les inconvénients de ces alliances inégales, où un roturier riche achète, au poids de l'or, les mépris d'une famille noble et pauvre. (Auger.) — C'est, il faut le remarquer, l'unique fois que Molière ait représenté sur la scène une femme mariée manquant à ses devoirs. (Petitot.)

ACTE PREMIER

SCÈNE I. — VALÈRE, ÉLISE.

VALÈRE.

Eh quoi! charmante Élise, vous devenez mélancolique, après les obligeantes assurances que vous avez eu la bonté de me donner de votre foi! Je vous vois soupirer, hélas! au milieu de ma joie! Est-ce du regret, dîtes-moi, de m'avoir fait heureux? et vous repentez-vous de cet engagement où mes feux ont pu vous contraindre?

ÉLISE.

Non, Valère, je ne puis pas me repentir de tout ce que je fais pour vous. Je m'y sens entraîner par une trop douce puissance, et je n'ai pas même la force de souhaiter que les choses ne fussent pas. Mais, à vous dire vrai, le succès me donne de l'inquiétude; et je crains fort de vous aimer un peu plus que je ne devrois.

VALÈRE.

Eh! que pouvez-vous craindre, Élise, dans les bontés que vous avez pour moi?

ÉLISE.

Hélas! cent choses à la fois : l'emportement d'un père, les reproches d'une famille, les censures du monde; mais, plus que tout, Valère, le changement de votre cœur, et cette froideur criminelle dont ceux de votre sexe payent le plus souvent les témoignages trop ardents d'une innocente amour.

VALÈRE.

Ah! ne me faites pas ce tort, de juger de moi par les autres! Soupçonnez-moi de tout, Élise, plutôt que de manquer à ce que je vous dois. Je vous aime trop pour cela, et mon amour pour vous durera autant que ma vie.

ÉLISE.

Ah! Valère, chacun tient les mêmes discours! Tous les hommes sont semblables par les paroles; et ce n'est que les actions qui les découvrent différents.

VALÈRE.

Puisque les seules actions font connoître ce que nous sommes, attendez donc, au moins, à juger de mon cœur par elles, et ne me cherchez point des crimes dans les injustes craintes d'une fâcheuse prévoyance. Ne m'assassinez point, je vous prie, par les sensibles coups d'un soupçon outrageux, et donnez-moi le temps de vous convaincre, par mille et mille preuves, de l'honnêteté de mes feux.

ÉLISE.

Hélas! qu'avec facilité on se laisse persuader par les personnes que l'on aime! Oui, Valère, je tiens votre cœur incapable de m'abuser. Je crois que vous m'aimez d'un véritable amour, et que vous me serez fidèle : je n'en veux point du tout douter, et je retranche mon chagrin aux appréhensions du blâme qu'on pourra me donner.

VALÈRE.

Mais pourquoi cette inquiétude?

ÉLISE.

Je n'aurois rien à craindre si tout le monde vous voyoit des yeux dont je vous vois; et je trouve en votre personne de quoi avoir raison aux choses que je fais pour vous. Mon cœur, pour sa défense, a tout votre mérite, appuyé du secours d'une reconnoissance où le ciel m'engage envers vous. Je me représente, à toute heure, ce péril étonnant qui commença de nous offrir aux regards l'un de l'autre; cette générosité surprenante qui vous fit risquer votre vie, pour dérober la mienne à la fureur des ondes; ces soins pleins de tendresse que vous me fîtes éclater après m'avoir tirée de l'eau, et les hommages assidus de cet ardent amour que ni le temps ni les difficultés n'ont rebuté, et qui, vous faisant négliger et parents et patrie, arrête vos pas en ces lieux, y tient en ma faveur votre fortune déguisée, et vous a réduit, pour me voir, à vous revêtir de l'emploi de domestique de mon père. Tout cela fait chez moi, sans doute, un merveilleux effet; et c'en est assez à mes yeux pour me justifier l'engagement où j'ai pu consentir; mais ce n'est pas assez peut-être pour le justifier aux autres, et je ne suis pas sûre qu'on entre dans mes sentiments.

VALÈRE.

De tout ce que vous avez dit, ce n'est que par mon seul amour que je prétends, auprès de vous, mériter quelque chose; et, quant aux scrupules que vous avez, votre père lui-même ne prend que trop de soin de vous justifier à tout le monde; et l'excès de son avarice et la manière austère dont il vit avec ses enfants pourroient autoriser des choses plus étranges[1]. Pardonnez-moi, charmante Élise, si j'en parle ainsi devant vous. Vous savez que, sur ce chapitre, on n'en peut pas dire de bien. Mais enfin, si je puis, comme je l'espère, retrouver mes parents, nous n'aurons pas beaucoup de peine à nous les rendre favorables. J'en attends des nouvelles avec impatience, et j'en irai chercher moi-même, si elles tardent à venir.

ÉLISE.

Ah! Valère, ne bougez d'ici, je vous prie, et songez seulement à vous bien mettre dans l'esprit de mon père.

VALÈRE.

Vous voyez comme je m'y prends, et les adroites complaisances

---

[1] Ceci annonce, prépare et justifie d'avance, en quelque sorte, la conduite au moins *étrange* que les enfants d'Harpagon, le fils surtout, vont tenir envers leur père. (Auger.)

qu'il m'a fallu mettre en usage pour m'introduire à son service; sous quel masque de sympathie et de rapports de sentiments je me déguise pour lui plaire, et quel personnage je joue tous les jours avec lui, afin d'acquérir sa tendresse. J'y fais des progrès admirables; et j'éprouve que, pour gagner les hommes, il n'est point de meilleure voie que de se parer, à leurs yeux, de leurs inclinations, que de donner dans leurs maximes, encenser leurs défauts, et applaudir à ce qu'ils font. On n'a que faire d'avoir peur de trop charger la complaisance, et la manière dont on les joue a beau être visible, les plus fins toujours sont de grandes dupes du côté de la flatterie; et il n'y a rien de si impertinent et de si ridicule qu'on ne fasse avaler, lorsqu'on l'assaisonne en louanges. La sincérité souffre un peu au métier que je fais; mais, quand on a besoin des hommes, il faut bien s'ajuster à eux; et, puisqu'on ne sauroit les gagner que par là, ce n'est pas la faute de ceux qui flattent, mais de ceux qui veulent être flattés.

ÉLISE.

Mais que ne tâchez-vous aussi à gagner l'appui de mon frère, en cas que la servante s'avisât de révéler notre secret?

VALÈRE.

On ne peut pas ménager l'un et l'autre; et l'esprit du père et celui du fils sont des choses si opposées, qu'il est difficile d'accommoder ces deux confidences ensemble. Mais vous, de votre part, agissez auprès de votre frère, et servez-vous de l'amitié qui est entre vous deux pour le jeter dans nos intérêts. Il vient. Je me retire. Prenez ce temps pour lui parler, et ne lui découvrez de notre affaire que ce que vous jugerez à propos.

ÉLISE.

Je ne sais si j'aurai la force de lui faire cette confidence.

SCÈNE II. — CLÉANTE, ÉLISE.

CLÉANTE.

Je suis bien aise de vous trouver seule, ma sœur; je brûlois de vous parler, pour m'ouvrir à vous d'un secret.

ÉLISE.

Me voilà prête à vous ouïr, mon frère. Qu'avez-vous à me dire?

CLÉANTE.

Bien des choses, ma sœur, enveloppées dans un mot. J'aime.

ÉLISE.

Vous aimez?

CLÉANTE.

Oui, j'aime. Mais, avant que d'aller plus loin, je sais que je dépends d'un père, et que le nom de fils me soumet à ses volontés; que nous ne devons point engager notre foi sans le consentement de ceux

ACTE I, SCÈNE II.

dont nous tenons le jour; que le ciel les a faits les maîtres de nos vœux, et qu'il nous est enjoint de n'en disposer que par leur conduite; que, n'étant prévenus d'aucune folle ardeur, ils sont en état de se tromper bien moins que nous, et de voir beaucoup mieux ce qui nous est propre; qu'il en faut plutôt croire les lumières de leur prudence que l'aveuglement de notre passion; et que l'emportement de la jeunesse nous entraîne le plus souvent dans des précipices fâcheux. Je vous dis tout cela, ma sœur, afin que vous ne vous donniez pas la peine de me le dire; car, enfin, mon amour ne veut rien écouter, et je vous prie de ne me point faire de remontrances.

ÉLISE.

Vous êtes-vous engagé, mon frère, avec celle que vous aimez?

CLÉANTE.

Non: mais j'y suis résolu, et je vous conjure encore une fois de ne me point apporter de raisons pour m'en dissuader.

ÉLISE.

Suis-je, mon frère, une si étrange personne?

CLÉANTE.

Non, ma sœur; mais vous n'aimez pas; vous ignorez la douce violence qu'un tendre amour fait sur nos cœurs; et j'appréhende votre sagesse.

ÉLISE.

Hélas! mon frère, ne parlons point de ma sagesse; il n'est personne qui n'en manque, du moins une fois en sa vie; et, si je vous ouvre mon cœur, peut-être serai-je à vos yeux bien moins sage que vous.

CLÉANTE.

Ah! plût au ciel que votre âme, comme la mienne...

ÉLISE.

Finissons auparavant votre affaire, et me dites qui est celle que vous aimez.

CLÉANTE.

Une jeune personne qui loge depuis peu en ces quartiers, et qui semble être faite pour donner de l'amour à tous ceux qui la voient. La nature, ma sœur, n'a rien formé de plus aimable, et je me sentis transporté dès le moment que je la vis. Elle se nomme Mariane, et vit sous la conduite d'une bonne femme de mère qui est presque toujours malade, et pour qui cette aimable fille a des sentiments d'amitié qui ne sont pas imaginables. Elle la sert, la plaint et la console avec une tendresse qui vous toucheroit l'âme. Elle se prend d'un air le plus charmant du monde aux choses qu'elle fait; et l'on voit briller mille grâces en toutes ses actions, une douceur pleine d'attraits, une bonté tout engageante, une honnêteté adorable, une... Ah! ma sœur, je voudrois que vous l'eussiez vue.

ÉLISE.

J'en vois beaucoup, mon frère, dans les choses que vous me dites; et, pour comprendre ce qu'elle est, il suffit que vous l'aimez.

CLÉANTE.

J'ai découvert sous main qu'elles ne sont pas fort accommodées[1], et que leur discrète conduite a de la peine à étendre à tous leurs besoins le bien qu'elles peuvent avoir. Figurez-vous, ma sœur, quelle joie ce peut être que de relever la fortune d'une personne que l'on aime; que de donner adroitement quelques petits secours aux modestes nécessités d'une vertueuse famille; et concevez quel déplaisir ce m'est de voir que, par l'avarice d'un père, je sois dans l'impuissance de goûter cette joie et de faire éclater à cette belle aucun témoignage de mon amour.

ÉLISE.

Oui, je conçois assez, mon frère, quel doit être votre chagrin.

CLÉANTE.

Ah! ma sœur, il est plus grand qu'on ne peut croire. Car, enfin, peut-on rien voir de plus cruel que cette rigoureuse épargne qu'on exerce sur nous, que cette sécheresse étrange où l'on nous fait languir? Eh! que nous servira d'avoir du bien, s'il ne nous vient que dans le temps que nous ne serons plus dans le bel âge d'en jouir, et si, pour m'entretenir même, il faut que maintenant je m'engage de tous côtés; si je suis réduit avec vous à chercher tous les jours le secours des marchands, pour avoir moyen de porter des habits raisonnables? Enfin, j'ai voulu vous parler pour m'aider à sonder mon père sur les sentiments où je suis; et, si je l'y trouvois contraire, j'ai résolu d'aller en d'autres lieux, avec cette aimable personne, jouir de la fortune que le ciel voudra nous offrir. Je fais chercher partout, pour ce dessein, de l'argent à emprunter; et, si vos affaires, ma sœur, sont semblables aux miennes, et qu'il faille que notre père s'oppose à nos désirs, nous le quitterons là tous deux, et nous affranchirons de cette tyrannie où nous tient depuis si longtemps son avarice insupportable[2].

ÉLISE.

Il est bien vrai que tous les jours il nous donne de plus en plus sujet de regretter la mort de notre mère, et que...

CLÉANTE.

J'entends sa voix; éloignons-nous un peu pour achever notre confidence; et nous joindrons après nos forces pour venir attaquer la dureté de son humeur.

---

[1] C'est-à-dire, qu'*elles n'ont pas beaucoup de bien.*
[2] Déjà se manifestent le mépris, la haine des enfants pour leur père; déjà commencent le châtiment de l'avare et la leçon morale de l'ouvrage.

SCÈNE III. — HARPAGON, LA FLÈCHE.

HARPAGON.

Hors d'ici tout à l'heure, et qu'on ne réplique pas! Allons, que l'on détale de chez moi, maître juré filou, vrai gibier de potence!

LA FLÈCHE, à part.

Je n'ai jamais rien vu de si méchant que ce maudit vieillard; et je pense, sauf correction, qu'il a le diable au corps.

HARPAGON.

Tu murmures entre tes dents?

LA FLÈCHE.

Pourquoi me chassez-vous?

HARPAGON.

C'est bien à toi, pendard, à me demander des raisons? Sors vite, que je ne t'assomme!

LA FLÈCHE.

Qu'est-ce que je vous ai fait?

HARPAGON.

Tu m'as fait que je veux que tu sortes.

LA FLÈCHE.

Mon maître, votre fils, m'a donné ordre de l'attendre.

HARPAGON.

Va-t'en l'attendre dans la rue, et ne sois point dans ma maison, planté tout droit comme un piquet, à observer ce qui se passe, et faire ton profit de tout. Je ne veux point avoir sans cesse devant moi un espion de mes affaires, un traître dont les yeux maudits assiégent toutes mes actions, dévorent ce que je possède, et furètent de tous côtés pour voir s'il n'y a rien à voler.

LA FLÈCHE.

Comment diantre voulez-vous qu'on fasse pour vous voler? Êtes-vous un homme volable, quand vous renfermez toutes choses, et faites sentinelle jour et nuit?

HARPAGON.

Je veux renfermer ce que bon me semble, et faire sentinelle comme il me plaît. Ne voilà pas de mes mouchards, qui prennent garde à ce qu'on fait? (Bas, à part.) Je tremble qu'il n'ait soupçonné quelque chose de mon argent. (Haut.) Ne serois-tu point un homme à faire courir le bruit que j'ai chez moi de l'argent caché?

LA FLÈCHE.

Vous avez de l'argent caché?

HARPAGON.

Non, coquin, je ne dis pas cela. (Bas.) J'enrage! (Haut.) Je demande si, malicieusement, tu n'irois point faire courir le bruit que j'en ai.

LA FLÈCHE.

Eh! que nous importe que vous en ayez, ou que vous n'en ayez pas, si c'est pour nous la même chose?

HARPAGON, levant la main pour donner un soufflet à la Flèche.

Tu fais le raisonneur! Je te baillerai de ce raisonnement-ci par les oreilles! Sors d'ici, encore une fois.

LA FLÈCHE.

Eh bien, je sors.

HARPAGON.

Attends : ne m'emportes-tu rien?

LA FLÈCHE.

Que vous emporterois-je?

HARPAGON.

Viens, viens çà, que je voie. Montre-moi tes mains.

LA FLÈCHE.

Les voilà.

HARPAGON.

Les autres.

LA FLÈCHE.

Les autres?

HARPAGON.

Oui.

LA FLÈCHE.

Les voilà

HARPAGON, montrant les hauts-de-chausses de la Flèche.

N'as-tu rien mis ici dedans?

LA FLÈCHE.

Voyez vous-même.

HARPAGON, tâtant le bas des chausses de la Flèche.

Ces grands hauts-de-chausses sont propres à devenir les recéleurs des choses qu'on dérobe; et je voudrois qu'on en eût fait pendre quelqu'un.

LA FLÈCHE, à part.

Ah! qu'un homme comme cela mériteroit bien ce qu'il craint! et que j'aurois de joie à le voler!

HARPAGON.

Heu?

LA FLÈCHE

Quoi?

HARPAGON.

Qu'est-ce que tu parles de voler?

LA FLÈCHE.

Je vous dis que vous fouilliez bien partout, pour voir si je vous ai volé.

ACTE I, SCÈNE III.

HARPAGON.

C'est ce que je veux faire. (Harpagon fouille dans les poches de la Flèche.)

LA FLÈCHE, à part.

La peste soit de l'avarice et des avaricieux!

HARPAGON.

Comment? que dis-tu?

LA FLÈCHE.

Ce que je dis?

HARPAGON.

Oui; qu'est-ce que tu dis d'avarice et d'avaricieux?

LA FLÈCHE.

Je dis que la peste soit de l'avarice et des avaricieux.

HARPAGON.

De qui veux-tu parler?

LA FLÈCHE.

Des avaricieux.

HARPAGON.

Et qui sont-ils, ces avaricieux?

LA FLÈCHE.

Des vilains et des ladres.

HARPAGON.

Mais qui est-ce que tu entends par là?

LA FLÈCHE.

De quoi vous mettez-vous en peine?

HARPAGON.

Je me mets en peine de ce qu'il faut.

LA FLÈCHE.

Est-ce que vous croyez que je veux parler de vous?

HARPAGON.

Je crois ce que je crois; mais je veux que tu me dises à qui tu parles quand tu dis cela.

LA FLÈCHE.

Je parle... je parle à mon bonnet.

HARPAGON.

Et moi, je pourrois bien parler à ta barrette [1].

LA FLÈCHE.

M'empêcherez-vous de maudire les avaricieux?

HARPAGON.

Non; mais je t'empêcherai de jaser et d'être insolent. Tais-toi!

LA FLÈCHE.

Je ne nomme personne.

HARPAGON.

Je te rosserai si tu parles.

---

[1] La barrette était une espèce de bonnet à l'usage des laquais et des paysans de quelques provinces. Il ne se dit plus que du bonnet carré rouge des cardinaux.

LA FLÈCHE.

Qui se sent morveux, qu'il se mouche.

HARPAGON.

Te tairas-tu?

LA FLÈCHE

Oui, malgré moi.

HARPAGON.

Ah! ah!

LA FLÈCHE, montrant à Harpagon une poche de son justaucorps.

Tenez, voilà encore une poche : êtes-vous satisfait?

HARPAGON.

Allons, rends-le-moi sans te fouiller.

LA FLÈCHE.

Quoi?

HARPAGON.

Ce que tu m'as pris.

LA FLÈCHE.

Je ne vous ai rien pris du tout.

HARPAGON.

Assurément?

LA FLÈCHE

Assurément.

HARPAGON.

Adieu. Va-t'en à tous les diables!

LA FLÈCHE, à part.

Me voilà fort bien congédié.

HARPAGON.

Je te le mets sur ta conscience, au moins.

SCÈNE IV. — HARPAGON, seul.

Voilà un pendard de valet qui m'incommode fort; et je ne me plais point à voir ce chien de boiteux-là. Certes, ce n'est pas une petite peine que de garder chez soi une grande somme d'argent; et bien heureux qui a tout son fait bien placé, et ne conserve seulement que ce qu'il faut pour sa dépense! On n'est pas peu embarrassé à inventer, dans toute une maison, une cache fidèle; car, pour moi, les coffres-forts me sont suspects, et je ne veux jamais m'y fier. Je les tiens justement une franche amorce à voleurs; et c'est toujours la première chose que l'on va attaquer.

SCÈNE V. — HARPAGON; ÉLISE et CLÉANTE, parlant ensemble, et restant dans le fond du théâtre.

HARPAGON, se croyant seul.

Cependant je ne sais si j'aurai bien fait d'avoir enterré dans mon jardin dix mille écus qu'on me rendit hier. Dix mille écus en or chez soi est une somme assez... (A part, apercevant Élise et Cléante.) O ciel! je me serai trahi moi-même! la chaleur m'aura emporté, et je crois que j'ai parlé haut en raisonnant tout seul. (A Cléante et à Élise.) Qu'est-ce?

CLÉANTE.

Rien, mon père.

HARPAGON.

Y a-t-il longtemps que vous êtes là?

ÉLISE.

Nous ne venons que d'arriver.

HARPAGON.

Vous avez entendu...

CLÉANTE.

Quoi, mon père?

HARPAGON.

Là...

ÉLISE.

Quoi?

HARPAGON.

Ce que je viens de dire?

CLÉANTE.

Non.

HARPAGON.

Si fait, si fait.

ÉLISE.

Pardonnez-moi.

HARPAGON.

Je vois bien que vous en avez ouï quelques mots. C'est que je m'entretenois en moi-même de la peine qu'il y a aujourd'hui à trouver de l'argent, et je disois qu'il est bien heureux qui peut avoir dix mille écus chez soi.

CLÉANTE.

Nous feignions[1] à vous aborder, de peur de vous interrompre.

HARPAGON.

Je suis bien aise de vous dire cela, afin que vous n'alliez pas prendre les choses de travers, et vous imaginer que je dise que c'est moi qui ai dix mille écus.

CLÉANTE.

Nous n'entrons point dans vos affaires.

HARPAGON.

Plût à Dieu que je les eusse, dix mille écus!

[1] *Feindre*, dans le sens d'*hésiter*.

CLÉANTE.
Je ne crois pas...
HARPAGON.
Ce seroit une bonne affaire pour moi.
ÉLISE.
Ce sont des choses...
HARPAGON.
J'en aurois bon besoin.
CLÉANTE.
Je pense que...
HARPAGON.
Cela m'accommoderoit fort.
ÉLISE.
Vous êtes...
HARPAGON.
Et je ne me plaindrois pas, comme je fais, que le temps est misérable.
CLÉANTE.
Mon Dieu! mon père, vous n'avez pas lieu de vous plaindre, et l'on sait que vous avez assez de bien.
HARPAGON.
Comment, j'ai assez de bien! Ceux qui le disent en ont menti. Il n'y a rien de plus faux; et ce sont des coquins qui font courir tous ces bruits-là.
ÉLISE.
Ne vous mettez point en colère.
HARPAGON.
Cela est étrange, que mes propres enfants me trahissent, et deviennent mes ennemis!
CLÉANTE.
Est-ce être votre ennemi que de dire que vous avez du bien?
HARPAGON.
Oui. De pareils discours, et les dépenses que vous faites, seront cause qu'un de ces jours on viendra chez moi me couper la gorge, dans la pensée que je suis tout cousu de pistoles.
CLÉANTE.
Quelle grande dépense est-ce que je fais?
HARPAGON.
Quelle? Est-il rien de plus scandaleux que ce somptueux équipage que vous promenez par la ville? Je querellois hier votre sœur; mais c'est encore pis. Voilà qui crie vengeance au ciel; et, à vous prendre depuis les pieds jusqu'à la tête, il y auroit là de quoi faire une bonne constitution. Je vous l'ai dit vingt fois, mon fils, toutes vos manières me déplaisent fort; vous donnez furieusement dans le marquis; et, pour aller ainsi vêtu, il faut bien que vous me dérobiez.

CLÉANTE.

Éh! comment vous dérober?

HARPAGON.

Que sais-je, moi? Où pouvez-vous donc prendre de quoi entretenir l'état que vous portez?

CLÉANTE.

Moi, mon père? c'est que je joue; et, comme je suis fort heureux, je mets sur moi tout l'argent que je gagne.

HARPAGON.

C'est fort mal fait. Si vous êtes heureux au jeu, vous en devriez profiter, et mettre à honnête intérêt l'argent que vous gagnez, afin de le trouver un jour. Je voudrois bien savoir, sans parler du reste, à quoi servent tous ces rubans dont vous voilà lardé depuis les pieds jusqu'à la tête, et si une demi-douzaine d'aiguillettes ne suffit pas pour attacher un haut-de-chausses. Il est bien nécessaire d'employer de l'argent à des perruques, lorsque l'on peut porter des cheveux de son cru, qui ne coûtent rien! Je vais gager qu'en perruques et rubans il y a du moins vingt pistoles; et vingt pistoles rapportent par année dix-huit livres six sous huit deniers, à ne les placer qu'au denier douze[1].

CLÉANTE.

Vous avez raison.

HARPAGON.

Laissons cela, et parlons d'autre affaire. (Apercevant Cléante et Élise qui se font des signes.) Éh! (Bas, à part.) Je crois qu'ils se font signe l'un à l'autre de me voler ma bourse. (Haut.) Que veulent dire ces gestes-là?

ÉLISE.

Nous marchandons, mon frère et moi, à qui parlera le premier; et nous avons tous deux quelque chose à vous dire.

HARPAGON.

Et moi, j'ai quelque chose aussi à vous dire à tous deux.

CLÉANTE.

C'est de mariage, mon père, que nous désirons vous parler.

HARPAGON.

Et c'est de mariage aussi que je veux vous entretenir.

ÉLISE.

Ah! mon père!

HARPAGON.

Pourquoi ce cri? Est-ce le mot, ma fille, ou la chose qui vous fait peur?

CLÉANTE.

Le mariage peut nous faire peur à tous deux, de la façon que vous

---

[1] Un denier d'intérêt pour douze prêtés; c'est-à-dire à huit un tiers pour cent comme on diroit aujourd'hui.

pouvez l'entendre; et nous craignons que nos sentiments ne soient pas d'accord avec votre choix.

HARPAGON.

Un peu de patience; ne vous alarmez point. Je sais ce qu'il faut à tous deux, et vous n'aurez, ni l'un ni l'autre, aucun lieu de vous plaindre de tout ce que je prétends faire; et, pour commencer par un bout, (A Cléante.) avez-vous vu, dites-moi, une jeune personne appelée Mariane, qui ne loge pas loin d'ici?

CLÉANTE.

Oui, mon père.

HARPAGON, à Élise.

Et vous?

ÉLISE.

J'en ai ouï parler.

HARPAGON.

Comment, mon fils, trouvez-vous cette fille?

CLÉANTE.

Une fort charmante personne.

HARPAGON.

Sa physionomie?

CLÉANTE.

Tout honnête et pleine d'esprit.

HARPAGON.

Son air et sa manière?

CLÉANTE.

Admirables, sans doute.

HARPAGON.

Ne croyez-vous pas qu'une fille comme cela mériteroit assez que l'on songeât à elle?

CLÉANTE.

Oui, mon père.

HARPAGON.

Que ce seroit un parti souhaitable?

CLÉANTE.

Très-souhaitable.

HARPAGON.

Qu'elle a toute la mine de faire un bon ménage?

CLÉANTE.

Sans doute.

HARPAGON.

Et qu'un mari auroit satisfaction avec elle?

CLÉANTE.

Assurément.

HARPAGON.

Il y a une petite difficulté : c'est que j'ai peur qu'il n'y ait pas avec elle tout le bien qu'on pourroit prétendre.

CLÉANTE.

Ah! mon père, le bien n'est pas considérable [1], lorsqu'il est question d'épouser une honnête personne.

HARPAGON.

Pardonnez-moi, pardonnez-moi. Mais ce qu'il y a à dire, c'est que, si l'on n'y trouve pas tout le bien qu'on souhaite, on peut tâcher de regagner cela sur autre chose.

CLÉANTE.

Cela s'entend.

HARPAGON.

Enfin, je suis bien aise de vous voir dans mes sentiments : car son maintien honnête et sa douceur m'ont gagné l'âme, et je suis résolu de l'épouser, pourvu que j'y trouve quelque bien.

CLÉANTE.

Heu?

HARPAGON.

Comment?

CLÉANTE.

Vous êtes résolu, dites-vous...

HARPAGON.

D'épouser Mariane.

CLÉANTE.

Qui? Vous, vous?

HARPAGON.

Oui, moi, moi, moi. Que veut dire cela?

CLÉANTE.

Il m'a pris tout à coup un éblouissement, et je me retire d'ici.

HARPAGON.

Cela ne sera rien. Allez vite boire dans la cuisine un grand verre d'eau claire.

SCÈNE VI. — HARPAGON, ÉLISE.

HARPAGON.

Voilà de mes damoiseaux flouets [2], qui n'ont non plus de vigueur que des poules. C'est là, ma fille, ce que j'ai résolu pour moi. Quant à ton frère, je lui destine une certaine veuve dont, ce matin, on m'est venu parler; et, pour toi, je te donne au seigneur Anselme.

ÉLISE.

Au seigneur Anselme?

[1] Digne de considération, d'attention.
[2] Fluets, délicats, sans vigueur.

HARPAGON.

Oui, un homme mûr, prudent et sage, qui n'a pas plus de cinquante ans, et dont on vante les grands biens.

ÉLISE, faisant la révérence.

Je ne veux point me marier, mon père, s'il vous plaît.

HARPAGON, contrefaisant Élise.

Et moi, ma petite fille, ma mie, je veux que vous vous mariiez, s'il vous plaît.

ÉLISE, faisant encore la révérence.

Je vous demande pardon, mon père.

HARPAGON, contrefaisant Élise.

Je vous demande pardon, ma fille.

ÉLISE.

Je suis très-humble servante au seigneur Anselme; mais, (Faisant encore la révérence.) avec votre permission, je ne l'épouserai point.

HARPAGON.

Je suis votre très-humble valet; mais, (Contrefaisant Élise.) avec votre permission, vous l'épouserez dès ce soir.

ÉLISE.

Dès ce soir?

HARPAGON.

Dès ce soir.

ÉLISE, faisant encore la révérence.

Cela ne sera pas, mon père.

HARPAGON, contrefaisant encore Élise.

Cela sera, ma fille.

ÉLISE.

Non.

HARPAGON.

Si.

ÉLISE.

Non, vous dis-je.

HARPAGON.

Si, vous dis-je.

ÉLISE.

C'est une chose où vous ne me réduirez point.

HARPAGON.

C'est une chose où je te réduirai.

ÉLISE.

Je me tuerai plutôt que d'épouser un tel mari.

HARPAGON.

Tu ne te tueras point, et tu l'épouseras. Mais voyez quelle audace! A-t-on jamais vu une fille parler de la sorte à son père?

ÉLISE.

Mais a-t-on jamais vu un père marier sa fille de la sorte?

HARPAGON.

C'est un parti où il n'y a rien à redire; et je gage que tout le monde approuvera mon choix.

ÉLISE.

Et moi, je gage qu'il ne sauroit être approuvé d'aucune personne raisonnable.

HARPAGON, apercevant Valère de loin.

Voilà Valère. Veux-tu qu'entre nous deux nous le fassions juge de cette affaire?

ÉLISE.

J'y consens.

HARPAGON.

Te rendras-tu à son jugement?

ÉLISE.

Oui; j'en passerai par ce qu'il dira.

HARPAGON.

Voilà qui est fait.

SCÈNE VII. — VALÈRE, HARPAGON, ÉLISE.

HARPAGON.

Ici, Valère. Nous t'avons élu pour nous dire qui a raison de ma fille ou de moi.

VALÈRE.

C'est vous, monsieur, sans contredit.

HARPAGON.

Sais-tu bien de quoi nous parlons?

VALÈRE.

Non. Mais vous ne sauriez avoir tort, et vous êtes toute raison.

HARPAGON.

Je veux, ce soir, lui donner pour époux un homme aussi riche que sage; et la coquine me dit au nez qu'elle se moque de le prendre. Que dis-tu de cela?

VALÈRE.

Ce que j'en dis?

HARPAGON.

Oui.

VALÈRE.

Eh! eh!

HARPAGON.

Quoi?

VALÈRE.

Je dis que, dans le fond, je suis de votre sentiment, et vous ne pouvez pas que vous n'ayez raison [1]. Mais aussi n'a-t-elle pas tort tout à fait, et...

HARPAGON.

Comment? le seigneur Anselme est un parti considérable; c'est un gentilhomme qui est noble [2], doux, posé, sage et fort accommodé, et auquel il ne reste aucun enfant de son premier mariage. Sauroit-elle mieux rencontrer?

VALÈRE.

Cela est vrai. Mais elle pourroit vous dire que c'est un peu précipiter les choses, et qu'il faudroit au moins quelque temps pour voir si son inclination pourroit s'accommoder avec...

HARPAGON.

C'est une occasion qu'il faut prendre vite aux cheveux. Je trouve ici un avantage qu'ailleurs je ne trouverois pas ; et il s'engage à la prendre sans dot.

VALÈRE.

Sans dot?

HARPAGON.

Oui.

VALÈRE.

Ah! je ne dis plus rien. Voyez-vous? voilà une raison tout à fait convaincante; il se faut rendre à cela.

HARPAGON.

C'est pour moi une épargne considérable.

VALÈRE.

Assurément; cela ne reçoit point de contradiction. Il est vrai que votre fille vous peut représenter que le mariage est une plus grande affaire qu'on ne peut croire; qu'il y va d'être heureux ou malheureux toute sa vie; et qu'un engagement qui doit durer jusqu'à la mort ne se doit jamais faire qu'avec de grandes précautions.

HARPAGON.

Sans dot!

VALÈRE.

Vous avez raison : voilà qui décide tout; cela s'entend. Il y a des gens qui pourroient vous dire qu'en de telles occasions l'inclination d'une fille est une chose, sans doute, où l'on doit avoir de l'égard; et

---

[1] *Vous ne pouvez pas que*, latinisme, *non possum quin*. Boileau a dit aussi, dans la *Satire sur les Femmes:*

> Je ne puis cette fois que je ne les excuse!
> (Ch. Louandre.)

[2] *Ce gentilhomme qui est noble* est certainement un trait de satire contre les faux nobles, dont le nombre était fort considérable. Molière y revient plus loin, acte V, scène v : « Le monde aujourd'hui n'est plein que de ces larrons de noblesse, que de ces imposteurs qui tirent avantage de leur obscurité, et s'habillent insolemment du premier nom illustre qu'ils s'avisent de prendre. » (Auger.)

que cette grande inégalité d'âge, d'humeur et de sentiments, rend un mariage sujet à des accidents très-fâcheux..

HARPAGON.

Sans dot!

VALÈRE.

Ah! il n'y a pas de réplique à cela; on le sait bien. Qui diantre peut aller là contre? Ce n'est pas qu'il n'y ait quantité de pères qui aimeroient mieux ménager la satisfaction de leurs filles que l'argent qu'ils pourroient donner; qui ne les voudroient point sacrifier à l'intérêt, et chercheroient plus que toute autre chose à mettre dans un mariage cette douce conformité qui, sans cesse, y maintient l'honneur, la tranquillité et la joie; et que...

HARPAGON.

Sans dot!

VALÈRE.

Il est vrai; cela ferme la bouche à tout. Sans dot! Le moyen de résister à une raison comme celle-là?

HARPAGON, à part, regardant du côté du jardin.

Ouais! il me semble que j'entends un chien qui aboie. N'est-ce point qu'on en voudroit à mon argent? (A Valère.) Ne bougez; je reviens tout à l'heure.

SCÈNE VIII. — ÉLISE, VALÈRE.

ÉLISE.

Vous moquez-vous, Valère, de lui parler comme vous faites?

VALÈRE.

C'est pour ne point l'aigrir, et pour en venir mieux à bout. Heurter de front ses sentiments est le moyen de tout gâter; et il y a de certains esprits qu'il ne faut prendre qu'en biaisant; des tempéraments ennemis de toute résistance; des naturels rétifs, que la vérité fait cabrer, qui toujours se roidissent contre le droit chemin de la raison, et qu'on ne mène qu'en tournant où l'on veut les conduire. Faites semblant de consentir à ce qu'il veut, vous en viendrez mieux à vos fins: et...

ÉLISE.

Mais ce mariage, Valère!

VALÈRE.

On cherchera des biais pour le rompre.

ÉLISE.

Mais quelle invention trouver, s'il se doit conclure ce soir?

VALÈRE.

Il faut demander un délai, et feindre quelque maladie.

ÉLISE.

Mais on découvrira la feinte, si l'on appelle des médecins.

VALÈRE.

Vous moquez-vous? Y connoissent-ils quelque chose? Allez, allez, vous pourrez avec eux avoir quel mal il vous plaira; ils vous trouveront des raisons pour vous dire d'où cela vient.

SCÈNE IX. — HARPAGON, ÉLISE, VALÈRE.

HARPAGON, à part, dans le fond du théâtre.

Ce n'est rien, Dieu merci.

VALÈRE, sans voir Harpagon.

Enfin, notre dernier recours, c'est que la fuite nous peut mettre à couvert de tout; et, si votre amour, belle Élise, est capable d'une fermeté... (Apercevant Harpagon.) Oui, il faut qu'une fille obéisse à son père. Il ne faut point qu'elle regarde comme un mari est fait; et, lorsque la grande raison de *sans dot* s'y rencontre, elle doit être prête à prendre tout ce qu'on lui donne.

HARPAGON.

Bon; voilà bien parler, cela!

VALÈRE.

Monsieur, je vous demande pardon si je m'emporte un peu, et prends la hardiesse de lui parler comme je fais.

HARPAGON.

Comment! j'en suis ravi, et je veux que tu prennes sur elle un pouvoir absolu. (A Élise.) Oui, tu as beau fuir, je lui donne l'autorité que le ciel me donne sur toi, et j'entends que tu fasses tout ce qu'il te dira.

VALÈRE, à Élise.

Après cela, résistez à mes remontrances.

SCÈNE X. — HARPAGON, VALÈRE.

VALÈRE.

Monsieur, je vais la suivre, pour lui continuer les leçons que je lui faisois.

HARPAGON.

Oui; tu m'obligeras. Certes...

VALÈRE.

Il est bon de lui tenir un peu la bride haute.

HARPAGON.

Cela est vrai. Il faut...

VALÈRE.

Ne vous mettez pas en peine. Je crois que j'en viendrai à bout.

HARPAGON.

Fais, fais. Je m'en vais faire un petit tour en ville, et reviens tout à l'heure.

VALÈRE, adressant la parole à Élise, en s'en allant du côté par où elle est sortie.

Oui, l'argent est plus précieux que toutes les choses du monde, et vous devez rendre grâces au ciel de l'honnête homme de père qu'il vous a donné. Il sait ce que c'est que de vivre. Lorsqu'on s'offre de prendre une fille sans dot, on ne doit point regarder plus avant. Tout est renfermé là dedans; et *sans dot* tient lieu de beauté, de jeunesse, de naissance, d'honneur, de sagesse et de probité.

HARPAGON.

Ah! le brave garçon! Voilà parler comme un oracle. Heureux qui peut avoir un domestique de la sorte!

ACTE SECOND

SCÈNE I. — CLÉANTE, LA FLÈCHE.

CLÉANTE.

Ah! traître que tu es! où t'es-tu donc allé fourrer? Ne t'avois-je pas donné ordre...

LA FLÈCHE.

Oui, monsieur; et je m'étois rendu ici pour vous attendre de pied ferme; mais monsieur votre père, le plus mal gracieux des hommes, m'a chassé dehors malgré moi, et j'ai couru risque d'être battu.

CLÉANTE.

Comment va notre affaire? Les choses pressent plus que jamais; et, depuis que je t'ai vu, j'ai découvert que mon père est mon rival.

LA FLÈCHE.

Votre père amoureux?

CLÉANTE.

Oui; et j'ai eu toutes les peines du monde à lui cacher le trouble où cette nouvelle m'a mis.

LA FLÈCHE.

Lui, se mêler d'aimer! De quoi diable s'avise-t-il? Se moque-t-il du monde? Et l'amour a-t-il été fait pour des gens bâtis comme lui?

CLÉANTE.

Il a fallu, pour mes péchés, que cette passion lui soit venue en tête.

LA FLÈCHE.

Mais par quelle raison lui faire un mystère de votre amour?

CLÉANTE.

Pour lui donner moins de soupçon, et me conserver, au besoin, des ouvertures plus aisées pour détourner ce mariage. Quelle réponse t'a-t-on faite?

LA FLÈCHE.

Ma foi, monsieur, ceux qui empruntent sont bien malheureux; et il faut essuyer d'étranges choses lorsqu'on est réduit à passer, comme vous, par les mains des fesse-matthieux.

CLÉANTE.

L'affaire ne se fera point?

LA FLÈCHE.

Pardonnez-moi. Notre maître Simon, le courtier qu'on nous a donné, homme agissant et plein de zèle, dit qu'il a fait rage pour vous, et il assure que votre seule physionomie lui a gagné le cœur.

CLÉANTE.

J'aurai les quinze mille francs que je demande?

LA FLÈCHE.

Oui; mais à quelques petites conditions qu'il faudra que vous acceptiez, si vous avez dessein que les choses se fassent.

CLÉANTE.

T'a-t-il fait parler à celui qui doit prêter l'argent?

LA FLÈCHE.

Ah! vraiment, cela ne va pas de la sorte. Il apporte encore plus de soin à se cacher que vous, et ce sont des mystères bien plus grands que vous ne pensez. On ne veut point du tout dire son nom; et l'on doit aujourd'hui l'aboucher avec vous dans une maison empruntée, pour être instruit par votre bouche de votre bien et de votre famille; et je ne doute point que le seul nom de votre père ne rende les choses faciles.

CLÉANTE.

Et principalement ma mère étant morte, dont on ne peut m'ôter le bien [1].

LA FLÈCHE.

Voici quelques articles qu'il a dictés lui-même à notre entremetteur, pour vous être montrés avant que de rien faire.

« Supposé que le prêteur voie toutes ses sûretés, et que l'emprun-
« teur soit majeur, et d'une famille où le bien soit ample, solide, as-
« suré, clair, et net de tout embarras, on fera une bonne et exacte
« obligation par-devant un notaire, le plus honnête homme qu'il se
« pourra, et qui, pour cet effet, sera choisi par le prêteur, auquel il
« importe le plus que l'acte soit dûment dressé. »

CLÉANTE.

Il n'y a rien à dire à cela.

LA FLÈCHE.

« Le prêteur, pour ne charger sa conscience d'aucun scrupule,
« prétend ne donner son argent qu'au denier dix-huit [2]. »

---

[1] VAR. Et principalement *notre* mère étant morte, etc.
[2] C'est-à-dire un denier d'intérêt pour dix-huit prêtés; ce qui équivaut à un peu plus de cinq et demi pour cent.

CLÉANTE.

Au denier dix-huit? Parbleu! voilà qui est honnête. Il n'y a pas lieu se plaindre.

LA FLÈCHE.

Cela est vrai.

« Mais, comme ledit prêteur n'a pas chez lui la somme dont il est
« question, et que, pour faire plaisir à l'emprunteur, il est contraint
« lui-même de l'emprunter d'un autre sur le pied du denier cinq[1],
« il conviendra que ledit premier emprunteur paye cet intérêt, sans
« préjudice du reste, attendu que ce n'est que pour l'obliger que
« ledit prêteur s'engage à cet emprunt. »

CLÉANTE.

Comment diable! quel Juif, quel Arabe est-ce là? C'est plus qu'au denier quatre[2].

LA FLÈCHE.

Il est vrai; c'est ce que j'ai dit. Vous avez à voir là-dessus.

CLÉANTE.

Que veux-tu que je voie? J'ai besoin d'argent, et il faut bien que je consente à tout.

LA FLÈCHE.

C'est la réponse que j'ai faite.

CLÉANTE.

Il y a encore quelque chose?

LA FLÈCHE.

Ce n'est plus qu'un petit article.

« Des quinze mille francs qu'on demande, le prêteur ne pourra
« compter en argent que douze mille livres; et, pour les mille écus
« restants, il faudra que l'emprunteur prenne les hardes, nippes, bi-
« joux dont s'ensuit le mémoire, et que ledit prêteur a mis, de bonne
« foi, au plus modique prix qu'il lui a été possible. »

CLÉANTE.

Que veut dire cela?

LA FLÈCHE.

Écoutez le mémoire.

« Premièrement, un lit de quatre pieds à bandes de point de Hon-
« grie, appliquées fort proprement sur un drap de couleur d'olive,
« avec six chaises et la courtepointe de même : le tout bien condi-
« tionné, et doublé d'un petit taffetas changeant rouge et bleu.

« Plus, un pavillon à queue, d'une bonne serge d'Aumale rose sè-
« che, avec le mollet et les franges de soie. »

CLÉANTE.

Que veut-il que je fasse de cela?

[1] A vingt pour cent.
[2] A vingt-cinq pour cent.

LA FLÈCHE.

Attendez.

« Plus, une tenture de tapisserie des amours de Gombaud et de
« Macée.

« Plus, une grande table de bois de noyer, à douze colonnes ou pi-
« liers tournés, qui se tire par les deux bouts, et garnie, par le des-
« sous, de ses six escabelles. »

CLÉANTE.

Qu'ai-je affaire, morbleu...

LA FLÈCHE.

Donnez-vous patience.

« Plus, trois gros mousquets tout garnis de nacre de perle, avec
« les fourchettes assortissantes [1].

« Plus, un fourneau de brique, avec deux cornues et trois réci-
« pients, fort utile à ceux qui sont curieux de distiller. »

CLÉANTE.

J'enrage !

LA FLÈCHE.

Doucement.

« Plus, un luth de Bologne, garni de toutes ses cordes, ou peu s'en
« faut.

« Plus, un trou-madame et un damier, avec un jeu de l'oie, renou-
« velé des Grecs, fort propre à passer le temps lorsque l'on n'a que
« faire.

« Plus, une peau d'un lézard de trois pieds et demi, remplie de
« foin : curiosité agréable pour pendre au plancher d'une chambre.

« Le tout ci-dessus mentionné, valant loyalement plus de quatre
« mille cinq cents livres, et rabaissé à la valeur de mille écus par la
« discrétion du prêteur. »

CLÉANTE.

Que la peste l'étouffe avec sa discrétion, le traître, le bourreau
qu'il est ! A-t-on jamais parlé d'une usure semblable ? Et n'est-il pas
content du furieux intérêt qu'il exige, sans vouloir encore m'obliger
à prendre pour trois mille livres les vieux rogatons qu'il ramasse ? Je
n'aurai pas deux cents écus de tout cela ; et cependant il faut bien
me résoudre à consentir à ce qu'il veut ; car il est en état de me faire
tout accepter, et il me tient, le scélérat, le poignard sur la gorge.

LA FLÈCHE.

Je vous vois, monsieur, ne vous en déplaise, dans le grand chemin
justement que tenoit Panurge pour se ruiner, prenant argent d'avance,
achetant cher, vendant à bon marché, et mangeant son blé en herbe [2].

---

[1] Bâton terminé d'un bout par une pointe qu'on enfonçait en terre, et, de
l'autre, par un fer fourchu, sur lequel on appuyait le mousquet.
[2] C'est le texte même de Rabelais : « Abattant bois, bruslant les grosses souches,

CLÉANTE.

Que veux-tu que j'y fasse? Voilà où les jeunes gens sont réduits par la maudite avarice des pères; et on s'étonne, après cela, que les fils souhaitent qu'ils meurent!

LA FLÈCHE.

Il faut convenir que le vôtre animeroit contre sa vilenie le plus posé homme du monde. Je n'ai pas, Dieu merci, les inclinations fort patibulaires; et, parmi mes confrères que je vois se mêler de beaucoup de petits commerces, je sais tirer adroitement mon épingle du jeu et me démêler prudemment de toutes les galanteries qui sentent tant soit peu l'échelle; mais, à vous dire vrai, il me donneroit, par ses procédés, des tentations de le voler; et je croirois, en le volant, faire une action méritoire.

CLÉANTE.

Donne-moi un peu ce mémoire, que je le voie encore.

SCÈNE II. — HARPAGON, MAITRE SIMON; CLÉANTE et LA FLÈCHE, dans le fond du théâtre.

MAÎTRE SIMON.

Oui, monsieur; c'est un jeune homme qui a besoin d'argent; ses affaires le pressent d'en trouver, et il en passera par tout ce que vous en prescrirez.

HARPAGON.

Mais croyez-vous, maître Simon, qu'il n'y ait rien à péricliter? et savez-vous le nom, les biens et la famille de celui pour qui vous parlez?

MAÎTRE SIMON.

Non. Je ne puis pas bien vous en instruire à fond; et ce n'est que par aventure que l'on m'a adressé à lui; mais vous serez de toutes choses éclairci par lui-même, et son homme m'a assuré que vous serez content quand vous le connoîtrez. Tout ce que je saurois vous dire, c'est que sa famille est fort riche, qu'il n'a plus de mère déjà, et qu'il s'obligera, si vous voulez, que son père mourra avant qu'il soit huit mois.

HARPAGON.

C'est quelque chose que cela. La charité, maître Simon, nous oblige à faire plaisir aux personnes, lorsque nous le pouvons.

MAÎTRE SIMON.

Cela s'entend.

LA FLÈCHE, bas, à Cléante, reconnoissant maître Simon.

Que veut dire ceci? Notre maître Simon qui parle à votre père!

pour la vente des cendres, prenant argent d'avance, acheptant cher, vendant à bon marché, et mangeant son bled en herbe. » (Liv. III. ch. II.)

CLÉANTE, bas, à la Flèche.

Lui auroit-on appris qui je suis? et serois-tu pour me trahir?

MAÎTRE SIMON, à Cléante et à la Flèche.

Ah! ah! vous êtes bien pressés! Qui vous a dit que c'étoit céans? (A Harpagon.) Ce n'est pas moi, monsieur, au moins, qui leur ai découvert votre nom et votre logis; mais, à mon avis, il n'y a pas grand mal à cela : ce sont des personnes discrètes, et vous pouvez ici vous expliquer ensemble.

HARPAGON.

Comment?

MAÎTRE SIMON, montrant Cléante.

Monsieur est la personne qui veut vous emprunter les quinze mille livres dont je vous ai parlé.

HARPAGON.

Comment, pendard! c'est toi qui t'abandonnes à ces coupables extrémités?

CLÉANTE.

Comment, mon père! c'est vous qui vous portez à ces honteuses actions! (Maître Simon s'enfuit, et la Flèche va se cacher.)

SCÈNE III. — HARPAGON, CLÉANTE.

HARPAGON.

C'est toi qui te veux ruiner par des emprunts si condamnables?

CLÉANTE.

C'est vous qui cherchez à vous enrichir par des usures si criminelles?

HARPAGON.

Oses-tu bien, après cela, paroître devant moi?

CLÉANTE.

Osez-vous bien, après cela, vous présenter aux yeux du monde?

HARPAGON.

N'as-tu point de honte, dis-moi, d'en venir à ces débauches-là, de te précipiter dans des dépenses effroyables, et de faire une honteuse dissipation du bien que tes parents t'ont amassé avec tant de sueurs?

CLÉANTE.

Ne rougissez-vous point de déshonorer votre condition par les commerces que vous faites; de sacrifier gloire et réputation au désir insatiable d'entasser écu sur écu, et de renchérir, en fait d'intérêt, sur les plus infâmes subtilités qu'aient jamais inventées les plus célèbres usuriers?

HARPAGON.

Ote-toi de mes yeux, coquin! ôte-toi de mes yeux!

CLÉANTE.

Qui est plus criminel, à votre avis, ou celui qui achète un argent dont il a besoin, ou bien celui qui vole un argent dont il n'a que faire?

HARPAGON.

Retire-toi, te dis-je, et ne m'échauffe pas les oreilles! (Seul.) Je ne suis pas fâché de cette aventure; et ce m'est un avis de tenir l'œil plus que jamais sur toutes ses actions.

SCÈNE IV. — FROSINE, HARPAGON.

FROSINE.

Monsieur...

HARPAGON.

Attendez un moment; je vais revenir vous parler. (A part.) Il est à propos que je fasse un petit tour à mon argent [1].

SCÈNE V. — LA FLÈCHE, FROSINE.

LA FLÈCHE, sans voir Frosine.

L'aventure est tout à fait drôle! Il faut bien qu'il ait quelque part un ample magasin de hardes; car nous n'avons rien reconnu au mémoire que nous avons.

FROSINE.

Eh! c'est toi, mon pauvre la Flèche! D'où vient cette rencontre?

LA FLÈCHE.

Ah! ah! c'est toi, Frosine! Que viens-tu faire ici?

FROSINE.

Ce que je fais partout ailleurs : m'entremettre d'affaires, me rendre serviable aux gens, et profiter, du mieux qu'il m'est possible, des petits talents que je puis avoir. Tu sais que, dans ce monde, il faut vivre d'adresse, et qu'aux personnes comme moi le ciel n'a donné d'autres rentes que l'intrigue et que l'industrie.

LA FLÈCHE.

As-tu quelque négoce avec le patron du logis?

FROSINE.

Oui. Je traite pour lui quelque petite affaire, dont j'espère une récompense.

LA FLÈCHE.

De lui? Ah! ma foi, tu seras bien fine, si tu en tires quelque chose; et je te donne avis que l'argent céans est fort cher.

FROSINE.

Il y a de certains services qui touchent merveilleusement.

LA FLÈCHE.

Je suis votre valet; et tu ne connois pas encore le seigneur Harpagon. Le seigneur Harpagon est, de tous les humains, l'humain le moins

---

[1] Dans Plaute, Euclion va, comme Harpagon, faire des visites continuelles à son argent.

humain, le mortel de tous les mortels le plus dur et le plus serré. Il n'est point de service qui pousse sa reconnoissance jusqu'à lui faire ouvrir les mains. De la louange, de l'estime, de la bienveillance en paroles, et de l'amitié, tant qu'il vous plaira; mais de l'argent, point d'affaires. Il n'est rien de plus sec et de plus aride que ses bonnes grâces et ses caresses; et *donner* est un mot pour qui il a tant d'aversion, qu'il ne dit jamais *Je vous donne*, mais *Je vous prête le bonjour*.

FROSINE.

Mon Dieu! je sais l'art de traire les hommes[1]; j'ai le secret de m'ouvrir leur tendresse, de chatouiller leurs cœurs, de trouver les endroits par où ils sont sensibles.

LA FLÈCHE.

Bagatelles ici. Je te défie d'attendrir, du côté de l'argent, l'homme dont il est question. Il est Turc là-dessus, mais d'une turquerie à désespérer tout le monde; et l'on pourroit crever, qu'il n'en branleroit pas. En un mot, il aime l'argent plus que réputation, qu'honneur et que vertu; et la vue d'un demandeur lui donne des convulsions; c'est le frapper par son endroit mortel, c'est lui percer le cœur, c'est lui arracher les entrailles; et si... Mais il revient : je me retire.

SCÈNE VI. — HARPAGON, FROSINE.

HARPAGON, bas.

Tout va comme il faut. (Haut.) Eh bien, qu'est-ce, Frosine?

FROSINE.

Ah! mon Dieu! que vous vous portez bien, et que vous avez là un vrai visage de santé!

HARPAGON.

Qui? moi?

FROSINE.

Jamais je ne vous vis un teint si frais et si gaillard.

HARPAGON.

Tout de bon?

FROSINE.

Comment! vous n'avez de votre vie été si jeune que vous êtes; et je vois des gens de vingt-cinq ans qui sont plus vieux que vous.

HARPAGON.

Cependant, Frosine, j'en ai soixante bien comptés.

FROSINE.

Eh bien, qu'est-ce que cela, soixante ans? Voilà bien de quoi! C'est la fleur de l'âge, cela; et vous entrez maintenant dans la belle saison de l'homme.

---

[1] Voltaire censure cette expression comme grossière et inconvenante (F. L.)

HARPAGON.

Il est vrai; mais vingt années de moins, pourtant, ne me feroient point de mal, que je crois.

FROSINE.

Vous moquez-vous? Vous n'avez pas besoin de cela, et vous êtes d'une pâte à vivre jusques à cent ans.

HARPAGON.

Tu le crois?

FROSINE.

Assurément. Vous en avez toutes les marques. Tenez-vous un peu. Oh! que voilà bien là, entre vos deux yeux, un signe de longue vie!

HARPAGON.

Tu te connois à cela?

FROSINE.

Sans doute. Montrez-moi votre main. Mon Dieu, quelle ligne de vie!

HARPAGON.

Comment!

FROSINE.

Ne voyez-vous pas jusqu'où va cette ligne-là[1]?

HARPAGON.

Eh bien, qu'est-ce que cela veut dire?

FROSINE.

Par ma foi, je disois cent ans; mais vous passerez les six-vingts.

HARPAGON.

Est-il possible?

FROSINE.

Il faudra vous assommer, vous dis-je, et vous mettrez en terre et vos enfants, et les enfants de vos enfants.

HARPAGON.

Tant mieux! Comment va notre affaire?

FROSINE.

Faut-il le demander? et me voit-on mêler de rien dont je ne vienne à bout? J'ai, surtout pour les mariages, un talent merveilleux. Il n'est point de partis au monde que je ne trouve en peu de temps le moyen d'accoupler; et je crois, si je me l'étois mis en tête, que je marierois le Grand-Turc avec la république de Venise. Il n'y avoit pas, sans doute,

---

[1] Ce dialogue est traduit d'une comédie de l'Arioste, qui a pour titre *I Suppositi*. Voici le passage: « Pasiphile. N'êtes-vous pas jeune? — Cléandre. J'ai cinquante ans. — Pas. Il en laisse dix pour le moins. — Clé. Que dis-tu dix ans moins? — Pas. Je dis que je vous estimois âgé de dix ans de moins. Vous montrez trente-six à trente-huit ans au plus. — Clé. Je touche cependant à la cinquantaine. — Pas. Vous êtes en très-bon âge, et, à vous voir, on jugeroit que vous vivrez au moins cent ans; montrez-moi votre main. — Clé. Es-tu habile en chiromancie? — Pas. Personne ne peut me le disputer. Montrez-moi votre main, de grâce. Oh! quelle belle ligne de vie! Je n'en ai jamais vu une si longue! » (Acte I, scène II, traduction de de Mesmes.) (Bret.)

de si grandes difficultés à cette affaire-ci. Comme j'ai commerce chez elles, je les ai à fond l'une et l'autre entretenues de vous; et j'ai dit à la mère le dessein que vous aviez conçu pour Mariane, à la voir passer dans la rue, et prendre l'air à sa fenêtre.

HARPAGON.

Qui a fait réponse...

FROSINE.

Elle a reçu la proposition avec joie; et, quand je lui ai témoigné que vous souhaitiez fort que sa fille assistât ce soir au contrat de mariage qui se doit faire de la vôtre, elle y a consenti sans peine, et me l'a confiée pour cela.

HARPAGON.

C'est que je suis obligé, Frosine, de donner à souper au seigneur Anselme; et je serai bien aise qu'elle soit du régal.

FROSINE.

Vous avez raison. Elle doit, après dîner, rendre visite à votre fille, d'où elle fait son compte d'aller faire un tour à la foire, pour venir ensuite au souper.

HARPAGON.

Eh bien, elles iront ensemble dans mon carrosse, que je leur prêterai.

FROSINE.

Voilà justement son affaire.

HARPAGON.

Mais, Frosine, as-tu entretenu la mère touchant le bien qu'elle peut donner à sa fille? Lui as-tu dit qu'il falloit qu'elle s'aidât un peu, qu'elle fît quelque effort, qu'elle se saignât pour une occasion comme celle-ci? Car encore n'épouse-t-on point une fille sans qu'elle apporte quelque chose.

FROSINE.

Comment! c'est une fille qui vous apporte douze mille livres de rente.

HARPAGON.

Douze mille livres de rente!

FROSINE.

Oui. Premièrement, elle est nourrie et élevée dans une grande épargne de bouche. C'est une fille accoutumée à vivre de salade, de lait, de fromage et de pommes, et à laquelle, par conséquent, il ne faudra ni table bien servie, ni consommés exquis, ni orges mondés perpétuels, ni les autres délicatesses qu'il faudroit pour une autre femme; et cela ne va pas à si peu de chose, qu'il ne monte bien tous les ans à trois mille francs pour le moins. Outre cela, elle n'est curieuse que d'une propreté fort simple, et n'aime point les superbes habits, ni les riches bijoux, ni les meubles somptueux, où donnent ses pareilles avec tant de chaleur; et cet article-là vaut plus de quatre mille livres par an. De plus, elle a une aversion horrible pour le jeu, ce qui n'est pas commun aux femmes d'aujourd'hui; et j'en sais une de nos quartiers qui a perdu, à trente-et-quarante, vingt mille francs cette année. Mais n'en prenons rien que le quart. Cinq mille francs au jeu par an, et quatre mille francs en habits et bijoux, cela fait neuf mille livres; et mille écus que nous mettons pour la nourriture, ne voilà-t-il pas par année vos douze mille francs bien comptés?

HARPAGON.

Oui : cela n'est pas mal; mais ce compte-là n'est rien de réel.

FROSINE.

Pardonnez-moi. N'est-ce pas quelque chose de réel, que de vous apporter en mariage une grande sobriété, l'héritage d'un grand amour de simplicité de parure, et l'acquisition d'un grand fonds de haine pour le jeu?

HARPAGON.

C'est une raillerie que de vouloir me constituer son[1] dot de toutes les dépenses qu'elle ne fera point. Je n'irai point donner quittance de ce que je ne reçois pas; et il faut bien que je touche quelque chose.

FROSINE.

Mon Dieu! vous toucherez assez; et elles m'ont parlé d'un certain pays où elles ont du bien, dont vous serez le maître.

HARPAGON.

Il faudra voir cela. Mais, Frosine, il y a encore une chose qui m'inquiète. La fille est jeune, comme tu vois, et les jeunes gens, d'ordinaire, n'aiment que leurs semblables, ne cherchent que leur compagnie : j'ai peur qu'un homme de mon âge ne soit pas de son goût, et que cela ne vienne à produire chez moi certains petits désordres qui ne m'accommoderoient pas.

FROSINE.

Ah! que vous la connoissez mal! C'est encore une particularité que j'avois à vous dire. Elle a une aversion épouvantable pour tous les jeunes gens, et n'a de l'amour que pour les vieillards.

HARPAGON.

Elle?

FROSINE.

Oui, elle. Je voudrois que vous l'eussiez entendue parler là-dessus. Elle ne peut souffrir du tout la vue d'un jeune homme; mais elle n'est point plus ravie, dit-elle, que lorsqu'elle peut voir un beau vieillard avec une barbe majestueuse. Les plus vieux sont pour elle les plus charmants; et je vous avertis de n'aller pas vous faire plus jeune que vous êtes. Elle veut tout au moins qu'on soit sexagénaire; et il

---

[1] Anciennement, *dot* était masculin.

n'y a pas quatre mois encore qu'étant prête d'être mariée, elle rompit tout net le mariage, sur ce que son amant fit voir qu'il n'avoit que cinquante-six ans, et qu'il ne prit point de lunettes pour signer le contrat.

HARPAGON.

Sur cela seulement?

FROSINE.

Oui. Elle dit que ce n'est pas contentement pour elle que cinquante-six ans; et surtout elle est pour les nez qui portent des lunettes.

HARPAGON.

Certes, tu me dis là une chose toute nouvelle.

FROSINE.

Cela va plus loin qu'on ne vous peut dire. On lui voit dans sa chambre quelques tableaux et quelques estampes; mais que pensez-vous que ce soit? Des Adonis, des Céphales, des Pâris et des Apollons? Non: de beaux portraits de Saturne, du roi Priam, du vieux Nestor, et du bon père Anchise sur les épaules de son fils.

HARPAGON.

Cela est admirable. Voilà ce que je n'aurois jamais pensé; et je suis bien aise d'apprendre qu'elle est de cette humeur. En effet, si j'avois été femme, je n'aurois point aimé les jeunes hommes.

FROSINE.

Je le crois bien. Voilà de belles drogues que des jeunes gens, pour les aimer! ce sont de beaux morveux, de beaux godelureaux, pour donner envie de leur peau! et je voudrois bien savoir quel ragoût il y a à eux!

HARPAGON.

Pour moi, je n'y en comprends point, et je ne sais pas comment il y a des femmes qui les aiment tant.

FROSINE.

Il faut être folle fieffée. Trouver la jeunesse aimable, est-ce avoir le sens commun? Sont-ce des hommes que de jeunes blondins, et peut-on s'attacher à ces animaux-là?

HARPAGON.

C'est ce que je dis tous les jours: avec leur ton de poule laitée, leurs trois brins de barbe relevés en barbe de chat, leurs perruques d'étoupes, leurs hauts-de-chausses tombants et leurs estomacs débraillés!

FROSINE.

Eh! cela est bien bâti, auprès d'une personne comme vous! Voilà un homme, cela; il y a là de quoi satisfaire à la vue; et c'est ainsi qu'il faut être fait et vêtu pour donner de l'amour.

HARPAGON.

Tu me trouves bien?

FROSINE.

Comment! vous êtes à ravir, et votre figure est à peindre. Tournez-vous un peu, s'il vous plaît. Il ne se peut pas mieux. Que je vous voie marcher. Voilà un corps taillé, libre, et dégagé comme il faut, et qui ne marque aucune incommodité.

HARPAGON.

Je n'en ai pas de grandes, Dieu merci. Il n'y a que ma fluxion qui me prend de temps en temps.

FROSINE.

Cela n'est rien. Votre fluxion ne vous sied point mal, et vous avez grâce à tousser.

HARPAGON.

Dis-moi un peu, Mariane ne m'a-t-elle point encore vu? N'a-t-elle point pris garde à moi en passant?

FROSINE.

Non; mais nous nous sommes fort entretenues de vous. Je lui ai fait un portrait de votre personne, et je n'ai pas manqué de lui vanter votre mérite et l'avantage que ce lui seroit d'avoir un mari comme vous.

HARPAGON.

Tu as bien fait, et je t'en remercie.

FROSINE.

J'aurois, monsieur, une petite prière à vous faire. J'ai un procès que je suis sur le point de perdre, faute d'un peu d'argent; (Harpagon prend un air sérieux.) et vous pourriez facilement me procurer le gain de ce procès, si vous aviez quelque bonté pour moi. Vous ne sauriez croire le plaisir qu'elle aura de vous voir. (Harpagon reprend un air gai.) Ah! que vous lui plairez, et que votre fraise à l'antique fera sur son esprit un effet admirable! Mais surtout elle sera charmée de votre haut-de-chausses attaché au pourpoint avec des aiguillettes : c'est pour la rendre folle de vous; et un amant aiguilleté sera pour elle un ragoût merveilleux.

HARPAGON.

Certes, tu me ravis de me dire cela.

FROSINE.

En vérité, monsieur, ce procès m'est d'une conséquence tout à fait grande. (Harpagon reprend son air sérieux.) Je suis ruinée si je le perds; et quelque petite assistance me rétabliroit mes affaires. Je voudrois que vous eussiez vu le ravissement où elle étoit à m'entendre parler de vous. (Harpagon reprend son air gai.) La joie éclatoit dans ses yeux au récit de vos qualités, et je l'ai mise enfin dans une impatience extrême de voir ce mariage entièrement conclu.

HARPAGON.

Tu m'as fait grand plaisir, Frosine, et je t'en ai, je te l'avoue, toutes les obligations du monde.

FROSINE.

Je vous prie, monsieur, de me donner le petit secours que je vous demande. (Harpagon reprend encore un air sérieux.) Cela me remettra sur pied, et je vous en serai éternellement obligée.

HARPAGON.

Adieu. Je vais achever mes dépêches.

FROSINE.

Je vous assure, monsieur, que vous ne sauriez jamais me soulager dans un plus grand besoin.

HARPAGON.

Je mettrai ordre que mon carrosse soit tout prêt pour vous mener à la foire.

FROSINE.

Je ne vous importunerois pas si je ne m'y voyois forcée par la nécessité.

HARPAGON.

Et j'aurai soin qu'on soupe de bonne heure, pour ne vous point faire malades.

FROSINE.

Ne me refusez pas la grâce dont je vous sollicite. Vous ne sauriez croire, monsieur, le plaisir que...

HARPAGON.

Je m'en vais. Voilà qu'on m'appelle. Jusqu'à tantôt.

FROSINE, seule.

Que la fièvre te serre, chien de vilain, à tous les diables! Le ladre a été ferme à toutes mes attaques; mais il ne me faut pas pourtant quitter la négociation; et j'ai l'autre côté, en tout cas, d'où je suis assurée de tirer bonne récompense [1].

ACTE TROISIÈME

SCÈNE I. — HARPAGON, CLÉANTE, ÉLISE, VALÈRE; DAME CLAUDE, tenant un balai; MAITRE JACQUES, LA MERLUCHE, BRINDAVOINE.

HARPAGON.

Allons, venez çà tous; que je vous distribue mes ordres pour tantôt, et règle à chacun son emploi. Approchez, dame Claude; commençons par vous. (Elle tient un balai.) Bon, vous voilà les armes à la main. Je

---

[1] Frosine a beau faire: toutes ses cajoleries échouent contre l'inexpugnable lésine du vieillard. L'amour même ne peut rien sur son avarice. (F. L.)

vous commets au soin de nettoyer partout; et surtout prenez garde de ne point frotter les meubles trop fort, de peur de les user. Outre cela, je vous constitue, pendant le souper, au gouvernement des bouteilles; et, s'il s'en écarte quelqu'une et qu'il se casse quelque chose, je m'en prendrai à vous, et le rabattrai sur vos gages.

MAÎTRE JACQUES, à part.

Châtiment politique.

HARPAGON, à dame Claude.

Allez.

SCÈNE II. — HARPAGON, CLÉANTE, ÉLISE, VALÈRE, MAITRE JACQUES, BRINDAVOINE, LA MERLUCHE.

HARPAGON.

Vous, Brindavoine, et vous, la Merluche, je vous établis dans la charge de rincer les verres et de donner à boire, mais seulement lorsque l'on aura soif, et non pas selon la coutume de certains impertinents de laquais, qui viennent provoquer les gens et les faire aviser de boire lorsqu'on n'y songe pas. Attendez qu'on vous en demande plus d'une fois, et vous ressouvenez de porter toujours beaucoup d'eau.

MAÎTRE JACQUES, à part.

Oui. Le vin pur monte à la tête.

LA MERLUCHE.

Quitterons-nous nos siquenilles, monsieur?

HARPAGON.

Oui, quand vous verrez venir les personnes; et gardez bien de gâter vos habits.

BRINDAVOINE.

Vous savez bien, monsieur, qu'un des devants de mon pourpoint est couvert d'une grande tache de l'huile de la lampe.

LA MERLUCHE.

Et moi, monsieur, que j'ai mon haut-de-chausses tout troué par derrière, et qu'on me voit, révérence parler...

HARPAGON, à la Merluche.

Paix : rangez cela adroitement du côté de la muraille, et présentez toujours le devant au monde. (A Brindavoine, en lui montrant comment il doit mettre son chapeau au devant de son pourpoint, pour cacher la tache d'huile.) Et vous, tenez toujours votre chapeau ainsi, lorsque vous servirez.

SCÈNE III. — HARPAGON, CLÉANTE, ÉLISE, VALÈRE, MAITRE JACQUES.

HARPAGON.

Pour vous, ma fille, vous aurez l'œil sur ce que l'on desservira, et prendrez garde qu'il ne s'en fasse aucun dégât. Cela sied bien aux filles. Mais cependant préparez-vous à bien recevoir ma maîtresse, qui vous doit venir visiter, et vous mener avec elle à la foire. Entendez-vous ce que je vous dis?

ÉLISE.

Oui mon père.

HARPAGON.

Oui, nigaude.

SCÈNE IV. — HARPAGON, CLÉANTE, VALÈRE, MAITRE JACQUES.

HARPAGON.

Et vous, mon fils le damoiseau, à qui j'ai la bonté de pardonner l'histoire de tantôt, ne vous allez pas aviser non plus de lui faire mauvais visage.

CLÉANTE.

Moi, mon père? mauvais visage! et par quelle raison?

HARPAGON.

Mon Dieu! nous savons le train des enfants dont les pères se remarient, et de quel œil ils ont coutume de regarder ce qu'on appelle belle-mère. Mais, si vous souhaitez que je perde le souvenir de votre dernière fredaine, je vous recommande surtout de régaler d'un bon visage cette personne-là, et de lui faire enfin tout le meilleur accueil qu'il vous sera possible.

CLÉANTE.

A vous dire le vrai, mon père, je ne puis pas vous promettre d'être bien aise qu'elle devienne ma belle-mère : je mentirois, si je vous le disois; mais, pour ce qui est de la bien recevoir et de lui faire bon visage, je vous promets de vous obéir ponctuellement sur ce chapitre.

HARPAGON.

Prenez-y garde au moins.

CLÉANTE.

Vous verrez que vous n'aurez pas sujet de vous en plaindre.

HARPAGON.

Vous ferez sagement.

SCÈNE V. — HARPAGON, VALÈRE, MAITRE JACQUES.

HARPAGON.

Valère, aide-moi à ceci. Or çà, maître Jacques, approchez-vous; je vous ai gardé pour le dernier.

MAÎTRE JACQUES.

Est-ce à votre cocher, monsieur, ou bien à votre cuisinier, que vous voulez parler? car je suis l'un et l'autre.

HARPAGON.
C'est à tous les deux.
MAÎTRE JACQUES.
Mais à qui des deux le premier?
HARPAGON.
Au cuisinier.
MAÎTRE JACQUES.
Attendez donc, s'il vous plaît. (Maître Jacques ôte sa casaque de cocher, et paroît vêtu en cuisinier.)
HARPAGON.
Quelle diantre de cérémonie est-ce là?
MAÎTRE JACQUES.
Vous n'avez qu'à parler.
HARPAGON.
Je me suis engagé, maître Jacques, à donner ce soir à souper.
MAÎTRE JACQUES, à part.
Grande merveille!
HARPAGON.
Dis-moi un peu : nous feras-tu bonne chère?
MAÎTRE JACQUES.
Oui, si vous me donnez bien de l'argent.
HARPAGON.
Que diable, toujours de l'argent! Il semble qu'ils n'aient autre chose à dire : de l'argent, de l'argent, de l'argent. Ah! ils n'ont que ce mot à la bouche! de l'argent! toujours parler d'argent! Voilà leur épée de chevet [1], de l'argent!
VALÈRE.
Je n'ai jamais vu de réponse plus impertinente que celle-là. Voilà une belle merveille de faire bonne chère avec bien de l'argent! c'est une chose la plus aisée du monde, et il n'y a si pauvre esprit qui n'en fît bien autant; mais, pour agir en habile homme, il faut parler de faire bonne chère avec peu d'argent.
MAÎTRE JACQUES.
Bonne chère avec peu d'argent!
VALÈRE.
Oui.
MAÎTRE JACQUES, à Valère.
Par ma foi, monsieur l'intendant, vous nous obligerez de nous faire voir ce secret, et de prendre mon office de cuisinier; aussi bien vous mêlez-vous céans d'être le factoton.
HARPAGON.
Taisez-vous! Qu'est-ce qu'il nous faudra?

[1] Expression proverbiale: *l'épée de chevet*, l'épée qu'on ne quitte jamais, qu'on place dans son lit. Au figuré, *l'expression qu'on a sans cesse à la bouche*. (Aimé Martin.)

MAÎTRE JACQUES.

Voilà monsieur votre intendant, qui vous fera bonne chère pour peu d'argent.

HARPAGON.

Haye! je veux que tu me répondes.

MAÎTRE JACQUES.

Combien serez-vous de gens à table?

HARPAGON.

Nous serons huit ou dix; mais il ne faut prendre que huit. Quand il y a à manger pour huit, il y en a bien pour dix.

VALÈRE.

Cela s'entend.

MAÎTRE JACQUES.

Eh bien, il faudra quatre grands potages et cinq assiettes. Potages... Entrées...

HARPAGON.

Que diable! voilà pour traiter toute une ville entière.

MAÎTRE JACQUES.

Rôt...

HARPAGON, mettant la main sur la bouche de maître Jacques.

Ah! traître, tu manges tout mon bien.

MAÎTRE JACQUES.

Entremets...

HARPAGON, mettant encore la main sur la bouche de maître Jacques.

Encore?

VALÈRE, à maître Jacques.

Est-ce que vous avez envie de faire crever tout le monde? et monsieur a-t-il invité des gens pour les assassiner à force de mangeaille? Allez-vous-en lire un peu les préceptes de la santé, et demander aux médecins s'il y a rien de plus préjudiciable à l'homme que de manger avec excès.

HARPAGON.

Il a raison.

VALÈRE.

Apprenez, maître Jacques, vous et vos pareils, que c'est un coupe-gorge qu'une table remplie de trop de viandes; que, pour se bien montrer ami de ceux que l'on invite, il faut que la frugalité règne dans les repas qu'on donne; et que, suivant le dire d'un ancien, *il faut manger pour vivre, et non pas vivre pour manger.*

HARPAGON.

Ah! que cela est bien dit! Approche, que je t'embrasse pour ce mot. Voilà la plus belle sentence que j'aie entendue de ma vie : *Il faut vivre pour manger, et non pas manger pour vi...* Non, ce n'est pas cela. Comment est-ce que tu dis.

VALÈRE.

Qu'*il faut manger pour vivre, et non pas vivre pour manger.*

HARPAGON, à maître Jacques.

Oui. Entends-tu? (A Valère.) Qui est le grand homme qui a dit cela ?

VALÈRE.

Je ne me souviens pas maintenant de son nom.

HARPAGON.

Souviens-toi de m'écrire ces mots : je les veux faire graver en lettres d'or [1] sur la cheminée de ma salle.

VALÈRE.

Je n'y manquerai pas. Et, pour votre souper, vous n'avez qu'à me laisser faire; je réglerai tout cela comme il faut.

HARPAGON.

Fais donc.

MAÎTRE JACQUES.

Tant mieux! j'en aurai moins de peine.

HARPAGON, à Valère.

Il faudra de ces choses dont on ne mange guère, et qui rassasient d'abord; quelque bon haricot bien gras, avec quelque pâté en pot bien garni de marrons. Là, que cela foisonne.

VALÈRE.

Reposez-vous sur moi.

HARPAGON.

Maintenant, maître Jacques, il faut nettoyer mon carrosse.

MAÎTRE JACQUES.

Attendez; ceci s'adresse au cocher. (Maître Jacques remet sa casaque.) Vous dites...

HARPAGON.

Qu'il faut nettoyer mon carrosse, et tenir mes chevaux tout prêts pour conduire à la foire...

MAÎTRE JACQUES.

Vos chevaux, monsieur? ma foi, ils ne sont point du tout en état de marcher. Je ne vous dirai point qu'ils sont sur la litière : les pauvres bêtes n'en ont point, et ce seroit mal parler; mais vous leur faites observer des jeûnes si austères, que ce ne sont plus rien que des idées ou des fantômes, des façons de chevaux.

HARPAGON.

Les voilà bien malades! Ils ne font rien.

MAÎTRE JACQUES.

Et pour ne faire rien, monsieur, est-ce qu'il ne faut rien manger? Il leur vaudroit bien mieux, les pauvres animaux, de travailler beaucoup, de manger de même. Cela me fend le cœur de les voir ainsi

---

[1] *En lettres d'or!* Quel luxe! Quelle dépense! Harpagon peut-il mieux témoigner son admiration pour cette belle sentence d'hygiène économique? (Auger.)

exténués. Car, enfin, j'ai une tendresse pour mes chevaux, qu'il me semble que c'est moi-même, quand je les vois pâtir. Je m'ôte tous les jours pour eux les choses de la bouche; et c'est être, monsieur, d'un naturel trop dur, que de n'avoir nulle pitié de son prochain.

HARPAGON.

Le travail ne sera pas grand, d'aller jusqu'à la foire.

MAÎTRE JACQUES.

Non, monsieur, je n'ai pas le courage de les mener, et je ferois conscience de leur donner des coups de fouet, en l'état où ils sont. Comment voudriez-vous qu'ils traînassent un carrosse, qu'ils ne peuvent pas se traîner eux-mêmes?

VALÈRE.

Monsieur, j'obligerai le voisin Picard à se charger de les conduire; aussi bien nous fera-t-il ici besoin pour apprêter le souper.

MAÎTRE JACQUES.

Soit. J'aime mieux encore qu'ils meurent sous la main d'un autre que sous la mienne.

VALÈRE.

Maître Jacques fait bien le raisonnable!

MAÎTRE JACQUES.

Monsieur l'intendant fait bien le nécessaire!

HARPAGON.

Paix!

MAÎTRE JACQUES.

Monsieur, je ne saurois souffrir les flatteurs; et je vois que ce qu'il en fait, que ses contrôles perpétuels sur le pain et le vin, le bois, le sel et la chandelle, ne sont rien que pour vous gratter et vous faire sa cour. J'enrage de cela, et je suis fâché tous les jours d'entendre ce qu'on dit de vous : car, enfin, je me sens pour vous de la tendresse, en dépit que j'en aie; et, après mes chevaux, vous êtes la personne que j'aime le plus.

HARPAGON.

Pourrois-je savoir de vous, maître Jacques, ce que l'on dit de moi?

MAÎTRE JACQUES.

Oui, monsieur, si j'étois assuré que cela ne vous fâchât point.

HARPAGON.

Non, en aucune façon.

MAÎTRE JACQUES.

Pardonnez-moi; je sais fort bien que je vous mettrois en colère.

HARPAGON.

Point du tout. Au contraire, c'est me faire plaisir, et je suis bien aise d'apprendre comme on parle de moi.

MAÎTRE JACQUES.

Monsieur, puisque vous le voulez, je vous dirai franchement qu'on se moque partout de vous, qu'on nous jette de tous côtés cent brocards à votre sujet, et que l'on n'est point plus ravi que de vous tenir au cul et aux chausses, et de faire sans cesse des contes de votre lésine. L'un dit que vous faites imprimer des almanachs particuliers, où vous faites doubler les quatre-temps et les vigiles, afin de profiter des jeûnes où vous obligez votre monde ; l'autre, que vous avez toujours une querelle toute prête à faire à vos valets dans le temps des étrennes ou de leur sortie d'avec vous, pour vous trouver une raison de ne leur donner rien [1]. Celui-là conte qu'une fois vous fîtes assigner le chat d'un de vos voisins, pour vous avoir mangé un reste d'un gigot de mouton; celui-ci, que l'on vous surprit, une nuit, en venant dérober vous-même l'avoine de vos chevaux ; et que votre cocher, qui étoit celui d'avant moi, vous donna, dans l'obscurité, je ne sais combien de coups de bâton, dont vous ne voulûtes rien dire. Enfin, voulez-vous que je vous dise? On ne sauroit aller nulle part, où l'on ne vous entende accommoder de toutes pièces. Vous êtes la fable et la risée de tout le monde; et jamais on ne parle de vous que sous les noms d'avare, de ladre, de vilain et de fesse-matthieu.

HARPAGON, en battant maître Jacques.

Vous êtes un sot, un maraud, un coquin et un impudent!

MAÎTRE JACQUES.

Eh bien, ne l'avois-je pas deviné? Vous ne m'avez pas voulu croire. Je vous avois bien dit que je vous fâcherois de vous dire la vérité.

HARPAGON.

Apprenez à parler!

SCÈNE VI. — VALÈRE, MAÎTRE JACQUES.

VALÈRE, riant.

A ce que je puis voir, maître Jacques, on paye mal votre franchise.

MAÎTRE JACQUES.

Morbleu! monsieur le nouveau venu, qui faites l'homme d'importance, ce n'est pas votre affaire. Riez de vos coups de bâton quand on vous en donnera, et ne venez point rire des miens.

VALÈRE.

Ah! monsieur maître Jacques, ne vous fâchez pas, je vous prie.

MAÎTRE JACQUES, à part.

Il file doux. Je veux faire le brave, et, s'il est assez sot pour me craindre, le frotter quelque peu. (Haut.) Savez-vous bien, monsieur le

---

[1] Ce trait rappelle la vieille épitaphe épigrammatique :

> Ici gît, sous ce marbre blanc,
> Le plus avare homme de Rennes,
> Qui, pour ne point donner d'étrennes,
> Mourut exprès le jour de l'an.

rieur, que je ne ris pas, moi, et que, si vous m'échauffez la tête, je vous ferai rire d'une autre sorte? (Maître Jacques pousse Valère jusqu'au fond du théâtre, en le menaçant.)

VALÈRE.

Eh! doucement.

MAÎTRE JACQUES.

Comment, doucement? il ne me plaît pas, moi!

VALÈRE.

De grâce!

MAÎTRE JACQUES.

Vous êtes un impertinent!

VALÈRE.

Monsieur maître Jacques...

MAÎTRE JACQUES.

Il n'y a point de monsieur maître Jacques pour un double[1]. Si je prends un bâton, je vous rosserai d'importance.

VALÈRE.

Comment! un bâton? (Valère fait reculer maître Jacques à son tour.)

MAÎTRE JACQUES.

Eh! je ne parle pas de cela.

VALÈRE.

Savez-vous bien, monsieur le fat, que je suis homme à vous rosser vous-même?

MAÎTRE JACQUES.

Je n'en doute pas.

VALÈRE.

Que vous n'êtes, pour tout potage, qu'un faquin de cuisinier?

MAÎTRE JACQUES.

Je le sais bien.

VALÈRE.

Et que vous ne me connoissez pas encore?

MAÎTRE JACQUES.

Pardonnez-moi.

VALÈRE.

Vous me rosserez, dites-vous?

MAÎTRE JACQUES.

Je le disois en raillant.

VALÈRE.

Et moi, je ne prends point de goût à votre raillerie. (Donnant des coups de bâton à maître Jacques.) Apprenez que vous êtes un mauvais railleur.

---

[1] C'est-à-dire, il n'y en a point. Le double était une petite pièce de monnaie qui valait deux deniers. (Aimé Martin.)

MAÎTRE JACQUES, seul.

Peste soit la sincérité! c'est un mauvais métier : désormais j'y renonce, et je ne veux plus dire vrai. Passe encore pour mon maître : il a quelque droit de me battre; mais, pour ce monsieur l'intendant, je m'en vengerai si je puis.

SCÈNE VII. — MARIANE, FROSINE, MAITRE JACQUES.

FROSINE.

Savez-vous, maître Jacques, si votre maître est au logis?

MAÎTRE JACQUES.

Oui, vraiment, il y est; je ne le sais que trop.

FROSINE.

Dites-lui, je vous prie, que nous sommes ici.

MAÎTRE JACQUES.

Ah! nous voilà pas mal.

SCÈNE VIII. — MARIANE, FROSINE.

MARIANE.

Ah! que je suis, Frosine, dans un étrange état, et, s'il faut dire ce que je sens, que j'appréhende cette vue!

FROSINE.

Mais pourquoi, et quelle est votre inquiétude?

MARIANE.

Hélas! me le demandez-vous? Et ne vous figurez-vous point les alarmes d'une personne toute prête à voir le supplice où l'on veut l'attacher?

FROSINE.

Je vois bien que, pour mourir agréablement, Harpagon n'est pas le supplice que vous voudriez embrasser; et je connois, à votre mine, que le jeune blondin dont vous m'avez parlé vous revient un peu dans l'esprit.

MARIANE.

Oui. C'est une chose, Frosine, dont je ne veux pas me défendre; et les visites respectueuses qu'il a rendues chez nous ont fait, je vous l'avoue, quelque effet dans mon âme.

FROSINE.

Mais avez-vous su quel il est?

MARIANE.

Non, je ne sais point quel il est. Mais je sais qu'il est fait d'un air à se faire aimer; que si l'on pouvoit mettre les choses à mon choix, je le prendrois plutôt qu'un autre; et qu'il ne contribue pas peu à me faire trouver un tourment effroyable dans l'époux qu'on veut me donner.

FROSINE.

Mon Dieu! tous ces blondins sont agréables, et débitent fort bien leur fait; mais la plupart sont gueux comme des rats; il vaut mieux, pour vous, de prendre un vieux mari qui vous donne beaucoup de bien. Je vous avoue que les sens ne trouvent pas si bien leur compte du côté que je dis, et qu'il y a quelques petits dégoûts à essuyer avec un tel époux; mais cela n'est pas pour durer; et sa mort, croyez-moi, vous mettra bientôt en état d'en prendre un plus aimable, qui réparera toutes choses.

MARIANE.

Mon Dieu! Frosine, c'est une étrange affaire, lorsque, pour être heureuse, il faut souhaiter ou attendre le trépas de quelqu'un; et la mort ne suit pas tous les projets que nous faisons.

FROSINE.

Vous moquez-vous? Vous ne l'épousez qu'aux conditions de vous laisser veuve bientôt; et ce doit être là un des articles du contrat. Il seroit bien impertinent de ne pas mourir dans trois mois! Le voici en propre personne.

MARIANE.

Ah! Frosine, quelle figure!

SCÈNE IX. — HARPAGON, MARIANE, FROSINE.

HARPAGON, à Mariane.

Ne vous offensez pas, ma belle, si je viens à vous avec des lunettes. Je sais que vos appas frappent assez les yeux, sont assez visibles d'eux-mêmes, et qu'il n'est pas besoin de lunettes pour les apercevoir; mais, enfin, c'est avec des lunettes qu'on observe les astres; et je maintiens et garantis que vous êtes un astre, mais un astre, le plus bel astre qui soit dans le pays des astres. Frosine, elle ne répond mot, et ne témoigne, ce me semble, aucune joie de me voir.

FROSINE.

C'est qu'elle est encore toute surprise; et puis, les filles ont toujours honte à témoigner d'abord ce qu'elles ont dans l'âme.

HARPAGON, à Frosine.

Tu as raison. (A Mariane.) Voilà, belle mignonne, ma fille qui vient vous saluer.

SCÈNE X. — HARPAGON, ÉLISE, MARIANE, FROSINE.

MARIANE.

Je m'acquitte bien tard, madame, d'une telle visite.

ÉLISE.

Vous avez fait, madame, ce que je devois faire, et c'étoit à moi de vous prévenir.

HARPAGON.

Vous voyez qu'elle est grande; mais mauvaise herbe croît toujours.

MARIANE, bas, à Frosine.

Oh! l'homme déplaisant!

HARPAGON, bas, à Frosine.

Que dit la belle?

FROSINE.

Qu'elle vous trouve admirable.

HARPAGON.

C'est trop d'honneur que vous me faites, adorable mignonne.

MARIANE, à part.

Quel animal¹!

HARPAGON.

Je vous suis trop obligé de ces sentiments.

MARIANE, à part.

Je n'y puis plus tenir.

SCÈNE XI. — HARPAGON, MARIANE, ÉLISE, CLÉANTE, VALÈRE, FROSINE, BRINDAVOINE.

HARPAGON.

Voici mon fils aussi, qui vous vient faire la révérence.

MARIANE, bas, à Frosine.

Ah! Frosine, quelle rencontre! C'est justement celui dont je t'ai parlé.

FROSINE, à Mariane.

L'aventure est merveilleuse.

HARPAGON.

Je vois que vous vous étonnez de me voir de si grands enfants; mais je serai bientôt défait et de l'un et de l'autre.

CLÉANTE, à Mariane.

Madame, à vous dire le vrai, c'est ici une aventure où, sans doute, je ne m'attendois pas; et mon père ne m'a pas peu surpris lorsqu'il m'a dit tantôt le dessein qu'il avoit formé.

MARIANE.

Je puis dire la même chose. C'est une rencontre imprévue qui m'a surprise autant que vous; et je n'étois point préparée à une pareille aventure.

CLÉANTE.

Il est vrai que mon père, madame, ne peut pas faire un plus beau choix, et que ce m'est une sensible joie que l'honneur de vous voir; mais, avec tout cela, je ne vous assurerai pas que je me réjouis du

---

¹ Le mot n'est-il pas un peu vif, un peu cru, dans la bouche d'une jeune fille bien élevée? (Auger.)

dessein où vous pourriez être de devenir ma belle-mère. Le compliment, je vous l'avoue, est trop difficile pour moi; et c'est un titre, s'il vous plaît, que je ne vous souhaite point. Ce discours paroîtra brutal aux yeux de quelques-uns; mais je suis assuré que vous serez personne à le prendre comme il faudra; que c'est un mariage, madame, où vous vous imaginez bien que je dois avoir de la répugnance; que vous n'ignorez pas, sachant ce que je suis, comme il choque mes intérêts, et que vous voulez bien enfin que je vous dise, avec la permission de mon père, que, si les choses dépendoient de moi, cet hymen ne se feroit point.

HARPAGON.

Voilà un compliment bien impertinent! Quelle belle confession à lui faire!

MARIANE.

Et moi, pour vous répondre, j'ai à vous dire que les choses sont fort égales; et que, si vous auriez de la répugnance à me voir votre belle-mère, je n'en aurois pas moins, sans doute, à vous voir mon beau-fils. Ne croyez pas, je vous prie, que ce soit moi qui cherche à vous donner cette inquiétude. Je serois fort fâchée de vous causer du déplaisir; et, si je ne m'y vois forcée par une puissance absolue, je vous donne ma parole que je ne consentirai point au mariage qui vous chagrine.

HARPAGON.

Elle a raison. A sot compliment il faut une réponse de même. Je vous demande pardon, ma belle, de l'impertinence de mon fils; c'est un jeune sot, qui ne sait pas encore la conséquence des paroles qu'il dit.

MARIANE.

Je vous promets que ce qu'il m'a dit ne m'a point du tout offensée; au contraire, il m'a fait plaisir de m'expliquer ainsi ses véritables sentiments. J'aime de lui un aveu de la sorte; et, s'il avoit parlé d'autre façon, je l'en estimerois bien moins.

HARPAGON.

C'est beaucoup de bonté à vous, de vouloir ainsi excuser ses fautes. Le temps le rendra plus sage, et vous verrez qu'il changera de sentiments.

CLÉANTE.

Non, mon père, je ne suis point capable d'en changer, et je prie instamment madame de le croire.

HARPAGON.

Mais voyez quelle extravagance! il continue encore plus fort.

CLÉANTE.

Voulez-vous que je trahisse mon cœur?

HARPAGON.

Encore! avez-vous envie de changer de discours?

CLÉANTE.

Eh bien, puisque vous voulez que je parle d'autre façon, souffrez, madame, que je me mette ici à la place de mon père, et que je vous avoue que je n'ai rien vu dans le monde de si charmant que vous; que je ne conçois rien d'égal au bonheur de vous plaire, et que le titre de votre époux est une gloire, une félicité que je préférerois aux destinées des plus grands princes de la terre. Oui, madame, le bonheur de vous posséder est, à mes regards, la plus belle de toutes les fortunes; c'est où j'attache toute mon ambition. Il n'y a rien que je ne sois capable de faire pour une conquête si précieuse; et les obstacles les plus puissants...

HARPAGON.

Doucement, mon fils, s'il vous plaît.

CLÉANTE.

C'est un compliment que je fais pour vous à madame.

HARPAGON.

Mon Dieu! j'ai une langue pour m'expliquer moi-même, et je n'ai pas besoin d'un interprète comme vous[1]. Allons, donnez des siéges.

FROSINE.

Non; il vaut mieux que, de ce pas, nous allions à la foire, afin d'en revenir plus tôt, et d'avoir tout le temps ensuite de vous entretenir.

HARPAGON, à Brindavoine.

Qu'on mette donc les chevaux au carrosse.

SCÈNE XII. — HARPAGON, MARIANE, ÉLISE, CLÉANTE, VALÈRE, FROSINE.

HARPAGON, à Mariane.

Je vous prie de m'excuser, ma belle, si je n'ai pas songé à vous donner un peu de collation avant que de partir.

CLÉANTE.

J'y ai pourvu, mon père, et j'ai fait apporter ici quelques bassins d'oranges de la Chine, de citrons doux, et de confitures, que j'ai envoyé quérir de votre part.

HARPAGON, bas, à Valère.

Valère!

VALÈRE, à Harpagon.

Il a perdu le sens.

CLÉANTE.

Est-ce que vous trouvez, mon père, que ce ne soit pas assez? Madame aura la bonté d'excuser cela, s'il lui plaît.

[1] VAR. Et je n'ai pas besoin d'un *procureur* comme vous.

MARIANE.

C'est une chose qui n'étoit pas nécessaire.

CLÉANTE.

Avez-vous jamais vu, madame, un diamant plus vif que celui que vous voyez que mon père a au doigt?

MARIANE.

Il est vrai qu'il brille beaucoup.

CLÉANTE, ôtant du doigt de son père le diamant et le donnant à Mariane.

Il faut que vous le voyiez de près.

MARIANE.

Il est fort beau, sans doute, et jette quantité de feux.

CLÉANTE, se mettant au-devant de Mariane, qui veut rendre le diamant.

Non, madame, il est en de trop belles mains. C'est un présent que mon père vous a fait.

HARPAGON.

Moi?

CLÉANTE.

N'est-il pas vrai, mon père, que vous voulez que madame le garde pour l'amour de vous?

HARPAGON, bas, à son fils.

Comment?

CLÉANTE, à Mariane.

Belle demande! il me fait signe de vous le faire accepter.

MARIANE.

Je ne veux point...

CLÉANTE, à Mariane.

Vous moquez-vous? Il n'a garde de le reprendre.

HARPAGON, à part.

J'enrage!

MARIANE.

Ce seroit...

CLÉANTE, empêchant toujours Mariane de rendre le diamant.

Non, vous dis-je, c'est l'offenser.

MARIANE.

De grâce...

CLÉANTE.

Point du tout.

HARPAGON, à part.

Peste soit..

CLÉANTE.

Le voilà qui se scandalise de votre refus.

HARPAGON, bas, à son fils.

Ah! traître!

CLÉANTE, à Mariane.

Vous voyez qu'il se désespère.

HARPAGON, bas, à son fils, en le menaçant.

Bourreau que tu es!

CLÉANTE.

Mon père, ce n'est pas ma faute. Je fais ce que je puis pour l'obliger à la garder; mais elle est obstinée.

HARPAGON, bas, à son fils, en le menaçant.

Pendard!

CLÉANTE.

Vous êtes cause, madame, que mon père me querelle.

HARPAGON, bas, à son fils, avec les mêmes gestes.

Le coquin!

CLÉANTE, à Mariane.

Vous le ferez tomber malade. De grâce, madame, ne résistez point davantage.

FROSINE, à Mariane.

Mon Dieu! que de façons! Gardez la bague, puisque monsieur le veut.

MARIANE, à Harpagon.

Pour ne vous point mettre en colère, je la garde maintenant, et je prendrai un autre temps pour vous la rendre.

SCÈNE XIII. — HARPAGON, MARIANE, ÉLISE, CLÉANTE, VALÈRE, FROSINE, BRINDAVOINE.

BRINDAVOINE.

Monsieur, il y a là un homme qui veut vous parler.

HARPAGON.

Dis-lui que je suis empêché, et qu'il revienne une autre fois.

BRINDAVOINE.

Il dit qu'il vous apporte de l'argent.

HARPAGON, à Mariane.

Je vous demande pardon; je reviens tout à l'heure.

SCÈNE XIV. — HARPAGON, MARIANE, ÉLISE, CLÉANTE, VALÈRE FROSINE, LA MERLUCHE.

LA MERLUCHE, courant et faisant tomber Harpagon.

Monsieur..

HARPAGON.

Ah! je suis mort!

CLÉANTE.

Qu'est-ce, mon père? vous êtes-vous fait mal?

HARPAGON.

Le traître assurément a reçu de l'argent de mes débiteurs, pour me faire rompre le cou!

VALÈRE, à Harpagon.

Cela ne sera rien.

LA MERLUCHE, à Harpagon.

Monsieur, je vous demande pardon : je croyois bien faire d'accourir vite.

HARPAGON.

Que viens-tu faire ici, bourreau?

LA MERLUCHE.

Vous dire que vos deux chevaux sont déferrés.

HARPAGON.

Qu'on les mène promptement chez le maréchal.

CLÉANTE.

En attendant qu'ils soient ferrés, je vais faire pour vous, mon père, les honneurs de votre logis, et conduire madame dans le jardin, où je ferai porter la collation.

SCÈNE XV. — HARPAGON, VALÈRE.

HARPAGON.

Valère, aie un peu l'œil à tout cela, et prends soin, je te prie, de m'en sauver le plus que tu pourras, pour le renvoyer au marchand.

VALÈRE.

C'est assez.

HARPAGON, seul.

O fils impertinent! as-tu envie de me ruiner?

ACTE QUATRIÈME

SCÈNE I. — CLÉANTE, MARIANE, ÉLISE, FROSINE.

CLÉANTE.

Rentrons ici, nous serons beaucoup mieux. Il n'y a plus autour de nous personne de suspect, et nous pouvons parler librement.

ÉLISE.

Oui, madame, mon frère m'a fait confidence de la passion qu'il a pour vous. Je sais les chagrins et les déplaisirs que sont capables de causer de pareilles traverses; et c'est, je vous assure, avec une tendresse extrême que je m'intéresse à votre aventure.

MARIANE.

C'est une douce consolation que de voir dans ses intérêts une personne comme vous; et je vous conjure, madame, de me garder toujours cette généreuse amitié, si capable de m'adoucir les cruautés de la fortune.

ACTE IV, SCÈNE I.

FROSINE.

Vous êtes, par ma foi, de malheureuses gens l'un et l'autre, de ne m'avoir point, avant tout ceci, avertie de votre affaire. Je vous aurois, sans doute, détourné cette inquiétude, et n'aurois point amené les choses où l'on voit qu'elles sont.

CLÉANTE.

Que veux-tu? C'est ma mauvaise destinée qui l'a voulu ainsi. Mais, belle Mariane, quelles résolutions sont les vôtres?

MARIANE.

Hélas! suis-je en pouvoir de faire des résolutions? Et, dans la dépendance où je me vois, puis-je former que des souhaits?

CLÉANTE.

Point d'autre appui pour moi dans votre cœur que de simples souhaits? Point de pitié officieuse? Point de secourable bonté? Point d'affection agissante?

MARIANE.

Que saurois-je vous dire? Mettez-vous en ma place, et voyez ce que je puis faire. Avisez, ordonnez vous-même : je m'en remets à vous; et je vous crois trop raisonnable pour vouloir exiger de moi que ce qui peut m'être permis par l'honneur et la bienséance.

CLÉANTE.

Hélas! où me réduisez-vous, que de me renvoyer à ce que voudront me permettre les fâcheux sentiments d'un rigoureux honneur et d'une scrupuleuse bienséance?

MARIANE.

Mais que voulez-vous que je fasse? Quand je pourrois passer sur quantité d'égards où notre sexe est obligé, j'ai de la considération pour ma mère. Elle m'a toujours élevée avec une tendresse extrême, et je ne saurois me résoudre à lui donner du déplaisir. Faites, agissez auprès d'elle; employez tous vos soins à gagner son esprit. Vous pouvez faire et dire tout ce que vous voudrez; je vous en donne la licence; et, s'il ne tient qu'à me déclarer en votre faveur, je veux bien consentir à lui faire un aveu, moi-même, de tout ce que je sens pour vous.

CLÉANTE.

Frosine, ma pauvre Frosine, voudrois-tu nous servir?

FROSINE.

Par ma foi, faut-il le demander? je le voudrois de tout mon cœur. Vous savez que, de mon naturel, je suis assez humaine. Le ciel ne m'a point fait l'âme de bronze, et je n'ai que trop de tendresse à rendre de petits services, quand je vois des gens qui s'entr'aiment en tout bien et en tout honneur. Que pourrions-nous faire à ceci?

CLÉANTE.

Songe un peu, je te prie.

MARIANE.

Ouvre-nous des lumières.

ÉLISE.

Trouve quelque invention pour rompre ce que tu as fait.

FROSINE.

Ceci est assez difficile. (A Mariane.) Pour votre mère, elle n'est pas tout à fait déraisonnable, et peut-être pourroit-on la gagner et la résoudre à transporter au fils le don qu'elle veut faire au père. (A Cléante.) Mais le mal que j'y trouve, c'est que votre père est votre père.

CLÉANTE.

Cela s'entend.

FROSINE.

Je veux dire qu'il conservera du dépit si l'on montre qu'on le refuse, et qu'il ne sera point d'humeur ensuite à donner son consentement à votre mariage. Il faudroit, pour bien faire, que le refus vînt de lui-même, et tâcher, par quelque moyen, de le dégoûter de votre personne.

CLÉANTE.

Tu as raison.

FROSINE.

Oui, j'ai raison, je le sais bien. C'est là ce qu'il faudroit; mais le diantre[1] est d'en pouvoir trouver les moyens. Attendez : si nous avions quelque femme un peu sur l'âge qui fût de mon talent, et jouât assez bien pour contrefaire une dame de qualité, par le moyen d'un train fait à la hâte et d'un bizarre nom de marquise ou de vicomtesse, que nous supposerions de la basse Bretagne, j'aurois assez d'adresse pour faire accroire à votre père que ce seroit une personne riche, outre ses maisons, de cent mille écus en argent comptant; qu'elle seroit éperdument amoureuse de lui, et souhaiteroit de se voir sa femme, jusqu'à lui donner tout son bien par contrat de mariage; et je ne doute point qu'il ne prêtât l'oreille à la proposition. Car, enfin, il vous aime fort, je le sais, mais il aime un peu plus l'argent; et quand, ébloui de ce leurre, il auroit une fois consenti à ce qui vous touche, il importeroit peu ensuite qu'il se désabusât, en venant à vouloir voir clair aux effets de notre marquise.

CLÉANTE.

Tout cela est fort bien pensé.

FROSINE.

Laissez-moi faire. Je viens de me ressouvenir d'une de mes amies qui sera notre fait.

CLÉANTE.

Sois assurée, Frosine, de ma reconnoissance, si tu viens à bout de

---

[1] Suivant Ménage, cette expression a été imaginée pour éviter de se servir du mot *diable*. Rabelais avait déjà dit : Créature du *grand vilain diantre d'enfer*.

la chose. Mais, charmante Mariane, commençons, je vous prie, par gagner votre mère; c'est toujours beaucoup faire que de rompre ce mariage. Faites-y de votre part, je vous en conjure, tous les efforts qu'il vous sera possible. Servez-vous de tout le pouvoir que vous donne sur elle cette amitié qu'elle a pour vous. Déployez sans réserve les grâces éloquentes, les charmes tout-puissants que le ciel a placés dans vos yeux et dans votre bouche; et n'oubliez rien, s'il vous plaît de ces tendres paroles, de ces douces prières et de ces caresses touchantes, à qui je suis persuadé qu'on ne sauroit rien refuser.

MARIANE.

J'y ferai tout ce que je puis, et n'oublierai aucune chose.

SCÈNE II. — HARPAGON, CLÉANTE, MARIANE, ÉLISE, FROSINE.

HARPAGON, à part, sans être aperçu.

Ouais! mon fils baise la main de sa prétendue belle-mère; et sa prétendue belle-mère ne s'en défend pas fort! Y auroit-il quelque mystère là-dessous?

ÉLISE.

Voilà mon père.

HARPAGON.

Le carrosse est tout prêt; vous pouvez partir quand il vous plaira.

CLÉANTE.

Puisque vous n'y allez pas, mon père, je m'en vais les conduire.

HARPAGON.

Non : demeurez. Elles iront bien toutes seules, et j'ai besoin de vous.

SCÈNE III. — HARPAGON, CLÉANTE.

HARPAGON.

Oh çà, intérêt de belle-mère à part, que te semble, à toi, de cette personne?

CLÉANTE.

Ce qui m'en semble?

HARPAGON.

Oui, de son air, de sa taille, de sa beauté, de son esprit?

CLÉANTE.

La, la.

HARPAGON.

Mais encore?

CLÉANTE.

A vous en parler franchement, je ne l'ai pas trouvée ici ce que je l'avois crue. Son air est de franche coquette, sa taille est assez gauche, sa beauté très-médiocre, et son esprit des plus communs. Ne croyez pas que ce soit, mon père, pour vous en dégoûter; car, belle-mère pour belle-mère, j'aime autant celle-là qu'une autre.

HARPAGON.

Tu lui disois tantôt pourtant...

CLÉANTE.

Je lui ai dit quelques douceurs en votre nom, mais c'étoit pour vous plaire.

HARPAGON.

Si bien donc que tu n'aurois pas d'inclination pour elle?

CLÉANTE.

Moi? point du tout.

HARPAGON.

J'en suis fâché, car cela rompt une pensée qui m'étoit venue dans l'esprit. J'ai fait, en la voyant ici, réflexion sur mon âge; et j'ai songé qu'on pourra trouver à redire de me voir marier à une si jeune personne. Cette considération m'en faisoit quitter le dessein; et, comme je l'ai fait demander et que je suis pour elle engagé de parole, je te l'aurois donnée, sans l'aversion que tu témoignes.

CLÉANTE.

A moi?

HARPAGON

A toi.

CLÉANTE.

En mariage?

HARPAGON.

En mariage.

CLÉANTE.

Écoutez. Il est vrai qu'elle n'est pas fort à mon goût; mais, pour vous faire plaisir, mon père, je me résoudrai à l'épouser, si vous voulez.

HARPAGON.

Moi, je suis plus raisonnable que tu ne penses. Je ne veux point forcer ton inclination.

CLÉANTE.

Pardonnez-moi; je me ferai cet effort pour l'amour de vous.

HARPAGON.

Non, non. Un mariage ne sauroit être heureux où l'inclination n'est pas.

CLÉANTE.

C'est une chose, mon père, qui peut-être viendra ensuite; et l'on dit que l'amour est souvent un fruit du mariage.

HARPAGON.

Non. Du côté de l'homme, on ne doit point risquer l'affaire; et ce sont des suites fâcheuses où je n'ai garde de me commettre. Si tu avois senti quelque inclination pour elle, à la bonne heure; je te l'aurois

fait épouser, au lieu de moi ; mais, cela n'étant pas, je suivrai mon premier dessein, et je l'épouserai moi-même.
CLÉANTE.
Eh bien, mon père, puisque les choses sont ainsi, il faut vous découvrir mon cœur ; il faut vous révéler notre secret. La vérité est que je l'aime depuis un jour que je la vis dans une promenade ; que mon dessein étoit tantôt de vous la demander pour femme, et que rien ne m'a retenu que la déclaration de vos sentiments et la crainte de vous déplaire.
HARPAGON.
Lui avez-vous rendu visite ?
CLÉANTE.
Oui, mon père.
HARPAGON.
Beaucoup de fois ?
CLÉANTE.
Assez, pour le temps qu'il y a.
HARPAGON.
Vous a-t-on bien reçu ?
CLÉANTE.
Fort bien, mais sans savoir qui j'étois ; et c'est ce qui a fait tantôt la surprise de Mariane.
HARPAGON.
Lui avez-vous déclaré votre passion, et le dessein où vous étiez de l'épouser ?
CLÉANTE.
Sans doute ; et même j'en avois fait à sa mère quelque peu d'ouverture.
HARPAGON.
A-t-elle écouté, pour sa fille, votre proposition ?
CLÉANTE.
Oui, fort civilement.
HARPAGON.
Et la fille correspond-elle fort à votre amour ?
CLÉANTE.
Si j'en dois croire les apparences, je me persuade, mon père, qu'elle a quelque bonté pour moi.
HARPAGON, bas, à part.
Je suis bien aise d'avoir appris un tel secret ; et voilà justement ce que je demandois. (Haut.) Or sus, mon fils, savez-vous ce qu'il y a ? c'est qu'il faut songer, s'il vous plaît, à vous défaire de votre amour, à cesser toutes vos poursuites auprès d'une personne que je prétends pour moi, et à vous marier dans peu avec celle qu'on vous destine [1].

[1] L'épreuve de l'Avare sur le cœur de son fils est la même que celle de Mithri-

CLÉANTE.

Oui, mon père; c'est ainsi que vous me jouez! Eh bien, puisque les choses en sont venues là, je vous déclare, moi, que je ne quitterai point la passion que j'ai pour Mariane; qu'il n'y a point d'extrémité où je ne m'abandonne pour vous disputer sa conquête; et que, si vous avez pour vous le consentement d'une mère, j'aurai d'autres secours, peut-être, qui combattront pour moi.

HARPAGON.

Comment, pendard! tu as l'audace d'aller sur mes brisées!

CLÉANTE.

C'est vous qui allez sur les miennes, et je suis le premier en date.

HARPAGON.

Ne suis-je pas ton père, et ne me dois-tu pas respect?

CLÉANTE.

Ce ne sont point ici des choses où les enfants soient obligés de déférer aux pères, et l'amour ne connoît personne.

HARPAGON.

Je te ferai bien me connoître avec de bons coups de bâton.

CLÉANTE.

Toutes vos menaces ne feront rien.

HARPAGON.

Tu renonceras à Mariane.

CLÉANTE.

Point du tout.

HARPAGON.

Donnez-moi un bâton tout à l'heure.

SCÈNE IV. — HARPAGON, CLÉANTE, MAÎTRE JACQUES.

MAÎTRE JACQUES.

Eh, eh, eh, messieurs, qu'est-ce ci? à quoi songez-vous?

CLÉANTE.

Je me moque de cela!

MAÎTRE JACQUES, à Cléante.

Ah! monsieur, doucement.

HARPAGON.

Me parler avec cette impudence!

MAÎTRE JACQUES, à Harpagon.

Ah! monsieur, de grâce!

CLÉANTE.

Je n'en démordrai point.

---

date dans la tragédie de Racine. Harpagon et le roi de Pont sont deux vieillards amoureux; l'un et l'autre ont leur fils pour rival, l'un et l'autre se servent du même artifice pour découvrir l'intelligence qui est entre leur fils et leur maîtresse, et les deux pièces finissent par le mariage du jeune homme. (Voltaire.)

MAÎTRE JACQUES, à Cléante.

Eh quoi! à votre père?

HARPAGON.

Laisse-moi faire.

MAÎTRE JACQUES, à Harpagon.

Eh quoi! à votre fils? encore passe pour moi.

HARPAGON.

Je te veux faire toi-même, maître Jacques, juge de cette affaire, pour montrer comme j'ai raison.

MAÎTRE JACQUES.

J'y consens. (A Cléante.) Éloignez-vous un peu.

HARPAGON.

J'aime une fille que je veux épouser; et le pendard a l'insolence de l'aimer avec moi, et d'y prétendre malgré mes ordres.

MAÎTRE JACQUES.

Ah! il a tort.

HARPAGON.

N'est-ce pas une chose épouvantable, qu'un fils qui veut entrer en concurrence avec son père? et ne doit-il pas, par respect, s'abstenir de toucher à mes inclinations?

MAÎTRE JACQUES.

Vous avez raison. Laissez-moi lui parler, et demeurez là.

CLÉANTE, à maître Jacques, qui s'approche de lui.

Eh bien, oui, puisqu'il veut te choisir pour juge, je n'y recule point; il ne m'importe qui ce soit; et je veux bien aussi me rapporter à toi, maître Jacques, de notre différend.

MAÎTRE JACQUES.

C'est beaucoup d'honneur que vous me faites.

CLÉANTE.

Je suis épris d'une jeune personne qui répond à mes vœux, et reçoit tendrement les offres de ma foi; et mon père s'avise de venir troubler notre amour, par la demande qu'il en fait faire.

MAÎTRE JACQUES.

Il a tort assurément.

CLÉANTE.

N'a-t-il point de honte, à son âge, de songer à se marier? Lui sied-il bien d'être encore amoureux? et ne devroit-il pas laisser cette occupation aux jeunes gens?

MAÎTRE JACQUES.

Vous avez raison. Il se moque. Laissez-moi lui dire deux mots. (A Harpagon.) Eh bien, votre fils n'est pas si étrange que vous le dites, et il se met à la raison. Il dit qu'il sait le respect qu'il vous doit; qu'il ne s'est emporté que dans la première chaleur, et qu'il ne fera point refus de se soumettre à ce qu'il vous plaira, pourvu que vous vouliez le traiter mieux que vous ne faites, et lui donner quelque personne en mariage, dont il ait lieu d'être content.

HARPAGON.

Ah! dis-lui, maître Jacques, que, moyennant cela, il pourra espérer toutes choses de moi, et que, hors Mariane, je lui laisse la liberté de choisir celle qu'il voudra.

MAÎTRE JACQUES.

Laissez-moi faire. (A Cléante.) Eh bien, votre père n'est pas si déraisonnable que vous le faites; et il m'a témoigné que ce sont vos emportements qui l'ont mis en colère; qu'il n'en veut seulement qu'à votre manière d'agir, et qu'il sera fort disposé à vous accorder ce que vous souhaitez, pourvu que vous vouliez vous y prendre par la douceur, et lui rendre les déférences, les respects et les soumissions qu'un fils doit à son père.

CLÉANTE.

Ah! maître Jacques, tu lui peux assurer que, s'il m'accorde Mariane, me verra toujours le plus soumis de tous les hommes, et que jamais je ne ferai aucune chose que par ses volontés.

MAÎTRE JACQUES, à Harpagon.

Cela est fait; il consent à ce que vous dites.

HARPAGON.

Voilà qui va le mieux du monde.

MAÎTRE JACQUES, à Cléante.

Tout est conclu; il est content de vos promesses.

CLÉANTE.

Le ciel en soit loué!

MAÎTRE JACQUES.

Messieurs, vous n'avez qu'à parler ensemble : vous voilà d'accord maintenant; et vous alliez vous quereller, faute de vous entendre.

CLÉANTE.

Mon pauvre maître Jacques, je te serai obligé toute ma vie.

MAÎTRE JACQUES.

Il n'y a pas de quoi, monsieur.

HARPAGON.

Tu m'as fait plaisir, maître Jacques; et cela mérite une récompense. (Harpagon fouille dans sa poche; maître Jacques tend la main; mais Harpagon ne tire que son mouchoir, en disant :) Va, je m'en souviendrai, je t'assure.

MAÎTRE JACQUES.

Je vous baise les mains.

SCÈNE V. — HARPAGON, CLÉANTE.

CLÉANTE.

Je vous demande pardon, mon père, de l'emportement que j'ai fait paroître.

HARPAGON.

Cela n'est rien.

CLÉANTE.

Je vous assure que j'en ai tous les regrets du monde.

HARPAGON.

Et moi, j'ai toutes les joies du monde de te voir raisonnable.

CLÉANTE.

Quelle bonté à vous d'oublier si vite ma faute!

HARPAGON.

On oublie aisément les fautes des enfants lorsqu'ils rentrent dans leur devoir.

CLÉANTE.

Quoi! ne garder aucun ressentiment de toutes mes extravagances?

HARPAGON.

C'est une chose où tu m'obliges, par la soumission et le respect où tu te ranges.

CLÉANTE.

Je vous promets, mon père, que, jusques au tombeau, je conserverai dans mon cœur le souvenir de vos bontés.

HARPAGON.

Et moi, je te promets qu'il n'y aura aucune chose que tu n'obtiennes de moi.

CLÉANTE.

Ah! mon père, je ne vous demande plus rien: et c'est m'avoir assez donné que de me donner Mariane.

HARPAGON.

Comment?

CLÉANTE.

Je dis, mon père, que je suis trop content de vous, et que je trouve toutes choses dans la bonté que vous avez de m'accorder Mariane.

HARPAGON.

Qui est-ce qui te parle de t'accorder Mariane?

CLÉANTE.

Vous, mon père.

HARPAGON.

Moi?

CLÉANTE.

Sans doute.

HARPAGON.

Comment! c'est toi qui as promis d'y renoncer.

CLÉANTE.

Moi, y renoncer?

HARPAGON.

Oui.

CLÉANTE.

Point du tout.

HARPAGON.

Tu ne t'es pas départi d'y prétendre?

CLÉANTE.

Au contraire, j'y suis porté plus que jamais.

HARPAGON.

Quoi! pendard, derechef?

CLÉANTE.

Rien ne me peut changer.

HARPAGON.

Laisse-moi faire, traître!

CLÉANTE.

Faites tout ce qu'il vous plaira.

HARPAGON.

Je te défends de me jamais voir.

CLÉANTE.

A la bonne heure.

HARPAGON.

Je t'abandonne.

CLÉANTE.

Abandonnez.

HARPAGON.

Je te renonce pour mon fils.

CLÉANTE.

Soit.

HARPAGON.

Je te déshérite.

CLÉANTE.

Tout ce que vous voudrez.

HARPAGON.

Et je te donne ma malédiction.

CLÉANTE.

Je n'ai que faire de vos dons [1].

---

[1] Molière ne fait point aimer Cléante; il montre dans les fautes du fils les suites des vices du père. (A. M.) — Si Molière a peint des mœurs vicieuses, c'est qu'elles existent; et, quand l'esprit général de sa pièce emporte leur condamnation, il a rempli sa tâche.
Si le jeune Cléante, à qui son père donne sa malédiction, sort en disant : « Je n'ai que faire de vos dons, » a-t-on pu se méprendre à l'intention du poëte? Il eût pu sans doute représenter ce fils toujours respectueux envers un père barbare; il eût édifié davantage en associant un tyran et une victime; mais la vérité, mais la force de la leçon que le poëte veut donner aux pères avares, que devenaient-elles? (Chamfort.)

SCÈNE VI. — CLÉANTE, LA FLÈCHE.

LA FLÈCHE, *sortant du jardin avec une cassette.*
Ah! monsieur, que je vous trouve à propos! Suivez-moi vite!

CLÉANTE.
Qu'y a-t-il?

LA FLÈCHE.
Suivez-moi vous dis-je : nous sommes bien.

CLÉANTE.
Comment?

LA FLÈCHE.
Voici votre affaire.

CLÉANTE.
Quoi?

LA FLÈCHE.
J'ai guigné ceci tout le jour.

CLÉANTE.
Qu'est-ce que c'est?

LA FLÈCHE.
Le trésor de votre père, que j'ai attrapé.

CLÉANTE.
Comment as-tu fait?

LA FLÈCHE.
Vous saurez tout. Sauvons-nous : je l'entends crier.

SCÈNE VII. — HARPAGON, *seul, criant au voleur dès le jardin, et venant sans chapeau*[1].

Au voleur! au voleur! à l'assassin! au meurtrier! Justice, juste ciel! je suis perdu, je suis assassiné! on m'a coupé la gorge : on m'a dérobé mon argent! Qui peut-ce être? Qu'est-il devenu? Où est-il? Où se cache-t-il? Que ferai-je pour le trouver? Où courir? Où ne pas courir? N'est-il point là? N'est-il point ici? Qui est-ce? Arrête! (A lui-même, se prenant par le bras.) Rends-moi mon argent, coquin!... Ah!

---

[1] Dans Plaute, l'Avare, après le vol de sa cassette, s'écrie : « Je suis perdu ! je suis assassiné ! je suis mort ! où irai-je ? où n'irai-je pas ? Arrêtez ! arrêtez ! Qui ? je ne sais. Je ne vois rien. Je cherche en aveugle. Je perds la raison. Sais-je où je vais, où je suis, qui je suis ? Au secours ! mes chers amis, découvrez-moi, oh ! découvrez-moi celui qui m'a dérobé... Que dis-tu, toi ? Je peux me fier à toi ; tu m'as l'air d'un homme de bien. Vous riez : je vous connois tous, et je n'ignore pas qu'il y a ici beaucoup de voleurs. Quoi ! personne ne veut me la rendre ! je vais mourir, je meurs ! Qu'est-ce ? dis, dis qui me l'a dérobée. Tu ne le sais pas ! Ah ! je suis ruiné ! Malheureux ! malheureux ! me voilà sans ressources sur la terre ! la faim, la misère, vont m'accabler... Fatale journée ! qu'ai-je besoin de vivre, après la perte de tant d'or ! je le gardais avec un si grand soin ! Hélas ! je me suis trahi moi-même ! j'étais aveugle, et maintenant on se réjouit de mon malheur !... » (*Aululaire*, acte IV, scène x.)

c'est moi! Mon esprit est troublé, et j'ignore où je suis, qui je suis, et ce que je fais. Hélas! mon pauvre argent! mon pauvre argent! mon cher ami! on m'a privé de toi; et, puisque tu m'es enlevé, j'ai perdu mon support, ma consolation, ma joie : tout est fini pour moi, et je n'ai plus que faire au monde. Sans toi, il m'est impossible de vivre. C'en est fait; je n'en puis plus; je me meurs; je suis mort; je suis enterré! N'y a-t-il personne qui veuille me ressusciter, en me rendant mon cher argent, ou en m'apprenant qui l'a pris? Euh! que dites-vous? Ce n'est personne. Il faut, qui que ce soit qui ait fait le coup, qu'avec beaucoup de soin on ait épié l'heure; et l'on a choisi justement le temps que je parlois à mon traître de fils. Sortons. Je veux aller querir la justice, et faire donner la question à toute ma maison; à servantes, à valets, à fils et à fille, et à moi aussi. Que de gens assemblés! Je ne jette mes regards sur personne qui ne me donne des soupçons, et tout me semble mon voleur. Eh! de quoi est-ce qu'on parle là? de celui qui m'a dérobé? Quel bruit fait-on là-haut? Est-ce mon voleur qui y est? De grâce, si l'on sait des nouvelles de mon voleur, je supplie que l'on m'en dise. N'est-il point caché là parmi vous? Ils me regardent tous et se mettent à rire. Vous verrez qu'ils ont part, sans doute, au vol que l'on m'a fait. Allons vite, des commissaires, des archers, des prévôts, des juges, des gênes, des potences et des bourreaux. Je veux faire pendre tout le monde; et, si je ne retrouve mon argent, je me pendrai moi-même après...

ACTE CINQUIÈME

SCÈNE I. — HARPAGON, UN COMMISSAIRE.

LE COMMISSAIRE.

Laissez-moi faire; je sais mon métier, Dieu merci. Ce n'est pas d'aujourd'hui que je me mêle de découvrir des vols; et je voudrois avoir autant de sacs de mille francs que j'ai fait pendre de personnes.

HARPAGON.

Tous les magistrats sont intéressés à prendre cette affaire en main; et, si l'on ne me fait retrouver mon argent, je demanderai justice de la justice.

LE COMMISSAIRE.

Il faut faire toutes les poursuites requises. Vous dites qu'il y avoit dans cette cassette?...

HARPAGON.

Dix mille écus bien comptés.

LE COMMISSAIRE.

Dix mille écus!

HARPAGON, en pleurant.

Dix mille écus.

LE COMMISSAIRE.

Le vol est considérable!

HARPAGON.

Il n'y a point de supplice assez grand pour l'énormité de ce crime; et, s'il demeure impuni, les choses les plus sacrées ne sont plus en sûreté.

LE COMMISSAIRE.

En quelles espèces étoit cette somme?

HARPAGON.

En bons louis d'or et pistoles bien trébuchantes.

LE COMMISSAIRE.

Qui soupçonnez-vous de ce vol?

HARPAGON.

Tout le monde; et je veux que vous arrêtiez prisonniers la ville et les faubourgs.

LE COMMISSAIRE.

Il faut, si vous m'en croyez, n'effaroucher personne, et tâcher doucement d'attraper quelques preuves, afin de procéder après, par la rigueur, au recouvrement des deniers qui vous ont été pris.

SCÈNE II. — HARPAGON, UN COMMISSAIRE, MAITRE JACQUES.

MAÎTRE JACQUES, dans le fond du théâtre, en se retournant du côté par lequel il est entré.

Je m'en vais revenir. Qu'on me l'égorge tout à l'heure; qu'on me lui fasse griller les pieds; qu'on me le mette dans l'eau bouillante, et qu'on me le pende au plancher.

HARPAGON, à maître Jacques.

Qui? celui qui m'a dérobé?

MAÎTRE JACQUES.

Je parle d'un cochon de lait que votre intendant me vient d'envoyer, et je veux vous l'accommoder à ma fantaisie.

HARPAGON.

Il n'est pas question de cela; et voilà monsieur, à qui il faut parler d'autre chose.

LE COMMISSAIRE, à maître Jacques.

Ne vous épouvantez point. Je suis homme à ne vous point scandaliser, et les choses iront dans la douceur.

MAÎTRE JACQUES.

Monsieur est de votre souper?

LE COMMISSAIRE.

Il faut ici, mon cher ami, ne rien cacher à votre maître.

MAÎTRE JACQUES.

Ma foi, monsieur, je montrerai tout ce que je sais faire, et je vous traiterai du mieux qu'il me sera possible.

HARPAGON.

Ce n'est pas là l'affaire.

MAÎTRE JACQUES.

Si je ne vous fais pas aussi bonne chère que je voudrois, c'est la faute de monsieur votre intendant, qui m'a rogné les ailes avec les ciseaux de son économie.

HARPAGON.

Traître! il s'agit d'autre chose que de souper; et je veux que tu me dises des nouvelles de l'argent qu'on m'a pris.

MAÎTRE JACQUES.

On vous a pris de l'argent?

HARPAGON.

Oui, coquin; et je m'en vais te faire pendre, si tu ne me le rends!

LE COMMISSAIRE, à Harpagon.

Mon Dieu! ne le maltraitez point. Je vois à sa mine qu'il est honnête homme, et que, sans se faire mettre en prison, il vous découvrira ce que vous voulez savoir. Oui, mon ami, si vous nous confessez la chose, il ne vous sera fait aucun mal, et vous serez récompensé comme il faut par votre maître. On lui a pris aujourd'hui son argent; et il n'est pas que vous ne sachiez quelques nouvelles de cette affaire.

MAÎTRE JACQUES, bas, à part.

Voici justement ce qu'il me faut pour me venger de notre intendant. Depuis qu'il est entré céans, il est le favori, on n'écoute que ses conseils; et j'ai aussi sur le cœur les coups de bâton de tantôt.

HARPAGON.

Qu'as-tu à ruminer?

LE COMMISSAIRE, à Harpagon.

Laissez-le faire. Il se prépare à vous contenter; et je vous ai bien dit qu'il étoit honnête homme.

MAÎTRE JACQUES.

Monsieur, si vous voulez que je vous dise les choses, je crois que c'est monsieur votre cher intendant qui a fait le coup.

HARPAGON.

Valère?

MAÎTRE JACQUES.

Oui.

HARPAGON.

Lui! qui me paroît si fidèle?

MAÎTRE JACQUES.

Lui-même. Je crois que c'est lui qui vous a dérobé.

HARPAGON.

Et sur quoi le crois-tu?

MAÎTRE JACQUES.

Sur quoi?

HARPAGON.

Oui.

MAÎTRE JACQUES.

Je le crois... sur ce que je le crois.

LE COMMISSAIRE.

Mais il est nécessaire de dire les indices que vous avez.

HARPAGON.

L'as-tu vu rôder autour du lieu où j'avois mis mon argent?

MAÎTRE JACQUES.

Oui, vraiment. Où étoit-il, votre argent?

HARPAGON.

Dans le jardin.

MAÎTRE JACQUES.

Justement je l'ai vu rôder dans le jardin. Et dans quoi est-ce que cet argent étoit?

HARPAGON.

Dans une cassette.

MAÎTRE JACQUES.

Voilà l'affaire. Je lui ai vu une cassette.

HARPAGON.

Et cette cassette, comment est-elle faite? Je verrai bien si c'est la mienne.

MAÎTRE JACQUES.

Comment est-elle faite?

HARPAGON.

Oui.

MAÎTRE JACQUES.

Elle est faite... elle est faite comme une cassette.

LE COMMISSAIRE.

Cela s'entend. Mais dépeignez-la un peu, pour voir.

MAÎTRE JACQUES.

C'est une grande cassette.

HARPAGON.

Celle qu'on m'a volée est petite.

MAÎTRE JACQUES.

Eh! oui, elle est petite, si on veut le prendre par là; mais je l'appelle grande pour ce qu'elle contient.

LE COMMISSAIRE.

Et de quelle couleur est-elle?

MAÎTRE JACQUES.

De quelle couleur?

LE COMMISSAIRE.

Oui

MAÎTRE JACQUES.

Elle est de couleur... la, d'une certaine couleur... Ne sauriez-vous m'aider à dire ?

HARPAGON.

Euh ?

MAÎTRE JACQUES.

N'est-elle pas rouge ?

HARPAGON.

Non, grise.

MAÎTRE JACQUES.

Eh ! oui, gris-rouge ; c'est ce que je voulois dire.

HARPAGON.

Il n'y a point de doute ; c'est elle assurément. Écrivez, monsieur, écrivez sa déposition. Ciel ! à qui désormais se fier ? Il ne faut plus jurer de rien ; et je crois, après cela, que je suis homme à me voler moi-même.

MAÎTRE JACQUES, à Harpagon.

Monsieur, le voici qui revient. Ne lui allez pas dire, au moins, que c'est moi qui vous ai découvert cela.

SCÈNE III. — HARPAGON, UN COMMISSAIRE, VALÈRE, MAITRE JACQUES.

HARPAGON.

Approche, viens confesser l'action la plus noire, l'attentat le plus horrible qui jamais ait été commis.

VALÈRE.

Que voulez-vous, monsieur ?

HARPAGON.

Comment, traître ! tu ne rougis pas de ton crime ?

VALÈRE.

De quel crime voulez-vous donc parler ?

HARPAGON.

De quel crime je veux parler, infâme ! comme si tu ne savois pas ce que je veux dire ! C'est en vain que tu prétendrois de le déguiser ; l'affaire est découverte, et l'on vient de m'apprendre tout. Comment abuser ainsi de ma bonté, et s'introduire exprès chez moi pour me trahir, pour me jouer un tour de cette nature ?

VALÈRE.

Monsieur, puisqu'on vous a découvert tout, je ne veux point de détours, et vous nier la chose.

MAÎTRE JACQUES, à part.

Oh ! oh ! aurois-je deviné sans y penser ?

VALÈRE.

C'étoit mon dessein de vous en parler, et je voulois attendre pour cela des conjonctures favorables; mais, puisqu'il est ainsi, je vous conjure de ne vous point fâcher et de vouloir entendre mes raisons.

HARPAGON.

Et quelles belles raisons peux-tu me donner, voleur infâme?

VALÈRE.

Ah! monsieur, je n'ai pas mérité ces noms. Il est vrai que j'ai commis une offense envers vous; mais, après tout, ma faute est pardonnable.

HARPAGON.

Comment! pardonnable? Un guet-apens, un assassinat de la sorte!

VALÈRE.

De grâce, ne vous mettez point en colère. Quand vous m'aurez ouï, vous verrez que le mal n'est pas si grand que vous le faites.

HARPAGON.

Le mal n'est pas si grand que je le fais! Quoi! mon sang, mes entrailles, pendard!

VALÈRE.

Votre sang, monsieur, n'est pas tombé dans de mauvaises mains. Je suis d'une condition à ne lui point faire de tort; et il n'y a rien, en tout ceci, que je ne puisse bien réparer.

HARPAGON.

C'est bien mon intention, et que tu me restitues ce que tu m'as ravi.

VALÈRE.

Votre honneur, monsieur, sera pleinement satisfait.

HARPAGON.

Il n'est pas question d'honneur là dedans. Mais, dis-moi, qui t'a porté à cette action?

VALÈRE.

Hélas! me le demandez-vous?

HARPAGON.

Oui, vraiment, je te le demande!

VALÈRE.

Un dieu qui porte les excuses de tout ce qu'il fait faire, l'Amour.

HARPAGON.

L'Amour?

VALÈRE.

Oui.

HARPAGON.

Bel amour, bel amour, ma foi, l'amour de mes louis d'or!

VALÈRE.

Non, monsieur, ce ne sont point vos richesses qui m'ont tenté; ce n'est pas cela qui m'a ébloui; et je proteste de ne prétendre rien à tous vos biens, pourvu que vous me laissiez celui que j'ai.

HARPAGON.

Non ferai, de par tous les diables; je ne te le laisserai pas. Mais voyez quelle insolence de vouloir retenir le vol qu'il m'a fait!

VALÈRE.

Appelez-vous ça un vol?

HARPAGON.

Si je l'appelle un vol? un trésor comme celui-là!

VALÈRE.

C'est un trésor, il est vrai, et le plus précieux que vous ayez, sans doute; mais ce ne sera pas le perdre que de me le laisser. Je vous le demande à genoux, ce trésor plein de charmes; et, pour bien faire, il faut que vous me l'accordiez.

HARPAGON.

Je n'en ferai rien. Qu'est-ce à dire cela?

VALÈRE.

Nous nous sommes promis une foi mutuelle, et avons fait serment de ne nous point abandonner.

HARPAGON.

Le serment est admirable, et la promesse plaisante!

VALÈRE.

Oui, nous nous sommes engagés d'être l'un à l'autre à jamais.

HARPAGON.

Je vous en empêcherai bien, je vous assure!

VALÈRE.

Rien que la mort ne nous peut séparer.

HARPAGON.

C'est être bien endiablé après mon argent!

VALÈRE.

Je vous ai déjà dit, monsieur, que ce n'étoit point l'intérêt qui m'avoit poussé à faire ce que j'ai fait. Mon cœur n'a point agi par les ressorts que vous pensez, et un motif plus noble m'a inspiré cette résolution.

HARPAGON.

Vous verrez que c'est par charité chrétienne qu'il veut avoir mon bien! Mais j'y donnerai bon ordre; et la justice, pendard effronté, me va faire raison de tout.

VALÈRE.

Vous en userez comme vous voudrez, et me voilà prêt à souffrir toutes les violences qu'il vous plaira; mais je vous prie de croire au moins que, s'il y a du mal, ce n'est que moi qu'il en faut accuser, et que votre fille, en tout ceci, n'est aucunement coupable.

HARPAGON.

Je le crois bien, vraiment! il seroit fort étrange que ma fille eût trempé dans ce crime. Mais je veux ravoir mon affaire, et que tu me confesses en quel endroit tu me l'as enlevée.

VALÈRE.

Moi? je ne l'ai point enlevée; et elle est encore chez vous.

HARPAGON, à part.

O ma chère cassette! (Haut.) Elle n'est point sortie de ma maison?

VALÈRE.

Non, monsieur.

HARPAGON.

Eh! dis-moi donc un peu : tu n'y as point touché?

VALÈRE.

Moi y toucher! Ah! vous lui faites tort, aussi bien qu'à moi; et c'est d'une ardeur toute pure et respectueuse que j'ai brûlé pour elle.

HARPAGON, à part.

Brûlé pour ma cassette!

VALÈRE.

J'aimerois mieux mourir que de lui avoir fait paroître aucune pensée offensante : elle est trop sage et trop honnête pour cela.

HARPAGON, à part.

Ma cassette trop honnête!

VALÈRE.

Tous mes désirs se sont bornés à jouir de sa vue; et rien de criminel n'a profané la passion que ses beaux yeux m'ont inspirée.

HARPAGON, à part.

Les beaux yeux de ma cassette! Il parle d'elle comme un amant d'une maîtresse.

VALÈRE.

Dame Claude, monsieur, sait la vérité de cette aventure; et elle peut vous rendre témoignage.

HARPAGON.

Quoi! ma servante est complice de l'affaire?

VALÈRE.

Oui, monsieur : elle a été témoin de notre engagement; et c'est après avoir connu l'honnêteté de ma flamme qu'elle m'a aidé à persuader votre fille de me donner sa foi et recevoir la mienne.

HARPAGON, à part.

Eh! est-ce que la peur de la justice le fait extravaguer? (A Valère.) Que nous brouilles-tu ici de ma fille?

VALÈRE.

Je dis, monsieur, que j'ai eu toutes les peines du monde à faire consentir sa pudeur à ce que vouloit mon amour.

HARPAGON.

La pudeur de qui?

VALÈRE.

De votre fille; et c'est seulement depuis hier qu'elle a pu se résoudre à nous signer mutuellement une promesse de mariage.

HARPAGON.

Ma fille t'a signé une promesse de mariage?

VALÈRE.

Oui, monsieur; comme, de ma part, je lui en ai signé une.

HARPAGON.

O ciel! autre disgrâce[1]!

MAÎTRE JACQUES, au commissaire.

Écrivez, monsieur, écrivez.

HARPAGON.

Rengrégement de mal! surcroît de désespoir! (Au commissaire.) Allons, monsieur, faites le dû de votre charge; et dressez-lui-moi son procès comme larron et comme suborneur.

MAÎTRE JACQUES.

Comme larron et comme suborneur.

VALÈRE.

Ce sont des noms qui ne me sont point dus; et quand on saura qui je suis...

SCÈNE IV. — HARPAGON, ÉLISE, MARIANE, VALÈRE, FROSINE MAITRE JACQUES, UN COMMISSAIRE.

HARPAGON.

Ah! fille scélérate! fille indigne d'un père comme moi! c'est ainsi que tu pratiques les leçons que je t'ai données? Tu te laisses prendre d'amour pour un voleur infâme, et tu lui engages ta foi sans mon consentement! Mais vous serez trompés l'un et l'autre. (A Élise.) Quatre bonnes murailles me répondront de ta conduite; (A Valère.) et une bonne potence, pendard effronté, me fera raison de ton audace!

VALÈRE.

Ce ne sera point votre passion qui jugera l'affaire, et l'on m'écoutera, au moins, avant que de me condamner.

HARPAGON.

Je me suis abusé de dire une potence; et tu seras roué tout vif!

ÉLISE, aux genoux d'Harpagon.

Ah! mon père, prenez des sentiments un peu plus humains, je vous prie, et n'allez point pousser les choses dans les dernières violences

---

[1] Le plus grand malheur pour un avare n'est pas de perdre sa fille, mais son trésor. C'est ce que Plaute n'a pas senti, lui qui fait dire à Euclion, dans une situation à peu près semblable: « Ainsi à mon malheur vient se joindre un malheur *plus grand encore: Ita mihi ad malum malæ res plurimæ se agglutinant.* » Molière ne fait jamais de pareilles fautes, parce qu'il n'oublie jamais le caractère de ses personnages. (Aimé Martin.)

du pouvoir paternel. Ne vous laissez point entraîner aux premiers mouvements de votre passion, et donnez-vous le temps de considérer ce que vous voulez faire. Prenez la peine de mieux voir celui dont vous vous offensez [1]. Il est tout autre que vos yeux ne le jugent ; et vous trouverez moins étrange que je me sois donnée à lui, lorsque vous saurez que, sans lui, vous ne m'auriez plus il y a longtemps. Oui, mon père, c'est celui qui me sauva de ce grand péril que vous savez que je courus dans l'eau, et à qui vous devez la vie de cette même fille dont...

HARPAGON.

Tout cela n'est rien ; et il valait bien mieux pour moi qu'il te laissât noyer que de faire ce qu'il a fait.

ÉLISE.

Mon père, je vous conjure, par l'amour paternel, de me...

HARPAGON.

Non, non ; je ne veux rien entendre, et il faut que la justice fasse son devoir.

MAÎTRE JACQUES, à part.

Tu me payeras mes coups de bâton !

FROSINE, à part.

Voici un étrange embarras !

SCÈNE V. — ANSELME, HARPAGON, ÉLISE, MARIANE, FROSINE, VALÈRE, UN COMMISSAIRE, MAITRE JACQUES.

ANSELME.

Qu'est-ce, seigneur Harpagon ? je vous vois tout ému.

HARPAGON.

Ah ! seigneur Anselme, vous me voyez le plus infortuné de tous les hommes ; et voici bien du trouble et du désordre au contrat que vous venez faire ! On m'assassine dans le bien, on m'assassine dans l'honneur ; et voilà un traître, un scélérat, qui a violé tous les droits les plus saints, qui s'est coulé chez moi sous le titre de domestique, pour me dérober mon argent et pour me suborner ma fille !

VALÈRE.

Qui songe à votre argent, dont vous me faites un galimatias ?

HARPAGON.

Oui, ils se sont donné l'un à l'autre une promesse de mariage. Cet affront vous regarde, seigneur Anselme ; et c'est vous qui devez vous rendre partie contre lui et faire toutes les poursuites de la justice à vos dépens, pour vous venger de son insolence [2].

---

[1] C'est-à-dire : *celui dont vous avez à vous plaindre*. L'exemple de Molière n'a pu faire accepter en ce sens le mot *offenser*. (A. M.)

[2] VAR. Et faire toutes les poursuites de la justice pour vous venger de son insolence.

ANSELME.

Ce n'est pas mon dessein de me faire épouser par force et de rien prétendre à un cœur qui se seroit donné; mais pour vos intérêts, je suis prêt à les embrasser ainsi que les miens propres.

HARPAGON.

Voilà monsieur qui est un honnête commissaire, qui n'oubliera rien, à ce qu'il m'a dit, de la fonction de son office. (Au commissaire, montrant Valère.) Chargez-le comme il faut, monsieur, et rendez les choses bien criminelles.

VALÈRE.

Je ne vois pas quel crime on me peut faire de la passion que j'ai pour votre fille, et le supplice où vous croyez que je puisse être condamné pour notre engagement, lorsqu'on saura ce que je suis...

HARPAGON.

Je me moque de tous ces contes; et le monde aujourd'hui n'est plein que de ces larrons de noblesse, que de ces imposteurs qui tirent avantage de leur obscurité, et s'habillent insolemment du premier nom illustre qu'ils s'avisent de prendre.

VALÈRE.

Sachez que j'ai le cœur trop bon pour me parer de quelque chose qui ne soit point à moi, et que tout Naples peut rendre témoignage de ma naissance.

ANSELME.

Tout beau! prenez garde à ce que vous allez dire. Vous risquez ici plus que vous ne pensez; vous parlez devant un homme à qui tout Naples est connu, et qui peut aisément voir clair dans l'histoire que vous ferez.

VALÈRE, en mettant fièrement son chapeau.

Je ne suis point homme à rien craindre; et, si Naples vous est connu, vous savez qui étoit don Thomas d'Alburci.

ANSELME.

Sans doute, je le sais; et peu de gens l'ont connu mieux que moi.

HARPAGON.

Je ne me soucie ni de don Thomas ni de don Martin. (Voyant deux chandelles allumées, il en souffle une.)

ANSELME.

De grâce, laissez-le parler; nous verrons ce qu'il en veut dire.

VALÈRE.

Je veux dire que c'est lui qui m'a donné le jour.

ANSELME.

Lui?

VALÈRE.

Oui.

ANSELME.

Allez, vous vous moquez. Cherchez quelque autre histoire qui vous puisse mieux réussir, et ne prétendez pas vous sauver sous cette imposture.

VALÈRE.

Songez à mieux parler. Ce n'est point une imposture, et je n'avance rien ici qu'il ne me soit aisé de justifier.

ANSELME.

Quoi! vous osez vous dire fils de don Thomas d'Alburci?

VALÈRE.

Oui, je l'ose; et je suis prêt de soutenir cette vérité contre qui que ce soit.

ANSELME.

L'audace est merveilleuse! Apprenez, pour vous confondre, qu'il y a seize ans, pour le moins, que l'homme dont vous nous parlez périt sur mer avec ses enfants et sa femme, en voulant dérober leur vie aux cruelles persécutions qui ont accompagné les désordres de Naples, et qui en firent exiler plusieurs nobles familles.

VALÈRE.

Oui; mais apprenez, pour vous confondre, vous, que son fils, âgé de sept ans, avec un domestique, fut sauvé de ce naufrage par un vaisseau espagnol; et que ce fils sauvé est celui qui vous parle. Apprenez que le capitaine de ce vaisseau, touché de ma fortune, prit amitié pour moi; qu'il me fit élever comme son propre fils, et que les armes furent mon emploi dès que je m'en trouvai capable; que j'ai su depuis peu que mon père n'étoit point mort, comme je l'avois toujours cru; que, passant ici pour l'aller chercher, une aventure, par le ciel concertée, me fit voir la charmante Élise; que cette vue me rendit esclave de ses beautés, et que la violence de mon amour et les sévérités de son père me firent prendre la résolution de m'introduire dans son logis et d'envoyer un autre à la quête de mes parents.

ANSELME.

Mais quels témoignages encore, autres que vos paroles, nous peuvent assurer que ce ne soit point une fable que vous ayez bâtie sur une vérité?

VALÈRE.

Le capitaine espagnol; un cachet de rubis qui étoit à mon père; un bracelet d'agate que ma mère m'avoit mis au bras; le vieux Pedro, ce domestique qui se sauva avec moi du naufrage.

MARIANE.

Hélas! à vos paroles je puis ici répondre, moi, que vous n'imposez point; et tout ce que vous dites me fait connoître clairement que vous êtes mon frère.

30.

VALÈRE.

Vous, ma sœur?

MARIANE.

Oui. Mon cœur s'est ému dès le moment que vous avez ouvert la bouche, et notre mère, que vous allez ravir, m'a mille fois entretenue des disgrâces de notre famille. Le ciel ne nous fit point aussi périr dans ce triste naufrage; mais il ne nous sauva la vie que par la perte de notre liberté, et ce furent des corsaires qui nous recueillirent, ma mère et moi, sur un débris de notre vaisseau. Après dix ans d'esclavage, une heureuse fortune nous rendit notre liberté, et nous retournâmes dans Naples, où nous trouvâmes tout notre bien vendu, sans y pouvoir trouver des nouvelles de notre père. Nous passâmes à Gênes, où ma mère alla ramasser quelques malheureux restes d'une succession qu'on avoit déchirée; et de là, fuyant la barbare injustice de ses parents, elle vint en ces lieux, où elle n'a presque vécu que d'une vie languissante.

ANSELME.

O ciel! quels sont les traits de ta puissance! et que tu fais bien voir qu'il n'appartient qu'à toi de faire des miracles! Embrassez-moi, mes enfants; et mêlez tous deux vos transports à ceux de votre père.

VALÈRE.

Vous êtes notre père?

MARIANE.

C'est vous que ma mère a tant pleuré?

ANSELME.

Oui, ma fille; oui, mon fils; je suis don Thomas d'Alburci, que le ciel garantit des ondes avec tout l'argent qu'il portoit, et qui, vous ayant tous crus morts durant plus de seize ans, se préparoit, après de longs voyages, à chercher dans l'hymen d'une douce et sage personne la consolation de quelque nouvelle famille. Le peu de sûreté que j'ai vu pour ma vie à retourner à Naples m'a fait y renoncer pour toujours; et, ayant su trouver moyen d'y faire vendre ce que j'y avois, je me suis habitué ici, où, sous le nom d'Anselme, j'ai voulu m'éloigner les chagrins de cet autre nom qui m'a causé tant de traverses.

HARPAGON, à Anselme

C'est là votre fils?

ANSELME.

Oui.

HARPAGON.

Je vous prends à partie pour me payer dix mille écus qu'il m'a volés.

ANSELME.

Lui! vous avoir volé?

HARPAGON.

Lui-même.

VALÈRE.

Qui vous dit cela?

HARPAGON.

Maitre Jacques.

VALÈRE, à maître Jacques.

C'est toi qui le dis?

MAÎTRE JACQUES.

Vous voyez que je ne dis rien.

HARPAGON.

Oui. Voilà monsieur le commissaire qui a reçu sa déposition.

VALÈRE.

Pouvez-vous me croire capable d'une action si lâche?

HARPAGON.

Capable ou non capable, je veux ravoir mon argent.

SCÈNE VI. — HARPAGON, ANSELME, ÉLISE, MARIANE, CLÉANTE, VALÈRE, FROSINE, UN COMMISSAIRE, MAITRE JACQUES, LA FLÈCHE.

CLÉANTE.

Ne vous tourmentez point, mon père, et n'accusez personne. J'ai découvert des nouvelles de votre affaire; et je viens ici pour vous dire que, si vous voulez vous résoudre à me laisser épouser Mariane, votre argent vous sera rendu [1].

HARPAGON.

Où est-il?

CLÉANTE.

Ne vous en mettez point en peine. Il est en lieu dont je réponds; et tout ne dépend que de moi. C'est à vous de me dire à quoi vous vous déterminez; et vous pouvez choisir, ou de me donner Mariane, ou de perdre votre cassette.

HARPAGON.

N'en a-t-on rien ôté?

CLÉANTE.

Rien du tout. Voyez si c'est votre dessein de souscrire à ce mariage, et de joindre votre consentement à celui de sa mère, qui lui laisse la liberté de faire un choix entre nous deux.

MARIANE, à Cléante.

Mais vous ne savez pas que ce n'est pas assez que ce consentement,

---

[1] Ainsi le vol de la cassette n'est qu'un moyen d'obtenir le consentement d'Harpagon au mariage des deux amants. (A. M.)

et que le ciel, (Montrant Valère.) avec un frère que vous voyez, vient de me rendre un père (Montrant Anselme.) dont vous avez à m'obtenir.

ANSELME.

Le ciel, mes enfants, ne me redonne point à vous pour être contraire à vos vœux. Seigneur Harpagon, vous jugez bien que le choix d'une jeune personne tombera sur le fils plutôt que sur le père : allons, ne vous faites point dire ce qu'il n'est pas nécessaire d'entendre; et consentez, ainsi que moi, à ce double hyménée.

HARPAGON.

Il faut, pour me donner conseil, que je voie ma cassette.

CLÉANTE.

Vous la verrez saine et entière.

HARPAGON.

Je n'ai point d'argent à donner en mariage à mes enfants.

ANSELME.

Eh bien, j'en ai pour eux; que cela ne vous inquiète point.

HARPAGON.

Vous obligerez-vous à faire tous les frais de ces deux mariages?

ANSELME.

Oui, je m'y oblige. Êtes-vous satisfait?

HARPAGON.

Oui, pourvu que, pour les noces, vous me fassiez faire un habit.

ANSELME.

D'accord. Allons jouir de l'allégresse que cet heureux jour nous présente.

LE COMMISSAIRE.

Holà! messieurs, holà! Tout doucement, s'il vous plaît. Qui me payera mes écritures?

HARPAGON.

Nous n'avons que faire de vos écritures.

LE COMMISSAIRE.

Oui! mais je ne prétends pas, moi, les avoir faites pour rien.

HARPAGON, montrant maître Jacques.

Pour votre payement, voilà un homme que je vous donne à pendre.

MAÎTRE JACQUES.

Hélas! comment faut-il donc faire? On me donne des coups de bâton pour dire vrai, et on me veut pendre pour mentir!

ANSELME.

Seigneur Harpagon, il faut lui pardonner cette imposture.

HARPAGON.

Vous payerez donc le commissaire?

ACTE V, SCÈNE VI.

ANSELME.

Soit. Allons vite faire part de notre joie à votre mère.

HARPAGON.

Et moi, voir ma chère cassette [1].

[1] On a remarqué qu'Harpagon n'était puni que du côté de son amour, et que sa cassette retrouvée devait lui rendre supportable la peine de perdre ce qu'il aime moins que son cher argent : mais ne l'est-il pas aussi par le mépris dont il est couvert, et par le peu d'estime qu'il inspire à ses propres enfants? Le mépris est un châtiment. (Bret.)

FIN DU SECOND VOLUME.

TABLE DES MATIÈRES

DU SECOND VOLUME

La Princesse d'Élide. 1
Don Juan, ou le Festin de pierre. 43
L'Amour médecin. 99
Le Misanthrope. 125
Le Médecin malgré lui. 185
Mélicerte. 225
Pastorale comique. 247
Le Sicilien, ou l'Amour peintre. 255
L'Imposteur, ou le Tartuffe. 276
Amphitryon. 352
George Dandin, ou le Mari confondu. 418
L'Avare. 461

PARIS. — IMP. SIMON RAÇON ET COMP., RUE D'ERFURTH, 1.

EXTRAIT DU CATALOGUE

DE LA LIBRAIRIE

GARNIER FRÈRES

6, rue des Saints-Pères, et Palais-Royal, 215

DICTIONNAIRE NATIONAL

OUVRAGE ENTIÈREMENT TERMINÉ

MONUMENT ÉLEVÉ A LA GLOIRE DE LA LANGUE ET DES LETTRES FRANÇAISES

Ce grand Dictionnaire classique de la Langue française contient, pour la première fois, outre les mots mis en circulation par la presse, et qui sont devenus une des propriétés de la parole, les noms de tous les Peuples anciens, modernes ; de tous les Souverains de chaque État ; des institutions politiques ; des Assemblées délibérantes ; des Ordres monastiques, militaires ; des Sectes religieuses, politiques, philosophiques ; des grands Événements historiques : Guerres, Batailles, Siéges, Journées mémorables, Conspirations, Traités de paix, Conciles ; des Titres, Dignités, Fonctions, des Hommes ou Femmes célèbres en tout genre ; des Personnages historiques de tous les pays et de tous les temps : Saints, Martyrs, Savants, Artistes, Ecrivains; des Divinités, Héros et personnages fabuleux de tous les peuples ; des Religions et Cultes divers, Fêtes, Jeux, Cérémonies publiques, Mystères, enfin la Nomenclature de tous les Chefs-lieux, Arrondissements, Cantons, Villes, Fleuves, Rivières, Montagnes de la France et de l'Etranger ; avec les Etymologies grecques, latines, arabes, celtiques, germaniques, etc., etc.

Cet ouvrage classique est rédigé sur un plan entièrement neuf, plus exact et plus complet que tous les dictionnaires qui existent, et dans lequel toutes les définitions, toutes les acceptions des mots et les nuances infinies qu'ils ont reçues sont justifiées par plus de quinze cent mille exemples extraits de tous les écrivains moralistes et poëtes philosophes et historiens, etc., etc. Par M. BESCHERELLE aîné, principal auteur de la *Grammaire nationale*. 2 magnifiques vol. in-4 de plus de 3,000 pages, à 4 col., imprimés en caractères neufs et très-lisibles, sur papier grand raisin, glacé, contenant la matière de plus de 500 volumes in-8. . . . . 50 fr

Demi-reliure chagrin, plats en toile. . . . . 10 fr.

GRAMMAIRE NATIONALE

Ou Grammaire de Voltaire, de Racine, de Bossuet, de Fénelon, de J. J. Rousseau, de Bernardin de Saint-Pierre, de Chateaubriand, de Casimir Delavigne, et de tous les écrivains les plus distingués de la France ; par MM. BESCHERELLE FRÈRES et LITAIS DE CAUX. 1 fort vol. grand in-8. Complément indispensable du *Dictionnaire national*. . . . . 10 fr

NOUVEAU DICTIONNAIRE CLASSIQUE DE LA LANGUE FRANÇAISE

Comprenant : Les mots du Dictionnaire de l'Académie française, et un très-grand nombre d'autres autorisés par l'emploi qu'en ont fait les bons écrivains; leurs acceptions propres et figurées et l'indication de leur emploi dans les différents genres de style; — 2° Les termes usités dans les sciences, les arts, les manufactures, ou tirés des langues étrangères; — 3° La synonymie rédigée sur un plan tout nouveau; — 4° La prononciation figurée de tous les mots qui représentent quelque difficulté;—5° Un Vocabulaire général de géographie, d'histoire et de biographie, etc.; par MM. Bescherelle aîné, et J. A. Pons, professeur d'histoire. 1 vol. gr. in-8 de 1100 pag. . . . . 10 fr.

GRAMMAIRE ESPAGNOLE-FRANÇAISE DE SOBRINO

Très-complète et très-détaillée, contenant toutes les notions nécessaires pour apprendre à parler et à écrire correctement l'espagnol. Nouvelle édition, refondue avec le plus grand soin, par A. Galban. 1 vol. in-8. . . . 5 fr.

GRAMATICA DE LA LENGUA FRANCESA

Para los Españoles, por Chantreau, corrigée avec le plus grand soin par A. Galban, 1 vol, in-8. . . . . 4 fr.

GRAMMAIRE ITALIENNE

En 25 leçons, d'après Vergani, corrigée et complétée par C. Ferrari, ancien professeur à l'école normale et à l'Université de Turin, auteur du *Nouveau Dictionnaire italien-français et français-italien*. 1 vol. . . . . . . 2 fr.

PETIT DICTIONNAIRE NATIONAL

Contenant la définition très-claire et très-exacte de tous les mots de la langue usuelle; l'explication la plus simple des termes scientifiques et techniques; la prononciation figurée dans tous les cas douteux ou difficiles, etc., etc.; à l'usage de la jeunesse, des maisons d'éducation et de tous ceux qui ont besoin de renseignements prompts et précis, par M. Bescherelle aîné, auteur du *Grand Dictionnaire national*, etc. 1 fort vol. in-32 jésus, de plus de 600 pag. . . . . 2 fr. 25

PETIT DICTIONNAIRE D'HISTOIRE, DE GÉOGRAPHIE ET DE MYTHOLOGIE

Par J. P. Quitard, auteur du *Dictionnaire des Proverbes*, faisant suite au *Petit Dictionnaire national* de M. Bescherelle aîné. 1 vol. in-32. 1 fr. 75
Les deux ouvrages réunis en 1 fort vol., rel. toile. . . . . 4 fr.

DICTIONNAIRE USUEL DE TOUS LES VERBES FRANÇAIS,

Tant réguliers qu'irréguliers ; par MM. Bescherelle frères. 3ᵉ édition. 2 forts vol. in-8 à 2 colonnes. . . . . 12 fr.
   Ce livre est indispensable à tous les écrivains et à toutes les personnes qui s'occupent de la langue française. La conjugaison des verbes est sans contredit ce qu'il y a de plus difficile dans notre langue, puisqu'on y compte plus de trois cent, verbes irréguliers. A l'aide de ce dictionnaire, tous les doutes sont levés, toutes les difficultés vaincues.

PETITS DICTIONNAIRES EN DEUX LANGUES

Avec la prononciation figurée, très-complets et exécutés avec le plus grand soin, contenant chacun la matière d'un fort volume in-8, à l'usage des voyageurs, des lycées, des colléges, de la jeunesse des deux sexes, et de toutes les personnes qui étudient les langues étrangères.

Dictionnaire grec-français, Rédigé sur un plan nouveau, contenant tous les termes employés par les auteurs classiques présentant un aperçu de la dérivation des mots dans la langue grecque et suivi d'un lexique des noms propres, par A. Chassang, maître de Conférences de langue et littérature grecques à l'École normale supérieure. 1 vol. grand in-32 de plus de 1000 pages. . . . . 7 fr. 50

Nouveau dictionnaire latin-français contenant tous les termes employés par les auteurs classiques; l'explication d'un certain nombre de mots appartenant à la langue du droit; les noms propres d'hommes et de lieux, etc., par E. de Suckau, chargé du cours de littérature française à la Faculté d'Aix. 1 fort vol. grand in-32. . . . 4 fr. 50

Nouveau dictionnaire anglais-français et français-anglais contenant : Tout le vocabulaire de la langue usuelle, et donnant la *prononciation* figurée de tous les mots anglais, et celle des mots français dans les cas douteux, par M. Clifton. 1 vol. grand in 32, imprimé avec soin. . 4 fr. 50

Nouveau dictionnaire allemand-français et français-allemand du langage littéraire, scientifique et usuel, contenant, à leur ordre alphabétique, tous les mots usités et nouveaux de ces deux idiomes ; les noms propres de personnes, de pays, de villes, etc.; la grammaire et les idiotismes, et suivi d'un Tableau des verbes irréguliers, par K. Rotteck (de Berlin). 1 fort vol. grand in-32 jésus. . . 4 fr. 50

Nouveau dictionnaire de poche français-espagnol et espagnol-français avec *la prononciation* dans les deux langues, rédigé d'après les matériaux réunis par D. Vicente Salva et les meilleurs dictionnaires parus jusqu'à ce jour. 1 fort vol. grand in-32, format dit Cazin, d'environ 1,100 p.. . 5 fr.

Dictionnaire-italien-français et français-italien, contenant tous les mots de la langue usuelle et donnant la prononciation figurée des mots italiens et des mots français, dans les cas douteux et difficiles, par C. Ferrari. 1 fort volume in-32.. . . . 4 fr. 50

Dictionnaire de poche français-turc, par A. Calfa. 3ᵉ édition refondue. 1 vol. gr. in-32, relié. . . . . 6 fr.

Reliure percaline, tr. jaspée, de chacun de ces quatre dictionnaires.. 0, 60 c.

Les dictionnaires en petit format publiés jusqu'à ce jour sont plutôt des vocabulaires, souvent très-incomplets, qui ne contiennent aucune des indications nécessaires pour aider un commençant à traduire correctement d'une langue dans une autre.

Dans ces dictionnaires que nous recommandons à l'attention du public ami des lettres:

1° Tous les mots, sans exception, sont à leur ordre alphabétique ; pas de liste particulière de noms propres, de mots géographiques, etc.

2° Les diverses acceptions de chaque mot sont indiquées par des numéros. Le premier numéro donne le sens le plus conforme à l'étymologie ; les numéros suivants présentent successivement les sens dérivés, détournés ou figurés. Enfin différents signes typographiques et de ponctuation viennent encore guider l'étranger dans le choix des mots.

3° La prononciation a été figurée avec le plus grand soin et à l'aide des moyens les plus simples.

On voit que nous n'avons rien négligé pour rendre cette publication aussi utile et pratique que possible. Si l'on considère encore que nous donnons également la solution des difficultés grammaticales, relatives, par exemple, à la conjugaison des verbes, des prépositions, etc., on sera forcé de convenir que jamais on n'a présenté autant de matières sous un aussi petit volume.

GRAND DICTIONNAIRE
ESPAGNOL-FRANÇAIS ET FRANÇAIS-ESPAGNOL

Avec la prononciation dans les deux langues, plus exact et plus complet que tous ceux qui ont paru jusqu'à ce jour, rédigé d'après les matériaux réunis par D. Vicente Salva, et les meilleurs dictionnaires anciens et modernes, par F. de P. Noriéga et Guim. 1 fort vol. gr. in-8 jésus, d'environ 1,600 pag., à 3 col. . . . . . . 18 fr.

GUIDES POLYGLOTTES

Manuels de la conversation et du style épistolaire, à l'usage des voyageurs et des écoles. Grand in-32, format dit Cazin, papier satiné, élégamment cartonnés. Prix du vol.. . . . . 2 fr.

Français - anglais, par M. CLIFTON, 1 vol.
Français-italien, par M. VITALI, 1 vol.
Français-allemand, par M. EBELING, 1 vol.
Français - espagnol, par M. CORONA BUSTAMENTE, 1 vol.
Espanol-francés, por CORONA BUSTAMENTE.
English-french, by CLIFTON 1 vol,
Hollandsch - fransch, van A. DUFRICHE, 1 vol.
Espanol-inglés, por CORONA BUSTAMENTE y CLIFTON, 1 vol.

English and italian. 1 vol.
Espanol-aleman, por CORONA BUSTAMENTE EBELING, 1 vol.
Deutsch-english, von CAROLINO DUARTE, 1 vol.
Espanol-italiano, por M. CORONA BUSTAMENTE y VITALI, 1 vol.
Italiano-tedesco, da GIOVANI VITALI et Dr EBELING, 1 vol.
Portuguez-francez, por M. CAROLINO DUARTE y CLIFTON, 1 vol.
Portuguez inglez, por DUARTE y CLIFTON, 1 vol.

GUIDE EN SIX LANGUES. Français-anglais-allemand-italien-espagnol portugais. 1 fort in-16 de 550 pages. . . . . 5 fr

GUIDE EN QUATRE LANGUES, français-anglais-allemand-italien, 1 vol. grand in-32, cartonné.. . . . . 4 fr.

Nous appelons d'une manière toute spéciale l'attention sur nos *Guides polyglottes*. Le soin intelligent et scrupuleux qui en a dirigé l'exécution leur assure, parmi les livres de ce genre, une incontestable supériorité. Le texte original a été fait et préparé, avec beaucoup d'adresse et d'habileté, par un maître de conférences à l'École normale supérieure. Les besoins de la conversation usuelle y sont très-heureusement prévus. Les dialogues, au lieu de se traîner dans l'ornière des banalités ennuyeuses, ont un à propos, une vivacité, un sel, qui amusent et réveillent le lecteur. Les traducteurs se sont acquittés de leur tâche avec exactitude et fidélité.

Guide français-anglais, manuel de la conversation et du style épistolaire, avec la *prononciation figurée de tous les mots anglais*, à l'usage des voyageurs. 1 vol. in-16. . . . . . . 4 fr.

Polyglot guides manual of conversation with models of letters for the use of travellers and students. English and French with the figured pronunciation of the French, by MM. CLIFTON and DUFRICHE-DESGENETTES. 1 volume in-16. . . . . 4 fr.

CODES ET LOIS USUELLES

Classés par ordre alphabétique, édition sans supplément conforme à la législation la plus récente, collationnée sur les textes officiels, contenant en note sous chaque article des codes ses différentes modifications, la corrélation des articles, entre eux, la concordance avec le droit romain, l'ancienne législation française et les lois nouvelles, précédée de la constitution de l'Empire français et accompagnée d'une table chronologique et d'une table générale des matières, par M. A. ROGER, avocat à la Cour impériale de Paris, auteur de la 2e édition du *Traité de la Saisie-Arrêt*, et M. A. SOREL, avocat à la Cour impériale de Paris, suppléant du juge de paix du VIIIe arrondissement de Paris. 1 beau v. gr. in-8 raisin de 1,200 pages. Prix, br. . 15 fr.
La reliure, demi-chagrin.. 5 fr.

LE MÊME OUVRAGE

Édition portative, format gr. in-32 jésus, en deux parties :

Ire Partie. Les *Codes*. . . . . 4 fr.
IIe Partie. Les *Lois usuelles*. . . . . 4 fr.

DICTIONNAIRE DE LA CONVERSATION ET DE LA LECTURE.

52 vol. grand in-8 de 500 pages à 2 col., contenant la matière de plus de 300 vol. . . . . 208 fr.

SUPPLÉMENT AU DICTIONNAIRE DE LA CONVERSATION ET DE LA LECTURE

Rédigé par tous les écrivains et savants dont les noms figurent dans cet ouvrage et publié sous la direction du même rédacteur en chef. 16 vol. in-8 de 500 pages, pareilles à celles des 52 vol. publiés de 1833 à 1839. 80 fr.

Le *Supplément*, aujourd'hui TERMINÉ, se compose de *seize volumes* formant les tomes 53 à 68 de cette Encyclopédie si populaire.

Le *Supplément* a réparé toutes les erreurs, toutes les omissions qui avaien échappé dans le travail si rapide de la rédaction des 52 premiers volumes. Tous les *renvois* que le lecteur chercherait vainement dans l'ouvrage principal se trouvent traités dans le *Supplément*.

Aujourd'hui les seuls exemplaires qui conservent *leur valeur primitive* sont ceux qui sont accompagnés du *Supplément*, en d'autres termes des tomes 53 à 68.

COURS COMPLET D'AGRICULTURE,

Ou Nouveau Dictionnaire d'agriculture théorique et pratique d'économie rurale et de médecine vétérinaire, sur le plan de l'ancien Dictionnaire de l'abbé Rosnier, par MM. le baron de Morogues, membre de l'Institut; Mirbel, professeur de culture au Jardin des Plantes, etc.; le vicomte Héricart de Thury, président de la Société impériale d'agriculture; Payen, professeur de chimie agricole; Mathieu de Dombasle, etc, etc. 4ᵉ édition, revue et corrigée. 20 vol. br. en 19 gr. in-8 à 2 col., avec environ 4,000 sujets grav., relat. à la grande et à la petite culture, à l'économie rurale et domestique, à la description des plantes, etc. Complet. . . . 112 fr.

Chaque volume est orné du portrait d'un des hommes les plus notables des sciences agricoles. Le *Supplément* compte des textes tout récents ; on y voit figurer les noms de MM. Chevreul, Gaudichaud, Boucherie, Paul Gaubert, Polonceau, Fuster, Morin, etc.

DICTIONNAIRE D'HIPPIATRIQUE ET D'ÉQUITATION.

Ouvrage où se trouvent réunies toutes les connaissances équestres et hippiques, par F. Cardini, lieutenant-colonel en retraite. 2 vol. grand in-8, ornés de 70 figures ; 2ᵉ édition, considérablement augmentée. . . 20 fr

NOUVEAU DICTIONNAIRE COMPLET DES COMMUNES DE LA FRANCE

De l'Algérie et des autres colonies françaises, contenant la Nomenclature de toutes les communes, leur division administrative, leur population d'après le dernier recensement; les bureaux de poste; leur distance de Paris; les stations de chemins de fer; les bureaux télégraphiques ; l'industrie ; le commerce; les productions du sol; les châteaux et tous les renseignements relatifs à l'organisation administrative, ecclésiastique, judiciaire, universitaire, financière, militaire et maritime de la France, avant et depuis 1789, par A. Gindre de Mancy. 1 fort vol. gr. in-8 d'environ 1,000 p., à deux colonnes avec une carte des chemins de fer, par Charle, géographe. 12 fr.

DICTIONNAIRE PORTATIF DES COMMUNES DE LA FRANCE, DE L'ALGÉRIE ET DES AUTRES COLONIES FRANÇAISES

Précédé de tableaux synoptiques, et accompagné d'une carte de la France, par M. Gindre de Mancy, membre de la Société philotechnique et de plusieurs sociétés savantes. 1 fort vol. in-32 de 750 pages. . . . . . . 3 fr. 50

DICTIONNNAIRE GÉNÉRAL DES SCIENCES THÉORIQUES ET APPLIQUÉES

Comprenant les mathématiques, la physique et la chimie, la mécanique et la technologie, l'histoire naturelle et la médecine, l'économie rurale et l'art vétérinaire, par MM. Privat-Deschanel et Ad. Focillon, professeurs des sciences physiques et des sciences naturelles au lycée de Louis-le-Grand, avec la collaboration d'une réunion de savants ; 4 parties, vol. gr. in-8. Prix. 30 fr

GÉOGRAPHIE UNIVERSELLE,

Par Malte-Brun. Description de toutes les parties du monde sur un nouveau plan, d'après les grandes divisions du globe; précédée de l'histoire de la géographie chez les peuples anciens et modernes, et d'une théorie générale de la géographie mathématique, physique et politique. 6e édition revue, corrigée et augmentée, mise dans un nouvel ordre et enrichie de toutes les nouvelles découvertes, par J. J. N. Huot. 6 beaux vol. gr. in-8, ornés de 41 grav. sur acier, ... 60 fr.
Avec un superbe Atlas entièrement établi à neuf. 1 vol. in-folio, composé de 72 magnifiques cartes coloriées, dont 14 doubles. . . . . 80 fr.
On peut acheter l'Atlas séparément. . . . . 20 fr.

CHEFS-D'ŒUVRE DE LA LITTÉRATURE FRANÇAISE
21 volumes sont en vente à 7 fr. 50

Cette collection imprimée avec luxe par M. Claye, sur magnifique papier des Voges fabriqué spécialement pour cette édition est ornée de vignettes gravées sur acier, d'après les dessins de Staal.
On tire de chaque volume de la collection 150 *exemplaires numérotés* sur papier de Hollande, avec figures sur chine avant la lettre, au prix de : 15 fr. le vol.

Œuvres complètes de Molière, nouvelle édition très-soigneusement revue sur les textes originaux avec un nouveau travail de critique et d'érudition, aperçus d'histoire littéraire, examen de chaque pièce, commentaire, biographie, etc., etc., par M. Louis Moland. 7 vol. in-8 cavalier.

Chefs-d'œuvre littéraires de Buffon, avec une introduction par M. Flourens, membre de l'Académie française, secrétaire de l'Académie des sciences, etc. 2 vol in-8 cavalier.

Histoire de Gil Blas de Santillane, Par le Sage, avec les principales remarques des divers annotateurs, précédée d'une notice par Sainte-Beuve, les jugements et témoignages sur le Sage et sur *Gil Blas*. 2 vol in-8 illustrés de 6 belles gravures sur acier d'après les dessins de Staal.

Imitation de Jésus-Christ. Traduction nouvelle avec des réflexions à la fin de chaque chapitre, par M. l'abbé de Lamennais. 1 vol. in-8.

Essais de Michel de Montaigne, nouvelle édition, avec les notes de tous les commentateurs, choisies et complétées par M. J. V. Le Clerc, ornée d'un magnifique portrait de Montaigne, précédée d'une nouvelle étude sur Montaigne, par M. Prévost-Paradol, de l'Académie française. 4 vol.

Œuvres complètes de Boileau Despréaux, avec un nouveau travail et un commentaire, par M. Géruzez. 4 v.

Œuvres choisies de Marot, accompagnées de notes philologiques et littéraires et précédées d'une étude sur l'auteur, par M. d'Héricault. 1 vol.

EN PRÉPARATION

Œuvres complètes de Racine, avec un travail nouveau, par M. Saint-Marc Girardin, de l'Académie française.

Œuvres complètes de la Fontaine, avec un nouveau travail de critique et d'érudition, par M. Louis Moland.

Nous avons promis, dans le prospectus de *Molière*, de chercher à remettre en honneur les belles éditions de nos auteurs classiques. Les volumes qui ont paru permettent de juger si nous avons tenu parole.
Notre collection contiendra la fleur de la littérature française. Elle se composera d'une soixantaine de volumes environ, imprimés avec le plus grand luxe par Claye, et dignes de tenir une place d'honneur dans les meilleures bibliothèques.

BIBLIOTHÈQUE AMUSANTE

Contenant les meilleurs romans du xvii° et du xviii° siècles, et quelques-uns des principaux du xix°. Le volume, grand in-8 cavalier, 3 grav. sur acier d'après STAAL.................... 7 fr. 50

Œuvres de madame de la Fayette. 1 vol.

Œuvres de mesdames de Fontaines et Tencin. 1 vol.

Gil Blas, par LE SAGE. 2 vol.

Diable boiteux, suivi de *Estévanille Gonzalès*, par LE SAGE.

Histoire de Guzman d'Alfarache, par LE SAGE.

Vie de Marianne, suivie du *Paysan parvenu*, par MARIVAUX. 2 vol.

Œuvres de madame Riccoboni. 1 v.

Lettres du marquis de Roselle, par madame ELIE DE BEAUMONT; **Mademoiselle de Clermont**, par madame DE GENLIS, et la **Dot de Suzette**, par FIÉVÉE. 1 vol.

Chefs-d'œuvre de madame de Souza. 1 vol.

Corinne, par madame de STAEL. 1 vol.

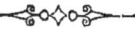

HISTOIRE DE FRANCE PAR ANQUETIL

Avec continuation jusqu'en 1852, par BAUDE, l'un des principaux auteurs du *Million de faits* et de *Patria*. 8 demi-vol. gr. in-8, illustrés de 120 gravures, renfermant la collection complète des portraits des rois, imprimés en beaux caractères, à 2 colonnes, sur papier des Vosges........ 50 fr.

HISTOIRE DE FRANCE D'ANQUETIL

Continuée depuis la Révolution de 1789, par LÉONARD GALLOIS. Edition ornée de 50 gravures en taille-douce. 5 vol. gr. in-8 jésus à 2 colonnes, contenant la matière de 40 vol. in-8 ordinaire, 62 fr. 50; net...... 30 fr.

ŒUVRES COMPLÈTES DE CHATEAUBRIAND

Nouvelle édition, précédée d'une étude littéraire sur Chateaubriand, par M. SAINTE-BEUVE, de l'Académie française. 12 très-forts volumes in-8, sur papier cavalier vélin, ornés d'un beau portrait de Chateaubriand et de 42 gravures exécutées spécialement pour cette édition, et avec le plus grand soin, par MM. F. DELANNOY, G. THIBAULT, OUTHWAITE, MASSARD, etc., d'après les dessins originaux de STAAL, de RACINET, etc.

ON VEND SÉPARÉMENT AVEC UN TITRE SPÉCIAL

Le Génie du christianisme. 1 vol. orné de 5 grav. sur acier.

Les Martyrs. 1 vol. orné de 5 grav. sur acier.

L'Itinéraire de Paris à Jérusalem. 1 vol. orné de 6 gravures.

Atala, René, le Dernier Abencérage, les Natchez, Poésies. 1 vol. orné de 4 grav. sur acier.

Voyage en Amérique, en Italie et en Suisse. 1 vol orné de 4 gravures.

Le Paradis perdu. 1 vol. orné de 4 grav. sur acier.

Histoire de France. 1 vol. orné de 4 grav. sur acier.

Études historiques. 1 vol. orné de 5 grav. sur acier.

Le prix de chaque volume, avec 3, 4 ou 5 gravures, est de   6 fr.
Sans gravures..................... 5 fr.

CHATEAUBRIAND ET SON GROUPE LITTÉRAIRE

Sous l'Empire, par M. SAINTE-BEUVE, de l'Académie française. 2 volumes in-8..................... 15 fr.

HISTOIRE DE NAPOLÉON

Par Laurent (de l'Ardèche); illustrée de 500 vignettes, avec les types en noir imprimés dans le texte, par Horace Vernet. 1 vol. gr. in-8. .. 9 fr.
Reliure toile, tranche dorée.. . . . . 4 fr. 50

NOUVEAU TRAITÉ DE BLASON

Ou science des armoiries, d'après le P. Ménétrier, d'Hozier, Ségoing, Scohier, Palliot, H. de Bara, Favin, par Victor Bouton, peintre héraldique et paléographe. 1 vol. in-8 de 500 pag. 460 blasons, 800 noms de familles. 10 fr.

ABRÉGÉ MÉTHODIQUE DE LA SCIENCE DES ARMOIRIES

Suivi d'un glossaire des attributs héraldiques, d'un traité élémentaire des ordres modernes de chevalerie, et de notions sur l'origine des noms de familles et des classes nobles, etc., par M. Maigne. 1 vol. gr. in-18 jésus, orné d'environ 300 vignettes dans le texte, grav. par M. Dufrénoy. 6 fr.

LA SCIENCE DU BLASON

Accompagnée d'un armorial général des familles nobles de l'Europe, publiée par le vicomte de Magny, directeur de l'Institut héraldique. 1 vol. gr. in-8, jésus vélin, enrichi de 2,000 blasons gravés dans le texte, 25 fr.; net. 12 fr.

LE HÉRAUT D'ARMES

Revue illustrée de la noblesse. — Directeur : le comte Alfred de Bizemont. — Gérant : Victor Bouton. Tome I (novembre 1861, à janvier 1863), 30 fr. net. . . . . 12 fr

L'ITALIE CONFÉDÉRÉE

Histoire politique, militaire et pittoresque de la campagne de 1859, par Amédée de Césena. 4 beaux vol. gr. in-8. . . . . 24 fr.
Illustrée de très-belles gravures sur acier, parmi lesquelles un magnifique portrait de l'Empereur et de l'Impératrice, de vingt types militaires coloriés, d'une excellente carte du nord de l'Italie, par Vuillemin; des plans de bataille de Magenta et de Solferino, des plans coloriés de Venise, de Mantoue et de Vérone.

CAMPAGNE DE PIÉMONT ET DE LOMBARDIE

Par Amédée de Césena. 1 vol. gr, in-8 jésus.. . . . . 20 fr
L'ouvrage est orné des portraits de l'*Empereur*, de l'*Impératrice*, et de *Victor Emmanuel*, admirablement gravés sur acier par Delannoy, d'après Winterhalter de plans et de cartes, de types militaires des trois armées et de planches sur acier représentant les batailles; il renferme aussi la liste complète et nominale des décorés et des médaillés de l'armée d'Italie.

HISTOIRE DES DUCS DE BOURGOGNE

Par M. de Barante, membre de l'Académie française ; 7ᵉ édition. 12 vol. in-8, caractères neufs, imprimés sur papier vélin satiné des Vosges, ornés de 104 gravures et d'un grand nombre de cartes. Prix du volume.. . 5 fr.

HISTOIRE UNIVERSELLE

Par le comte de Ségur, de l'Académie française ; contenant l'histoire de tous les peuples de l'antiquité, l'histoire romaine et l'histoire du Bas-Empire. 9ᵉ édition, ornée de 30 gravures sur acier, d'après les grands maîtres de l'école française. 3 vol. gr. in-8.. . . . . 37 fr. 50
On peut acheter séparément chaque volume, qui forme un tout complet.

LAMARTINE

Histoire de la Révolution de 1848. Nouvelle édition, complètement revue par l'auteur. 2 vol. in-8, papier cavalier vélin, 12 fr.; net. . . . 10 fr.
Raphaël. Pages de la vingtième année. Deuxième édition. 1 v. in-8 cavalier vélin . . . . 5 fr.
Histoire de Russie. Paris. Perrotin, 1856. 2 vol. in-8, 10 fr.; net. . 6 fr.

ŒUVRES COMPLÈTES DE BUFFON
(OUVRAGE TERMINÉ)

Avec la nomenclature linnéenne et la classification de Cuvier ; édition nouvelle, revue sur l'édition in-4 de l'Imprimerie impériale ; annotée par M. Flourens, membre de l'Académie française, secrétaire perpétuel de l'Académie des sciences, professeur au Muséum d'histoire naturelle. Les *Œuvres complètes de Buffon* forment 12 vol. gr. in-8 jésus, illustrés de 163 planches, 800 sujets coloriés, gravés sur acier, d'après les dessins originaux de M. Victor Adam ; imprimés en caractères neufs, sur papier pâte vélin, par la typographie J. Claye.................. 120 fr.

M. le ministre de l'instruction publique a souscrit pour les bibliothèques à cette magnifique publication (aujourd'hui complétement achevée), reconnue par les hommes les plus compétents comme une édition modèle des œuvres du grand naturaliste. Le nom et le travail de M. Flourens la recommandent d'une façon toute particulière et lui donnent un cachet spécial.

ŒUVRES DE P. ET TH. CORNEILLE

Précédées de la Vie de P. Corneille, par Fontenelle, et des Discours sur la poésie dramatique. Nouvelle édition, ornée de gravures sur acier. 1 beau vol. gr. in-8, même format que le Racine et le Molière..... 12 fr. 50

ŒUVRES DE J. RACINE

Avec un essai sur la vie et les ouvrages de J. Racine, par Louis Racine ; ornées de 15 vignettes, d'après Gérard, Girodet, Desenne, etc. 1 beau vol. gr. in-8 jésus..................... 12 fr. 50

ŒUVRES COMPLÈTES DE BOILEAU

Avec une notice par M. Sainte-Beuve, et les notes de tous les commentateurs ; illustrées de gravures sur acier. Nouv. édit. 1 vol. gr. in-8... 12 fr. 50

MOLIÈRE

1 beau vol. gr. in-8, pareil au *Corneille*, au *Racine* et au *Boileau*, orné de charmantes gravures sur acier, par F. Delannoy, d'après les dessins de Staal, et accompagné de notes explicatives, philologiques et littéraires..................... 12 fr. 50

MOLIÈRE

Œuvres complètes, précédées d'une notice sur la vie et les ouvrages de Molière, par M. Sainte-Beuve, illustrées de 800 dessins, par Tony Johannot. Nouvelle édit. 1 magnifique vol. gr. in-8 jésus, impr. par Plon frères. 20 fr.

ŒUVRES COMPLÈTES DE CASIMIR DELAVIGNE

Comprenant le *Théâtre*, les *Messéniennes* et les *Chants sur l'Italie*. Nouvelle édition. 1 beau vol. gr. in-8 jésus, illustré de 12 belles vignettes de A. Johannot.................... 12 fr. 50

—— LE MÊME OUVRAGE. 6 vol. in-8 cavalier........ 42 fr.

ENCYCLOPÉDIE THÉORIQUE ET PRATIQUE DES CONNAISSANCES UTILES

Composée de traités sur les connaissances les plus indispensables, ouvrage entièrement neuf, avec environ 1,500 gravures intercalées dans le texte, par MM. Alcan, L. Baude, Bellanger, Berthelet, Delafond, Deyeux, Dubreuil, Foucault, H. Fournier, Génin, Giguet, Girardin, Léon Lalanne, Elizée Lefèvre, Henri Martin, Martins, Mathieu, Moll, Moreau de Jonnes, Ludovic Lalanne, Péclet, Persoz, Louis Reybaud, L. de Wailly, Wolowski, etc. 2 vol grand in-8................... 25 fr.

1.

DICTIONNAIRE HISTORIQUE DE LA MÉDECINE ANCIENNE ET MODERNE

Ou précis de l'histoire générale, technologique et littéraire de la médecine; suivi de la bibliographie médicale du dix-neuvième siècle, et d'un répertoire bibliographique par ordre de matières, par Dezeimeris, docteur en médecine, bibliothécaire à la Faculté de médecine de Paris. 4 tomes en 7 vol. in-8 de 400 pag. chacun, 42 fr.; net. . . . . 10 fr.

DICTIONNAIRE UNIVERSEL DE MATIÈRES MÉDICALES ET DE THÉRAPEUTIQUE GÉNÉRALE

Contenant l'indication, la description et l'emploi de tous les médicaments connus dans les diverses parties du globe, ouvrage complet, par Merat F. et Delens. Paris 1829-1846. 7 forts vol. in-8 de 7 à 800 pag. chacun. 56 fr.; net.. . . . . 20 fr.

HISTOIRE DES HOTELLERIES

Cabarets, Courtilles, Hôtels garnis, Restaurants et Cafés, et des anciennes Communautés et Confréries d'hôteliers, de taverniers, de marchands de vins, de restaurateurs, de limonadiers, etc., par Michel Francisque et Fournier Edouard. Paris, Librairie archéologique de Séré, 1854. 2 vol. gr. in-8 jésus vélin, illustrés de 31 grandes vignettes sur bois tirées à part. 50 fr. net. . . . . 12 fr.

RUBENS ET L'ÉCOLE D'ANVERS

Par Michiels. 1 beau vol. in-8, suivi du Catalogue des tableaux de Rubens. 6 fr.; net. . . . . 4 fr.

BIOGRAPHIE UNIVERSELLE

Biographie portative universelle, contenant 29,000 noms, suivie d'une table chronologique et alphabétique, où se trouvent répartis en cinquante-quatre classes différentes les noms mentionnés dans l'ouvrage, par L. Lalanne, L. Renier, Th. Bernard, Ch. Laumier, E. Janin, A. Delloye, etc. 1 vol. de 2,000 col., format du *Million de faits*, contenant la matière de 17 vol. 12 fr.; net. . . . . 7 fr. 50

LETTRES CHOISIES DE MADAME DE SÉVIGNÉ

Avec une magnifique galerie de portraits sur acier, représentant les personnages principaux qui figurent dans la correspondance. 1 très-beau vol. gr. in-8. . . . . 20 fr.

HISTOIRE DE FRANCE

Depuis la fondation de la monarchie, par Mennechet, illustrée de 20 gravures sur acier, d'après les grands maîtres de l'école française, gravées par F. Delannoy, Massard, Outhwaite, etc, 1 vol. gr. in-8 jesus.. . . . 20 fr.

LES FEMMES D'APRÈS LES AUTEURS FRANÇAIS

Par E. Muller. Ouvrage illustré de portraits des femmes les plus illustres, gravés au burin, d'après les dessins de Staal, par Massard, Delannoy, Regnault et Geoffroy. 1 vol. gr. in-8 jésus. . . . . 20 fr,
Ce livre, imprimé avec luxe et orné de très-belles gravures sur acier, contient la fleur de tout ce que les prosateurs et les poëtes français ont écrit de plus original et de plus piquant sur un sujet qui excite éternellement la curiosité.

L'ESPACE CÉLESTE ET LA NATURE TROPICALE

Description physique de la terre et des divers corps que renferme l'espace céleste, d'après des observations personnelles faites dans les deux Hémisphères, par M. Emm. Liais, illustré de nombreuses gravures d'après les dessins de Yan' Dargent. 1 magnifique volume gr. in-8 jésus. . . 20 fr.

GALERIE DE FEMMES CÉLÈBRES

Tirée des *Causeries du lundi*, par M. Sainte-Beuve, de l'Académie française 1 beau vol. gr. in-8 jésus, orné de 12 magnifiques portraits dessinés par Staal, et gravés sur acier par Massard, Thibault, Gouttière, Geoffroy, Gervais, Outhwaite, etc. 20 fr

De magnifiques gravures, une très-belle impression se joignent à un texte charmant pour faire de cet ouvrage, à tous les points de vue, une œuvre d'art très remarquable.

NOUVELLE GALERIE DE FEMMES CÉLÈBRES

Tirée des *Causeries du lundi*, des *Portraits littéraires*, des *Portraits de femmes*, par M. Sainte-Beuve, de l'Académie française. 1 vol. gr. in-8 jésus, semblable au volume que nous avons publié il y a quatre ans, et illustré de portraits inédits. . . . . 20 fr.

Ces volumes se complètent l'un par l'autre et se vendent séparément. Ils contiennent la fleur des *Causeries du Lundi*, des *Portraits littéraires* et des *Portraits de femmes*. Nous ne pouvions offrir à la gravure un cadre meilleur.

CORINNE

Par madame la baronne de Staël. Nouvelle édition, richement illustrée de 250 bois dans le texte, et de 8 grandes gravures sur bois, par Karl Girardet, Barrias, Staal, tirées à part. 1 magnifique vol. gr. in-8 jésus vélin, glacé. . . . . 10 fr.

LES MILLE ET UNE NUITS

Contes arabes, traduits par Galland, illustrés par MM. Francis, Baron, Wattier, etc., etc., revus et corrigés sur l'édition princeps de 1794, augmentés d'une dissertation sur les Mille et une Nuits, par le baron Silv. de Sacy. 1 vol. gr. in-8 de 1,100 pag. . . . . 15 fr.

LES MILLE ET UN JOURS

Contes persans, turcs et chinois, traduits par Pétis de la Croix, Cardanne, Caylus, etc. 1 magnifique vol. gr. in-8 jésus vélin. Edition illustrée de 400 dessins par nos premiers artistes. 15 fr.; net. . . . . 10 fr.

ŒUVRES CHOISIES DE GAVARNI

Revues, corrigées et classées par l'auteur; notices par MM. de Balzac, Th. Gautier, Léon Gozlan, Jules Janin, Alph. Karr, etc. 2 vol. gr. in-8, renfermant chacun 80 grandes vignettes. Prix de chaque vol. . . . 10 fr.

Le Carnaval à Paris. — Paris le matin. — Les Étudiants. 1 vol.
La Vie de jeune homme. — Les Débardeurs. . . . . 1 vol.

COLLECTION DE 16 BEAUX VOLUMES ILLUSTRÉS

Grand in-8 raisin, à 10 fr.

Cette charmante collection se distingue par un grand nombre de gravures sur bois dans le texte et hors texte, exécutées par les premiers artistes. *Jamais livres* édités à ce prix n'ont offert autant de belles illustrations.

Prix de la reliure des seize volumes ci-dessous:
Demi-reliure, maroquin, plats toile, doré sur tranche, le vol. 4 fr.

L'Homme depuis 5,000 ans, par S. Henry Berthoud, illustré d'un grand nombre de vignettes sur bois, gravées par les premiers artistes, d'après les dessins de Yan' Dargent. 1 vol.

Le Monde des Insectes, par S. Henr Berthoud, illustré d'un grand nombre de vignettes sur bois, gravées par les premiers artistes, d'après les dessins de Yan' Dargent. 1 vol.

Contes du docteur Sam, par S. Henry Berthoud, illustrés de gravures sur bois dans le texte et de grandes vignettes hors texte, par Staal. 1 vol.

Le Magasin des Enfants, ou Dialogues d'une sage Gouvernante avec ses élèves, par Mme Leprince de Beaumont, augmenté d'un Conte du même auteur. Édition revue et corrigée, d'après les plus anciennes et meilleures éditions, précédée d'une notice par Mme S. L. Belloc, illustré d'un grand nombre de gravures d'après les dessins de Staal. 1 beau vol.

Contes des Fées, par Perrault, Mme d'Aulnoy, Mme Leprince de Beaumont et Hamilton, illustrés par Staal et Bertall, contenant tous les contes devenus classiques et reconnus les modèles du genre; 1 très-beau vol.

L'Ami des Enfants, de Berquin, nouvelle édition, illustrée de dessins par Staal et Gérard Séguin. 1 vol.

Œuvres de Berquin. Sandford et Merton. — Le petit Grandisson. — Le Retour de Croisière. — Les Sœurs de Lait. — Les Joueurs. — Le Page. — L'Honnête Fermier. Nouvelle édition illustrée de nombreuses vignettes dessinées par Staal. 1 vol.

Robinson Suisse, par M. Wyss, avec la suite donnée par l'auteur, traduit de l'allemand par Mme Élise Voiart; précédé d'une Notice de Ch. Nodier. 1 vol. illustré de 200 vign.

Contes de Schmid, traduction de l'abbé Macker, la seule approuvée par l'auteur. 2 beaux vol. avec de nombreuses vignettes, d'après les dessins de G. Staal.

Les Animaux Historiques, par Ortaire Fournier, suivis des Lettres sur l'intelligence et la perfectibilité des animaux, par C. G. Leroy, et de *particularités curieuses extraites de Buffon*. 1 vol. illustré par Victor Adam.

Les Veillées du Château, ou Cours de morale à l'usage des enfants, par Mme la comtesse de Genlis. Nouvelle édition, illustrée de dessins par Staal. 1 volume.

Aventures de Robinson Crusoé, par D. de Foe, ill. par Grandville. 1 beau volume.

Voyages illustrés de Gulliver. 400 dessins par Grandville. 1 beau vol., papier glacé.

Le Don Quichotte de la Jeunesse, par Florian, illustré d'un grand nombre de vignettes, etc., d'après les dessins de Staal. 1 vol.

Fables de Florian, 1 vol. illustré par Grandville de 80 grandes gravures, 25 vignettes dans le texte.
L'illustration de Florian appartenait de droit au crayon qui venait de peindre avec tant de bonheur les bêtes de la Fontaine.

Découverte de l'Amérique, par J. H. Campe, précédée d'un Essai sur la vie et les ouvrages de l'auteur, par Ch. Saint-Maurice. 1 vol. ill. de 120 bois dans le texte et à part.

Œuvres complètes du comte Xavier de Maistre. Nouvelle édition. Expédition nocturne: le Lépreux de la Cité d'Aoste; Voyage autour de ma chambre; les Prisonniers du Caucase; la Jeune Sibérienne, avec une préface par M. Sainte-Beuve, illustrées avec le plus grand soin par Staal. 1 vol.

FABLES DE LA FONTAINE.

Illustrations de Grandville. 1 splendide vol. grand in-8 jésus, sur papier glacé, satiné, avec encadrement des pages et un sujet pour chaque fable Édition unique par les soins qui y ont été apportés. . . . . . . 18 fr

GRANDVILLE.

ALBUM de 120 sujets tirés des Fables de la Fontaine. 1 vol. gr. in-8. 6 fr

ALBUM DES RÉBUS.

1 vol. petit in-4 illustré, relié en toile, tranche dorée. . : . . 5 fr. 50

ŒUVRES DE TOPFFER

Albums formant chacun un grand volume jésus oblong à. . . . 7 fr. 50

Monsieur Jabot.	1 vol.	**Monsieur Pencil.**	1 vol.
Monsieur Vieux-Bois.	1 vol.	**Docteur Festus.**	1 vol.
Monsieur Crépin.	1 vol.	**Albert**	1 vol.

Histoire de Cryptogame. . . 1 vol.

On sait la vogue si méritée des albums de Topffer. Ces œuvres spirituelles et charmantes ont le privilége d'être admises dans tous les salons, d'y figurer sans choquer personne, d'amuser tous les âges, et de pouvoir être offertes aux dames, aux demoiselles, aux adolescents et même aux enfants.

PAUL ET VIRGINIE (ÉDITION V. LECOU),

Suivi de *la Chaumière indienne*, par Bernardin de Saint-Pierre, nouvelle édition richement illustrée de 120 bois dans le texte, et de 14 gravures sur chine tirées à part. 1 vol. grand in-8 jésus. . . . . 7 fr. 50

PREMIERS VOYAGES EN ZIGZAG,
OU EXCURSIONS D'UN PENSIONNAT EN VACANCES DANS LES CANTONS SUISSES ET SUR LE REVERS ITALIEN DES ALPES,

Par R. Töpffer. Magnifiquement illustrés, d'après les dessins de l'auteur, de 53 grands dessins par Calame et d'un grand nombre de bois dans le texte; nouvelle édition. 1 vol. grand in-8 jésus, papier glacé satiné. 12 fr.

NOUVEAUX VOYAGES EN ZIGZAG
A LA GRANDE-CHARTREUSE, AU MONT BLANC, DANS LES VALLÉES D'HERENZ, DE ZERMATT, AU GRIMSEL ET DANS LES ÉTATS SARDES,

Par R. Töpffer. Splendidement illustrés de 48 gravures sur bois tirées à part et de 320 sujets dans le texte, dessinés d'après les dessins originaux de Töpffer, par MM. Calame, Karl Girardet, Français, Daubigny, et gravés par nos meilleurs artistes. 1 volume grand in-8 jésus, papier glacé, satiné. . . . . 12 fr.
Ce second volume est le complément du premier.

LES NOUVELLES GENEVOISES,

Par Töpffer, illustrées, d'après les dessins de l'auteur, d'un grand nombre de bois dans le texte et de 40 hors texte, gravés par Best, Leloir, Hotelin et Régnier. 1 charmant vol. grand in-8 jésus. . . . . 12 fr.

HISTOIRE DE PARIS,

Par Th. Lavallée. 207 vues par Champin. 1 vol. gr. in-8 jésus. . . . 12 fr.

HISTOIRE DE L'EMPIRE OTTOMAN
DEPUIS LES TEMPS LES PLUS ANCIENS JUSQU'A NOS JOURS,

Par M. Théophile Lavallée. 1 magnifique volume grand in-8, accompagné de 18 belles gravures anglaises sur acier, représentant des scènes historiques des vues, des portraits, etc. . . . . 15 fr.

LA NORMANDIE HISTORIQUE

Pittoresque et monumentale, par M. Jules Janin, illustrée par MM. H. Bellangé, Gigoux, Morel-Fatio, Tellier, Daubigny et J. Noel. Troisième édition, revue et corrigée par l'auteur. 1 volume grand in-8, 15 francs; net. . . . . 12 fr.

LA BRETAGNE HISTORIQUE

Pittoresque et monumentale, par Jules Janin, illustré par H. Bellangé, Giroux, Raffet, Gudin, Isabey, Morel-Fatio, Jules Noel et Daubigny. Deuxième édition, revue et corrigée par l'auteur. 1 vol. grand in-8 jésus vélin, 15 fr., net. . . . . 12 fr.

DON QUICHOTTE DE LA MANCHE

Traduction nouvelle, précédée d'une notice sur la vie et les ouvrages de l'auteur, par Louis Viardot, orné de 800 dessins par Tony Johannot. 1 vol. gr. in-8 jésus, 20 fr.; net. . . . . 15 fr.

PHYSIOLOGIE DU GOUT

Par Brillat-Savarin; illustrée par Bertall. 1 beau vol. in-8, illustré d'un grand nombre de gravures sur bois intercalées dans le texte, et de 8 sujets gravés sur acier, par Ch. Geoffroy. . . . . 8 fr.

HISTOIRE PITTORESQUE DES RELIGIONS

Doctrines, Cérémonies et Coutumes religieuses de tous les peuples du monde, par F. T. B. Clavel; ill. de 29 gravures sur acier. 2. vol. gr. in-8 20 fr.; net. . . . . 12 fr. 50

VOYAGE ILLUSTRÉ DANS LES CINQ PARTIES DU MONDE

Par Adolphe Joanne. 1 vol. in-folio (format de l'*Illustration*), illustré d'environ 700 gravures . . . . 15 fr.

TABLEAU DE PARIS

Par Edmond Texier; ouvrage illustré de 1,500 gravures, d'après les dessins de Blanchard, Cham, Champin, Forest, Français, Gavarni, etc. 2 vol. in-folio, du format de l'*Illustration*, 30 fr.; net. . . . . 20 fr.

CHANTS ET CHANSONS POPULAIRES DE LA FRANCE

Nouvelle édition *avec musique*, illustrée de 339 belles gravures sur acier, d'après MM. E. de Beaumont, Daubigny, Dubouloz, E. Giraud, Meissonnier, Pascal, Staal, Steinheil, Trimolhet, gravées par les meilleurs artistes, et augmentée de la *Marseillaise*, notice par A. de Lamartine. 3 vol. gr. in-8, 54 fr.; net. . . . . 36 fr.

CHANTS ET CHANSONS POPULAIRES DES PROVINCES DE FRANCE (4ᵉ volume.)

Notices par Champfleury. Accompagnement de piano par J. B. Wekerlin. Illustrations par Bida, Courbet, Jacques, etc., etc. Paris, 1860. 1 vol. gr. in-8. . . . . 12 fr.

—— LE MÊME OUVRAGE, sans notes et sans musique, avec addition de plus de 800 chansons. Nouvelle édit. ornée des mêmes gravures. 2 beaux vol. gr. in-8, prix de chaque volume. . . . . 11 fr.

LES CONTES DROLATIQUES

Colligez es abbayes de Touraine et mis en lumières par le sieur de Balzac, pour l'esbattement des pantagruélistes et non aultres. Edition illustrée de 425 dessins par Gustave Doré. 1 magnifique vol. in-8, papier vélin, glacé, satiné, 12 fr.; net. . . . . 10 fr.
Reliure toile, *non* rogné. 1 fr. 50

ENCYCLOPEDIANA

Recueil d'anecdotes anciennes, modernes et contemporaines, etc., édition illustrée de 120 vignettes. 1 vol. in-8 de 840 pages. . . . . . . 4 fr. 50

UN MILLION DE FAITS

Aide-mémoire universel des sciences, des arts et des lettres, par MM. J. Aicard, Desportes, Léon Lalanne, Ludovic Lalanne, Gervais, A. le Pileur, Ch. Martins, Ch. Vergé et Jung. 1 fort vol. portatif, petit in-8 de 1,720 col., orné de gravures sur bois. 12 fr.; net. . . . . 9 fr.

COLLECTION D'OUVRAGES ILLUSTRÉS POUR LES ENFANTS
Jolis volumes grand in-18 anglais à 3 fr.
Reliés en toile, dorés sur tranche, 4 fr. 50 c.

CHAQUE VOLUME FORME UN TOUT COMPLET SANS TOMAISON, ET SE VEND SÉPARÉMENT

Le Livre du premier âge illustré. 1 fort vol. in-18 orné de 250 gravures environ.

Abrégé de l'Ami des enfants et des adolescents, par BERQUIN, illustré de bois dans le texte. 1 vol.

Sandford et Merton, par BERQUIN. Nouvelle édition illustrée d'un grand nombre de vignettes sur bois intercalées dans le texte, dessinées par STAAL. 1 vol.

Le Petit Grandisson, etc., etc., par BERQUIN. Nouvelle édition, illustrée d'un grand nombre de vignettes sur bois intercalées dans le texte, dessinées par STAAL. 1 vol.

Théâtre choisi de Berquin. Illustré de vignettes sur bois intercalées dans le texte. 1 vol.

Contes des Fées, de PERRAULT, Mme D'AULNOY, etc., illustrés de gravures dans le texte. 1 vol.

Contes de Schmid, illustrés de gravures dans le texte. 4 vol.

Paul et Virginie, suivi de **la Chaumière indienne**, par BERNARDIN DE SAINT-PIERRE, illustrés de vignettes par BERTALL et DEMARLE. 1 vol.

Aventures de Télémaque, par FÉNELON, avec des notes géographiques et littéraires et les Aventures d'Aristonoüs. 8 gravures. 1 vol.

Fables de la Fontaine, avec des notes philologiques et littéraires, par M. FÉLIX LEMAISTRE, et illustrées de 8 gravures. 1 vol.

Mes Prisons, suivi des Devoirs des hommes, par SILVIO PELLICO ; traduction nouvelle par le comte H. DE MESSET, revue par le vicomte ALBAN DE VILLENEUVE. 6 grav. 1 vol.

Le Langage des Fleurs. Édition de luxe, ornée de gravures entièrement nouvelles, coloriées avec le plus grand soin, avec un texte remarquable d'AIMÉ MARTIN, sous le nom de CHARLOTTE DE LA TOUR. 1 vol.

Contes et scènes de la vie de famille, dédiés aux enfants, par Mme DESBORDES-VALMORE, illustrés de nombreuses vignettes. 2 vol.

Le Magasin des Enfants, par Mme LEPRINCE DE BEAUMONT. 2 vol. illustrés d'un grand nombre de vignettes.

Choix de Nouvelles, tirées de Mme DE GENLIS et de BERQUIN, suivies de nouvelles instructives et amusantes par Mme ADAM-BOISGONTIER. 1 vol. orné de vignettes.

Lettres choisies de madame de Sévigné, accompagnées de notes explicatives sur les faits et les personnages du temps et précédées d'observations littéraires par M. SAINTE-BEUVE. 1 vol

Œuvres complètes du comte Xavier de Maistre. Nouvelle édition. L'Expédition nocturne, le Lépreux de la Cité d'Aoste, Voyage autour de ma chambre, les Prisonniers du Caucase, la Jeune Sibérienne, avec une Préface par M. SAINTE-BEUVE. 1 vol.

Alphabet français, nouvelle méthode de lecture en 80 tableaux, illustré de 25 gravures, par Mme DE LANSAC. 1 vol.

60,000 VOLUMES COMPLETS DE L'ILLUSTRATION

DIVISÉS EN 4 CATÉGORIES DE PRIX

COURS ÉLÉMENTAIRE D'HISTOIRE NATURELLE

A l'usage des Lycées et des Maisons d'éducation, rédigé conformément au programme de l'Université. Le cours comprend :

Zoologie, par M. MILNE-EDWARDS, membre de l'Institut, professeur au Jardin des Plantes.
Botanique, par M. A. DE JUSSIEU, de l'Institut, professeur au Jardin des Plantes.
Minéralogie et Géologie, par M. F. S. BEUDANT, de l'Institut, inspecteur général des études. 3 forts vol. in-12 ornés de plus de 2,000 figures intercalées dans le texte.
Chaque vol. se vend séparément.................. 6 fr.

TRAITÉ DE CHIMIE APPLIQUÉE AUX ARTS

Par M. DUMAS, sénateur, ancien ministre, membre de l'Académie des sciences et de l'Académie de médecine, etc. 8 vol. in-8 et 2 atlas in-4. édition de Liége, introduite en France avec l'autorisation de l'auteur..... 150 fr.

Cet ouvrage, dont l'édition française est aujourd'hui totalement épuisée et que recommande si puissamment le nom de M. Dumas, fait autorité dans la science. Il est indispensable aux industriels comme aux savants. C'est un livre essentiellement pratique, où les fabricants puiseront les plus utiles notions sur toutes les applications de la chimie. Le traité de M. Dumas a jeté une vive lumière sur cet intéressant sujet, et son succès est aujourd'hui européen.

COURS ÉLÉMENTAIRE DE MÉCANIQUE THÉORIQUE ET APPLIQUÉE

A l'usage des Facultés, des établissements d'enseignement secondaire, des écoles normales et des écoles industrielles, par M. DELAUNAY, de l'Institut, ingénieur des Mines, professeur à la Faculté des sciences de Paris, etc. 1 vol. in-18 jésus, illustré de 540 fig. dans le texte. 5e édit. . . . 8 fr.

TRAITÉ DE MÉCANIQUE RATIONNELLE

Contenant les éléments de mécanique exigés pour l'admission à l'Ecole polytechnique et toute la partie théorique du cours de mécanique et machines de cette école, par M. CH. DELAUNAY, de l'Institut, professeur à l'Ecole polytechnique et à la Faculté des sciences de Paris. 4e édit. 1 vol. in-8. 8 fr.

COURS ÉLÉMENTAIRE D'ASTRONOMIE

Concordant avec les articles du programme officiel pour l'enseignement de la cosmographie dans les lycées, par LE MÊME. 1 vol. in-18 jésus, illustré de planches en taille-douce et de vignettes dans le texte. 3e édit. . . 7 fr. 50

COURS ÉLÉMENTAIRE THÉORIQUE ET PRATIQUE D'ARBORICULTURE

Comprenant l'étude des pépinières d'arbres et d'arbrisseaux forestiers, fruitiers et d'ornements, celle des plantations d'alignement forestières et d'ornement, la culture spéciale des arbres à fruits à cidre, et de ceux à fruits de table, précédé de quelques notions d'anatomie et de physiologie végétales ; par M. A. DU BREUIL, professeur d'agriculture et de silviculture, chargé du cours d'arboriculture au Conservatoire impérial des Arts et métiers, membre de la Société d'horticulture de France, correspondant de la Société d'agriculture de France, etc. Cinquième édition, considérablement augmentée. 1 très-fort vol. in-18 jésus, illustré de 811 figures dans le texte et de 5 planches gravées sur acier. Publié en deux parties. 12 fr.

Ouvrage approuvé par l'Université, couronné par les Sociétés d'horticulture de Paris, de Rouen et de Versailles.

INSTRUCTION ÉLÉMENTAIRE POUR LA CONDUITE DES ARBRES FRUITIERS

Greffe. — Taille. — Restauration des arbres mal taillés ou épuisés par la vieillesse. — Culture, récolte et conservation des fruits, par Du Breuil. Ouvrage destiné aux jardiniers, aux élèves des fermes-écoles et des écoles normales. 1 vol. in-18 jésus illustré de fig. dans le texte. 6e édit. 2 fr. 50

MANUEL D'ARBORICULTURE DES INGÉNIEURS

Plantations des alignements forestiers et d'ornement. — Boisement des dunes, etc., etc., par Dubreuil, illustré d'un grand nombre de gravures sur bois. 1 vol. gr. in-18.. . . . . 3 fr. 50

CULTURE PERFECTIONNÉE ET MOINS COUTEUSE DU VIGNOBLE

Par A.. Dubreuil. 1 vol. gr. in-18 jésus. . . . . 3 fr. 50

COURS ÉLÉMENTAIRE D'AGRICULTURE

Destiné aux élèves des écoles d'agriculture et des écoles normales primaires, aux propriétaires et aux cultivateurs, par MM. Girardin, correspondant de l'Institut, professeur, et Du Breuil, 2 forts vol. in-18 jésus, illustrés de 842 fig. dans le texte. 3e édition. . . . . 16 fr.

ÉLÉMENTS DE BOTANIQUE

Première partie : Organographie, par M. Payer, de l'Institut, professeur de botanique à la Faculté des sciences et à l'Ecole normale supérieure. 1 vol. gr. in-18, avec 668 fig. intercalées dans le texte.. . . . . 5 fr.

NOUVELLE FLORE FRANÇAISE

Descriptions succinctes et rangées par tableaux dichotomiques des plantes qui croissent spontanément en France et de celles qu'on y cultive en grand avec l'indication de leurs propriétés et de leurs usage en médecine, en hygiène vétérinaire, dans les art et dans l'économie domestique, par M. Gillet, vétérinaire principal de l'armée, et par M. J. H. Magne, professeur de botanique à l'Ecole d'Alfort. 1 beau vol. gr. in-18 jésus orné de 97 planches comprenant plus de 1,200 fig. Prix. . . . . 8 fr.

MANUEL DE GÉOLOGIE ÉLÉMENTAIRE

Ou changements anciens de la terre et de ses habitants, tels qu'ils sont démontrés par les monuments géologiques, par Ch. Lyell, membre de la Société royale de Londres, traduit de l'anglais par M. Hugard, 2 forts vol. in-8, illustrés de 720 fig. . . . . 20 fr.
—— Supplément au Manuel de géologie.. . . . . 1 fr. 25

GÉOLOGIE APPLIQUÉE

Ou traité du gisement et de l'exploitation des minéraux utiles, par M. A. Burat, ingénieur, professeur de géologie et d'exploitation des mines à l'Ecole centrale des arts et manufactures. 4e édition divisée en deux parties : — *Géologie; — Exploitation.* 2 forts vol. in-8 illustrés. . . . . 20 fr.

COURS ÉLÉMEMTAIRE DE CHIMIE

Par M. V. Regnault, de l'Institut, directeur de la Manufacture impériale de Sèvres, professeur au Collège de France et à l'Ecole polytechnique. 4 vol. in-18 jésus, ornés de 700 figures dans le texte. 5e édition. . . . . 20 fr.

PREMIERS ÉLÉMENTS DE CHIMIE

A l'usage des Facultés, des établissements d'enseignement secondaire, des écoles normales et des écoles industrielles, par M. V. Regnault. In-18 jésus illustré d'un grand nombre de figures dans le texte . . . . 5 fr.

COURS COMPLET DE MÉTÉOROLOGIE

De L. F. Kaemtz, professeur de physique à l'Université de Hall, traduit et annoté par Ch. Martens, professeur agrégé d'histoire naturelle à la Faculté de médecine de Paris, avec un appendice contenant la représentation graphique des tableaux numériques, par L. Lalanne, ingénieur. 1 fort vol. de plus de 500 pages, gr. in-18 jésus, orné de figures............ 8 fr.

GUIDE DU SONDEUR

Ou traité théorique et pratique des sondages, par MM. Degousée et Ch. Laurent, ingénieurs civils, fabricants d'équipages de sonde, entrepreneurs de sondages. 2ᵉ édition, composée de 2 forts vol. in-8, avec un grand nombre de gravures sur bois intercalées dans le texte, et accompagnés d'un Atlas de 62 pl gravées sur acier, représentant un très-grand nombre de figures, d'outils, coupes de terrains, etc. Prix des 2 vol. brochés et de l'atlas cartonné. .... 30 fr.

TRAITÉ ÉLÉMENTAIRE DES CHEMINS DE FER

Par Aug. Perdonnet, ancien élève de l'École polytechnique, directeur de l'École impériale centrale des arts et manufactures. 3ᵉ édit., revue, corrigée et considérablement augmentée, 4 très-forts vol. in-8 avec 1,100 fig. sur bois et sur acier, cartes, tableaux, etc............. 70 fr.

Un ouvrage complet et spécial avait jusqu'à ce jour manqué aux ingénieurs et aux personnes qui s'occupent de chemins de fer. Beaucoup, et des plus compétents, ont écrit sur cette matière ; mais chacun traitait d'une partie séparée de cette grande industrie; tel s'était attaché spécialement aux travaux d'art, tel autre au matériel, etc., et personne n'avait tenté de résumer sous une forme compacte ce travail de chacun. M. Perdonnet, qui joint aux connaissances théoriques les plus étendues une très-grande pratique industrielle et administrative des chemins de fer, a pensé qu'un livre qui pourrait être lu par le public, et qui en même temps fournirait aux ingénieurs des renseignements qu'il leur serait à peu près impossible de se procurer ailleurs, serait une chose utile pour combler cette lacune.

Telle est l'importance de ce livre si impatiemment attendu du public, et auquel rien n'a manqué, ni les peines de l'auteur, ni les sacrifices des éditeurs, pour arriver à faire une œuvre consciencieuse.

MANUEL DU CAPITALISTE.

Ou Comptes faits des intérêts à tous les taux, pour toutes sommes, de 1 jusqu'à 366 jours, ouvrage utile aux négociants, banquiers, commerçants de tous les états, trésoriers, receveurs généraux, comptables, aux employés des administrations de finances et de commerce et à tous les particuliers, par Bonnet, ancien caissier de l'Hôtel des Monnaies de Rouen, auteur du *Manuel monétaire*, Nouvelle édition, augmentée d'une Notice sur l'intérêt, l'escompte, etc., par M. Joseph Garnier, professeur à l'École supérieure du Commerce et à l'École impériale des Ponts et Chaussées; revue, pour les calculs, par M. X. Rymkiewicz, calculateur au Crédit foncier. 1 vol. in-8............ 6 fr.

Ce livre, éminemment commode pour les opérations financières, qui ont pris une si grande extension, est devenu, par le soin extrême donné à sa révision, et par les excellentes additions et corrections qu'on y a faites, un ouvrage de première utilité pour tous les comptables, tous les négociants, tous les banquiers, toutes les administrations financières. Aussi est-il recherché et demandé avec le plus vif empressement.

MANUEL DES FONDS PUBLICS ET DES SOCIÉTÉS PAR ACTIONS,

Par A. Courtois fils, membre de la Société libre d'économie politique de Paris. 5ᵉ édition, entièrement refondue. 1 fort volume grand in-18 jésus, de 750 pages. . . .. 7 fr. 50

ANNUAIRE DE LA BOURSE ET DE LA BANQUE.

Guide universel des capitalistes et des actionnaires, par une Société de jurisconsultes et de financiers, sous la direction de M. A. F. DE BIRIEUX, avocat, rédacteur principal. 4 vol. in-12, 20 fr.; net . . . . 6 fr.

ÉTUDE SUR LA CIRCULATION ET LES BANQUES

Par M. ALFRED SUDRE. 1 vol. grand in-18. . . . . 3 fr. 50

ÉTUDES POUR TOUS DES VALEURS DE BOURSE

Par J. PRUDHAN. Janvier à juin 1865, 1 vol. in-18. . . . . 2 fr.

VIGNOLE. — TRAITÉ ÉLÉMENTAIRE PRATIQUE D'ARCHITECTURE,

Ou étude des cinq ordres, d'après JACQUES BAROZZIO DE VIGNOLE. Ouvrage divisé en 72 planches, comprenant les cinq ordres, avec l'indication des ombres nécessaires au lavis, le tracé des frontons, etc., et des exemples relatifs aux ordres; composé, dessiné et mis en ordre par J. A. LEVEIL, architecte, ancien pensionnaire du roi à Rome, et gravé sur acier par HIBON. 1 vol. in-4. . . . . 10 fr.

Le beau travail de M. Leveil est le plus complet, le mieux exécuté, en même temps que le plus exact qu'on ait publié jusqu'ici d'après BAROZZIO DE VIGNOLE. Les planches se distinguent par une élégance et un fini remarquables. Elles sont d'ailleurs plus nombreuses que dans les autres traités sur la matière. Le texte, au lieu d'être groupé en tête de l'ouvrage, se trouve au bas des pages auxquelles il s'applique; ce qui en rend l'usage infiniment plus commode et plus facile.

OUVRAGES DE M. JOSÈPH GARNIER

Professeur d'économie politique à l'École impériale des ponts et chaussées, secrétaire perpétuel de la Société d'économie politique, etc.

ÉCONOMIE POLITIQUE, FINANCES, etc.

Traité d'Économie politique. Exposé didactique des principes et des applications de cette science et de l'organisation économique de la Société — Adopté dans plusieurs Écoles ou Universités. — Cinquième édition, considérablement augmentée. 1 très-fort vol. grand in-18. . . . . . . 7 fr.

Traité de finances. — L'impôt, son assiette, ses effets économiques et moraux — Catégories et espèces diverses d'impôts. — Les Emprunts et le Crédit public. — Les Dépenses publiques et les attributions de l'État. — Les Réformes financières. — L'Impôt et la Misère. — Notes historiques et documents. 2ᵉ édition, considérablement augmentée. 1 vol. grand in-18. 3 fr. 50

Notes et petits Traités, faisant suite au Traité d'économie politique, et contenant

Éléments de Statistique et Opuscules divers, *faisant suite aux Traités d'Économie politique et de Finances.* 2ᵉ édition, considérablement augmentée. 1 fort vol. grand-18 jésus. . 4 fr. 50

Ces cinq ouvrages constituent un COURS COMPLET d'études pour les questions qu'embrasse l'économie politique ; ils sont devenus classiques et font autorité dans la science.

« Un style à la fois ingénieux, simple et correct, un esprit droit et pénétrant, un savoir sérieux et fort étendu, un juste respect pour l'autorité des maîtres, toutes ces qualités ont valu à ses publications un succès mérité... L'économie politique est aujourd'hui une science faite. M. Joseph Garnier aura beaucoup contribué à ce résultat, après J. B. Say, par l'ordre, la méthode et les perfectionnements qu'il a introduits dans l'exposé des théories et dans les démonstrations, par la justesse des analyses, par la précision des termes et par le soin rigoureux qu'il a mis à s'en servir, toujours dans le même sens. »
(Rapport de M. H. Passy, à l'Académie des sciences morales et poliques.)

ENSEIGNEMENT COMMERCIAL

Traité complet d'Arithmétique, théorique et appliquée *au Commerce, à la Banque, aux Finances, à l'Industrie,* contenant un recueil de Problèmes avec les Solutions, Cours professé à l'École supérieure du Commerce. — Nouvelle édition, avec *figures* et trèsconsidérablement augmentée. 1 très-fort vol. in-8........ 7 fr. 50

Ouvrage essentiellement utile à tous ceux qui s'occupent d'affaires, et à tous les jeunes gens qui se destinent aux carrières financières, commerciales, industrielles, agricoles, maritimes.

Traité des Mesures métriques (Mesures. — Poids. — Monnaies.). Exposé succinct et complet du système français métrique et décimal; avec une notice historique, et *gravures* intercalées dans le texte. 1 vol. in-18. 75 c.

ŒUVRES DE ED. MENNECHET

Matinées Littéraires. Cours complet de littérature moderne. Troisième édition. 4 vol. grand in-18. . 14 fr.

Nous n'entreprendrons point ici l'éloge du dernier ouvrage de M. Ed. Mennechet. Quelle louange pourrions-nous en faire qui parlât plus haut que le succès éclatant des leçons dont ce livre offre le recueil? Ces leçons offrent un ensemble intéressant et varié qui instruit et amuse à la fois le lecteur. Ce livre mérite l'attention de tous ceux qui désirent connaître l'histoire de la littérature moderne.

Histoire de France, depuis la fondation de la monarchie. 2 volumes grand in-18 jésus............ 7 fr.

Ouvrage dédié aux pères de famille et couronné par l'Académie française.

Cours de lecture à haute voix. 1 vol in-18 broché......... 3 fr

BIBLIOTHÈQUE LATINE-FRANÇAISE
PUBLIÉE PAR M. C. L. F. PANCKOUCKE
CHAQUE AUTEUR SE VEND SÉPARÉMENT

Au lieu de **7 fr.**............. **3 fr. 50 c. le vol.**

Papier des Vosges, non mécanique, caractères neufs.

PREMIÈRE SÉRIE

Œuvres complètes de Cicéron, traduites en français. 36 vol. in-8.

Les *Œuvres complètes de Cicéron*, publiées au prix de 7 fr. le volume, ont été jusqu'ici d'une acquisition difficile. Nous avons pensé en assurer le débit et les rendre accessibles à tous les amateurs de la belle et grande latinité, au moyen d'un rabais considérable sur le prix de l'ouvrage. Les *Œuvres de Cicéron* doivent figurer au premier rang dans la bibliothèque de tout homme lettré; mais beaucoup d'acheteurs reculaient devant une acquisition très-coûteuse. En faciliter l'achat et le rendre désirable par l'attrait du bon marché est donc une combinaison qui ne peut manquer de réussir — Cette édition est celle de la Bibliothèque Panckoucke.

Œuvres complètes de Tacite, traduites en français. 7 vol. in-8.

Tacite, signalé par Racine comme le plus grand peintre de l'antiquité, est un des auteurs latins qu'on recherche le plus, et dont les œuvres sont d'un débit constant et assuré. Cette édition est fort estimée, soit pour la traduction, soit pour la correction du texte.

Œuvres complètes de Quintilien, traduites en français, 6 vol. in-8.

Les *Œuvres de Quintilien* font loi en matière de critique comme en matière d'éducation. Elles s'adressent donc à un grand nombre de lecteurs.

Justin, traduction nouvelle par MM. J. Pierrot, ex-proviseur du collège Louis-le-Grand, et Boitard, avec une notice par M. Laya. 2 vol.

Florus, traduction nouvelle par M. Ragon, professeur d'histoire, avec une Notice par M. Villemain, de l'Académie française. 1 vol.

Velleius Paterculus, traduction nouvelle par M. Desprès. 1 vol.

Valère Maxime, traduction nouvelle par M. Frémion, professeur au lycée Charlemagne. 3 vol.

Pline le Jeune, traduction nouvelle de Sacy, revue et corrigée par M. J. Pierrot. 3 vol.

Juvénal, traduction de M. Dusaulx, revue par M. J. Pierrot. 2 vol.

Ovide, *Métamorphoses*, par M. Gros, inspecteur de l'Académie. 3 vol.

Valerius Flaccus, traduit pour la première fois en prose par M. Caussy de Perceval, membre de l'Isntitut, 1 vol.

Stace, traduction nouvelle, 4 vol. :
Tome 1, *Silves*, par MM. RINN, professeur au collége Rollin, et ACHAINTRE.
Tomes 2, 3, 4. La *Thébaïde*, par MM. ACHAINTRE et BOUTTEVILLE.
L'*Achilléide*, par M. BOUTTEVILLE.

Phèdre, traduction nouvelle par M. E. PANCKOUCKE. — Avec un *fac-simile* du manuscrit découvert à Reims, par le P. SIRMOND, en 1608. 1 vol.

SECONDE SÉRIE, 33 VOLUMES A 7 FR. 50

Les ouvrages suivants nous restent en nombre, 7 fr. 50; net, 3 fr. 50

Les auteurs désignés par un * sont traduits pour la première fois en français
Aulu-Gelle et Sulpice Sévère ne se vendent pas séparément.

Poetæ Minores : ARBORIUS*, CALPURNIUS, EUCHERIA*, GRATIUS FALISCUS, LUPERCUS SERVASTUS*, NEMESIANUS, PENTADIUS*, SABINUS*, VALERIUS CATO*, VESTRITIUS SPURINNA* et le *Pervigilium Veneris*; traduction de M. CABARET-DUPATY, 1 vol.

Jornandès, traduct. de M. SAVAGNER, professeur d'histoire en l'Université. 1 vol.

Censorinus*. traduction de M. MANGEART, ancien professeur de philosophie ; — **Julius Obsequens, Lucius Ampellius***, traduction de M. VERGER, 1 vol.

Ausone, traduction de M. E. F. CORPET. 2 vol.

Pomponius Mela, Vibius Sequester*, **Ethicus Ister***, **P. Victor**¹, traduction de M. Louis BAUDET, professeur. 1 vol.

R. Festus Avienus*. **Cl.**, **Rutilius Numatianus**, etc., traduction de MM. Eug. DESPOIS et Éd. SAVIOT, anciens élèves de l'École normale. 1 vol.

Varron, *Économie rurale*, traduction, de M. ROUSSELOT, professeur. 1 vol.

Eutrope, Messala Corvinus*. **Sextus Rufus**, traduction de M. N. A. DUBOIS, professeur. 1 vol.

Palladius, *Économie rurale*, traduct. de M. CABARET-DUPATY, professeur. 1 vol.

Histoire Auguste. 3 vol.

C. Lucilius, traduction de M. E. F. CORPET ; — **Lucilius Junior, Saleius Bassus, Cornelius Severus, Avianus***, **Dionysius Caton**, traduction de M. Jules CHENU. 1 vol.

Sextus Pompeius Festus, traduction de M. SAVAGNER. 2 vol.

S. J. Solin*, traduction de M. Alph· AGNANT, élève de l'École normale, agrégé des classes supérieures. 1 vol.

Vitruve, *Architecture*, avec de nombreuses figures pour l'intelligence du texte; traduction de M. Ch. de MAUFRAS, professeur au collége Rollin. 2 vol.

Sextus Aurelius Victor, traduction de M. N. A. DUBOIS, professeur. 1 vol.

Pline l'Ancien. *Histoire naturelle*, traduction française, par AJASSON DE GRANDSAGNE. 20 vol. (presque épuisé. Il ne reste plus que quelques exemplaires), par exception, au lieu de 7 fr., le vol., net. . . . . 4 fr.

N. B. Il existe encore dans nos magasins trois ou quatre collections complètes de la Bibliothèque latine, composée de 21 A volumes au prix de 1,500 fr. net. . . . . 1,200 fr.

Un certain nombre des ouvrages composant la collection, étant épuisés, ne figurent pas sur le Catalogue. Comme il nous rentre de temps en temps des volumes, et que nous sommes disposés à faire l'acquisition de ceux qu'on vient nous offrir, on peut toujours nous adresser d demandes pour les ouvrages mêmes qui ne sont pas indiqués ici.

COLLECTION FORMAT IN-24 JÉSUS (ANCIEN IN-12)

PUBLIÉE SOUS LA DIRECTION DE M. LEFÈVRE

PRIX DE CHAQUE VOLUME, FR. 50 C.

Plaute. Son théâtre, trad. de M. NAUDET, de l'Académie des inscriptions et belles-lettres. 4 vol.

Tacite, trad. de DUREAU DE LA MALLE, revue et corrigée, augmentée de la vie de Tacite, des suppléments de BROTTIER. 3 vol.

Pline l'Ancien. L'Histoire des Animaux, traduction de GUÉROULT, augmentée de sommaires et de notes nouvelles. 1 vol. de près de 700 pages.

Morceaux extraits de Pline le Naturaliste, traduction de GUÉROULT, augmentée de sommaires et de notes nouvelles. 1 vol.

Q. Horatii Flacci, Opera omnia, ex recensione Joannis Gasparis Orelli. 1 vol, in-24, édition Lefèvre, 1851. 4 fr.

Édition remarquable par l'exécution typographique et la correction du exte.

BIBLIOTHÈQUE LATINE-FRANÇAISE

RÉIMPRESSION DES CLASSIQUES LATINS DE LA COLLECTION PANCKOUCKE

46 volumes sont en vente, format grand in-18 jésus

TRADUCTIONS REVUES ET REFONDUES AVEC LE PLUS GRAND SOIN

Ces réimpressions, si bien accueillies du public, se poursuivent activement. 44 volumes sont maintenant en vente, et plusieurs autres sont sous presse ou en préparation. Le succès de cette collection est aujourd'hui avéré. Belle impression, joli papier, correction soignée, révision intelligente et sérieuse, rien n'a été négligé pour recommander nos éditions aux amis de la bonne littérature. La modicité du prix, jointe aux avantages d'une bonne exécution, fait rechercher nos *classiques* avec prédilection.

VOLUMES A 4 FR. 50

Œuvres complètes de Virgile, traduites en français (traduction de la collection Panckoucke). Nouvelle édition, refondue par M. Félix Lemaistre, et précédée d'une étude sur Virgile par M. Sainte-Beuve. 1 fort vol.

Confessions de saint Augustin, avec la traduction française d'Arnauld d'Andilly, revue avec le plus grand soin et adaptée pour la première fois au texte latin, par M. Charpentier, inspecteur de l'Académie de Paris. 1 vol.

Les Métamorphoses d'Ovide. Traduction française de Gros, refondue par M. Cabaret-Dupaty, professeur de l'Université, auteur d'ouvrages classiques ; et précédée d'une Notice sur Ovide par M. Charpentier. Édition complète en 1 vol.

Les Comédies de Térence, traduction nouvelle par Victor Bétolaud, docteur ès lettres de la Faculté de Paris, ancien professeur de l'Université, traducteur d'*Apulée*. 1 fort vol. de 750 pag.

César, *Commentaires sur la guerre des Gaules et sur la guerre civile*, traduit par M. Artaud. Nouvelle édition, revue par M. Félix Lemaistre, et précédée d'une notice par M. Charpentier. 1 vol.

Claudien, œuvres complètes. 1 vol. Traduit par M. Héguin de Guerle.

VOLUMES A 3 FR. 50

Œuvres complètes d'Horace, traduites en français, nouvelle édition enrichie de notes explicatives, accompagnée du texte latin, précédée d'une étude sur Horace, par H. Rigault, 1 vol.

Œuvres complètes de Salluste, avec la traduction française de du Rozoir, revue par MM. Charpentier, inspecteur de l'Académie de Paris, et Félix Lemaistre ; précédées d'un nouveau travail sur Salluste, par M. Charpentier. 1 vol.

Œuvres complètes de Quinte-Curce avec la traduction française de la collection Panckoucke, par MM. Auguste et Alphonse Trognon. Nouvelle édition, revue avec le plus grand soin par M. E. Pessonneaux, professeur au Lycée Napoléon. 1 vol.

Œuvres de Suétone, traduction française de la Harpe, refondue par M. Cabaret-Dupaty, professeur de l'Université, auteur de divers ouvrages classiques. 1 vol.

Œuvres complètes de Tite-Live, traduites par MM. Liez, Dubois, Verger et Corpet. Nouvelle édition, revue par E. Pessonneaux, Blanchet et Charpentier, et précédée d'une *Étude* sur Tite Live, par M. Charpentier. 6 vol.

Œuvres complètes de Sénèque le philosophe. Nouvelle édition, revue par MM. Charpentier et Félix Lemaistre. 4 vol.

Œuvres complètes de Juvénal et de Perse, suivies des fragments de *Turnus* et de *Sulpicia*, traduction de Dussaulx. Nouvelle édition, revue avec le plus grand soin par MM. Jules Pierrot et Félix Lemaistre. 1 vol.

Œuvres complètes de Justin. Abrégé de l'Histoire universelle de Trogue Pompée, traduction française par MM. Jules Pierrot et E. Boitard. Édition, soigneusement revue par M. Pessonneaux. 1 vol.

Œuvres d'Ovide. Les Amours, l'Art d'Aimer, etc. Nouvelle édition, revue par M. Félix Lemaistre, et précédée d'une *Étude sur Ovide et la Poésie amoureuse* par M. Jules Janin. 1 vol.

— **Les Fastes, les Tristes,** nouvelle édition, revue par M. Pessonneaux. 1 v.

Œuvres complètes de Lucrèce, avec la traduction française de Lagrange; revue par M. Blanchet, professeur de rhétorique au lycée de Strasbourg. 1 vol.

Œuvres complètes de Pétrone, traduites par M. Héguin de Guerle, ancien inspecteur de l'académie de Lyon. 1 vol.

Œuvres complètes d'Apulée, traduites en français par Victor Bétolaud, docteur ès lettres de la faculté de Paris, ancien professeur de l'Université, etc. 2 vol.

Catulle, Tibulle et Properce, traduits par Héguin de Guerle, Valatour et Genouille. Nouvelle édition, revue par M. Valatour. 1 vol.

Œuvres complètes d'Aulu-Gelle. Nouvelle édition, revue par MM. Charpentier et Blanchet. 2 vol.

Œuvres complètes de Tacite. Traduction de Dureau de la Malle, revue par M. Charpentier. 2 vol.

Pline le Jeune, Lettr trad. par M. Cabaret-Dupaty. 1 vol.

Tragédies de Sénèque. Traduction française par E. Greslou. Nouvelle édition revue par M. Cabaret-Dupaty. ancien professeur de l'Université. 1 v.

Œuvres complètes de Quintilien. Traduction de la collection Panckoucke par M. C. V. Ouisille. Nouvelle édition, revue par M. Charpentier. 3 vol.

Œuvres complètes de Valère Maxime Traduction française de C. A. F. Frémion. Nouvelle édition, revue par M. Paul Charpentier. 2 vol.

Œuvres complètes de M. V. Martial, avec la traduction de MM. V. Verger, N. A. Dubois et J. Mangeart. Nouvelle édition, revue avec le plus grand soin par M. Félix Lemaistre, et précédée des *Mémoires de Martial,* par M. Jules Janin. 2 vol.

Fables de Phèdre, traduites en français par M. Panckoucke, suivies des *Œuvres d'Avianus,* de *Denys Caton,* de *Publius Syrus,* traduites par Levasseur et J. Chenu. Nouvelle édition, revue par M. E. Pessonneaux, professeur au lycée Napoléon, et précédée d'une Étude sur Phèdre, par M. Charpentier. 1 vol.

Cornélius Nepos, avec une traduction nouvelle par M. Amédée Pommier. — **Eutrope,** abrégé de l'Histoire romaine, traduit par M. N. A. Dubois. 1 vol.

Velleius Paterculus, traduction de Desprès, refondue avec le plus grand soin par M. Guéard, professeur au lycée Bonaparte. — **Œuvres de Florus,** traduites par M. Ragon, précédées d'une notice sur Florus, par M. Villemain. 1 vol.

Lucain. — **La Pharsale,** Traduction de Marmontel, revue et complétée avec le plus grand soin par M. H. Durand, professeur au lycée Charlemagne; précédée d'une *Étude sur la Pharsale,* par M. Charpentier. 1 vol.

En Préparation : **CICÉRON**.

COLLECTION DES CLASSIQUES FRANÇAIS

DIRIGÉE PAR M. A. MARTIN

Format in-24 jésus (ancien in-12), 2 fr. 50 c. le vol.

Œuvres de Jacques Delille, avec notes de Delille, Choiseul-Gouffier, Féletz. Aimé Martin. 2 vol.

Fleury. Discours sur l'histoire ecclésiastique, Mœurs des Israélites, Mœurs des Chrétiens, Traité des études, etc. 2 vol.

Bossuet. Oraisons funèbres, Panégyriques et sermons. 4 vol.

Bourdaloue. Chefs-d'œuvre oratoires. 1 vol.

Essai sur l'éloquence de la chaire, par le cardinal Maury. 1 vol.

FABLES DE LA FONTAINE

Avec les notes de M. Walckenaer. 2 vol. in-8, cavalier vélin, avec 12 gravure d'après Moreau, 10 fr. ; net. . . . . 6 fr. 50

LA HENRIADE DE VOLTAIRE

Édition collationnée sur les textes originaux, avec notes et variantes. 1 vol. grand in-18, imprimé par M. Didot sur papier grand raisin vélin, et illustré de 11 gravures. . . . . 2 fr. 50

LES HISTORIETTES DE TALLEMANT DES RÉAUX

Mémoires pour servir à l'histoire du seizième siècle, publiés sur le manuscrit autographe de l'auteur. Deuxième édition, précédée d'une notice, sur l'auteur, augmentée de passages inédits et accompagnée de notes et d'éclaircissements, par M. Monmerqué. 10 tomes brochés en 5 volumes ornés de 10 portraits gravés sur acier. . . . . 17 fr. 50

NOUVELLE COLLECTION DE GUIDES EUROPÉENS

Complets chacun en 1 vol. grand in-18 jésus

TOUS ACCOMPAGNÉS DE CARTES GÉNÉRALES ET SPÉCIALES, DE PLANS DE VILLES, DE PANORAMAS ET DE VUES PITTORESQUES

Nouveau Guide général du Voyageur en France, par Amédée de Césena, avec une grande carte générale des chemins de fer, 5 cartes spéciales, 2 panoramas, 1 vol. . . . . 7 fr. 50

Nouveau Guide complet du Voyageur en Allemagne, par Édouard Simon, avec 3 cartes générales des routes et des chemins de fer, 20 plans de villes et 20 gravures. 1 vol. . 11 fr.

Nouveau Guide général du Voyageur en Angleterre, par William Darcy, avec une carte générale des routes et des chemins de fer, 15 plans de villes et 75 gravures. 1 vol. 11 fr.

Nouveau Guide général du Voyageur en Belgique et en Hollande, par Eug. d'Auriac, avec deux cartes, 12 plans de villes et 60 grav. . 8 fr.

Ce volume se compose de deux parties qui se vendent séparément :

La Belgique, 4 fr.
La Hollande, 4 fr.

Nouveau Guide général du Voyageur en Espagne et en Portugal, par Lannau-Rolland, avec deux cartes, 9 plans de villes et 20 grav. . 10 fr.

Nouveau Guide général du Voyageur en Italie, par Edmond Renaudin, avec une carte générale, 40 plans de villes et de musées et 20 gravures, 1 vol. . . . . 10 fr.

Nouveau Guide général du Voyageur aux bords du Rhin, ou le Rhin de Constance à Amsterdam. Par Edmond Renaudin, avec 7 cartes, 30 plans de villes et 40 grav. . . 5 fr.

Nouveau Guide général du Voyageur en Suisse, par J. Lacroix, avec une carte générale, 8 plans de villes et 60 gravures. 1 vol. . . . . . 8 fr.

Nouveau Guide général du Voyageur aux Pyrénées, par J. Lacroix, avec une grande carte routière, des cartes partielles et des vues de villes et de montagnes. 1 vol. grand in-18. 7 fr. 50

Nouveau Guide aux Bains de mer, des côtes de France, par Eugène d'Auriac, avec une carte de paysages, des vues de villes et des principaux établissements de bains. 1 vol.

Nouveau Guide du Voyageur en Algérie, par Achille Fillias, avec vues des principales villes et des monuments. 1 vol. grand in-18. . 5 fr.

Le Nouveau Paris, par Am. de Césena. Guide pratique, historique, descriptif et pittoresque. 1 plan, 60 gravures. 1 vol. . . . . 7 fr. 50

Nouveau Guide complet aux Eaux de Vichy, avec une carte des chemins de fer, un plan et des vues pittoresques. 2 fr. Reliure toile. . . 2 fr. 50

Les Environs de Paris, par Am. de Cesena. Guide pratique, historique, descriptif et pittoresque. 1 carte, 9 plans, 75 gravures. . . . . . 5 fr.
La reliure en percaline rouge se paye 1 fr. 50, à l'exception de celles des Guides de Belgique et de Hollande, 1 fr.

Guide universel et complet de l'Étranger dans Paris, contenant tous les renseignements pratiques, la topographie et l'histoire de Paris, le tableau de ses rues et leurs nouvelles dénominations, etc., et un *Petit Guide des environs de Paris;* par Albert Montémont. 9° édition complètement refondue. Orné de nombreuses vignettes et d'un plan de Paris. 1 vol. in-18. 4 fr.

BIBLIOTHÈQUE CHOISIE

Collection des meilleurs ouvrages français et étrangers, anciens et modernes, format grand in-18 (dit anglais), papier jésus vélin. Cette collection est divisée par séries. La première contient des volumes de 400 à 500 pages, au prix de 3 fr. 50 le volume. La deuxième série renferme plusieurs ouvrages illustrés, et se vend 2 fr. le volume. La troisième série est composée de volumes à 2 fr. dont beaucoup sont ornés d'une vignette ou d'un portrait sur acier.

1re Série. — Vol. à 3 fr. 50

OUVRAGES DE M. SAINTE-BEUVE
DE L'ACADÉMIE FRANÇAISE

Causeries du Lundi.
Ce charmant recueil, contenant une foule d'articles non moins variés qu'intéressants, est complet en 15 volumes. Chaque volume se vend séparément.

Portraits contemporains et divers. Nouvelle édition. 5 forts vol. in-18.

Portraits littéraires et derniers portraits, suivis des *Portraits de Femmes*. Nouvelle édition. 4 vol. in-18.

Chateaubriand, et son groupe littéraire sous l'Empire, 2 vol. grand in-18.

L'Imitation de Jésus-Christ, traduction nouvelle, avec des Réflexions à la fin de chaque chapitre, suivie de la Messe, tirée de Fénelon, et des Vêpres du dimanche. 4 gravures sur acier, Frontispice or et couleur. 1 vol.

Essais de littérature française, par M. Géruzez. 2 vol. 1er volume : *Moyen âge et Renaissance*. 2° volume : *Temps modernes*. 3° édition.

Les Petites Chroniques de la science, années 1861 à 1866. Par S. Henry Berthoud. 6 vol.

Légendes et traditions surnaturelles des Flandres, par S. Henry Berthoud. 1 vol.

Les Femmes des Pays-Bas et des Flandres, par S. Henry Berthoud. 1 v.

Fantaisies scientifiques de Sam. Par S. Henry Berthoud. Botanique, Reptiles, Mammifères, Oiseaux, Minéralogie, Médecine, Ethnologie, etc., etc. 4 vol.

Diodore de Sicile. Traduction nouvelle avec une préface, des notes importantes et des index, par M. Ferdinand Hoefer. 4 volumes.

Méditations sur l'Évangile, par Bossuet. Revues sur les manuscrits originaux et les éditions les plus correctes. 1 vol.

Le Livre des Affligés, Douleurs et Consolations, par le vicomte Alban de Villeneuve-Bargemont. 2 volumes ornés de vignettes.

Histoire morale des Femmes, par Ernest Legouvé, de l'Académie française. 5° édition. 1 vol.

Histoire de la Révolution de 1848, par Lamartine. Quatrième édit. 2 vol.

Œuvres de J. Reboul, de Nîmes. Poésies diverses; le Dernier Jour, poëme. 1 vol. avec portrait.

Chansons et Poésies de Pierre Dupont. Quatrième édition, augmentée de chants nouveaux. 1 vol.

Muse Juvénile, études littéraires, *vers et prose*, par Pierre Dupont. 1 vol.

Histoire intime de la Russie sous les empereurs *Alexandre* et *Nicolas*, par J. M. Schnitzler. 2 forts vol.

Messieurs les Cosaques, par MM. Taxille DELORD, Clément CARAGUEL et Louis HUART. 2 vol. ill. de 100 vignettes par Cham.

Le Whist rendu facile, suivi des Traités du Whist, de Gand, du Boston de Fontainebleau et du Boston russe ; par un Amateur. Deuxième édition. 1 vol.

Correspondance de Jacquemont avec sa famille et plusieurs de ses amis pendant son voyage dans l'Inde (1828-1832). Nouvelle édition, augmentée de lettres inédites et d'une carte. 2 vol.

Mémoires de Beaumarchais, nouvelle édition, précédée d'une appréciation tirée des *Causeries du Lundi*, par M. SAINTE-BEUVE. 1 vol.

Causeries de Chasseur et de Gourmets, 1 fort vol.

La Musique ancienne et moderne, par Scudo. Nouveaux mélanges de critique et de littérature. 1 vol.

Cours d'hygiène, par le docteur A. TESSEREAU, professeur d'hygiène ; ouvrage couronné par l'Académie de médecine. 1 vol.

Voyages dans l'Inde et en Perse, par SOLTYKOFF. 1 vol. orné d'une carte.

Souvenirs de l'Orient, par le comte DE MARCELLUS. 3ᵉ édition. 1 vol.

Un mois en Espagne suivi de *Christine*, nouvelle, par E. CHAUFFARD. 1 v.

Souvenirs de la marquise de Créqui (1718-1803). Nouvelle édition, revue, corrigée et augmentée de notes. 10 vol. broc. en 5 vol. avec gravures sur acier.

Excursion en Orient, l'Égypte, le mont Sinaï, l'Arabie, la Palestine, la Syrie, par M. le comte Ch. DE PARDIEU. 1 vol.

Proverbes sur les Femmes, L'AMITIÉ — L'AMOUR — LE MARIAGE. Recueillis et commentés, par M. QUITARD. 1 vol.

L'Anthologie de l'Amour, choix de pièces érotiques, tirées des meilleurs poëtes français, par QUITARD. 1 vol.

L'Amour les Femmes et le Mariage, historiettes, pensées et réflexions glanées à travers champs, par ADOLPHE RICARD. 4ᵉ édition. 1 vol.

Les Français dans le désert. *Journal d'une expédition aux limites du S'ah'ra algérien*, par C. TRUMELET, capitaine adjudant-major. 1 vol.

Œuvres de Parny. Élégies et poésies diverses. Nouv. éd., avec une préf. de M. SAINTE-BEUVE. 1 vol.

Les Contes drolatiques, colligez es abbayes de Touraine et mis en lumière par le sieur de BALZAC, pour l'esbattement des pantagruelistes et non aultres. Édition illustrée de vignettes en tête des chap. par GUSTAVE DORÉ. 1 vol.

Odes d'Horace, traduites en vers, par HENRY VESSERON, avocat. 1 vol.

LAVATER ET GALL. — Physiognomonie et Phrénologie, rendues intelligibles pour tout le monde. Exposé du sens moral, des traits de la physionomie humaine et de la signification des protubérances, etc., par A. YSABEAU, ancien professeur d'histoire naturelle, accompagné de 150 figures dans le texte. 1 vol.

Éducation progressive, ou Étude du cours de la vie, par madame NECKER DE SAUSSURE. 2 vol.
Ouvrage qui a obtenu le prix Montyon.

Lettres adressées à M. Villemain, etc., par M. E. CHEVREUL, de l'Académie des sciences. 1 vol.

Genèse selon la Science, par PAUL DE JOUVENCEL. 3 vol. avec fig. dans le texte.
I. **Les Commencements du Monde** (*résumé des sciences physiques et application à la formation du globe*). Deuxième édition, revue et augmentée. 1 vol.
II. **La Vie** (*sa nature, son origine*). Deuxième édition, revue et augmentée. 1 vol.
III. **Les Déluges** (*développements du globe et de l'organisation*). 1 vol.
Chaque volume se vend séparément.

Légendes du Nord, par MICHELET. 1 v.

Mémoires. Correspondance et Ouvrages inédits de Diderot, publiés sur les manuscrits confiés, en mourant, par l'auteur, à Grimm. 2 vol.

EUG. DE LONLAY. Chansons populaires. Nouvelle édition, ornée de portraits. 1 vol.

2ᵉ Série. — Volumes à 3 fr.

PLUTARQUE. — Les Vies des Hommes illustres, traduites en françois par RICARD, précédées de la Vie de Plutarque. Nouvelle édition, revue avec le plus grand soin. 4 vol.

Théâtre complet de Racine, avec des remarques littéraires et un choix de notes classiques, par M. FÉLIX LEMAISTRE. 1 fort vol. de plus de 700 pages.

Œuvres complètes de Molière. Nouv. éd., accompagnée de notes tirées de tous les commentateurs, avec des remarques nouv., par M. FÉLIX LEMAISTRE, précédée de la Vie de Molière par Voltaire. 3 vol.

Œuvres de Boileau, avec notice de SAINTE-BEUVE et notes de tous les commentateurs. 1 vol.

La Nouvelle Héloïse, par J. J. Rousseau. Nouvelle édition avec des notes explicatives. 1 fort vol.

ÉMILE, par J.-J. Rousseau.

Lettres choisies de madame de Sévigné. Accompagnées de notes explicatives sur les faits et les personnages du Temps et précédées d'observations littéraires par M. Sainte-Beuve. 1 vol.

Romans de Voltaire. Suivis de ses contes en vers. 1 vol. grand in-18.

Histoire de Gil-Blas de Santillane, par le Sage. 1 vol.

Œuvres choisies de Descartes. Discours de la Méthode — méditations métaphysiques. — Règles pour la direction de l'esprit, etc. Nouvelle édition. 1 vol.

Lettres écrites à un Provincial, par Blaise Pascal, précédées d'un Essai sur les Provinciales et sur le style de Pascal. 1 vol.

Discours sur l'histoire universelle, A Mgr le Dauphin, pour expliquer la suite de la religion et les changements des empires; par Bossuet, évêque de Meaux. 1 vol.

Œuvres choisies de Fénelon. — De l'Existence de Dieu. Lettres sur la Religion. Discours pour le sacre de l'Électeur de Cologne. Lettres sur l'Église, etc. Précédés d'observations par le cardinal de Bausset. Nouvelle édition, revue d'après les meilleurs textes. 1 vol.

BERGERAC. (Cyrano de). **Histoire comique des États et Empires de la Lune et du Soleil**. Nouvelle édit., revue sur les éditions originales, accompagnée de notes et précédée d'une Notice biographique, par P. L. Jacob, bibliophile. 1 vol.

— **Œuvres comiques, galantes et littéraires**. Nouvelle édit., revue et publiée avec des notes, par P. L. Jacob, bibliophile. Les Lettres satiriques, les Lettres amoureuses. 1 fort vol.

BONAVENTURE DES PÉRIERS. Le Cymbalum mundi, précédé des Nouvelles récréations et Joyeux devis. Nouvelle édition, revue et corrigée. 1 fort vol.

BUSSY-RABUTIN. **Histoire amoureuse des Gaules**, suivie de la France galante, romans satiriques du dix-septième siècle, attribué au comte de Bussy; édition nouvelle avec des notes. 2 forts vol.

D'ASSOUCY. **Ses aventures burlesques**. Nouvelle édition, avec préface et notes, par Émile Colombey. 1 fort v.

DESPORTES (Philippe). **Œuvres poétiques**. Nouvelle édit., revue et publiée avec des Notes et une Introduction par Alfred Michiels. 1 fort vol.

LARCHER. **Satires et diatribes sur les femmes, l'amour et le mariage**. 1 vol.

LÉLUT (membre de l'Institut). **La Phrénologie, son histoire, ses systèmes et sa condamnation**; 2ᵉ édition, avec planches. 1 vol.

LEROUX DE LINCY. **Le livre des Proverbes français**, précédé de recherches historiques sur les proverbes français et leur emploi dans la littérature du Moyen Age et de la Renaissance, par M. Leroux de Lincy. 2ᵉ édition, revue, corrigée et augmentée. 2 forts vol.

MERLIN COCCAIE. **Histoire macaronique de Coccaie**, prototype de Rabelais, où sont traités les ruses de Cingar, le tour de Boccal, les Adventures de Léonard, etc., avec des notes et une notice, par G. Brunet, nouvelle édition, corrigée sur l'édition de 1606. 1 fort vol.

RECUEIL DE FARCES, soties et moralités du quinzième siècle, réunies pour la première fois avec des notices et des notes. 1 fort vol.

PARIS RIDICULE ET BURLESQUE DU DIX-SEPTIÈME SIÈCLE, par Claude, le Pet Berthod, ti, François Colletet, Scarron, Boileau, etc. Nouvelle édition. 1 vol.

QUINET (Edgard). **Fondation de la République des Provinces-Unies**. Marnix Sainte-Aldegonde. 1 volume.

RÉGNIER (Mathurin). **Œuvres complètes**, nouvelle édition, augmentée d'un grand nombre de pièces qui n'avaient pas été recueillies. 1 vol.

SCARRON (Paul). **Le Virgile travesti en vers burlesques**, avec la suite de Moreau de Brasei. Nouvelle édition, revue, annotée et précédée d'une Étude sur le burlesque, par Victor Fournel. 1 fort vol.

SOREL. **La Vraie Histoire comique de Francion**, composée par Charles Sorel (sieur de Souvigny). Nouvelle édition, avec Avant-Propos et Notes, par Émile Colombey. 1 fort vol.

TABARIN (Œuvres de), avec les Aventures du capitaine Rodomont, la Farce des Bossus et autres pièces tabariniques. Nouvelle édition, préface et notes, par Georges d'Harmonville. 1 vol. in-16 de plus de 500 pages, figures, papier vergé, collé.

CHRONIQUE DE LA PUCELLE, ou Chronique du Cousinot, suivie de la

Chronique normande de P. Cauchon, de documents inédits relatifs aux règnes de Charles VI et Charles VII, avec notices et notes, par M. Vallet de Virville, etc. 1 fort vol.

BACHAUMONT. Mémoires secrets. revus et publiés avec des notes et une préface. 1 fort vol.

Œuvres de P.-L. Courier, précédées d'un Essai sur la vie et les écrits de l'auteur, par Armand Carrel. Nouvelle édition, revue d'après les meilleurs textes. 1 fort vol.

Aventures de Télémaque, par Fénelon, avec des notes géographiques et littéraires et les Aventures d'Aristonoüs. 8 gravures. 1 vol.

Œuvres de Millevoye. Précédées d'une notice sur l'auteur, par M. Sainte-Beuve. 1 vol.

LA BRUYÈRE. — Les Caractères de Théophraste, avec les caractères ou les mœurs de ce siècle. 1 vol.

Œuvres complètes du comte Xavier de Maistre, nouvelle édition. Expédition nocturne, le Lépreux de la Cité d'Aoste, Voyage autour de ma chambre, les Prisonniers du Caucase, la Jeune Sibérienne, avec une préface par M. Sainte-Beuve. 1 vol.

Les Confessions de Rousseau. 1 vol.

Corinne, ou l'Italie, par madame de Stael. Nouvelle édition, précédée de quelques Observations par Mme Necker de Saussure et M. Sainte-Beuve. 1 fort volume.

De l'Allemagne, par Mme de Stael. Nouvelle édition, revue d'après les meilleurs textes. 1 fort vol.

Mes Prisons, suivies des Devoirs des hommes, par Silvio Pellico; traduction par le comte H. de Messey, revue par M. le vicomte Alban de Villeneuve, 6 gravures. 1 vol.

Théâtre de Corneille, nouvelle édition. 1 vol.

Fables de la Fontaine, avec des notes philologiques et littéraires, par M. Félix Lemaistre, et illustrées de 8 gravures. 1 vol.

Œuvres de Gresset, précédées d'une appréciation littéraire par La Harpe. Nouvelle édition, revue d'après les meilleurs textes. 1 vol.

Contes et nouvelles de la Fontaine. nouvelle édition revue avec soin et accompagnée de notes explicat. 1 vol.

Jérusalem délivrée, traduction en prose, par M. V. Philipon de la Madelaine ; augmentée d'une description de Jérusalem, par M. de Lamartine. 1 vol.

Œuvres de Rabelais, nouvelle édit., revue sur les meilleurs textes, éclaircie, quant à l'orthographe et à la ponctuation, accompagnée d'un glossaire, par Louis Barré. 1 fort vol. papier glacé satiné, de 650 pages.

Contes de Boccace, traduits par Sabatier de Castres. 1 vol.

De l'Éducation des Femmes, par madame de Rémusat, avec une Préface par M. Ch. de Rémusat. Paris, 1843. 1 v.

L'Heptaméron. Contes de la reine de Navarre. Nouvelle édition. 1 vol.

Les cent Nouvelles nouvelles, text revu avec beaucoup de soin sur le meilleures éditions et accompagné d notes explicatives. 1 vol.

ŒUVRES DE F. DE LAMENNAIS.

Essai sur l'Indifférence en matière de Religion. Nouvelle édition, 4 vol.

Paroles d'un Croyant. — Une voix de Prison. — Le livre du Peuple. — Du passé et de l'Avenir du peuple, etc. 1 vol.

Affaires de Rome. 1 vol.

Les Évangiles, traduction nouvelle avec des notes et réflexions. 3e édition. 1 vol.

De l'Art et du Beau, tiré du 5e volume de l'Esquisse d'une Philosophie. 1 vol.

3e Série. — Volumes, au lieu de 3 fr.; net, 2 fr.

Vies des Dames galantes, par le seigneur de Brantôme. Nouvelle édition, revue et corrigée sur l'édition de 1740. 1 vol.

Curiosités dramatiques et littéraires, par M. Hippolyte Lucas. 1 vol.

Œuvres de Gilbert. Nouvelle édition précédée d'une notice historique sur Gilbert, par Charles Nodier. 1 beau vol.

La Princesse de Clèves, suivie de la **Princesse de Montpensier**, par madame de La Fayette. Nouvelle édition. 1 beau volume.

Raphaël. Pages de la vingtième année. par A. de Lamartine. 3e édition, 1 vol.

Histoire de Manon Lescaut et du chevalier des Grieux, par l'abbé Prévost. Nouvelle édition, collationnée sur l'édition publiée à Amsterdam en

1753, précédée d'une notice historique sur l'abbé Prévost, par Jules JANIN. 1 vol.

HÉGÉSIPPE MOREAU. Œuvres contenant *le Myosotis*, etc. 1 vol.

La Politesse française, manuel des bienséances et du savoir-vivre, par E. MULLER. 1 vol.

Manuel épistolaire à l'usage de la jeunesse, contenant toutes les instructions et un grand nombre d'exemples puisés dans les meilleurs écrivains, par PHILIPON DE LA MADELAINE, dix-septième édition, adopté pour les lycées. 1 vol.

Nouveau siècle de Louis XIV, ou Choix de chansons historiques et satiriques, presque toutes inédites, de 1654 à 1712, accompagnées de notes. 1 vol.

A TRAVERS CHAMPS. — Souvenirs et causeries d'un Journaliste. 1830 à 1847, par TH. MURET. 2 vol.

Le Secrétaire universel, renfermant des modèles de lettres sur toutes sortes de sujets, lettres de bonne année, de fête, de condoléance, lettres d'amour et de mariage, lettres d'affaires et de commerce, etc.; billets d'invitations, lettres de faire-part; modèles d'actes sous seing privé, etc., etc., par M. Armand DUNOIS. 1 beau vol.

Les petits Mystères de la Destinée, par JOSEPH BALSAMO. Chiromancie ou la science de la main. — Physiognomonie ou la Science du corps de l'homme. 1 vol. illustré d'environ 100 gravures.

Histoire de Napoléon, par Élias REGNAULT, ornée de 8 gravures sur acier d'après Raffet et de Rudder. 4 vol.

Le Japon. Histoire et descriptions; mœurs, coutumes et religion, par M. ED. FRAISSINET. Nouvelle édition, augmentée de trois chapitres nouveaux et d'une carte, par V. A. MALTE-BRUN. 2 volumes.

Ouvrages de M. X. Marmier.
(16 volumes.)

Les Perce-Neige, nouvelles. 1 vol.

Lettres sur la Russie. 2ᵉ édition, entièrement refondue. 1 vol.

Les Voyageurs nouveaux. 3 vol.

Lettres sur l'Amérique, Canada, États-Unis, Havane, Rio-de-la-Plata. 2 vol.

Lettres sur l'Islande et Poésies, Reikiavick, le Geyser et l'Hécla, instruction publique, découverte de l'Islande, 4ᵉ édition. 1 vol.

Voyage en Californie, description de son sol, de son climat, de ses mines d'or, par E. BRYANT, dernier alcade de San Francisco; traduit par M. X. MARMIER, et augmenté de divers renseignements sur l'état de la Californie. 1 vol.

Lettres sur l'Adriatique et le Monténégro, Saint-Gall, Schwytz, le lac des Quatre-Cantons, le Saint-Gothard, Milan, Venise, Trieste, les Zichi, la Dalmatie, Spalato, Raguse, les bouches du Cattaro, etc. 2 vol.

Du Danube au Caucase, voyages et littérature, 1 vol.

Du Rhin au Nil. Souvenirs de voyages, Tyrol, Hongrie, Provinces Danubiennes, Syrie, Palestine, Egypte. 2 vol.

Lettres sur l'Algérie. 1 vol.

Les Ames en Peine. Contes d'un voyageur. 1 vol.

4ᵉ Série. — Volumes, au lieu de 3 fr. 50 et 1 fr. 75; net, 1 fr. 50

Lettres sur l'Angleterre (SOUVENIRS DE L'EXPOSITION UNIVERSELLE), par Edmond TEXIER. 1 vol.

Mémorial de Sainte-Hélène, par le comte de LAS-CASES. Nouvelle édition, revue par l'auteur. 9 vol. avec gravures.

Fragoletta, par H. DE LATOUCHE. Naples et Paris en 1799. 2 vol.

Une Journée d'Agrippa d'Aubigné, drame en 5 actes, en vers; par Édouard FOUSSIER. 1 vol.

Inondations de 1856. Voyage de S M. l'Empereur, par Ch. ROBIN. 1 joli v.

Les Satiriques des dix-huitième et dix neuvième siècles. 1 vol. contenant Gilbert, Despaze, M. J. Chénier, Rivarol.

Comédies de S. A. R. la princesse Amélie de Saxe, traduites par PITRE-CHEVALIER. 1 vol.

BIBLIOTHÈQUE BLEUE

Histoire de Fortunatus, suivie de l'**Histoire des Enfants de Fortunatus**. 1 vol. grand in-18... 2 fr.

Histoire des Quatre Fils Aymon, DE JEAN DE CALAIS, ET DE JEAN DE PARIS. 2 vol. à............ 2 fr.

Histoire de Robert le Diable, suivie de **Richard sans Peur**, de **Pierre de Provence** et de **la Belle Maguelonne**. 1 vol. gr. in-18.... 2 fr.

BIBLIOTHÈQUE DE POCHE

Par une Société de gens de lettres et d'érudits. La bibliothèque de poche, variétés curieuses et amusantes des lettres, des sciences et des arts, se compose des 11 volumes suivants, format grand in-18, le volume..... 2 fr.

Curiosités littéraires, par Ludovic LALANNE. 1 vol.

Curiosités bibliographiques, par Ludovic LALANNE. 1 vol.

Curiosités biographiques. 1 vol.

Curiosités militaires. 1 vol.

Curiosités de l'Archéologie et des Beaux-Arts. 1 vol.

Curiosités philologiques, géographiques et ethnologiques. 1 vol.

Curiosités historiques. 1 vol.

Curiosités des Inventions et des Découvertes. 1 vol.

Curiosités anecdotiques. 1 vol.

Curiosités des Sciences occultes, par P. L. JACOB, bibliophile.

Curiosités théologiques, par G. BRUNET, bibliophile. 1 vol.

Curiosités de l'Économie politique, par LOUVET. 1 vol.

JACOB (P. L.). **Curiosités de l'Histoire des Croyances populaires au moyen âge**. Les Superstitions et les Croyances populaires. — Le Juif-Errant, etc.

JACOB (P.L.). **Curiosités de l'Histoire du vieux Paris**, contenant : les Vieilles Rues de la Cité, les Rues honteuses, etc. Bicêtre. 1 vol.

— **Curiosités de l'Histoire des Arts**, contenant : Notice sur le papier et le parchemin. La Reliure avant le seizième siècle, etc. 1 vol.

— **Curiosités de l'Histoire de France**. *Première série*. 1 vol. Contenant : la Fête des Fous, le Roi des Ribauds, les Francs-Taupins, les Fous des Rois de France, etc.

Deuxième série. 1 vol. Contenant le Procès du maréchal de Rais, la Veuve de Molière, les deux Marat, André Chénier, etc.

FOURNEL. (V.). **Curiosités théâtrales**. Contenant : les Origines du théâtre, mise en scène des mystères, moralités, farces et soties, costume au théâtre, etc. 1 vol.

WARÉE. **Curiosités judiciaires historiques et anecdotiques**, recueillies et mises en ordre par B. WARÉE. 1 vol.

VAUX-DE-VIRE D'OLIVIER BASSELIN, poëte normand du quinzième siècle, et de JUAN LE HOUX, poëte virois, suivis d'un choix d'anciens vaux-de-vire et d'anciennes chansons normandes. Nouvelle édition. 1 vol.

ŒUVRES DE M. FLOURENS

Secrétaire perpétuel de l'Académie des Sciences, membre de l'Académie française, etc.

serait inutile d'insister ici sur le mérite des œuvres de M. FLOURENS. Leur succès et leur débit en disent plus que tous les éloges. La vogue populaire ne leur est pas moins assurée que le succès scientifique.

Format grand in-18 jésus à 3 fr. 50

De l'unité de la Composition et du Débat entre Cuvier et Saint-Hilaire. 1 vol.

Ontologie naturelle, ou Étude philosophique des êtres. 3ᵉ édition revue et en partie refondue. 1 vol.

Examen du livre de **M. Darwin**, sur l'origine des Espèces. 1 vol.

Psychologie comparée, deuxième édition, revue et en partie refondue. 1 vol

De la Phrénologie et des études vraies sur le cerveau. 1 vol.

De la vie et de l'intelligence. 2ᵉ édition. 1 vol.

Circulation du sang (histoire de sa découverte). Deuxième édition, revue et augmentée. 1 vol.

De la Longévité humaine et de la quantité de vie sur le globe. 3ᵉ édition, revue et augmentée. 1 vol.

De l'Instinct et de l'intelligence des animaux. 4ᵉ édition, entièrement refondue et augmentée. 1 vol.

Histoire des travaux et des idées de BUFFON. 2ᵉ édition, revue et augmentée. 1 vol.

Des manuscrits de Buffon, avec des fac-simile de Buffon et de ses collaborateurs. 1 vol.

Cuvier. — Histoire de ses travaux. 5ᵉ édition, revue et augmentée. 1 vol

Éloges historiques, lus dans les séances publiques de l'Académie des sciences. 3 vol.

Même format, volume à 2 fr.

Éloge historique de François Magendie, suivi d'une discussion sur les titres respectifs de MM. BELL et MAGENDIE à la découverte des fonctions distinctes des racines des nerfs. 1 vol.

BIBLIOTHÈQUE DU PUGET
BONS LIVRES POUR TOUS LES AGES

TRADUITS DU SUÉDOIS

Mˡˡᵉ BREMER. Les Voisins. 4ᵉ édition. 1 vol. in-18 . . . . . . 3 50
— **Le Foyer domestique** ou chagrins et joies de la famille. 3ᵉ édit. 1 vol. in-18 . . . . . 3 50
— **Les Filles du Président.** 3ᵉ édit., 1 vol. in-18 . . . . 3 »
La famille H. 2ᵉ édit. 1 vol. in-18. 3 »
— **Un Journal.** 2ᵉ édition, 1 vol. in-18. 3 »
— **Guerre et paix.** 1 vol. in-18. 1 50
— **Le Voyage de la Saint-Jean.** 1 vol in-18 . . . . 1 50
Mᵐᵉ la baronne KNONRRING. Les Cousins. 2ᵉ édit., 1 vol. in-18. 3 50

Mᵐᵉ E. CARLEN. Une femme capricieuse. 2 vol. in-18 . . . . . 7 »
L'ONCLE ADAM. L'Argent et le Travail 1 vol 3 50
Mᵐᵉ SCHWARTZ. La Veuve et ses enfants. 1 vol. in-18 . . . . 3 »
Charmant roman d'éducation.
Carl. BERNHARD. Les Chroniques du temps d'Érich de Poméranie. 1 vol. in-18 . . . . 3 50
Mˡˡᵉ BREMER. La Vie de famille dans le Nouveau-Monde. Trois vol. Chacun 3 50
— **Abrégé des Voyages de Mˡˡᵉ Bremer** dans l'Ancien et le Nouveau Monde, Palestine et Turquie. 3 »

CLASSIQUES FRANÇAIS

Format in-32, imprimés par MM. Didot, à 1 fr. 50 c. le vol.; net, 75 c.

Esprit des Lois de Montesquieu. 6 vol.
Œuvres diverses de Montesquieu. 2 vol.
Œuvres choisies de Regnard. 4 vol.
Œuvres de Ducis. 7 vol.
Œuvres choisies de Destouches. 3 vol.
La Nouvelle Héloïse. 6 vol.

Œuvres choisies de Saint-Réal. 2 vol.
Épîtres, stances et odes de Voltaire. 2 vol.
Temple du Goût et poésies mêlées, par VOLTAIRE. 1 vol.
Voltaire, poëmes et discours. 1 vol.
Œuvres choisies de J. B. Rousseau. 2 vol.

LE DROIT USUEL OU L'AVOCAT DE SOI-MÊME.

Nouveau Guide en Affaires, contenant toutes les notions de droit et tous les modèles d'actes dont on a besoin pour gérer ses affaires, soit en matière civile, soit en matière commerciale, etc., par Durand de Nancy. 1 beau volume grand in-18. . . . . 4 fr. 50

NOUVEAU GUIDE USUEL DU PROPRIÉTAIRE

Et du locataire ou fermier, contenant les règles et les formules des baux à loyer, à ferme et à cheptel, la loi sur l'expropriation pour cause d'utilité publique et la solution de toutes les difficultés qui peuvent survenir entre les propriétaires et les locataires ou fermiers, par A. Bourguignon. 1 vol. grand in-18. . . . . 2 fr.

NOUVEAU GUIDE PRATIQUE DES MAIRES,

Des Adjoints, des Secrétaires de mairie et des Conseillers municipaux, contenant l'Exposé des lois, décrets, arrêtés, circulaires et décisions du Ministre de l'intérieur, ainsi que les arrêts du Conseil d'Etat et de la Cour de cassation. 2ᵉ édition, entièrement refondue et augmentée, par Durand de Nancy. 1 fort volume grand in-18 de 700 pages. . . . . 5 fr.

DE LA TENUE DES LIVRES DES AGENTS DE CHANGE

Et des courtiers de commerce, par Edmond Degrange, auteur de plusieurs ouvrages sur le commerce. 1 vol. in-8 de 72 pages. . . . . 4 fr.

LE JARDINIER DE TOUT LE MONDE

Traité complet de toutes les branches de l'horticulture, par A. Ysabeau. 1 fort vol. grand in-18, illustré de gr. sur bois dans le texte. . . . . 4 fr. 50

LE JARDINIER DES APPARTEMENTS

Des fenêtres, des balcons et des petits jardins, suivi d'un aperçu sur la pisciculture et les aquariums, par Maurice Cristal. 1 joli vol. gr. in-18. 2 fr.

LE CUISINIER EUROPÉEN

Ouvrage contenant les meilleures recettes des cuisines françaises et étrangères pour la préparation des potages, sauces, ragoûts, entrées, rôtis, fritures, entremets, desserts et pâtisseries, complété par un chapitre sur les dessertes ou *l'art d'utiliser les restes d'un bon repas;* le service de table, la meilleure manière de faire les honneurs d'un repas, et de servir les vins, les confitures, les sirops, les bonbons de ménage, les liqueurs, les soins à donner à une cave bien montée, par Jules Breteuil, ancien chef de cuisine. 1 fort volume grand in-18, illustré d'environ 300 gravures sur bois dans le texte de 800 pages. 2ᵉ édition, entièrement refondue. . 5 fr

LE CUISINIER DURAND

Cuisine du Midi et du Nord. 8ᵉ édition revue et augmentée par C. Durand, petit-fils de l'auteur. 1 vol. in-8 . . . . 5 fr.

LA MÉDECINE USUELLE

Guide médical des familles, par Ysabeau. 1 vol. de 500 pages environ. 4 fr. 50

CHOIX DU CHEVAL

Ou description de tous les caractères à l'aide desquels on peut reconnaître l'aptitude des chevaux aux différents services, par J. H. Magne, directeur de l'École impériale vétérinaire d'Allort, professeur de zootechnie à la même école. 1 vol. in-18 jésus, avec vignettes intercalées dans le texte. . 2 fr.

PARIS. — IMP. SIMON RAÇON ET COMP., RUE D'ERFURTH, 1.

RÉIMPRESSION DES CLASSIQUES LATINS DE LA COLLECTION PANCKOUCKE

Format grand in-18 jésus. — 3 fr. 50 c. le volume

1. OEUVRES COMPLÈTES D'HORACE. Nouv. édit., revue par M. F. LEMAISTRE, précédée d'une *Etude* par H. RIGAULT. 1 vol.
2. OEUVRES COMPLÈTES DE SALLUSTE. Traduction par DUROZOIR. Nouv. édition, revue par MM. CHARPENTIER et F. LEMAISTRE; précédée d'un nouveau travail sur Salluste, par M. CHARPENTIER 1 vol.
3. OEUVRES CHOISIES D'OVIDE (LES AMOURS, L'ART D'AIMER, etc.). Nouv. édit., revue par M. F. LEMAISTRE, précédée d'une *Etude*, par M. J. JANIN. 1 vol.
4. OEUVRES DE VIRGILE. Nouv. édit., revue par M. F. LEMAISTRE; précédée d'une *Etude* sur Virgile, par M. SAINTE-BEUVE, 1 vol. Par exception. 4 fr. 50
5 à 8. OEUVRES COMPLÈTES DE SÉNÈQUE LE PHILOSOPHE. Nouvelle édition, revue par MM. CHARPENTIER et F. LEMAISTRE. 4 vol.
9. CATULLE, TIBULLE ET PROPERCE, traduits par MM. HÉGUIN DE GUERLE, VALATOUR et GENOUILLE. Nouv. édit., revue par M. VALATOUR. 1 vol.
10. CESAR. Commentaires sur la *Guerre des Gaules*, avec les réflexions de Napoléon Ier, suivis des Commentaires sur la *Guerre civile* et de la *Vie de César*, par SUÉTONE, traduction d'ARTAUD, nouvelle édition, très-soigneusement revue par M. FÉLIX LEMAISTRE; précédée d'une *Etude* sur César, par M. CHARPENTIER. 1 fort vol. Par exception. 4 fr. 50
11. OEUVRES COMPLÈTES DE PÉTRONE, traduites par M. HÉGUIN DE GUERLE. 1 vol.
12. OEUVRES COMPLÈTES DE QUINTE-CURCE, avec la traduction de MM. AUG. et ALPH. TROGNON, revue avec le plus grand soin par M. PESSONNEAUX, professeur au lycée Napoléon. 1 vol.
13. OEUVRES COMPLÈTES DE JUVÉNAL. Trad. de DUSAULX, revue par MM. JULES PIERROT et F. LEMAISTRE. 1 vol.
14. OEUVRES CHOISIES D'OVIDE. — LES FASTES, LES TRISTES. Nouvelle édition, revue par M. E. PESSONNEAUX. 1 vol.
15 à 20. OEUVRES COMPLÈTES DE TITE-LIVE, traduites par MM. LIEZ, DUBOIS, VERGER et CORPET. Nouv. édit., revue par MM. E. PESSONNEAUX, BLANCHET et CHARPENTIER, précédée d'une *Etude*, par M. CHARPENTIER. 6 vol.
21. OEUVRES COMPLÈTES DE LUCRÈCE, avec la traduction de LAGRANGE; revue avec le plus grand soin, par M. BLANCHET. 1 vol.
22. LES CONFESSIONS DE SAINT AUGUSTIN, Traduction française d'ARNAULD D'ANDILLY, très-soigneusement revue et adaptée pour la première fois au texte latin, avec une introduction, par M. CHARPENTIER. 1 vol. Par exception. 4 fr. 50
23. OEUVRES COMPLÈTES DE SUÉTONE. Traduction de LA HARPE, refondue avec le plus grand soin par M. CABARET-DUPATY. 1 vol.
24-25. OEUVRES COMPLÈTES D'APULÉE, traduites en français par M. VICTOR BÉTOLAUD. Nouvelle édition, entièrement refondue. 2 vol.
26. OEUVRES COMPLÈTES DE JUSTIN, traduites par MM. J. PIERROT et E. BOITARD. Nouv. édit., revue par M. PESSONNEAUX. 1 vol.
27. OEUVRES CHOISIES D'OVIDE. — LES MÉTAMORPHOSES. Nouvelle édition, rev. par M. CABARET-DUPATY, avec une préf. par M. CHARPENTIER. 1 fort vol. Par exception. 4 fr.
28-29. OEUVRES COMPLÈTES DE TACITE. Traduction de DUREAU-DELAMALLE, revue par M. CHARPENTIER. 2 vol.
30. LETTRES DE PLINE LE JEUNE, traduites par MM. DE SACY et J. PIERROT. Nouv. édit. revue par M. CABARET-DUPATY. 1 vol.
31-32. OEUVRES COMPLÈTES D'AULU-GELLE. Nouv. édit., revue par MM. CHARPENTIER et BLANCHET. 2 vol.
33 à 35. QUINTILIEN. OEuvres complètes, traduites par M. C. V. OUIZILLE. Nouvelle édition revue par M. CHARPENTIER. 3 vol.
36. TRAGÉDIES DE SÉNÈQUE, trad. par E. GRESLOU. Nouvelle édition revue par M. CABARET-DUPATY. 1 vol.
37-38. VALÈRE-MAXIME. OEuvres complètes, trad. de C. A. F. FRÉMION. Nouv. éd. revue par M. PAUL CHARPENTIER. 2 vol.
39. LES COMÉDIES DE TÉRENCE, traduction nouv. par M. VICTOR BÉTOLAUD. 1 très-fort vol. Par exception. 4 fr.
40-41. MARTIAL. OEuvres complètes, avec la trad. de MM. V. VERGER, N. A. DUBOIS et J. MANGEART. Nouvelle édition revue avec le plus grand soin, par M. F. LEMAISTRE, M. N. A. DUBOIS, et précédée des *Mémoires de Martial*, par M. JULES JANIN. 2 v.
42. FABLES DE PHÈDRE, traduites en français, par M. PANCKOUCKE, suivies des œuvres d'AVIANUS, de DENYS CATON, de BLIUS SYRUS, traduites par LEVASSEUR et J. CHENU. Nouv. édit. revue par M. E. PESSONNEAUX, et précédée d'une *Etude* p. M. CHARPENTIER. 1 vol.
43. VELLEIUS PATERCULUS. Traduction de DESPRÉS, refondue avec le plus grand soin par M. GRÉARD, professeur au lycée Bonaparte. Suivie des OEUVRES DE FLORUS. Traduites par M. RAGON, précédées d'une *Notice* sur Florus, par M. VILLEMAIN. 1 vol.
44. CORNÉLIUS NÉPOS, avec une traduction nouvelle, par M. AMÉDÉE POMMIER. Suivi d'EUTROPE. *Abrégé de l'histoire romaine*, traduit par M. N. A. DUBOIS. Nouvelle édition, revue avec le plus grand soin par le traducteur. 1 vol.
45. LUCAIN. — La PHARSALE, traduction de MARMONTEL, revue et complétée avec le plus grand soin, par M. H. DURAND, professeur au lycée Charlemagne, précédée d'une *Etude* sur *la Pharsale*, par M. CHARPENTIER. 1 vol.
46. OEUVRES COMPLÈTES DE CLAUDIEN, traduites en français par M. HÉGUIN DE GUERLE, ancien inspecteur de l'Université, ancien professeur au lycée Louis-le-Grand. Traduction de la collection Panckoucke, revue avec le plus grand soin. 1 v. Prix, par exception. 4 fr. 50

PARIS. — IMP. SIMON RAÇON ET COMP., RUE D'ERFURTH, 1.

www.ingramcontent.com/pod-product-compliance
Lightning Source LLC
Chambersburg PA
CBHW060505230426
43665CB00013B/1400